Steuergesetze

210. Ergänzungslieferung August 2022

(Anschluss an die Ergänzungslieferung Juni 2022)

Verlag C. H. BECK München

Anweisung zum Einordnen der Ergänzungslieferung August 2022

Herauszunehmen:	Zahl der Blätter	Einzufügen:	Zahl der Blätter
Titelblatt, Geleitwort	2	Titelblatt, Geleitwort	2
1 3–4a	2	**1** 3–4a	2
9/10	1	9/10a	2
19–40	14	19–40a	12
69–74	5	69–74	5
81–84	2	81–84	2
97/98	1	97/98	1
101/101a	1	101/101a	1
119–122	2	119–122a	3
181/182	1	181/182	1
187/188	1	187/188	1
217/218	1	217/218	1
235/236	1	235/236	1
253–254a	2	253–254a	2
287/288	1	287/288	1
299/300	1	299/300	1
335–344	5	335–344a	6
351–354	2	351–354a	3
357–358a	2	357–358a	2
365–367a	2	365–367a	2
369/370	1	369/370	1
403/404	1	403/404a	3
21 1–6	3	**21** 1–6	3
60 1–10	5	**60** 1–10	5
18a/18b	1	18a/18b	1
62 1–6	3	**62** 1–6	3
39/40	1	39/40	1
Übertrag:	64	Übertrag:	68

Herauszunehmen:	Zahl der Blätter	Einzufügen:	Zahl der Blätter
Übertrag:	64	Übertrag:	68
100 31/32	1	**100** 31/32	1
55/55a	1	55/55a	1
135 11/11a	1	**135** 11/11a	1
450 1/2	1	**450** 1/2	1
33/34	1	33/34	1
500 1/2a	2	**500** 1/2a	2
43–47a	3	43–47a	3
123–126	2	123–126	2
143/144	1	143/144	1
550 1/2	1	**550** 1/2a	2
7/8	1	7/8	1
11/12	1	11/12	1
17–58	21	17–58	20
63–74a	7	63–74a	7
79–82	2	79–82	2
91–96	3	91–96	3
103–106	2	103–106	2
111–116	3	111–116	3
123–128	3	123–128	3
135–140	3	135–140	3
145–161a	15	145–161a	12
165–166a	2	165–166a	2
169/170	1	169/170a	2
550a 1/2	1	**550a** 1/2	1
63–68	3	63–68	3
630 1/2	1	**630** 1/2	1
9–20	6	9–22	7
725b 25/26	1	**725b** 25/26	1
751 1–6	3	**751** 1–6	3
800 3/4	1	**800** 3/4a	2
114/114a	1	114/114a	1
116/116a	1	116/116a	1
155/156	1	155/156	1
159/160	1	159/160	1
189–194	3	189–194a	4
800a 1–2a	2	**800a** 1–2a	2
13/14	1	13–14a	2
25–25c	2	25–25e	3
Übertrag:	170	Übertrag:	177

Herauszunehmen:	Zahl der Blätter	Einzufügen:	Zahl der Blätter
Übertrag:	170	Übertrag:	177
800f (a) 1a/2a	1	**800f (a)** 1a/2a	1
800f (a) 5a–**800f** 2	3	**800f (a)** 5a–**800f** 2	4
800f 5/6	1	**800f** 5–8	2
803 1/2	1	**803** 1/2	1
16/16a	1	16–16c	2
806 39–42	2	**806** 39–42	2
808 1–2a	2	**808** 1–2a	2
835 1–34	17	**835** 1–40	20
ersatzlos entnehmen:			
840 1–92	58*		
840 (2022) 65/66	1	**840 (2022)** 65/66	1
115/116	1	115/116	1
840a 1/2	1	**840a** 1/2	1
9/10	1	9–10a	2
845 23/24	1	**845** 23/24	1
847 5/6	1	**847** 5/6	1
Insgesamt herauszunehmen:	262	Insgesamt einzufügen:	218

* Es handelt sich um **840 StBerG** in der Fassung bis 31.12.2021. Im Werk verbleibt **840 StBerG 2022** S. 1 ff (kommt im Anschluss nach **840** S. 92).

STEUERGESETZE

Einkommen- und Lohnsteuer, Körperschaftsteuer,
Umwandlungssteuer, Bewertung, Erbschaftsteuer, Realsteuern,
Umsatzsteuer, sonstige Verkehrsteuern, Förderungsgesetze,
Abgabenordnung, Finanzverwaltungsvorschriften

Textsammlung
mit Verweisungen und Sachverzeichnis

Stand: 1. Januar 2022 (Tabellen idF des StEntlG 2022)
1. August 2022 (Texte)
(210. Ergänzungslieferung)

C.H.BECK

Dieses Titelblatt stammt aus der 210. Ergänzungslieferung August 2022.

Die Ergänzungslieferung August 2022 schließt an die
Ergänzungslieferung Juni 2022 an.

Redaktioneller Hinweis
Paragraphenüberschriften in eckigen Klammern sind nicht amtlich. Sie sind ebenso wie die Fußnoten urheber- und wettbewerbsrechtlich geschützt.
Die Angaben zum Stand der Sammlung auf dem Titelblatt beziehen sich auf das Verkündungsdatum der maßgeblichen Gesetz-, Verordnungs- und Amtsblätter.
Verbesserungsvorschläge und mögliche Fehlerhinweise sind jederzeit willkommen.

Verlag C. H. Beck oHG
Wilhelmstraße 9, 80801 München
Fax: (0 89) 3 81 89-3 98 · Internet: www.beck.de
E-Mail: bestellung@beck.de

www.beck.de

Grundwerk (zur Fortsetzung) 978 3 406 45605 3
Grundwerk (ohne Fortsetzung) 978 3 406 66000 9
ergänzt bis 978 3 406 78244 2

Wilhelmstraße 9, 80801 München
Druck: Druckerei C. H. Beck, Nördlingen
(Adresse wie Verlag)

Gedruckt auf säurefreiem, alterungsbeständigem Papier
(hergestellt aus chlorfrei gebleichtem Zellstoff)

Geleitwort

Zur 210. Ergänzungslieferung August 2022

Mit der vorliegenden 210. Ergänzungslieferung wird Ihre rote **Loseblattsammlung Steuergesetze** im Hinblick auf die Texte auf den Rechtsstand *August 2022* gebracht.

Das Bundesgesetzblatt Teil I ist bis zur Ausgabe Nr. 28 vom 28.7.2022 aufgewertet.

Folgende nationalen Änderungsgesetzte/-verordnungen sind u. a. berücksichtigt:
- Steuerentlastungsgesetz 2022 vom 23.5.2022 (BGBl. I S. 749);
- Gesetz zur Änderung des Rennwett- und Lotteriegesetztes vom 23.5.2022 (BGBl. I S. 752);
- Sechste Verordnung zur Änderung der Mitteilungsverordnung vom 25.5.2022 (BGBl. I S. 816);
- Pfändungsfreigrenzenbekanntmachung 2022 vom 25.5.2022 (BGBl. I S. 825);
- Erste Verordnung zur Änderung der Forschungszulagen-Bescheinigungsverordnung vom 26.4.2022 (BGBl. I S. 850);
- Vierte Verordnung zur Änderung der Steuerberatervergütungsverordnung vom 10.6.2022 (BGBl. I S. 877);
- Viertes Corona-Steuerhilfegesetz vom 19.6.2022 (BGBl. I S. 911) sowie
- Zweites Gesetz zur Änderung der Abgabenordnung und des Einführungsgesetztes zur Abgabenordnung vom 12.7.2022 (BGBl. I S. 1142).

Folgende EU-Richtlinien wurden eingearbeitet:
- Richtlinie (EU) 2022/542 des Rates vom 5.4.2022 zur Änderung der Mehrwertsteuersystemrichtlinie (ABl. L 107 S. 1)
- Richtlinie (EU) 2022/890 des Rates vom 3.6.2022 zur Änderung der Mehrwertsteuersystemrichtlinie (ABl. L 155 S. 1)

Anregungen, Kritik und Hinweise zu Korrekturen sind willkommen unter steuerrecht@beck.de.

München im August 2022 *Verlag C. H. BECK*

8.8.2020 (BGBl. I S. 1818), Gesetz zur Einführung der Grundrente für langjährige Versicherung in der gesetzlichen Rentenversicherung mit unterdurchschnittlichem Einkommen und für weitere Maßnahmen zur Erhöhung der Alterseinkommen (Grundrentengesetz) vom 12.8. 2020 (BGBl. I S. 1879), Zweites Gesetz zur steuerlichen Entlastung von Familien sowie zur Anpassung weiterer steuerlicher Regelungen (Zweites Familienentlastungsgesetz – 2. FamEntlastG) vom 1.12.2020 (BGBl. I S. 2616), Gesetz zur Digitalisierung von Verwaltungsverfahren bei der Gewährung von Familienleistungen vom 3.12.2020 (BGBl. I S. 2668), Gesetz zur Erhöhung der Behinderten-Pauschbeträge und zur Anpassung weiterer steuerlicher Regelungen vom 9.12.2020 (BGBl. I S. 2770), Jahressteuergesetz 2020 (JStG 2020) vom 21.12. 2020 (BGBl. I S. 3096; geänd. BGBl. I 2021 S. 3932, 4034), Gesetz zur Verbesserung der Transparenz in der Alterssicherung und der Rehabilitation sowie zur Modernisierung der Sozialversicherungswahlen und zur Änderung anderer Gesetze (Gesetz Digitale Rentenübersicht) vom 11.2.2021 (BGBl. I S. 154), Drittes Gesetz zur Umsetzung steuerlicher Hilfsmaßnahmen zur Bewältigung der Corona-Krise (Drittes Corona-Steuerhilfegesetz) vom 10.3.2021 (BGBl. I S. 330), Gesetz zur Reform des Vormundschafts- und Betreuungsrechts vom 4.5.2021 (BGBl. I S. 882), Gesetz zur Verlängerung des erhöhten Lohnsteuereinbehalts in der Seeschifffahrt vom 12.5.2021 (BGBl. I S. 989), Gesetz zur Umsetzung der Richtlinie (EU) 2019/2034 über die Beaufsichtigung von Wertpapierinstituten vom 12.5.2021 (BGBl. I S. 990), Gesetz zur Modernisierung der Entlastung von Abzugsteuern und der Bescheinigung der Kapitalertragsteuer (Abzugsteuerentlastungsmodernisierungsgesetz – AbzStEntModG) vom 2.6.2021 (BGBl. I S. 1259), Gesetz zur Stärkung des Fondsstandorts Deutschland und zur Umsetzung der Richtlinie (EU) 2019/1160 zur Änderung der Richtlinien 2009/65/EG und 2011/61/EU im Hinblick auf den grenzüberschreitenden Vertrieb von Organismen für gemeinsame Anlagen (Fondsstandortgesetz – FoStoG) vom 3.6.2021 (BGBl. I S. 1498), Gesetz zur Umsetzung der Anti-Steuervermeidungsrichtlinie (ATAD-Umsetzungsgesetz – ATADUmsG) vom 25.6.2021 (BGBl. I S. 2035), Gesetz zur Modernisierung des Körperschaftsteuerrechts vom 25.6.2021 (BGBl. I S. 2050), Gesetz zur Abwehr von Steuervermeidung und unfairem Steuerwettbewerb und zur Änderung weiterer Gesetze vom 25.6.2021 (BGBl. I S. 2056), Gesetz zur Rehabilitierung der wegen einvernehmlicher homosexueller Handlungen, wegen ihrer homosexuellen Orientierung oder wegen ihrer geschlechtlichen Identität dienstrechtlich benachteiligten Soldatinnen und Soldaten vom 16.7.2021 (BGBl. I S. 2993), Gesetz über die Entschädigung der Soldatinnen und Soldaten und zur Neuordnung des Soldatenversorgungsrechts vom 20.8.2021 (BGBl. I S. 3932), Steuerentlastungsgesetz 2022 vom 23.5.2022 (BGBl. I S. 749), Gesetz zur Regelung eines Sofortzuschlages und einer Einmalzahlung in den sozialen Mindestsicherungssystemen sowie zur Änderung des Finanzausgleichsgesetzes und weiterer Gesetze vom 23.5.2022 (BGBl. I S. 760) und Viertes Corona-Steuerhilfegesetz vom 19.6.2022 (BGBl. I S. 911)

BGBl. III/FNA 611-1

Inhaltsübersicht[1)]

[1)] Zum Teil nicht amtlich.

(Fortsetzung nächstes Blatt)

I. Steuerpflicht

§ 1 Steuerpflicht. (1)[1] [1]Natürliche Personen, die im Inland einen Wohnsitz oder ihren gewöhnlichen Aufenthalt haben, sind unbeschränkt einkommensteuerpflichtig. [2]Zum Inland im Sinne dieses Gesetzes gehört auch der der Bundesrepublik Deutschland zustehende Anteil

1. an der ausschließlichen Wirtschaftszone, soweit dort
   a) die lebenden und nicht lebenden natürlichen Ressourcen der Gewässer über dem Meeresboden, des Meeresbodens und seines Untergrunds erforscht, ausgebeutet, erhalten oder bewirtschaftet werden,
   b) andere Tätigkeiten zur wirtschaftlichen Erforschung oder Ausbeutung der ausschließlichen Wirtschaftszone ausgeübt werden, wie beispielsweise die Energieerzeugung aus Wasser, Strömung und Wind oder
   c) künstliche Inseln errichtet oder genutzt werden und Anlagen und Bauwerke für die in den Buchstaben a und b genannten Zwecke errichtet oder genutzt werden, und
2. am Festlandsockel, soweit dort
   a) dessen natürliche Ressourcen erforscht oder ausgebeutet werden; natürliche Ressourcen in diesem Sinne sind die mineralischen und sonstigen nicht lebenden Ressourcen des Meeresbodens und seines Untergrunds sowie die zu den sesshaften Arten gehörenden Lebewesen, die im nutzbaren Stadium entweder unbeweglich auf oder unter dem Meeresboden verbleiben oder sich nur in ständigem körperlichen Kontakt mit dem Meeresboden oder seinem Untergrund fortbewegen können; oder
   b) künstliche Inseln errichtet oder genutzt werden und Anlagen und Bauwerke für die in Buchstabe a genannten Zwecke errichtet oder genutzt werden.

(2) [1]Unbeschränkt einkommensteuerpflichtig sind auch deutsche Staatsangehörige, die

1. im Inland weder einen Wohnsitz noch ihren gewöhnlichen Aufenthalt haben und
2. zu einer inländischen juristischen Person des öffentlichen Rechts in einem Dienstverhältnis stehen und dafür Arbeitslohn aus einer inländischen öffentlichen Kasse beziehen,

sowie zu ihrem Haushalt gehörende Angehörige, die die deutsche Staatsangehörigkeit besitzen oder keine Einkünfte oder nur Einkünfte beziehen, die ausschließlich im Inland einkommensteuerpflichtig sind. [2]Dies gilt nur für natürliche Personen, die in dem Staat, in dem sie ihren Wohnsitz oder ihren gewöhnlichen Aufenthalt haben, lediglich in einem der beschränkten Einkommensteuerpflicht ähnlichen Umfang zu einer Steuer vom Einkommen herangezogen werden.

---

[1] § 1 Abs. 1 Satz 2 neu gef. mWv VZ 2016 durch G v. 2.11.2015 (BGBl. I S. 1834).

(3) [1] Auf Antrag werden auch natürliche Personen als unbeschränkt einkommensteuerpflichtig behandelt, die im Inland weder einen Wohnsitz noch ihren gewöhnlichen Aufenthalt haben, soweit sie inländische Einkünfte im Sinne des § 49 haben. [2] Dies gilt nur, wenn ihre Einkünfte im Kalenderjahr mindestens zu 90 Prozent der deutschen Einkommensteuer unterliegen oder die nicht der deutschen Einkommensteuer unterliegenden Einkünfte den Grundfreibetrag nach § 32a Absatz 1 Satz 2 Nummer 1 nicht übersteigen; dieser Betrag ist zu kürzen, soweit es nach den Verhältnissen im Wohnsitzstaat des Steuerpflichtigen notwendig und angemessen ist. [3] Inländische Einkünfte, die nach einem Abkommen zur Vermeidung der Doppelbesteuerung nur der Höhe nach be-

(Fortsetzung nächstes Blatt)

[*ab 1.1.2020:*
5.[1] a) die Geld- und Sachbezüge, die Wehrpflichtige während des Wehrdienstes nach § 4 des Wehrpflichtgesetzes erhalten,

b) die Geld- und Sachbezüge, die Zivildienstleistende nach § 35 des Zivildienstgesetzes erhalten,

c) die Heilfürsorge, die Soldaten nach § 16 des Wehrsoldgesetzes und Zivildienstleistende nach § 35 des Zivildienstgesetzes erhalten,

d) das an Personen, die einen in § 32 Absatz 4 Satz 1 Nummer 2 Buchstabe d genannten Freiwilligendienst leisten, gezahlte Taschengeld oder eine vergleichbare Geldleistung,

e) Leistungen nach § 5 des Wehrsoldgesetzes;]

6.[2] Bezüge, die auf Grund gesetzlicher Vorschriften aus öffentlichen Mitteln versorgungshalber an Wehrdienstbeschädigte, im Freiwilligen Wehrdienst Beschädigte, Zivildienstbeschädigte und im Bundesfreiwilligendienst Beschädigte oder ihre Hinterbliebenen, Kriegsbeschädigte, Kriegshinterbliebene und ihnen gleichgestellte Personen gezahlt werden, soweit es sich nicht um Bezüge handelt, die auf Grund der Dienstzeit gewährt werden. [2]Gleichgestellte im Sinne des Satzes 1 sind auch Personen, die Anspruch auf Leistungen nach dem *Bundesversorgungsgesetz* [**ab 1.1.2024:** Vierzehnten Buch Sozialgesetzbuch] oder auf Unfallfürsorgeleistungen nach dem Soldatenversorgungsgesetz, [**ab 1.1.2025:** Soldatenentschädigungsgesetz,] Beamtenversorgungsgesetz oder vergleichbarem Landesrecht haben;

7. Ausgleichsleistungen nach dem Lastenausgleichsgesetz, Leistungen nach dem Flüchtlingshilfegesetz, dem Bundesvertriebenengesetz, dem Reparationsschädengesetz, dem Vertriebenenzuwendungsgesetz, dem NS-Verfolgtenentschädigungsgesetz sowie Leistungen nach dem *Entschädigungsgesetz*[3] und nach dem Ausgleichsleistungsgesetz, soweit sie nicht Kapitalerträge im Sinne des § 20 Absatz 1 Nummer 7 und Absatz 2 sind;

8. Geldrenten, Kapitalentschädigungen und Leistungen im Heilverfahren, die auf Grund gesetzlicher Vorschriften zur Wiedergutmachung nationalsozialistischen Unrechts gewährt werden. [2]Die Steuerpflicht von Bezügen aus einem aus Wiedergutmachungsgründen neu begründeten oder wieder begründeten Dienstverhältnis sowie von Bezügen aus einem früheren Dienstverhältnis, die aus Wiedergutmachungsgründen neu gewährt oder wieder gewährt werden, bleibt unberührt;

8a.[4] Renten wegen Alters und Renten wegen verminderter Erwerbsfähigkeit aus der gesetzlichen Rentenversicherung, die an Verfolgte im Sinne des § 1 des Bundesentschädigungsgesetzes gezahlt werden, wenn rentenrechtliche Zeiten auf Grund der Verfolgung in der Rente enthalten sind. [2]Renten wegen Todes aus der gesetzlichen Rentenversicherung, wenn der

---

[1] § 3 Nr. 5 neu gef. mWv VZ 2020 durch G v. 12.12.2019 (BGBl. I S. 2451).

[2] § 3 Nr. 6 neu gef. mWv VZ 2014 durch G v. 25.7.2014 (BGBl. I S. 1266); Satz 2 geänd. mWv 1.1.2024 durch G v. 12.12.2019 (BGBl. I S. 2652); zur Anwendung siehe § 52 Abs. 54 (bis 31.12.2024); Nr. 6 geänd. mWv 1.1.2025 durch G v. 20.8.2021 (BGBl. I S. 3932).

[3] G aufgeh. durch Einigungsvertrag v. 31.8.1990 (BGBl. I S. 889).

[4] § 3 Nr. 8a eingef. durch G v. 7.12.2011 (BGBl. I S. 2592).

verstorbene Versicherte Verfolgter im Sinne des § 1 des Bundesentschädigungsgesetzes war und wenn rentenrechtliche Zeiten auf Grund der Verfolgung in dieser Rente enthalten sind;

9. Erstattungen nach § 23 Absatz 2 Satz 1 Nummer 3 und 4 sowie nach § 39 Absatz 4 Satz 2 des Achten Buches Sozialgesetzbuch;

10.[1] Einnahmen einer Gastfamilie für die Aufnahme eines Menschen mit Behinderungen oder von Behinderung bedrohten Menschen nach § 2 Absatz 1 des Neunten Buches Sozialgesetzbuch zur Pflege, Betreuung, Unterbringung und Verpflegung, die auf Leistungen eines Leistungsträgers nach dem Sozialgesetzbuch beruhen. [2]Für Einnahmen im Sinne des Satzes 1, die nicht auf Leistungen eines Leistungsträgers nach dem Sozialgesetzbuch beruhen, gilt Entsprechendes bis zur Höhe der Leistungen nach dem Zwölften Buch Sozialgesetzbuch. [3]Überschreiten die auf Grund der in Satz 1 bezeichneten Tätigkeit bezogenen Einnahmen der Gastfamilie den steuerfreien Betrag, dürfen die mit der Tätigkeit in unmittelbarem wirtschaftlichen Zusammenhang stehenden Ausgaben abweichend von § 3c nur insoweit als Betriebsausgaben abgezogen werden, als sie den Betrag der steuerfreien Einnahmen übersteigen;

11. Bezüge aus öffentlichen Mitteln oder aus Mitteln einer öffentlichen Stiftung, die wegen Hilfsbedürftigkeit oder als Beihilfe zu dem Zweck bewilligt werden, die Erziehung oder Ausbildung, die Wissenschaft oder Kunst unmittelbar zu fördern. [2]Darunter fallen nicht Kinderzuschläge und Kinderbeihilfen, die auf Grund der Besoldungsgesetze, besonderer Tarife oder ähnlicher Vorschriften gewährt werden. [3]Voraussetzung für die Steuerfreiheit ist, dass der Empfänger mit den Bezügen nicht zu einer bestimmten wissenschaftlichen oder künstlerischen Gegenleistung oder zu einer bestimmten Arbeitnehmertätigkeit verpflichtet wird. [4]Den Bezügen aus öffentlichen Mitteln wegen Hilfsbedürftigkeit gleichgestellt sind Beitragsermäßigungen und Prämienrückzahlungen eines Trägers der gesetzlichen Krankenversicherung für nicht in Anspruch genommene Beihilfeleistungen;

11a.[2] zusätzlich zum ohnehin geschuldeten Arbeitslohn vom Arbeitgeber in der Zeit vom 1. März 2020 bis zum 31. März 2022 auf Grund der Corona-Krise an seine Arbeitnehmer in Form von Zuschüssen und Sachbezügen gewährte Beihilfen und Unterstützungen bis zu einem Betrag von 1500 Euro;

[*ab VZ 2021:*

11b.[3] zusätzlich zum ohnehin geschuldeten Arbeitslohn vom Arbeitgeber in der Zeit vom 18. November 2021 bis zum 31. Dezember 2022 an seine Arbeitnehmer zur Anerkennung besonderer Leistungen während der Corona-Krise gewährte Leistungen bis zu einem Betrag von 4500 Euro. [2]Voraussetzung für die Steuerbefreiung ist, dass die Arbeitnehmer in Ein-

---

[1] Zur Anwendung von § 3 Nr. 10 a. F. siehe § 52 Abs. 4 Satz 3; Satz 1 geänd. mWv 15.12.2020 durch G v. 9.12.2020 (BGBl. I S. 2770).

[2] § 3 Nr. 11a eingef. durch G v. 19.6.2020 (BGBl. I S. 1385); geänd. durch G v. 21.12. *2020* (BGBl. I S. 3096); geänd. durch G v. 2.6.2021 (BGBl. I S. 1259).

[3] § 3 Nr. 11b eingef. mWv VZ 2021 (§ 52 Abs. 4 Satz 4) durch G v. 19.6.2022 (BGBl. I S. 911).

richtungen im Sinne des § 23 Absatz 3 Satz 1 Nummer 1 bis 4, 8, 11 oder Nummer 12 des Infektionsschutzgesetzes oder § 36 Absatz 1 Nummer 2 oder Nummer 7 des Infektionsschutzgesetzes tätig sind. [3]Die Steuerbefreiung gilt entsprechend für Personen, die in den in Satz 2 genannten Einrichtungen im Rahmen einer Arbeitnehmerüberlassung oder im Rahmen eines Werk- oder Dienstleistungsvertrags eingesetzt werden. [4]Nummer 11a findet auf die Leistungen im Sinne der Sätze 1 bis 3 keine Anwendung;]

12.[1)] aus einer Bundeskasse oder Landeskasse gezahlte Bezüge, die zum einen

a) in einem Bundesgesetz oder Landesgesetz,

b) auf Grundlage einer bundesgesetzlichen oder landesgesetzlichen Ermächtigung beruhenden Bestimmung oder

c) von der Bundesregierung oder einer Landesregierung

als Aufwandsentschädigung festgesetzt sind und die zum anderen jeweils auch als Aufwandsentschädigung im Haushaltsplan ausgewiesen werden. [2]Das Gleiche gilt für andere Bezüge, die als Aufwandsentschädigung aus öffentlichen Kassen an öffentliche Dienste leistende Personen gezahlt werden, soweit nicht festgestellt wird, dass sie für Verdienstausfall oder Zeitverlust gewährt werden oder den Aufwand, der dem Empfänger erwächst, offenbar übersteigen;

13.[2)] die aus öffentlichen Kassen gezahlten Reisekostenvergütungen, Umzugskostenvergütungen und Trennungsgelder. [2]Die als Reisekostenvergütungen gezahlten Vergütungen für Verpflegung sind nur insoweit steuerfrei, als sie die Pauschbeträge nach § 9 Absatz 4a nicht übersteigen; Trennungsgelder sind nur insoweit steuerfrei, als sie die nach § 9 Absatz 1 Satz 3 Nummer 5 und Absatz 4a abziehbaren Aufwendungen nicht übersteigen;

14. Zuschüsse eines Trägers der gesetzlichen Rentenversicherung zu den Aufwendungen eines Rentners für seine Krankenversicherung und von dem gesetzlichen Rentenversicherungsträger getragene Anteile (§ 249a des Fünften Buches Sozialgesetzbuch) an den Beiträgen für die gesetzliche Krankenversicherung;

15.[3)] Zuschüsse des Arbeitgebers, die zusätzlich zum ohnehin geschuldeten Arbeitslohn zu den Aufwendungen des Arbeitnehmers für Fahrten mit öffentlichen Verkehrsmitteln im Linienverkehr (ohne Luftverkehr) zwischen Wohnung und erster Tätigkeitsstätte und nach § 9 Absatz 1 Satz 3 Nummer 4a Satz 3 sowie für Fahrten im öffentlichen Personennahverkehr gezahlt werden. [2]Das Gleiche gilt für die unentgeltliche oder verbilligte Nutzung öffentlicher Verkehrsmittel im Linienverkehr (ohne Luftverkehr) für Fahrten zwischen Wohnung und erster Tätigkeitsstätte und nach § 9 Absatz 1 Satz 3 Nummer 4a Satz 3 sowie für Fahrten im öffentlichen Personennahverkehr, die der Arbeitnehmer auf Grund seines Dienstverhältnisses zusätzlich zum ohnehin geschuldeten Arbeitslohn in Anspruch nehmen

---

1) § 3 Nr. 12 Satz 1 neu gef. mWv VZ 2014 durch G v. 25.7.2014 (BGBl. I S. 1266).
2) § 3 Nr. 13 geänd. mWv VZ 2014 durch G v. 20.2.2013 (BGBl. I S. 285).
3) § 3 Nr. 15 eingef. mWv VZ 2019 durch G v. 11.12.2018 (BGBl. I S. 2338).

kann. [3]Die nach den Sätzen 1 und 2 steuerfreien Leistungen mindern den nach § 9 Absatz 1 Satz 3 Nummer 4 Satz 2 abziehbaren Betrag;

16.[1)] die Vergütungen, die Arbeitnehmer außerhalb des öffentlichen Dienstes von ihrem Arbeitgeber zur Erstattung von Reisekosten, Umzugskosten oder Mehraufwendungen bei doppelter Haushaltsführung erhalten, soweit sie die nach § 9 als Werbungskosten abziehbaren Aufwendungen nicht übersteigen;

17. Zuschüsse zum Beitrag nach § 32 des Gesetzes über die Alterssicherung der Landwirte;

18. das Aufgeld für ein an die Bank für Vertriebene und Geschädigte (Lastenausgleichsbank) zugunsten des Ausgleichsfonds (§ 5 des Lastenausgleichsgesetzes) gegebenes Darlehen, wenn das Darlehen nach § 7f des Gesetzes in der Fassung der Bekanntmachung vom 15. September 1953 (BGBl. I S. 1355) im Jahr der Hingabe als Betriebsausgabe abzugsfähig war;

19.[2)] Weiterbildungsleistungen des Arbeitgebers oder auf dessen Veranlassung von einem Dritten
   a) für Maßnahmen nach § 82 Absatz 1 und 2 des Dritten Buches Sozialgesetzbuch oder
   b) die der Verbesserung der Beschäftigungsfähigkeit des Arbeitnehmers dienen.

   [2]Steuerfrei sind auch Beratungsleistungen des Arbeitgebers oder auf dessen Veranlassung von einem Dritten zur beruflichen Neuorientierung bei Beendigung des Dienstverhältnisses. [3]Die Leistungen im Sinne der Sätze 1 und 2 dürfen keinen überwiegenden Belohnungscharakter haben;

20. die aus öffentlichen Mitteln des Bundespräsidenten aus sittlichen oder sozialen Gründen gewährten Zuwendungen an besonders verdiente Personen oder ihre Hinterbliebenen;

21., 22.[3)] *(aufgehoben)*

23.[4)] Leistungen nach
   a) dem Häftlingshilfegesetz,
   b) dem Strafrechtlichen Rehabilitierungsgesetz,
   c) dem Verwaltungsrechtlichen Rehabilitierungsgesetz,
   d) dem Beruflichen Rehabilitierungsgesetz,
   e) dem Gesetz zur strafrechtlichen Rehabilitierung der nach dem 8. Mai 1945 wegen einvernehmlicher homosexueller Handlungen verurteilten Personen und
   f) dem Gesetz zur Rehabilitierung der wegen einvernehmlicher homosexueller Handlungen, wegen ihrer homosexuellen Orientierung oder

---

[1)] § 3 Nr. 16 geänd. mWv VZ 2014 durch G v. 20.2.2013 (BGBl. I S. 285).
[2)] § 3 Nr. 19 neu gef. mWv VZ 2020 durch G v. 21.12.2020 (BGBl. I S. 3096).
[3)] § 3 Nrn. 21 und 22 aufgeh. durch G v. 1.11.2011 (BGBl. I S. 2131).
[4)] § 3 Nr. 23 neu gef. mWv VZ 2021 durch G v. 16.7.2021 (BGBl. I S. 2993).

wegen ihrer geschlechtlichen Identität dienstrechtlich benachteiligten Soldatinnen und Soldaten;

24. Leistungen, die auf Grund des Bundeskindergeldgesetzes gewährt werden;

25. Entschädigungen nach dem Infektionsschutzgesetz vom 20. Juli 2000 (BGBl. I S. 1045);

26.[1] Einnahmen aus nebenberuflichen Tätigkeiten als Übungsleiter, Ausbilder, Erzieher, Betreuer oder vergleichbaren nebenberuflichen Tätigkeiten, aus nebenberuflichen künstlerischen Tätigkeiten oder der nebenberuflichen Pflege alter, kranker Menschen oder Menschen mit Behinderungen im Dienst oder im Auftrag einer juristischen Person des öffentlichen Rechts, die in einem Mitgliedstaat der Europäischen Union, in einem Staat, auf den das Abkommen über den Europäischen Wirtschaftsraum Anwendung findet, oder in der Schweiz belegen ist, oder einer unter § 5 Absatz 1 Nummer 9 des Körperschaftsteuergesetzes fallenden Einrichtung zur Förderung gemeinnütziger, mildtätiger und kirchlicher Zwecke (§§ 52 bis 54 der Abgabenordnung) bis zur Höhe von insgesamt *2400* [***ab 1.1.2021:*** 3000] Euro[2] im Jahr. [2]Überschreiten die Einnahmen für die in Satz 1 bezeichneten Tätigkeiten den steuerfreien Betrag, dürfen die mit den nebenberuflichen Tätigkeiten in unmittelbarem wirtschaftlichen Zusammenhang stehenden Ausgaben abweichend von § 3c nur insoweit als Betriebsausgaben oder Werbungskosten abgezogen werden, als sie den Betrag der steuerfreien Einnahmen übersteigen;

26a.[3] Einnahmen aus nebenberuflichen Tätigkeiten im Dienst oder Auftrag einer juristischen Person des öffentlichen Rechts, die in einem Mitgliedstaat der Europäischen Union, in einem Staat, auf den das Abkommen über den Europäischen Wirtschaftsraum Anwendung findet, oder in der Schweiz belegen ist, oder einer unter § 5 Absatz 1 Nummer 9 des Körperschaftsteuergesetzes fallenden Einrichtung zur Förderung gemeinnütziger, mildtätiger und kirchlicher Zwecke (§§ 52 bis 54 der Abgabenordnung) bis zur Höhe von insgesamt *720* [***ab 1.1.2021:*** 840] Euro[4] im Jahr. [2]Die Steuerbefreiung ist ausgeschlossen, wenn für die Einnahmen aus der Tätigkeit – ganz oder teilweise – eine Steuerbefreiung nach § 3 Nummer 12, 26 oder 26b gewährt wird. [3]Überschreiten die Einnahmen für die in Satz 1 bezeichneten Tätigkeiten den steuerfreien Betrag, dürfen die mit den nebenberuflichen Tätigkeiten in unmittelbarem wirtschaftlichen Zusammenhang stehenden Ausgaben abweichend von § 3c nur insoweit als Betriebsausgaben oder Werbungskosten abgezogen werden, als sie den Betrag der steuerfreien Einnahmen übersteigen;

---

[1] § 3 Nr. 26 Satz 2 geänd. durch G v. 8.12.2010 (BGBl. I S. 1768); Satz 1 geänd. durch G v. 11.12.2018 (BGBl. I S. 2338); zur Anwendung siehe § 52 Abs. 4 Satz 6; Satz 1 geänd. durch G v. 9.12.2020 (BGBl. I S. 2770).

[2] Betrag geänd. durch G v. 21.3.2013 (BGBl. I S. 556); geänd. mWv VZ 2021 durch G v. 21.12.2020 (BGBl. I S. 3096).

[3] § 3 Nr. 26a Satz 1 geänd. durch G v. 11.12.2018 (BGBl. I S. 2338); zur Anwendung siehe § 52 Abs. 4 Satz 6.

[4] Betrag geänd. durch G v. 21.3.2013 (BGBl. I S. 556); geänd. mWv VZ 2021 durch G v. 21.12.2020 (BGBl. I S. 3096).

26b.[1] *Aufwandsentschädigungen nach § 1835a* [**ab 1.1.2023:** Aufwandspauschalen nach § 1878] des Bürgerlichen Gesetzbuchs, soweit sie zusammen mit den steuerfreien Einnahmen im Sinne der Nummer 26 den Freibetrag nach Nummer 26 Satz 1 nicht überschreiten. [2] Nummer 26 Satz 2 gilt entsprechend;

27. der Grundbetrag der Produktionsaufgaberente und das Ausgleichsgeld nach dem Gesetz zur Förderung der Einstellung der landwirtschaftlichen Erwerbstätigkeit bis zum Höchstbetrag von 18 407 Euro;

28. die Aufstockungsbeträge im Sinne des § 3 Absatz 1 Nummer 1 Buchstabe a sowie die Beiträge und Aufwendungen im Sinne des § 3 Absatz 1 Nummer 1 Buchstabe b und des § 4 Absatz 2 des Altersteilzeitgesetzes, die Zuschläge, die versicherungsfrei Beschäftigte im Sinne des § 27 Absatz 1 Nummer 1 bis 3 des Dritten Buches Sozialgesetzbuch zur Aufstockung der Bezüge bei Altersteilzeit nach beamtenrechtlichen Vorschriften oder Grundsätzen erhalten sowie die Zahlungen des Arbeitgebers zur Übernahme der Beiträge im Sinne des § 187a des Sechsten Buches Sozialgesetzbuch, soweit sie 50 Prozent der Beiträge nicht übersteigen;

28a.[2] Zuschüsse des Arbeitgebers zum Kurzarbeitergeld und Saison-Kurzarbeitergeld, soweit sie zusammen mit dem Kurzarbeitergeld 80 Prozent des Unterschiedsbetrags zwischen dem Soll-Entgelt und dem Ist-Entgelt nach § 106 des Dritten Buches Sozialgesetzbuch nicht übersteigen und sie für Lohnzahlungszeiträume, die nach dem 29. Februar 2020 beginnen und vor dem 1. Juli 2022 enden, geleistet werden;

29. das Gehalt und die Bezüge,
    a) die die diplomatischen Vertreter ausländischer Staaten, die ihnen zugewiesenen Beamten und die in ihren Diensten stehenden Personen erhalten. [2] Dies gilt nicht für deutsche Staatsangehörige oder für im Inland ständig ansässige Personen;
    b) der Berufskonsuln, der Konsulatsangehörigen und ihres Personals, soweit sie Angehörige des Entsendestaates sind. [2] Dies gilt nicht für Personen, die im Inland ständig ansässig sind oder außerhalb ihres Amtes oder Dienstes einen Beruf, ein Gewerbe oder eine andere gewinnbringende Tätigkeit ausüben;

30. Entschädigungen für die betriebliche Benutzung von Werkzeugen eines Arbeitnehmers (Werkzeuggeld), soweit sie die entsprechenden Aufwendungen des Arbeitnehmers nicht offensichtlich übersteigen;

31. die typische Berufskleidung, die der Arbeitgeber seinem Arbeitnehmer unentgeltlich oder verbilligt überlässt; dasselbe gilt für eine Barablösung eines nicht nur einzelvertraglichen Anspruchs auf Gestellung von typischer Berufskleidung, wenn die Barablösung betrieblich veranlasst ist und die entsprechenden Aufwendungen des Arbeitnehmers nicht offensichtlich übersteigt;

---

[1] § 3 Nr. 26b eingef. durch G v. 8.12.2010 (BGBl. I S. 1768); geänd. mWv 1.1.2023 durch G v. 4.5.2021 (BGBl. I S. 882).

[2] *§ 3 Nr. 28a* eingef. durch G v. 19.6.2020 (BGBl. I S. 1385); geänd. mWv VZ 2021 durch G v. 21.12.2020 (BGBl. I S. 3096); geänd. mWv VZ 2022 durch G v. 19.6.2022 (BGBl. I S. 911).

32.[1] die unentgeltliche oder verbilligte Sammelbeförderung eines Arbeitnehmers zwischen Wohnung und erster Tätigkeitsstätte sowie bei Fahrten nach § 9 Absatz 1 Satz 3 Nummer 4a Satz 3 mit einem vom Arbeitgeber gestellten Beförderungsmittel, soweit die Sammelbeförderung für den betrieblichen Einsatz des Arbeitnehmers notwendig ist;

33. zusätzlich zum ohnehin geschuldeten Arbeitslohn erbrachte Leistungen des Arbeitgebers zur Unterbringung und Betreuung von nicht schulpflichtigen Kindern der Arbeitnehmer in Kindergärten oder vergleichbaren Einrichtungen;

34.[2] zusätzlich zum ohnehin geschuldeten Arbeitslohn erbrachte Leistungen des Arbeitgebers zur Verhinderung und Verminderung von Krankheitsrisiken und zur Förderung der Gesundheit in Betrieben, die hinsichtlich Qualität, Zweckbindung, Zielgerichtetheit und Zertifizierung den Anforderungen der §§ 20 und 20b des Fünften Buches Sozialgesetzbuch genügen, soweit sie *500* [***ab 1.1.2020:*** 600][3] Euro im Kalenderjahr nicht übersteigen;

34a.[4] zusätzlich zum ohnehin geschuldeten Arbeitslohn erbrachte Leistungen des Arbeitgebers

a) an ein Dienstleistungsunternehmen, das den Arbeitnehmer hinsichtlich der Betreuung von Kindern oder pflegebedürftigen Angehörigen berät oder hierfür Betreuungspersonen vermittelt sowie

b) zur kurzfristigen Betreuung von Kindern im Sinne des § 32 Absatz 1, die das 14. Lebensjahr noch nicht vollendet haben oder die wegen einer vor Vollendung des 25. Lebensjahres eingetretenen körperlichen, geistigen oder seelischen Behinderung außerstande sind, sich selbst zu unterhalten oder pflegebedürftigen Angehörigen des Arbeitnehmers, wenn die Betreuung aus zwingenden und beruflich veranlassten Gründen notwendig ist, auch wenn sie im privaten Haushalt des Arbeitnehmers stattfindet, soweit die Leistungen 600 Euro im Kalenderjahr nicht übersteigen;

35. die Einnahmen der bei der Deutsche Post AG, Deutsche Postbank AG oder Deutsche Telekom AG beschäftigten Beamten, soweit die Einnahmen ohne Neuordnung des Postwesens und der Telekommunikation nach den Nummern 11 bis 13 und 64 steuerfrei wären;

36.[5] Einnahmen für Leistungen zu körperbezogenen Pflegemaßnahmen, pflegerischen Betreuungsmaßnahmen oder Hilfen bei der Haushaltsführung bis zur Höhe des Pflegegeldes nach § 37 des Elften Buches Sozialgesetzbuch, mindestens aber bis zur Höhe des Entlastungsbetrages nach § 45b Absatz 1 Satz 1 des Elften Buches Sozialgesetzbuch, wenn diese

---

[1] § 3 Nr. 32 geänd. mWv VZ 2014 durch G v. 25.7.2014 (BGBl. I S. 1266).

[2] § 3 Nr. 34 neu gef. durch G v. 11.12.2018 (BGBl. I S. 2338); zur Anwendung siehe § 52 Abs. 4 Satz 7.

[3] Betrag geänd. mWv VZ 2020 durch G v. 22.11.2019 (BGBl. I S. 1746).

[4] § 3 Nr. 34a eingef. mWv VZ 2015 durch G v. 22.12.2014 (BGBl. I S. 2417).

[5] § 3 Nr. 36 Satz 1 geänd. mWv VZ 2017 durch G v. 23.12.2016 (BGBl. I S. 3191); Satz 1 geänd., Satz 2 neu gef. mWv VZ 2018 durch G v. 11.12.2018 (BGBl. I S. 2338).

Leistungen von Angehörigen des Pflegebedürftigen oder von anderen Personen, die damit eine sittliche Pflicht im Sinne des § 33 Absatz 2 gegenüber dem Pflegebedürftigen erfüllen, erbracht werden. [2]Entsprechendes gilt, wenn der Pflegebedürftige vergleichbare Leistungen aus privaten Versicherungsverträgen nach den Vorgaben des Elften Buches Sozialgesetzbuch oder nach den Beihilfevorschriften für häusliche Pflege erhält;

[***1.1.2019–31.12.2030:***

37.[1)] zusätzlich zum ohnehin geschuldeten Arbeitslohn vom Arbeitgeber gewährte Vorteile für die Überlassung eines betrieblichen Fahrrads, das kein Kraftfahrzeug im Sinne des § 6 Absatz 1 Nummer 4 Satz 2 ist;]

38.[2)] Sachprämien, die der Steuerpflichtige für die persönliche Inanspruchnahme von Dienstleistungen von Unternehmen unentgeltlich erhält, die diese zum Zwecke der Kundenbindung im allgemeinen Geschäftsverkehr in einem jedermann zugänglichen planmäßigen Verfahren gewähren, soweit der Wert der Prämien 1080 Euro im Kalenderjahr nicht übersteigt;

39.[3)] der Vorteil des Arbeitnehmers im Rahmen eines gegenwärtigen Dienstverhältnisses aus der unentgeltlichen oder verbilligten Überlassung von Vermögensbeteiligungen im Sinne des § 2 Absatz 1 Nummer 1 Buchstabe a, b und f bis l und Absatz 2 bis 5 des Fünften Vermögensbildungsgesetzes in der Fassung der Bekanntmachung vom 4. März 1994 (BGBl. I S. 406), zuletzt geändert durch Artikel 2 des Gesetzes vom 7. März 2009 (BGBl. I S. 451), in der jeweils geltenden Fassung, am Unternehmen des Arbeitgebers, soweit der Vorteil insgesamt *360 Euro* [***ab 1.7.2021:*** 1440 Euro] im Kalenderjahr nicht übersteigt. [2]Voraussetzung für die Steuerfreiheit ist, dass die Beteiligung mindestens allen Arbeitnehmern offensteht, die im Zeitpunkt der Bekanntgabe des Angebots ein Jahr oder länger ununterbrochen in einem gegenwärtigen Dienstverhältnis zum Unternehmen stehen. [3]Als Unternehmen des Arbeitgebers im Sinne des Satzes 1 gilt auch ein Unternehmen im Sinne des § 18 des Aktiengesetzes. [4]Als Wert der Vermögensbeteiligung ist der gemeine Wert anzusetzen;

40.[4)] 40 Prozent

a)[5)] der Betriebsvermögensmehrungen oder Einnahmen aus der Veräußerung oder der Entnahme von Anteilen an Körperschaften, Personenvereinigungen und Vermögensmassen, deren Leistungen beim Empfänger zu Einnahmen im Sinne des § 20 Absatz 1 Nummer 1 und 9 gehören, oder an einer Organgesellschaft im Sinne des § 14 oder § 17 des Körperschaftsteuergesetzes oder aus deren Auflösung oder Herabsetzung von deren Nenn-

---

1) § 3 Nr. 37 eingef. durch G v. 11.12.2018 (BGBl. I S. 2338); zur Anwendung siehe § 52 Abs. 4 Satz 8.

2) § 3 Nr. 38 bestätigt durch G v. 5.4.2011 (BGBl. I S. 554).

3) § 3 Nr. 39 Satz 2 neu gef. (bish. Buchst. b wird neuer Satz) mWv VZ 2009 durch G v. 8.4.2010 (BGBl. I S. 386); Satz 1 Verweis geänd. durch G v. 25.7.2014 (BGBl. I S. 1266); Satz 1 Betrag geänd. durch G v. 3.6.2021 (BGBl. I S. 1498); zur Anwendung iVm § 19a vgl. § 52 Abs. 27.

4) Zur erstmaligen bzw. zur weiteren Anwendung von § 3 Nr. 40 siehe § 52 Abs. 4 Sätze 9–13.

5) § 3 Nr. 40 Buchst. a Satz 1 geänd. mWv VZ 2014 durch G v. 25.7.2014 (BGBl. I S. 1266).

kapital oder aus dem Ansatz eines solchen Wirtschaftsguts mit dem Wert, der sich nach § 6 Absatz 1 Nummer 2 Satz 3 ergibt, soweit sie zu den Einkünften aus Land- und Forstwirtschaft, aus Gewerbebetrieb oder aus selbständiger Arbeit gehören. [2] Dies gilt nicht, soweit der Ansatz des niedrigeren Teilwerts in vollem Umfang zu einer Gewinnminderung geführt hat und soweit diese Gewinnminderung nicht durch Ansatz eines Werts, der sich nach § 6 Absatz 1 Nummer 2 Satz 3 ergibt, ausgeglichen worden ist. [3] Satz 1 gilt außer für Betriebsvermögensmehrungen aus dem Ansatz mit dem Wert, der sich nach § 6 Absatz 1 Nummer 2 Satz 3 ergibt, ebenfalls nicht, soweit Abzüge nach § 6b oder ähnliche Abzüge voll steuerwirksam vorgenommen worden sind,

b)[1] des Veräußerungspreises im Sinne des § 16 Absatz 2, soweit er auf die Veräußerung von Anteilen an Körperschaften, Personenvereinigungen und Vermögensmassen entfällt, deren Leistungen beim Empfänger zu Einnahmen im Sinne des § 20 Absatz 1 Nummer 1 und 9 gehören, oder an einer Organgesellschaft im Sinne des § 14 oder § 17 des Körperschaftsteuergesetzes. [2] Satz 1 ist in den Fällen des § 16 Absatz 3 entsprechend anzuwenden. [3] Buchstabe a Satz 3 gilt entsprechend,

c) des Veräußerungspreises oder des gemeinen Werts im Sinne des § 17 Absatz 2. [2] Satz 1 ist in den Fällen des § 17 Absatz 4 entsprechend anzuwenden,

d)[2] der Bezüge im Sinne des § 20 Absatz 1 Nummer 1 und der Einnahmen im Sinne des § 20 Absatz 1 Nummer 9. [2] Dies gilt nur, soweit sie das Einkommen der leistenden Körperschaft nicht gemindert haben. [***ab 1.1.2020:*** [3] Sofern die Bezüge in einem anderen Staat auf Grund einer vom deutschen Recht abweichenden steuerlichen Zurechnung einer anderen Person zugerechnet werden, gilt Satz 1 nur, soweit das Einkommen der anderen Person oder ihr nahestehender Personen nicht niedriger ist als bei einer dem deutschen Recht entsprechenden Zurechnung.] [4] Satz 1 Buchstabe d Satz 2 gilt nicht, soweit eine verdeckte Gewinnausschüttung das Einkommen einer dem Steuerpflichtigen nahe stehenden Person erhöht hat und § 32a des Körperschaftsteuergesetzes auf die Veranlagung dieser nahe stehenden Person keine Anwendung findet,

e) der Bezüge im Sinne des § 20 Absatz 1 Nummer 2,

f) der besonderen Entgelte oder Vorteile im Sinne des § 20 Absatz 3, die neben den in § 20 Absatz 1 Nummer 1 und Absatz 2 Satz 1 Nummer 2 Buchstabe a bezeichneten Einnahmen oder an deren Stelle gewährt werden,

g) des Gewinns aus der Veräußerung von Dividendenscheinen und sonstigen Ansprüchen im Sinne des § 20 Absatz 2 Satz 1 Nummer 2 Buchstabe a,

---

[1] § 3 Nr. 40 Buchst. b Satz 1 geänd. mWv VZ 2014 durch G v. 25.7.2014 (BGBl. I S. 1266).

[2] § 3 Nr. 40 Satz 1 Buchst. d Satz 2 neu gef. durch G v. 26.6.2013 (BGBl. I S. 1809); zur Anwendung siehe § 52 Abs. 4 Satz 13; Satz 3 eingef., bish. Satz 3 wird Satz 4 durch G v. 25.6.2021 (BGBl. I S. 2035); zur Anwendung siehe § 52 Abs. 4 Satz 10.

h) des Gewinns aus der Abtretung von Dividendenansprüchen oder sonstigen Ansprüchen im Sinne des § 20 Absatz 2 Satz 1 Nummer 2 Buchstabe a in Verbindung mit § 20 Absatz 2 Satz 2,

i) der Bezüge im Sinne des § 22 Nummer 1 Satz 2, soweit diese von einer nicht von der Körperschaftsteuer befreiten Körperschaft, Personenvereinigung oder Vermögensmasse stammen.

[2]Dies gilt für Satz 1 Buchstabe d bis h nur in Verbindung mit § 20 Absatz 8. [3]Satz 1 Buchstabe a, b und d bis h ist nicht anzuwenden auf Anteile, die bei Kreditinstituten *und Finanzdienstleistungsinstituten* [***ab 26.6.2021:*** , Finanzdienstleistungsinstituten und Wertpapierinstituten] dem Handelsbestand im Sinne des § 340e Absatz 3 des Handelsgesetzbuchs zuzuordnen sind; Gleiches gilt für Anteile, die bei Finanzunternehmen im Sinne des Kreditwesengesetzes, an denen Kreditinstitute *oder Finanzdienstleistungsinstitute* [***ab 26.6.2021:*** , Finanzdienstleistungsinstitute oder Wertpapierinstitute][1)] unmittelbar oder mittelbar zu mehr als 50 Prozent beteiligt sind, zum Zeitpunkt des Zugangs zum Betriebsvermögen als Umlaufvermögen auszuweisen sind. [4]Satz 1 ist nicht anzuwenden bei Anteilen an Unterstützungskassen;

40a.[2)] 40 Prozent[3)] der Vergütungen im Sinne des § 18 Absatz 1 Nummer 4;

41.[4)] *a) Gewinnausschüttungen, soweit für das Kalenderjahr oder Wirtschaftsjahr, in dem sie bezogen werden, oder für die vorangegangenen sieben Kalenderjahre oder Wirtschaftsjahre aus einer Beteiligung an derselben ausländischen Gesellschaft Hinzurechnungsbeträge (§ 10 Absatz 2 des Außensteuergesetzes) der Einkommensteuer unterlegen haben, § 11 Absatz 1 und 2 des Außensteuergesetzes in der Fassung des Artikels 12 des Gesetzes vom 21. Dezember 1993 (BGBl. I S. 2310) nicht anzuwenden war und der Steuerpflichtige dies nachweist; § 3c Absatz 2 gilt entsprechend;*

b) Gewinne aus der Veräußerung eines Anteils an einer ausländischen Kapitalgesellschaft sowie aus deren Auflösung oder Herabsetzung ihres Kapitals, soweit für das Kalenderjahr oder Wirtschaftsjahr, in dem sie bezogen werden, oder für die vorangegangenen sieben Kalenderjahre oder Wirtschaftsjahre aus einer Beteiligung an derselben ausländischen Gesellschaft Hinzurechnungsbeträge (§ 10 Absatz 2 des Außensteuergesetzes) der Einkommensteuer unterlegen haben, § 11 Absatz 1 und 2 des Außensteuergesetzes in der Fassung des Artikels 12 des Gesetzes vom 21. Dezember 1993 (BGBl. I S. 2310) nicht anzuwenden war, der Steuerpflichtige dies nachweist und der Hinzurechnungsbetrag ihm nicht als Gewinnanteil zugeflossen ist.

[2]*Die Prüfung, ob Hinzurechnungsbeträge der Einkommensteuer unterlegen haben, erfolgt im Rahmen der gesonderten Feststellung nach § 18 des Außensteuergesetzes;*

---

1) § 3 Nr. 40 Satz 3 neu gef., Satz 4 aufgeh. durch G v. 20.12.2016 (BGBl. I S. 3000); zur Anwendung von Satz 3 1. und 2. HS vgl. § 52 Abs. 4 Satz 12; Satz 4 angef. mWv VZ 2016 durch G v. 2.11.2015 (BGBl. I S. 1834); Satz 3 geänd. mWv 26.6.2021 durch G v. 12.5.2021 (BGBl. I S. 990).

2) Zur Anwendung siehe § 52 Abs. 4 Sätze 14 und 15.

3) Zur Anwendung siehe § 52 Abs. 4 Satz 15.

4) § 3 Nr. 41 aufgeh. durch G v. 25.6.2021 (BGBl. I S. 2035); zur letztmaligen Anwendung für VZ 2021 siehe § 52 Abs. 4 Satz 16.

42. die Zuwendungen, die auf Grund des Fulbright-Abkommens gezahlt werden;

43. der Ehrensold für Künstler sowie Zuwendungen aus Mitteln der Deutschen Künstlerhilfe, wenn es sich um Bezüge aus öffentlichen Mitteln handelt, die wegen der Bedürftigkeit des Künstlers gezahlt werden;

44.[1] Stipendien, die aus öffentlichen Mitteln oder von zwischenstaatlichen oder überstaatlichen Einrichtungen, denen die Bundesrepublik Deutschland als Mitglied angehört, zur Förderung der Forschung oder zur Förderung der wissenschaftlichen oder künstlerischen Ausbildung oder Fortbildung gewährt werden. [2]Das Gleiche gilt für Stipendien, die zu den in Satz 1 bezeichneten Zwecken von einer Einrichtung, die von einer Körperschaft des öffentlichen Rechts errichtet ist oder verwaltet wird, oder von einer Körperschaft, Personenvereinigung oder Vermögensmasse im Sinne des § 5 Absatz 1 Nummer 9 des Körperschaftsteuergesetzes gegeben werden. [3]Voraussetzung für die Steuerfreiheit ist, dass

a) die Stipendien einen für die Erfüllung der Forschungsaufgabe oder für die Bestreitung des Lebensunterhalts und die Deckung des Ausbildungsbedarfs erforderlichen Betrag nicht übersteigen und nach den von dem Geber erlassenen Richtlinien vergeben werden,

b) der Empfänger im Zusammenhang mit dem Stipendium nicht zu einer bestimmten wissenschaftlichen oder künstlerischen Gegenleistung oder zu einer bestimmten Arbeitnehmertätigkeit verpflichtet ist;

45.[2] die Vorteile des Arbeitnehmers aus der privaten Nutzung von betrieblichen Datenverarbeitungsgeräten und Telekommunikationsgeräten sowie deren Zubehör, aus zur privaten Nutzung überlassenen System- und Anwendungsprogrammen, die der Arbeitgeber auch in seinem Betrieb einsetzt, und aus den im Zusammenhang mit diesen Zuwendungen erbrachten Dienstleistungen. [2]Satz 1 gilt entsprechend für Steuerpflichtige, denen die Vorteile im Rahmen einer Tätigkeit zugewendet werden, für die sie eine Aufwandsentschädigung im Sinne des § 3 Nummer 12 erhalten;

[***vom 1.1.2017 bis 31.12.2030:***[3]

46. zusätzlich zum ohnehin geschuldeten Arbeitslohn vom Arbeitgeber gewährte Vorteile für das elektrische Aufladen eines Elektrofahrzeugs oder Hybridelektrofahrzeugs im Sinne des § 6 Absatz 1 Nummer 4 Satz 2 zweiter Halbsatz an einer ortsfesten betrieblichen Einrichtung des Arbeitgebers oder eines verbundenen Unternehmens (§ 15 des Aktiengesetzes) und für die zur privaten Nutzung überlassene betriebliche Ladevorrichtung;]

47. Leistungen nach § 14 a Absatz 4 und § 14 b des Arbeitsplatzschutzgesetzes;

---

[1] § 3 Nr. 44 geänd. mWv VZ 2011 durch G v. 1.11.2011 (BGBl. I S. 2131).

[2] § 3 Nr. 45 neu gef. durch G v. 8.5.2012 (BGBl. I S. 1030); Satz 2 angef. mWv VZ 2015 durch G v. 22.12.2014 (BGBl. I S. 2417).

[3] § 3 Nr. 46 eingef. durch G v. 7.11.2016 (BGBl. I S. 2498); zur Anwendung siehe § 52 Abs. 4 Satz 17.

48.[1] Leistungen nach dem Unterhaltssicherungsgesetz mit Ausnahme der Leistungen nach § 6 des Unterhaltssicherungsgesetzes;

49.[2] *(aufgehoben)*

50. die Beträge, die der Arbeitnehmer vom Arbeitgeber erhält, um sie für ihn auszugeben (durchlaufende Gelder), und die Beträge, durch die Auslagen des Arbeitnehmers für den Arbeitgeber ersetzt werden (Auslagenersatz);

51. Trinkgelder, die anlässlich einer Arbeitsleistung dem Arbeitnehmer von Dritten freiwillig und ohne dass ein Rechtsanspruch auf sie besteht, zusätzlich zu dem Betrag gegeben werden, der für diese Arbeitsleistung zu zahlen ist;

52. (weggefallen)

53.[3] die Übertragung von Wertguthaben nach § 7f Absatz 1 Satz 1 Nummer 2 des Vierten Buches Sozialgesetzbuch auf die Deutsche Rentenversicherung Bund. [2]Die Leistungen aus dem Wertguthaben durch die Deutsche Rentenversicherung Bund gehören zu den Einkünften aus nichtselbständiger Arbeit im Sinne des § 19. [3]Von ihnen ist Lohnsteuer einzubehalten;

54. Zinsen aus Entschädigungsansprüchen für deutsche Auslandsbonds im Sinne der §§ 52 bis 54 des Bereinigungsgesetzes für deutsche Auslandsbonds in der im Bundesgesetzblatt Teil III, Gliederungsnummer 4139-2, veröffentlichten bereinigten Fassung, soweit sich die Entschädigungsansprüche gegen den Bund oder die Länder richten. [2]Das Gleiche gilt für die Zinsen aus Schuldverschreibungen und Schuldbuchforderungen, die nach den §§ 9, 10 und 14 des Gesetzes zur näheren Regelung der Entschädigungsansprüche für Auslandsbonds in der im Bundesgesetzblatt Teil III, Gliederungsnummer 4139-3, veröffentlichten bereinigten Fassung vom Bund oder von den Ländern für Entschädigungsansprüche erteilt oder eingetragen werden;

55.[4] der in den Fällen des § 4 Absatz 2 Nummer 2 und Absatz 3 des Betriebsrentengesetzes vom 19. Dezember 1974 (BGBl. I S. 3610), das zuletzt durch Artikel 8 des Gesetzes vom 5. Juli 2004 (BGBl. I S. 1427) geändert worden ist, in der jeweils geltenden Fassung geleistete Übertragungswert nach § 4 Absatz 5 des Betriebsrentengesetzes, wenn die betriebliche Altersversorgung beim ehemaligen und neuen Arbeitgeber über einen Pensionsfonds, eine Pensionskasse oder ein Unternehmen der Lebensversicherung durchgeführt wird; dies gilt auch, wenn eine Versorgungsanwartschaft aus einer betrieblichen Altersversorgung auf Grund vertraglicher Vereinbarung ohne Fristerfordernis unverfallbar ist. [2]Satz 1 gilt auch, wenn der Übertragungswert vom ehemaligen Arbeitgeber oder von einer Unterstützungskasse an den neuen Arbeitgeber oder eine andere Unterstützungskasse geleistet wird. [3]Die Leistungen des neuen Arbeitgebers, der Unterstützungskasse, des Pen-

---

[1] § 3 Nr. 48 geänd. mWv VZ 2015 durch G v. 29.6.2015 (BGBl. I S. 1061); geänd. mWv VZ 2020 durch G v. 12.12.2019 (BGBl. I S. 2451).

[2] § 3 Nr. 49 aufgeh. mWv VZ 2011 durch G v. 1.11.2011 (BGBl. I S. 2131).

[3] § 3 Nr. 53 eingef. mWv VZ 2009 durch G v. 19.12.2008 (BGBl. I S. 2794).

[4] Siehe § 82 Abs. 4 Nr. 5; § 3 Nr. 55 Satz 1 HS 2 angef. mWv VZ 2018 durch G v. 17.8.2017 (BGBl. I S. 3214).

sionsfonds, der Pensionskasse oder des Unternehmens der Lebensversicherung auf Grund des Betrags nach Satz 1 und 2 gehören zu den Einkünften, zu denen die Leistungen gehören würden, wenn die Übertragung nach § 4 Absatz 2 Nummer 2 und Absatz 3 des Betriebsrentengesetzes nicht stattgefunden hätte;

55a.[1) · 2)] die nach § 10 des Versorgungsausgleichsgesetzes vom 3. April 2009 (BGBl. I S. 700) in der jeweils geltenden Fassung (interne Teilung) durchgeführte Übertragung von Anrechten für die ausgleichsberechtigte Person zu Lasten von Anrechten der ausgleichspflichtigen Person. [2]Die Leistungen aus diesen Anrechten gehören bei der ausgleichsberechtigten Person zu den Einkünften, zu denen die Leistungen bei der ausgleichspflichtigen Person gehören würden, wenn die interne Teilung nicht stattgefunden hätte;

55b.[3)] der nach § 14 des Versorgungsausgleichsgesetzes (externe Teilung) geleistete Ausgleichswert zur Begründung von Anrechten für die ausgleichsberechtigte Person zu Lasten von Anrechten der ausgleichspflichtigen Person, soweit Leistungen aus diesen Anrechten zu steuerpflichtigen Einkünften nach den §§ 19, 20 und 22 führen würden. [2]Satz 1 gilt nicht, soweit Leistungen, die auf dem begründeten Anrecht beruhen, bei der ausgleichsberechtigten Person zu Einkünften nach § 20 Absatz 1 Nummer 6 oder § 22 Nummer 1 Satz 3 Buchstabe a Doppelbuchstabe bb führen würden. [3]Der Versorgungsträger der ausgleichspflichtigen Person hat den Versorgungsträger der ausgleichsberechtigten Person über die für die Besteuerung der Leistungen erforderlichen Grundlagen zu informieren. [4]Dies gilt nicht, wenn der Versorgungsträger der ausgleichsberechtigten Person die Grundlagen bereits kennt oder aus den bei ihm vorhandenen Daten feststellen kann und dieser Umstand dem Versorgungsträger der ausgleichspflichtigen Person mitgeteilt worden ist;

55c.[4) · 5)] Übertragungen von Altersvorsorgevermögen im Sinne des § 92 auf einen anderen auf den Namen des Steuerpflichtigen lautenden Altersvorsorgevertrag (§ 1 Absatz 1 Satz 1 Nummer 10 Buchstabe b des Altersvorsorgeverträge-Zertifizierungsgesetzes), soweit die Leistungen zu steuerpflichtigen Einkünften nach § 22 Nummer 5 führen würden. [2]Dies gilt entsprechend,

a) wenn Anwartschaften aus einer betrieblichen Altersversorgung, die über einen Pensionsfonds, eine Pensionskasse oder ein Unternehmen der Lebensversicherung (Direktversicherung) durchgeführt wird, lediglich auf einen anderen Träger einer betrieblichen Altersversorgung in Form eines Pensionsfonds, einer Pensionskasse oder eines Unternehmens der Lebensversicherung (Direktversicherung) übertragen werden, soweit keine Zahlungen unmittelbar an den Arbeitnehmer erfolgen,

---

1) Siehe § 82 Abs. 4 Nr. 5.

2) § 3 Nr. 55a eingef. durch G v. 3.4.2009 (BGBl. I S. 700); siehe § 82 Abs. 4 Nr. 5.

3) § 3 Nr. 55b eingef. durch G v. 3.4.2009 (BGBl. I S. 700); siehe § 82 Abs. 4 Nr. 5.

4) Siehe § 82 Abs. 4 Nr. 5.

5) § 3 Nr. 55c eingef. mWv VZ 2011 durch G v. 7.12.2011 (BGBl. I S. 2592); Satz 2 Buchst. a eingef., bish. Buchst. a und b werden Buchst. b und c mWv 1.1.2018 durch G v. 17.8.2017 (BGBl. I S. 3214).

b) wenn Anwartschaften der betrieblichen Altersversorgung abgefunden werden, soweit das Altersvorsorgevermögen zugunsten eines auf den Namen des Steuerpflichtigen lautenden Altersvorsorgevertrages geleistet wird,

c)[1] wenn im Fall des Todes des Steuerpflichtigen das Altersvorsorgevermögen auf einen auf den Namen des Ehegatten lautenden Altersvorsorgevertrag übertragen wird, wenn die Ehegatten im Zeitpunkt des Todes des Zulageberechtigten nicht dauernd getrennt gelebt haben (§ 26 Absatz 1) und ihren Wohnsitz oder gewöhnlichen Aufenthalt in einem Mitgliedstaat der Europäischen Union oder einen Staat hatten, auf den das Abkommen über den Europäischen Wirtschaftsraum anwendbar ist; dies gilt auch, wenn die Ehegatten ihren vor dem Zeitpunkt, ab dem das Vereinigte Königreich Großbritannien und Nordirland nicht mehr Mitgliedstaat der Europäischen Union ist und auch nicht wie ein solcher zu behandeln ist, begründeten Wohnsitz oder gewöhnlichen Aufenthalt im Vereinigten Königreich Großbritannien und Nordirland hatten und der Vertrag vor dem 23. Juni 2016 abgeschlossen worden ist;

55d.[2] Übertragungen von Anrechten aus einem nach § 5a Altersvorsorgeverträge-Zertifizierungsgesetz zertifizierten Vertrag auf einen anderen auf den Namen des Steuerpflichtigen lautenden nach § 5a Altersvorsorgeverträge-Zertifizierungsgesetz zertifizierten Vertrag;

55e.[2] die auf Grund eines Abkommens mit einer zwischen- oder überstaatlichen Einrichtung übertragenen Werte von Anrechten auf Altersversorgung, soweit diese zur Begründung von Anrechten auf Altersversorgung bei einer zwischen- oder überstaatlichen Einrichtung dienen. [2]Die Leistungen auf Grund des Betrags nach Satz 1 gehören zu den Einkünften, zu denen die Leistungen gehören, die die übernehmende Versorgungseinrichtung im Übrigen erbringt;

56.[3] Zuwendungen des Arbeitgebers nach § 19 Absatz 1 Satz 1 Nummer 3 Satz 1 aus dem ersten Dienstverhältnis an eine Pensionskasse zum Aufbau einer nicht kapitalgedeckten betrieblichen Altersversorgung, bei der eine Auszahlung der zugesagten Alters-, Invaliditäts- oder Hinterbliebenenversorgung entsprechend § 82 Absatz 2 Satz 2 vorgesehen ist, soweit diese Zuwendungen im Kalenderjahr 2 Prozent der Beitragsbemessungsgrenze in der allgemeinen Rentenversicherung nicht übersteigen. [2]Der in Satz 1 genannte Höchstbetrag erhöht sich ab 1. Januar 2020 auf 3 Prozent und ab 1. Januar 2025 auf 4 Prozent der Beitragsbemessungsgrenze in der allgemeinen Rentenversicherung. [3]Die Beträge nach den Sätzen 1 und 2 sind jeweils um die nach § 3 Nummer 63 Satz 1, 3 oder Satz 4 steuerfreien Beträge zu mindern;

---

[1] § 3 Nr. 55c Satz 2 Buchst. c HS 2 angef. mWv 29.3.2019 durch Brexit-StBG v. 25.3.2019 (BGBl. I S. 357).

[2] § 3 Nr. 55d und 55e eingef. mWv VZ 2011 durch G v. 7.12.2011 (BGBl. I S. 2592).

[3] § 3 Nr. 56 Satz 1 und 2 geänd. mWv 1.1.2018 durch G v. 17.8.2017 (BGBl. I S. 3214); geänd. mWv 15.12.2018 durch G v. 11.12.2018 (BGBl. I S. 2338).

57. die Beträge, die die Künstlersozialkasse zugunsten des nach dem Künstlersozialversicherungsgesetz Versicherten aus dem Aufkommen von Künstlersozialabgabe und Bundeszuschuss an einen Träger der Sozialversicherung oder an den Versicherten zahlt;

58. das Wohngeld nach dem Wohngeldgesetz, die sonstigen Leistungen aus öffentlichen Haushalten oder Zweckvermögen zur Senkung der Miete oder Belastung im Sinne des § 11 Absatz 2 Nummer 4 des Wohngeldgesetzes sowie öffentliche Zuschüsse zur Deckung laufender Aufwendungen und Zinsvorteile bei Darlehen, die aus öffentlichen Haushalten gewährt werden, für eine zu eigenen Wohnzwecken genutzte Wohnung im eigenen Haus oder eine zu eigenen Wohnzwecken genutzte Eigentumswohnung, soweit die Zuschüsse und Zinsvorteile die Vorteile aus einer entsprechenden Förderung mit öffentlichen Mitteln nach dem *Zweiten Wohnungsbaugesetz*[1], dem Wohnraumförderungsgesetz oder einem Landesgesetz zur Wohnraumförderung nicht überschreiten, der Zuschuss für die Wohneigentumsbildung in innerstädtischen Altbauquartieren nach den Regelungen zum Stadtumbau Ost in den Verwaltungsvereinbarungen über die Gewährung von Finanzhilfen des Bundes an die Länder nach Artikel 104a Absatz 4 des Grundgesetzes zur Förderung städtebaulicher Maßnahmen;

59. die Zusatzförderung nach *§ 88e des Zweiten Wohnungsbaugesetzes*[1] und nach § 51f des Wohnungsbaugesetzes für das Saarland und Geldleistungen, die ein Mieter zum Zwecke der Wohnkostenentlastung nach dem Wohnraumförderungsgesetz oder einem Landesgesetz zur Wohnraumförderung erhält, soweit die Einkünfte dem Mieter zuzurechnen sind, und die Vorteile aus einer mietweisen Wohnungsüberlassung im Zusammenhang mit einem Arbeitsverhältnis, soweit sie die Vorteile aus einer entsprechenden Förderung nach dem *Zweiten Wohnungsbaugesetz*[1], nach dem Wohnraumförderungsgesetz oder einem Landesgesetz zur Wohnraumförderung nicht überschreiten;

[bis 13.8.2020 geltende Fassung:][2]

60. Leistungen aus öffentlichen Mitteln an Arbeitnehmer des Steinkohlen-, Pechkohlen- und Erzbergbaues, des Braunkohlentiefbaues und der Eisen- und Stahlindustrie aus Anlass von Stilllegungs-, Einschränkungs-, Umstellungs- oder Rationalisierungsmaßnahmen;

[ab 14.8.2020 geltende Fassung:][3]

60. das Anpassungsgeld für Arbeitnehmer der Braunkohlekraftwerke und -tagebaue sowie Steinkohlekraftwerke, die aus Anlass einer Stilllegungsmaßnahme ihren Arbeitsplatz verloren haben;

1) Zweites Wohnungsbaugesetz aufgeh. mWv 1.1.2002 durch WoFG v. 13.9.2001 (BGBl. I S. 2376); zur weiteren Anwendung siehe § 48 WoFG v. 13.9.2001 (BGBl. I S. 2376).
2) Vgl. zur weiteren Anwendung § 52 Abs. 4 Satz 18.
3) § 3 Nr. 60 neu gef. mWv 14.8.2020 durch G v. 8.8.2020 (BGBl. I S. 1818).

61. Leistungen nach § 4 Absatz 1 Nummer 2, § 7 Absatz 3, §§ 9, 10 Absatz 1, §§ 13, 15 des Entwicklungshelfer-Gesetzes;

62. Ausgaben des Arbeitgebers für die Zukunftssicherung des Arbeitnehmers, soweit der Arbeitgeber dazu nach sozialversicherungsrechtlichen oder anderen gesetzlichen Vorschriften oder nach einer auf gesetzlicher Ermächtigung beruhenden Bestimmung verpflichtet ist, und es sich nicht um Zuwendungen oder Beiträge des Arbeitgebers nach den Nummern 56, 63 und 63a[1)] handelt. [2]Den Ausgaben des Arbeitgebers für die Zukunftssicherung, die auf Grund gesetzlicher Verpflichtung geleistet werden, werden gleichgestellt Zuschüsse des Arbeitgebers zu den Aufwendungen des Arbeitnehmers
    a) für eine Lebensversicherung,
    b) für die freiwillige Versicherung in der gesetzlichen Rentenversicherung,
    c) für eine öffentlich-rechtliche Versicherungs- oder Versorgungseinrichtung seiner Berufsgruppe,

    wenn der Arbeitnehmer von der Versicherungspflicht in der gesetzlichen Rentenversicherung befreit worden ist. [3]Die Zuschüsse sind nur insoweit steuerfrei, als sie insgesamt bei Befreiung von der Versicherungspflicht in der allgemeinen Rentenversicherung die Hälfte und bei Befreiung von der Versicherungspflicht in der knappschaftlichen Rentenversicherung zwei Drittel der Gesamtaufwendungen des Arbeitnehmers nicht übersteigen und nicht höher sind als der Betrag, der als Arbeitgeberanteil bei Versicherungspflicht in der allgemeinen Rentenversicherung oder in der knappschaftlichen Rentenversicherung zu zahlen wäre;[2)]

63.[3)] Beiträge des Arbeitgebers aus dem ersten Dienstverhältnis an einen Pensionsfonds, eine Pensionskasse oder für eine Direktversicherung zum Aufbau einer kapitalgedeckten betrieblichen Altersversorgung, bei der eine Auszahlung der zugesagten Alters-, Invaliditäts- oder Hinterbliebenenversorgungsleistungen entsprechend § 82 Absatz 2 Satz 2 vorgesehen ist, soweit die Beiträge im Kalenderjahr 8 Prozent[4)] der Beitragsbemessungsgrenze in der allgemeinen Rentenversicherung nicht übersteigen. [2]Dies gilt nicht, soweit der Arbeitnehmer nach § 1a Absatz 3 des Betriebsrentengesetzes verlangt hat, dass die Voraussetzungen für eine Förderung nach § 10a oder Abschnitt XI erfüllt werden. [3]Aus Anlass der Beendigung des Dienstverhätnisses geleistete Beiträge im Sinne des Satzes 1 sind steuerfrei, soweit sie 4 Prozent der Beitragsbemessungsgrenze in der allgemeinen Rentenversicherung, vervielfältigt mit der Anzahl der Kalenderjahre, in denen das Dienstverhältnis des Arbeitnehmers zu dem Arbeitgeber bestanden hat, höchstens jedoch zehn Kalenderjahre, nicht übersteigen.

[1)] Verweis geänd. mWv 1.1.2018 durch G v. 17.8.2017 (BGBl. I S. 3214).

[2)] § 3 Nr. 62 Satz 4 aufgeh. mWv 1.1.2018 durch G v. 17.8.2017 (BGBl. I S. 3214).

[3)] Zur Anwendung siehe § 52 Abs. 4 Sätze 19 und 20; § 3 Nr. 63 Satz 1 geänd. mWv *15.12.2018 durch* G v. 11.12.2018 (BGBl. I S. 2338).

[4)] § 3 Nr. 63 Satz 1 geänd. durch G v. 17.8.2017 (BGBl. I S. 3214); zur Anwendung siehe § 52 Abs. 4 Satz 19.

[4]Beiträge im Sinne des Satzes 1, die für Kalenderjahre nachgezahlt werden, in denen das erste Dienstverhältnis ruhte und vom Arbeitgeber im Inland kein steuerpflichtiger Arbeitslohn bezogen wurde, sind steuerfrei, soweit sie 8 Prozent der Beitragsbemessungsgrenze in der allgemeinen Rentenversicherung, vervielfältigt mit der Anzahl dieser Kalenderjahre, höchstens jedoch zehn Kalenderjahre, nicht übersteigen;[1)]

63a.[2)] Sicherungsbeiträge des Arbeitgebers nach § 23 Absatz 1 des Betriebsrentengesetzes, soweit sie nicht unmittelbar dem einzelnen Arbeitnehmer gutgeschrieben oder zugerechnet werden;

64. bei Arbeitnehmern, die zu einer inländischen juristischen Person des öffentlichen Rechts in einem Dienstverhältnis stehen und dafür Arbeitslohn aus einer inländischen öffentlichen Kasse beziehen, die Bezüge für eine Tätigkeit im Ausland insoweit, als sie den Arbeitslohn übersteigen, der dem Arbeitnehmer bei einer gleichwertigen Tätigkeit am Ort der zahlenden öffentlichen Kasse zustehen würde. [2]Satz 1 gilt auch, wenn das Dienstverhältnis zu einer anderen Person besteht, die den Arbeitslohn entsprechend den im Sinne des Satzes 1 geltenden Vorschriften ermittelt, der Arbeitslohn aus einer öffentlichen Kasse gezahlt wird und ganz oder im Wesentlichen aus öffentlichen Mitteln aufgebracht wird. [3]Bei anderen für einen begrenzten Zeitraum in das Ausland entsandten Arbeitnehmern, die dort einen Wohnsitz oder gewöhnlichen Aufenthalt haben, ist der ihnen von einem inländischen Arbeitgeber gewährte Kaufkraftausgleich steuerfrei, soweit er den für vergleichbare Auslandsdienstbezüge nach § 55 des Bundesbesoldungsgesetzes zulässigen Betrag nicht übersteigt;

65.[3)] a) Beiträge des Trägers der Insolvenzsicherung (§ 14 des Betriebsrentengesetzes)[4)] zugunsten eines Versorgungsberechtigten und seiner Hinterbliebenen an eine Pensionskasse oder ein Unternehmen der Lebensversicherung zur Ablösung von Verpflichtungen, die der Träger der Insolvenzsicherung im Sicherungsfall gegenüber dem Versorgungsberechtigten und seinen Hinterbliebenen hat,

b) Leistungen zur Übernahme von Versorgungsleistungen oder unverfallbaren Versorgungsanwartschaften durch eine Pensionskasse oder ein Unternehmen der Lebensversicherung in den in § 4 Absatz 4 des Betriebsrentengesetzes[4)] bezeichneten Fällen,

c) der Erwerb von Ansprüchen durch den Arbeitnehmer gegenüber einem Dritten im Fall der Eröffnung des Insolvenzverfahrens oder in den Fällen des § 7 Absatz 1 Satz 4 des Betriebsrentengesetzes[2)], soweit der Dritte neben dem Arbeitgeber für die Erfüllung von Ansprüchen auf Grund bestehender Versorgungsverpflichtungen oder Versorgungsanwartschaften gegenüber dem Arbeitnehmer und dessen Hinterbliebe-

---

[1)] § 3 Nr. 63 Sätze 3 und 4 neu gef. durch G v. 17.8.2017 (BGBl. I S. 3214); zur Anwendung von Satz 3 siehe § 52 Abs. 4 Satz 20.

[2)] § 3 Nr. 63a eingef. mWv VZ 2018 durch G v. 17.8.2017 (BGBl. I S. 3214).

[3)] § 3 Nr. 65 Satz 5 angef. mWv VZ 2018 durch G v. 17.8.2017 (BGBl. I S. 3214).

[4)] Nr. **70**.

nen einsteht; dies gilt entsprechend, wenn der Dritte für Wertguthaben aus einer Vereinbarung über die Altersteilzeit nach dem Altersteilzeitgesetz vom 23. Juli 1996 (BGBl. I S. 1078), zuletzt geändert durch Artikel 234 der Verordnung vom 31. Oktober 2006 (BGBl. I S. 2407), in der jeweils geltenden Fassung oder auf Grund von Wertguthaben aus einem Arbeitszeitkonto in den im ersten Halbsatz genannten Fällen für den Arbeitgeber einsteht und

d)[1] der Erwerb von Ansprüchen durch den Arbeitnehmer im Zusammenhang mit dem Eintritt in die Versicherung nach § 8 Absatz 3 des Betriebsrentengesetzes.

²In den Fällen nach Buchstabe a, b und c gehören die Leistungen der Pensionskasse, des Unternehmens der Lebensversicherung oder des Dritten zu den Einkünften, zu denen jene Leistungen gehören würden, die ohne Eintritt eines Falles nach Buchstabe a, b und c zu erbringen wären. ³Soweit sie zu den Einkünften aus nichtselbständiger Arbeit im Sinne des § 19 gehören, ist von ihnen Lohnsteuer einzubehalten. ⁴Für die Erhebung der Lohnsteuer gelten die Pensionskasse, das Unternehmen der Lebensversicherung oder der Dritte als Arbeitgeber und der Leistungsempfänger als Arbeitnehmer. ⁵Im Fall des Buchstaben d gehören die Versorgungsleistungen des Unternehmens der Lebensversicherung oder der Pensionskasse, soweit sie auf Beiträgen beruhen, die bis zum Eintritt des Arbeitnehmers in die Versicherung geleistet wurden, zu den sonstigen Einkünften im Sinne des § 22 Nummer 5 Satz 1; soweit der Arbeitnehmer in den Fällen des § 8 Absatz 3 des Betriebsrentengesetzes[2] die Versicherung mit eigenen Beiträgen fortgesetzt hat, sind die auf diesen Beiträgen beruhenden Versorgungsleistungen sonstige Einkünfte im Sinne des § 22 Nummer 5 Satz 1 oder Satz 2;

66. Leistungen eines Arbeitgebers oder einer Unterstützungskasse an einen Pensionsfonds zur Übernahme bestehender Versorgungsverpflichtungen oder Versorgungsanwartschaften durch den Pensionsfonds, wenn ein Antrag nach § 4d Absatz 3 oder § 4e Absatz 3 gestellt worden ist;

67.[2] a) das Erziehungsgeld nach dem Bundeserziehungsgeldgesetz[3] und vergleichbare Leistungen der Länder,

b) das Elterngeld nach dem Bundeselterngeld- und Elternzeitgesetz[4] und vergleichbare Leistungen der Länder,

c) Leistungen für Kindererziehung an Mütter der Geburtsjahrgänge vor 1921 nach den §§ 294 bis 299 des Sechsten Buches Sozialgesetzbuch sowie

d) Zuschläge, die nach den §§ 50a bis 50e des Beamtenversorgungsgesetzes oder nach den *§§ 70 bis 74* [***ab 1.1.2025:*** §§ 96 bis 100] des Soldatenversorgungsgesetzes oder nach vergleichbaren Regelungen der Länder

---

[1] § 3 Nr. 65 Satz 1 Buchst. d angef. mWv VZ 2018 durch G v. 17.8.2017 (BGBl. I S. 3214).

[2] § 3 Nr. 67 neu gef. mWv VZ 2015 durch G v. 22.12.2014 (BGBl. I S. 2417); Nr. 67 *Buchst. d geänd. mWv 1.1.2025* durch G v. 20.8.2021 (BGBl. I S. 3932).

[3] Nr. **61**.

[4] Nr. **62**.

für ein vor dem 1. Januar 2015 geborenes Kind oder für eine vor dem 1. Januar 2015 begonnene Zeit der Pflege einer pflegebedürftigen Person zu gewähren sind; im Falle des Zusammentreffens von Zeiten für mehrere Kinder nach § 50b des Beamtenversorgungsgesetzes oder *§ 71* [***ab 1.1.2025:*** § 97] des Soldatenversorgungsgesetzes oder nach vergleichbaren Regelungen der Länder gilt dies, wenn eines der Kinder vor dem 1. Januar 2015 geboren ist;

68. die Hilfen nach dem Gesetz über die Hilfe für durch Anti-D-Immunprophylaxe mit dem Hepatitis-C-Virus infizierte Personen vom 2. August 2000 (BGBl. I S. 1270);

69. die von der Stiftung „Humanitäre Hilfe für durch Blutprodukte HIV-infizierte Personen" nach dem HIV-Hilfegesetz vom 24. Juli 1995 (BGBl. I S. 972) gewährten Leistungen;

70. die Hälfte

a) der Betriebsvermögensmehrungen oder Einnahmen aus der Veräußerung von Grund und Boden und Gebäuden, die am 1. Januar 2007 mindestens fünf Jahre zum Anlagevermögen eines inländischen Betriebsvermögens des Steuerpflichtigen gehören, wenn diese auf Grund eines nach dem 31. Dezember 2006 und vor dem 1. Januar 2010 rechtswirksam abgeschlossenen obligatorischen Vertrages an eine REIT-Aktiengesellschaft oder einen Vor-REIT veräußert werden,

b) der Betriebsvermögensmehrungen, die auf Grund der Eintragung eines Steuerpflichtigen in das Handelsregister als REIT-Aktiengesellschaft im Sinne des REIT-Gesetzes vom 28. Mai 2007 (BGBl. I S. 914) durch Anwendung des § 13 Absatz 1 und 3 Satz 1 des Körperschaftsteuergesetzes auf Grund und Boden und Gebäude entstehen, wenn diese Wirtschaftsgüter vor dem 1. Januar 2005 angeschafft oder hergestellt wurden, und die Schlussbilanz im Sinne des § 13 Absatz 1 und 3 des Körperschaftsteuergesetzes auf einen Zeitpunkt vor dem 1. Januar 2010 aufzustellen ist.

[2] Satz 1 ist nicht anzuwenden,

a) wenn der Steuerpflichtige den Betrieb veräußert oder aufgibt und der Veräußerungsgewinn nach § 34 besteuert wird,

b) soweit der Steuerpflichtige von den Regelungen der §§ 6b und 6c Gebrauch macht,

c) soweit der Ansatz des niedrigeren Teilwerts in vollem Umfang zu einer Gewinnminderung geführt hat und soweit diese Gewinnminderung nicht durch den Ansatz eines Werts, der sich nach § 6 Absatz 1 Nummer 1 Satz 4 ergibt, ausgeglichen worden ist,

d) wenn im Fall des Satzes 1 Buchstabe a der Buchwert zuzüglich der Veräußerungskosten den Veräußerungserlös oder im Fall des Satzes 1 Buchstabe b der Buchwert den Teilwert übersteigt. [2] Ermittelt der Steuerpflichtige den Gewinn nach § 4 Absatz 3, treten an die Stelle des Buchwerts die Anschaffungs- oder Herstellungskosten verringert um die vorgenommenen Absetzungen für Abnutzung oder Substanzverringerung,

e) soweit vom Steuerpflichtigen in der Vergangenheit Abzüge bei den Anschaffungs- oder Herstellungskosten von Wirtschaftsgütern im Sinne des Satzes 1 nach § 6b oder ähnliche Abzüge voll steuerwirksam vorgenommen worden sind,

f) wenn es sich um eine Übertragung im Zusammenhang mit Rechtsvorgängen handelt, die dem Umwandlungssteuergesetz unterliegen und die Übertragung zu einem Wert unterhalb des gemeinen Werts erfolgt.

[3] Die Steuerbefreiung entfällt rückwirkend, wenn

a) innerhalb eines Zeitraums von vier Jahren seit dem Vertragsschluss im Sinne des Satzes 1 Buchstabe a der Erwerber oder innerhalb eines Zeitraums von vier Jahren nach dem Stichtag der Schlussbilanz im Sinne des Satzes 1 Buchstabe b die REIT-Aktiengesellschaft den Grund und Boden oder das Gebäude veräußert,

b)[1)] der Vor-REIT oder ein anderer Vor-REIT als sein Gesamtrechtsnachfolger den Status als Vor-REIT gemäß § 10 Absatz 3 Satz 1 des REIT-Gesetzes verliert,

c) die REIT-Aktiengesellschaft innerhalb eines Zeitraums von vier Jahren seit dem Vertragsschluss im Sinne des Satzes 1 Buchstabe a oder nach dem Stichtag der Schlussbilanz im Sinne des Satzes 1 Buchstabe b in keinem Veranlagungszeitraum die Voraussetzungen für die Steuerbefreiung erfüllt,

d) die Steuerbefreiung der REIT-Aktiengesellschaft innerhalb eines Zeitraums von vier Jahren seit dem Vertragsschluss im Sinne des Satzes 1 Buchstabe a oder nach dem Stichtag der Schlussbilanz im Sinne des Satzes 1 Buchstabe b endet,

e) das Bundeszentralamt für Steuern dem Erwerber im Sinne des Satzes 1 Buchstabe a den Status als Vor-REIT im Sinne des § 2 Satz 4 des REIT-Gesetzes vom 28. Mai 2007 (BGBl. I S. 914) bestandskräftig aberkannt hat.

[4] Die Steuerbefreiung entfällt auch rückwirkend, wenn die Wirtschaftsgüter im Sinne des Satzes 1 Buchstabe a vom Erwerber an den Veräußerer oder eine ihm nahe stehende Person im Sinne des § 1 Absatz 2 des Außensteuergesetzes überlassen werden und der Veräußerer oder eine ihm nahe stehende Person im Sinne des § 1 Absatz 2 des Außensteuergesetzes nach Ablauf einer Frist von zwei Jahren seit Eintragung des Erwerbers als REIT-Aktiengesellschaft in das Handelsregister an dieser mittelbar oder unmittelbar zu mehr als 50 Prozent beteiligt ist. [5] Der Grundstückserwerber haftet für die sich aus dem rückwirkenden Wegfall der Steuerbefreiung ergebenden Steuern;

71.[2)] der aus einer öffentlichen Kasse gezahlte Zuschuss

a) für den Erwerb eines Anteils an einer Kapitalgesellschaft in Höhe von 20 Prozent der Anschaffungskosten, höchstens jedoch 100 000 Euro. [2] Voraussetzung ist, dass

---

[1)] *§ 3 Nr. 70 Satz 3* Buchst. b neu gef. durch G v. 22.6.2011 (BGBl. I S. 1126).

[2)] § 3 Nr. 71 neu gef. durch G v. 27.6.2017 (BGBl. I S. 2074); zur Anwendung siehe § 52 Abs. 4 Satz 22.

aa) der Anteil an der Kapitalgesellschaft länger als drei Jahre gehalten wird,

bb) die Kapitalgesellschaft, deren Anteil erworben wird,

aaa) nicht älter ist als sieben Jahre, wobei das Datum der Eintragung der Gesellschaft in das Handelsregister maßgeblich ist,

bbb) weniger als 50 Mitarbeiter (Vollzeitäquivalente) hat,

ccc) einen Jahresumsatz oder eine Jahresbilanzsumme von höchstens 10 Millionen Euro hat und

ddd) nicht an einem regulierten Markt notiert ist und keine solche Notierung vorbereitet,

cc) der Zuschussempfänger das 18. Lebensjahr vollendet hat oder eine GmbH oder Unternehmergesellschaft ist, bei der mindestens ein Gesellschafter das 18. Lebensjahr vollendet hat und

dd) für den Erwerb des Anteils kein Fremdkapital eingesetzt wird. [2] Wird der Anteil von einer GmbH oder Unternehmergesellschaft im Sinne von Doppelbuchstabe cc erworben, gehören auch solche Darlehen zum Fremdkapital, die der GmbH oder Unternehmergesellschaft von ihren Anteilseignern gewährt werden und die von der GmbH oder Unternehmergesellschaft zum Erwerb des Anteils eingesetzt werden.

b) anlässlich der Veräußerung eines Anteils an einer Kapitalgesellschaft im Sinne von Buchstabe a in Höhe von 25 Prozent des Veräußerungsgewinns, wenn

aa) der Veräußerer eine natürliche Person ist,

bb) bei Erwerb des veräußerten Anteils bereits ein Zuschuss im Sinne von Buchstabe a gezahlt und nicht zurückgefordert wurde,

cc) der veräußerte Anteil frühestens drei Jahre (Mindesthaltedauer) und spätestens zehn Jahre (Höchsthaltedauer) nach Anteilserwerb veräußert wurde,

dd) der Veräußerungsgewinn nach Satz 2 mindestens 2000 Euro beträgt und

ee) der Zuschuss auf 80 Prozent der Anschaffungskosten begrenzt ist.

[2] Veräußerungsgewinn im Sinne von Satz 1 ist der Betrag, um den der Veräußerungspreis die Anschaffungskosten einschließlich eines gezahlten Agios übersteigt. [3] Erwerbsneben- und Veräußerungskosten sind nicht zu berücksichtigen.

§ 3a[1]) Sanierungserträge. (1) [1] Betriebsvermögensmehrungen oder Betriebseinnahmen aus einem Schuldenerlass zum Zwecke einer unternehmensbezogenen Sanierung im Sinne des Absatzes 2 (Sanierungsertrag) sind steuerfrei. [2] Sind Betriebsvermögensmehrungen oder Betriebseinnahmen aus einem Schuldenerlass nach Satz 1 steuerfrei, sind steuerliche Wahlrechte in dem Jahr, in dem ein

[1]) § 3a eingef. durch G v. 27.6.2017 (BGBl. I S. 2074); zur Anwendung siehe § 52 Abs. 4a (insbes. Satz 3); zum Inkrafttreten vorbehaltlich der Feststellung der Europäischen Kommission, dass die Regelungen entweder keine Beihilfen oder mit dem Binnenmarkt vereinbare Beihilfen darstellen, siehe Art. 6 Abs. 2 G v. 27.6.2017 (BGBl. I S. 2074). Der Inkrafttretensvorbehalt wurde mWv 5.7.2017 durch G v. 11.12.2018 (BGBl. I S. 2338) aufgehoben.

Sanierungsertrag erzielt wird (Sanierungsjahr) und im Folgejahr im zu sanierenden Unternehmen gewinnmindernd auszuüben. [3] Insbesondere ist der niedrigere Teilwert, der nach § 6 Absatz 1 Nummer 1 Satz 2 und Nummer 2 Satz 2 angesetzt werden kann, im Sanierungsjahr und im Folgejahr anzusetzen.

(2) Eine unternehmensbezogene Sanierung liegt vor, wenn der Steuerpflichtige für den Zeitpunkt des Schuldenerlasses die Sanierungsbedürftigkeit und die Sanierungsfähigkeit des Unternehmens, die Sanierungseignung des betrieblich begründeten Schuldenerlasses und die Sanierungsabsicht der Gläubiger nachweist.

(3) [1] Nicht abziehbare Beträge im Sinne des § 3c Absatz 4, die in Veranlagungszeiträumen vor dem Sanierungsjahr und im Sanierungsjahr anzusetzen sind, mindern den Sanierungsertrag. [2] Dieser Betrag mindert nacheinander

1. den auf Grund einer Verpflichtungsübertragung im Sinne des § 4f Absatz 1 Satz 1 in den dem Wirtschaftsjahr der Übertragung nachfolgenden 14 Jahren verteilt abziehbaren Aufwand des zu sanierenden Unternehmens, es sei denn, der Aufwand ist gemäß § 4f Absatz 1 Satz 7 auf einen Rechtsnachfolger übergegangen, der die Verpflichtung übernommen hat und insoweit der Regelung des § 5 Absatz 7 unterliegt. [2] Entsprechendes gilt in Fällen des § 4f Absatz 2;
2. den nach § 15a ausgleichsfähigen oder verrechenbaren Verlust des Unternehmers (Mitunternehmers) des zu sanierenden Unternehmens des Sanierungsjahrs;
3. den zum Ende des dem Sanierungsjahr vorangegangenen Wirtschaftsjahrs nach § 15a festgestellten verrechenbaren Verlust des Unternehmers (Mitunternehmers) des zu sanierenden Unternehmens;
4. den nach § 15b ausgleichsfähigen oder verrechenbaren Verlust derselben Einkunftsquelle des Unternehmers (Mitunternehmers) des Sanierungsjahrs; bei der Verlustermittlung bleibt der Sanierungsertrag unberücksichtigt;
5. den zum Ende des dem Sanierungsjahr vorangegangenen Jahrs nach § 15b festgestellten verrechenbaren Verlust derselben Einkunftsquelle des Unternehmers (Mitunternehmers);
6. den nach § 15 Absatz 4 ausgleichsfähigen oder nicht abziehbaren Verlust des zu sanierenden Unternehmens des Sanierungsjahrs;
7. den zum Ende des dem Sanierungsjahr vorangegangenen Jahrs nach § 15 Absatz 4 festgestellten in Verbindung mit § 10d Absatz 4 verbleibenden Verlustvortrag, soweit er auf das zu sanierende Unternehmen entfällt;
8. den Verlust des Sanierungsjahrs des zu sanierenden Unternehmens;
9. den ausgleichsfähigen Verlust aus allen Einkunftsarten des Veranlagungszeitraums, in dem das Sanierungsjahr endet;
10. im Sanierungsjahr ungeachtet des § 10d Absatz 2 den nach § 10d Absatz 4 zum Ende des Vorjahrs gesondert festgestellten Verlustvortrag;
11. in der nachfolgenden Reihenfolge den zum Ende des Vorjahrs festgestellten und den im Sanierungsjahr entstehenden verrechenbaren Verlust oder die negativen Einkünfte

a) nach § 15a,

b) nach § 15b anderer Einkunftsquellen,

c) nach § 15 Absatz 4 anderer Betriebe und Mitunternehmeranteile,

d) nach § 2a,

e) nach § 2b,

f) nach § 23 Absatz 3 Satz 7 und 8,

g) nach sonstigen Vorschriften;

12.[1] ungeachtet der Beträge des § 10d Absatz 1 Satz 1 die negativen Einkünfte nach § 10d Absatz 1 Satz 1 des Folgejahrs [***ab VZ 2022:*** und die negativen Einkünfte nach § 10d Absatz 1 Satz 2 des zweiten Folgejahrs]. [2]Ein Verlustrücktrag nach § 10d Absatz 1 Satz 1 [***ab VZ 2022:*** und 2] ist nur möglich, soweit die Beträge nach § 10d Absatz 1 Satz 1 [***ab VZ 2022:*** und 2] durch den verbleibenden Sanierungsertrag im Sinne des Satzes 4 nicht überschritten werden;

13. den zum Ende des Vorjahrs festgestellten und den im Sanierungsjahr entstehenden

a) Zinsvortrag nach § 4h Absatz 1 Satz 5,

b) EBITDA-Vortrag nach § 4h Absatz 1 Satz 3. [2]Die Minderung des EBITDA-Vortrags des Sanierungsjahrs und der EBITDA-Vorträge aus vorangegangenen Wirtschaftsjahren erfolgt in ihrer zeitlichen Reihenfolge.

[3]Übersteigt der geminderte Sanierungsertrag nach Satz 1 die nach Satz 2 mindernden Beträge, mindern sich insoweit nach Maßgabe des Satzes 2 auch der verteilt abziehbare Aufwand, Verluste, negative Einkünfte, Zinsvorträge oder EBITDA-Vorträge einer dem Steuerpflichtigen nahestehenden Person, wenn diese die erlassenen Schulden innerhalb eines Zeitraums von fünf Jahren vor dem Schuldenerlass auf das zu sanierende Unternehmen übertragen hat und soweit der entsprechende verteilt abziehbare Aufwand, die Verluste, negativen Einkünfte, Zinsvorträge oder EBITDA-Vorträge zum Ablauf des Wirtschaftsjahrs der Übertragung bereits entstanden waren. [4]Der sich nach den Sätzen 2

(Fortsetzung nächstes Blatt)

[1] § 3a Abs. 3 Satz 2 Nr. 12 geänd. mWv VZ 2022 durch G v. 19.6.2022 (BGBl. I S. 911).

1a. [1]Zu den Herstellungskosten eines Gebäudes gehören auch Aufwendungen für Instandsetzungs- und Modernisierungsmaßnahmen, die innerhalb von drei Jahren nach der Anschaffung des Gebäudes durchgeführt werden, wenn die Aufwendungen ohne die Umsatzsteuer 15 Prozent der Anschaffungskosten des Gebäudes übersteigen (anschaffungsnahe Herstellungskosten). [2]Zu diesen Aufwendungen gehören nicht die Aufwendungen für Erweiterungen im Sinne des § 255 Absatz 2 Satz 1 des Handelsgesetzbuchs sowie Aufwendungen für Erhaltungsarbeiten, die jährlich üblicherweise anfallen.

1b.[1)] [1]Bei der Berechnung der Herstellungskosten brauchen angemessene Teile der Kosten der allgemeinen Verwaltung sowie angemessene Aufwendungen für soziale Einrichtungen des Betriebs, für freiwillige soziale Leistungen und für die betriebliche Altersversorgung im Sinne des § 255 Absatz 2 Satz 3 des Handelsgesetzbuchs nicht einbezogen zu werden, soweit diese auf den Zeitraum der Herstellung entfallen. [2]Das Wahlrecht ist bei Gewinnermittlung nach § 5 in Übereinstimmung mit der Handelsbilanz auszuüben.

2. [1]Andere als die in Nummer 1 bezeichneten Wirtschaftsgüter des Betriebs (Grund und Boden, Beteiligungen, Umlaufvermögen) sind mit den Anschaffungs- oder Herstellungskosten oder dem an deren Stelle tretenden Wert, vermindert um Abzüge nach § 6b und ähnliche Abzüge, anzusetzen. [2]Ist der Teilwert (Nummer 1 Satz 3) auf Grund einer voraussichtlich dauernden Wertminderung niedriger, so kann dieser angesetzt werden. [3]Nummer 1 Satz 4 gilt entsprechend.

2a. [1]Steuerpflichtige, die den Gewinn nach § 5 ermitteln, können für den Wertansatz gleichartiger Wirtschaftsgüter des Vorratsvermögens unterstellen, dass die zuletzt angeschafften oder hergestellten Wirtschaftsgüter zuerst verbraucht oder veräußert worden sind, soweit dies den handelsrechtlichen Grundsätzen ordnungsmäßiger Buchführung entspricht. [2]Der Vorratsbestand am Schluss des Wirtschaftsjahres, das der erstmaligen Anwendung der Bewertung nach Satz 1 vorangeht, gilt mit seinem Bilanzansatz als erster Zugang des neuen Wirtschaftsjahres. [3]Von der Verbrauchs- oder Veräußerungsfolge nach Satz 1 kann in den folgenden Wirtschaftsjahren nur mit Zustimmung des Finanzamts abgewichen werden.

2b. [1]Steuerpflichtige, die in den Anwendungsbereich des § 340 des Handelsgesetzbuchs fallen, haben die zu Handelszwecken erworbenen Finanzinstrumente, die nicht in einer Bewertungseinheit im Sinne des § 5 Absatz 1a Satz 2 abgebildet werden, mit dem beizulegenden Zeitwert abzüglich eines Risikoabschlages (§ 340e Absatz 3 des Handelsgesetzbuchs[2)]) zu bewerten. [2]Nummer 2 Satz 2 ist nicht anzuwenden.

3.[3)] [1]Verbindlichkeiten sind unter sinngemäßer Anwendung der Vorschriften der Nummer 2 anzusetzen *und mit einem Zinssatz von 5,5 Prozent abzuzin-*

[1)] § 6 Abs. 1 Nr. 1b eingef. durch G v. 18.7.2016 (BGBl. I S. 1679); zur Anwendung siehe § 52 Abs. 12 Satz 1.

[2)] **Schönfelder Nr. 50.**

[3)] § 6 Abs. 1 Nr. 3 kursiver Satzteil aufgeh. durch G v. 19.6.2022 (BGBl. I S. 911); zur Anwendung siehe § 52 Abs. 12 Sätze 2 und 3.

sen. [2]Ausgenommen von der Abzinsung sind Verbindlichkeiten, deren Laufzeit am Bilanzstichtag weniger als zwölf Monate beträgt, und Verbindlichkeiten, die verzinslich sind oder auf einer Anzahlung oder Vorausleistung beruhen.

3a. Rückstellungen sind höchstens insbesondere unter Berücksichtigung folgender Grundsätze anzusetzen:

a) bei Rückstellungen für gleichartige Verpflichtungen ist auf der Grundlage der Erfahrungen in der Vergangenheit aus der Abwicklung solcher Verpflichtungen die Wahrscheinlichkeit zu berücksichtigen, dass der Steuerpflichtige nur zu einem Teil der Summe dieser Verpflichtungen in Anspruch genommen wird;

b) Rückstellungen für Sachleistungsverpflichtungen sind mit den Einzelkosten und den angemessenen Teilen der notwendigen Gemeinkosten zu bewerten;

c) künftige Vorteile, die mit der Erfüllung der Verpflichtung voraussichtlich verbunden sein werden, sind, soweit sie nicht als Forderung zu aktivieren sind, bei ihrer Bewertung wertmindernd zu berücksichtigen;

d) Rückstellungen für Verpflichtungen, für deren Entstehen im wirtschaftlichen Sinne der laufende Betrieb ursächlich ist, sind zeitanteilig in gleichen Raten anzusammeln. [2]Rückstellungen für gesetzliche Verpflichtungen zur Rücknahme und Verwertung von Erzeugnissen, die vor Inkrafttreten entsprechender gesetzlicher Verpflichtungen in Verkehr gebracht worden sind, sind zeitanteilig in gleichen Raten bis zum Beginn der jeweiligen Erfüllung anzusammeln; Buchstabe e ist insoweit nicht anzuwenden. [3]Rückstellungen für die Verpflichtung, ein Kernkraftwerk stillzulegen, sind ab dem Zeitpunkt der erstmaligen Nutzung bis zum Zeitpunkt, in dem mit der Stilllegung begonnen werden muss, zeitanteilig in gleichen Raten anzusammeln; steht der Zeitpunkt der Stilllegung nicht fest, beträgt der Zeitraum für die Ansammlung 25 Jahre;

e)[1] Rückstellungen für Verpflichtungen sind mit einem Zinssatz von 5,5 Prozent abzuzinsen; *Nummer 3 Satz 2 ist entsprechend anzuwenden* [***ab 1.1.2023:*** ausgenommen von der Abzinsung sind Rückstellungen für Verpflichtungen, deren Laufzeit am Bilanzstichtag weniger als zwölf Monate beträgt, und Rückstellungen für Verpflichtungen, die verzinslich sind oder auf einer Anzahlung oder Vorausleistung beruhen]. [2]Für die Abzinsung von Rückstellungen für Sachleistungsverpflichtungen ist der Zeitraum bis zum Beginn der Erfüllung maßgebend. [3]Für die Abzinsung von Rückstellungen für die Verpflichtung, ein Kernkraftwerk stillzulegen, ist der sich aus Buchstabe d Satz 3 ergebende Zeitraum maßgebend; und

f) bei der Bewertung sind die Wertverhältnisse am Bilanzstichtag maßgebend; künftige Preis- und Kostensteigerungen dürfen nicht berücksichtigt werden.

---

[1] § 6 Abs. 1 Nr. 3a Buchst. e Satz 1 2. Hs. neu gef. durch G v. 19.6.2022 (BGBl. I S. 911); zur Anwendung siehe § 52 Abs. 12 Sätze 2 und 3.

4.[1] [1]Entnahmen des Steuerpflichtigen für sich, für seinen Haushalt oder für andere betriebsfremde Zwecke sind mit dem Teilwert anzusetzen; *in den Fällen des § 4 Absatz 1 Satz 3 ist die Entnahme mit dem gemeinen Wert anzusetzen* [***ab 1.1.2020:*** die Entnahme ist in den Fällen des § 4 Absatz 1 Satz 3 erster Halbsatz mit dem gemeinen Wert und in den Fällen des § 4 Absatz 1 Satz 3 zweiter Halbsatz mit dem Wert anzusetzen, den der andere Staat der Besteuerung zugrunde legt, höchstens jedoch mit dem gemeinen Wert.] [2]Die private Nutzung eines Kraftfahrzeugs, das zu mehr als 50 Prozent betrieblich genutzt wird, ist für jeden Kalendermonat mit 1 Prozent des inländischen Listenpreises im Zeitpunkt der Erstzulassung zuzüglich der Kosten für Sonderausstattung einschließlich Umsatzsteuer anzusetzen; bei der privaten Nutzung von Fahrzeugen mit Antrieb ausschließlich durch Elektromotoren, die ganz oder überwiegend aus mechanischen oder elektrochemischen Energiespeichern oder aus emissionsfrei betriebenen Energiewandlern gespeist werden (Elektrofahrzeuge), oder von extern aufladbaren Hybridelektrofahrzeugen, ist der Listenpreis dieser Kraftfahrzeuge

1. soweit *Nummer 2 keine Anwendung findet* [***ab 1.1.2020:*** die Nummern 2, 3 oder 4 nicht anzuwenden sind] und bei Anschaffung vor dem 1. Januar 2023 um die darin enthaltenen Kosten des Batteriesystems im Zeitpunkt der Erstzulassung des Kraftfahrzeugs wie folgt zu mindern: für bis zum 31. Dezember 2013 angeschaffte Kraftfahrzeuge um 500 Euro pro Kilowattstunde der Batteriekapazität, dieser Betrag mindert sich für in den Folgejahren angeschaffte Kraftfahrzeuge um jährlich 50 Euro pro Kilowattstunde der Batteriekapazität; die Minderung pro Kraftfahrzeug berägt höchstens 10 000 Euro; dieser Höchstbetrag mindert sich für in den Folgejahren angeschaffte Kraftfahrzeuge um jährlich 500 Euro, oder

2. [***ab 1.1.2020:*** soweit Nummer 3 nicht anzuwenden ist und] bei Anschaffung nach dem 31. Dezember 2018 und vor dem 1. Januar 2022 nur zur Hälfte anzusetzen; bei extern aufladbaren Hybridelektrofahrzeugen muss das Fahrzeug die Voraussetzungen des § 3 Absatz 2 Nummer 1 oder 2 des Elektromobilitätsgesetzes erfüllen, oder]

[***ab 1.1.2020:***[2]]

3. bei Anschaffung nach dem 31. Dezember 2018 und vor dem 1. Januar 2031 nur zu einem Viertel anzusetzen, wenn das Kraftfahrzeug keine Kohlendioxidemission je gefahrenen Kilometer hat und der Bruttolistenpreis des Kraftfahrzeugs nicht mehr als 60 000 Euro[3] beträgt, oder

---

[1] § 6 Abs. 1 Nr. 4 Sätze 2 und 3 neu gef. mWv 15.12.2018 durch G v. 11.12.2018 (BGBl. I S. 2338); Satz 2 Nrn. 1 und 2 geänd., Nrn. 3 bis 5 angef., Satzteil nach Satz 2 Nr. 5 angef., Satz 3 Nrn. 1 und 2 geänd., Nrn. 3 bis 5 angef., Satzteil nach Satz 3 Nr. 5 angef. mWv 1.1.2020 durch G v. 12.12.2019 (BGBl. I S. 2451); Satz 1 HS 2 neu gef. mWv 1.1.2020 (§ 52 Abs. 12 Satz 11) durch G v. 25.6.2021 (BGBl. I S. 2035).

[2] § 6 Abs. 1 Nr. 4 Satz 2 Nrn. 3 bis 5 angef., Text nach Nr. 5 angef. mWv 1.1.2020 durch G v. 12.12.2019 (BGBl. I S. 2451).

[3] Betrag geänd. durch G v. 29.6.2020 (BGBl. I S. 1512); zur Anwendung siehe § 52 Abs. 12 Satz 4.

4. soweit Nummer 3 nicht anzuwenden ist und bei Anschaffung nach dem 31. Dezember 2021 und vor dem 1. Januar 2025 nur zur Hälfte anzusetzen, wenn das Kraftfahrzeug
   a) eine Kohlendioxidemission von höchstens 50 Gramm je gefahrenen Kilometer hat oder
   b) die Reichweite des Fahrzeugs unter ausschließlicher Nutzung der elektrischen Antriebsmaschine mindestens 60 Kilometer beträgt, oder
5. soweit Nummer 3 nicht anzuwenden ist und bei Anschaffung nach dem 31. Dezember 2024 und vor dem 1. Januar 2031 nur zur Hälfte anzusetzen, wenn das Kraftfahrzeug
   a) eine Kohlendioxidemission von höchstens 50 Gramm je gefahrenen Kilometer hat oder
   b) die Reichweite des Fahrzeugs unter ausschließlicher Nutzung der elektrischen Antriebsmaschine mindestens 80 Kilometer beträgt,

die maßgebliche Kohlendioxidemission sowie die Reichweite des Kraftfahrzeugs unter ausschließlicher Nutzung der elektrischen Antriebsmaschine ist der Übereinstimmungsbescheinigung nach Anhang IX der Richtlinie 2007/46/EG oder aus der Übereinstimmungsbescheinigung nach Artikel 38 des Verordnung (EU) Nr. 168/2013 zu entnehmen.] [3]Die private Nutzung kann abweichend von Satz 2 mit den auf die Privatfahrten entfallenden Aufwendungen angesetzt werden, wenn die für das Kraftfahrzeug insgesamt entstehenden Aufwendungen durch Belege und das Verhältnis der privaten zu den übrigen Fahrten durch ein ordnungsgemäßes Fahrtenbuch nachgewiesen werden; bei der privaten Nutzung von Fahrzeugen mit Antrieb ausschließlich durch Elektromotoren, die ganz oder überwiegend aus mechanischen oder elektrochemischen Energiespeichern oder aus emissionsfrei betriebenen Energiewandlern gespeist werden (Elektrofahrzeuge), oder von extern aufladbaren Hybridelektrofahrzeugen, sind

1. soweit *Nummer 2 keine Anwendung findet* [***ab 1.1.2020:*** die Nummern 2, 3 oder 4 nicht anzuwenden sind] und bei Anschaffung vor dem 1. Januar 2023 die der Berechnung der Entnahme zugrunde zu legenden insgesamt entstandenen Aufwendungen um Aufwendungen für das Batteriesystem zu mindern; dabei ist bei zum Betriebsvermögen des Steuerpflichtigen gehörenden Elektro- und Hybridelektrofahrzeugen die der Berechnung der Absetzungen für Abnutzung zugrunde zu legende Bemessungsgrundlage um die nach Satz 2 in pauschaler Höhe festgelegten Aufwendungen zu mindern, wenn darin Kosten für ein Batteriesystem enthalten sind, oder
2. [***ab 1.1.2020:*** soweit Nummer 3 nicht anzuwenden ist und] bei Anschaffung nach dem 31. Dezember 2018 und vor dem 1. Januar 2022 bei der Ermittlung der insgesamt entstandenen Aufwendungen die Anschaffungskosten für das Kraftfahrzeug oder vergleichbare Aufwendungen nur zur Hälfte zu berücksichtigen; bei extern aufladbaren Hybridelektrofahrzeugen muss das Fahrzeug die Voraussetzungen des § 3 Absatz 2 Nummer 1 oder 2 des Elektromobilitätsgesetzes erfüllen, oder

[*ab 1.1.2020:*[1])

3. bei Anschaffung nach dem 31. Dezember 2018 und vor dem 1. Januar 2031 bei der Ermittlung der insgesamt entstandenen Aufwendungen die Anschaffungskosten für das Kraftfahrzeug oder vergleichbare Aufwendungen nur zu einem Viertel zu berücksichtigen, wenn das Kraftfahrzeug keine Kohlendioxidemission je gefahrenen Kilometer hat, und der Bruttolistenpreis des Kraftfahrzeugs nicht mehr als 60 000 Euro[2]) beträgt oder
4. soweit Nummer 3 nicht anzuwenden ist und bei Anschaffung nach dem 31. Dezember 2021 und vor dem 1. Januar 2025 bei der Ermittlung der insgesamt entstandenen Aufwendungen die Anschaffungskosten für das Kraftfahrzeug oder vergleichbare Aufwendungen nur zur Hälfte zu berücksichtigen, wenn das Kraftfahrzeug
   a) eine Kohlendioxidemission von höchstens 50 Gramm je gefahrenen Kilometer hat oder
   b) die Reichweite des Kraftfahrzeugs unter ausschließlicher Nutzung der elektrischen Antriebsmaschine mindestens 60 Kilometer beträgt, oder
5. soweit Nummer 3 nicht anzuwenden ist und bei Anschaffung nach dem 31. Dezember 2024 und vor dem 1. Januar 2031 bei der Ermittlung der insgesamt entstandenen Aufwendungen die Anschaffungskosten für das Kraftfahrzeug oder vergleichbare Aufwendungen nur zur Hälfte zu berücksichtigen, wenn das Kraftfahrzeug
   a) eine Kohlendioxidemission von höchstens 50 Gramm je gefahrenen Kilometer hat oder
   b) die Reichweite des Kraftfahrzeugs unter ausschließlicher Nutzung der elektrischen Antriebsmaschine mindestens 80 Kilometer beträgt,

die maßgebliche Kohlendioxidemission sowie die Reichweite des Kraftfahrzeugs unter ausschließlicher Nutzung der elektrischen Antriebsmaschine ist der Übereinstimmungsbescheinigung nach Anhang IX der Richtlinie 2007/46/EG oder aus der Übereinstimmungsbescheinigung nach Artikel 38 des Verordnung (EU) Nr. 168/2013 zu entnehmen.] [4]Wird ein Wirtschaftsgut unmittelbar nach seiner Entnahme einer nach § 5 Absatz 1 Nummer 9 des Körperschaftsteuergesetzes von der Körperschaftsteuer befreiten Körperschaft, Personenvereinigung oder Vermögensmasse oder einer juristischen Person des öffentlichen Rechts zur Verwendung für steuerbegünstigte Zwecke im Sinne des § 10b Absatz 1 Satz 1 unentgeltlich überlassen, so kann die Entnahme mit dem Buchwert angesetzt werden. [5]Satz 4 gilt nicht für die Entnahme von Nutzungen und Leistungen. [***1.1.2019–31.12.2030:*** [6]Die private Nutzung eines betrieblichen Fahrrads, das kein Kraftfahrzeug im Sinne des Satzes 2 ist, bleibt außer Ansatz].[3])

---

[1]) § 6 Abs. 1 Nr. 4 Satz 3 Nrn. 3 bis 5 angef., Text nach Nr. 5 angef. mWv 1.1.2020 durch G v. 12.12.2019 (BGBl. I S. 2451).
[2]) Betrag geänd. durch G v. 29.6.2020 (BGBl. I S. 1512).
[3]) § 6 Abs. 1 Nr. 4 Satz 6 angef. mWv 1.1.2019 durch G v. 11.12.2018 (BGBl. I S. 2338); zur letztmaligen Anwendung siehe § 52 Abs. 12 Satz 5.

5.[1] ¹Einlagen sind mit dem Teilwert für den Zeitpunkt der Zuführung anzusetzen; sie sind jedoch höchstens mit den Anschaffungs- oder Herstellungskosten anzusetzen, wenn das zugeführte Wirtschaftsgut

a) innerhalb der letzten drei Jahre vor dem Zeitpunkt der Zuführung angeschafft oder hergestellt worden ist,

b) ein Anteil an einer Kapitalgesellschaft ist und der Steuerpflichtige an der Gesellschaft im Sinne des § 17 Absatz 1 oder Absatz 6 beteiligt ist; § 17 Absatz 2 Satz 5 gilt entsprechend, oder

c) ein Wirtschaftsgut im Sinne des § 20 Absatz 2 oder im Sinne des § 2 Absatz 4 des Investmentsteuergesetzes ist.

²Ist die Einlage ein abnutzbares Wirtschaftsgut, so sind die Anschaffungs- oder Herstellungskosten um Absetzungen für Abnutzung zu kürzen, die auf den Zeitraum zwischen der Anschaffung oder Herstellung des Wirtschaftsguts und der Einlage entfallen. ³Ist die Einlage ein Wirtschaftsgut, das vor der Zuführung aus einem Betriebsvermögen des Steuerpflichtigen entnommen worden ist, so tritt an die Stelle der Anschaffungs- oder Herstellungskosten der Wert, mit dem die Entnahme angesetzt worden ist, und an die Stelle des Zeitpunkts der Anschaffung oder Herstellung der Zeitpunkt der Entnahme.

5a.[2] In den Fällen des § 4 Absatz 1 Satz 8 zweiter Halbsatz ist das Wirtschaftsgut mit dem gemeinen Wert anzusetzen [***ab 1.1.2020:*** ; unterliegt der Steuerpflichtige in einem anderen Staat einer Besteuerung auf Grund des Ausschlusses oder der Beschränkung des Besteuerungsrechts dieses Staates, ist das Wirtschaftsgut mit dem Wert anzusetzen, den der andere Staat der Besteuerung zugrunde legt, höchstens jedoch mit dem gemeinen Wert.]

[***ab 1.1.2020:***
5b.[3] Im Fall des § 4 Absatz 1 Satz 9 ist das Wirtschaftsgut jeweils mit dem Wert anzusetzen, den der andere Staat der Besteuerung zugrunde legt, höchstens jedoch mit dem gemeinen Wert.]

6. Bei Eröffnung eines Betriebs ist Nummer 5 entsprechend anzuwenden.

7. Bei entgeltlichem Erwerb eines Betriebs sind die Wirtschaftsgüter mit dem Teilwert, höchstens jedoch mit den Anschaffungs- oder Herstellungskosten anzusetzen.

(2)[4] ¹Die Anschaffungs- oder Herstellungskosten oder der nach Absatz 1 Nummer 5 bis 6 an deren Stelle tretende Wert von abnutzbaren beweglichen Wirtschaftsgütern des Anlagevermögens, die einer selbständigen Nutzung fähig

---

[1] § 6 Abs. 1 Nr. 5 Satz 1 Buchst. c geänd. durch G v. 11.12.2018 (BGBl. I S. 2338); zur Anwendung siehe § 52 Abs. 12 Satz 6.

[2] § 6 Abs. 1 Nr. 5a geänd. durch G v. 8.12.2010 (BGBl. I S. 1768); HS 2 angef. durch G v. 25.6.2021 (BGBl. I S. 2035); zur Anwendung siehe § 52 Abs. 12 Satz 11.

[3] § 6 Abs. 1 Nr. 5b eingef. durch G v. 25.6.2021 (BGBl. I S. 2035); zur Anwendung siehe § 52 Abs. 12 Satz 11; zur Anwendung von § 4 Abs. 1 Satz 9 siehe § 52 Abs. 6 Satz 3.

[4] *§ 6 Abs. 2 und 2a idF* des G v. 22.12.2009 (BGBl. I S. 3950) sind erstmals für Wirtschaftsgüter anzuwenden, die nach dem 31.12.2009 angeschafft, hergestellt oder in das BV eingelegt worden sind (§ 52 Abs. 16 Satz 14 aF).

sind, können im Wirtschaftsjahr der Anschaffung, Herstellung oder Einlage des Wirtschaftsguts oder der Eröffnung des Betriebs in voller Höhe als Betriebsausgaben abgezogen werden, wenn die Anschaffungs- oder Herstellungskosten, vermindert um einen darin enthaltenen Vorsteuerbetrag (§ 9b Absatz 1), oder der nach Absatz 1 Nummer 5 bis 6 an deren Stelle tretende Wert für das einzelne Wirtschaftsgut 800[1)] Euro nicht übersteigen. [2]Ein Wirtschaftsgut ist einer selbständigen Nutzung nicht fähig, wenn es nach seiner betrieblichen Zweckbestimmung nur zusammen mit anderen Wirtschaftsgütern des Anlagevermögens genutzt werden kann und die in den Nutzungszusammenhang eingefügten Wirtschaftsgüter technisch aufeinander abgestimmt sind. [3]Das gilt auch, wenn das Wirtschaftsgut aus dem betrieblichen Nutzungszusammenhang gelöst und in einen anderen betrieblichen Nutzungszusammenhang eingefügt werden kann. [4]Wirtschaftsgüter im Sinne des Satzes 1, deren Wert 250[2)] Euro übersteigt, sind unter Angabe des Tages der Anschaffung, Herstellung oder Einlage des Wirtschaftsguts oder der Eröffnung des Betriebs und der Anschaffungs- oder Herstellungskosten oder des nach Absatz 1 Nummer 5 bis 6 an deren Stelle tretenden Werts in ein besonderes, laufend zu führendes Verzeichnis aufzunehmen. [5]Das Verzeichnis braucht nicht geführt zu werden, wenn diese Angaben aus der Buchführung ersichtlich sind.

(2a)[3)] [1]Abweichend von Absatz 2 Satz 1 kann für die abnutzbaren beweglichen Wirtschaftsgüter des Anlagevermögens, die einer selbständigen Nutzung fähig sind, im Wirtschaftsjahr der Anschaffung, Herstellung oder Einlage des Wirtschaftsguts oder der Eröffnung des Betriebs ein Sammelposten gebildet werden, wenn die Anschaffungs- oder Herstellungskosten, vermindert um einen darin enthaltenen Vorsteuerbetrag (§ 9b Absatz 1), oder der nach Absatz 1 Nummer 5 bis 6 an deren Stelle tretende Wert für das einzelne Wirtschaftsgut 250[4)] Euro, aber nicht 1000 Euro übersteigen. [2]Der Sammelposten ist im Wirtschaftsjahr der Bildung und den folgenden vier Wirtschaftsjahren mit jeweils einem Fünftel gewinnmindernd aufzulösen. [3]Scheidet ein Wirtschaftsgut im Sinne des Satzes 1 aus dem Betriebsvermögen aus, wird der Sammelposten nicht vermindert. [4]Die Anschaffungs- oder Herstellungskosten oder der nach Absatz 1 Nummer 5 bis 6 an deren Stelle tretende Wert von abnutzbaren beweglichen Wirtschaftsgütern des Anlagevermögens, die einer selbständigen Nutzung fähig sind, können im Wirtschaftsjahr der Anschaffung, Herstellung oder Einlage des Wirtschaftsguts oder der Eröffnung des Betriebs in voller Höhe als Betriebsausgaben abgezogen werden, wenn die Anschaffungs- oder Herstellungskosten, vermindert um einen darin enthaltenen Vorsteuerbetrag (§ 9b Absatz 1), oder der nach Absatz 1 Nummer 5 bis 6 an deren Stelle tretende Wert für das einzelne Wirtschaftsgut 250[4)] Euro nicht überstei-

---

[1)] Betrag geänd. durch G v. 27.6.2017 (BGBl. I S. 2074); zur Anwendung siehe § 52 Abs. 12 Satz 8.

[2)] § 6 Abs. 2 Satz 4 Betrag geänd. mWv 1.1.2018 durch G v. 30.6.2017 (BGBl. I S. 2143); zur Anwendung siehe § 52 Abs. 12 Satz 7.

[3)] § 6 Abs. 2 und 2a idF des G v. 22.12.2009 (BGBl. I S. 3950) sind erstmals für Wirtschaftsgüter anzuwenden, die nach dem 31.12.2009 angeschafft, hergestellt oder in das BV eingelegt worden sind (§ 52 Abs. 16 Satz 14 a. F.).

[4)] Betrag geänd. durch G v. 27.6.2017 (BGBl. I S. 2074); zur Anwendung siehe § 52 Abs. 12 Satz 10.

gen. [5]Die Sätze 1 bis 3 sind für alle in einem Wirtschaftsjahr angeschafften, hergestellten oder eingelegten Wirtschaftsgüter einheitlich anzuwenden.

(3)[1)] [1]Wird ein Betrieb, ein Teilbetrieb oder der Anteil eines Mitunternehmers an einem Betrieb unentgeltlich übertragen, so sind bei der Ermittlung des Gewinns des bisherigen Betriebsinhabers (Mitunternehmers) die Wirtschaftsgüter mit den Werten anzusetzen, die sich nach den Vorschriften über die Gewinnermittlung ergeben, sofern die Besteuerung der stillen Reserven sichergestellt ist; dies gilt auch bei der unentgeltlichen Aufnahme einer natürlichen Person in ein bestehendes Einzelunternehmen sowie bei der unentgeltlichen Übertragung eines Teils eines Mitunternehmeranteils auf eine natürliche Person. [2]Satz 1 ist auch anzuwenden, wenn der bisherige Betriebsinhaber (Mitunternehmer) Wirtschaftsgüter, die weiterhin zum Betriebsvermögen derselben Mitunternehmerschaft gehören, nicht überträgt, sofern der Rechtsnachfolger den übernommenen Mitunternehmeranteil über einen Zeitraum von mindestens fünf Jahren nicht veräußert oder aufgibt. [3]Der Rechtsnachfolger ist an die in Satz 1 genannten Werte gebunden.

(4)[2)] Wird ein einzelnes Wirtschaftsgut außer in den Fällen der Einlage (§ 4 Absatz 1 Satz 8) unentgeltlich in das Betriebsvermögen eines anderen Steuerpflichtigen übertragen, gilt sein gemeiner Wert für das aufnehmende Betriebsvermögen als Anschaffungskosten.

(5) [1]Wird ein einzelnes Wirtschaftsgut von einem Betriebsvermögen in ein anderes Betriebsvermögen desselben Steuerpflichtigen überführt, ist bei der Überführung der Wert anzusetzen, der sich nach den Vorschriften über die Gewinnermittlung ergibt, sofern die Besteuerung der stillen Reserven sichergestellt ist; § 4 Absatz 1 Satz 4 ist entsprechend anzuwenden.[3)] [2]Satz 1 gilt auch für die Überführung aus einem eigenen Betriebsvermögen des Steuerpflichtigen in dessen Sonderbetriebsvermögen bei einer Mitunternehmerschaft und umgekehrt sowie für die Überführung zwischen verschiedenen Sonderbetriebsvermögen desselben Steuerpflichtigen bei verschiedenen Mitunternehmerschaften. [3]Satz 1 gilt entsprechend, soweit ein Wirtschaftsgut

1. unentgeltlich oder gegen Gewährung oder Minderung von Gesellschaftsrechten aus einem Betriebsvermögen des Mitunternehmers in das Gesamthandsvermögen einer Mitunternehmerschaft und umgekehrt,
2. unentgeltlich oder gegen Gewährung oder Minderung von Gesellschaftsrechten aus dem Sonderbetriebsvermögen eines Mitunternehmers in das Gesamthandsvermögen derselben Mitunternehmerschaft oder einer anderen Mitunternehmerschaft, an der er beteiligt ist, und umgekehrt oder
3. unentgeltlich zwischen den jeweiligen Sonderbetriebsvermögen verschiedener Mitunternehmer derselben Mitunternehmerschaft

übertragen wird. [4]Wird das nach Satz 3 übertragene Wirtschaftsgut innerhalb einer Sperrfrist veräußert oder entnommen, ist rückwirkend auf den Zeit-

---

1) § 6 Abs. 3 Satz 1 geänd. durch G v. 20.12.2016 (BGBl. I S. 3000).

2) § 6 Abs. 4 geänd. durch G v. 8.12.2010 (BGBl. I S. 1768).

3) § 6 Abs. 5 Satz 1 2. Hs. angef. durch G v. 8.12.2010 (BGBl. I S. 1768); zur Anwendung siehe § 52 Abs. 12 Satz 9.

punkt der Übertragung der Teilwert anzusetzen, es sei denn, die bis zur Übertragung entstandenen stillen Reserven sind durch Erstellung einer Ergänzungsbilanz dem übertragenden Gesellschafter zugeordnet worden; diese Sperrfrist endet drei Jahre nach Abgabe der Steuererklärung des Übertragenden für den Veranlagungszeitraum, in dem die in Satz 3 bezeichnete Übertragung erfolgt ist. [5] Der Teilwert ist auch anzusetzen, soweit in den Fällen des Satzes 3 der Anteil einer Körperschaft, Personenvereinigung oder Vermögensmasse an dem Wirtschaftsgut unmittelbar oder mittelbar begründet wird oder dieser sich erhöht. [6] Soweit innerhalb von sieben Jahren nach der Übertragung des Wirtschaftsguts nach Satz 3 der Anteil einer Körperschaft, Personenvereinigung oder Vermögensmasse an dem übertragenen Wirtschaftsgut aus einem anderen Grund unmittelbar oder mittelbar begründet wird oder dieser sich erhöht, ist rückwirkend auf den Zeitpunkt der Übertragung ebenfalls der Teilwert anzusetzen.

(6) [1] Wird ein einzelnes Wirtschaftsgut im Wege des Tausches übertragen, bemessen sich die Anschaffungskosten nach dem gemeinen Wert des hingegebenen Wirtschaftsguts. [2] Erfolgt die Übertragung im Wege der verdeckten Einlage, erhöhen sich die Anschaffungskosten der Beteiligung an der Kapitalgesellschaft um den Teilwert des eingelegten Wirtschaftsguts. [3] In den Fällen des Absatzes 1 Nummer 5 Satz 1 Buchstabe a erhöhen sich die Anschaffungskosten im Sinne des Satzes 2 um den Einlagewert des Wirtschaftsguts. [4] Absatz 5 bleibt unberührt.

(7)[1] Im Fall des § 4 Absatz 3 sind

1. bei der Bemessung der Absetzungen für Abnutzung oder Substanzverringerung die sich bei der Anwendung der Absätze 3 bis 6 ergebenden Werte als Anschaffungskosten zugrunde zu legen und
2. die Bewertungsvorschriften des Absatzes 1 Nummer 1a und der Nummern 4 bis 7 entsprechend anzuwenden.

§ 6a Pensionsrückstellung. (1) Für eine Pensionsverpflichtung darf eine Rückstellung (Pensionsrückstellung) nur gebildet werden, wenn und soweit

1. der Pensionsberechtigte einen Rechtsanspruch auf einmalige oder laufende Pensionsleistungen hat,
2. die Pensionszusage keine Pensionsleistungen in Abhängigkeit von künftigen gewinnabhängigen Bezügen vorsieht und keinen Vorbehalt enthält, dass die Pensionsanwartschaft oder die Pensionsleistung gemindert oder entzogen werden kann, oder ein solcher Vorbehalt sich nur auf Tatbestände erstreckt, bei deren Vorliegen nach allgemeinen Rechtsgrundsätzen unter Beachtung billigen Ermessens eine Minderung oder ein Entzug der Pensionsanwartschaft oder der Pensionsleistung zulässig ist, und
3. die Pensionszusage schriftlich erteilt ist; die Pensionszusage muss eindeutige Angaben zu Art, Form, Voraussetzungen und Höhe der in Aussicht gestellten künftigen Leistungen enthalten.

---

[1] § 6 Abs. 7 neu gef. mWv VZ 2013 durch G v. 26.6.2013 (BGBl. I S. 1809).

(2)[1] Eine Pensionsrückstellung darf erstmals gebildet werden

1. vor Eintritt des Versorgungsfalls für das Wirtschaftsjahr, in dem die Pensionszusage erteilt wird, frühestens jedoch für das Wirtschaftsjahr, bis zu dessen Mitte der Pensionsberechtigte bei
   a) erstmals nach dem 31. Dezember 2017 zugesagten Pensionsleistungen das 23. Lebensjahr vollendet,
   b) erstmals nach dem 31. Dezember 2008 und vor dem 1. Januar 2018 zugesagten Pensionsleistungen das 27. Lebensjahr vollendet,
   c) erstmals nach dem 31. Dezember 2000 und vor dem 1. Januar 2009 zugesagten Pensionsleistungen das 28. Lebensjahr vollendet,
   d) erstmals vor dem 1. Januar 2001 zugesagten Pensionsleistungen das 30. Lebensjahr vollendet

   oder bei nach dem 31. Dezember 2000 vereinbarten Entgeltumwandlungen im Sinne von § 1 Absatz 2 des Betriebsrentengesetzes für das Wirtschaftsjahr, in dessen Verlauf die Pensionsanwartschaft gemäß den Vorschriften des Betriebsrentengesetzes unverfallbar wird,
2. nach Eintritt des Versorgungsfalls für das Wirtschaftsjahr, in dem der Versorgungsfall eintritt.

(3) [1] Eine Pensionsrückstellung darf höchstens mit dem Teilwert der Pensionsverpflichtung angesetzt werden. [2] Als Teilwert einer Pensionsverpflichtung gilt

1.[2] vor Beendigung des Dienstverhältnisses des Pensionsberechtigten der Barwert der künftigen Pensionsleistungen am Schluss des Wirtschaftsjahres abzüglich des sich auf denselben Zeitpunkt ergebenden Barwerts betragsmäßig gleich bleibender Jahresbeträge, bei einer Entgeltumwandlung im Sinne von

(Fortsetzung nächste Seite)

---

[1] § 6a Abs. 2 Nr. 1 neu gef. mWv 1.1.2018 durch G v. 21.12.2015 (BGBl. I S. 2553).
[2] § 6a Abs. 3 Satz 2 Nr. 1 Satz 6 neu gef. mWv 1.1.2018 durch G v. 21.12.2015 (BGBl. I S. 2553).

(2) [1]In die Euroumrechnungsrücklage gemäß Absatz 1 Satz 2 können auch Erträge eingestellt werden, die sich aus der Aktivierung von Wirtschaftsgütern auf Grund der unwiderruflichen Festlegung der Umrechnungskurse ergeben. [2]Absatz 1 Satz 3 gilt entsprechend.

(3) Die Bildung und Auflösung der jeweiligen Rücklage müssen in der Buchführung verfolgt werden können.

§ 6e[1)] Fondsetablierungskosten als Anschaffungskosten. (1) [1]Zu den Anschaffungskosten von Wirtschaftsgütern, die ein Steuerpflichtiger gemeinschaftlich mit weiteren Anlegern gemäß einem von einem Projektanbieter vorformulierten Vertragswerk anschafft, gehören auch die Fondsetablierungskosten im Sinne der Absätze 2 und 3. [2]Haben die Anleger in ihrer gesellschaftsrechtlichen Verbundenheit keine wesentlichen Möglichkeiten zur Einflussnahme auf das Vertragswerk, gelten die Wirtschaftsgüter im Sinne von Satz 1 als angeschafft.

(2) [1]Fondsetablierungskosten sind alle auf Grund des vorformulierten Vertragswerks neben den Anschaffungskosten im Sinne von § 255 des Handelsgesetzbuchs vom Anleger an den Projektanbieter oder an Dritte zu zahlenden Aufwendungen, die auf den Erwerb der Wirtschaftsgüter im Sinne des Absatzes 1 Satz 1 gerichtet sind. [2]Zu den Anschaffungskosten der Anleger im Sinne des Absatzes 1 Satz 2 gehören darüber hinaus alle an den Projektanbieter oder an Dritte geleisteten Aufwendungen in wirtschaftlichem Zusammenhang mit der Abwicklung des Projekts in der Investitionsphase. [3]Zu den Anschaffungskosten zählen auch die Haftungs- und Geschäftsführungsvergütungen für Komplementäre, Geschäftsführungsvergütungen bei schuldrechtlichem Leistungsaustausch und Vergütungen für Treuhandkommanditisten, soweit sie auf die Investitionsphase entfallen.

(3) Absatz 1 Satz 1 und Absatz 2 sind sinngemäß in den Fällen anzuwenden, in denen Fondsetablierungskosten vergleichbare Kosten außerhalb einer gemeinschaftlichen Anschaffung zu zahlen sind.

(4) Im Fall des § 4 Absatz 3 sind die Absätze 1 bis 3 entsprechend anzuwenden.

(5) § 15b bleibt unberührt.

§ 7 Absetzung für Abnutzung oder Substanzverringerung. (1) [1]Bei Wirtschaftsgütern, deren Verwendung oder Nutzung durch den Steuerpflichtigen zur Erzielung von Einkünften sich erfahrungsgemäß auf einen Zeitraum von mehr als einem Jahr erstreckt, ist jeweils für ein Jahr der Teil der Anschaffungs- oder Herstellungskosten abzusetzen, der bei gleichmäßiger Verteilung dieser Kosten auf die Gesamtdauer der Verwendung oder Nutzung auf ein Jahr entfällt (Absetzung für Abnutzung in gleichen Jahresbeträgen). [2]Die Absetzung bemisst sich hierbei nach der betriebsgewöhnlichen Nutzungsdauer des Wirtschaftsguts. [3]Als betriebsgewöhnliche Nutzungsdauer des Geschäfts- oder Firmenwerts eines Gewerbebetriebs oder eines Betriebs der Land- und Forst-

---

[1)] § 6e eingef. durch G v. 12.12.2019 (BGBl. I S. 2451); zur Anwendung siehe § 52 Abs. 14a.

wirtschaft gilt ein Zeitraum von 15 Jahren. [4]Im Jahr der Anschaffung oder Herstellung des Wirtschaftsguts vermindert sich für dieses Jahr der Absetzungsbetrag nach Satz 1 um jeweils ein Zwölftel für jeden vollen Monat, der dem Monat der Anschaffung oder Herstellung vorangeht. [5]Bei Wirtschaftsgütern, die nach einer Verwendung zur Erzielung von Einkünften im Sinne des § 2 Absatz 1 Satz 1 Nummer 4 bis 7 in ein Betriebsvermögen eingelegt worden sind, mindert sich der Einlagewert um die Absetzungen für Abnutzung oder Substanzverringerung, Sonderabschreibungen oder erhöhte Absetzungen, die bis zum Zeitpunkt der Einlage vorgenommen worden sind, höchstens jedoch bis zu den fortgeführten Anschaffungs- oder Herstellungskosten [*ab 1.1.2011:* ; ist der Einlagewert niedriger als dieser Wert, bemisst sich die weitere Absetzung für Abnutzung vom Einlagewert].[1)] [6]Bei beweglichen Wirtschaftsgütern des Anlagevermögens, bei denen es wirtschaftlich begründet ist, die Absetzung für Abnutzung nach Maßgabe der Leistung des Wirtschaftsguts vorzunehmen, kann der Steuerpflichtige dieses Verfahren statt der Absetzung für Abnutzung in gleichen Jahresbeträgen anwenden, wenn er den auf das einzelne Jahr entfallenden Umfang der Leistung nachweist. [7]Absetzungen für außergewöhnliche technische oder wirtschaftliche Abnutzung sind zulässig; soweit der Grund hierfür in späteren Wirtschaftsjahren entfällt, ist in den Fällen der Gewinnermittlung nach § 4 Absatz 1 oder nach § 5 eine entsprechende Zuschreibung vorzunehmen.

[Fassung ab 1.1.2009:]

(2)[2)] [1]Bei beweglichen Wirtschaftsgütern des Anlagevermögens, die nach dem 31. Dezember 2008 und vor dem 1. Januar 2011 angeschafft oder hergestellt worden sind, kann der Steuerpflichtige statt der Absetzung für Abnutzung in gleichen Jahresbeträgen die Absetzung für Abnutzung in fallenden Jahresbeträgen bemessen. [2]Die Absetzung für Abnutzung in fallenden Jahresbeträgen kann nach einem unveränderlichen Prozentsatz vom jeweiligen Buchwert (Restwert) vorgenommen werden; der dabei anzuwendende Prozentsatz darf höchstens das Zweieinhalbfache des bei der Absetzung für Abnutzung in gleichen Jahresbeträgen in

[Fassung ab 1.1.2020:]

(2)[3)] [1]Bei beweglichen Wirtschaftsgütern des Anlagevermögens, die nach dem 31. Dezember 2019 und vor dem 1. Januar 2023 angeschafft oder hergestellt worden sind, kann der Steuerpflichtige statt der Absetzung für Abnutzung in gleichen Jahresbeträgen die Absetzung für Abnutzung in fallenden Jahresbeträgen bemessen. [2]Die Absetzung für Abnutzung in fallenden Jahresbeträgen kann nach einem unveränderlichen Prozentsatz vom jeweiligen Buchwert (Restwert) vorgenommen werden; der dabei anzuwendende Prozentsatz darf höchstens das Zweieinhalbfache des bei der Absetzung für Abnutzung in gleichen Jahresbeträgen in

---

1) § 7 Abs. 1 Satz 5 geänd. durch G v. 8.12.2010 (BGBl. I S. 1768); siehe auch Übergangsregelung in BMF v. 27.10.2010, IV C 3 – S 2190/09/1007, DStR 2010 S. 2304.

2) § 7 Abs. 2 neu gef. mW für nach dem 31.12.2008 angeschaffte Wirtschaftsgüter durch G v. *21.12.2008 (BGBl. I S. 2896).*

3) § 7 Abs. 2 neu gef. durch G v. 29.6.2020 (BGBl. I S. 1512); Satz 1 geänd. durch G v. 19.6.2022 (BGBl. I S. 911).

[Fassung ab 1.1.2009:]

Betracht kommenden Prozentsatzes betragen und 25 Prozent nicht übersteigen. [3]Absatz 1 Satz 4 und § 7a Absatz 8 gelten entsprechend. [4]Bei Wirtschaftsgütern, bei denen die Absetzung für Abnutzung in fallenden Jahresbeträgen bemessen wird, sind Absetzungen für außergewöhnliche technische oder wirtschaftliche Abnutzung nicht zulässig.

[Fassung ab 1.1.2020:]

Betracht kommenden Prozentsatzes betragen und 25 Prozent nicht übersteigen. [3]Absatz 1 Satz 4 und § 7a Absatz 8 gelten entsprechend. [4]Bei Wirtschaftsgütern, bei denen die Absetzung für Abnutzung in fallenden Jahresbeträgen bemessen wird, sind Absetzungen für außergewöhnliche technische oder wirtschaftliche Abnutzung nicht zulässig.

(3)[1)] [1]Der Übergang von der Absetzung für Abnutzung in fallenden Jahresbeträgen zur Absetzung für Abnutzung in gleichen Jahresbeträgen ist zulässig. [2]In diesem Fall bemisst sich die Absetzung für Abnutzung vom Zeitpunkt des Übergangs an nach dem dann noch vorhandenen Restwert und der Restnutzungsdauer des einzelnen Wirtschaftsguts. [3]Der Übergang von der Absetzung für Abnutzung in gleichen Jahresbeträgen zur Absetzung für Abnutzung in fallenden Jahresbeträgen ist nicht zulässig.

(4) [1]Bei Gebäuden sind abweichend von Absatz 1 als Absetzung für Abnutzung die folgenden Beträge bis zur vollen Absetzung abzuziehen:

1. bei Gebäuden, soweit sie zu einem Betriebsvermögen gehören und nicht Wohnzwecken dienen und für die der Bauantrag nach dem 31. März 1985 gestellt worden ist, jährlich 3 Prozent [***alte Fassung:*** 4 vom Hundert][2)],
2. bei Gebäuden, soweit sie die Voraussetzungen der Nummer 1 nicht erfüllen und die
   a) nach dem 31. Dezember 1924 fertiggestellt worden sind, jährlich 2 Prozent,
   b) vor dem 1. Januar 1925 fertiggestellt worden sind, jährlich 2,5 Prozent

der Anschaffungs- oder Herstellungskosten; Absatz 1 Satz 5 gilt entsprechend. [2]Beträgt die tatsächliche Nutzungsdauer eines Gebäudes in den Fällen des Satzes 1 Nummer 1 weniger als 33 Jahre [***alte Fassung:*** 25 Jahre][2)], in den Fällen des Satzes 1 Nummer 2 Buchstabe a weniger als 50 Jahre, in den Fällen des Satzes 1 Nummer 2 Buchstabe b weniger als 40 Jahre, so können anstelle der Absetzungen nach Satz 1 die der tatsächlichen Nutzungsdauer entsprechenden Absetzungen für Abnutzung vorgenommen werden. [3]Absatz 1 letzter Satz bleibt unberührt. [4]Bei Gebäuden im Sinne der Nummer 2 rechtfertigt die für Gebäude im Sinne der Nummer 1 geltende Regelung weder die Anwendung des Absatzes 1 letzter Satz noch den Ansatz des niedrigeren Teilwerts (§ 6 Absatz 1 Nummer 1 Satz 2).

(5) [1]Bei *im Inland belegenen Gebäuden,* [***neue Fassung:*** Gebäuden, die in einem Mitgliedstaat der Europäischen Union oder einem anderen Staat belegen sind, auf den das Abkommen über den Europäischen Wirtschaftsraum (EWR-

---

[1)] § 7 Abs. 3 neu gef. mW für nach dem 31.12.2008 angeschaffte Wirtschaftsgüter durch G v. 21.12.2008 (BGBl. I S. 2896).

[2)] Zur weiteren Anwendung der a. F. siehe § 52 Abs. 15 Sätze 2 und 3.

Abkommen) angewendet wird, und][1] die vom Steuerpflichtigen hergestellt oder bis zum Ende des Jahres der Fertigstellung angeschafft worden sind, können abweichend von Absatz 4 als Absetzung für Abnutzung die folgenden Beträge abgezogen werden:

1. bei Gebäuden im Sinne des Absatzes 4 Satz 1 Nummer 1, die vom Steuerpflichtigen auf Grund eines vor dem 1. Januar 1994 gestellten Bauantrags hergestellt oder auf Grund eines vor diesem Zeitpunkt rechtswirksam abgeschlossenen obligatorischen Vertrags angeschafft worden sind,
   – im Jahr der Fertigstellung und in den folgenden 3 Jahren jeweils 10 Prozent,
   – in den darauf folgenden 3 Jahren jeweils 5 Prozent,
   – in den darauf folgenden 18 Jahren jeweils 2,5 Prozent,
2. bei Gebäuden im Sinne des Absatzes 4 Satz 1 Nummer 2, die vom Steuerpflichtigen auf Grund eines vor dem 1. Januar 1995 gestellten Bauantrags hergestellt oder auf Grund eines vor diesem Zeitpunkt rechtswirksam abgeschlossenen obligatorischen Vertrags angeschafft worden sind,
   – im Jahr der Fertigstellung und in den folgenden 7 Jahren jeweils 5 Prozent,
   – in den darauf folgenden 6 Jahren jeweils 2,5 Prozent,
   – in den darauf folgenden 36 Jahren jeweils 1,25 Prozent,
3. bei Gebäuden im Sinne des Absatzes 4 Satz 1 Nummer 2, soweit sie Wohnzwecken dienen, die vom Steuerpflichtigen
   a) auf Grund eines nach dem 28. Februar 1989 und vor dem 1. Januar 1996 gestellten Bauantrags hergestellt oder nach dem 28. Februar 1989 auf Grund eines nach dem 28. Februar 1989 und vor dem 1. Januar 1996 rechtswirksam abgeschlossenen obligatorischen Vertrags angeschafft worden sind,
      – im Jahr der Fertigstellung und in den folgenden 3 Jahren jeweils 7 Prozent,
      – in den darauf folgenden 6 Jahren jeweils 5 Prozent,
      – in den darauf folgenden 6 Jahren jeweils 2 Prozent,
      – in den darauf folgenden 24 Jahren jeweils 1,25 Prozent,
   b)[2] auf Grund eines nach dem 31. Dezember 1995 und vor dem 1. Januar 2004 gestellten Bauantrags hergestellt oder auf Grund eines nach dem 31. Dezember 1995 und vor dem 1. Januar 2004 rechtswirksam abgeschlossenen obligatorischen Vertrags angeschafft worden sind,
      – im Jahr der Fertigstellung und in den folgenden 7 Jahren jeweils 5 Prozent,
      – in den darauf folgenden 6 Jahren jeweils 2,5 Prozent,
      – in den darauf folgenden 36 Jahren jeweils 1,25 Prozent,
   c) auf Grund eines nach dem 31. Dezember 2003 und vor dem 1. Januar 2006 gestellten Bauantrags hergestellt oder auf Grund eines nach dem 31. Dezember 2003 und vor dem 1. Januar 2006 rechtswirksam abgeschlossenen obligatorischen Vertrags angeschafft worden sind,

[1] § 7 Abs. 5 Satz 1 geänd. mWv VZ 2010 durch G v. 8.4.2010 (BGBl. I S. 386).
[2] § 7 Abs. 5 Satz 1 Nr. 3 Buchst. b bestätigt durch G v. 5.4.2011 (BGBl. I S. 554).

4.[1] Aufwendungen des Arbeitnehmers für die Wege zwischen Wohnung und erster Tätigkeitsstätte im Sinne des Absatzes 4. [2]Zur Abgeltung dieser Aufwendungen ist für jeden Arbeitstag, an dem der Arbeitnehmer die erste Tätigkeitsstätte aufsucht, eine Entfernungspauschale für jeden vollen Kilometer der Entfernung zwischen Wohnung und erster Tätigkeitsstätte von 0,30 Euro anzusetzen, höchstens jedoch 4500 Euro im Kalenderjahr; ein höherer Betrag als 4500 Euro ist anzusetzen, soweit der Arbeitnehmer einen eigenen oder ihm zur Nutzung überlassenen Kraftwagen benutzt. [3]Die Entfernungspauschale gilt nicht für Flugstrecken und Strecken mit steuerfreier Sammelbeförderung nach § 3 Nummer 32. [4]Für die Bestimmung der Entfernung ist die kürzeste Straßenverbindung zwischen Wohnung und erster Tätigkeitsstätte maßgebend; eine andere als die kürzeste Straßenverbindung kann zugrunde gelegt werden, wenn diese offensichtlich verkehrsgünstiger ist und vom Arbeitnehmer regelmäßig für die Wege zwischen Wohnung und erster Tätigkeitsstätte benutzt wird. [5]Nach § 8 Absatz 2 Satz 11 oder Absatz 3 steuerfreie Sachbezüge für Fahrten zwischen Wohnung und erster Tätigkeitsstätte mindern den nach Satz 2 abziehbaren Betrag; ist der Arbeitgeber selbst der Verkehrsträger, ist der Preis anzusetzen, den ein dritter Arbeitgeber an den Verkehrsträger zu entrichten hätte. [6]Hat ein Arbeitnehmer mehrere Wohnungen, so sind die Wege von einer Wohnung, die nicht der ersten Tätigkeitsstätte am nächsten liegt, nur zu berücksichtigen, wenn sie den Mittelpunkt der Lebensinteressen des Arbeitnehmers bildet und nicht nur gelegentlich aufgesucht wird. [7]Nach § 3 Nummer 37[2] steuerfreie Sachbezüge mindern den nach Satz 2 abziehbaren Betrag nicht; § 3c Absatz 1 ist nicht anzuwenden. [***ab VZ 2021:*** [8]Zur Abgeltung der Aufwendungen im Sinne des Satzes 1 ist für die Veranlagungszeiträume 2021 bis 2026 abweichend von Satz 2 für jeden Arbeitstag, an dem der Arbeitnehmer die erste Tätigkeitsstätte aufsucht, eine Entfernungspauschale für jeden vollen Kilometer der ersten 20 Kilometer der Entfernung zwischen Wohnung und erster Tätigkeitsstätte von 0,30 Euro und für jeden weiteren vollen Kilometer

a) von 0,35 Euro für 2021,

b) von 0,38 Euro für 2022 bis 2026

anzusetzen, höchstens 4500 Euro im Kalenderjahr; ein höherer Betrag als 4500 Euro ist anzusetzen, soweit der Arbeitnehmer einen eigenen oder ihm zur Nutzung überlassenen Kraftwagen benutzt.][3]

4a.[4] Aufwendungen des Arbeitnehmers für beruflich veranlasste Fahrten, die nicht Fahrten zwischen Wohnung und erster Tätigkeitsstätte im Sinne des Absatzes 4 sowie keine Familienheimfahrten sind. [2]Anstelle der tatsächlichen Aufwendungen, die dem Arbeitnehmer durch die persönliche Benut-

---

[1] § 9 Abs. 1 Satz 3 Nr. 4 geänd. mWv 1.1.2014 durch G v. 20.2.2013 (BGBl. I S. 285); Nr. 4 Satz 7 angef. mWv 1.1.2019 durch G v. 11.12.2018 (BGBl. I S. 2338); zur zeitl. Anwendung von § 3 Nr. 37 siehe § 52 Abs. 4 Satz 7.

[2] Siehe hierzu § 52 Abs. 4 Satz 7.

[3] § 9 Abs. 1 Satz 3 Nr. 4 Satz 8 angef. mWv VZ 2021 durch G v. 21.12.2019 (BGBl. I S. 2886); geänd. mWv 28.5.2022 durch G v. 23.5.2022 (BGBl. I S. 749).

[4] § 9 Abs. 1 Satz 3 Nr. 4a eingef. mWv 1.1.2014 durch G v. 20.2.2013 (BGBl. I S. 285).

zung eines Beförderungsmittels entstehen, können die Fahrtkosten mit den pauschalen Kilometersätzen angesetzt werden, die für das jeweils benutzte Beförderungsmittel (Fahrzeug) als höchste Wegstreckenentschädigung nach dem Bundesreisekostengesetz festgesetzt sind. 3 Hat ein Arbeitnehmer keine erste Tätigkeitsstätte (§ 9 Absatz 4) und hat er nach den dienst- oder arbeitsrechtlichen Festlegungen sowie den diese ausfüllenden Absprachen und Weisungen zur Aufnahme seiner beruflichen Tätigkeit dauerhaft denselben Ort oder dasselbe weiträumige Tätigkeitsgebiet typischerweise arbeitstäglich aufzusuchen, gilt Absatz 1 Satz 3 Nummer 4 und Absatz 2 für die Fahrten von der Wohnung zu diesem Ort oder dem zur Wohnung nächstgelegenen Zugang zum Tätigkeitsgebiet entsprechend. 4 Für die Fahrten innerhalb des weiträumigen Tätigkeitsgebietes gelten die Sätze 1 und 2 entsprechend.

5.[1] notwendige Mehraufwendungen, die einem Arbeitnehmer wegen einer beruflich veranlassten doppelten Haushaltsführung entstehen. 2 Eine doppelte Haushaltsführung liegt nur vor, wenn der Arbeitnehmer außerhalb des Ortes seiner ersten Tätigkeitsstätte einen eigenen Hausstand unterhält und auch am Ort der ersten Tätigkeitsstätte wohnt. 3 Das Vorliegen eines eigenen Hausstandes setzt das Innehaben einer Wohnung sowie eine finanzielle Beteiligung an den Kosten der Lebensführung voraus. 4 Als Unterkunftskosten für eine doppelte Haushaltsführung können im Inland die tatsächlichen Aufwendungen für die Nutzung der Unterkunft angesetzt werden, höchstens 1000 Euro im Monat. 5 Aufwendungen für die Wege vom Ort der ersten Tätigkeitsstätte zum Ort des eigenen Hausstandes und zurück (Familienheimfahrt) können jeweils nur für eine Familienheimfahrt wöchentlich abgezogen werden. 6 Zur Abgeltung der Aufwendungen für eine Familienheimfahrt ist eine Entfernungspauschale von 0,30 Euro für jeden vollen Kilometer der Entfernung zwischen dem Ort des eigenen Hausstandes und dem Ort der ersten Tätigkeitsstätte anzusetzen. 7 Nummer 4 Satz 3 bis 5 ist entsprechend anzuwenden. 8 Aufwendungen für Familienheimfahrten mit einem dem Steuerpflichtigen im Rahmen einer Einkunftsart überlassenen Kraftfahrzeug werden nicht berücksichtigt. [***ab VZ 2021:*** 9 Zur Abgeltung der Aufwendungen für eine Familienheimfahrt ist für die Veranlagungszeiträume 2021 bis 2026 abweichend von Satz 6 eine Entfernungspauschale für jeden vollen Kilometer der ersten 20 Kilometer der Entfernung zwischen dem Ort des eigenen Hausstandes und dem Ort der ersten Tätigkeitsstätte von 0,30 Euro und für jeden weiteren vollen Kilometer
 a) von 0,35 Euro für 2021,
 b) von 0,38 Euro für 2022 bis 2026
 anzusetzen.]

5a.[2] notwendige Mehraufwendungen eines Arbeitnehmers für beruflich veranlasste Übernachtungen an einer Tätigkeitsstätte, die nicht erste Tätigkeitsstätte ist. 2 Übernachtungskosten sind die tatsächlichen Aufwendungen für die persönliche Inanspruchnahme einer Unterkunft zur Übernachtung.

---

[1] § 9 Abs. 1 Satz 3 Nr. 5 neu gef. mWv 1.1.2014 durch G v. 20.2.2013 (BGBl. I S. 285); *Satz 9 angef.* mWv VZ 2021 durch G v. 21.12.2019 (BGBl. I S. 2886); Satz 9 geänd. mWv 28.5.2022 durch G v. 23.5.2022 (BGBl. I S. 749).

[2] § 9 Abs. 1 Satz 3 Nr. 5a eingef. mWv 1.1.2014 durch G v. 20.2.2013 (BGBl. I S. 285).

2. jeweils *12* [***ab 1.1.2020:*** 14] Euro für den An- und Abreisetag, wenn der Arbeitnehmer an diesem, einem anschließenden oder vorhergehenden Tag außerhalb seiner Wohnung übernachtet,
3. *12* [***ab 1.1.2020:*** 14] Euro für den Kalendertag, an dem der Arbeitnehmer ohne Übernachtung außerhalb seiner Wohnung mehr als 8 Stunden von seiner Wohnung und der ersten Tätigkeitsstätte abwesend ist; beginnt die auswärtige berufliche Tätigkeit an einem Kalendertag und endet am nachfolgenden Kalendertag ohne Übernachtung, werden *12* [***ab 1.1.2020:*** 14] Euro für den Kalendertag gewährt, an dem der Arbeitnehmer den überwiegenden Teil der insgesamt mehr als 8 Stunden von seiner Wohnung und der ersten Tätigkeitsstätte abwesend ist.

[4] Hat der Arbeitnehmer keine erste Tätigkeitsstätte, gelten die Sätze 2 und 3 entsprechend; Wohnung im Sinne der Sätze 2 und 3 ist der Hausstand, der den Mittelpunkt der Lebensinteressen des Arbeitnehmers bildet sowie eine Unterkunft am Ort der ersten Tätigkeitsstätte im Rahmen der doppelten Haushaltsführung. [5] Bei einer Tätigkeit im Ausland treten an die Stelle der Pauschbeträge nach Satz 3 länderweise unterschiedliche Pauschbeträge, die für die Fälle der Nummer 1 mit 120 sowie der Nummern 2 und 3 mit 80 Prozent der Auslandstagegelder nach dem Bundesreisekostengesetz vom Bundesministerium der Finanzen im Einvernehmen mit den obersten Finanzbehörden der Länder aufgerundet auf volle Euro festgesetzt werden; dabei bestimmt sich der Pauschbetrag nach dem Ort, den der Arbeitnehmer vor 24 Uhr Ortszeit zuletzt erreicht, oder, wenn dieser Ort im Inland liegt, nach dem letzten Tätigkeitsort im Ausland. [6] Der Abzug der Verpflegungspauschalen ist auf die ersten drei Monate einer längerfristigen beruflichen Tätigkeit an derselben Tätigkeitsstätte beschränkt. [7] Eine Unterbrechung der beruflichen Tätigkeit an derselben Tätigkeitsstätte führt zu einem Neubeginn, wenn sie mindestens vier Wochen dauert. [8] Wird dem Arbeitnehmer anlässlich oder während einer Tätigkeit außerhalb seiner ersten Tätigkeitsstätte vom Arbeitgeber oder auf dessen Veranlassung von einem Dritten eine Mahlzeit zur Verfügung gestellt, sind die nach den Sätzen 3 und 5 ermittelten Verpflegungspauschalen zu kürzen:

1. für Frühstück um 20 Prozent,
2. für Mittag- und Abendessen um jeweils 40 Prozent,

der nach Satz 3 Nummer 1 gegebenenfalls in Verbindung mit Satz 5 maßgebenden Verpflegungspauschale für einen vollen Kalendertag; die Kürzung darf die ermittelte Verpflegungspauschale nicht übersteigen. [9] Satz 8 gilt auch, wenn Reisekostenvergütungen wegen der zur Verfügung gestellten Mahlzeiten einbehalten oder gekürzt werden oder die Mahlzeiten nach § 40 Absatz 2 Satz 1 Nummer 1a pauschal besteuert werden. [10] Hat der Arbeitnehmer für die Mahlzeit ein Entgelt gezahlt, mindert dieser Betrag den Kürzungsbetrag nach Satz 8. [11] Erhält der Arbeitnehmer steuerfreie Erstattungen für Verpflegung, ist ein Werbungskostenabzug insoweit ausgeschlossen. [12] Die Verpflegungspauschalen nach den Sätzen 3 und 5, die Dreimonatsfrist nach den Sätzen 6 und 7 sowie die Kürzungsregelungen nach den Sätzen 8 bis 10 gelten entsprechend auch für den Abzug von Mehraufwendungen für Verpflegung, die bei einer beruflich veranlassten doppelten Haushaltsführung entstehen, soweit der Arbeitnehmer vom eigenen Hausstand im Sinne des § 9 Absatz 1 Satz 3 Nummer 5 abwesend ist; dabei ist für jeden Kalendertag innerhalb der Dreimonatsfrist, an dem gleichzeitig eine Tätigkeit im Sinne des Satzes 2 oder des Satzes 4 ausgeübt wird, nur der jeweils höchste in Betracht kommende Pauschbetrag abziehbar. [13]Die Dauer einer Tätigkeit im Sinne des Satzes 2 an dem Tätigkeitsort, an dem die doppelte Haushaltsführung begründet wurde, ist auf die Dreimonatsfrist anzurechnen, wenn sie ihr unmittelbar vorausgegangen ist.

(5)[1)] [1]§ 4 Absatz 5 Satz 1 Nummer 1 bis 4, 6b bis 8a, 10, 12 und Absatz 6 gilt sinngemäß. [2]Die §§ 4j, [***ab 1.1.2020:*** 4k,] 6 Absatz 1 Nummer 1a und § 6e gelten entsprechend.

(6)[2)] [1]Aufwendungen des Steuerpflichtigen für seine Berufsausbildung oder für sein Studium sind nur dann Werbungskosten, wenn der Steuerpflichtige zuvor bereits eine Erstausbildung (Berufsausbildung oder Studium) abgeschlossen hat oder wenn die Berufsausbildung oder das Studium im Rahmen eines Dienstverhältnisses stattfindet. [2]Eine Berufsausbildung als Erstausbildung nach Satz 1 liegt vor, wenn eine geordnete Ausbildung mit einer Mindestdauer von 12 Monaten bei vollzeitiger Ausbildung und mit einer Abschlussprüfung durchgeführt wird. [3]Eine geordnete Ausbildung liegt vor, wenn sie auf der Grundlage von Rechts- oder Verwaltungsvorschriften oder internen Vorschriften eines Bildungsträgers durchgeführt wird. [4]Ist eine Abschlussprüfung nach dem Ausbildungsplan nicht vorgesehen, gilt die Ausbildung mit der tatsächlichen planmäßigen Beendigung als abgeschlossen. [5]Eine Berufsausbildung als Erstausbildung hat auch abgeschlossen, wer die Abschlussprüfung einer durch Rechts- oder Verwaltungsvorschriften geregelten Berufsausbildung mit einer Mindestdauer von 12 Monaten bestanden hat, ohne dass er zuvor die entsprechende Berufsausbildung durchlaufen hat.

§ 9a Pauschbeträge für Werbungskosten. [1]Für Werbungskosten sind bei der Ermittlung der Einkünfte die folgenden Pauschbeträge abzuziehen, wenn nicht höhere Werbungskosten nachgewiesen werden:

1. a)[3)] von den Einnahmen aus nichtselbständiger Arbeit vorbehaltlich Buchstabe b:
ein Arbeitnehmer-Pauschbetrag von *1000 Euro* [***ab VZ 2022:*** 1200 Euro][4)];
   b) von den Einnahmen aus nichtselbständiger Arbeit, soweit es sich um Versorgungsbezüge im Sinne des § 19 Absatz 2 handelt:
ein Pauschbetrag von 102 Euro;

[1)] § 9 Abs. 5 Satz 1 geänd. mWv VZ 2012 durch G v. 1.11.2011 (BGBl. I S. 2131); geänd. mWv 1.1.2014 durch G v. 20.2.2013 (BGBl. I S. 285); Satz 2 Verweis geänd. durch G v. 27.6.2017 (BGBl. I S. 2074), zur Anwendung siehe § 52 Abs. 16b Satz 2; Satz 2 neu gef. durch G v. 12.12.2019 (BGBl. I S. 2451); zur Anwendung siehe § 52 Abs. 16b Satz 3; Satz 2 Verweis erg. mWv 1.1.2020 (§ 52 Abs. 16b Satz 4; siehe auch § 52 Abs. 8c zur Anwendung von § 4k) durch G v. 25.6.2021 (BGBl. I S. 2035).

[2)] § 9 Abs. 6 neu gef. mWv 1.1.2015 durch G v. 22.12.2014 (BGBl. I S. 2417).

[3)] § 9a Satz 1 Nr. 1 Buchst. a Betrag geänd. mWv VZ 2011; 2. Satzteil aufgeh. mWv VZ *2012* (§ 52 Abs. *1 idF* des Art. 1 Nr. 33 Buchst. b des G v. 1.11.2011) durch G v. 1.11.2011 (BGBl. I S. 2131).

[4)] Betrag geänd. mWv VZ 2022 durch G v. 23.5.2022 (BGBl. I S. 749).

[*ab 1.1.2020:*

5.[1] deren Zweck nach § 52 Absatz 2 Satz 2 der Abgabenordnung für gemeinnützig erklärt worden ist, weil deren Zweck die Allgemeinheit auf materiellem, geistigem oder sittlichem Gebiet entsprechend einem Zweck nach den Nummern 1 bis 4 fördert.]

9 Abziehbare Zuwendungen, die die Höchstbeträge nach Satz 1 überschreiten oder die den um die Beträge nach § 10 Absatz 3 und 4, § 10c und § 10d verminderten Gesamtbetrag der Einkünfte übersteigen, sind im Rahmen der Höchstbeträge in den folgenden Veranlagungszeiträumen als Sonderausgaben abzuziehen. 10 § 10d Absatz 4 gilt entsprechend.

(1a)[2] 1 Spenden zur Förderung steuerbegünstigter Zwecke im Sinne der §§ 52 bis 54 der Abgabenordnung in das zu erhaltende Vermögen (Vermögensstock) einer Stiftung, welche die Voraussetzungen des Absatzes 1 Satz 2 bis 6 erfüllt, können auf Antrag des Steuerpflichtigen im Veranlagungszeitraum der Zuwendung und in den folgenden neun Veranlagungszeiträumen bis zu einem Gesamtbetrag von 1 Million Euro, bei Ehegatten, die nach den §§ 26, 26b zusammen veranlagt werden, bis zu einem Gesamtbetrag von 2 Millionen Euro, zusätzlich zu den Höchstbeträgen nach Absatz 1 Satz 1 abgezogen werden. 2 Nicht abzugsfähig nach Satz 1 sind Spenden in das verbrauchbare Vermögen einer Stiftung. 3 Der besondere Abzugsbetrag nach Satz 1 bezieht sich auf den gesamten Zehnjahreszeitraum und kann der Höhe nach innerhalb dieses Zeitraums nur einmal in Anspruch genommen werden. 4 § 10d Absatz 4 gilt entsprechend.

(2)[3] 1 Zuwendungen an politische Parteien im Sinne des § 2 des Parteiengesetzes sind, sofern die jeweilige Partei nicht gemäß § 18 Absatz 7 des Parteiengesetzes von der staatlichen Teilfinanzierung ausgeschlossen ist, bis zur Höhe von insgesamt 1650 Euro und im Fall der Zusammenveranlagung von Ehegatten bis zur Höhe von insgesamt 3300 Euro im Kalenderjahr abzugsfähig. 2 Sie können nur insoweit als Sonderausgaben abgezogen werden, als für sie nicht eine Steuerermäßigung nach § 34g gewährt worden ist.

(3)[4] 1 Als Zuwendung im Sinne dieser Vorschrift gilt auch die Zuwendung von Wirtschaftsgütern mit Ausnahme von Nutzungen und Leistungen. 2 Ist das Wirtschaftsgut unmittelbar vor seiner Zuwendung einem Betriebsvermögen entnommen worden, so bemisst sich die Zuwendungshöhe nach dem Wert, der bei der Entnahme angesetzt wurde und nach der Umsatzsteuer, die auf die Entnahme entfällt. 3 Ansonsten bestimmt sich die Höhe der Zuwendung nach dem gemeinen Wert des zugewendeten Wirtschaftsguts, wenn dessen Veräußerung im Zeitpunkt der Zuwendung keinen Besteuerungstatbestand erfüllen würde. 4 In allen übrigen Fällen dürfen bei der Ermittlung der Zuwendungshöhe die fortgeführten Anschaffungs- oder Herstellungskosten nur überschrit-

---

[1] § 10b Abs. 1 Satz 8 Nr. 5 angef. durch G v. 12.12.2019 (BGBl. I S. 2451); zur Anwendung siehe § 52 Abs. 18a.

[2] § 10b Abs. 1a Satz 1 geänd., Satz 2 eingef., bish. Sätze 2 und 3 werden Sätze 3 und 4 mWv VZ 2013 (siehe PM Nr. 19 des BMF v. 1.3.2013) durch G v. 21.3.2013 (BGBl. I S. 556).

[3] § 10b Abs. 2 Satz 1 geänd. mWv 29.7.2017 durch G v. 18.7.2017 (BGBl. I S. 2730).

[4] § 10b Abs. 3 Satz 2 geänd. mWv VZ 2013 (siehe PM Nr. 19 des BMF v. 1.3.2013) durch G v. 21.3.2013 (BGBl. I S. 556).

ten werden, soweit eine Gewinnrealisierung stattgefunden hat. [5]Aufwendungen zugunsten einer Körperschaft, die zum Empfang steuerlich abziehbarer Zuwendungen berechtigt ist, können nur abgezogen werden, wenn ein Anspruch auf die Erstattung der Aufwendungen durch Vertrag oder Satzung eingeräumt und auf die Erstattung verzichtet worden ist. [6]Der Anspruch darf nicht unter der Bedingung des Verzichts eingeräumt worden sein.

(4) [1]Der Steuerpflichtige darf auf die Richtigkeit der Bestätigung über Spenden und Mitgliedsbeiträge vertrauen, es sei denn, dass er die Bestätigung durch unlautere Mittel oder falsche Angaben erwirkt hat oder dass ihm die Unrichtigkeit der Bestätigung bekannt oder infolge grober Fahrlässigkeit nicht bekannt war. [2]Wer vorsätzlich oder grob fahrlässig eine unrichtige Bestätigung ausstellt oder veranlasst, dass Zuwendungen nicht zu den in der Bestätigung angegebenen steuerbegünstigten Zwecken verwendet werden, haftet für die entgangene Steuer. [3]Diese ist mit 30 Prozent des zugewendeten Betrags anzusetzen. [4]In den Fällen des Satzes 2 zweite Alternative (Veranlasserhaftung) ist vorrangig der Zuwendungsempfänger in Anspruch zu nehmen; die in diesen Fällen für den Zuwendungsempfänger handelnden natürlichen Personen sind nur in Anspruch zu nehmen, wenn die entgangene Steuer nicht nach § 47 der Abgabenordnung erloschen ist und Vollstreckungsmaßnahmen gegen den Zuwendungsempfänger nicht erfolgreich sind.[1)] [5]Die Festsetzungsfrist für Haftungsansprüche nach Satz 2 läuft nicht ab, solange die Festsetzungsfrist für von dem Empfänger der Zuwendung geschuldete Körperschaftsteuer für den Veranlagungszeitraum nicht abgelaufen ist, in dem die unrichtige Bestätigung ausgestellt worden ist oder veranlasst wurde, dass die Zuwendung nicht zu den in der Bestätigung angegebenen steuerbegünstigten Zwecken verwendet worden ist; § 191 Absatz 5 der Abgabenordnung ist nicht anzuwenden.

§ 10c[2)] Sonderausgaben-Pauschbetrag. [1]Für Sonderausgaben nach § 10 Absatz 1 Nummer 4, 5, 7 und 9 sowie Absatz 1a[3)] und nach § 10b wird ein Pauschbetrag von 36 Euro abgezogen (Sonderausgaben-Pauschbetrag), wenn der Steuerpflichtige nicht höhere Aufwendungen nachweist. [2]Im Fall der Zusammenveranlagung von Ehegatten verdoppelt sich der Sonderausgaben-Pauschbetrag.

§ 10d[4)] Verlustabzug.

[Fassung bis VZ 2019 und ab VZ 2024:]

(1) [1]Negative Einkünfte, die bei der Ermittlung des Gesamtbetrags der Einkünfte nicht ausgeglichen

[Fassung für VZ 2020 bis 2023:]

(1) [1]Negative Einkünfte, die bei der Ermittlung des Gesamtbetrags der Einkünfte nicht ausgeglichen

---

1) § 10b Abs. 4 Satz 4 geänd. durch G v. 8.4.2010 (BGBl. I S. 386).

2) § 10c neu gef. mWv VZ 2010 durch G v. 16.7.2009 (BGBl. I S. 1959).

3) Verweis geänd. mWv VZ 2012 durch G v. 1.11.2011 (BGBl. I S. 2131); geänd. mWv VZ 2014 durch G v. 25.7.2014 (BGBl. I S. 1266); geänd. mWv VZ 2015 durch G v. 22.12.2014 *(BGBl. I S. 2417)*.

4) § 10d Abs. 1 neu gef. mWv VZ 2022 (§ 52 Abs. 18b Satz 2), Abs. 1 Satz 1 neu gef. mWv VZ 2024 (§ 52 Abs. 18b Satz 3) durch G v. 19.6.2022 (BGBl. I S. 911).

[Fassung bis VZ 2019 und ab VZ 2024:]

werden, sind bis zu einem Betrag von 1 000 000 Euro, bei Ehegatten, die nach den §§ 26, 26b zusammenveranlagt werden, bis zu einem Betrag von 2 000 000 Euro vom Gesamtbetrag der Einkünfte des unmittelbar vorangegangenen Veranlagungszeitraums vorrangig vor Sonderausgaben, außergewöhnlichen Belastungen und sonstigen Abzugsbeträgen abzuziehen (Verlustrücktrag). [2]Dabei wird der Gesamtbetrag der Einkünfte des unmittelbar vorangegangenen Veranlagungszeitraums um die Begünstigungsbeträge nach § 34a Absatz 3 Satz 1 gemindert. [3]Ist für den unmittelbar vorangegangenen Veranlagungszeitraum bereits ein Steuerbescheid erlassen worden, so ist er insoweit zu ändern, als der Verlustrücktrag zu gewähren oder zu berichtigen ist. [4]Das gilt auch dann, wenn der Steuerbescheid unanfechtbar geworden ist; die Festsetzungsfrist endet insoweit nicht, bevor die Festsetzungsfrist für den Veranlagungszeitraum abgelaufen ist, in dem die negativen Einkünfte nicht ausgeglichen werden. [5]Auf Antrag des Steuerpflichtigen ist ganz oder teilweise von der Anwendung des Satzes 1 abzusehen. [6]Im Antrag ist die Höhe des Verlustrücktrags anzugeben.

[Fassung für VZ 2020 bis 2023:]

werden, sind bis zu einem Betrag von 10 000 000 Euro, bei Ehegatten, die nach den §§ 26, 26b zusammenveranlagt werden, bis zu einem Betrag von 20 000 000 Euro vom Gesamtbetrag der Einkünfte des unmittelbar vorangegangenen Veranlagungszeitraums vorrangig vor Sonderausgaben, außergewöhnlichen Belastungen und sonstigen Abzugsbeträgen abzuziehen (Verlustrücktrag). [2]Soweit ein Ausgleich der negativen Einkünfte nach Satz 1 nicht möglich ist, sind diese vom Gesamtbetrag der Einkünfte des zweiten dem Veranlagungszeitraum vorangegangenen Veranlagungszeitraums vorrangig vor Sonderausgaben, außergewöhnlichen Belastungen und sonstigen Abzugsbeträgen abzuziehen. [3]Dabei wird der Gesamtbetrag der Einkünfte des unmittelbar vorangegangenen Veranlagungszeitraums und des zweiten dem Veranlagungszeitraum vorangegangenen Veranlagungszeitraums um die Begünstigungsbeträge nach § 34a Absatz 3 Satz 1 gemindert. [4]Ist für den unmittelbar vorangegangenen Veranlagungszeitraum oder den zweiten dem Veranlagungszeitraum vorangegangenen Veranlagungszeitraum bereits ein Steuerbescheid erlassen worden, so ist er insoweit zu ändern, als der Verlustrücktrag zu gewähren oder zu berichtigen ist. [5]Das gilt auch dann, wenn der Steuerbescheid unanfechtbar geworden ist; die Festsetzungsfrist endet insoweit nicht, bevor die Festsetzungsfrist für den Veranlagungszeitraum abgelaufen ist, in dem die negativen Einkünfte nicht ausgeglichen werden. [6]Auf Antrag des Steuerpflichtigen ist von der Anwendung des Verlustrücktrags nach den Sätzen 1 und 2 insgesamt abzusehen.

(2) [1]Nicht ausgeglichene negative Einkünfte, die nicht nach Absatz 1 abgezogen worden sind, sind in den folgenden Veranlagungszeiträumen bis zu einem Gesamtbetrag der Einkünfte von 1 Million Euro unbeschränkt, darüber hinaus bis zu 60 Prozent des 1 Million Euro übersteigenden Gesamtbetrags der Einkünfte vorrangig vor Sonderausgaben, außergewöhnlichen Belastungen und sonstigen Abzugsbeträgen abzuziehen (Verlustvortrag). [2]Bei Ehegatten, die nach den §§ 26, 26 b zusammenveranlagt werden, tritt an die Stelle des Betrags von 1 Million Euro ein Betrag von 2 Millionen Euro. [3]Der Abzug ist nur insoweit zulässig, als die Verluste nicht nach Absatz 1 abgezogen worden sind und in den vorangegangenen Veranlagungszeiträumen nicht nach Satz 1 und 2 abgezogen werden konnten.

(3) (weggefallen)

(4)[1)] [1]Der am Schluss eines Veranlagungszeitraums verbleibende Verlustvortrag ist gesondert festzustellen. [2]Verbleibender Verlustvortrag sind die bei der Ermittlung des Gesamtbetrags der Einkünfte nicht ausgeglichenen negativen Einkünfte, vermindert um die nach Absatz 1 abgezogenen und die nach Absatz 2 abziehbaren Beträge und vermehrt um den auf den Schluss des vorangegangenen Veranlagungszeitraums festgestellten verbleibenden Verlustvortrag. [3]Zuständig für die Feststellung ist das für die Besteuerung zuständige Finanzamt. [4]Bei der Feststellung des verbleibenden Verlustvortrags sind die Besteuerungsgrundlagen so zu berücksichtigen, wie sie den Steuerfestsetzungen des Veranlagungszeitraums, auf dessen Schluss der verbleibende Verlustvortrag festgestellt wird, und des Veranlagungszeitraums, in dem ein Verlustrücktrag vorgenommen werden kann, zu Grunde gelegt worden sind; § 171 Absatz 10, § 175 Absatz 1 Satz 1 Nummer 1 und § 351 Absatz 2 der Abgabenordnung sowie § 42 der Finanzgerichtsordnung gelten entsprechend. [5]Die Besteuerungsgrundlagen dürfen bei der Feststellung nur insoweit abweichend von Satz 4 berücksichtigt werden, wie die Aufhebung, Änderung oder Berichtigung der Steuerbescheide ausschließlich mangels Auswirkung auf die Höhe der festzusetzenden Steuer unterbleibt. [6]Die Feststellungsfrist endet nicht, bevor die Festsetzungsfrist für den Veranlagungszeitraum abgelaufen ist, auf dessen Schluss der verbleibende Verlustvortrag gesondert festzustellen ist; § 181 Absatz 5 der Abgabenordnung ist nur anzuwenden, wenn die zuständige Finanzbehörde die Feststellung des Verlustvortrags pflichtwidrig unterlassen hat.

§ 10e[2)] Steuerbegünstigung der zu eigenen Wohnzwecken genutzten Wohnung im eigenen Haus. (1) [1]Der Steuerpflichtige kann von den Herstellungskosten einer Wohnung in einem im Inland belegenen eigenen Haus oder einer im Inland belegenen eigenen Eigentumswohnung zuzüglich der Hälfte der Anschaffungskosten für den dazugehörenden Grund und Boden (Bemessungsgrundlage) im Jahr der Fertigstellung und in den drei folgenden Jahren jeweils bis zu 6 Prozent, höchstens jeweils 10 124 Euro, und in den vier

---

[1)] *§ 10d Abs. 4 Sätze 4 und 5 neu gef.* durch G v. 8. 12. 2010 (BGBl. I S. 1768).

[2)] Zur erstmaligen und **letztmaligen Anwendung** von § 10 e siehe § 52 Abs. 19 Sätze 6 und 7. Zur Anwendung im Beitrittsgebiet siehe § 57 Abs. 1.

darauffolgenden Jahren jeweils bis zu 5 Prozent, höchstens jeweils 8437 Euro, wie Sonderausgaben abziehen. 2 Voraussetzung ist, dass der Steuerpflichtige die Wohnung hergestellt und in dem jeweiligen Jahr des Zeitraums nach Satz 1 (Abzugszeitraum) zu eigenen Wohnzwecken genutzt hat und die Wohnung keine Ferienwohnung oder Wochenendwohnung ist. 3 Eine Nutzung zu eigenen Wohnzwecken liegt auch vor, wenn Teile einer zu eigenen Wohnzwecken genutzten Wohnung unentgeltlich zu Wohnzwecken überlassen werden. 4 Hat der Steuerpflichtige die Wohnung angeschafft, so sind die Sätze 1 bis 3 mit der Maßgabe anzuwenden, dass an die Stelle des Jahres der Fertigstellung das Jahr der Anschaffung und an die Stelle der Herstellungskosten die Anschaffungskosten treten; hat der Steuerpflichtige die Wohnung nicht bis zum Ende des zweiten auf das Jahr der Fertigstellung folgenden Jahres angeschafft, kann er von der Bemessungsgrundlage im Jahr der Anschaffung und in den drei folgenden Jahren höchstens jeweils 4602 Euro und in den vier darauffolgenden Jahren höchstens jeweils 3835 Euro abziehen. 5 § 6b Absatz 6 gilt sinngemäß. 6 Bei einem Anteil an der zu eigenen Wohnzwecken genutzten Wohnung kann der Steuerpflichtige den entsprechenden Teil der Abzugsbeträge nach Satz 1 wie Sonderausgaben abziehen. 7 Werden Teile der Wohnung nicht zu eigenen Wohnzwecken genutzt, ist die Bemessungsgrundlage um den auf den nicht zu eigenen Wohnzwecken entfallenden Teil zu kürzen. 8 Satz 4 ist nicht anzuwenden, wenn der Steuerpflichtige die Wohnung oder einen Anteil daran von seinem Ehegatten anschafft und bei den Ehegatten die Voraussetzungen des § 26 Absatz 1 vorliegen.

(2) Absatz 1 gilt entsprechend für Herstellungskosten zu eigenen Wohnzwecken genutzter Ausbauten und Erweiterungen an einer im Inland belegenen, zu eigenen Wohnzwecken genutzten Wohnung.

(3) 1 Der Steuerpflichtige kann die Abzugsbeträge nach den Absätzen 1 und 2, die er in einem Jahr des Abzugszeitraums nicht ausgenutzt hat, bis zum Ende des Abzugszeitraums abziehen. 2 Nachträgliche Herstellungskosten oder Anschaffungskosten, die bis zum Ende des Abzugszeitraums entstehen, können vom Jahr ihrer Entstehung an für die Veranlagungszeiträume, in denen der Steuerpflichtige Abzugsbeträge nach den Absätzen 1 und 2 hätte abziehen können, so behandelt werden, als wären sie zu Beginn des Abzugszeitraums entstanden.

(Fortsetzung nächstes Blatt)

beiden Ehegatten in einem Kindschaftsverhältnis steht. [3]Die Beträge nach Satz 2 stehen dem Steuerpflichtigen auch dann zu, wenn

1. der andere Elternteil verstorben oder nicht unbeschränkt einkommensteuerpflichtig ist oder
2. der Steuerpflichtige allein das Kind angenommen hat oder das Kind nur zu ihm in einem Pflegekindschaftsverhältnis steht.

[4]Für ein nicht nach § 1 Absatz 1 oder 2 unbeschränkt einkommensteuerpflichtiges Kind können die Beträge nach den Sätzen 1 bis 3 nur abgezogen werden, soweit sie nach den Verhältnissen seines Wohnsitzstaates notwendig und angemessen sind. [5]Für jeden Kalendermonat, in dem die Voraussetzungen für einen Freibetrag nach den Sätzen 1 bis 4 nicht vorliegen, ermäßigen sich die dort genannten Beträge um ein Zwölftel. [6]Abweichend von Satz 1 wird bei einem unbeschränkt einkommensteuerpflichtigen Elternpaar, bei dem die Voraussetzungen des § 26 Absatz 1 Satz 1 nicht vorliegen, auf Antrag eines Elternteils der dem anderen Elternteil zustehende Kinderfreibetrag auf ihn übertragen, wenn er, nicht jedoch der andere Elternteil, seiner Unterhaltspflicht gegenüber dem Kind für das Kalenderjahr im Wesentlichen nachkommt oder der andere Elternteil mangels Leistungsfähigkeit nicht unterhaltspflichtig ist [***ab VZ 2021:*** ; die Übertragung des Kinderfreibetrags führt stets auch zur Übertragung des Freibetrags für den Betreuungs- und Erziehungs- oder Ausbildungsbedarf].[1] [7]Eine Übertragung nach Satz 6 scheidet für Zeiträume aus, für die Unterhaltsleistungen nach dem Unterhaltsvorschussgesetz gezahlt werden. [8]Bei minderjährigen Kindern wird der dem Elternteil, in dessen Wohnung das Kind nicht gemeldet ist, zustehende Freibetrag für den Betreuungs- und Erziehungs- oder Ausbildungsbedarf auf Antrag des anderen Elternteils auf diesen übertragen, wenn bei dem Elternpaar die Voraussetzungen des § 26 Absatz 1 Satz 1 nicht vorliegen. [9]Eine Übertragung nach Satz 8 scheidet aus, wenn der Übertragung widersprochen wird, weil der Elternteil, bei dem das Kind nicht gemeldet ist, Kinderbetreuungskosten trägt oder das Kind regelmäßig in einem nicht unwesentlichen Umfang betreut. [10]Die den Eltern nach den Sätzen 1 bis 9 zustehenden Freibeträge können auf Antrag auch auf einen Stiefelternteil oder Großelternteil übertragen werden, wenn dieser das Kind in seinen Haushalt aufgenommen hat oder dieser einer Unterhaltspflicht gegenüber dem Kind unterliegt. [11]Die Übertragung nach Satz 10 kann auch mit Zustimmung des berechtigten Elternteils erfolgen, die nur für künftige Kalenderjahre widerrufen werden kann.

§ 32a[2] Einkommensteuertarif.

[Fassung von Abs. 1 für VZ 2022:][3]

(1) [1]Die tarifliche Einkommensteuer bemisst sich nach dem zu ver-

[Fassung von Abs. 1 für VZ 2021:][4]

(1) [1]Die tarifliche Einkommensteuer bemisst sich nach dem zu ver-

---

1) § 32 Abs. 6 Satz 6 HS 2 angef. mWv VZ 2021 durch G v. 2.6.2021 (BGBl. I S. 1259).

2) Zur Berechnung der geltenden Einkommensteuer siehe das beiliegende **Berechnungsprogramm auf CD-ROM** sowie die im **Anhang T 1a und T 1b** abgedruckten **Einkommensteuer-Grundtabellen und -Splittingtabellen.**

3) § 32a Abs. 1 neu gef. mWv 1.1.2022 durch G v. 23.5.2022 (BGBl. I S. 749).

4) § 32a Abs. 1 neu gef. mWv 1.1.2021 bzw. 1.1.2022 durch G v. 1.12.2020 (BGBl. I S. 2616).

[Fassung von Abs. 1 für VZ 2022:]

steuernden Einkommen. [2]Sie beträgt ab dem Veranlagungszeitraum 2022 vorbehaltlich der §§ 32b, 32d, 34, 34a, 34b und 34c jeweils in Euro für zu versteuernde Einkommen

1. bis 10 347 Euro (Grundfreibetrag): 0;
2. von 10 348 Euro bis 14 926 Euro: (1088,67 · y + 1400) · y;
3. von 14 927 Euro bis 58 596 Euro: (206,43 · z + 2397) · z + 869,32;
4. von 58 597 Euro bis 277 825 Euro: 0,42 · x – 9336,45;
5. von 277 826 Euro an: 0,45 · x – 17 671,20.

[3]Die Größe „y" ist ein Zehntausendstel des den Grundfreibetrag übersteigenden Teils des auf einen vollen Euro-Betrag abgerundeten zu versteuernden Einkommens. [4]Die Größe „z" ist ein Zehntausendstel des 14 926 Euro übersteigenden Teils des auf einen vollen Euro-Betrag abgerundeten zu versteuernden Einkommens. [5]Die Größe „x" ist das auf einen vollen Euro-Betrag abgerundete zu versteuernde Einkommen. [6]Der sich ergebende Steuerbetrag ist auf den nächsten vollen Euro-Betrag abzurunden.

[Fassung von Abs. 1 für VZ 2021:]

steuernden Einkommen. [2]Sie beträgt im Veranlagungszeitraum 2021 vorbehaltlich der §§ 32b, 32d, 34, 34a, 34b und 34c jeweils in Euro für zu versteuernde Einkommen

1. bis 9744 Euro (Grundfreibetrag): 0;
2. von 9745 Euro bis 14 753 Euro: (995,21 · y + 1400) · y;
3. von 14 754 Euro bis 57 918 Euro: (208,85 · z + 2397) · z + 950,96;
4. von 57 919 Euro bis 274 612 Euro: 0,42 · x – 9136,63;
5. von 274 613 Euro an: 0,45 · x – 17 374,99.

[3]Die Größe „y" ist ein Zehntausendstel des den Grundfreibetrag übersteigenden Teils des auf einen vollen Euro-Betrag abgerundeten zu versteuernden Einkommens. [4]Die Größe „z" ist ein Zehntausendstel des 14 753 Euro übersteigenden Teils des auf einen vollen Euro-Betrag abgerundeten zu versteuernden Einkommens. [5]Die Größe „x" ist das auf einen vollen Euro-Betrag abgerundete zu versteuernde Einkommen. [6]Der sich ergebende Steuerbetrag ist auf den nächsten vollen Euro-Betrag abzurunden.

[Fassung von Abs. 1 für VZ 2020:][1)]

(1) [1]Die tarifliche Einkommensteuer bemisst sich nach dem zu versteuernden Einkommen. [2]Sie beträgt ab dem Veranlagungszeitraum 2020 vorbehaltlich der §§ 32b, 32d, 34, 34a, 34b und 34c jeweils in Euro für zu versteuernde Einkommen

1. bis 9408 Euro (Grundfreibetrag): 0;
2. von 9409 Euro bis 14 532 Euro: (972,87 · y + 1400) · y;

[Fassung von Abs. 1 für VZ 2019:][1)]

(1) [1]Die tarifliche Einkommensteuer bemisst sich nach dem zu versteuernden Einkommen. [2]Sie beträgt im Veranlagungszeitraum 2019 vorbehaltlich der §§ 32b, 32d, 34, 34a, 34b und 34c jeweils in Euro für zu versteuernde Einkommen

1. bis 9168 Euro (Grundfreibetrag): 0;
2. von 9169 Euro bis 14 254 Euro: (980,14 · y + 1400) · y;

[1)] § 32a Abs. 1 neu gef. mWv 1.1.2019 bzw. 1.1.2020 durch G v. 29.11.2018 (BGBl. I S. 2210).

c)[1] sind bei Gewinnermittlung nach § 4 Absatz 3 die Anschaffungs- oder Herstellungskosten für Wirtschaftsgüter des Umlaufvermögens im Zeitpunkt des Zuflusses des Veräußerungserlöses oder bei Entnahme im Zeitpunkt der Entnahme als Betriebsausgaben zu berücksichtigen. 2 § 4 Absatz 3 Satz 5 gilt entsprechend.

(3)[2] 1 Nach Maßgabe des § 93c der Abgabenordnung haben die Träger der Sozialleistungen im Sinne des Absatzes 1 Satz 1 Nummer 1 für jeden Leistungsempfänger der für seine Besteuerung nach dem Einkommen zuständigen Finanzbehörde neben den nach § 93c Absatz 1 der Abgabenordnung erforderlichen Angaben die Daten über die im Kalenderjahr gewährten Leistungen sowie die Dauer des Leistungszeitraums zu übermitteln, soweit die Leistungen nicht in der Lohnsteuerbescheinigung anzugeben sind (§ 41b Absatz 1 Satz 2 Nummer 5); § 41b Absatz 2 und § 22a Absatz 2 gelten entsprechend. 2 Die mitteilungspflichtige Stelle hat den Empfänger der Leistungen auf die steuerliche Behandlung dieser Leistungen und seine Steuererklärungspflicht hinzuweisen. 3 In den Fällen des § 170 Absatz 1 des Dritten Buches Sozialgesetzbuch gilt als Empfänger des an Dritte ausgezahlten Insolvenzgeldes der Arbeitnehmer, der seinen Arbeitsentgeltanspruch übertragen hat.

(4)[3] 1 In den Fällen des Absatzes 3 ist für die Anwendung des § 72a Absatz 4 und des § 93c Absatz 4 Satz 1 der Abgabenordnung das Betriebsstättenfinanzamt des Trägers der jeweiligen Sozialleistungen zuständig. 2 Sind für ihn mehrere Betriebsstättenfinanzämter zuständig oder hat er keine Betriebsstätte im Sinne des § 41 Absatz 2, so ist das Finanzamt zuständig, in dessen Bezirk sich seine Geschäftsleitung nach § 10 der Abgabenordnung im Inland befindet.

(5)[4] · [5] Die nach Absatz 3 übermittelten Daten können durch das nach Absatz 4 zuständige Finanzamt bei den für die Besteuerung der Leistungsempfänger nach dem Einkommen zuständigen Finanzbehörden abgerufen und zur Anwendung des § 72a Absatz 4 und des § 93c Absatz 4 Satz 1 der Abgabenordnung verarbeitet werden.

[VZ 2016 bis VZ 2022:]

§ 32c[6] Tarifermäßigung bei Einkünften aus Land- und Forstwirtschaft. (1) 1 Auf Antrag des Steuerpflichtigen wird nach Ablauf von drei Veranlagungszeiträumen (Betrachtungszeitraum) unter den Voraussetzungen des Absatzes 5 für Einkünfte aus Land- und Forstwirtschaft im Sinne des § 13 eine

---

[1] § 32b Abs. 2 Nr. 2 Satz 2 Buchst. c) angef. durch G v. 26.6.2013 (BGBl. I S. 1809); zur Anwendung siehe § 52 Abs. 33 Satz 1.

[2] § 32b Abs. 3 ersetzt durch Abs. 3 bis 5 durch G v. 18.7.2016 (BGBl. I S. 1679); zur Anwendung siehe § 52 Abs. 33 Satz 3.

[3] § 32b Abs. 3 ersetzt durch Abs. 3 bis 5 durch G v. 18.7.2016 (BGBl. I S. 1679); zur Anwendung siehe § 52 Abs. 33 Satz 3.

[4] § 32b Abs. 3 ersetzt durch Abs. 3 bis 5 durch G v. 18.7.2016 (BGBl. I S. 1679); zur Anwendung siehe § 52 Abs. 33 Satz 3.

[5] § 32b Abs. 5 geänd. mWv VZ 2019 duch G v. 20.11.2019 (BGBl. I S. 1626).

[6] § 32c eingef. durch G v. 12.12.2019 (BGBl. I S. 2451); zur Anwendung siehe § 52 Abs. 33a. Die Regelung stand gem. Art. 39 Abs. 8 unter dem Vorbehalt der Genehmigung der EU-Kommission; am 30.1.2020 stellte die EU-Kommission fest, dass die Tarifermäßigung eine mit dem Binnenmarkt vereinbare Beihilfe darstellt (BGBl. I 2020 S. 597).

Tarifermäßigung nach Satz 2 gewährt. [2]Ist die Summe der tariflichen Einkommensteuer, die innerhalb des Betrachtungszeitraums auf die steuerpflichtigen Einkünfte aus Land- und Forstwirtschaft im Sinne des § 13 entfällt, höher als die Summe der nach Absatz 2 ermittelten fiktiven tariflichen Einkommensteuer, die innerhalb des Betrachtungszeitraums auf die steuerpflichtigen Einkünfte aus Land- und Forstwirtschaft im Sinne des § 13 entfällt, wird bei der Steuerfestsetzung des letzten Veranlagungszeitraums im Betrachtungszeitraum die tarifliche Einkommensteuer um den Unterschiedsbetrag ermäßigt. [3]Satz 1 gilt nicht, wenn nur in einem Veranlagungszeitraum des Betrachtungszeitraums Einkünfte aus Land- und Forstwirtschaft erzielt werden.

(2) [1]Die fiktive tarifliche Einkommensteuer, die auf die steuerpflichtigen Einkünfte aus Land- und Forstwirtschaft im Sinne des § 13 entfällt, wird für jeden Veranlagungszeitraum des Betrachtungszeitraums gesondert ermittelt. [2]Dabei treten an die Stelle der tatsächlichen Einkünfte aus Land- und Forstwirtschaft im Sinne des § 13 die nach Satz 3 zu ermittelnden durchschnittlichen Einkünfte. [3]Zur Ermittlung der durchschnittlichen Einkünfte aus Land- und Forstwirtschaft wird die Summe der tatsächlichen Einkünfte aus Land- und Forstwirtschaft der Veranlagungszeiträume eines Betrachtungszeitraums gleichmäßig auf die Veranlagungszeiträume des Betrachtungszeitraums verteilt.

(3) [1]Die auf die steuerpflichtigen Einkünfte aus Land- und Forstwirtschaft im Sinne des § 13 entfallende tarifliche Einkommensteuer im Sinne des Absatzes 1 ermittelt sich aus dem Verhältnis der positiven steuerpflichtigen Einkünfte aus Land- und Forstwirtschaft zur Summe der positiven Einkünfte. [2]Entsprechendes gilt bei der Ermittlung der fiktiven tariflichen Einkommensteuer. [3]Bei Ehegatten, die nach den §§ 26, 26b zusammen zur Einkommensteuer veranlagt werden, werden für die Ermittlung der Einkünfte jeder Einkunftsart im Sinne des Satzes 1 die Einkünfte beider Ehegatten zusammengerechnet.

(4) Bei der Ermittlung der tatsächlichen und der durchschnittlichen Einkünfte aus Land- und Forstwirtschaft im Sinne der Absätze 2 und 3 bleiben außer Betracht:

1. außerordentliche Einkünfte nach § 34 Absatz 2,
2. nach § 34a begünstigte nicht entnommene Gewinne sowie
3. Einkünfte aus außerordentlichen Holznutzungen im Sinne des § 34b Absatz 1 und 2.

(5) [1]Die Inanspruchnahme der Tarifermäßigung ist nur zulässig, wenn

1. für negative Einkünfte, die im ersten Veranlagungszeitraum des Betrachtungszeitraums erzielt wurden, kein Verlustrücktrag nach § 10d Absatz 1 in den letzten Veranlagungszeitraum eines vorangegangenen Betrachtungszeitraums vorgenommen wurde,
2. für negative Einkünfte, die im zweiten und dritten Veranlagungszeitraum des Betrachtungszeitraums erzielt wurden, kein Antrag nach § 10d Absatz 1 Satz *5* [***ab VZ 2022:*** 6][1] gestellt wurde,

---

[1] § 32c Abs. 5 Satz 1 Nr. 2 Verweis geänd. durch G v. 19.6.2022 (BGBl. I S. 911).

3. nicht verpflichtet ist, die Kapitalerträge ganz oder überwiegend, unmittelbar oder mittelbar anderen Personen zu vergüten.

[2] Fehlen die Voraussetzungen des Satzes 1, so sind drei Fünftel der Kapitalertragsteuer nicht anzurechnen. [3] Die nach den Sätzen 1 und 2 nicht angerechnete Kapitalertragsteuer ist auf Antrag bei der Ermittlung der Einkünfte abzuziehen. [4] Die Sätze 1 bis 3 gelten entsprechend für Anteile oder Genussscheine, die zu inländischen Kapitalerträgen im Sinne des § 43 Absatz 3 Satz 1 führen und einer Wertpapiersammelbank im Ausland zur Verwahrung anvertraut sind.

(2) [1] Die Mindesthaltedauer umfasst 45 Tage und muss innerhalb eines Zeitraums von 45 Tagen vor und 45 Tagen nach der Fälligkeit der Kapitalerträge erreicht werden. [2] Bei Anschaffungen und Veräußerungen ist zu unterstellen, dass die zuerst angeschafften Anteile oder Genussscheine zuerst veräußert wurden.

(3) [1] Der Steuerpflichtige muss unter Berücksichtigung von gegenläufigen Ansprüchen und Ansprüchen nahe stehender Personen das Risiko aus einem sinkenden Wert der Anteile oder Genussscheine im Umfang von mindestens 70 Prozent tragen (Mindestwertänderungsrisiko). [2] Kein hinreichendes Mindestwertänderungsrisiko liegt insbesondere dann vor, wenn der Steuerpflichtige oder eine ihm nahe stehende Person Kurssicherungsgeschäfte abgeschlossen hat, die das Wertänderungsrisiko der Anteile oder Genussscheine unmittelbar oder mittelbar um mehr als 30 Prozent mindern.

(4)[1)] [1] Einkommen- oder körperschaftsteuerpflichtige Personen, bei denen insbesondere auf Grund einer Steuerbefreiung kein Steuerabzug vorgenommen oder denen ein Steuerabzug erstattet wurde und die die Voraussetzungen für eine Anrechenbarkeit der Kapitalertragsteuer nach den Absätzen 1 bis 3 nicht erfüllen, haben

1. dies gegenüber ihrem zuständigen Finanzamt anzuzeigen,
2. Kapitalertragsteuer in Höhe von 15 Prozent der Kapitalerträge im Sinne des § 43 Absatz 1 Satz 1 Nummer 1a und des Absatzes 1 Satz 4 nach amtlich vorgeschriebenem Vordruck auf elektronischem Weg anzumelden und
3. die angemeldete Steuer zu entrichten.

[2] Die Anzeige, Anmeldung und Entrichtung hat bei Steuerpflichtigen, die ihren Gewinn durch Betriebsvermögensvergleich ermitteln, bis zum 10. Tag des auf den Ablauf des Wirtschaftsjahres folgenden Monats und bei anderen Steuerpflichtigen bis zum 10. Tag des auf den Ablauf des Kalenderjahres folgenden Monats zu erfolgen.

(5) Die Absätze 1 bis 4 sind nicht anzuwenden, wenn

1. die Kapitalerträge im Sinne des § 43 Absatz 1 Satz 1 Nummer 1a und des Absatzes 1 Satz 4 im Veranlagungszeitraum nicht mehr als 20 000 Euro betragen oder
2. der Steuerpflichtige bei Zufluss der Kapitalerträge im Sinne des § 43 Absatz 1 Satz 1 Nummer 1a und des Absatzes 1 Satz 4 seit mindestens einem

---

1) § 36a Abs. 4 neu gef. durch G v. 12.12.2019 (BGBl. I S. 2451); zur Anwendung siehe § 52 Abs. 35c Satz 2.

Jahr ununterbrochen wirtschaftlicher Eigentümer der Aktien oder Genussscheine ist; Absatz 2 Satz 2 gilt entsprechend.

(6) [1]Der Treuhänder und der Treugeber gelten für die Zwecke der vorstehenden Absätze als eine Person, wenn Kapitalerträge im Sinne des § 43 Absatz 1 Satz 1 Nummer 1a und des Absatzes 1 Satz 4 einem Treuhandvermögen zuzurechnen sind, welches ausschließlich der Erfüllung von Altersvorsorgeverpflichtungen dient und dem Zugriff übriger Gläubiger entzogen ist. [2]Entsprechendes gilt für Versicherungsunternehmen und Versicherungsnehmer im Rahmen von fondsgebundenen Lebensversicherungen, wenn die Leistungen aus dem Vertrag an den Wert eines internen Fonds im Sinne des § 124 Absatz 2 Satz 2 Nummer 1 des Versicherungsaufsichtsgesetzes gebunden sind.

(7) § 42 der Abgabenordnung bleibt unberührt.

§ 37 Einkommensteuer-Vorauszahlung. (1) [1]Der Steuerpflichtige hat am 10. März, 10. Juni, 10. September und 10. Dezember Vorauszahlungen auf die Einkommensteuer zu entrichten, die er für den laufenden Veranlagungszeitraum voraussichtlich schulden wird. [2]Die Einkommensteuer-Vorauszahlung entsteht jeweils mit Beginn des Kalendervierteljahres, in dem die Vorauszahlungen zu entrichten sind, oder, wenn die Steuerpflicht erst im Laufe des Kalendervierteljahres begründet wird, mit Begründung der Steuerpflicht.

(2) (weggefallen)

(3)[1)] [1]Das Finanzamt setzt die Vorauszahlungen durch Vorauszahlungsbescheid fest. [2]Die Vorauszahlungen bemessen sich grundsätzlich nach der Einkommensteuer, die sich nach Anrechnung der Steuerabzugsbeträge (§ 36 Absatz 2 Nummer 2) bei der letzten Veranlagung ergeben hat. [3]Das Finanzamt kann bis zum Ablauf des auf den Veranlagungszeitraum folgenden 15. Kalendermonats die Vorauszahlungen an die Einkommensteuer anpassen, die sich für den Veranlagungszeitraum voraussichtlich ergeben wird; dieser Zeitraum verlängert sich auf 23 Monate, wenn die Einkünfte aus Land- und Forstwirtschaft bei der erstmaligen Steuerfestsetzung die anderen Einkünfte voraussichtlich überwiegen werden.[2)] [4]Bei der Anwendung der Sätze 2 und 3 bleiben Aufwendungen im Sinne des § 10 Absatz 1 Nummer 4, 5, 7 und 9 sowie Absatz 1a,[3)] der §§ 10b und 33 sowie die abziehbaren Beträge nach § 33a, wenn die Aufwendungen und abziehbaren Beträge insgesamt 600 Euro nicht übersteigen, außer Ansatz. [5]Die Steuerermäßigung nach § 34a bleibt außer Ansatz. [6]Bei der Anwendung der Sätze 2 und 3 bleibt der Sonderausgabenabzug nach § 10a Absatz 1 außer Ansatz. [7]Außer Ansatz bleiben bis zur Anschaffung oder Fertigstellung der Objekte im Sinne des § 10e Absatz 1 und 2 und § 10h auch die Aufwendungen, die nach § 10e Absatz 6 und § 10h Satz 3 wie Sonderausgaben abgezogen werden; Entsprechendes gilt auch für Aufwendungen, die nach § 10i für nach dem Eigenheimzulagengesetz[4)] begünstigte Objekte wie

---

[1)] Zur Anwendung von § 37 Abs. 3 siehe Abs. 6 aF; zur Anwendung von Abs. 3 Satz 3 siehe § 52 Abs. 35d.

[2)] Zu den Zeiträumen siehe **§ 52 Abs. 35d**.

[3)] *§ 37 Abs. 3 Satz 4* Verweis geänd. mWv VZ 2012 durch G v. 1.11.2011 (BGBl. I S. 2131); geänd. mWv VZ 2015 durch G v. 22.12.2014 (BGBl. I S. 2417).

[4)] Nr. **5**.

Absatz 1 sowie in der Steuerklasse III nach § 32a Absatz 5 zu berechnen. [7]In den Steuerklassen V und VI ist die Jahreslohnsteuer zu berechnen, die sich aus dem Zweifachen des Unterschiedsbetrags zwischen dem Steuerbetrag für das Eineinviertelfache und dem Steuerbetrag für das Dreiviertelfache des zu versteuernden Jahresbetrags nach § 32a Absatz 1 ergibt; die Jahreslohnsteuer beträgt jedoch mindestens 14 Prozent des zu versteuernden Jahresbetrags, für den *10 440* [***für VZ 2019:*** 10 635; ***für VZ 2020:*** 10 898; ***für VZ 2021:*** 11 237; ***für VZ 2022:*** 11 793[1]] Euro[2] übersteigenden Teil des zu versteuernden Jahresbetrags höchstens 42 Prozent, für den *27 475* [***für VZ 2019:*** 27 980; ***für VZ 2020:*** 28 526; ***für VZ 2021:*** 28 959; ***für VZ 2022:*** 29 298] Euro[2] übersteigenden Teil des zu versteuernden Jahresbetrags 42 Prozent und für den *208 426* [***für VZ 2019:*** 212 261; ***für VZ 2020:*** 216 400; ***für VZ 2021:*** 219 690; ***für VZ 2022:*** 222 260] Euro[2] übersteigenden Teil des zu versteuernden Jahresbetrags 45 Prozent.[3] [8]Für die Lohnsteuerberechnung ist die als Lohnsteuerabzugsmerkmal mitgeteilte oder die nach § 39c Absatz 1 oder Absatz 2 oder nach § 39e Absatz 5a oder Absatz 6 Satz 8 anzuwendende[4] Steuerklasse maßgebend. [9]Die monatliche Lohnsteuer ist $^{1}/_{12}$, die wöchentliche Lohnsteuer sind $^{7}/_{360}$ und die tägliche Lohnsteuer ist $^{1}/_{360}$ der Jahreslohnsteuer. [10]Bruchteile eines Cents, die sich bei der Berechnung nach den Sätzen 2 und 9 ergeben, bleiben jeweils außer Ansatz. [11]Die auf den Lohnzahlungszeitraum entfallende Lohnsteuer ist vom Arbeitslohn einzubehalten. [12]Das Betriebsstättenfinanzamt kann allgemein oder auf Antrag zulassen, dass die Lohnsteuer unter den Voraussetzungen des § 42b Absatz 1 nach dem voraussichtlichen Jahresarbeitslohn ermittelt wird, wenn gewährleistet ist, dass die zutreffende Jahreslohnsteuer (§ 38a Absatz 2) nicht unterschritten wird. [13]Darüber hinaus kann das Betriebsstättenfinanzamt auf Antrag zulassen, dass bei nach § 1 Absatz 1 unbeschränkt einkommensteuerpflichtigen Arbeitnehmern mit Steuerklasse VI und ohne Freibetrag nach § 39a, die bei dem Arbeitgeber gelegentlich, nicht regelmäßig wiederkehrend beschäftigt werden und deren Dauer der Beschäftigung 24 zusammenhängende Arbeitstage nicht übersteigt, der während der Beschäftigung erzielte Arbeitslohn auf einen Jahresbetrag hochgerechnet und die sich ergebende Lohnsteuer auf den Lohnabrechnungszeitraum zurückgerechnet wird, wobei als Lohnabrechnungszeitraum der Zeitraum vom Beginn des Kalenderjahres bis zum Ende der Beschäftigung gilt. [14]Bei Anwendung des Satzes 13 sind auch der im Kalenderjahr in etwaigen vorangegangenen und beendeten weiteren Dienstverhältnissen in der Steuerklasse VI bezogene Arbeitslohn und die darauf erhobene Lohnsteuer einzubeziehen, soweit dort bereits Satz 13 angewandt wurde. [15]Voraussetzung für die Anwendung des Verfahrens nach Satz 13 ist zudem, dass der Arbeitnehmer vor Aufnahme der Beschäftigung

---

[1] Betrag geänd. mWv 1.1.2022 durch G v. 23.5.2022 (BGBl. I S. 749).

[2] Beträge geänd. mWv VZ 2015/2016 durch G v. 16.7.2015 (BGBl. I S. 1202); geänd. mWv VZ 2017/2018 durch G v. 20.12.2016 (BGBl. I S. 3000); geänd. mWv VZ 2019/2020 durch G v. 29.11.2018 (BGBl. I S. 2210); geänd. mWv VZ 2021/2022 durch G v. 1.12.2020 (BGBl. I S. 2616).

[3] § 39b Abs. 2 Satz 7 HS 2 neu gef. mWv VZ 2016 durch G v. 16.7.2015 (BGBl. I S. 1202).

[4] § 39b Abs. 2 Satz 8 geänd. mWv 1.1.2017 durch G v. 18.7.2016 (BGBl. I S. 1679).

1. unter Angabe seiner Identifikationsnummer gegenüber dem Arbeitgeber schriftlich zustimmt,
2. mit der Zustimmung den nach Satz 14 einzubeziehenden Arbeitslohn und die darauf erhobene Lohnsteuer erklärt und
3. mit der Zustimmung versichert, dass ihm der Pflichtveranlagungstatbestand nach § 46 Absatz 2 Nummer 2 und 3a bekannt ist.

16 Die Zustimmungserklärung des Arbeitnehmers ist zum Lohnkonto zu nehmen.[1)]

(3)[2)] 1 Für die Einbehaltung der Lohnsteuer von einem sonstigen Bezug hat der Arbeitgeber den voraussichtlichen Jahresarbeitslohn ohne den sonstigen Bezug festzustellen. 2 Hat der Arbeitnehmer Lohnsteuerbescheinigungen aus früheren Dienstverhältnissen des Kalenderjahres nicht vorgelegt, so ist bei der Ermittlung des voraussichtlichen Jahresarbeitslohns der Arbeitslohn für Beschäftigungszeiten bei früheren Arbeitgebern mit dem Betrag anzusetzen, der sich ergibt, wenn der laufende Arbeitslohn im Monat der Zahlung des sonstigen Bezugs entsprechend der Beschäftigungsdauer bei früheren Arbeitgebern hochgerechnet wird. 3 Der voraussichtliche Jahresarbeitslohn ist um den Versorgungsfreibetrag (§ 19 Absatz 2) und den Altersentlastungsbetrag (§ 24a), wenn die Voraussetzungen für den Abzug dieser Beträge jeweils erfüllt sind, sowie um einen etwaigen als Lohnsteuerabzugsmerkmal mitgeteilten Jahresfreibetrag zu vermindern und um einen etwaigen Jahreshinzurechnungsbetrag zu erhöhen. 4 Für den so ermittelten Jahresarbeitslohn (maßgebender Jahresarbeitslohn) ist die Lohnsteuer nach Maßgabe des Absatzes 2 Satz 5 bis 7 zu ermitteln. 5 Außerdem ist die Jahreslohnsteuer für den maßgebenden Jahresarbeitslohn unter Einbeziehung des sonstigen Bezugs zu ermitteln. 6 Dabei ist der sonstige Bezug um den Versorgungsfreibetrag und den Altersentlastungsbetrag zu vermindern, wenn die Voraussetzungen für den Abzug dieser Beträge jeweils erfüllt sind und soweit sie nicht bei der Steuerberechnung für den maßgebenden Jahresarbeitslohn berücksichtigt worden sind. 7 Für die Lohnsteuerberechnung ist die als Lohnsteuerabzugsmerkmal mitgeteilte oder die nach § 39c Absatz 1 oder Absatz 2 oder nach § 39e Absatz 5a oder Absatz 6 Satz 8 anzuwendende[3)] Steuerklasse maßgebend. 8 Der Unterschiedsbetrag zwischen den ermittelten Jahreslohnsteuerbeträgen ist die Lohnsteuer, die vom sonstigen Bezug einzubehalten ist. 9 Die Lohnsteuer ist bei einem sonstigen Bezug im Sinne des § 34 Absatz 1 und 2 Nummer 2 und 4 in der Weise zu ermäßigen, dass der sonstige Bezug bei der Anwendung des Satzes 5 mit einem Fünftel anzusetzen und der Unterschiedsbetrag im Sinne des Satzes 8 zu verfünffachen ist; § 34 Absatz 1 Satz 3 ist sinngemäß anzuwenden. 10 Ein sonstiger Bezug im Sinne des § 34 Absatz 1 und 2 Nummer 4 ist bei der Anwendung des Satzes 4 in die Bemessungsgrundlage für die Vorsorgepauschale nach Absatz 2 Satz 5 Nummer 3 einzubeziehen.

---

1) § 39b Abs. 2 Sätze 13 bis 16 angef. mWv 1.1.2018 durch G v. 23.6.2017 (BGBl. I S. 1682).

2) *§ 39b Abs. 3 Sätze 3 und 7* geänd. mWv VZ 2012 durch G v. 7.12.2011 (BGBl. I S. 2592); Satz 6 geänd. mWv VZ 2014 durch G v. 25.7.2014 (BGBl. I S. 1266).

3) § 39b Abs. 3 Satz 7 geänd. mWv 1.1.2017 durch G v. 18.7.2016 (BGBl. I S. 1679).

[reguläre Fassung:]

trag von 40 Prozent der Lohnsteuer der auf solchen Schiffen in einem zusammenhängenden Arbeitsverhältnis von mehr als 183 Tagen beschäftigten Besatzungsmitglieder abziehen und einbehalten.

[ab 1.6.2016 bis 31.5.2021:]

lohn entfällt, der an die Besatzungsmitglieder für die Beschäftigungszeiten auf diesen Schiffen gezahlt wird, abziehen und einbehalten.

2 Die Handelsschiffe müssen in einem inländischen Seeschiffsregister eingetragen sein, die deutsche Flagge führen und zur Beförderung von Personen oder Gütern im Verkehr mit oder zwischen ausländischen Häfen, innerhalb eines ausländischen Hafens oder zwischen einem ausländischen Hafen und der Hohen See betrieben werden. 3 Die Sätze 1 und 2 sind entsprechend anzuwenden, wenn Seeschiffe im Wirtschaftsjahr überwiegend außerhalb der deutschen Hoheitsgewässer zum Schleppen, Bergen oder zur Aufsuchung von Bodenschätzen oder zur Vermessung von Energielagerstätten unter dem Meeresboden eingesetzt werden. 4 Ist für den Lohnsteuerabzug die Lohnsteuer nach der Steuerklasse V oder VI zu ermitteln, so bemisst sich der Betrag nach Satz 1 nach der Lohnsteuer der Steuerklasse I.

[***Fassung ab 1.6.2021 bis 1.6.2027:***

(4)[1] 1 Arbeitgeber, die eigene oder gecharterte Handelsschiffe betreiben, dürfen die anzumeldende und abzuführende Lohnsteuer abziehen und einbehalten, die auf den Arbeitslohn entfällt, der an die Besatzungsmitglieder für die Beschäftigungszeiten auf diesen Schiffen gezahlt wird. 2 Die Handelsschiffe müssen in einem Seeschiffsregister eines Mitgliedstaates der Europäischen Union oder eines Staates, auf den das Abkommen über den Europäischen Wirtschaftsraum anwendbar ist, eingetragen sein, die Flagge eines dieser Staaten führen und zur Beförderung von Personen oder Gütern im Verkehr mit oder zwischen ausländischen Häfen, innerhalb eines ausländischen Hafens oder zwischen einem ausländischen Hafen und der Hohen See betrieben werden. 3 Die Sätze 1 und 2 sind entsprechend anzuwenden, wenn Seeschiffe im Wirtschaftsjahr überwiegend außerhalb der deutschen Hoheitsgewässer zum Schleppen, Bergen oder zur Aufsuchung von Bodenschätzen oder zur Vermessung von Energielagerstätten unter dem Meeresboden eingesetzt werden. 4 Bei Besatzungsmitgliedern, die auf Schiffen, einschließlich Ro-Ro-Fahrgastschiffen, arbeiten, die im regelmäßigen Personenbeförderungsdienst zwischen Häfen im Hoheitsgebiet der Mitgliedstaaten der Europäischen Union eingesetzt werden, gelten die Sätze 1 und 2 nur, wenn die Besatzungsmitglieder Staatsangehörige eines Mitgliedstaates der Europäischen Union oder eines Staates sind, auf den das Abkommen über den Europäischen Wirtschaftsraum anwendbar ist. 5 Bei Seeschiffen, die für Schlepp- und Baggerarbeiten genutzt werden, gelten die Sätze 1 und 2 nur, wenn es sich um seetüchtige Schlepper und Baggerschiffe mit Eigenantrieb handelt und die Schiffe während mindestens 50 Prozent ihrer Betriebszeit für Tätigkeiten auf See eingesetzt werden. 6 Ist für den Lohnsteuerabzug die Lohnsteuer nach der Steuerklasse V oder VI

---

[1] § 41a Abs. 4 neu gef. durch G v. 12.5.2021 (BGBl. I S. 989); Satz 2 neu gef. durch G v. 19.6.2022 (BGBl. I S. 911); zur Anwendung siehe § 52 Abs. 40a Satz 3.

zu ermitteln, bemisst sich der Betrag nach Satz 1 nach der Lohnsteuer der Steuerklasse I.]

§ 41b Abschluss des Lohnsteuerabzugs. (1)[1] [1]Bei Beendigung eines Dienstverhältnisses oder am Ende des Kalenderjahres hat der Arbeitgeber das Lohnkonto des Arbeitnehmers abzuschließen. [2]Auf Grund der Aufzeichnungen im Lohnkonto hat der Arbeitgeber nach Abschluss des Lohnkontos für jeden Arbeitnehmer der für dessen Besteuerung nach dem Einkommen zuständigen Finanzbehörde nach Maßgabe des § 93c der Abgabenordnung neben den in § 93c Absatz 1 der Abgabenordnung genannten Daten insbesondere folgende Angaben zu übermitteln (elektronische Lohnsteuerbescheinigung):

1.[2] die abgerufenen elektronischen Lohnsteuerabzugsmerkmale oder die auf der entsprechenden Bescheinigung für den Lohnsteuerabzug eingetragenen Lohnsteuerabzugsmerkmale sowie die Bezeichnung und die Nummer des Finanzamts, an das die Lohnsteuer abgeführt worden ist,
2. die Dauer des Dienstverhältnisses während des Kalenderjahres sowie die Anzahl der nach § 41 Absatz 1 Satz 5[3] vermerkten Großbuchstaben U,
3. die Art und Höhe des gezahlten Arbeitslohns sowie den nach § 41 Absatz 1 Satz 6 vermerkten Großbuchstaben S,
4. die einbehaltene Lohnsteuer, den Solidaritätszuschlag und die Kirchensteuer,
5.[4] das Kurzarbeitergeld, den Zuschuss zum Mutterschaftsgeld nach dem Mutterschutzgesetz, die Entschädigungen für Verdienstausfall nach dem Infektionsschutzgesetz vom 20. Juli 2000 (BGBl. I S. 1045), zuletzt geändert durch Artikel 11 § 3 des Gesetzes vom 6. August 2002 (BGBl. I S. 3082), in der jeweils geltenden Fassung, die nach § 3 Nummer 28 steuerfreien Aufstockungsbeträge oder Zuschläge [***idF Corona-SteuerhilfeG:*** sowie die nach § 3 Nummer 28a steuerfreien Zuschüsse][5],
6.[6] die auf die Entfernungspauschale nach § 3 Nummer 15 Satz 3 und § 9 Absatz 1 Satz 3 Nummer 4 Satz 5 anzurechnenden steuerfreien Arbeitgeberleistungen,
7.[6] die auf die Entfernungspauschale nach § 40 Absatz 2 Satz 2 Nummer 1 2. Halbsatz anzurechnenden pauschal besteuerten Arbeitgeberleistungen,
8.[7] für die dem Arbeitnehmer zur Verfügung gestellten Mahlzeiten nach § 8 Absatz 2 Satz 8 den Großbuchstaben M,

---

[1] § 41b Abs. 1 Satz 2 Satzteil vor Nr. 1 geänd. mWv 1.1.2017 durch G v. 18.7.2016 (BGBl. I S. 1679).

[2] § 41b Abs. 1 Satz 2 Nr. 1 neu gef. mWv 1.1.2017 durch G v. 18.7.2016 (BGBl. I S. 1679).

[3] Verweis korrigiert durch G v. 18.7.2016 (BGBl. I S. 1679).

[4] § 41b Abs. 1 Satz 2 Nr. 5 geänd. mWv 1.1.2017 durch G v. 18.7.2016 (BGBl. I S. 1679).

[5] § 41b Abs. 1 Satz 2 Nr. 5 geänd. durch G v. 19.6.2020 (BGBl. I S. 1385).

[6] § 41b Abs. 1 Satz 2 Nrn. 6 und 7 neu gef. mWv VZ 2019 durch G v. 12.12.2019 (BGBl. I S. 2451).

[7] § 41b Abs. 1 Satz 2 Nr. 8 neu gef. mWv VZ 2014 durch G v. 20.2.2012 (BGBl. I S. 285).

9. für die steuerfreie Sammelbeförderung nach § 3 Nummer 32 den Großbuchstaben F,
10. die nach § 3 Nummer 13 und 16 steuerfrei gezahlten Verpflegungszuschüsse und Vergütungen bei doppelter Haushaltsführung,
11. Beiträge zu den gesetzlichen Rentenversicherungen und an berufsständische Versorgungseinrichtungen, getrennt nach Arbeitgeber- und Arbeitnehmeranteil,
12. die nach § 3 Nummer 62 gezahlten Zuschüsse zur Kranken- und Pflegeversicherung,
13. die Beiträge des Arbeitnehmers zur gesetzlichen Krankenversicherung und zur sozialen Pflegeversicherung,
14. die Beiträge des Arbeitnehmers zur Arbeitslosenversicherung,
15.[1] *den nach § 39b Absatz 2 Satz 5 Nummer 3 Buchstabe d berücksichtigten Teilbetrag der Vorsorgepauschale.*

[3]Der Arbeitgeber hat dem Arbeitnehmer die elektronische Lohnsteuerbescheinigung nach amtlich vorgeschriebenem Muster binnen angemessener Frist als Ausdruck auszuhändigen oder elektronisch bereitzustellen. [4]Soweit der Arbeitgeber nicht zur elektronischen Übermittlung nach Absatz 1 Satz 2 verpflichtet ist, hat er nach Ablauf des Kalenderjahres oder wenn das Dienstverhältnis vor Ablauf des Kalenderjahres beendet wird, eine Lohnsteuerbescheinigung nach amtlich vorgeschriebenem Muster auszustellen [***ab 1.1.2020:*** und an das Betriebsstättenfinanzamt bis zum letzten Tag des Monats Februar

(Fortsetzung nächstes Blatt)

---

[1] § 41b Abs. 1 Satz 2 Nr. 15 aufgeh. mWv VZ 2024 durch G v. 21.12.2020 (BGBl. I S. 3096).

2. Laufzeit und garantierte Versicherungssumme oder Beitragssumme für die gesamte Laufzeit,
3. Angabe, ob es sich um einen konventionellen, einen fondsgebundenen oder einen vermögensverwaltenden Versicherungsvertrag handelt.

[4] Ist mitteilungspflichtige Stelle nach Satz 1 das ausländische Versicherungsunternehmen und verfügt dieses weder über ein Identifikationsmerkmal nach den §§ 139a bis 139c der Abgabenordnung noch über eine Steuernummer oder ein sonstiges Ordnungsmerkmal, so kann abweichend von § 93c Absatz 1 Nummer 2 Buchstabe a der Abgabenordnung auf diese Angaben verzichtet werden. [5] Der Versicherungsnehmer gilt als Steuerpflichtiger im Sinne des § 93c Absatz 1 Nummer 2 Buchstabe c der Abgabenordnung. [6] § 72a Absatz 4 und § 203a der Abgabenordnung finden keine Anwendung.

§ 45e[1)] Ermächtigung für Zinsinformationsverordnung. [1] Die Bundesregierung wird ermächtigt, durch Rechtsverordnung[2)] mit Zustimmung des Bundesrates die Richtlinie 2003/48/EG des Rates vom 3. Juni 2003 (ABl. EU Nr. L 157 S. 38) in der jeweils geltenden Fassung im Bereich der Besteuerung von Zinserträgen umzusetzen. [2] § 45d Absatz 1 Satz 2 und Absatz 2 ist entsprechend anzuwenden.

4. Veranlagung von Steuerpflichtigen mit steuerabzugspflichtigen Einkünften

§ 46 Veranlagung bei Bezug von Einkünften aus nichtselbständiger Arbeit. (1) (weggefallen)

(2) Besteht das Einkommen ganz oder teilweise aus Einkünften aus nichtselbständiger Arbeit, von denen ein Steuerabzug vorgenommen worden ist, so wird eine Veranlagung nur durchgeführt,

1. wenn die positive Summe der einkommensteuerpflichtigen Einkünfte, die nicht dem Steuerabzug vom Arbeitslohn zu unterwerfen waren, vermindert um die darauf entfallenden Beträge nach § 13 Absatz 3 und § 24 a, oder die positive Summe der Einkünfte und Leistungen, die dem Progressionsvorbehalt unterliegen, jeweils mehr als 410 Euro beträgt;
2. wenn der Steuerpflichtige nebeneinander von mehreren Arbeitgebern Arbeitslohn bezogen hat; das gilt nicht, soweit nach § 38 Absatz 3a Satz 7 Arbeitslohn von mehreren Arbeitgebern für den Lohnsteuerabzug zusammengerechnet worden ist;

[Fassung bis VZ 2023:]

3.[3)] wenn bei einem Steuerpflichtigen die Summe der beim Steuerabzug vom Arbeitslohn nach § 39b

[Fassung ab VZ 2024:]

3.[4)] wenn Beiträge zur Krankenversicherungen und gesetzlichen Pflegeversicherungen im Sinne des

---

[1)] § 45e Satz 2 geänd. durch G v. 25.7.2014 (BGBl. I S. 1266).

[2)] ZinsinformationsVO v. 26.1.2004 (Nr. **11**) in der jeweils geltenden Fassung.

[3)] § 46 Abs. 2 Nr. 3 HS 2 angef. mWv VZ 2010 durch G v. 1.11.2011 (BGBl. I S. 2131).

[4)] § 46 Abs. 2 Nr. 3 neu gef. mWv VZ 2024 durch G v. 21.12.2020 (BGBl. I S. 3096); geänd. durch G v. 23.5.2022 (BGBl. I S. 749).

[Fassung bis VZ 2023:]

Absatz 2 Satz 5 Nummer 3 Buchstabe b bis d berücksichtigten Teilbeträge der Vorsorgepauschale größer ist als die abziehbaren Vorsorgeaufwendungen nach § 10 Absatz 1 Nummer 3 und Nummer 3a in Verbindung mit Absatz 4 und der im Kalenderjahr insgesamt erzielte Arbeitslohn *11 400* [***für VZ 2019:*** 11 600; ***für VZ 2020:*** 11 900; ***für VZ 2021:*** 12 250; ***für VZ 2022:*** 13 150][1] Euro übersteigt, oder bei Ehegatten, die die Voraussetzungen des § 26 Absatz 1 erfüllen, der im Kalenderjahr von den Ehegatten insgesamt erzielte Arbeitslohn *21 650* [***für VZ 2019:*** 22 050; ***für VZ 2020:*** 22 600; ***für VZ 2021:*** 23 350; ***für VZ 2022:*** 24 950][1] Euro übersteigt;

[Fassung ab VZ 2024:]

§ 10 Absatz 1 Nummer 3 erstattet wurden, die Erstattung mehr als 410 Euro betrug und der im Kalenderjahr erzielte Arbeitslohn 13 150 Euro übersteigt, oder bei Ehegatten, die die Voraussetzungen des § 26 Absatz 1 erfüllen, der im Kalenderjahr von den Ehegatten insgesamt erzielte Arbeitslohn 24 950 Euro übersteigt;

3a. wenn von Ehegatten, die nach den §§ 26, 26b zusammen zur Einkommensteuer zu veranlagen sind, beide Arbeitslohn bezogen haben und einer für den Veranlagungszeitraum oder einen Teil davon nach der Steuerklasse V oder VI besteuert oder bei Steuerklasse IV der Faktor (§ 39f) eingetragen worden ist;

4.[2] wenn für einen Steuerpflichtigen ein Freibetrag im Sinne des § 39a Absatz 1 Satz 1 Nummer 1 bis 3, 5 oder Nummer 6 ermittelt worden ist und der im Kalenderjahr insgesamt erzielte Arbeitslohn *11 400* [***für VZ 2019:*** 11 600; ***für VZ 2020:*** 11 900; ***für VZ 2021:*** 12 250; ***für VZ 2022:*** 13 150][1] Euro übersteigt oder bei Ehegatten, die die Voraussetzungen des § 26 Absatz 1 erfüllen, der im Kalenderjahr von den Ehegatten insgesamt erzielte Arbeitslohn *21 650* [***für VZ 2019:*** 22 050; ***für VZ 2020:*** 22 600; ***für VZ 2021:*** 23 350; ***für VZ 2022:*** 24 950][1] Euro übersteigt; dasselbe gilt für einen Steuerpflichtigen, der zum Personenkreis des § 1 Absatz 2 gehört *oder für einen beschränkt einkommensteuerpflichtigen Arbeitnehmer, wenn diese Eintragungen auf einer Bescheinigung für den Lohnsteuerabzug (§ 39 Absatz 3 Satz 1) erfolgt sind;*

4a. wenn bei einem Elternpaar, bei dem die Voraussetzungen des § 26 Absatz 1 Satz 1 nicht vorliegen,

a) bis c) (weggefallen)

---

[1] Beträge geänd. mWv VZ 2015/2016 durch G v. 16.7.2015 (BGBl. I S. 1202); geänd. mWv VZ 2017/2018 durch G v. 20.12.2016 (BGBl. I S. 3000); geänd. mWv VZ 2019/2020 durch G v. 29.11.2018 (BGBl. I S. 2210); geänd. mWv VZ 2021/2022 durch G v. 1.12.2020 (BGBl. I S. 2616); geänd. mWv 1.1.2022 durch G v. 23.5.2022 (BGBl. I S. 749).

[2] § 46 Abs. 2 Nr. 4 neu gef. mWv VZ 2009 durch G v. 8.12.2010 (BGBl. I S. 1768); geänd. mWv VZ 2012 durch G v. 7.12.2011 (BGBl. I S. 2592); kursiver Satzteil aufgeh. mWv 1.1.2020 durch G v. 12.12.2019 (BGBl. I S. 2451).

Werbungskosten (§ 9) nur insoweit abziehen, als sie mit inländischen Einkünften in wirtschaftlichem Zusammenhang stehen. [2] § 32a Absatz 1 ist mit der Maßgabe anzuwenden, dass das zu versteuernde Einkommen um den Grundfreibetrag des § 32a Absatz 1 Satz 2 Nummer 1 erhöht wird; dies gilt bei Einkünften nach § 49 Absatz 1 Nummer 4 nur in Höhe des diese Einkünfte abzüglich der nach Satz 5 abzuziehenden Aufwendungen übersteigenden Teils des Grundfreibetrags. [3] Wenn für das um den Grundfreibetrag erhöhte zu versteuernde Einkommen ein besonderer Steuersatz nach § 32b Absatz 2 oder nach § 2 Absatz 5 des Außensteuergesetzes gilt, ist dieser auf das zu versteuernde Einkommen anzuwenden. [4] § 10 Absatz 1, 1a Nummer 1, 3 und 4, Absatz 2 bis 6, die §§ 10a, 10c, 16 Absatz 4, die §§ 24b, 32, 32a Absatz 6, die §§ 33, 33a, 33b *und 35a* [***ab 1.1.2020:*** , 35a und 35c] sind nicht anzuwenden. [5] Hiervon abweichend sind bei Arbeitnehmern, die Einkünfte aus nichtselbständiger Arbeit im Sinne des § 49 Absatz 1 Nummer 4 beziehen, § 10 Absatz 1 Nummer 2 Buchstabe a, Nummer 3 und Absatz 3[1)] sowie § 10c anzuwenden, soweit die Aufwendungen auf die Zeit entfallen, in der Einkünfte im Sinne des § 49 Absatz 1 Nummer 4 erzielt wurden und die Einkünfte nach § 49 Absatz 1 Nummer 4 nicht übersteigen. [6] Die Jahres- und Monatsbeträge der Pauschalen nach § 9a Satz 1 Nummer 1 und § 10c ermäßigen sich zeitanteilig, wenn Einkünfte im Sinne des § 49 Absatz 1 Nummer 4 nicht während eines vollen Kalenderjahres oder Kalendermonats zugeflossen sind.

[***ab 1.1.2021:***

(1a)[2)] [1] Abweichend von Absatz 1 Satz 4 ist § 10 Absatz 1 Nummer 2 Buchstabe a sowie Absatz 2 und 3 auf Beiträge an berufsständische Versorgungseinrichtungen anzuwenden, wenn eine gesetzliche Pflichtmitgliedschaft in der Versorgungseinrichtung besteht, die auf einer für die inländische Berufsausübung erforderlichen Zulassung beruht. [2] Dies gilt nur für Staatsangehörige

1. eines Mitgliedstaates der Europäischen Union oder eines Staates, auf den das Abkommen über den Europäischen Wirtschaftsraum Anwendung findet, und die im Hoheitsgebiet eines dieser Staaten oder der Schweiz ihren Wohnsitz oder gewöhnlichen Aufenthalt haben, sowie
2. der Schweizerischen Eidgenossenschaft, die ihren Wohnsitz oder gewöhnlichen Aufenthalt im Hoheitsgebiet eines Mitgliedstaates der Europäischen Union oder der Schweiz haben.

[3] Die Beiträge können nur als Sonderausgaben abgezogen werden, soweit sie in unmittelbarem wirtschaftlichem Zusammenhang mit inländischen Einkünften nach § 49 Absatz 1 Nummer 2 oder 3 stehen, die aus der durch die Zulassung ermöglichten Berufsausübung erzielt werden. [4] Der Abzug der Beiträge erfolgt entsprechend dem Anteil der inländischen Einkünfte im Sinne des Satzes 3 an dem Gesamtbetrag der positiven in- und ausländischen Einkünfte aus der durch die Zulassung ermöglichten Berufsausübung. [5] Der Abzug der Beiträge ist ausgeschlossen, soweit sie im Rahmen der Einkommensbesteuerung des

---

1) Verweis geänd. durch G v. 8.12.2010 (BGBl. I S. 1768).

2) § 50 Abs. 1a eingef. durch G v. 21.12.2020 (BGBl. I S. 3096); zur Anwendung siehe § 52 Abs. 46 Satz 2.

Steuerpflichtigen in einem Staat, in dem er seinen Wohnsitz oder gewöhnlichen Aufenthalt hat, abgezogen worden sind oder sie die Einkünfte nach Satz 3 übersteigen.]

(2)[1] [1]Die Einkommensteuer für Einkünfte, die dem Steuerabzug vom Arbeitslohn oder vom Kapitalertrag oder dem Steuerabzug auf Grund des § 50a unterliegen, gilt bei beschränkt Steuerpflichtigen durch den Steuerabzug als abgegolten. [2]Satz 1 gilt nicht

1. für Einkünfte eines inländischen Betriebs;
2. wenn nachträglich festgestellt wird, dass die Voraussetzungen der unbeschränkten Einkommensteuerpflicht im Sinne des § 1 Absatz 2 oder Absatz 3 oder des § 1a nicht vorgelegen haben; § 39 Absatz 7 ist sinngemäß anzuwenden;
3. in Fällen des § 2 Absatz 7 Satz 3;
4. für Einkünfte aus nichtselbständiger Arbeit im Sinne des § 49 Absatz 1 Nummer 4,
   a) wenn als Lohnsteuerabzugsmerkmal ein Freibetrag nach § 39a Absatz 4 gebildet worden ist *oder* [***ab 1.1.2020:*** und der im Kalenderjahr insgesamt erzielte Arbeitslohn *11 900* {***ab 1.1.2021:*** 12 250; ***ab 1.1.2022:*** 13 150}[2] Euro übersteigt,]
   b) wenn die Veranlagung zur Einkommensteuer beantragt wird (§ 46 Absatz 2 Nummer 8) oder

[***ab 1.1.2020:***

   c) in den Fällen des § 46 Absatz 2 Nummer 2, 5 und 5a;]
5. für Einkünfte im Sinne des § 50a Absatz 1 Nummer 1, 2 und 4, wenn die Veranlagung zur Einkommensteuer beantragt wird;
6.[3] für Einkünfte aus Kapitalvermögen im Sinne des § 49 Absatz 1 Nummer 5 Satz 1 Buchstabe a, auf die § 20 Absatz 1 Nummer 6 Satz 2 anzuwenden ist, wenn die Veranlagung zur Einkommensteuer beantragt wird.

[3]In den Fällen des Satzes 2 Nummer 4 erfolgt die Veranlagung durch das Betriebsstättenfinanzamt, das nach § 39 Absatz 2 Satz 2 oder Satz 4 für die Bildung und die Änderung der Lohnsteuerabzugsmerkmale zuständig ist. [4]Bei mehreren Betriebsstättenfinanzämtern ist das Betriebsstättenfinanzamt zuständig, in dessen Bezirk der Arbeitnehmer zuletzt beschäftigt war. [5]Bei Arbeitnehmern mit Steuerklasse VI ist das Betriebsstättenfinanzamt zuständig, in dessen Bezirk der Arbeitnehmer zuletzt unter Anwendung der Steuerklasse I beschäftigt war. [6]Hat der Arbeitgeber für den Arbeitnehmer keine elektronischen Lohnsteuerabzugsmerkmale (§ 39e Absatz 4 Satz 2) abgerufen und wurde

---

[1] § 50 Abs. 2 Satz 2 Nr. 2 geänd., Nr. 4 Buchst. a neu gef., Sätze 3 und 6 geänd. mWv VZ 2012 durch G v. 7.12.2011 (BGBl. I S. 2592); Abs. 2 Satz 2 Nr. 6 angef. durch Art. 1 des G v. 12.12.2019 (BGBl. I S. 2451); zur Anwendung siehe § 52 Abs. 46 Satz 3; Abs. 2 Satz 2 Nr. 4 Buchst. a geänd., Buchst. c angef., Satz 6 geänd. mWv 1.1.2020 durch Art. 2 des G v. 12.12. 2019 (BGBl. I S. 2451); Abs. 2 Sätze 9 und 10 angef. mWv 1.1.2021 durch G v. 21.12.2020 (BGBl. I S. 3096).

[2] *Beträge* geänd. mWv 1.1.2021/2022 durch G v. 1.12.2020 (BGBl. I S. 2616); Betrag geänd. mWv 1.1.2022 durch G v. 23.5.2022 (BGBl. I S. 749).

[3] Siehe hierzu § 52 Abs. 46 Satz 3; red. Ber. durch G v. 21.12.2020 (BGBl. I S. 3096).

Fassung ergibt oder soweit eine in einem ausländischen Staat belegene Betriebsstätte im Sinne des § 2a Absatz 4 in der Fassung des § 52 Absatz 3 Satz 8 in der am 30. Juli 2014[1] geltenden Fassung in eine Kapitalgesellschaft umgewandelt, übertragen oder aufgegeben wird. [4]Insoweit ist in § 2a Absatz 3 Satz 5 letzter Halbsatz in der am 29. April 1997 geltenden Fassung die Angabe „§ 10d Absatz 3" durch die Angabe „§ 10d Absatz 4" zu ersetzen.

(3) § 2b in der Fassung der Bekanntmachung vom 19. Oktober 2002 (BGBl. I S. 4210; 2003 I S. 179) ist weiterhin für Einkünfte aus einer Einkunftsquelle im Sinne des § 2b anzuwenden, die der Steuerpflichtige nach dem 4. März 1999 und vor dem 11. November 2005 rechtswirksam erworben oder begründet hat.

(4)[2] [1]§ 3 Nummer 5 in der am 30. Juni 2013 geltenden Fassung ist vorbehaltlich des Satzes 2 erstmals für den Veranlagungszeitraum 2013 anzuwenden. [2]§ 3 Nummer 5 in der am 29. Juni 2013 geltenden Fassung ist weiterhin anzuwenden für freiwillig Wehrdienst Leistende, die das Dienstverhältnis vor dem 1. Januar 2014 begonnen haben. [3]§ 3 Nummer 10 in der am 31. Dezember 2005 geltenden Fassung ist weiter anzuwenden für ausgezahlte Übergangsbeihilfen an Soldatinnen auf Zeit und Soldaten auf Zeit, wenn das Dienstverhältnis vor dem 1. Januar 2006 begründet worden ist. [4]§ 3 Nummer 11b in der Fassung des Artikels 1 des Gesetzes vom 19. Juni 2022 (BGBl. I S. 911) ist erstmals für den Veranlagungszeitrum 2021 anzuwenden. [5]Auf fortlaufende Leistungen nach dem Gesetz über die Heimkehrerstiftung vom 21. Dezember 1992 (BGBl. I S. 2094, 2101), das zuletzt durch Artikel 1 des Gesetzes vom 10. Dezember 2007 (BGBl. I S. 2830) geändert worden ist, in der jeweils geltenden Fassung ist § 3 Nummer 19 in der am 31. Dezember 2010 geltenden Fassung weiter anzuwenden. [6]§ 3 Nummer 26 und 26a in der Fassung des Artikels 2 des Gesetzes vom 11. Dezember 2018 (BGBl. I S. 2338) ist in allen offenen Fällen anzuwenden. [7]Für die Anwendung des § 3 Nummer 34 in der Fassung des Artikels 3 des Gesetzes vom 11. Dezember 2018 (BGBl. I S. 2338) ist das Zertifizierungserfordernis nach § 20 Absatz 2 Satz 2 in Verbindung mit § 20 Absatz 5 des Fünften Buches Sozialgesetzbuch für bereits vor dem 1. Januar 2019 begonnene unzertifizierte Gesundheitsmaßnahmen erstmals maßgeblich für Sachbezüge, die nach dem 31. Dezember 2019 gewährt werden. [8]§ 3 Nummer 37 in der Fassung des Artikels 3 des Gesetzes vom 11. Dezember 2018 (BGBl. I S. 2338) ist letztmals für den Veranlagungszeitraum 2030 anzuwenden, sowie beim Steuerabzug vom Arbeitslohn auf Vorteile, die in einem vor dem 1. Januar 2031 enden-

---

[1] Datum des Tags der Verkündung des G v. 25.7.2014 (BGBl. I S. 1266).

[2] § 52 Abs. 4 Satz 13 angef. durch G v. 22.12.2014 (BGBl. I S. 2417); Satz 10 eingef., bish. Sätze 10 bis 13 werden Sätze 11 bis 14 durch G v. 7.11.2016 (BGBl. I S. 2498); Satz 7 eingef., bish. Sätze 7 bis 14 werden Sätze 8 bis 15 durch G v. 20.12.2016 (BGBl. I S. 3000); Satz 16 angef. durch G v. 27.6.2017 (BGBl. I S. 2074); Sätze 12 und 13 geänd., Satz 14 neu gef., Satz 15 eingef., Sätze 15 und 16 werden Sätze 16 und 17 mWv 1.1.2018 durch G v. 17.8.2017 (BGBl. I S. 3214); Sätze 5 bis 7 eingef., bish. Sätze 5 bis 11 werden Sätze 8 bis 14, bish. Sätze 12 und 13 aufgeh., bish. Sätze 14 bis 17 werden Sätze 15 bis 18 durch G v. 11.12.2018 (BGBl. I S. 2338); Sätze 7 und 14 geänd. durch G v. 12.12.2019 (BGBl. I S. 2451); Satz 15 eingef., bish. Sätze 15 bis 18 werden Sätze 16 bis 19 durch G v. 8.8.2020 (BGBl. I S. 1818); Satz 9 eingef., bish. Sätze 9 bis 13 werden Sätze 10 bis 14, Satz 15 eingef., bish. Sätze 14 bis 19 werden Sätze 16 bis 21 durch G v. 25.6.2021 (BGBl. I S. 2035); Satz 4 eingef., bish. Sätze 4 bis 21 werden Sätze 5 bis 22 durch G v. 19.6.2022 (BGBl. I S. 911).

den Lohnzahlungszeitraum oder als sonstige Bezüge vor dem 1. Januar 2031 zugewendet werden. [9] § 3 Nummer 40 ist erstmals anzuwenden für

1. Gewinnausschüttungen, auf die bei der ausschüttenden Körperschaft der nach Artikel 3 des Gesetzes vom 23. Oktober 2000 (BGBl. I S. 1433) aufgehobene Vierte Teil des Körperschaftsteuergesetzes nicht mehr anzuwenden ist; für die übrigen in § 3 Nummer 40 genannten Erträge im Sinne des § 20 gilt Entsprechendes;
2. Erträge im Sinne des § 3 Nummer 40 Satz 1 Buchstabe a, b, c und j nach Ablauf des ersten Wirtschaftsjahres der Gesellschaft, an der die Anteile bestehen, für das das Körperschaftsteuergesetz in der Fassung des Artikels 3 des Gesetzes vom 23. Oktober 2000 (BGBl. I S. 1433) erstmals anzuwenden ist.

[10] § 3 Nummer 40 Satz 1 Buchstabe d Satz 3 in der Fassung des Artikels 1 des Gesetzes vom 25. Juni 2021 (BGBl. I S. 2035) ist erstmals für Bezüge anzuwenden, die nach dem 31. Dezember 2019 zufließen. [11] § 3 Nummer 40 Satz 3 und 4 in der am 12. Dezember 2006 geltenden Fassung ist für Anteile, die einbringungsgeboren im Sinne des § 21 des Umwandlungssteuergesetzes in der am 12. Dezember 2006 geltenden Fassung sind, weiter anzuwenden. [12] § 3 Nummer 40 Satz 3 erster Halbsatz in der am 1. Januar 2017 geltenden Fassung ist erstmals für den Veranlagungszeitraum 2017 anzuwenden; der zweite Halbsatz ist anzuwenden auf Anteile, die nach dem 31. Dezember 2016 dem Betriebsvermögen zugehen. [13] Bei vom Kalenderjahr abweichenden Wirtschaftsjahren ist § 3 Nummer 40 Buchstabe d Satz 2 in der am 30. Juni 2013 geltenden Fassung erstmals für den Veranlagungszeitraum anzuwenden, in dem das Wirtschaftsjahr endet, das nach dem 31. Dezember 2013 begonnen hat. [14] § 3 Nummer 40a in der am 6. August 2004 geltenden Fassung ist auf Vergütungen im Sinne des § 18 Absatz 1 Nummer 4 anzuwenden, wenn die vermögensverwaltende Gesellschaft oder Gemeinschaft nach dem 31. März 2002 und vor dem 1. Januar 2009 gegründet worden ist oder soweit die Vergütungen in Zusammenhang mit der Veräußerung von Anteilen an Kapitalgesellschaften stehen, die nach dem 7. November 2003 und vor dem 1. Januar 2009 erworben worden sind. [15] § 3 Nummer 40a in der am 19. August 2008 geltenden Fassung ist erstmals auf Vergütungen im Sinne des § 18 Absatz 1 Nummer 4 anzuwenden, wenn die vermögensverwaltende Gesellschaft oder Gemeinschaft nach dem 31. Dezember 2008 gegründet worden ist. [16] § 3 Nummer 41 in der am 30. Juni 2021 geltenden Fassung ist letztmals für den Veranlagungszeitraum 2021 anzuwenden. [17] § 3 Nummer 46 in der am 17. November 2016 geltenden Fassung ist erstmals anzuwenden auf Vorteile, die in einem nach dem 31. Dezember 2016 endenden Lohnzahlungszeitraum oder als sonstige Bezüge nach dem 31. Dezember 2016 zugewendet werden, und letztmals anzuwenden auf Vorteile, die in einem vor dem 1. Januar 2031 endenden Lohnzahlungszeitraum oder als sonstige Bezüge vor dem 1. Januar 2031 zugewendet werden. [18] § 3 Nummer 60 in der am 13. August 2020 geltenden Fassung ist weiterhin anzuwenden für Anpassungsgelder an Arbeitnehmer im Steinkohlenbergbau bis zum Auslaufen dieser öffentlichen Mittel im Jahr 2027. [19] Der Höchstbetrag nach § 3 Nummer 63 Satz 1 verringert *sich* um Zuwendungen, auf die § 40b Absatz 1 und 2 Satz 1 und 2 in der am 31. Dezember 2004 geltenden Fassung angewendet wird. [20] § 3 Nummer 63

Satz 3 in der ab dem 1. Januar 2018 geltenden Fassung ist nicht anzuwenden, soweit § 40b Absatz 1 und 2 Satz 3 und 4 in der am 31. Dezember 2004 geltenden Fassung angewendet wird. [21] § 3 Nummer 71 in der am 31. Dezember 2014 geltenden Fassung ist erstmals für den Veranlagungszeitraum 2013 anzuwenden. [22] § 3 Nummer 71 in der Fassung des Artikels 1 des Gesetzes vom 27. Juni 2017 (BGBl. I S. 2074) ist erstmals für den Veranlagungszeitraum 2017 anzuwenden.

(4a)[1)] [1] § 3a in der Fassung des Artikels 2 des Gesetzes vom 27. Juni 2017 (BGBl. I S. 2074) ist erstmals in den Fällen anzuwenden, in denen die Schulden ganz oder teilweise nach dem 8. Februar 2017 erlassen wurden. [2] Satz 1 gilt bei einem Schuldenerlass nach dem 8. Februar 2017 nicht, wenn dem Steuerpflichtigen auf Antrag Billigkeitsmaßnahmen aus Gründen des Vertrauensschutzes für einen Sanierungsertrag auf Grundlage von § 163 Absatz 1 Satz 2 und den §§ 222, 227 der Abgabenordnung zu gewähren sind. [3] Auf Antrag des Steuerpflichtigen ist § 3a auch in den Fällen anzuwenden, in denen die Schulden vor dem 9. Februar 2017 erlassen wurden. [4] Satz 1 gilt auch für § 3a Absatz 3a in der Fassung des Artikels 1 des Gesetzes vom 12. Dezember 2019 (BGBl. I S. 2451).

(5)[2)] [1] § 3c Absatz 2 *Satz 3 und 4*[3)] in der am 12. Dezember 2006 geltenden Fassung ist für Anteile, die einbringungsgeboren im Sinne des § 21 des Umwandlungssteuergesetzes in der am 12. Dezember 2006 geltenden Fassung sind, weiter anzuwenden. [2] § 3c Absatz 2 in der am 31. Dezember 2014 geltenden Fassung ist erstmals für Wirtschaftsjahre anzuwenden, die nach dem 31. Dezember 2014 beginnen. [3] § 3c Absatz 4 in der Fassung des Artikels 2 des Gesetzes vom 27. Juni 2017 (BGBl. I S. 2074) ist für Betriebsvermögensminderungen oder Betriebsausgaben in unmittelbarem wirtschaftlichem Zusammenhang mit einem Schuldenerlass nach dem 8. Februar 2017 anzuwenden, für den § 3a angewendet wird. [4] § 3c Absatz 4 ist auch in den Fällen anzuwenden, in denen dem Steuerpflichtigen die Steuerbefreiung des § 3a auf Grund eines Antrags nach Absatz 4a Satz 3 gewährt wird.

(6)[4)] [1] § 4 Absatz 1 Satz 3 in der Fassung des Artikels 1 des Gesetzes vom 25. Juni 2021 (BGBl. I S. 2035) ist erstmals für nach dem 31. Dezember 2019 endende Wirtschaftsjahre anzuwenden. [2] § 4 Absatz 1 Satz 4 in der Fassung des Artikels 1 des Gesetzes vom 8. Dezember 2010 (BGBl. I S. 1768) gilt in allen Fällen, in denen § 4 Absatz 1 Satz 3 anzuwenden ist. [3] § 4 Absatz 1 Satz 9 in der Fassung des Artikels 1 des Gesetzes vom 25. Juni 2021 (BGBl. I S. 2035) ist erstmals für nach dem 31. Dezember 2019 endende Wirtschaftsjahre anzuwenden. [4] § 4 Absatz 3 Satz 4 ist nicht anzuwenden, soweit die Anschaffungs-

---

1) § 52 Abs. 4a eingef. durch G v. 27.6.2017 (BGBl. I S. 2074); Satz 3 angef. durch G v. 11.12.2018 (BGBl. I S. 2338); Satz 4 angef. durch G v. 12.12.2019 (BGBl. I S. 2451).

2) § 52 Abs. 5 Satz 2 angef. durch G v. 22.12.2014 (BGBl. I S. 2417); Satz 3 angef. durch G v. 27.6.2017 (BGBl. I S. 2074); Satz 4 angef. durch G v. 11.12.2018 (BGBl. I S. 2338).

3) Jetzt: Satz 8 und 9.

4) § 52 Abs. 6 Sätze 10 bis 12 angef. durch G v. 12.12.2019 (BGBl. I S. 2451); Satz 13 angef. durch G v. 21.12.2020 (BGBl. I S. 3096); neuer Satz 1 eingef., bish. Satz 1 wird Satz 2, Satz 3 eingef., bish. Sätze 2 bis 13 werden Sätze 4 bis 15 durch G v. 25.6.2021 (BGBl. I S. 2035); Satz 15 geänd. durch G v. 19.6.2022 (BGBl. I S. 911).

oder Herstellungskosten vor dem 1. Januar 1971 als Betriebsausgaben abgesetzt worden sind. [5] § 4 Absatz 3 Satz 4 und 5 in der Fassung des Artikels 1 des Gesetzes vom 28. April 2006 (BGBl. I S. 1095) ist erstmals für Wirtschaftsgüter anzuwenden, die nach dem 5. Mai 2006 angeschafft, hergestellt oder in das Betriebsvermögen eingelegt werden. [6] Die Anschaffungs- oder Herstellungskosten für nicht abnutzbare Wirtschaftsgüter des Anlagevermögens, die vor dem 5. Mai 2006 angeschafft, hergestellt oder in das Betriebsvermögen eingelegt wurden, sind erst im Zeitpunkt des Zuflusses des Veräußerungserlöses oder im Zeitpunkt der Entnahme als Betriebsausgaben zu berücksichtigen. [7] § 4 Absatz 4a in der Fassung des Gesetzes vom 22. Dezember 1999 (BGBl. I S. 2601) ist erstmals für das Wirtschaftsjahr anzuwenden, das nach dem 31. Dezember 1998 endet. [8] Über- und Unterentnahmen vorangegangener Wirtschaftsjahre bleiben unberücksichtigt. [9] Bei vor dem 1. Januar 1999 eröffneten Betrieben sind im Fall der Betriebsaufgabe bei der Überführung von Wirtschaftsgütern aus dem Betriebsvermögen in das Privatvermögen die Buchwerte nicht als Entnahme anzusetzen; im Fall der Betriebsveräußerung ist nur der Veräußerungsgewinn als Entnahme anzusetzen. [10] § 4 Absatz 5 Satz 1 Nummer 5 in der Fassung des Artikels 1 des Gesetzes vom 20. Februar 2013 (BGBl. I S. 285) ist erstmals ab dem 1. Januar 2014 anzuwenden. [11] § 4 Absatz 5 Satz 1 Nummer 6a in der Fassung des Artikels 1 des Gesetzes vom 20. Februar 2013 (BGBl. I S. 285) ist erstmals ab dem 1. Januar 2014 anzuwenden. [12] § 4 Absatz 5 Satz 1 Nummer 8 in der Fassung des Artikels 1 des Gesetzes vom 12. Dezember 2019 (BGBl. I S. 2451) ist erstmals anzuwenden auf nach dem 31. Dezember 2018 festgesetzte Geldbußen, Ordnungsgelder und Verwarnungsgelder sowie auf nach dem 31. Dezember 2018 entstandene mit der Geldbuße, dem Ordnungsgeld oder dem Verwarnungsgeld zusammenhängende Aufwendungen. [13] § 4 Absatz 5 Satz 1 Nummer 8a in der Fassung des Artikels 1 des Gesetzes vom 12. Dezember 2019 (BGBl. I S. 2451) ist erstmals anzuwenden auf nach dem 31. Dezember 2018 festgesetzte Zinsen im Sinne der Vorschrift. [14] § 4 Absatz 10 in der Fassung des Artikels 2 des Gesetzes vom 12. Dezember 2019 (BGBl. I S. 2451) ist erstmals anzuwenden auf nach dem 31. Dezember 2019 durchgeführte Übernachtungen im Sinne der Vorschrift. [15] § 4 Absatz 5 Satz 1 Nummer 6b Satz 4 in der Fassung des Artikels 1 des Gesetzes vom 21. Dezember 2020 (BGBl. I S. 3096) ist für nach dem 31. Dezember 2019 und vor dem 1. Januar 2023 in der häuslichen Wohnung ausgeübte Tätigkeiten anzuwenden.

(7)[1] *(aufgehoben)*

(8)[2] [1] § 4f in der Fassung des Gesetzes vom 18. Dezember 2013 (BGBl. I S. 4318) ist erstmals für Wirtschaftsjahre anzuwenden, die nach dem 28. November 2013 enden. [2] § 4f Absatz 1 Satz 3 in der Fassung des Artikels 1 des Gesetzes vom 21. Dezember 2020 (BGBl. I S. 3096) ist erstmals für Wirtschaftsjahre anzuwenden, die nach dem 31. Dezember 2019 enden; bei nach § 4a vom Kalenderjahr abweichenden Wirtschaftsjahren ist § 4f Absatz 1 Satz 3 spätestens für Wirtschaftsjahre anzuwenden, die nach dem 17. Juli 2020 enden.

---

[1] § 52 Abs. 7 aufgeh. mWv 1.1.2018 durch G v. 21.12.2015 (BGBl. I S. 2553).

[2] § 8 Satz 2 angef. durch G v. 21.12.2020 (BGBl. I S. 3096).

(8a)[1] § 4g Absatz 1 in der Fassung des Artikels 1 des Gesetzes vom 25. Juni 2021 (BGBl. I S. 2035) ist in allen offenen Fällen anzuwenden.

(8b)[2] § 4j in der Fassung des Artikels 1 des Gesetzes vom 27. Juni 2017 (BGBl. I S. 2074) ist erstmals für Aufwendungen anzuwenden, die nach dem 31. Dezember 2017 entstehen.

(8c)[3] [1] § 4k in der Fassung des Artikels 1 des Gesetzes vom 25. Juni 2021 (BGBl. I S. 2035) ist erstmals für Aufwendungen anzuwenden, die nach dem 31. Dezember 2019 entstehen. [2] Aufwendungen, die rechtlich bereits vor dem 1. Januar 2020 verursacht wurden, gelten bei der Anwendung des Satzes 1 nur insoweit als nach dem 31. Dezember 2019 entstanden, als ihnen ein Dauerschuldverhältnis zugrunde liegt und sie ab diesem Zeitpunkt ohne wesentliche Nachteile hätten vermieden werden können. [3] Ein Nachteil ist insbesondere dann wesentlich im Sinne des Satzes 2, wenn sämtliche mit der Vermeidung der Aufwendungen verbundenen Kosten den steuerlichen Vorteil infolge der Besteuerungsinkongruenz übersteigen. [4] Satz 2 gilt nicht, wenn das Dauerschuldverhältnis nach dem 31. Dezember 2019 wesentlich geändert wurde.

(9) [1] § 5 Absatz 7 in der Fassung des Gesetzes vom 18. Dezember 2013 (BGBl. I S. 4318) ist erstmals für Wirtschaftsjahre anzuwenden, die nach dem 28. November 2013 enden. [2] Auf Antrag kann § 5 Absatz 7 auch für frühere Wirtschaftsjahre angewendet werden. [3] Bei Schuldübertragungen, Schuldbeitritten und Erfüllungsübernahmen, die vor dem 14. Dezember 2011 vereinbart wurden, ist § 5 Absatz 7 Satz 5 mit der Maßgabe anzuwenden, dass für einen Gewinn, der sich aus der Anwendung von § 5 Absatz 7 Satz 1 bis 3 ergibt, jeweils in Höhe von 19 Zwanzigsteln eine gewinnmindernde Rücklage gebildet werden kann, die in den folgenden 19 Wirtschaftsjahren jeweils mit mindestens einem Neunzehntel gewinnerhöhend aufzulösen ist.

(10)[4] [1] § 5a Absatz 3 in der Fassung des Artikels 9 des Gesetzes vom 29. Dezember 2003 (BGBl. I S. 3076) ist erstmals für das Wirtschaftsjahr anzuwenden, das nach dem 31. Dezember 2005 endet. [2] § 5a Absatz 3 Satz 1 in der am 31. Dezember 2003 geltenden Fassung ist weiterhin anzuwenden, wenn der Steuerpflichtige im Fall der Anschaffung das Handelsschiff auf Grund eines vor dem 1. Januar 2006 rechtswirksam abgeschlossenen schuldrechtlichen Vertrags oder gleichgestellten Rechtsakts angeschafft oder im Fall der Herstellung mit der Herstellung des Handelsschiffs vor dem 1. Januar 2006 begonnen hat. [3] In Fällen des Satzes 2 muss der Antrag auf Anwendung des § 5a Absatz 1 spätestens bis zum Ablauf des Wirtschaftsjahres gestellt werden, das vor dem 1. Januar 2008 endet. [4] § 5a Absatz 4 Satz 5 bis 7 in der Fassung des Artikels 1 des Gesetzes vom 2. Juni 2021 (BGBl. I S. 1259) ist erstmals auf Wirtschaftsjahre anzuwenden, die nach dem 31. Dezember 1998 beginnen. [5] Soweit Ansparabschreibungen im Sinne des § 7g Absatz 3 in der am 17. August 2007 geltenden Fassung zum Zeitpunkt des Übergangs zur Gewinnermittlung nach § 5a

[1] § 52 Abs. 8a eingef. durch G v. 25.6.2021 (BGBl. I S. 2035).
[2] § 52 Abs. 8a eingef. durch G v. 27.6.2017 (BGBl. I S. 2074); wird Abs. 8b durch G v. 25.6.2021 (BGBl. I S. 2035).
[3] § 52 Abs. 8c eingef. durch G v. 25.6.2021 (BGBl. I S. 2035).
[4] § 52 Abs. 10 Satz 5 angef. durch G v. 12.12.2019 (BGBl. I S. 2451); Satz 4 eingef., bish. Sätze 4 und 5 werden Sätze 5 und 6 durch G v. 2.6.2021 (BGBl. I S. 1259).

Absatz 1 noch nicht gewinnerhöhend aufgelöst worden sind, ist § 5a Absatz 5 Satz 3 in der am 17. August 2007 geltenden Fassung weiter anzuwenden. [6] § 5a Absatz 6 in der durch Artikel 1 des Gesetzes vom 12. Dezember 2019 (BGBl. I S. 2451) geänderten Fassung ist erstmals für Wirtschaftsjahre anzuwenden, die nach dem 31. Dezember 2018 beginnen.

(11)[1)] § 5b in der Fassung des Artikels 1 des Gesetzes vom 20. Dezember 2008 (BGBl. I S. 2850) ist erstmals für Wirtschaftsjahre anzuwenden, die nach dem 31. Dezember 2010 beginnen.

(12)[2)] [1] § 6 Absatz 1 Nummer 1b kann auch für Wirtschaftsjahre angewendet werden, die vor dem 23. Juli 2016[3)] enden. [2] § 6 Absatz 1 Nummer 3 und 3a Buchstabe e in der Fassung des Artikels 3 des Gesetzes vom 19. Juni 2022 (BGBl. I S. 911) ist erstmals für Wirtschaftsjahre anzuwenden, die nach dem 31. Dezember 2022 enden. [3] Auf Antrag kann § 6 Absatz 1 Nummer 3 und 3a Buchstabe e in der Fassung des Artikels 3 des Gesetzes vom 19. Juni 2022 (BGBl. I S. 911) auch für frühere Wirtschaftsjahre angewendet werden. [4] § 6 Absatz 1 Nummer 4 Satz 2 Nummer 3 und Satz 3 Nummer 3 in der Fassung des Artikels 1 des Gesetzes vom 29. Juni 2020 (BGBl. I S. 1512) ist bereits ab dem 1. Januar 2020 anzuwenden. [5] § 6 Absatz 1 Nummer 4 Satz 6 ist bis zum 31. Dezember 2030 anzuwenden. [6] § 6 Absatz 1 Nummer 5 Satz 1 Buchstabe c in der Fassung des Artikels 2 des Gesetzes vom 11. Dezember 2018 (BGBl. I S. 2338) ist erstmals bei Wirtschaftsgütern anzuwenden, die nach dem 31. Dezember 2017 in ein Betriebsvermögen eingelegt werden. [7] § 6 Absatz 2 Satz 4 in der Fassung des Artikels 4 des Gesetzes vom 30. Juni 2017 (BGBl. I S. 2143) ist erstmals bei Wirtschaftsgütern anzuwenden, die nach dem 31. Dezember 2017 angeschafft, hergestellt oder in das Betriebsvermögen eingelegt werden. [8] § 6 Absatz 2 Satz 1 in der Fassung des Artikels 1 des Gesetzes vom 27. Juni 2017 (BGBl. I S. 2074) ist erstmals bei Wirtschaftsgütern anzuwenden, die nach dem 31. Dezember 2017 angeschafft, hergestellt oder in das Betriebsvermögen eingelegt werden. [9] § 6 Absatz 5 Satz 1 zweiter Halbsatz in der am 14. Dezember 2010 geltenden Fassung gilt in allen Fällen, in denen § 4 Absatz 1 Satz 3 anzuwenden ist. [10] § 6 Absatz 2a in der Fassung des Artikels 1 des Gesetzes vom 27. Juni 2017 (BGBl. I S. 2074) ist erstmals bei Wirtschaftsgütern

---

1) Siehe hierzu jedoch Verordnung zur Festlegung eines späteren Anwendungszeitpunkts der Verpflichtungen nach § 5b des Einkommensteuergesetzes **(Anwendungszeitpunktverschiebungsverordnung – AnwZpvV)** vom 20.12.2010 (BGBl. I S. 2135): „**§ 1 Verschiebung des erstmaligen Anwendungszeitpunktes der Verpflichtungen nach § 5b des Einkommensteuergesetzes.** Abweichend von § 52 Absatz 15a des Einkommensteuergesetzes sind die Bilanz und die Gewinn- und Verlustrechnung erstmals für Wirtschaftsjahre, die nach dem 31. Dezember 2011 beginnen, elektronisch zu übermitteln."

2) § 52 Abs. 12 Satz 1 geänd. durch G v. 2.11.2015 (BGBl. I S. 1834); Satz 1 eingef., bish. Sätze 1 und 2 werden Sätze 2 und 3 durch G v. 18.7.2016 (BGBl. I S. 1679); Satz 3 eingef., bish. Satz 3 wird Satz 4, Satz 5 angef. durch G v. 27.6.2017 (BGBl. I S. 2074); Satz 3 eingef., bish. Sätze 3 bis 5 werden Sätze 4 bis 6 durch G v. 30.6.2017 (BGBl. I S. 2143); Satz 2 eingef., bish. Satz 2 wird Satz 3 und neu gef., bish. Sätze 3 bis 6 werden Sätze 4 bis 7 durch G v. 11.12.2018 (BGBl. I S. 2338); Satz 2 geänd. durch G v. 12.12.2019 (BGBl. I S. 2451); Satz 2 eingef., bish. Sätze 2 bis 7 werden Sätze 3 bis 8 durch G v. 29.6.2020 (BGBl. I S. 1512); *Satz 9 angef.* durch G v. 25.6.2021 (BGBl. I S. 2035); Sätze 2 und 3 eingef., bish. Sätze 2 bis 9 werden Sätze 4 bis 11 durch G v. 19.6.2022 (BGBl. I S. 911).

3) Tag nach der Verkündung des G v. 18.7.2016 (BGBl. I S. 1679).

anzuwenden, die nach dem 31. Dezember 2017 angeschafft, hergestellt oder in das Betriebsvermögen eingelegt werden. [11] § 6 Absatz 1 Nummer 4 Satz 1 zweiter Halbsatz, Nummer 5a zweiter Halbsatz und Nummer 5b in der Fassung des Artikels 1 des Gesetzes vom 25. Juni 2021 (BGBl. I S. 2035) ist erstmals für nach dem 31. Dezember 2019 endende Wirtschaftsjahre anzuwenden.

(13)[1)] *(aufgehoben)*

(14)[2)] [1] § 6b Absatz 2a in der am 6. November 2015 geltenden Fassung ist auch auf Gewinne im Sinne des § 6b Absatz 2 anzuwenden, die vor dem 6. November 2015 entstanden sind. [2] § 6b Absatz 10 Satz 11 in der am 12. Dezember 2006 geltenden Fassung ist für Anteile, die einbringungsgeboren im Sinne des § 21 des Umwandlungssteuergesetzes in der am 12. Dezember 2006 geltenden Fassung sind, weiter anzuwenden. [3] § 6b Absatz 2a in der Fassung des Artikels 1 des Gesetzes vom 11. Dezember 2018 (BGBl. I S. 2338) ist erstmals auf Gewinne im Sinne des § 6b Absatz 2 anzuwenden, die in nach dem 31. Dezember 2017 beginnenden Wirtschaftsjahren entstanden sind. [4] Die Fristen des § 6b Absatz 3 Satz 2, 3 und 5, Absatz 8 Satz 1 Nummer 1 sowie Absatz 10 Satz 1 und 8 verlängern sich jeweils um drei Jahre, wenn die Rücklage wegen § 6b Absatz 3 Satz 5, Absatz 8 Satz 1 Nummer 1 in Verbindung mit Absatz 3 Satz 5 oder Absatz 10 Satz 8 am Schluss des nach dem 29. Februar 2020 und vor dem 1. Januar 2021 endenden Wirtschaftsjahres aufzulösen wäre. [5] Die in Satz 4 genannten Fristen verlängern sich um zwei Jahre, wenn die Rücklage wegen § 6b Absatz 3 Satz 5, Absatz 8 Satz 1 Nummer 1 in Verbindung mit Absatz 3 Satz 5 oder Absatz 10 Satz 8 am Schluss des nach dem 31. Dezember 2020 und vor dem 1. Januar 2022 endenden Wirtschaftsjahres aufzulösen wäre. [6] Die in Satz 4 genannten Fristen verlängern sich um ein Jahr, wenn die Rücklage wegen § 6b Absatz 3 Satz 5, Absatz 8 Satz 1 Nummer 1 in Verbindung mit Absatz 3 Satz 5 oder Absatz 10 Satz 8 am Schluss des nach dem 31. Dezember 2021 und vor dem 1. Januar 2023 endenden Wirtschaftsjahres aufzulösen wäre.

(14a)[3)] § 6e in der Fassung des Artikels 1 des Gesetzes vom 12. Dezember 2019 (BGBl. I S. 2451) ist auch in Wirtschaftsjahren anzuwenden, die vor dem 18. Dezember 2019 enden.

(15) [1] Bei Wirtschaftsgütern, die vor dem 1. Januar 2001 angeschafft oder hergestellt worden sind, ist § 7 Absatz 2 Satz 2 in der Fassung des Gesetzes vom 22. Dezember 1999 (BGBl. I S. 2601) weiter anzuwenden. [2] Bei Gebäuden, soweit sie zu einem Betriebsvermögen gehören und nicht Wohnzwecken dienen, ist § 7 Absatz 4 Satz 1 und 2 in der am 31. Dezember 2000 geltenden Fassung weiter anzuwenden, wenn der Steuerpflichtige im Fall der Herstellung vor dem 1. Januar 2001 mit der Herstellung des Gebäudes begonnen hat oder im Fall der Anschaffung das Objekt auf Grund eines vor dem 1. Januar

---

1) § 52 Abs. 13 aufgeh. mWv 1.1.2018 durch G v. 21.12.2015 (BGBl. I S. 2553).

2) § 52 Abs. 14 Satz 1 eingef., bish. Wortlaut wird Satz 2 durch G v. 2.11.2015 (BGBl. I S. 1834); Satz 3 angef. durch G v. 11.12.2018 (BGBl. I S. 2338); Sätze 4 bis 6 angef. durch G v. 29.6.2020 (BGBl. I S. 1512); Satz 4 geänd., Satz 5 neu gef., Satz 6 aufgeh. durch G v. 25.6.2021 (BGBl. I S. 2050); Sätze 4 und 5 geänd., Satz 6 angef. durch G v. 19.6.2022 (BGBl. I S. 911).

3) § 52 Abs. 14a eingef. durch G v. 12.12.2019 (BGBl. I S. 2451).

2001 rechtswirksam abgeschlossenen obligatorischen Vertrags oder gleichstehenden Rechtsakts angeschafft hat. [3]Als Beginn der Herstellung gilt bei Gebäuden, für die eine Baugenehmigung erforderlich ist, der Zeitpunkt, in dem der Bauantrag gestellt wird; bei baugenehmigungsfreien Gebäuden, für die Bauunterlagen einzureichen sind, der Zeitpunkt, in dem die Bauunterlagen eingereicht werden.

(15a)[1)] [1]Die Inanspruchnahme der Sonderabschreibungen nach § 7b in der Fassung des Artikels 1 des Gesetzes vom 4. August 2019 (BGBl. I S. 1122) kann erstmalig für den Veranlagungszeitraum 2018 und letztmalig für den Veranlagungszeitraum 2026, in den Fällen des § 4a letztmalig für Wirtschaftsjahre, die vor dem 1. Januar 2027 enden, geltend gemacht werden. [2]Das gilt auch dann, wenn der Abschreibungszeitraum nach § 7b Absatz 1 noch nicht abgelaufen ist.

(15b)[2)] § 7c in der Fassung des Artikels 2 des Gesetzes vom 12. Dezember 2019 (BGBl. I S. 2451) ist für nach dem 31. Dezember 2019 und vor dem 1. Januar 2031 angeschaffte neue Elektrolieferfahrzeuge anzuwenden.

(16)[3)] [1]§ 7g Absatz 1 Satz 1, 2 Nummer 1, Absatz 2 Satz 1 und 3, Absatz 4 Satz 1 sowie Absatz 6 in der Fassung des Artikels 1 des Gesetzes vom 21. Dezember 2020 (BGBl. I S. 3096) ist erstmals für Investitionsabzugsbeträge und Sonderabschreibungen anzuwenden, die in nach dem 31. Dezember 2019 endenden Wirtschaftsjahren in Anspruch genommen werden; bei nach § 4a vom Kalenderjahr abweichenden Wirtschaftsjahren ist § 7g Absatz 1 Satz 2 Nummer 1 und Absatz 6 Nummer 1 spätestens für Investitionsabzugsbeträge und Sonderabschreibungen anzuwenden, die in nach dem 17. Juli 2020 endenden Wirtschaftsjahren in Anspruch genommen werden. [2]§ 7g Absatz 2 Satz 2 und Absatz 7 in der Fassung des Artikels 1 des Gesetzes vom 21. Dezember 2020 (BGBl. I S. 3096) ist erstmals für Investitionsabzugsbeträge anzuwenden, die in nach dem 31. Dezember 2020 endenden Wirtschaftsjahren in Anspruch genommen werden. [3]Bei in nach dem 31. Dezember 2016 und vor dem 1. Januar 2018 endenden Wirtschaftsjahren beanspruchten Investitionsabzugsbeträgen endet die Investitionsfrist abweichend von § 7g Absatz 3 Satz 1 erst zum Ende des sechsten auf das Wirtschaftsjahr des Abzugs folgenden Wirtschaftsjahres. [4]Bei in nach dem 31. Dezember 2017 und vor dem 1. Januar 2019 endenden Wirtschaftsjahren beanspruchten Investitionsabzugsbeträgen endet die Investitionsfrist abweichend von § 7g Absatz 3 Satz 1 erst zum Ende des fünften auf das Wirtschaftsjahr des Abzugs folgenden Wirtschaftsjahres. [5]Bei in nach dem 31. Dezember 2018 und vor dem 1. Januar 2020 endenden Wirtschaftsjahren beanspruchten Investitionsabzugsbeträgen endet die Investitionsfrist abweichend von § 7g Absatz 3 Satz 1 erst zum Ende des vierten auf das Wirtschaftsjahr des Abzugs folgenden Wirtschaftsjahres.

[1)] § 52 Abs. 15a eingef. durch G v. 4.8.2019 (BGBl. I S. 1122); Satz 1 geänd. durch G v. 12.12.2019 (BGBl. I S. 2451).

[2)] § 52 Abs. 15b eingef. durch G v. 12.12.2019 (BGBl. I S. 2451).

[3)] § 52 Abs. 16 neu gef. durch G v. 21.12.2020 (BGBl. I S. 3096); Satz 3 geänd., Satz 4 angef. durch G v. 25.6.2021 (BGBl. I S. 2050); Sätze 3 und 4 geänd., Satz 5 angef. durch G v. 19.6.2022 (BGBl. I S. 911).

(16a)[1] [1]§ 7h Absatz 1a in der Fassung des Artikels 1 des Gesetzes vom 12. Dezember 2019 (BGBl. I S. 2451) ist erstmals auf Baumaßnahmen anzuwenden, mit denen nach dem 31. Dezember 2018 begonnen wurde. [2]Als Beginn der Baumaßnahmen am Gebäude, für die eine Baugenehmigung erforderlich ist, gilt der Zeitpunkt, in dem der Bauantrag gestellt wurde. [3]Bei baugenehmigungsfreien Baumaßnahmen, für die Bauunterlagen einzureichen sind, gilt als Beginn der Baumaßnahmen der Zeitpunkt, in dem die Bauunterlagen eingereicht werden. [4]§ 7h Absatz 2 Satz 1 in der Fassung des Artikels 1 des Gesetzes vom 21. Dezember 2020 (BGBl. I S. 3096) ist erstmals anzuwenden auf Bescheinigungen der zuständigen Gemeindebehörde, die nach dem 31. Dezember 2020 erteilt werden. [5]§ 7h Absatz 2 Satz 1 letzter Halbsatz in der Fassung des Artikels 1 des Gesetzes vom 12. Dezember 2019 (BGBl. I S. 2451) ist erstmals anzuwenden auf Bescheinigungen der zuständigen Gemeindebehörde, die nach dem 31. Dezember 2018 erteilt werden. [6]§ 7h Absatz 3 in der Fassung des Artikels 1 des Gesetzes vom 12. Dezember 2019 (BGBl. I S. 2451) ist erstmals anzuwenden auf Baumaßnahmen, mit denen nach dem 31. Dezember 2018 begonnen wurde sowie auf Bescheinigungen, die nach dem 31. Dezember 2018 erteilt werden. [7]§ 7i Absatz 2 Satz 1 in der Fassung des Artikels 1 des Gesetzes vom 21. Dezember 2020 (BGBl. I S. 3096) ist erstmals anzuwenden auf Bescheinigungen der nach Landesrecht zuständigen oder von der Landesregierung bestimmten Stelle, die nach dem 31. Dezember 2020 erteilt werden.

(16b)[2] [1]§ 9 Absatz 1 Satz 3 Nummer 7 Satz 1 in der Fassung des Artikels 1 des Gesetzes vom 12. Dezember 2019 (BGBl. I S. 2451) ist erstmals anzuwenden auf Sonderabschreibungen nach § 7b in der Fassung des Artikels 1 des Gesetzes vom 4. August 2019 (BGBl. I S. 1122). [2]§ 9 Absatz 5 Satz 2 in der Fassung des Artikels 1 des Gesetzes vom 27. Juni 2017 (BGBl. I S. 2074) ist erstmals für Aufwendungen im Sinne des § 4j in der Fassung des Artikels 1 des Gesetzes vom 27. Juni 2017 (BGBl. I S. 2074) anzuwenden, die nach dem 31. Dezember 2017 entstehen. [3]§ 9 Absatz 5 Satz 2 in der Fassung des Artikels 1 des Gesetzes vom 12. Dezember 2019 (BGBl. I S. 2451) ist auch für Veranlagungszeiträume vor 2019 anzuwenden. [4]§ 9 Absatz 5 Satz 2 in der Fassung des Artikels 1 des Gesetzes vom 25. Juni 2021 (BGBl. I S. 2035) ist erstmals für Aufwendungen im Sinne des § 4k anzuwenden, die nach dem 31. Dezember 2019 entstehen.

(17) § 9b Absatz 2 in der Fassung des Artikels 11 des Gesetzes vom 18. Dezember 2013 (BGBl. I S. 4318) ist auf Mehr- und Minderbeträge infolge von Änderungen der Verhältnisse im Sinne von § 15a des Umsatzsteuergesetzes anzuwenden, die nach dem 28. November 2013 eingetreten sind.

(18)[3] [1]§ 10 Absatz 1a Nummer 2 in der am 1. Januar 2015 geltenden Fassung ist auf alle Versorgungsleistungen anzuwenden, die auf Vermögensüber-

---

[1] § 52 Abs. 16a eingef. durch G v. 12.12.2019 (BGBl. I S. 2451); Satz 4 eingef., bish. Sätze 4 und 5 werden Sätze 5 und 6, Satz 7 angef. durch G v. 21.12.2020 (BGBl. I S. 3096).

[2] § 52 Abs. 16a eingef. durch G v. 27.6.2017 (BGBl. I S. 2074); Abs. 16a wird Abs. 16b, Satz 1 eingef., bish. Wortlaut wird Satz 2 und Satz 3 angef. durch G v. 12.12.2019 (BGBl. I S. 2451); Satz 4 angef. durch G v. 25.6.2021 (BGBl. I S. 2035).

[3] § 52 Abs. 18 Satz 1 geänd. durch G v. 22.12.2014 (BGBl. I S. 2417); Satz 4 eingef., bish. Sätze 4 und 5 werden Sätze 5 und 6 durch G v. 11.12.2018 (BGBl. I S. 2338); Satz 4 geänd. durch G v. 21.12.2020 (BGBl. I S. 3096).

tragungen beruhen, die nach dem 31. Dezember 2007 vereinbart worden sind. [2]Für Versorgungsleistungen, die auf Vermögensübertragungen beruhen, die vor dem 1. Januar 2008 vereinbart worden sind, gilt dies nur, wenn das übertragene Vermögen nur deshalb einen ausreichenden Ertrag bringt, weil ersparte Aufwendungen, mit Ausnahme des Nutzungsvorteils eines vom Vermögensübernehmer zu eigenen Zwecken genutzten Grundstücks, zu den Erträgen des Vermögens gerechnet werden. [3]§ 10 Absatz 1 Nummer 5 in der am 1. Januar 2012 geltenden Fassung gilt auch für Kinder, die wegen einer vor dem 1. Januar 2007 in der Zeit ab Vollendung des 25. Lebensjahres und vor Vollendung des 27. Lebensjahres eingetretenen körperlichen, geistigen oder seelischen Behinderung außerstande sind, sich selbst zu unterhalten. [4]§ 10 Absatz 2 Satz 1 Nummer 1 in der Fassung des Artikels 1 des Gesetzes vom 21. Dezember 2020 (BGBl. I S. 3096) ist in allen offenen Fällen anzuwenden. [5]§ 10 Absatz 4b Satz 4 bis 6 in der am 30. Juni 2013 geltenden Fassung ist erstmals für die Übermittlung der Daten des Veranlagungszeitraums 2016 anzuwenden. [6]§ 10 Absatz 5 in der am 31. Dezember 2009 geltenden Fassung ist auf Beiträge zu Versicherungen im Sinne des § 10 Absatz 1 Nummer 2 Buchstabe b Doppelbuchstabe bb bis dd in der am 31. Dezember 2004 geltenden Fassung weiterhin anzuwenden, wenn die Laufzeit dieser Versicherungen vor dem 1. Januar 2005 begonnen hat und ein Versicherungsbeitrag bis zum 31. Dezember 2004 entrichtet wurde.

(18a)[1)] § 10b Absatz 1 Satz 8 in der Fassung des Artikels 2 des Gesetzes vom 12. Dezember 2019 (BGBl. I S. 2451) ist erstmals auf Mitgliedsbeiträge anzuwenden, die nach dem 31. Dezember 2019 gezahlt werden.

(18b)[2)] [1]§ 10d Absatz 1 Satz 1 in der Fassung des Artikels 1 des Gesetzes vom 10. März 2021 (BGBl. I S. 330) ist für die Veranlagungszeiträume 2020 und 2021 anzuwenden. [2]§ 10d Absatz 1 in der Fassung des Artikels 3 des Gesetzes vom 19. Juni 2022 (BGBl. I S. 911) ist erstmals für den Veranlagungszeitraum 2022 anzuwenden. [3]§ 10d Absatz 1 Satz 1 in der Fassung des Artikels 4 des Gesetzes vom 19. Juni 2022 (BGBl. I S. 911) ist erstmals für den Veranlagungszeitraum 2024 anzuwenden.

(19) [1]Für nach dem 31. Dezember 1986 und vor dem 1. Januar 1991 hergestellte oder angeschaffte Wohnungen im eigenen Haus oder Eigentumswohnungen sowie in diesem Zeitraum fertiggestellte Ausbauten oder Erweiterungen ist § 10e in der am 30. Dezember 1989 geltenden Fassung weiter anzuwenden. [2]Für nach dem 31. Dezember 1990 hergestellte oder angeschaffte Wohnungen im eigenen Haus oder Eigentumswohnungen sowie in diesem Zeitraum fertiggestellte Ausbauten oder Erweiterungen ist § 10e in der am 28. Juni 1991 geltenden Fassung weiter anzuwenden. [3]Abweichend von Satz 2 ist § 10e Absatz 1 bis 5 und 6 bis 7 in der am 28. Juni 1991 geltenden Fassung erstmals für den Veranlagungszeitraum 1991 bei Objekten im Sinne des § 10e Absatz 1 und 2 anzuwenden, wenn im Fall der Herstellung der Steuerpflichtige nach dem 30. September 1991 den Bauantrag gestellt oder mit der Her-

---

[1)] *§ 52 Abs. 18a* eingef. durch G v. 12.12.2019 (BGBl. I S. 2451).

[2)] § 52 Abs. 18b eingef. duch G v. 29.6.2020 (BGBl. I S. 1512); geänd. durch G v. 10.3.2021 (BGBl. I S. 330); neu gef. und Satz 3 angef. durch G v. 19.6.2022 (BGBl. I S. 911).

stellung des Objekts begonnen hat oder im Fall der Anschaffung der Steuerpflichtige das Objekt nach dem 30. September 1991 auf Grund eines nach diesem Zeitpunkt rechtswirksam abgeschlossenen obligatorischen Vertrags oder gleichstehenden Rechtsakts angeschafft hat oder mit der Herstellung des Objekts nach dem 30. September 1991 begonnen worden ist. [4] § 10e Absatz 5a ist erstmals bei den in § 10e Absatz 1 und 2 bezeichneten Objekten anzuwenden, wenn im Fall der Herstellung der Steuerpflichtige den Bauantrag nach dem 31. Dezember 1991 gestellt oder, falls ein solcher nicht erforderlich ist, mit der Herstellung nach diesem Zeitpunkt begonnen hat, oder im Fall der Anschaffung der Steuerpflichtige das Objekt auf Grund eines nach dem 31. Dezember 1991 rechtswirksam abgeschlossenen obligatorischen Vertrags oder gleichstehenden Rechtsakts angeschafft hat. [5] § 10e Absatz 1 Satz 4 in der am 27. Juni 1993 geltenden Fassung und § 10e Absatz 6 Satz 3 in der am 30. Dezember 1993 geltenden Fassung sind erstmals anzuwenden, wenn der Steuerpflichtige das Objekt auf Grund eines nach dem 31. Dezember 1993 rechtswirksam abgeschlossenen obligatorischen Vertrags oder gleichstehenden Rechtsakts angeschafft hat. [6] § 10e ist letztmals anzuwenden, wenn der Steuerpflichtige im Fall der Herstellung vor dem 1. Januar 1996 mit der Herstellung des Objekts begonnen hat oder im Fall der Anschaffung das Objekt auf Grund

(Fortsetzung nächstes Blatt)

(33a)[1] 1 § 32c in der Fassung des Artikels 4 des Gesetzes vom 12. Dezember 2019 (BGBl. I S. 2451) ist erstmals für den Veranlagungszeitraum 2016 anzuwenden. 2 § 32c ist im Veranlagungszeitraum 2016 mit der Maßgabe anzuwenden, dass der erste Betrachtungszeitraum die Veranlagungszeiträume 2014 bis 2016 umfasst. 3 Die weiteren Betrachtungszeiträume umfassen die Veranlagungszeiträume 2017 bis 2019 und 2020 bis 2022. 4 § 32c ist letztmalig für den Veranlagungszeitraum 2022 anzuwenden.

(33b)[2] 1 § 32d Absatz 2 Nummer 1 Buchstabe b in der Fassung des Artikels 1 des Gesetzes vom 21. Dezember 2020 (BGBl. I S. 3096) ist auf Kapitalerträge anzuwenden, die nach dem 31. Dezember 2020 erzielt werden. 2 Auf Kapitalerträge aus Darlehen an die Kapitalgesellschaft oder Genossenschaft, deren rechtliche Grundlage vor dem 1. Januar 2021 begründet wurde, ist § 32d Absatz 2 Nummer 1 Buchstabe b in der Fassung des Artikels 1 des Gesetzes vom 21. Dezember 2020 (BGBl. I S. 3096) ab dem Veranlagungszeitraum 2024 anzuwenden. 3 § 32d Absatz 2 Nummer 3 Buchstabe b in der Fassung des Artikels 7 des Gesetzes vom 20. Dezember 2016 (BGBl. I S. 3000) ist erstmals auf Anträge für den Veranlagungszeitraum 2017 anzuwenden.

(33c)[3] Die §§ 33 und 33b in der Fassung des Artikels 1 des Gesetzes vom 9. Dezember 2020 (BGBl. I S. 2770) sind erstmals für den Veranlagungszeitraum 2021 anzuwenden.

(34)[4] 1 § 34a in der Fassung des Artikels 1 des Gesetzes vom 19. Dezember 2008 (BGBl. I S. 2794) ist erstmals für den Veranlagungszeitraum 2008 anzuwenden. 2 § 34a Absatz 6 Satz 1 Nummer 3 und Satz 2 in der Fassung des Artikels 1 des Gesetzes vom 27. Juni 2017 (BGBl. I S. 2074) ist erstmals für unentgeltliche Übertragungen nach dem 5. Juli 2017 anzuwenden.

(34a)[5] Für Veranlagungszeiträume bis einschließlich 2014 ist § 34c Absatz 1 Satz 2 in der bis zum 31. Dezember 2014 geltenden Fassung in allen Fällen, in denen die Einkommensteuer noch nicht bestandskräftig festgesetzt ist, mit der Maßgabe anzuwenden, dass an die Stelle der Wörter „Summe der Einkünfte" die Wörter „Summe der Einkünfte abzüglich des Altersentlastungsbetrages (§ 24a), des Entlastungsbetrages für Alleinerziehende (§ 24b), der Sonderausgaben (§§ 10, 10a, 10b, 10c), der außergewöhnlichen Belastungen (§§ 33 bis 33b), der berücksichtigten Freibeträge für Kinder (§§ 31, 32 Absatz 6) und des Grundfreibetrages (§ 32a Absatz 1 Satz 2 Nummer 1)" treten.

(34b)[6] 1 § 34d Nummer 4 Buchstabe b Doppelbuchstabe bb in der Fassung des Artikels 3 des Gesetzes vom 11. Dezember 2018 (BGBl. I S. 2338) ist erstmals auf Gewinne aus der Veräußerung von Anteilen anzuwenden, bei denen die Veräußerung nach dem 31. Dezember 2018 erfolgt, und nur soweit den Gewinnen nach dem 31. Dezember 2018 eingetretene Wertveränderungen

[1] § 52 Abs. 33a eingef. durch G v. 12.12.2019 (BGBl. I S. 2451).

[2] § 52 Abs. 33a eingef. durch G v. 20.12.2016 (BGBl. I S. 3000); wird Abs. 33b und geänd. durch G v. 12.12.2019 (BGBl. I S. 2451); Sätze 1 und 2 eingef., bish. Wortlaut wird Satz 3 durch G v. 21.12.2020 (BGBl. I S. 3096).

[3] § 52 Abs. 33c eingef. durch G v. 9.12.2020 (BGBl. I S. 2770).

[4] § 52 Abs. 34 Satz 2 angef., bish. Text wird Satz 1 durch G v. 27.6.2017 (BGBl. I S. 2074).

[5] § 52 Abs. 34a eingef. durch G v. 22.12.2014 (BGBl. I S. 2417).

[6] § 52 Abs. 34b eingef. durch G v. 11.12.2018 (BGBl. I S. 2338).

zugrunde liegen. [2] § 34d Nummer 7 in der Fassung des Artikels 3 des Gesetzes vom 11. Dezember 2018 (BGBl. I S. 2338) ist erstmals auf Wertveränderungen anzuwenden, die nach dem 31. Dezember 2018 eintreten.

(35) [1] § 34f Absatz 3 und 4 Satz 2 in der Fassung des Gesetzes vom 25. Februar 1992 (BGBl. I S. 297) ist erstmals anzuwenden bei Inanspruchnahme der Steuerbegünstigung nach § 10e Absatz 1 bis 5 in der Fassung des Gesetzes vom 25. Februar 1992 (BGBl. I S. 297). [2] § 34f Absatz 4 Satz 1 ist erstmals anzuwenden bei Inanspruchnahme der Steuerbegünstigung nach § 10e Absatz 1 bis 5 oder nach § 15b des Berlinförderungsgesetzes für nach dem 31. Dezember 1991 hergestellte oder angeschaffte Objekte.

(35a)[1)] [1] § 35c ist erstmals auf energetische Maßnahmen anzuwenden, mit deren Durchführung nach dem 31. Dezember 2019 begonnen wurde und die vor dem 1. Januar 2030 abgeschlossen sind. [2] Als Beginn gilt bei energetischen Maßnahmen, für die eine Baugenehmigung erforderlich ist, der Zeitpunkt, in dem der Bauantrag gestellt wird. [3] Bei nicht genehmigungsbedürftigen Vorhaben für solche Vorhaben, die nach Maßgabe des Bauordnungsrechts der zuständigen Behörde zur Kenntnis zu geben sind, gilt als Beginn der Zeitpunkt des Eingangs der Kenntnisgabe bei der zuständigen Behörde und für sonstige nicht genehmigungsbedürftige, insbesondere genehmigungs-, anzeige- und verfahrensfreie Vorhaben, der Zeitpunkt des Beginns der Bauausführung.

(35b)[2)] [1] § 36 Absatz 2 Nummer 2 Satz 5 in der Fassung des Artikels 2 des Gesetzes vom 21. Dezember 2020 (BGBl. I S. 3096) ist erstmals auf Kapitalerträge anzuwenden, die nach dem 31. Dezember 2020 zufließen. [2] § 36 Absatz 2 Nummer 4 in der Fassung des Artikels 2 des Gesetzes vom 21. Dezember 2020 (BGBl. I S. 3096) ist erstmals für den Veranlagungszeitraum 2016 und letztmalig für den Veranlagungszeitraum 2022 anzuwenden.

(35c)[3)] [1] § 36a in der am 27. Juli 2016 geltenden Fassung ist erstmals auf Kapitalerträge anzuwenden, die ab dem 1. Januar 2016 zufließen. [2] § 36a in der Fassung des Artikels 1 des Gesetzes vom 12. Dezember 2019 (BGBl. I S. 2451) ist erstmals auf Kapitalerträge anzuwenden, die ab dem 1. Januar 2019 zufließen.

(35d)[4)] § 37 Absatz 3 Satz 3 ist auf Antrag des Steuerpflichtigen mit der Maßgabe anzuwenden, dass

---

[1)] § 52 Abs. 35a eingef. durch G v. 29.6.2020 (BGBl. I S. 1512); neu gef. durch G v. 21.12.2020 (BGBl. I S. 3096).

Durch die Neufassung von § 52 Abs. 35a wird der vorherige Abs. 35a überschrieben; dieser lautete:

„§(35a) § 35 Absatz 1 in der Fassung des Artikels 1 des Gesetzes von 29. Juni 2020 (BGBl. I S. 1512) ist erstmals für den Veranlagungszeitraum 2020 anzuwenden."

[2)] § 52 Abs. 35a eingef. durch G v. 12.12.2019 (BGBl. I S. 2451); Sätze 1 bis 3 eingef.; bish. Wortlaut wird Satz 4 durch G v. 21.12.2019 (BGBl. I S. 2886); Abs. 35a wird Abs. 35b durch G v. 29.6.2020 (BGBl. I S. 1512); neu gef. durch G v. 21.12.2020 (BGBl. I S. 3096).

[3)] § 52 Abs. 35a eingef. durch G v. 20.12.2016 (BGBl. I S. 3045); Satz 2 angef., bish. Wortlaut wird Satz 1 durch G v. 12.12.2019 (BGBl. I S. 2451); Abs. 35a wird Abs. 35b durch G v. 12.12.2019 (BGBl. I S. 2451); Abs. 35b wird Abs. 35c durch G v. 29.6.2020 (BGBl. I S. 1512).

[4)] § 52 Abs. 35d neu gef. durch G v. 19.6.2022 (BGBl. I S. 911).

1. für den Veranlagungszeitraum 2019 an die Stelle des 15. Kalendermonats der 21. Kalendermonat und an die Stelle des 23. Kalendermonats der 28. Kalendermonat,
2. für die Veranlagungszeiträume 2020 und 2021 an die Stelle des 15. Kalendermonats der 21. Kalendermonat und an die Stelle des 23. Kalendermonats der 29. Kalendermonat,
3. für den Veranlagungszeitraum 2022 an die Stelle des 15. Kalendermonats der 20. Kalendermonat und an die Stelle des 23. Kalendermonats der 28. Kalendermonat,
4. für den Veranlagungszeitraum 2023 an die Stelle des 15. Kalendermonats der 18. Kalendermonat und an die Stelle des 23. Kalendermonats der 26. Kalendermonat und
5. für den Veranlagungszeitraum 2024 an die Stelle des 15. Kalendermonats der 17. Kalendermonat und an die Stelle des 23. Kalendermonats der 25. Kalendermonat

tritt.

(36)[1] [1]Das Bundesministerium der Finanzen kann im Einvernehmen mit den obersten Finanzbehörden der Länder in einem Schreiben mitteilen, wann das in § 39 Absatz 4 Nummer 5 genannten Lohnsteuerabzugsmerkmal erstmals abgerufen werden kann (§ 39e Absatz 3 Satz 1). [2]Dieses Schreiben ist im Bundessteuerblatt zu veröffentlichen. [3]§ 39 in der Fassung des Artikels 4 des Gesetzes vom 21. Dezember 2020 (BGBl. I S. 3096) ist erstmals ab dem 1. Januar 2024 anzuwenden; er kann im Rahmen eines Pilotprojekts mit Echtdaten bereits ab dem 1. Januar 2023 angewendet werden.

(37) [1]Das Bundesministerium der Finanzen kann im Einvernehmen mit den obersten Finanzbehörden der Länder in einem Schreiben mitteilen, ab wann die Regelungen in § 39a Absatz 1 Satz 3 bis 5 erstmals anzuwenden sind. [2]Dieses Schreiben ist im Bundessteuerblatt zu veröffentlichen.[2]

(37a)[3] § 39f Absatz 1 Satz 9 bis 11 und Absatz 3 Satz 1 ist erstmals für den Veranlagungszeitraum 2019 anzuwenden.

(37b)[4] [1]§ 39b Absatz 2 Satz 5 Nummer 4 in der am 23. Juli 2015 geltenden Fassung ist erstmals anzuwenden auf laufenden Arbeitslohn, der für einen nach dem 30. November 2015 endenden Lohnzahlungszeitraum gezahlt wird, und auf sonstige Bezüge, die nach dem 30. November 2015 zufließen. [2]Bei der Lohnsteuerberechnung auf laufenden Arbeitslohn, der für einen nach dem 30. November 2015, aber vor dem 1. Januar 2016 endenden täglichen, wöchentlichen und monatlichen Lohnzahlungszeitraum gezahlt wird, ist zu berücksichtigen, dass § 39b Absatz 2 Satz 5 Nummer 4 in der am 23. Juli 2015 geltenden Fassung bis zum 30. November 2015 nicht angewandt wurde (Nachholung). [3]Das Bundesministerium der Finanzen hat dies im Einverneh-

---

[1] § 52 Abs. 36 Satz 1 geänd., Satz 3 angef. durch G v. 21.12.2020 (BGBl. I S. 3096).
[2] BMF v. 21.5.2015 (BStBl. I S. 488).
[3] § 52 Abs. 37a eingef. durch G v. 28.7.2015 (BGBl. I S. 1400) und neu gef. durch G v. 23.6.2017 (BGBl. I S. 1682).
[4] § 52 Abs. 37b eingef. durch G v. 16.7.2015 (BGBl. I S. 1202).

men mit den obersten Finanzbehörden der Länder bei der Aufstellung und Bekanntmachung der geänderten Programmablaufpläne für 2015 zu berücksichtigen (§ 39b Absatz 6 und § 51 Absatz 4 Nummer 1a). [4] In den Fällen des § 24b Absatz 4 ist für das Kalenderjahr 2015 eine Veranlagung durchzuführen, wenn die Nachholung nach Satz 2 durchgeführt wurde.

(37c)[1)] [1] § 40 Absatz 2 Satz 1 Nummer 6 in der am 17. November 2016 gelten den Fassung ist erstmals anzuwenden auf Vorteile, die in einem nach dem 31. Dezember 2016 endenden Lohnzahlungszeitraum oder als sonstige Bezüge nach dem 31. Dezember 2016 zugewendet werden, und letztmals anzuwenden auf Vorteile, die in einem vor dem 1. Januar 2031 endenden Lohnzahlungszeitraum oder als sonstige Bezüge vor dem 1. Januar 2031 zugewendet werden. [2] § 40 Absatz 2 Satz 2 Nummer 3 und Satz 4 in der Fassung des Artikels 2 des Gesetzes vom 21. Dezember 2020 (BGBl. I S. 3096) ist erstmals auf Freifahrtberechtigungen anzuwenden, die nach dem 31. Dezember 2020 gewährt werden.

(38) § 40a Absatz 2, 2a und 6 in der am 31. Juli 2014[2)] geltenden Fassung ist erstmals ab dem Kalenderjahr 2013 anzuwenden.

(39)[3)] *(aufgehoben)*

(40)[4)] § 40b Absatz 1 und 2 in der am 31. Dezember 2004 geltenden Fassung ist weiter anzuwenden auf Beiträge für eine Direktversicherung des Arbeitnehmers und Zuwendungen an eine Pensionskasse, wenn vor dem 1. Januar 2018 mindestens ein Beitrag nach § 40b Absatz 1 und 2 in einer vor dem 1. Januar 2005 geltenden Fassung pauschal besteuert wurde.

(40a)[5)] [1] § 41a Absatz 1 Satz 1 Nummer 1 in der Fassung des Artikels 2 des Gesetzes vom 12. Dezember 2019 (BGBl. I S. 2451) ist erstmals für Lohnzahlungszeiträume anzuwenden, die nach dem 31. Dezember 2020 enden. [2] § 41a Absatz 4 Satz 1 in der Fassung des Artikels 1 des Gesetzes vom 24. Februar 2016 (BGBl. I S. 310) gilt für eine Dauer von 60 Monaten und ist erstmals für laufenden Arbeitslohn anzuwenden, der für den Lohnzahlungszeitraum gezahlt wird, der nach dem Kalendermonat folgt, in dem die Europäische Kommission die Genehmigung zu diesem Änderungsgesetz erteilt hat; die Regelung ist erstmals für sonstige Bezüge anzuwenden, die nach dem Monat zufließen, in dem die Europäische Kommission die Genehmigung zu diesem Änderungsgesetz erteilt hat. [3] § 41a Absatz 4 in der Fassung des Artikels 3 des Gesetzes vom 19. Juni 2022 (BGBl. I S. 911) gilt für eine Dauer von 72 Monaten und ist erstmals für laufenden Arbeitslohn anzuwenden, der für einen ab dem 1. Juni 2021 endenden

---

1) § 52 Abs. 37c eingef. durch G v. 7.11.2016 (BGBl. I S. 2498); geänd. durch G v. 12.12.2019 (BGBl. I S. 2451); Satz 2 angef. durch G v. 21.12.2020 (BGBl. I S. 3096).

2) Tag nach der Verkündung des G v. 25.7.2014 (BGBl. I S. 1266).

3) § 52 Abs. 39 aufgeh. durch G v. 23.6.2017 (BGBl. I S. 1682).

4) § 52 Abs. 40 Satz 1 geänd. durch G v. 17.8.2017 (BGBl. I S. 3214); siehe auch Seite 1 Fn. 2: Genehmigung am 3.5.2016 erteilt; Satz 1 geänd., Satz 2 aufgeh. durch G v. 11.12.2018 (BGBl. I S. 2338).

5) § 52 Abs. 40a eingef. durch G v. 24.2.2016 (BGBl. I S. 310); Satz 1 eingef., bish. Sätze 1 *bis 3 werden Sätze* 2 bis 4 durch G v. 12.12.2019 (BGBl. I S. 2451); Sätze 3 und 4 neu gef. durch G v. 12.5.2021 (BGBl. I S. 989); Sätze 3 und 4 ersetzt durch Satz 3 durch G v. 19.6.2022 (BGBl. I S. 911).

Lohnzahlungszeitraum gezahlt wird, und für sonstige Bezüge, die ab dem 1. Juni 2021 zufließen.

(41) Bei der Veräußerung oder Einlösung von Wertpapieren und Kapitalforderungen, die von der das Bundesschuldbuch führenden Stelle oder einer Landesschuldenverwaltung verwahrt oder verwaltet werden können, bemisst sich der Steuerabzug nach den bis zum 31. Dezember 1993 geltenden Vorschriften, wenn die Wertpapier- und Kapitalforderungen vor dem 1. Januar 1994 emittiert worden sind; dies gilt nicht für besonders in Rechnung gestellte Stückzinsen.

(Fortsetzung nächstes Blatt)

(46)[1] ¹§ 50 Absatz 1 Satz 3 in der Fassung des Artikels 1 des Gesetzes vom 21. Dezember 2020 (BGBl. I S. 3096) ist in allen offenen Fällen anzuwenden. ²§ 50 Absatz 1a in der Fassung des Artikels 2 des Gesetzes vom 21. Dezember 2020 (BGBl. I S. 3096) ist erstmals auf Beiträge an berufsständische Versorgungseinrichtungen anzuwenden, die nach dem 31. Dezember 2020 geleistet werden. ³§ 50 Absatz 2 Satz 2 Nummer 6 in der Fassung des Artikels 1 des Gesetzes vom 12. Dezember 2019 (BGBl. I S. 2451) ist erstmals auf Kapitalerträge anzuwenden, die nach dem 31. Dezember 2016 zufließen. ⁴§ 50 Absatz 4 in der am 1. Januar 2016 geltenden Fassung ist in allen offenen Fällen anzuwenden. ⁵§ 50 Absatz 1 Satz 2 in der Fassung des Artikels 1 des Gesetzes vom 2. Juni 2021 (BGBl. I S. 1259) ist in allen offenen Fällen anzuwenden.

(47) ¹Der Zeitpunkt der erstmaligen Anwendung des § 50a Absatz 3 und 5 in der am 18. August 2009 geltenden Fassung wird durch eine Rechtsverordnung[2] der Bundesregierung bestimmt, die der Zustimmung des Bundesrates bedarf; dieser Zeitpunkt darf nicht vor dem 31. Dezember 2011 liegen. ²§ 50a Absatz 7 in der am 31. Juli 2014 geltenden Fassung ist erstmals auf Vergütungen anzuwenden, für die der Steuerabzug nach dem 31. Dezember 2014 angeordnet worden ist.

(47a)[3] ¹§ 50c Absatz 2 Satz 1 Nummer 2 in der Fassung des Artikels 1 des Gesetzes vom 2. Juni 2021 (BGBl. I S. 1259) ist erstmals auf Einkünfte anzuwenden, die dem beschränkt Steuerpflichtigen nach dem 31. Dezember 2021 zufließen; die Geltung von Ermächtigungen nach § 50d Absatz 5 und 6 des Gesetzes in der Fassung, die vor dem Inkrafttreten des Artikels 1 des Gesetzes vom 2. Juni 2021 (BGBl. I S. 1259) galt, endet spätestens zu diesem Zeitpunkt. ²§ 50c Absatz 5 Satz 1, 3 und 4 in der Fassung des Artikels 1 des Gesetzes vom 2. Juni 2021 (BGBl. I S. 1259) ist erstmals auf Anträge anzuwenden, die nach dem 31. Dezember 2022 gestellt werden; für Anträge, die gemäß § 50c Absatz 2 oder 3 bis zu diesem Zeitpunkt gestellt werden, ist der amtlich vorgeschriebene Vordruck zu verwenden und § 50d Absatz 1 Satz 7 und 8 des Gesetzes in der Fassung anzuwenden, die vor dem Inkrafttreten des Artikels 1 des Gesetzes vom 2. Juni 2021 (BGBl. I S. 1259) galt.

(47b)[3] § 50d Absatz 3 in der Fassung des Artikels 1 des Gesetzes vom 2. Juni 2021 (BGBl. I S. 1259) ist in allen offenen Fällen anzuwenden, es sei denn, § 50d Absatz 3 in der Fassung, die zu dem Zeitpunkt galt, in dem die Einkünfte zugeflossen sind, steht dem Anspruch auf Entlastung nicht entgegen.

(47c)[3] ¹§ 50e Absatz 1 und 4 bis 6 in der Fassung des Artikels 1 des Gesetzes vom 2. Juni 2021 (BGBl. I S. 1259) ist ab dem 1. Januar 2022 anzuwenden. ²§ 50e Absatz 2 und 3 in der Fassung des Artikels 1 des Gesetzes vom

---

[1] § 52 Abs. 46 Satz 2 angef., bish. Text wird Satz 1 durch G v. 2.11.2015 (BGBl. I S. 1834); Satz 1 eingef., bish. Sätze 1 und 2 werden Sätze 2 und 3 durch G v. 20.12.2016 (BGBl. I S. 3000); Satz 3 eingef., bish. Satz 3 wird Satz 4 durch G v. 12.12.2019 (BGBl. I S. 2451); Sätze 1 und 2 neu gef. durch G v. 21.12.2020 (BGBl. I S. 3096); Satz 5 angef. durch G v. 2.6.2021 (BGBl. I S. 1259).

[2] VO v. 24.6.2013 (BGBl. I S. 1679).

[3] § 52 Abs. 47a bis 47c eingef. durch G v. 2.6.2021 (BGBl. I S. 1259).

2. Juni 2021 (BGBl. I S. 1259) ist erstmals auf die nach dem 31. Dezember 2024 nicht oder nicht vollständig erfolgte Übermittlung von Daten oder Mitteilungen anzuwenden.

(48) [1] § 50i Absatz 1 Satz 1 und 2 ist auf die Veräußerung oder Entnahme von Wirtschaftsgütern oder Anteilen anzuwenden, die nach dem 29. Juni 2013 stattfindet. [2] Hinsichtlich der laufenden Einkünfte aus der Beteiligung an der Personengesellschaft ist die Vorschrift in allen Fällen anzuwenden, in denen die Einkommensteuer noch nicht bestandskräftig festgesetzt worden ist. [3] § 50i Absatz 1 Satz 4 in der am 31. Juli 2014[1)] geltenden Fassung ist erstmals auf die Veräußerung oder Entnahme von Wirtschaftsgütern oder Anteilen anzuwenden, die nach dem 31. Dezember 2013 stattfindet. [4] § 50i Absatz 2 in der Fassung des Artikels 7 des Gesetzes vom 20. Dezember 2016 (BGBl. I S. 3000) ist erstmals für Einbringungen anzuwenden, bei denen der Einbringungsvertrag nach dem 31. Dezember 2013 geschlossen worden ist.[2)]

(48a)[3)] § 51 in der Fassung des Artikels 1 des Gesetzes vom 2. Juni 2021 (BGBl. I S. 1259) gilt erstmals für die Vergabe von Ordnungsnummern zu Steuerbescheinigungen für Kapitalerträge, die nach dem 31. Dezember 2023 zufließen.

(49) § 51a Absatz 2c und 2e in der am 30. Juni 2013 geltenden Fassung ist erstmals auf nach dem 31. Dezember 2014 zufließende Kapitalerträge anzuwenden.

(49a)[4)] [1] § 62 Absatz 1a in der am 18. Juli 2019 geltenden Fassung ist für Kindergeldfestsetzungen anzuwenden, die Zeiträume betreffen, die nach dem 31. Juli 2019 beginnen. [2] § 62 Absatz 2 Nummer 1 bis 4 in der Fassung des Artikels 3 des Gesetzes vom 12. Dezember 2019 (BGBl. I S. 2451) ist für Kindergeldfestsetzungen anzuwenden, die Zeiträume betreffen, die nach dem 29. Februar 2020 beginnen. [3] § 62 Absatz 2 Nummer 2 Buchstabe c in der Fassung des Artikels 11 Nummer 2 des Gesetzes vom 23. Mai 2022 (BGBl. I S. 760) ist für Kindergeldfestsetzungen anzuwenden, die Zeiträume betreffen, die nach dem 31. Mai 2022 beginnen. [4] § 62 Absatz 2 Nummer 5 in der Fassung des Arti-

---

1) Tag der Verkündung des G v. 25.7.2014 (BGBl. I S. 1266); Datum korrigiert durch G v. 22.12.2014 (BGBl. I S. 2417).

2) § 52 Abs. 4 Sätze 4 und 5 ersetzt durch Satz 4 durch G v. 20.12.2016 (BGBl. I S. 3000).

3) § 52 Abs. 48a eingef. durch G v. 2.6.2021 (BGBl. I S. 1259).

4) § 52 Abs. 49a eingef. durch G v. 2.12.2014 (BGBl. I S. 1922); Sätze 3 und 4 angef. durch G v. 16.7.2015 (BGBl. I S. 1202); Sätze 5 und 6 angef. durch G v. 20.12.2016 (BGBl. I S. 3000); Sätze 7 und 8 angef. durch G v. 23.6.2017 (BGBl. I S. 1682); Satz 9 angef. durch G v. 29.11.2018 (BGBl. I S. 2210); Satz 1 eingef., bish. Sätze 1 bis 9 werden Sätze 2 bis 10, Satz 8 geänd. durch G v. 11.7.2019 (BGBl. I S. 1066); Satz 2 eingef., bish. Sätze 2 bis 10 werden Sätze 3 bis 11 durch Art. 2 des G v. 12.12.2019 (BGBl. I S. 2451); Satz 2 geänd., Satz 3 eingef., aktuelle Sätze 3 bis 11 werden Sätze 4 bis 12 durch Art. 3 des G v. 12.12.2019 (BGBl. I S. 2451); das Inkrafttreten erfolgt zum Datum des ersten Tags des siebten auf die Verkündung des Fachkräfteeinwanderungsgesetzes folgenden Kalendermonats (siehe Art. 39 *Abs. 3 des G v. 12.12.2019*). Dies ist der 1. März 2020. Satz 13 angef. durch G v. 1.12.2020 (BGBl. I S. 2616); Satz 3 eingef., bish. Sätze 3 bis 13 werden Sätze 4 bis 14 durch G v. 23.5.2022 (BGBl. I S. 760).

kels 3 des Gesetzes vom 12. Dezember 2019 (BGBl. I S. 2451) ist für Kindergeldfestsetzungen anzuwenden, die Zeiträume betreffen, die nach dem 31. Dezember 2019 beginnen. [5]Die §§ 62, 63 und 67 in der am 9. Dezember 2014 geltenden Fassung sind für Kindergeldfestsetzungen anzuwenden, die Zeiträume betreffen, die nach dem 31. Dezember 2015 beginnen. [6]Die §§ 62, 63 und 67 in der am 9. Dezember 2014 geltenden Fassung sind auch für Kindergeldfestsetzungen anzuwenden, die Zeiträume betreffen, die vor dem 1. Januar 2016 liegen, der Antrag auf Kindergeld aber erst nach dem 31. Dezember 2015 gestellt wird. [7]§ 66 Absatz 1 in der am 23. Juli 2015 geltenden Fassung ist für Kindergeldfestsetzungen anzuwenden, die Zeiträume betreffen, die nach dem 31. Dezember 2014 beginnen. [8]§ 66 Absatz 1 in der am 1. Januar 2016 geltenden Fassung ist für Kindergeldfestsetzungen anzuwenden, die Zeiträume betreffen, die nach dem 31. Dezember 2015 beginnen. [9]§ 66 Absatz 1 in der am 1. Januar 2017 geltenden Fassung ist für Kindergeldfestsetzungen anzuwenden, die Zeiträume betreffen, die nach dem 31. Dezember 2016 beginnen. [10]§ 66 Absatz 1 in der am 1. Januar 2018 geltenden Fassung ist für Kindergeldfestsetzungen anzuwenden, die Zeiträume betreffen, die nach dem 31. Dezember 2017 beginnen. [11]§ 66 Absatz 3 ist auf Anträge anzuwenden, die nach dem 31. Dezember 2017 und vor dem 18. Juli 2019 eingehen. [12]§ 69 in der am 1. Januar 2018 geltenden Fassung ist erstmals am 1. November 2019 anzuwenden. [13]§ 66 Absatz 1 in der Fassung des Artikels 2 des Gesetzes vom 29. November 2018 (BGBl. I S. 2210) ist für Kindergeldfestsetzungen anzuwenden, die Zeiträume betreffen, die nach dem 30. Juni 2019 beginnen. [14]§ 66 Absatz 1 in der Fassung des Artikels 1 des Gesetzes vom 1. Dezember 2020 (BGBl. I S. 2616) ist für Kindergeldfestsetzungen anzuwenden, die Zeiträume betreffen, die nach dem 31. Dezember 2020 beginnen.

(50)[1)] [1]§ 70 Absatz 1 Satz 2 ist auf Anträge anzuwenden, die nach dem 18. Juli 2019 eingehen. [2]§ 70 Absatz 4 in der am 31. Dezember 2011 geltenden Fassung ist weiter für Kindergeldfestsetzungen anzuwenden, die Zeiträume betreffen, die vor dem 1. Januar 2012 enden.

(51)[2)] [1]§ 89 Absatz 2 Satz 1 in der am 1. Januar 2017 geltenden Fassung ist erstmals für die Übermittlung von Daten ab dem 1. Januar 2017 anzuwenden. [2]§ 89 Absatz 2 Satz 1 in der Fassung des Artikels 3 des Gesetzes vom 11. Dezember 2018 (BGBl. I S. 2338) ist erstmals für die Übermittlung von Daten ab dem 1. Januar 2020 anzuwenden.

(52)[3)] § 110 in der Fassung des Artikels 1 des Gesetzes vom 10. März 2021 (BGBl. I S. 330) ist für den Veranlagungszeitraum 2019 anzuwenden.

(53)[4)] § 111 in der Fassung des Artikels 1 des Gesetzes vom 10. März 2021 (BGBl. I S. 330) ist für die Veranlagungszeiträume 2019 und 2020 anzuwenden.

[1)] § 52 Abs. 50 Satz 1 eingef., bish. Wortlaut wird Satz 2 durch G v. 11.7.2019 (BGBl. I S. 1066).

[2)] § 52 Abs. 51 angef. durch G v. 18.7.2016 (BGBl. I S. 1679); Satz 2 angef., bish. Wortlaut wird Satz 1 durch G v. 11.12.2018 (BGBl. I S. 2338).

[3)] § 52 Abs. 52 eingef. durch G v. 29.6.2020 (BGBl. I S. 1512); geänd. durch G v. 10.3.2021 (BGBl. I S. 330).

[4)] § 52 Abs. 53 eingef. durch G v. 29.6.2020 (BGBl. I S. 1512); geänd. durch G v. 10.3.2021 (BGBl. I S. 330).

(54)[1] *Für Personen, die Leistungen nach dem Soldatenversorgungsgesetz in der Fassung der Bekanntmachung vom 16. September 2009 (BGBl. I S. 3054), das zuletzt durch Artikel 19 des Gesetzes vom 4. August 2019 (BGBl. I S. 1147) geändert worden ist, in Verbindung mit dem Bundesversorgungsgesetz in der Fassung der Bekanntmachung vom 22. Januar 1982 (BGBl. I S. 21), das zuletzt durch Artikel 1 der Verordnung vom 13. Juni 2019 (BGBl. I S. 793) geändert worden ist, erhalten, gelten die Vorschriften des § 3 Nummer 6 Satz 2, des § 32b Absatz 1 Satz 1 Nummer 1 Buchstabe f und des § 33b Absatz 4 Satz 1 Nummer 1 in der am 31. Dezember 2023 geltenden Fassung weiter.*

§ 52a.[2] *(aufgehoben)*

§ 52b.[3] *(aufgehoben)*

§ 53.[4] *(aufgehoben)*

§ 54. (weggefallen)

(Fortsetzung nächste Seite)

---

[1] § 52 Abs. 54 angef. durch G v. 21.12.2020 (BGBl. I S. 3096) und **aufgeh. mWv 1.1.2025** durch G v. 20.8.2021 (BGBl. I S. 3932).

[2] § 52a aufgeh. durch G v. 25.7.2014 (BGBl. I S. 1266).

[3] § 52b aufgeh. durch G v. 12.12.2019 (BGBl. I S. 2451).

[4] § 53 aufgeh. durch G v. 18.7.2016 (BGBl. I S. 1679).

[Fassung bis 29.2.2020:]

§ 60a Absatz 2 Satz 3 des Aufenthaltsgesetzes besitzt.

[Fassung ab 1.3.2020:]

Geldleistungen nach dem Dritten Buch Sozialgesetzbuch in Anspruch,

c)[1] nach § 23 Absatz 1 des Aufenthaltsgesetzes wegen eines Krieges in seinem Heimatland oder nach den *§§ 23a, 24* [***ab 1.6.2022***: § 23a] oder § 25 Absatz 3 bis 5 des Aufenthaltsgesetzes erteilt,

3. eine in Nummer 2 Buchstabe c genannte Aufenthaltserlaubnis besitzt und im Bundesgebiet berechtigt erwerbstätig ist oder Elternzeit nach § 15 des Bundeselterngeld- und Elternzeitgesetzes oder laufende Geldleistungen nach dem Dritten Buch Sozialgesetzbuch in Anspruch nimmt,
4. eine in Nummer 2 Buchstabe c genannte Aufenthaltserlaubnis besitzt und sich seit mindestens 15 Monaten erlaubt, gestattet oder geduldet im Bundesgebiet aufhält oder
5.[2] eine Beschäftigungsduldung gemäß § 60d in Verbindung mit § 60a Absatz 2 Satz 3 des Aufenthaltsgesetzes besitzt.

§ 63 Kinder. (1)[3] [1] Als Kinder werden berücksichtigt

1. Kinder im Sinne des § 32 Absatz 1,
2. vom Berechtigten in seinen Haushalt aufgenommene Kinder seines Ehegatten,
3. vom Berechtigten in seinen Haushalt aufgenommene Enkel.

[2] § 32 Absatz 3 bis 5 gilt entsprechend. [3] Voraussetzung für die Berücksichtigung ist die Identifizierung des Kindes durch die an dieses Kind vergebene Identifikationsnummer (§ 139b der Abgabenordnung). [4] Ist das Kind nicht nach einem Steuergesetz steuerpflichtig (§ 139a Absatz 2 der Abgabenordnung), ist es in anderer geeigneter Weise zu identifizieren. [5] Die nachträgliche Identifizierung oder nachträgliche Vergabe der Identifikationsnummer wirkt

---

[1] § 62 Abs. 2 Nr. 2 Buchst. c geänd. durch G v. 23.5.2022 (BGBl. I S. 760); zur Anwendung siehe § 52 Abs. 49a Satz 3.

[2] Zur Anwendung siehe § 52 Abs. 49a Satz 3.

[3] § 63 Abs. 1 Sätze 3 bis 5 eingef., bish. Sätze 3 und 4 werden Sätze 6 und 7, neuer Satz 6 geänd. durch G v. 2.12.2014 (BGBl. I S. 1922); zur Anwendung siehe § 52 Abs. 49a Sätze 5 und 6.

auf Monate zurück, in denen die Voraussetzungen der Sätze 1 bis 4 vorliegen. [6]Kinder, die weder einen Wohnsitz noch ihren gewöhnlichen Aufenthalt im Inland, in einem Mitgliedstaat der Europäischen Union oder in einem Staat, auf den das Abkommen über den Europäischen Wirtschaftsraum Anwendung findet, haben, werden nicht berücksichtigt, es sei denn, sie leben im Haushalt eines Berechtigten im Sinne des § 62 Absatz 1 Satz 1 Nummer 2 Buchstabe a. [7]Kinder im Sinne von § 2 Absatz 4 Satz 2 des Bundeskindergeldgesetzes[1)] werden nicht berücksichtigt.

(2) Die Bundesregierung wird ermächtigt, durch Rechtsverordnung, die nicht der Zustimmung des Bundesrates bedarf, zu bestimmen, dass einem Berechtigten, der im Inland erwerbstätig ist oder sonst seine hauptsächlichen Einkünfte erzielt, für seine in Absatz 1 *Satz 3*[2)] erster Halbsatz bezeichneten Kinder Kindergeld ganz oder teilweise zu leisten ist, soweit dies mit Rücksicht auf die durchschnittlichen Lebenshaltungskosten für Kinder in deren Wohnsitzstaat und auf die dort gewährten dem Kindergeld vergleichbaren Leistungen geboten ist.

§ 64 Zusammentreffen mehrerer Ansprüche. (1) Für jedes Kind wird nur einem Berechtigten Kindergeld gezahlt.

(2) [1]Bei mehreren Berechtigten wird das Kindergeld demjenigen gezahlt, der das Kind in seinen Haushalt aufgenommen hat. [2]Ist ein Kind in den gemeinsamen Haushalt von Eltern, einem Elternteil und dessen Ehegatten, Pflegeeltern oder Großeltern aufgenommen worden, so bestimmen diese untereinander den Berechtigten. [3]Wird eine Bestimmung nicht getroffen, so bestimmt das Familiengericht auf Antrag den Berechtigten. [4]Den Antrag kann stellen, wer ein berechtigtes Interesse an der Zahlung des Kindergeldes hat. [5]Lebt ein Kind im gemeinsamen Haushalt von Eltern und Großeltern, so wird das Kindergeld vorrangig einem Elternteil gezahlt; es wird an einen Großelternteil gezahlt, wenn der Elternteil gegenüber der zuständigen Stelle auf seinen Vorrang schriftlich verzichtet hat.

(3) [1]Ist das Kind nicht in den Haushalt eines Berechtigten aufgenommen, so erhält das Kindergeld derjenige, der dem Kind eine Unterhaltsrente zahlt. [2]Zahlen mehrere Berechtigte dem Kind Unterhaltsrenten, so erhält das Kindergeld derjenige, der dem Kind die höchste Unterhaltsrente zahlt. [3]Werden gleich hohe Unterhaltsrenten gezahlt oder zahlt keiner der Berechtigten dem Kind Unterhalt, so bestimmen die Berechtigten untereinander, wer das Kindergeld erhalten soll. [4]Wird eine Bestimmung nicht getroffen, so gilt Absatz 2 Satz 3 und 4 entsprechend.

§ 65 Andere Leistungen für Kinder. (1)[3)] [1]Kindergeld wird nicht für ein Kind gezahlt, für das eine der folgenden Leistungen zu zahlen ist oder bei entsprechender Antragstellung zu zahlen wäre:

1. Kinderzulagen aus der gesetzlichen Unfallversicherung oder Kinderzuschüsse aus den gesetzlichen Rentenversicherungen,

---

[1)] Nr. **60**.

[2)] Müsste nunmehr lauten: „Satz 6".

[3)] § 65 Abs. 1 Satz 3 geänd. durch G v. 26.6.2013 (BGBl. I S. 1809).

2. Leistungen für Kinder, die im Ausland gewährt werden und dem Kindergeld oder einer der unter Nummer 1 genannten Leistungen vergleichbar sind,
3. Leistungen für Kinder, die von einer zwischen- oder überstaatlichen Einrichtung gewährt werden und dem Kindergeld vergleichbar sind.

[2]Soweit es für die Anwendung von Vorschriften dieses Gesetzes auf den Erhalt von Kindergeld ankommt, stehen die Leistungen nach Satz 1 dem Kindergeld gleich. [3]Steht ein Berechtigter in einem Versicherungspflichtverhältnis zur Bundesagentur für Arbeit nach § 24 des Dritten Buches Sozialgesetzbuch oder ist er versicherungsfrei nach § 28 Absatz 1 Nummer 1 des Dritten Buches Sozialgesetzbuch oder steht er im Inland in einem öffentlich-rechtlichen Dienst- oder Amtsverhältnis, so wird sein Anspruch auf Kindergeld für ein Kind nicht nach Satz 1 Nummer 3 mit Rücksicht darauf ausgeschlossen, dass sein Ehegatte als Beamter, Ruhestandsbeamter oder sonstiger Bediensteter der Europäischen Union für das Kind Anspruch auf Kinderzulage hat.

(2) Ist in den Fällen des Absatzes 1 Satz 1 Nummer 1 der Bruttobetrag der anderen Leistung niedriger als das Kindergeld nach § 66, wird Kindergeld in Höhe des Unterschiedsbetrags gezahlt, wenn er mindestens 5 Euro beträgt.

§ 66 Höhe des Kindergeldes, Zahlungszeitraum.

[Fassung bis 31.12.2020:][1)]

(1) [1]Das Kindergeld beträgt monatlich für erste und zweite Kinder jeweils 204 Euro, für dritte Kinder 210 Euro und für das vierte und jedes weitere Kind jeweils 235 Euro. [2]Darüber hinaus wird für jedes Kind, für das für den Monat September 2020 ein Anspruch auf Kindergeld besteht, für den Monat September 2020 ein Einmalbetrag von 200 Euro und für den Monat Oktober 2020 ein Einmalbetrag von 100 Euro gezahlt. [3]Ein Anspruch in Höhe der Einmalbeträge von insgesamt 300 Euro für das Kalenderjahr 2020 besteht auch für ein Kind, für das nicht für den Monat September 2020, jedoch für mindestens einen anderen Kalendermonat im Kalenderjahr

[Fassung ab 1.1.2021:][2)]

(1) [1]Das Kindergeld beträgt monatlich für das erste und zweite Kind jeweils 219 Euro, für das dritte Kind 225 Euro und für das vierte und jedes weitere Kind jeweils 250 Euro. [2]Darüber hinaus wird für jedes Kind, für das für den Monat Juli 2022 ein Anspruch auf Kindergeld besteht, für den Monat Juli 2022 ein Einmalbetrag in Höhe von 100 Euro gezahlt. [3]Ein Anspruch in Höhe des Einmalbetrags von 100 Euro für das Kalenderjahr 2022 besteht auch für ein Kind, für das nicht für den Monat Juli 2022, jedoch für mindestens einen anderen Kalendermonat im Kalenderjahr 2022 ein Anspruch auf Kindergeld besteht. [4]Der Einmalbetrag nach den Sätzen 2 und 3 wird als

---

[1)] § 66 Abs. 1 neu gef. mWv 1.7.2019 durch G v. 29.11.2018 (BGBl. I S. 2210); zur Anwendung siehe § 52 Abs. 49a Satz 12; Sätze 2 bis 4 angef. mWv 1.1.2020 durch G v. 29.6. 2020 (BGBl. I S. 1512).

[2)] § 66 Abs. 1 neu gef. mWv 1.1.2021 durch G v. 1.12.2020 (BGBl. I S. 2616); zur Anwendung siehe § 52 Abs. 49a Satz 13; Sätze 2 bis 4 angef. durch G v. 10.3.2021 (BGBl. I S. 330); Sätze 2 und 3 geänd. mWv 28.5.2022 durch G v. 23.5.2022 (BGBl. I S. 749).

[Fassung bis 31.12.2020:]	*[Fassung ab 1.1.2021:]*
2020 ein Anspruch auf Kindergeld besteht. [4]Die Einmalbeträge nach den Sätzen 2 und 3 werden als Kindergeld im Rahmen der Vergleichsberechnung nach § 31 Satz 4 berücksichtigt.	Kindergeld im Rahmen der Vergleichsberechnung nach § 31 Satz 4 berücksichtigt.

(2) Das Kindergeld wird monatlich vom Beginn des Monats an gezahlt, in dem die Anspruchsvoraussetzungen erfüllt sind, bis zum Ende des Monats, in dem die Anspruchsvoraussetzungen wegfallen.

(3)[1] *(aufgehoben)*

§ 67[2] Antrag. [1]Das Kindergeld ist bei der zuständigen Familienkasse schriftlich zu beantragen; eine elektronische Antragstellung nach amtlich vorgeschriebenem Datensatz über die amtlich vorgeschriebene Schnittstelle ist zulässig, soweit der Zugang eröffnet wurde. [2]Den Antrag kann außer dem Berechtigten auch stellen, wer ein berechtigtes Interesse an der Leistung des Kindergeldes hat. [3]In Fällen des Satzes 2 ist § 62 Absatz 1 Satz 2 bis 3 anzuwenden. [4]Der Berechtigte ist zu diesem Zweck verpflichtet, demjenigen, der ein berechtigtes Interesse an der Leistung des Kindergeldes hat, seine an ihn vergebene Identifikationsnummer (§ 139b der Abgabenordnung) mitzuteilen. [5]Kommt der Berechtigte dieser Verpflichtung nicht nach, teilt die zuständige Familienkasse demjenigen, der ein berechtigtes Interesse an der Leistung des Kindergeldes hat, auf seine Anfrage die Identifikationsnummer des Berechtigten mit.

§ 68[3] Besondere Mitwirkungspflichten und Offenbarungsbefugnis.

(1) [1]Wer Kindergeld beantragt oder erhält, hat Änderungen in den Verhältnissen, die für die Leistung erheblich sind oder über die im Zusammenhang mit der Leistung Erklärungen abgegeben worden sind, unverzüglich der zuständigen Familienkasse mitzuteilen. [2]Ein Kind, das das 18. Lebensjahr vollendet hat, ist auf Verlangen der Familienkasse verpflichtet, an der Aufklärung des für die Kindergeldzahlung maßgebenden Sachverhalts mitzuwirken; § 101 der Abgabenordnung findet insoweit keine Anwendung.

(2) (weggefallen)

(3) Auf Antrag des Berechtigten erteilt die das Kindergeld auszahlende Stelle eine Bescheinigung über das für das Kalenderjahr ausgezahlte Kindergeld.

---

[1] § 66 Abs. 3 aufgeh. durch G v. 11.7.2019 (BGBl. I S. 1066); zur letztmaligen Anwendung siehe § 52 Abs. 49a Satz 10; siehe nunmehr § 70 Abs. 1 Sätze 2 und 3.

[2] § 67 Sätze 3 bis 5 angef. durch G v. 2.12.2014 (BGBl. I S. 1922); zur Anwendung siehe § 52 Abs. 49a Sätze 3 und 4; Satz 1 2. HS angef. mWv 10.12.2020 durch G v. 3.12.2020 *(BGBl. I S. 2668).*

[3] § 68 Abs. 4 neu gef. durch G v. 8.12.2016 (BGBl. I S. 2835); Überschr. geänd. und Abs. 5 bis 7 angef. mWv 18.7.2019 durch G v. 11.7.2019 (BGBl. I S. 1066).

Finanzen wird ermächtigt, durch Rechtsverordnung ohne Zustimmung des Bundesrates zur Durchführung von automatisierten Abrufen nach Satz 1 die Voraussetzungen, unter denen ein Datenabruf erfolgen darf, festzulegen.

(7) [1]Die Datenstelle der Rentenversicherung darf den Familienkassen in einem automatisierten Abrufverfahren die zur Überprüfung des Anspruchs auf Kindergeld nach § 62 Absatz 1a und 2 erforderlichen Daten übermitteln; § 79 Absatz 2 bis 4 des Zehnten Buches Sozialgesetzbuch gilt entsprechend. [2]Die Träger der Leistungen nach dem Zweiten und Dritten Buch Sozialgesetzbuch dürfen den Familienkassen in einem automatisierten Abrufverfahren die zur Überprüfung des Anspruchs auf Kindergeld nach § 62 erforderlichen Daten übermitteln. [3]Das Bundesministerium für Arbeit und Soziales wird ermächtigt, durch Rechtsverordnung mit Zustimmung des Bundesrates die Voraussetzungen für das Abrufverfahren und Regelungen zu den Kosten des Verfahrens nach Satz 2 festzulegen.

§ 69[1)] Datenübermittlung an die Familienkassen. Erfährt das Bundeszentralamt für Steuern, dass ein Kind, für das Kindergeld gezahlt wird, ins Ausland verzogen ist oder von Amts wegen von der Meldebehörde abgemeldet wurde, hat es der zuständigen Familienkasse unverzüglich die in § 139b Absatz 3 Nummer 1, 3, 5, 8 und 14 der Abgabenordnung genannten Daten zum Zweck der Prüfung der Rechtmäßigkeit des Bezugs von Kindergeld zu übermitteln.

§ 70 Festsetzung und Zahlung des Kindergeldes. (1)[2)] [1]Das Kindergeld nach § 62 wird von den Familienkassen durch Bescheid festgesetzt und ausgezahlt. [2]Die Auszahlung von festgesetztem Kindergeld erfolgt rückwirkend nur für die letzten sechs Monate vor Beginn des Monats, in dem der Antrag auf Kindergeld eingegangen ist. [3]Der Anspruch auf Kindergeld nach § 62 bleibt von dieser Auszahlungsbeschränkung unberührt.

(2) [1]Soweit in den Verhältnissen, die für den Anspruch auf Kindergeld erheblich sind, Änderungen eintreten, ist die Festsetzung des Kindergeldes mit Wirkung vom Zeitpunkt der Änderung der Verhältnisse aufzuheben oder zu ändern. [2]Ist die Änderung einer Kindergeldfestsetzung nur wegen einer Anhebung der in § 66 Absatz 1 genannten Kindergeldbeträge erforderlich, kann von der Erteilung eines schriftlichen Änderungsbescheides abgesehen werden.

(3)[3)] [1]Materielle Fehler der letzten Festsetzung können durch Aufhebung oder Änderung der Festsetzung mit Wirkung ab dem auf die Bekanntgabe der Aufhebung oder Änderung der Festsetzung folgenden Monat beseitigt werden. [2]Bei der Aufhebung oder Änderung der Festsetzung nach Satz 1 ist § 176 der Abgabenordnung entsprechend anzuwenden; dies gilt nicht für Monate,

---

1) § 69 eingef. durch G v. 23.6.2017 (BGBl. I S. 1682); zur Anwendung siehe § 52 Abs. 49a Satz 12.

2) § 70 Abs. 1 Sätze 2 und 3 angef. durch G v. 11.7.2019 (BGBl. I S. 1066); zur Anwendung siehe § 52 Abs. 50 Satz 1.

3) § 70 Abs. 3 Satz 1 geänd., Satz 2 aufgeh., bish. Satz 3 wird Satz 2 und 1. HS geänd. mWv 1.1.2015 durch G v. 22.12.2014 (BGBl. I S. 2417).

die nach der Verkündung der maßgeblichen Entscheidung eines obersten Bundesgerichts beginnen.

(4)[1] *(aufgehoben)*

§ 71[2] **Vorläufige Einstellung der Zahlung des Kindergeldes.** (1) Die Familienkasse kann die Zahlung des Kindergeldes ohne Erteilung eines Bescheides vorläufig einstellen, wenn

1. sie Kenntnis von Tatsachen erhält, die kraft Gesetzes zum Ruhen oder zum Wegfall des Anspruchs führen, und
2. die Festsetzung, aus der sich der Anspruch ergibt, deshalb mit Wirkung für die Vergangenheit aufzuheben ist.

(2) [1] Soweit die Kenntnis der Familienkasse nicht auf Angaben des Berechtigten beruht, der das Kindergeld erhält, sind dem Berechtigten unverzüglich die vorläufige Einstellung der Zahlung des Kindergeldes sowie die dafür maßgeblichen Gründe mitzuteilen. [2] Ihm ist Gelegenheit zu geben, sich zu äußern.

(3) Die Familienkasse hat die vorläufig eingestellte Zahlung des Kindergeldes unverzüglich nachzuholen, soweit die Festsetzung, aus der sich der Anspruch ergibt, zwei Monate nach der vorläufigen Einstellung der Zahlung nicht mit Wirkung für die Vergangenheit aufgehoben oder geändert wird.

§ 72 Festsetzung und Zahlung des Kindergeldes an Angehörige des öffentlichen Dienstes. (1)[3] [1] Steht Personen, die

1. in einem öffentlich-rechtlichen Dienst-, Amts- oder Ausbildungsverhältnis stehen, mit Ausnahme der Ehrenbeamten,
2. Versorgungsbezüge nach beamten- oder soldatenrechtlichen Vorschriften oder Grundsätzen erhalten oder
3. Arbeitnehmer einer Körperschaft, einer Anstalt oder einer Stiftung des öffentlichen Rechts sind, einschließlich der zu ihrer Berufsausbildung Beschäftigten,

Kindergeld nach Maßgabe dieses Gesetzes zu, wird es von den Körperschaften, Anstalten oder Stiftungen des öffentlichen Rechts als Familienkassen festgesetzt und ausgezahlt. [2] Das Bundeszentralamt für Steuern erteilt den Familienkassen ein Merkmal zu ihrer Identifizierung (Familienkassenschlüssel). [3] Satz 1 ist nicht anzuwenden, wenn die Körperschaften, Anstalten oder Stiftungen des öffentlichen Rechts gegenüber dem Bundeszentralamt für Steuern auf ihre Zuständigkeit zur Festsetzung und Auszahlung des Kindergeldes schriftlich oder elektronisch verzichtet haben und dieser Verzicht vom Bundeszentralamt für Steuern schriftlich oder elektronisch bestätigt worden ist. [4] Die Bestätigung des Bundeszentralamts für Steuern darf erst erfolgen, wenn die haushalterischen Voraussetzungen für die Übernahme der Festsetzung und

---

[1] § 70 Abs. 4 aufgeh. durch G v. 1.11.2011 (BGBl. I S. 2131); zur Anwendung siehe § 52 Abs. 50 Satz 2.

[2] *§ 71 eingef.* mWv 18.7.2019 durch G v. 11.7.2019 (BGBl. I S. 1066).

[3] § 72 Abs. 1 neu gef. durch G v. 8.12.2016 (BGBl. I S. 2835); Satz 7 angef. mWv 1.1.2019 durch G v. 11.12.2018 (BGBl. I S. 2338).

zu berücksichtigen, die im Gesamtbetrag der Einkünfte enthalten sind. [3]Voraussetzung für die Anwendung des Satzes 1 ist, dass die Vorauszahlungen für den Veranlagungszeitraum 2020 auf 0 Euro herabgesetzt wurden. [***ab VZ 2021:*** [4]Soweit bei der Steuerfestsetzung für den Veranlagungszeitraum 2019 der vorläufige Verlustrücktrag für 2020 abgezogen wird, ist § 233a Absatz 2a der Abgabenordnung entsprechend anzuwenden.]

(2) Abweichend von Absatz 1 wird ein höherer Betrag als 30 Prozent vom Gesamtbetrag der Einkünfte abgezogen, wenn der Steuerpflichtige einen voraussichtlichen Verlustrücktrag im Sinne des § 10d Absatz 1 Satz 1 für 2020 in dieser Höhe nachweisen kann.

(3)[1] Der vorläufige Verlustrücktrag für 2020 nach den Absätzen 1 und 2 kann insgesamt bis zu 10 000 000 Euro, bei Ehegatten, die nach den §§ 26 und 26b zusammenveranlagt werden, bis zu 20 000 000 Euro betragen.

(4) [1]Führt die Herabsetzung von Vorauszahlungen für den Veranlagungszeitraum 2019 auf Grund eines voraussichtlich erwarteten Verlustrücktrags für 2020 zu einer Nachzahlung bei der Steuerfestsetzung für den Veranlagungszeitraum 2019, so wird diese auf Antrag des Steuerpflichtigen bis zum Ablauf eines Monats nach Bekanntgabe der Steuerfestsetzung für den Veranlagungszeitraum 2020 gestundet. [2]Stundungszinsen werden nicht erhoben.

(5) Für den Veranlagungszeitraum 2020 ist bei Anwendung von Absatz 1 oder 2 eine Einkommensteuererklärung abzugeben.

(6) [1]Mit der Veranlagung für 2020 ist die Steuerfestsetzung für den Veranlagungszeitraum 2019 zu ändern; hierbei ist der bislang berücksichtigte vorläufige Verlustrücktrag für 2020 dem Gesamtbetrag der Einkünfte hinzuzurechnen. [2]Dies gilt auch dann, wenn der Steuerbescheid für den Veranlagungszeitraum 2019 bestandskräftig geworden ist; die Festsetzungsfrist endet insoweit nicht, bevor die Festsetzungsfrist für den Veranlagungszeitraum 2020 abgelaufen ist. [3]Soweit die Änderung der Steuerfestsetzung für den Veranlagungszeitraum 2019 auf der Hinzurechnung des vorläufigen Verlustrücktrags für 2020 beruht, ist § 233a Absatz 2a der Abgabenordnung entsprechend anzuwenden.

(7) Die Absätze 1 bis 3 sind nicht anzuwenden, wenn die Veranlagung für den Veranlagungszeitraum 2020 vor der Veranlagung für den Veranlagungszeitraum 2019 durchgeführt wird.

(8)[2] [1]Wird der Einkommensteuerbescheid für 2019 vor dem 1. April 2021 bestandskräftig, kann bis zum 17. April 2021 nachträglich ein erstmaliger oder geänderter Antrag auf Berücksichtigung des vorläufigen Verlustrücktrags für 2020 gestellt werden. [2]Der Einkommensteuerbescheid für 2019 ist insoweit zu ändern.

(9)[2] Die Absätze 1 bis 7 gelten für die Steuerfestsetzung für den Veranlagungszeitraum 2020 und die Berücksichtigung des Verlustrücktrags für 2021 entsprechend.

---

[1] § 111 Abs. 3 geänd. durch G v. 10.3.2021 (BGBl. I S. 330); zur Anwendung siehe § 52 Abs. 53.

[2] § 111 Abs. 8 neu gef., Abs. 9 angef. durch G v. 10.3.2021 (BGBl. I S. 330); zur Anwendung siehe § 52 Abs. 53.

XV. Energiepreispauschale[1)]

§ 112 Veranlagungszeitraum, Höhe. (1) Für den Veranlagungszeitraum 2022 wird Anspruchsberechtigten eine einmalige steuerpflichtige Energiepreispauschale gewährt.

(2) Die Höhe der Energiepreispauschale beträgt 300 Euro.

§ 113 Anspruchsberechtigung. Unbeschränkt Steuerpflichtige nach § 1 Absatz 1, die im Veranlagungszeitraum 2022 Einkünfte aus § 13, § 15, § 18 oder § 19 Absatz 1 Satz 1 Nummer 1 erzielen, haben Anspruch auf eine Energiepreispauschale.

§ 114 Entstehung des Anspruchs. Der Anspruch auf die Energiepreispauschale entsteht am 1. September 2022.

§ 115 Festsetzung mit der Einkommensteuerveranlagung. (1) Die Energiepreispauschale wird mit der Einkommensteuerveranlagung für den Veranlagungszeitraum 2022 festgesetzt.

(2) Absatz 1 gilt nicht, wenn die Energiepreispauschale nach § 117 vom Arbeitgeber ausgezahlt wurde.

§ 116 Anrechnung auf die Einkommensteuer. (1) [1]Eine nach § 115 Absatz 1 festgesetzte Energiepreispauschale ist auf die festgesetzte Einkommensteuer anzurechnen. [2]Die festgesetzte Energiepreispauschale ist bei der Ermittlung des Unterschiedsbetrages nach § 233a Absatz 3 Satz 1 der Abgabenordnung entsprechend zu berücksichtigen.

(2) Ergibt sich nach der Anrechnung nach Absatz 1 ein Erstattungsbetrag, so wird dieser dem Anspruchsberechtigten ausgezahlt.

§ 117 Auszahlung an Arbeitnehmer. (1) [1]Arbeitnehmer erhalten die Energiepreispauschale vom Arbeitgeber, wenn sie am 1. September 2022

1. in einem gegenwärtigen ersten Dienstverhältnis stehen und
2. in eine der Steuerklassen 1 bis 5 eingereiht sind oder nach § 40a Absatz 2 pauschal besteuerten Arbeitslohn beziehen.

[2]Satz 1 gilt nicht, wenn der Arbeitgeber keine Lohnsteuer-Anmeldung abgibt. [3]Satz 1 gilt in den Fällen der Pauschalbesteuerung nach § 40a Absatz 2 nur, wenn der Arbeitnehmer dem Arbeitgeber schriftlich bestätigt hat, dass es sich um das erste Dienstverhältnis handelt.

(2) [1]Arbeitgeber im Sinne des § 38 Absatz 1 haben an Arbeitnehmer im Sinne des Absatzes 1 Satz 1 die Energiepreispauschale im September 2022 auszuzahlen. [2]Die Arbeitgeber haben hierbei die Energiepreispauschale gesondert vom Gesamtbetrag der einzubehaltenden Lohnsteuer zu entnehmen, die

---

[1)] Abschn. XV (§§ 112–122) eingef. mWv 1.1.2022 durch G v. 23.5.2022 (BGBl. I S. 749).

1. in den Fällen des § 41a Absatz 2 Satz 1 bis zum 10. September 2022,
2. in den Fällen des § 41a Absatz 2 Satz 2 Halbsatz 1 bis zum 10. Oktober 2022 und
3. in den Fällen des § 41a Absatz 2 Satz 2 Halbsatz 2 bis zum 10. Januar 2023

anzumelden und abzuführen ist. [3] Übersteigt die insgesamt zu gewährende Energiepreispauschale den Betrag, der insgesamt an Lohnsteuer abzuführen ist, wird der übersteigende Betrag dem Arbeitgeber von dem Finanzamt, an das die Lohnsteuer abzuführen ist, aus den Einnahmen der Lohnsteuer ersetzt.

(3) [1] Der Arbeitgeber kann in den Fällen des § 41a Absatz 2 Satz 2 Halbsatz 1 die Energiepreispauschale an den Arbeitnehmer abweichend von Absatz 2 Satz 1 im Oktober 2022 auszahlen. [2] Absatz 2 Satz 2 und 3 bleibt hiervon unberührt. [3] Der Arbeitgeber kann in den Fällen des § 41a Absatz 2 Satz 2 Halbsatz 2 auf die Auszahlung an den Arbeitnehmer verzichten.

(4) Eine vom Arbeitgeber ausgezahlte Energiepreispauschale ist in der elektronischen Lohnsteuerbescheinigung (§ 41b Absatz 1 Satz 2) mit dem Großbuchstaben E anzugeben.

§ 118 Energiepreispauschale im Einkommensteuer-Vorauszahlungsverfahren. (1) [1] Ist eine Einkommensteuer-Vorauszahlung auch für Einkünfte aus § 13, § 15 oder § 18 für den 10. September 2022 festgesetzt worden, dann ist diese Festsetzung um die Energiepreispauschale zu mindern. [2] Betragen die für den 10. September 2022 festgesetzten Vorauszahlungen weniger als 300 Euro, so mindert die Energiepreispauschale die Vorauszahlung auf 0 Euro.

(2) [1] Die Minderung der Einkommensteuer-Vorauszahlung für den 10. September 2022 nach Absatz 1 hat durch Allgemeinverfügung nach § 118 Satz 2 der Abgabenordnung oder durch geänderten Vorauszahlungsbescheid zu erfolgen. [2] Sachlich zuständig für den Erlass der Allgemeinverfügung ist jeweils die oberste Landesfinanzbehörde. [3] Die Allgemeinverfügung ist im Bundessteuerblatt und auf den Internetseiten des Bundesministeriums der Finanzen zu veröffentlichen. [4] Sie gilt am Tag nach der Herausgabe des Bundessteuerblattes, in dem sie veröffentlicht wird, als bekannt gegeben. [5] Abweichend von § 47 Absatz 1 der Finanzgerichtsordnung endet die Klagefrist mit Ablauf von drei Monaten nach dem Tag der Bekanntgabe der Allgemeinverfügung. [6] Die Klage ist nur gegen die oberste Finanzbehörde zu richten, die die Allgemeinverfügung erlassen hat.

§ 119 Steuerpflicht. (1) [1] Bei Anspruchsberechtigten, die im Veranlagungszeitraum 2022 Einkünfte aus nichtselbständiger Arbeit erzielt haben, ist die Energiepreispauschale stets als Einnahme nach § 19 Absatz 1 Satz 1 Nummer 1 für den Veranlagungszeitraum 2022 zu berücksichtigen. [2] Dies gilt nicht für pauschal besteuerten Arbeitslohn nach § 40a. [3] Im Lohnsteuerabzugsverfahren ist die Energiepreispauschale bei der Berechnung einer Vorsorgepauschale nach § 39b Absatz 2 Satz 5 Nummer 3 Buchstabe a bis c nicht zu berücksichtigen.

(2) [1] Bei den übrigen Anspruchsberechtigten gilt die Energiepreispauschale stets als Einnahme nach § 22 Nummer 3 für den Veranlagungszeitraum 2022. [2] Die Freigrenze nach § 22 Nummer 3 Satz 2 ist insoweit nicht anzuwenden.

§ 120 Anwendung der Abgabenordnung. (1) [1]Auf die Energiepreispauschale sind die für Steuervergütungen geltenden Vorschriften der Abgabenordnung entsprechend anzuwenden. [2]§ 163 der Abgabenordnung gilt nicht.

(2) In öffentlich-rechtlichen Streitigkeiten über die zur Energiepreispauschale ergehenden Verwaltungsakte der Finanzbehörden ist der Finanzrechtsweg eröffnet.

§ 121 Anwendung von Straf- und Bußgeldvorschriften der Abgabenordnung. (1) Für die Energiepreispauschale gelten die Strafvorschriften des § 370 Absatz 1 bis 4 und 7, der §§ 371, 375 Absatz 1 und des § 376 der Abgabenordnung sowie die Bußgeldvorschriften der §§ 378 und 379 Absatz 1 und 4 sowie der §§ 383 und 384 der Abgabenordnung entsprechend.

(2) Für das Strafverfahren wegen einer Straftat nach Absatz 1 sowie der Begünstigung einer Person, die eine solche Tat begangen hat, gelten die §§ 385 bis 408 der Abgabenordnung entsprechend.

(3) Für das Bußgeldverfahren wegen einer Ordnungswidrigkeit nach Absatz 1 gelten die §§ 409 bis 412 der Abgabenordnung entsprechend.

§ 122 Nichtberücksichtigung als Einkommen bei Sozialleistungen. Die Energiepreispauschale ist bei einkommensabhängigen Sozialleistungen nicht als Einkommen zu berücksichtigen.

Anlage 1 (zu § 4d Absatz 1)

Tabelle für die Errechnung des Deckungskapitals für lebenslänglich laufende Leistungen von Unterstützungskassen

Erreichtes Alter des Leistungsempfängers (Jahre)	Die Jahresbeiträge der laufenden Leistungen sind zu vervielfachen bei Leistungen	
	an männliche Leistungsempfänger mit	an weibliche Leistungsempfänger mit
1	2	3
bis 26	11	17
27 bis 29	12	17
30	13	17
31 bis 35	13	16
36 bis 39	14	16
40 bis 46	14	15
47 und 48	14	14
49 bis 52	13	14
53 bis 56	13	13
57 und 58	13	12
59 und 60	12	12
61 bis 63	12	11
64	11	11
65 bis 67	11	10
68 bis 71	10	9
72 bis 74	9	8
75 bis 77	8	7
78	8	6
79 bis 81	7	6
82 bis 84	6	5
85 bis 87	5	4
88	4	4
89 und 90	4	3
91 bis 93	3	3
94	3	2
95 und älter	2	2

(Fortsetzung nächstes Blatt)

21. Verordnung über die sozialversicherungsrechtliche Beurteilung von Zuwendungen des Arbeitgebers als Arbeitsentgelt (Sozialversicherungsentgeltverordnung – SvEV)[1)·2)]

Vom 21. Dezember 2006 (BGBl. I S. 3385)

Geändert durch VO vom 21.12.2006 (BGBl. I S. 3385), Gesetz zur Förderung der zusätzlichen Altersvorsorge vom 10.12.2007 (BGBl. I S. 2838), Gesetz zur Änderung des Vierten Buches Sozialgesetzbuch und anderer Gesetze vom 19.12.2007 (BGBl. I S. 3024), Erste VO zur Änderung der SozialversicherungsentgeltVO vom 18.11.2008 (BGBl. I S. 2220), Gesetz zur Änderung des Vierten Buches Sozialgesetzbuch, zur Errichtung einer Versorgungsausgleichskasse und anderer Gesetze vom 15.7.2009 (BGBl. I S. 1939), Zweite VO zur Änderung der SozialversicherungsentgeltVO vom 19.10.2009 (BGBl. I S. 3667), Dritte VO zur Änderung der SozialversicherungsentgeltVO vom 10.11.2010 (BGBl. I S. 1751), Vierte VO zur Änderung der SozialversicherungsentgeltVO vom 2.12.2011 (BGBl. I S. 2453), Beitreibungrichtlinie-Umsetzungsgesetz (BeitrRLUmsG) vom 7.12.2011 (BGBl. I S. 2592), Gesetz zur Verbesserung der Eingliederungschancen am Arbeitsmarkt vom 20.12.2011 (BGBl. I S. 2854), Fünfte Verordnung zur Änderung der Sozialversicherungsentgeltverordnung vom 19.12.2012 (BGBl. I S. 2714), Sechste Verordnung zur Änderung der Sozialversicherungsentgeltverordnung vom 21.10.2013 (BGBl. I S. 3871), Siebte Verordnung zur Änderung der Sozialversicherungsentgeltverordnung vom 24.11.2014 (BGBl. I S. 1799), Fünftes Gesetz zur Änderung des Vierten Buches Sozialgesetzbuch und anderer Gesetze vom 15.4.2015 (BGBl. I S. 583), Achte Verordnung zur Änderung der Sozialversicherungsentgeltverordnung vom 18.11.2015 (BGBl. I S. 2075), Neunte Verordnung zur Änderung der Sozialversicherungsentgeltverordnung vom 21.11.2016 (BGBl. I S. 2637), Gesetz zur Neuregelung des Mutterschutzrechts vom 23.5.2017 (BGBl. I S. 1228), Gesetz zur Stärkung der betrieblichen Altersversorgung und zur Änderung anderer Gesetze (Betriebsrentenstärkungsgesetz) vom 17.8.2017 (BGBl. I S. 3214), Verordnung zur Änderung der Sozialversicherungsentgeltverordnung und anderer Verordnungen vom 7.12. 2017 (BGBl. I S. 3906), Zehnte Verordnung zur Änderung der Sozialversicherungsentgeltverordnung vom 6.11.2018 (BGBl. I S. 1842), Elfte Verordnung zur Änderung der Sozialversicherungsentgeltverordnung vom 29.11.2019 (BGBl. I S. 1997) und Verordnung zur Änderung der Sozialversicherungsentgeltverordnung, der Unfallversicherungsobergrenzenverordnung vom 15.12.2020 (BGBl. I S. 2933), Gesetz zur Stärkung des Fondsstandorts Deutschland und zur Umsetzung der Richtline (EU) 2019/1160 zur Änderung der Richtlinien 2009/65/EG und 2011/61/EU im Hinblick auf den grenzüberschreitenden Vertrieb von Organismen für gemeinsame Anlagen (Fondsstandortgesetz – FoStoG) vom 3.6.2021 (BGBl. I S. 1498) und Zwölfte Verordnung zur Änderung der Sozialversicherungsentgeltverordnung vom 6.12.2021 (BGBl. I S. 5187)

BGBl. III/FNA 860-4-1-16

§ 1 Dem sozialversicherungspflichtigen Arbeitsentgelt nicht zuzurechnende Zuwendungen. (1)[3)] [1]Dem Arbeitsentgelt sind nicht zuzurechnen:

[1)] Die SvEV ist als Art. 1 der VO zur Neuordnung der Regelungen über die sozialversicherungsrechtliche Beurteilung von Zuwendungen des Arbeitgebers als Arbeitsentgelt v. 21.12.2006 verkündet worden.

[2)] In Kraft ab 1.1.2007. Gleichzeitig tritt die SachbezV außer Kraft.

[3)] § 1 Abs. 1 Satz 3 geänd. und Satz 4 angef. mWv 1.1.2008 durch G v. 19.12.2007 (BGBl. I S. 3024); Satz 2 neu gef., Satz 3 ergänzt mWv 22.4.2015 durch G v. 15.4.2015 (BGBl. I S. 583), Satz 1 Nr. 1 letzter Satzteil angef. mWv 1.7.2021 durch G v. 3.6.2021 (BGBl. I S. 1498).

1. einmalige Einnahmen, laufende Zulagen, Zuschläge, Zuschüsse sowie ähnliche Einnahmen, die zusätzlich zu Löhnen oder Gehältern gewährt werden, soweit sie lohnsteuerfrei sind; dies gilt nicht für Sonntags-, Feiertags- und Nachtarbeitszuschläge, soweit das Entgelt, auf dem sie berechnet werden, mehr als 25 Euro für jede Stunde beträgt, und nicht für Vermögensbeteiligungen nach § 19a Absatz 1 Satz 1 des Einkommensteuergesetzes,
2. sonstige Bezüge nach § 40 Abs. 1 Satz 1 Nr. 1 des Einkommensteuergesetzes, die nicht einmalig gezahltes Arbeitsentgelt nach § 23a des Vierten Buches Sozialgesetzbuch sind,
3. Einnahmen nach § 40 Abs. 2 des Einkommensteuergesetzes,

4.[1] Beiträge nach § 40b des Einkommensteuergesetzes in der am 31. Dezember 2004 geltenden Fassung, die zusätzlich zu Löhnen und Gehältern gewährt werden; dies gilt auch für darin enthaltene Beiträge, die aus einer Entgeltumwandlung (§ 1 Abs. 2 Nr. 3 des Betriebsrentengesetzes[2]) stammen,

4a.[3] Zuwendungen nach § 3 Nr. 56 und § 40b des Einkommensteuergesetzes, die zusätzlich zu Löhnen und Gehältern gewährt werden und für die Satz 3 und 4 nichts Abweichendes bestimmen,

5. Beträge nach § 10 des Entgeltfortzahlungsgesetzes,

6.[4] Zuschüsse zum Mutterschaftsgeld nach § 20 des Mutterschutzgesetzes,

7. in den Fällen des § 3 Abs. 3 der vom Arbeitgeber insoweit übernommene Teil des Gesamtsozialversicherungsbeitrags,
8. Zuschüsse des Arbeitgebers zum Kurzarbeitergeld und Saison-Kurzarbeitergeld, soweit sie zusammen mit dem Kurzarbeitergeld 80 Prozent des Unterschiedsbetrages zwischen dem Sollentgelt und dem Ist-Entgelt nach § 106[5] des Dritten Buches Sozialgesetzbuch nicht übersteigen,

9.[6] steuerfreie Zuwendungen an Pensionskassen, Pensionsfonds oder Direktversicherungen nach § 3 Nr. 63 Satz 1 und 2 sowie § 100 Absatz 6 Satz 1 des Einkommensteuergesetzes im Kalenderjahr bis zur Höhe von insgesamt 4 Prozent der Beitragsbemessungsgrenze in der allgemeinen Rentenversicherung; dies gilt auch für darin enthaltene Beträge, die aus einer Entgeltumwandlung (§ 1 Abs. 2 Nr. 3 des Betriebsrentengesetzes) stammen,

10. Leistungen eines Arbeitgebers oder einer Unterstützungskasse an einen Pensionsfonds zur Übernahme bestehender Versorgungsverpflichtungen oder Versorgungsanwartschaften durch den Pensionsfonds, soweit diese nach § 3 Nr. 66 des Einkommensteuergesetzes steuerfrei sind,

---

[1] § 1 Abs. 1 Satz 1 Nr. 4 neu gef. mWv 1.1.2008 durch G v. 19.12.2007 (BGBl. I S. 3024), Nr. 4 HS 2 angef. mWv 1.1.2009 durch VO v. 18.11.2008 (BGBl. I S. 2220).

[2] Nr. **70.**

[3] § 1 Abs. 1 Satz 1 Nr. 4a eingef. mWv 1.1.2008 durch G v. 19.12.2007 (BGBl. I S. 3024).

[4] § 1 Abs. 1 Satz 1 Nr. 6 geänd. mWv 1.1.2018 durch G v. 23.5.2017 (BGBl. I S. 1228).

[5] *Verweis geänd.* mWv 1.4.2012 durch G v. 20.12.2011 (BGBl. I S. 2854).

[6] § 1 Abs. 1 Satz 1 Nr. 9 HS 2 angef. mWv 1.1.2009 durch G v. 10.12.2007 (BGBl. I S. 2838); Verweis geänd. mWv 1.1.2018 durch G v. 17.8.2017 (BGBl. I S. 3214).

11. steuerlich nicht belastete Zuwendungen des Beschäftigten zugunsten von durch Naturkatastrophen im Inland Geschädigten aus Arbeitsentgelt einschließlich Wertguthaben,

12.[1] Sonderzahlungen nach § 19 Absatz 1 Satz 1 Nummer 3 Satz 2 bis 4 des Einkommensteuergesetzes der Arbeitgeber zur Deckung eines finanziellen Fehlbetrages an die Einrichtungen, für die Satz 3 gilt,

13.[2] Sachprämien nach § 37a des Einkommensteuergesetzes,

14.[3] Zuwendungen nach § 37b Abs. 1 des Einkommensteuergesetzes, soweit die Zuwendungen an Arbeitnehmer eines Dritten erbracht werden und diese Arbeitnehmer nicht Arbeitnehmer eines mit dem Zuwendenden verbundenen Unternehmens sind,

15.[4] vom Arbeitgeber getragene oder übernommene Studiengebühren für ein Studium des Beschäftigten, soweit sie steuerrechtlich kein Arbeitslohn sind,

16.[5] steuerfreie Aufwandsentschädigungen und die in § 3 Nummer 26 und 26 a des Einkommensteuergesetzes genannten steuerfreien Einnahmen.

[2]Dem Arbeitsentgelt sind die in Satz 1 Nummer 1 bis 4 a, 9 bis 11, 13, 15 und 16 genannten Einnahmen, Zuwendungen und Leistungen nur dann nicht zuzurechnen, soweit diese vom Arbeitgeber oder von einem Dritten mit der Entgeltabrechnung für den jeweiligen Abrechnungszeitraum lohnsteuerfrei belassen oder pauschal besteuert werden. [3]Die Summe der in Satz 1 Nr. 4 a genannten Zuwendungen nach § 3 Nr. 56 und § 40 b des Einkommensteuergesetzes, die vom Arbeitgeber oder von einem Dritten mit der Entgeltabrechnung für den jeweiligen Abrechnungszeitraum lohnsteuerfrei belassen oder pauschal besteuert werden, höchstens jedoch monatlich 100 Euro, sind bis zur Höhe von 2,5 Prozent des für ihre Bemessung maßgebenden Entgelts dem Arbeitsentgelt zuzurechnen, wenn die Versorgungsregelung mindestens bis zum 31. Dezember 2000 vor der Anwendung etwaiger Nettobegrenzungsregelungen eine allgemein erreichbare Gesamtversorgung von mindestens 75 Prozent des gesamtversorgungsfähigen Entgelts und nach dem Eintritt des Versorgungsfalles eine Anpassung nach Maßgabe der Entwicklung der Arbeitsentgelte im Bereich der entsprechenden Versorgungsregelung oder gesetzlicher Versorgungsbezüge vorsieht; die dem Arbeitsentgelt zuzurechnenden Beiträge und Zuwendungen vermindern sich um monatlich 13,30 Euro. [4]Satz 3 gilt mit der Maßgabe, dass die Zuwendungen nach § 3 Nr. 56 und § 40 b des Einkommensteuergesetzes dem Arbeitsentgelt insoweit zugerechnet werden, als sie in der Summe monatlich 100 Euro übersteigen.

(2) In der gesetzlichen Unfallversicherung und in der Seefahrt sind auch lohnsteuerfreie Zuschläge für Sonntags-, Feiertags- und Nachtarbeit dem Arbeitsentgelt zuzurechnen; dies gilt in der Unfallversicherung nicht für Erwerbseinkommen, das bei einer Hinterbliebenenrente zu berücksichtigen ist.

---

[1] § 1 Abs. 1 Satz 1 Nr. 12 geänd. mWv 22.4.2015 durch G v. 15.4.2015 (BGBl. I S. 583).

[2] § 1 Abs. 1 Satz 1 Nr. 13 angef. mWv 1.1.2009 durch VO v. 18.11.2008 (BGBl. I S. 2220).

[3] § 1 Abs. 1 Satz 1 Nr. 14 angef. mWv 1.1.2009 durch VO v. 18.11.2008 (BGBl. I S. 2220).

[4] § 1 Abs. 1 Satz 1 Nr. 15 angef. mWv 22.7.2009 durch G v. 15.7.2009 (BGBl. I S. 1939).

[5] § 1 Abs. 1 Satz 1 Nr. 16 angef. mWv 22.4.2015 durch G v. 15.4.2015 (BGBl. I S. 583).

§ 2 Verpflegung, Unterkunft und Wohnung als Sachbezug. (1) [1]Der Wert der als Sachbezug zur Verfügung gestellten Verpflegung wird auf monatlich *258* [***ab 1.1.2021:*** 263; ***ab 1.1.2022:*** 270] Euro[1)] festgesetzt. [2]Dieser Wert setzt sich zusammen aus dem Wert für

1. Frühstück von *54* [***ab 1.1.2021:*** 55; ***ab 1.1.2022:*** 56] Euro,[1)]
2. Mittagessen von *102* [***ab 1.1.2021:*** 104; ***ab 1.1.2022:*** 107] Euro[1)] und
3. Abendessen von *102* [***ab 1.1.2021:*** 104; ***ab 1.1.2022:*** 107] Euro[1)].

(2) [1]Für Verpflegung, die nicht nur dem Beschäftigten, sondern auch seinen nicht bei demselben Arbeitgeber beschäftigten Familienangehörigen zur Verfügung gestellt wird, erhöhen sich die nach Absatz 1 anzusetzenden Werte je Familienangehörigen,

1. der das 18. Lebensjahr vollendet hat, um 100 Prozent,
2. der das 14., aber noch nicht das 18. Lebensjahr vollendet hat, um 80 Prozent,
3. der das 7., aber noch nicht das 14. Lebensjahr vollendet hat, um 40 Prozent und
4. der das 7. Lebensjahr noch nicht vollendet hat, um 30 Prozent.

[2]Bei der Berechnung des Wertes ist das Lebensalter des Familienangehörigen im ersten Entgeltabrechnungszeitraum des Kalenderjahres maßgebend. [3]Sind Ehegatten bei demselben Arbeitgeber beschäftigt, sind die Erhöhungswerte nach Satz 1 für Verpflegung der Kinder beiden Ehegatten je zur Hälfte zuzurechnen.

(3) [1]Der Wert einer als Sachbezug zur Verfügung gestellten Unterkunft wird auf monatlich *235* [***ab 1.1.2021:*** 237; ***ab 1.1.2022:*** 241] Euro[2)] festgesetzt. [2]Der Wert der Unterkunft nach Satz 1 vermindert sich

1. bei Aufnahme des Beschäftigten in den Haushalt des Arbeitgebers oder bei Unterbringung in einer Gemeinschaftsunterkunft um 15 Prozent,
2. für Jugendliche bis zur Vollendung des 18. Lebensjahres und Auszubildende um 15 Prozent und
3. bei der Belegung
   a) mit zwei Beschäftigten um 40 Prozent,
   b) mit drei Beschäftigten um 50 Prozent und
   c) mit mehr als drei Beschäftigten um 60 Prozent.

[1)] Beträge geänd. mWv 1.1.2013 durch VO v. 19.12.2012 (BGBl. I S. 2714); geänd. mWv 1.1.2014 durch VO v. 21.10.2013 (BGBl. I S. 3871); geänd. mWv 1.1.2016 durch VO v. 18.11.2015 (BGBl. I S. 2075); geänd. mWv 1.1.2017 durch VO v. 21.11.2016 (BGBl. I S. 2637); geänd. mWv 1.1.2018 durch VO v. 7.12.2017 (BGBl. I S. 3906); geänd. mWv 1.1.2019 durch VO v. 6.11.2018 (BGBl. I S. 1842); geänd. mWv 1.1.2020 durch VO v. 29.11.2019 (BGBl. I S. 1997); geänd. mWv 1.1.2021 durch VO v. 15.12.2020 (BGBl. I S. 2933); geänd. mWv 1.1.2022 durch VO v. 6.12.2021 (BGBl. I S. 5187).

[2)] Betrag geänd. mWv 1.1.2013 durch VO v. 19.12.2012 (BGBl. I S. 2714); geänd. mWv 1.1.2014 durch VO v. 21.10.2013 (BGBl. I S. 3871); geänd. mWv 1.1.2015 durch VO v. 24.11.2014 (BGBl. I S. 1799); geänd. mWv 1.1.2018 durch VO v. 7.12.2017 (BGBl. I S. 3906); geänd. mWv 1.1.2019 durch VO v. 6.11.2018 (BGBl. I S. 1842); geänd. mWv *1.1.2020 durch* VO v. 29.11.2019 (BGBl. I S. 1997); geänd. mWv 1.1.2021 durch VO v. 15.12.2020 (BGBl. I S. 2933); geänd. mWv 1.1.2022 durch VO v. 6.12.2021 (BGBl. I S. 5187).

[3]Ist es nach Lage des einzelnen Falles unbillig, den Wert einer Unterkunft nach Satz 1 zu bestimmen, kann die Unterkunft mit dem ortsüblichen Mietpreis bewertet werden; Absatz 4 Satz 2 gilt entsprechend.

(4) [1]Für eine als Sachbezug zur Verfügung gestellte Wohnung ist als Wert der ortsübliche Mietpreis unter Berücksichtigung der sich aus der Lage der Wohnung zum Betrieb ergebenden Beeinträchtigungen sowie unter entsprechender Anwendung des § 8 Absatz 2 Satz 12 des Einkommensteuergesetzes anzusetzen. [2]Ist im Einzelfall die Feststellung des ortsüblichen Mietpreises mit außergewöhnlichen Schwierigkeiten verbunden, kann die Wohnung mit *4,12* [***ab 1.1.2021:*** 4,16; ***ab 1.1.2022:*** 4,23] Euro[1)] je Quadratmeter monatlich, bei einfacher Ausstattung (ohne Sammelheizung oder ohne Bad oder Dusche) mit *3,37* [***ab 1.1.2021:*** 3,40; ***ab 1.1.2022:*** 3,46] Euro[1)] je Quadratmeter monatlich bewertet werden. [3]Bestehen gesetzliche Mietpreisbeschränkungen, sind die durch diese Beschränkungen festgelegten Mietpreise als Werte anzusetzen. [4]Dies gilt auch für die vertraglichen Mietpreisbeschränkungen im sozialen Wohnungsbau, die nach den jeweiligen Förderrichtlinien des Landes für den betreffenden Förderjahrgang sowie für die mit Wohnungsfürsorgemitteln aus öffentlichen Haushalten geförderten Wohnungen vorgesehen sind. [5]Für Energie, Wasser und sonstige Nebenkosten ist der übliche Preis am Abgabeort anzusetzen.

(5) Werden Verpflegung, Unterkunft oder Wohnung verbilligt als Sachbezug zur Verfügung gestellt, ist der Unterschiedsbetrag zwischen dem vereinbarten Preis und dem Wert, der sich bei freiem Bezug nach den Absätzen 1 bis 4 ergeben würde, dem Arbeitsentgelt zuzurechnen.

(6) [1]Bei der Berechnung des Wertes für kürzere Zeiträume als einen Monat ist für jeden Tag ein Dreißigstel der Werte nach den Absätzen 1 bis 5 zugrunde zu legen. [2]Die Prozentsätze der Absätze 2 und 3 sind auf den Tageswert nach Satz 1 anzuwenden. [3]Die Berechnungen werden jeweils auf 2 Dezimalstellen durchgeführt; die zweite Dezimalstelle wird um 1 erhöht, wenn sich in der dritten Dezimalstelle eine der Zahlen 5 bis 9 ergibt.

§ 3 Sonstige Sachbezüge. (1)[2)] [1]Werden Sachbezüge, die nicht von § 2 erfasst werden, unentgeltlich zur Verfügung gestellt, ist als Wert für diese Sachbezüge der um übliche Preisnachlässe geminderte übliche Endpreis am Abgabeort anzusetzen. [2]Sind auf Grund des § 8 Absatz 2 Satz 10 des Einkommensteuergesetzes Durchschnittswerte festgesetzt worden, sind diese Werte maßgebend. [3]Findet § 8 Abs. 2 Satz 2, 3, 4 oder 5 oder Abs. 3 Satz 1 des Einkommensteuergesetzes Anwendung, sind die dort genannten Werte maßgebend. [4]§ 8 Absatz 2 Satz 11 des Einkommensteuergesetzes gilt entsprechend.

[1)] Beträge geänd. mWv 1.1.2013 durch VO v. 19.12.2012 (BGBl. I S. 2714); geänd. mWv 1.1.2014 durch VO v. 21.10.2013 (BGBl. I S. 3871); geänd. mWv 1.1.2015 durch VO v. 24.11.2014 (BGBl. I S. 1799); geänd. mWv 1.1.2018 durch VO v. 7.12.2017 (BGBl. I S. 3906); geänd. mWv 1.1.2019 durch VO v. 6.11.2018 (BGBl. I S. 1842); geänd. mWv 1.1.2020 durch VO v. 29.11.2019 (BGBl. I S. 1997); geänd. mWv 1.1.2021 durch VO v. 15.12.2020 (BGBl. I S. 2933); geänd. mWv 1.1.2022 durch VO v. 6.12.2021 (BGBl. I S. 5187).

[2)] § 3 Abs. 1 Sätze 2 und 4 geänd. mWv 1.1.2014 durch VO v. 21.10.2013 (BGBl. I S. 3871).

(2) Werden Sachbezüge, die nicht von § 2 erfasst werden, verbilligt zur Verfügung gestellt, ist als Wert für diese Sachbezüge der Unterschiedsbetrag zwischen dem vereinbarten Preis und dem Wert, der sich bei freiem Bezug nach Absatz 1 ergeben würde, dem Arbeitsentgelt zuzurechnen.

(3) [1] Waren und Dienstleistungen, die vom Arbeitgeber nicht überwiegend für den Bedarf seiner Arbeitnehmer hergestellt, vertrieben oder erbracht werden und die nach § 40 Abs. 1 Satz 1 Nr. 1 des Einkommensteuergesetzes pauschal versteuert werden, können mit dem Durchschnittsbetrag der pauschal versteuerten Waren und Dienstleistungen angesetzt werden; dabei kann der Durchschnittsbetrag des Vorjahres angesetzt werden. [2] Besteht das Beschäftigungsverhältnis nur während eines Teils des Kalenderjahres, ist für jeden Tag des Beschäftigungsverhältnisses der dreihundertsechzigste Teil des Durchschnittswertes nach Satz 1 anzusetzen. [3] Satz 1 gilt nur, wenn der Arbeitgeber den von dem Beschäftigten zu tragenden Teil des Gesamtsozialversicherungsbeitrags übernimmt. [4] Die Sätze 1 bis 3 gelten entsprechend für Sachzuwendungen im Wert von nicht mehr als 80 Euro, die der Arbeitnehmer für Verbesserungsvorschläge sowie für Leistungen in der Unfallverhütung und im Arbeitsschutz erhält. [5] Die mit einem Durchschnittswert angesetzten Sachbezüge, die in einem Kalenderjahr gewährt werden, sind insgesamt dem letzten Entgeltabrechnungszeitraum in diesem Kalenderjahr zuzuordnen.

§ 4[1] *(aufgehoben)*

---

[1] § 4 aufgeh. mWv 1.1.2009 durch Art. 2 der VO v. 21.12.2006 (BGBl. I S. 3385).

60. Bundeskindergeldgesetz (BKGG)

In der Fassung der Bekanntmachung vom 28. Januar 2009 (BGBl. I S. 142, ber. S. 3177)[1)]

Geändert durch Dienstrechtsneuordnungsgesetz vom 5.2.2009 (BGBl. I S. 160), Gesetz zur Sicherung von Beschäftigung und Stabilität in Deutschland vom 2.3.2009 (BGBl. I S. 416), Bürgerentlastungsgesetz Krankenversicherung vom 16.7.2009 (BGBl. I S. 1959), Wachstumsbeschleunigungsgesetz vom 22.12.2009 (BGBl. I S. 3950), Gesetz zur Ermittlung von Regelbedarfen und zur Änderung des Zweiten und Zwölften Buches Sozialgesetzbuch vom 24.3.2011 (BGBl. I S. 453), Gesetz zur Änderung des Bundesversorgungsgesetzes und anderer Vorschriften vom 20.6.2011 (BGBl. I S. 1114), Steuervereinfachungsgesetz 2011 vom 1.11.2011 (BGBl. I S. 2131), Beitreibungsrichtlinie-Umsetzungsgesetz (BeitrRLUmsG) vom 7.12.2011 (BGBl. I S. 2592), Unterhaltsvorschussentbürokratisierungsgesetz vom 3.5.2013 (BGBl. I S. 1108), Gesetz zur Änderung des Zweiten Buches Sozialgesetzbuch und anderer Gesetze vom 7.5.2013 (BGBl. I S. 1167), Amtshilferichtlinie-Umsetzungsgesetz (AmtshilfeRLUmsG) vom 26.6.2013 (BGBl. I S. 1809), Gesetz zur Anpassung steuerlicher Regelungen an die Rechtsprechung des Bundesverfassungsgerichts vom 18.7.2014 (BGBl. I S. 1042), Gesetz zur Anpassung des nationalen Steuerrechts an den Beitritt Kroatiens zur EU und zur Änderung weiterer steuerlicher Vorschriften vom 25.7.2014 (BGBl. I S. 1266), Gesetz zur Anpassung der Abgabenordnung an den Zollkodex der Union und zur Änderung weiterer steuerlicher Vorschriften vom 22.12.2014 (BGBl. I S. 2417), Gesetz zur Anhebung des Grundfreibetrags, des Kinderfreibetrags, des Kindergeldes und des Kinderzuschlags vom 16.7.2015 (BGBl. I S. 1202), Neuntes Gesetz zur Änderung des Zweiten Buches Sozialgesetzbuch – Rechtsvereinfachung – sowie zur vorübergehenden Aussetzung der Insolvenzantragspflicht vom 26.7.2016 (BGBl. I S. 1824), Gesetz zur Umsetzung der Änderungen der EU-Amtshilferichtlinie und von weiteren Maßnahmen gegen Gewinnkürzungen und -verlagerungen vom 20.12.2016 (BGBl. I S. 3000), Gesetz zum Abbau verzichtbarer Anordnungen der Schriftform im Verwaltungsrecht des Bundes vom 29.3.2017 (BGBl. I S. 626), Gesetz zur Bekämpfung der Steuerumgehung, und zur Änderung weiterer steuerlicher Vorschriften (Steuerumgehungsbekämpfungsgesetz – StUmgBG) vom 23.6.2017 (BGBl. I S. 1682), Gesetz zur steuerlichen Entlastung der Familien sowie zur Anpassung weiterer steuerlicher Regelungen vom 29.11.2018 (BGBl. I S. 2210), Gesetz zur zielgenauen Stärkung von Familien und ihren Kindern durch die Neugestaltung des Kinderzuschlags und die Verbesserung der Leistungen für Bildung und Teilhabe (Starke-Familien-Gesetz – StaFamG) vom 29.4.2019 (BGBl. I S. 530), Gesetz gegen illegale Beschäftigung und Sozialleistungsmissbrauch vom 11.7.2019 (BGBl. I S. 1066), Gesetz zur weiteren steuerlichen Förderung der Elektromobilität und zur Änderung weiterer steuerlicher Vorschriften vom 12.12.2019 (BGBl. I S. 2451), Gesetz für den erleichterten Zugang zu sozialer Sicherung und zum Einsatz und zur Absicherung sozialer Dienstleister aufgrund des Coronavirus SARS-CoV-2 (Sozialschutz-Paket) vom 27.3.2020 (BGBl. I S. 575), Gesetz zu Sozialen Maßnahmen zur Bekämpfung der Corona-Pandemie (Sozialschutz-Paket II) vom 20.5.2020 (BGBl. I S. 1055), Zweites Gesetz zur Umsetzung steuerlicher Hilfsmaßnahmen zur Bewältigung der Corona-Krise (Zweites Corona-Steuerhilfegesetz) vom 29.6.2020 (BGBl. I S. 1512), Gesetz für ein Zukunftsprogramm Krankenhäuser (Krankenhauszukunftsgesetz –KHZG) vom 23.10.2020 (BGBl. I S. 2208), Zweites Gesetz zur steuerlichen Entlastung von Familien sowie zur Anpassung weiterer steuerlicher Regelungen (Zweites Familienentlastungsgesetz – 2. FamEntlastG) vom 1.12.2020 (BGBl. I S. 2616), Gesetz zur Ermittlung des Regelbedarfs und zur Änderung des Zwölften Buches Sozialge-

---

[1)] Neubekanntmachung des BKGG idF der Bek. v. 17.7.2007 (BGBl. I S. 1450) auf Grund Art. 6 Familienleistungsgesetz v. 22.12.2009 (BGBl. I S. 2955) in der ab 1.1.2009 geltenden Fassung. Zum Kindergeld für unbeschränkt Steuerpflichtige siehe §§ 62ff. EStG (Nr. **1**).

setzbuch sowie weiterer Gesetze vom 9.12.2020 (BGBl. I S. 2855), Drittes Gesetz zur Umsetzung steuerlicher Hilfsmaßnahmen zur Bewältigung der Corona-Krise (Drittes Corona-Steuerhilfegesetz) vom 10.3.2021 (BGBl. I S. 330), Sozialschutz-Paket III vom 10.3.2021 (BGBl. I S. 335), Gesetz zur Änderung des Gesetzes über Finanzhilfen des Bundes zum Ausbau der Tagesbetreuung für Kinder und zur Änderung weiterer Gesetze (Kitafinanzhilfenänderungsgesetz – KitaFinHÄndG) vom 25.6.2021 (BGBl. I S. 2020), Gesetz zur Änderung des Infektionsschutzgesetzes und weiterer Gesetze vom 22.11.2021 (BGBl. I S. 4906), Steuerentlastungsgesetz 2022 vom 23.5.2022 (BGBl. I S. 749) und Gesetz zur Regelung eines Sofortzuschlages und einer Einmalzahlung in den sozialen Mindestsicherungssystemen sowie zur Änderung des Finanzausgleichsgesetzes und weiterer Gesetze vom 23.5.2022 (BGBl. I S. 760)

BGBl. III/FNA 85-4

Erster Abschnitt. Leistungen

§ 1 Anspruchsberechtigte. (1) Kindergeld nach diesem Gesetz für seine Kinder erhält, wer nach § 1 Absatz 1 und 2 des Einkommensteuergesetzes nicht unbeschränkt steuerpflichtig ist und auch nicht nach § 1 Absatz 3 des Einkommensteuergesetzes als unbeschränkt steuerpflichtig behandelt wird und

1. in einem Versicherungspflichtverhältnis zur Bundesagentur für Arbeit nach dem Dritten Buch Sozialgesetzbuch steht oder versicherungsfrei nach § 28 Absatz 1 Nummer 1 des Dritten Buches Sozialgesetzbuch ist oder
2. als Entwicklungshelfer Unterhaltsleistungen im Sinne des § 4 Absatz 1 Nummer 1 des Entwicklungshelfer-Gesetzes erhält oder als Missionar der Missionswerke und -gesellschaften, die Mitglieder oder Vereinbarungspartner des Evangelischen Missionswerkes Hamburg, der Arbeitsgemeinschaft Evangelikaler Missionen e.V., des Deutschen katholischen Missionsrates oder der Arbeitsgemeinschaft pfingstlich-charismatischer Missionen sind, tätig ist oder
3.[1] eine nach § 123a des Beamtenrechtsrahmengesetzes oder § 29 des Bundesbeamtengesetzes oder § 20 des Beamtenstatusgesetzes bei einer Einrichtung außerhalb Deutschlands zugewiesene Tätigkeit ausübt oder
4.[2] als Ehegatte oder Lebenspartner eines Mitglieds der Truppe oder des zivilen Gefolges eines NATO-Mitgliedstaates die Staatsangehörigkeit eines EU/EWR-Mitgliedstaates besitzt und in Deutschland seinen Wohnsitz oder gewöhnlichen Aufenthalt hat.

(2) [1] Kindergeld für sich selbst erhält, wer

1. in Deutschland einen Wohnsitz oder seinen gewöhnlichen Aufenthalt hat,
2. Vollwaise ist oder den Aufenthalt seiner Eltern nicht kennt und
3. nicht bei einer anderen Person als Kind zu berücksichtigen ist.

---

[1] *§ 1 Abs. 1 Nr.* 3 geänd. durch G v. 5.2.2009 (BGBl. I S. 160/271); geänd. durch G v. 1.11.2011 (BGBl. I S. 2131).

[2] § 1 Abs. 1 Nr. 4 ergänzt mWv 24.7.2014 durch G v. 18.7.2014 (BGBl. I S. 1042).

²§ 2 Absatz 2 und 3 sowie die §§ 4 und 5 sind entsprechend anzuwenden. ³Im Fall des § 2 Absatz 2 Satz 1 Nummer 3 wird Kindergeld längstens bis zur Vollendung des 25. Lebensjahres[1)] gewährt.

(3)[2)] ¹Ein nicht freizügigkeitsberechtigter Ausländer erhält Kindergeld nur, wenn er

1. eine Niederlassungserlaubnis oder eine Erlaubnis zum Daueraufenthalt-EU besitzt,
2. eine Blaue Karte EU, eine ICT-Karte, eine Mobiler-ICT-Karte oder eine Aufenthaltserlaubnis besitzt, die für einen Zeitraum von mindestens sechs Monaten zur Ausübung einer Erwerbstätigkeit berechtigen oder berechtigt haben oder diese erlauben, es sei denn, die Aufenthaltserlaubnis wurde
   a) nach § 16e des Aufenthaltsgesetzes zu Ausbildungszwecken, nach § 19c Absatz 1 des Aufenthaltsgesetzes zum Zweck der Beschäftigung als Au-Pair oder zum Zweck der Saisonbeschäftigung, nach § 19e des Aufenthaltsgesetzes zum Zweck der Teilnahme an einem Europäischen Freiwilligendienst oder nach § 20 Absatz 1 und 2 des Aufenthaltsgesetzes zur Arbeitsplatzsuche erteilt,
   b) nach § 16b des Aufenthaltsgesetzes zum Zweck eines Studiums, nach § 16d des Aufenthaltsgesetzes für Maßnahmen zur Anerkennung ausländischer Berufsqualifikationen oder nach § 20 Absatz 3 des Aufenthaltsgesetzes zur Arbeitsplatzsuche erteilt und er ist weder erwerbstätig noch nimmt er Elternzeit nach § 15 des Bundeselterngeld- und Elternzeitgesetzes oder laufende Geldleistungen nach dem Dritten Buch Sozialgesetzbuch in Anspruch,
   c)[3)] nach § 23 Absatz 1 des Aufenthaltsgesetzes wegen eines Krieges in seinem Heimatland oder nach den *§§ 23a, 24* [***ab 1.6.2022:*** § 23a] oder § 25 Absatz 3 bis 5 des Aufenthaltsgesetzes erteilt,
3. eine in Nummer 2 Buchstabe c genannte Aufenthaltserlaubnis besitzt und im Bundesgebiet berechtigt erwerbstätig ist oder Elternzeit nach § 15 des Bundeselterngeld- und Elternzeitgesetzes oder laufende Geldleistungen nach dem Dritten Buch Sozialgesetzbuch in Anspruch nimmt,
4. eine in Nummer 2 Buchstabe c genannte Aufenthaltserlaubnis besitzt und sich seit mindestens 15 Monaten erlaubt, gestattet oder geduldet im Bundesgebiet aufhält oder
5. eine Beschäftigungsduldung gemäß § 60d in Verbindung mit § 60a Absatz 2 Satz 3 des Aufenthaltsgesetzes besitzt.

²Abweichend von Satz 1 Nummer 3 erste Alternative erhält ein minderjähriger nicht freizügigkeitsberechtigter Ausländer unabhängig von einer Erwerbstätigkeit Kindergeld.

---

1) Fassung durch G v. 19.7.2006 (BGBl. I S. 1652); zur Übergangsregelung siehe § 20 Abs. 8.

2) § 1 Abs. 3 neu gef. mWv 1.1.2020 durch Art. 34 des G v. 12.12.2019 (BGBl. I S. 2451).

3) § 1 Abs. 3 Nr. 2 Buchst. c geänd. durch G v. 23.5.2022 (BGBl. I S. 760); zur Anwendung siehe § 20 Abs. 13 Satz 3.

§ 2 Kinder. (1) Als Kinder werden auch berücksichtigt

1.[1] vom Berechtigten in seinen Haushalt aufgenommene Kinder seines Ehegatten oder Lebenspartners,
2. Pflegekinder (Personen, mit denen der Berechtigte durch ein familienähnliches, auf Dauer berechnetes Band verbunden ist, sofern er sie nicht zu Erwerbszwecken in seinen Haushalt aufgenommen hat und das Obhuts- und Pflegeverhältnis zu den Eltern nicht mehr besteht),
3. vom Berechtigten in seinen Haushalt aufgenommene Enkel.

(2) [1] Ein Kind, das das 18. Lebensjahr vollendet hat, wird berücksichtigt, wenn es

1. noch nicht das 21. Lebensjahr vollendet hat, nicht in einem Beschäftigungsverhältnis steht und bei einer Agentur für Arbeit im Inland als Arbeitsuchender gemeldet ist oder
2. noch nicht das 25. Lebensjahr vollendet hat und

   a) für einen Beruf ausgebildet wird oder

   b)[2] sich in einer Übergangszeit von höchstens vier Monaten befindet, die zwischen zwei Ausbildungsabschnitten oder zwischen einem Ausbildungsabschnitt und der Ableistung des gesetzlichen Wehr- oder Zivildienstes, einer vom Wehr- oder Zivildienst befreienden Tätigkeit als Entwicklungshelfer oder als Dienstleistender im Ausland nach § 14b des Zivildienstgesetzes oder der Ableistung des freiwilligen Wehrdienstes nach § 58b des Soldatengesetzes oder der Ableistung eines freiwilligen Dienstes im Sinne des Buchstaben d liegt, oder

   c) eine Berufsausbildung mangels Ausbildungsplatzes nicht beginnen oder fortsetzen kann oder

   d)[3] ein freiwilliges soziales Jahr oder ein freiwilliges ökologisches Jahr im Sinne des Jugendfreiwilligendienstegesetzes oder eine Freiwilligenaktivität im Rahmen des Europäischen Solidaritätskorps im Sinne der Verordnung (EU) Nr. 2018/1475 des Europäischen Parlaments und des Rates vom 2. Oktober 2018 zur Festlegung des rechtlichen Rahmens des Europäischen Solidaritätskorps sowie zur Änderung der Verordnung (EU) Nr. 1288/2013 und der Verordnung (EU) Nr. 1293/2013 sowie des Beschlusses Nr. 1313/2013/EU (ABl. L 250 vom 4.10.2018, S. 1) oder einen anderen Dienst im Ausland im Sinne von § 5 des Bundesfreiwilligendienstgesetzes[4] oder einen entwicklungspolitischen Freiwilligendienst „weltwärts" im Sinne der Förderleitlinie des Bundesministeriums für wirtschaftliche Zusammenarbeit und Entwicklung vom 1. Januar 2016

---

[1] § 2 Abs. 1 Nr. 1 ergänzt mWv 24.7.2014 durch G v. 18.7.2014 (BGBl. I S. 1042).

[2] § 2 Abs. 2 Satz 1 Nr. 2 Buchst. b ergänzt mWv 1.1.2015 durch G v. 22.12.2014 (BGBl. I S. 2417).

[3] § 2 Abs. 2 Satz 1 Nr. 2 Buchst. d geänd. durch G v. 16.7.2009 (BGBl. I S. 1959); geänd. durch G v. 25.7.2014 (BGBl. I S. 1266); zur Anwendung siehe § 20 Abs. 9; geänd. durch G v. *7.12.2011 (BGBl. I S. 2592)*; geänd. mWv 1.1.2019 durch G v. 29.11.2018 (BGBl. I S. 2210); geänd. mWv 18.7.2019 durch G v. 11.7.2019 (BGBl. I S. 1066).

[4] Verweis geänd. mWv 1.1.2012 durch G v. 26.6.2013 (BGBl. I S. 1809).

oder einen Freiwilligendienst aller Generationen im Sinne von § 2 Absatz 1a des Siebten Buches Sozialgesetzbuch oder einen Internationalen Jugendfreiwilligendienst im Sinne der Richtlinie des Bundesministeriums für Familie, Senioren, Frauen und Jugend vom 25. Mai 2018 (GMBl. S. 545) oder einen Bundesfreiwilligendienst im Sinne des Bundesfreiwilligendienstgesetzes leistet oder

3. wegen körperlicher, geistiger oder seelischer Behinderung außerstande ist, sich selbst zu unterhalten; Voraussetzung ist, dass die Behinderung vor Vollendung des 25. Lebensjahres[1] eingetreten ist.

2 Nach Abschluss einer erstmaligen Berufsausbildung oder[2] eines Erststudiums wird ein Kind in den Fällen des Satzes 1 Nummer 2 nur berücksichtigt, wenn das Kind keiner Erwerbstätigkeit nachgeht. 3 Eine Erwerbstätigkeit mit bis zu 20 Stunden regelmäßiger wöchentlicher Arbeitszeit, ein Ausbildungsdienstverhältnis oder ein geringfügiges Beschäftigungsverhältnis im Sinne der §§ 8 und 8a des Vierten Buches Sozialgesetzbuch sind unschädlich.[3]

(3)[4] 1 *In den Fällen des Absatzes 2 Satz 1 Nummer 1 oder Nummer 2 Buchstabe a und b wird ein Kind, das*

1. den gesetzlichen Grundwehrdienst oder Zivildienst geleistet hat oder

2. sich an Stelle des gesetzlichen Grundwehrdienstes freiwillig für die Dauer von nicht mehr als drei Jahren zum Wehrdienst verpflichtet hat oder

3. eine vom gesetzlichen Grundwehrdienst oder Zivildienst befreiende Tätigkeit als Entwicklungshelfer im Sinne des § 1 Absatz 1 des Entwicklungshelfer-Gesetzes ausgeübt hat,

für einen der Dauer dieser Dienste oder der Tätigkeit entsprechenden Zeitraum, höchstens für die Dauer des inländischen gesetzlichen Grundwehrdienstes, bei anerkannten Kriegsdienstverweigerern für die Dauer des inländischen gesetzlichen Zivildienstes über das 21. oder 25. Lebensjahr[5] hinaus berücksichtigt. 2 Wird der gesetzliche Grundwehrdienst oder Zivildienst in einem Mitgliedstaat der Europäischen Union oder einem Staat, auf den das Abkommen über den Europäischen Wirtschaftsraum Anwendung findet, geleistet, so ist die Dauer dieses Dienstes maßgebend. 3 Absatz 2 Satz 2 und 3[6] gilt entsprechend.

(4) 1 Kinder, für die einer anderen Person nach dem Einkommensteuergesetz Kindergeld oder ein Kinderfreibetrag zusteht, werden nicht berücksichtigt. 2 Dies gilt nicht für Kinder, die in den Haushalt des Anspruchsberechtigten nach § 1 aufgenommen worden sind oder für die dieser die höhere Unterhaltsrente zahlt, wenn sie weder in seinen Haushalt noch in den Haushalt eines nach § 62 des Einkommensteuergesetzes Anspruchsberechtigten aufgenommen sind.

---

[1] Fassung durch G v. 19.7.2006 (BGBl. I S. 1652); zur Übergangsregelung siehe § 20 Abs. 8.

[2] Geänd. mWv 1.1.2012 durch G v. 26.6.2013 (BGBl. I S. 1809).

[3] § 2 Abs. 2 Sätze 2 bis 10 ersetzt durch Sätze 2 und 3 mWv 1.1.2012 durch G v. 1.11.2011 (BGBl. I S. 2131).

[4] Zur letztmaligen Anwendung siehe § 20 Abs. 11.

[5] Fassung durch G v. 19.7.2006 (BGBl. I S. 1652); zur Übergangsregelung siehe § 20 Abs. 8.

[6] Verweis geänd. durch G v. 1.11.2011 (BGBl. I S. 2131).

(5) [1]Kinder, die weder einen Wohnsitz noch ihren gewöhnlichen Aufenthalt in Deutschland haben, werden nicht berücksichtigt. [2]Dies gilt nicht gegenüber Berechtigten nach § 1 Absatz 1 Nummer 2 und 3, wenn sie die Kinder in ihren Haushalt aufgenommen haben.

(6) Die Bundesregierung wird ermächtigt, durch Rechtsverordnung, die nicht der Zustimmung des Bundesrates bedarf, zu bestimmen, dass einem Berechtigten, der in Deutschland erwerbstätig ist oder sonst seine hauptsächlichen Einkünfte erzielt, für seine in Absatz 5 Satz 1 bezeichneten Kinder Kindergeld ganz oder teilweise zu leisten ist, soweit dies mit Rücksicht auf die durchschnittlichen Lebenshaltungskosten für Kinder in deren Wohnland und auf die dort gewährten dem Kindergeld vergleichbaren Leistungen geboten ist.

§ 3[1)] Zusammentreffen mehrerer Ansprüche. (1) Für jedes Kind werden nur einer Person Kindergeld, Kinderzuschlag und Leistungen für Bildung und Teilhabe gewährt.

(2) [1]Erfüllen für ein Kind mehrere Personen die Anspruchsvoraussetzungen, so werden das Kindergeld, der Kinderzuschlag und die Leistungen für Bildung und Teilhabe derjenigen Person gewährt, die das Kind in ihren Haushalt aufgenommen hat. [2]Ist ein Kind in den gemeinsamen Haushalt von Eltern, von einem Elternteil und dessen Ehegatten oder Lebenspartner, von Pflegeeltern oder Großeltern aufgenommen worden, bestimmen diese untereinander den Berechtigten. [3]Wird eine Bestimmung nicht getroffen, bestimmt das Fami-

(Fortsetzung nächste Seite)

[1)] § 3 Abs. 1 und Abs. 2 Satz 1 und Satz 5 geänd. mWv 1.1.2011 durch G v. 24.3.2011 (BGBl. I S. 453); Abs. 2 Satz 2 ergänzt mWv 24.7.2014 durch G v. 18.7.2014 (BGBl. I S. 1042).

lengericht[1)] auf Antrag den Berechtigten. [4]Antragsberechtigt ist, wer ein berechtigtes Interesse an der Leistung des Kindergeldes hat. [5]Lebt ein Kind im gemeinsamen Haushalt von Eltern und Großeltern, werden das Kindergeld, der Kinderzuschlag und die Leistungen für Bildung und Teilhabe vorrangig einem Elternteil gewährt; sie werden an einen Großelternteil gewährt, wenn der Elternteil gegenüber der zuständigen Stelle auf seinen Vorrang schriftlich verzichtet hat.

(3) [1]Ist das Kind nicht in den Haushalt einer der Personen aufgenommen, die die Anspruchsvoraussetzungen erfüllen, wird das Kindergeld derjenigen Person gewährt, die dem Kind eine Unterhaltsrente zahlt. [2]Zahlen mehrere anspruchsberechtigte Personen dem Kind Unterhaltsrenten, wird das Kindergeld derjenigen Person gewährt, die dem Kind laufend die höchste Unterhaltsrente zahlt. [3]Werden gleich hohe Unterhaltsrenten gezahlt oder zahlt keiner der Berechtigten dem Kind Unterhalt, so bestimmen die Berechtigten untereinander, wer das Kindergeld erhalten soll. [4]Wird eine Bestimmung nicht getroffen, so gilt Absatz 2 Satz 3 und 4 entsprechend.

§ 4 Andere Leistungen für Kinder. (1) [1]Kindergeld wird nicht für ein Kind gewährt, für das eine der folgenden Leistungen zu zahlen ist oder bei entsprechender Antragstellung zu zahlen wäre:

1. Kinderzulagen aus der gesetzlichen Unfallversicherung oder Kinderzuschüsse aus den gesetzlichen Rentenversicherungen,
2. Leistungen für Kinder, die außerhalb Deutschlands gewährt werden und dem Kindergeld oder einer der unter Nummer 1 genannten Leistungen vergleichbar sind,
3. Leistungen für Kinder, die von einer zwischen- oder überstaatlichen Einrichtung gewährt werden und dem Kindergeld vergleichbar sind.

[2]Steht ein Berechtigter in einem Versicherungspflichtverhältnis zur Bundesagentur für Arbeit nach dem Dritten Buch Sozialgesetzbuch oder ist er versicherungsfrei nach § 28 Absatz 1 Nummer 1 des Dritten Buches Sozialgesetzbuch oder steht er in Deutschland in einem öffentlich-rechtlichen Dienst- oder Amtsverhältnis, so wird sein Anspruch auf Kindergeld für ein Kind nicht nach Satz 1 Nummer 3 mit Rücksicht darauf ausgeschlossen, dass sein Ehegatte oder Lebenspartner als Beamter, Ruhestandsbeamter oder sonstiger Bediensteter der Europäischen Gemeinschaften für das Kind Anspruch auf Kinderzulage hat.[2)]

(2) [1]Ist in den Fällen des Absatzes 1 Satz 1 Nummer 1 der Bruttobetrag der anderen Leistung niedriger als das Kindergeld nach § 6, wird Kindergeld in Höhe des Unterschiedsbetrages gezahlt. [2]Ein Unterschiedsbetrag unter 5 Euro wird nicht geleistet.

§ 5[3)] Beginn und Ende des Anspruchs. (1) Das Kindergeld, der Kinderzuschlag und die Leistungen für Bildung und Teilhabe werden vom Beginn

---

[1)] **Amtl. Anm.:** Gemäß Artikel 104 des FGG-Reformgesetzes vom 17. Dezember 2008 (BGBl. I S. 2586) wird am 1. September 2009 das Wort „Vormundschaftsgericht" durch das Wort „Familiengericht" ersetzt.

[2)] § 4 Abs. 1 Satz 2 ergänzt mWv 24.7.2014 durch G v. 18.7.2014 (BGBl. I S. 1042).

[3)] § 5 Abs. 1 und 2 geänd. mWv 1.1.2011 durch G v. 24.3.2011 (BGBl. I S. 453).

des Monats an gewährt, in dem die Anspruchsvoraussetzungen erfüllt sind; sie werden bis zum Ende des Monats gewährt, in dem die Anspruchsvoraussetzungen wegfallen.

(2)[1] Das Kindergeld wird rückwirkend nur für die letzten sechs Monate vor Beginn des Monats gezahlt, in dem der Antrag auf Kindergeld eingegangen ist.

(3)[2] [1]Der Kinderzuschlag wird nicht für Zeiten vor der Antragstellung gewährt. [2]§ 28 des Zehnten Buches Sozialgesetzbuch gilt mit der Maßgabe, dass der Antrag unverzüglich nach Ablauf des Monats, in dem die Ablehnung oder Erstattung der anderen Leistungen bindend geworden ist, nachzuholen ist.

§ 6 Höhe des Kindergeldes. (1)[3] Das Kindergeld beträgt monatlich für das erste und zweite Kind jeweils 219 Euro, für das dritte Kind 225 Euro und für das vierte und jedes weitere Kind jeweils 250 Euro.

(2)[3] In den Fällen des § 1 Absatz 2 beträgt das Kindergeld 219 Euro monatlich.

(3)[4] [1]Darüber hinaus wird für jedes Kind, für das für den Monat Juli 2022 ein Anspruch auf Kindergeld besteht, für den Monat Juli 2022 ein Einmalbetrag in Höhe von 100 Euro gezahlt. [2]Ein Anspruch in Höhe des Einmalbetrags von 100 Euro für das Kalenderjahr 2022 besteht auch für ein Kind, für das nicht für den Monat Juli 2022, jedoch für mindestens einen anderen Kalendermonat im Kalenderjahr 2022 ein Anspruch auf Kindergeld besteht.

§ 6a[5] Kinderzuschlag. (1) Personen erhalten für in ihrem Haushalt lebende unverheiratete oder nicht verpartnerte Kinder, die noch nicht das 25. Lebensjahr vollendet haben, einen Kinderzuschlag, wenn

1. sie für diese Kinder nach diesem Gesetz oder nach dem X. Abschnitt des Einkommensteuergesetzes Anspruch auf Kindergeld oder Anspruch auf andere Leistungen im Sinne von § 4 haben,
2. sie mit Ausnahme des Wohngeldes, des Kindergeldes und des Kinderzuschlags über Einkommen im Sinne des § 11 Absatz 1 Satz 1 des Zweiten Buches Sozialgesetzbuch in Höhe von mindestens 900 Euro oder, wenn sie alleinerziehend sind, in Höhe von mindestens 600 Euro verfügen, wobei

---

[1] § 5 Abs. 2 neu gef. mWv 1.7.2019 durch G v. 29.4.2019 (BGBl. I S. 530).

[2] § 5 Abs. 3 angef. mWv 1.7.2019, geänd. mWv 1.1.2020 durch G v. 29.4.2019 (BGBl. I S. 530); Abs. 3 Satz 2 aufgeh., bish. Satz 3 wird Satz 2 mWv 1.1.2021 durch G v. 1.12.2020 (BGBl. I S. 2616).

[3] § 6 Abs. 1 neu gef., Abs. 2 geänd. mWv 1.1.2010 durch G v. 22.12.2009 (BGBl. I S. 3950); Abs. 1 neu gef., Abs. 2 geänd. mWv 1.1.2015 und mWv 1.1.2016 durch G v. 16.7.2015 (BGBl. I S. 1202); Abs. 1 neu gef., Abs. 2 geänd. mWv 1.1.2017 und Abs. 1 neu gef., Abs. 2 geänd. mWv 1.1.2018 durch G v. 20.12.2016 (BGBl. I S. 3000); Abs. 3 neu gef. mWv 1.1.2018 durch G v. 23.6.2017 (BGBl. I S. 1682); Abs. 1 neu gef., Abs. 2 geänd. mWv 1.7.2019 durch G v. 29.11.2018 (BGBl. I S. 2210); Abs. 1 neu gef., Abs. 2 geänd. durch G v. 1.12.2020 (BGBl. I S. 2616).

[4] § 6 Abs. 3 angef. durch G v. 29.6.2020 (BGBl. I S. 1512); neu gef. durch G v. 10.3.2021 (BGBl. I S. 330); geänd. durch G v. 23.5.2022 (BGBl. I S. 749).

[5] § 6a neu gef. mWv 1.7.2019, Abs. 1 Nr. 2 geänd., Nr. 3 aufgeh., bish. Nr. 4 wird Nr. 3 und neu gef., Abs. 1a eingef., Abs. 6 Satz 3 geänd. mWv 1.1.2020 durch G v. 29.4.2019 (BGBl. I S. 530); zur Anwendung siehe § 20 Abs. 4.

Beträge nach § 11b des Zweiten Buches Sozialgesetzbuch nicht abzusetzen sind, und

3.[1] bei Bezug des Kinderzuschlags keine Hilfebedürftigkeit im Sinne des § 9 des Zweiten Buches Sozialgesetzbuch besteht, wobei die Bedarfe nach § 28 des Zweiten Buches Sozialgesetzbuch außer Betracht bleiben. [***ab 1.1.2021:*** [2]Bei der Prüfung der Hilfebedürftigkeit ist das für den Antragsmonat bewilligte Wohngeld zu berücksichtigen. [3]Wird kein Wohngeld bezogen und könnte mit Wohngeld und Kinderzuschlag Hilfebedürftigkeit vermieden werden, ist bei der Prüfung Wohngeld in der Höhe anzusetzen, in der es voraussichtlich für den Antragsmonat zu bewilligen wäre.]

[***bis 31.12.2022:***

(1a)[2] Ein Anspruch auf Kinderzuschlag besteht abweichend von Absatz 1 Nummer 3, wenn

1. bei Bezug von Kinderzuschlag Hilfebedürftigkeit besteht, der Bedarfsgemeinschaft zur Vermeidung von Hilfebedürftigkeit aber mit ihrem Einkommen, dem Kinderzuschlag und dem Wohngeld höchstens 100 Euro fehlen,
2. sich bei der Ermittlung des Einkommens der Eltern nach § 11b Absatz 2 und 3 des Zweiten Buches Sozialgesetzbuch wegen Einkommen aus Erwerbstätigkeit Absetzbeträge in Höhe von mindestens 100 Euro ergeben und
3. kein Mitglied der Bedarfsgemeinschaft Leistungen nach dem Zweiten oder nach dem Zwölften Buch Sozialgesetzbuch erhält oder beantragt hat.]

(2)[3] [1]Der monatliche Höchstbetrag des Kinderzuschlags deckt zusammen mit dem für ein erstes Kind nach § 66 des Einkommensteuergesetzes zu zahlenden Kindergeld ein Zwölftel des steuerfrei zu stellenden sächlichen Existenzminimums eines Kindes für das jeweilige Kalenderjahr mit Ausnahme des Anteils für Bildung und Teilhabe. [2]Steht dieses Existenzminimum eines Kindes zu Beginn eines Jahres nicht fest, ist insoweit der für das Jahr geltende Betrag für den Mindestunterhalt eines Kindes in der zweiten Altersstufe nach der Mindestunterhaltsverordnung maßgeblich. [3]Als Höchstbetrag des Kinderzuschlags in dem jeweiligen Kalenderjahr gilt der Betrag, der sich zu Beginn des Jahres nach den Sätzen 1 und 2 ergibt, mindestens jedoch ein Betrag in Höhe des Vorjahres. [4]Der Betrag nach Satz 3 erhöht sich ab 1. Juli 2022 um einen Sofortzuschlag in Höhe von 20 Euro.[4]

(3)[5] [1]Ausgehend vom Höchstbetrag mindert sich der jeweilige Kinderzuschlag, wenn das Kind nach den §§ 11 bis 12 des Zweiten Buches Sozialgesetzbuch zu berücksichtigendes Einkommen oder Vermögen hat. [2]Bei der Berücksichtigung des Einkommens bleiben das Wohngeld, das Kindergeld und der Kinderzuschlag außer Betracht. [3]Der Kinderzuschlag wird um 45 Prozent des zu berücksichtigenden Einkommens des Kindes monatlich gemindert. [4]Ein Anspruch auf Zahlung des Kinderzuschlags für ein Kind besteht nicht

---

[1] § 6a Abs. 1 Nr. 3 Sätze 2 und 3 angef. mWv 1.1.2021 durch G v. 1.12.2020 (BGBl. I S. 2616).

[2] Zur Anwendung siehe § 20 Abs. 2.

[3] Siehe hierzu § 20 Abs. 3.

[4] § 6a Abs. 2 Satz 4 angef. mWv 1.6.2022 durch G v. 23.5.2022 (BGBl. I S. 760).

[5] § 6a Abs. 3 Satz 4 geänd. mWv 30.6.2021 durch G v. 25.6.2021 (BGBl. I S. 2020).

wenn zumutbare Anstrengungen unterlassen wurden, Ansprüche auf Einkommen des Kindes geltend zu machen. [5]Bei der Berücksichtigung des Vermögens des Kindes ist der Grundfreibetrag nach § 12 Absatz 2 Satz 1 Nummer 1a des Zweiten Buches Sozialgesetzbuch abzusetzen. [6]Ist das zu berücksichtigende Vermögen höher als der nach den Sätzen 1 bis 5 verbleibende monatliche Anspruch auf Kinderzuschlag, so dass es den Kinderzuschlag für den ersten Monat des Bewilligungszeitraums vollständig mindert, entfällt der Anspruch auf Kinderzuschlag. [7]Ist das zu berücksichtigende Vermögen niedriger als der monatliche Anspruch auf Kinderzuschlag, ist der Kinderzuschlag im ersten Monat des Bewilligungszeitraums um einen Betrag in Höhe des zu berücksichtigenden Vermögens zu mindern und ab dem folgenden Monat Kinderzuschlag ohne Minderung wegen des Vermögens zu zahlen.

(4) Die Summe der einzelnen Kinderzuschläge nach den Absätzen 2 und 3 bildet den Gesamtkinderzuschlag.

(5) [1]Der Gesamtkinderzuschlag wird in voller Höhe gewährt, wenn das nach den §§ 11 bis 12 des Zweiten Buches Sozialgesetzbuch mit Ausnahme des Wohngeldes und des Kinderzuschlags zu berücksichtigende Einkommen oder Vermögen der Eltern einen Betrag in Höhe der bei der Berechnung des Arbeitslosengeldes II oder des Sozialgeldes zu berücksichtigenden Bedarfe der Eltern (Gesamtbedarf der Eltern) nicht übersteigt. [2]Als Einkommen oder Vermögen der Eltern gilt dabei dasjenige der Mitglieder der Bedarfsgemeinschaft mit Ausnahme des Einkommens oder Vermögens der in dem Haushalt lebenden Kinder. [3]Zur Feststellung des Gesamtbedarfs der Eltern sind die Bedarfe für Unterkunft und Heizung in dem Verhältnis aufzuteilen, das sich aus den im 12. Bericht der Bundesregierung über die Höhe des Existenzminimums von Erwachsenen und Kindern festgestellten entsprechenden Bedarfen für Alleinstehende, Ehepaare, Lebenspartnerschaften und Kinder ergibt. [4]Bei der Berücksichtigung des maßgeblichen Vermögens gilt Absatz 3 Satz 6 und 7 entsprechend.

(6) [1]Der Gesamtkinderzuschlag wird stufenweise gemindert, wenn das zu berücksichtigende Einkommen oder Vermögen der Eltern deren Gesamtbedarf übersteigt. [2]Wenn das zu berücksichtigende Einkommen der Eltern nicht nur aus Erwerbseinkünften besteht, ist davon auszugehen, dass die Überschreitung des Gesamtbedarfs der Eltern durch die Erwerbseinkünfte verursacht wird, wenn nicht die Summe der anderen Einkommensteile oder des Vermögens für sich genommen diesen maßgebenden Betrag übersteigt. [3]Der Gesamtkinderzuschlag wird um 45 Prozent des Betrags, um den die monatlichen Erwerbseinkünfte den maßgebenden Betrag übersteigen, monatlich gemindert. [4]Anderes Einkommen oder Vermögen der Eltern mindern den Gesamtkinderzuschlag in voller Höhe.

(7)[1)] [1]Über den Gesamtkinderzuschlag ist jeweils für sechs Monate zu entscheiden (Bewilligungszeitraum).[2)] [2]Der Bewilligungszeitraum beginnt mit dem Monat, in dem der Antrag gestellt wird, jedoch frühestens nach Ende eines laufenden Bewilligungszeitraums. [3]Änderungen in den tatsächlichen oder rechtlichen Verhältnissen während des laufenden Bewilligungszeitraums

[1)] Siehe hierzu § 20 Abs. 5.
[2)] Siehe hierzu § 20 Abs. 4.

(12)[1] § 6 Absatz 3 in der am 1. Januar 2018 geltenden Fassung ist auf Anträge anzuwenden, die nach dem 31. Dezember 2017 eingehen.

(13)[2] [1] § 1 Absatz 3 Satz 1 Nummer 1 bis 4 in der Fassung des Artikels 34 des Gesetzes vom 12. Dezember 2019 (BGBl. I S. 2451) ist für Entscheidungen anzuwenden, die Zeiträume betreffen, die nach dem letzten Tag des sechsten auf die Verkündung des Fachkräfteeinwanderungsgesetzes folgenden Kalendermonats beginnen. [2] § 1 Absatz 3 Satz 1 Nummer 5 in der Fassung des Artikels 34 des Gesetzes vom 12. Dezember 2019 (BGBl. I S. 2451) ist für Entscheidungen anzuwenden, die Zeiträume betreffen, die nach dem 31. Dezember 2019 beginnen. [3] § 1 Absatz 3 Nummer 2 Buchstabe c in der Fassung des Artikels 5 Nummer 1 des Gesetzes vom 23. Mai 2022 (BGBl. I S. 760) ist für Entscheidungen anzuwenden, die Zeiträume betreffen, die nach dem 31. Mai 2022 beginnen.

§ 21 Sondervorschrift zur Steuerfreistellung des Existenzminimums eines Kindes in den Veranlagungszeiträumen 1983 bis 1995 durch Kindergeld. [1] In Fällen, in denen die Entscheidung über die Höhe des Kindergeldanspruchs für Monate in dem Zeitraum zwischen dem 1. Januar 1983 und dem 31. Dezember 1995 noch nicht bestandskräftig geworden ist, kommt eine von den §§ 10 und 11 in der jeweils geltenden Fassung abweichende Bewilligung von Kindergeld nur in Betracht, wenn die Einkommensteuer formell bestandskräftig und hinsichtlich der Höhe der Kinderfreibeträge nicht vorläufig festgesetzt sowie das Existenzminimum des Kindes nicht unter der Maßgabe des § 53 des Einkommensteuergesetzes steuerfrei belassen worden ist. [2] Dies ist vom Kindergeldberechtigten durch eine Bescheinigung des zuständigen Finanzamtes nachzuweisen. [3] Nach Vorlage dieser Bescheinigung hat die Familienkasse den vom Finanzamt ermittelten Unterschiedsbetrag zwischen der festgesetzten Einkommensteuer und der Einkommensteuer, die nach § 53 Satz 6 des Einkommensteuergesetzes festzusetzen gewesen wäre, wenn die Voraussetzungen nach § 53 Satz 1 und 2 des Einkommensteuergesetzes vorgelegen hätten, als zusätzliches Kindergeld zu zahlen.

§ 22[3] ***Bericht der Bundesregierung.*** *Die Bundesregierung legt dem Deutschen Bundestag bis zum 31. Juli 2023 einen Bericht über die Auswirkungen des § 6a (Kinderzuschlag) und insbesondere über die Auswirkungen der erweiterten Zugangsmöglichkeit zum Kinderzuschlag nach § 6a Absatz 1a sowie über die gegebenenfalls notwendige Weiterentwicklung dieser Vorschrift vor.*

---

[1] § 20 Abs. 9 wird Abs. 12 durch G v. 27.3.2020 (BGBl. I S. 575).

[2] § 20 Abs. 10 neu gef. durch Art. 34 des G v. 12.12.2019 (BGBl. I S. 2451); die Fassung gilt ab dem Inkrafttreten des Fachkräfteeinwanderungsgesetzes (Art. 1 Abs. 3 des G v. 12.12.2019); Abs. 10 wird Abs. 13 durch G v. 27.3.2020 (BGBl. I S. 575); Satz 3 angef. mWv 1.6.2022 durch G v. 23.5.2022 (BGBl. I S. 760).

[3] § 22 aufgeh. mWv 1.6.2022 durch G v. 23.5.2022 (BGBl. I S. 760).

Anhang zu § 19
§§ 10, 11, 11a a. F.

§ 10 Höhe des Kindergeldes. (1) [1]Das Kindergeld beträgt für das 1. Kind 70 Deutsche Mark, für das 2. Kind 130 Deutsche Mark, für das 3. Kind 220 Deutsche Mark und für das 4. und jedes weitere Kind je 240 Deutsche Mark monatlich. [2]Bei der Anwendung des Satzes 1 gelten Kinder, Geschwister und Pflegekinder eines Berechtigten, dem auch Kindergeld nach § 1 Abs. 2 zusteht oder ohne Anwendung des § 8 Abs. 1 zustehen würde, als 2. oder weiteres Kind, wenn sie zuvor bei den Eltern des Berechtigten berücksichtigt wurden.

(Fortsetzung nächste Seite)

62. Gesetz zum Elterngeld und zur Elternzeit (Bundeselterngeld- und Elternzeitgesetz – BEEG)[1)]

In der Fassung der Bekanntmachung vom 27. Januar 2015 (BGBl. I S. 33)

Die Neufassung enthält folgende Änderungsgesetze: Gesetz zur Umsetzung aufenthalts- und asylrechtlicher Richtlinien der EU vom 19.8.2007 (BGBl. I S. 1970), Erstes Gesetz zur Änderung des Bundeselterngeld- und Elternzeitgesetzes vom 17.1.2009 (BGBl. I S. 61), Dienstrechtsneuordnungsgesetz vom 5.2.2009 (BGBl. I S. 160), ELENA-Verfahrensgesetz vom 28.3. 2009 (BGBl. I S. 634), Haushaltsbegleitgesetz 2011 (HBeglG 2011) vom 9.12.2010 (BGBl. I S. 1885), Steuervereinfachungsgesetz 2011 vom 1.11.2011 (BGBl. I S. 2131), Gesetz zur Änderung des Beherbergungsstatistikgesetzes und des Handelsstatistikgesetzes sowie zur Aufhebung von Vorschriften zum Verfahren des elektronischen Entgeltnachweises vom 23.11. 2011 (BGBl. I S. 2298), Gesetz zur Vereinfachung des Elterngeldvollzugs vom 10.9.2012 (BGBl. I S. 1878; ber. I 2013 S. 69), Gesetz zur Neuausrichtung der Pflegeversicherung vom 23.10.2012 (BGBl. I S. 2246), Gesetz zur Einführung eines Betreuungsgeldes (Betreuungsgeldgesetz) vom 15.2.2013 (BGBl. I S. 254), Gesetz zur Einführung des Elterngeld Plus mit Partnerschaftsbonus und einer flexibleren Elternzeit im Bundeselterngeld- und Elternzeitgesetz vom 18.12.2014 (BGBl. I S. 2325), Heil- und Hilfsmittelversorgungsgesetz (HHVG) vom 4.4.2017 (BGBl. I S. 778), Gesetz zur Neuregelung des Mutterschutzrechts vom 23.5.2017 (BGBl. I S. 1228), Zweites Gesetz zur Anpassung des Datenschutzrechts an die Verordnung (EU) 2016/679 und zur Umsetzung der Richtlinie (EU) 2016/680 (Zweites Datenschutz-Anpassungs- und Umsetzungsgesetz EU – 2. DSAnpUG-EU) vom 20.11.2019 (BGBl. I S. 1626), Gesetz zur weiteren steuerlichen Förderung der Elektromobilität und zur Änderung weiterer steuerlicher Vorschriften vom 12.12.2019 (BGBl. I S. 2451), Gesetz für Maßnahmen im Elterngeld aus Anlass der COVID-19-Pandemie vom 20.5.2020 (BGBl. I S. 1061), Gesetz zur Digitalisierung von Verwaltungsverfahren bei der Gewährung von Familienleistungen vom 3.12.2020 (BGBl. I S. 2668), Gesetz zur Beschäftigungssicherung infolge der COVID-19-Pandemie (Beschäftigungssicherungsgesetz – BeschSiG) vom 3.12.2020 (BGBl. I S. 2691), Jahressteuergesetz 2020 (JStG 2020) vom 21.12.2020 (BGBl. I S. 3096), Zweites Gesetz zur Änderung des Bundeselterngeld- und Elternzeitgesetzes vom 15.2.2021 (BGBl. I S. 239), Gesetz zur Verlängerung des Sozialdienstleister-Einsatzgesetzes und weiterer Regelungen vom 18.3.2022 (BGBl. I S. 473) und Gesetz zur Regelung eines Sofortzuschlages und einer Einmalzahlung in den sozialen Mindestsicherungssystemen sowie zur Änderung des Finanzausgleichsgesetzes und weiterer Gesetze vom 23.5.2022 (BGBl. I S. 760)

BGBl. III/FNA 85-5

Abschnitt 1. Elterngeld[2)]

§ 1 Berechtigte. (1) [1] Anspruch auf Elterngeld hat, wer

1. einen Wohnsitz oder seinen gewöhnlichen Aufenthalt in Deutschland hat,
2. mit seinem Kind in einem Haushalt lebt,
3. dieses Kind selbst betreut und erzieht und
4. keine oder keine volle Erwerbstätigkeit ausübt.

[2] Bei Mehrlingsgeburten besteht nur ein Anspruch auf Elterngeld.[3)]

[1)] Das BEEG ist als Art. 1 des Gesetzes zur Einführung des Elterngeldes vom 5.12.2006 (BGBl. I S. 2748) verkündet worden.

[2)] Zur **Anwendung siehe § 28 Abs. 1**.

[3)] § 1 Abs. 1 Satz 2 angef. durch G v. 18.12.2014 (BGBl. I S. 2325).

(2) [1]Anspruch auf Elterngeld hat auch, wer, ohne eine der Voraussetzungen des Absatzes 1 Satz 1 Nummer 1[1)] zu erfüllen,

1. nach § 4 des Vierten Buches Sozialgesetzbuch dem deutschen Sozialversicherungsrecht unterliegt oder im Rahmen seines in Deutschland bestehenden öffentlich-rechtlichen Dienst- oder Amtsverhältnisses vorübergehend ins Ausland abgeordnet, versetzt oder kommandiert ist,
2. Entwicklungshelfer oder Entwicklungshelferin im Sinne des § 1 des Entwicklungshelfer-Gesetzes ist oder als Missionar oder Missionarin der Missionswerke und -gesellschaften, die Mitglieder oder Vereinbarungspartner des Evangelischen Missionswerkes Hamburg, der Arbeitsgemeinschaft Evangelikaler Missionen e. V., *des Deutschen katholischen Missionsrates*[2)] oder der Arbeitsgemeinschaft pfingstlich-charismatischer Missionen sind, tätig ist oder
3. die deutsche Staatsangehörigkeit besitzt und nur vorübergehend bei einer zwischen- oder überstaatlichen Einrichtung tätig ist, insbesondere nach den Entsenderichtlinien des Bundes beurlaubte Beamte und Beamtinnen, oder wer vorübergehend eine nach § 123a des Beamtenrechtsrahmengesetzes oder § 29 des Bundesbeamtengesetzes[3)] zugewiesene Tätigkeit im Ausland wahrnimmt.

[2]Dies gilt auch für mit der nach Satz 1 berechtigten Person in einem Haushalt lebende Ehegatten, *Ehegattinnen, Lebenspartner oder Lebenspartnerinnen* [***ab 1.9.2021:*** oder Ehegattinnen].[4)]

(3) [1]Anspruch auf Elterngeld hat abweichend von Absatz 1 Satz 1 Nummer 2[5)] auch, wer

1. mit einem Kind in einem Haushalt lebt, das er mit dem Ziel der Annahme als Kind aufgenommen hat,
2.[6)] ein Kind des *Ehegatten, der Ehegattin, des Lebenspartners oder der Lebenspartnerin* [***ab 1.9.2021:*** Ehegatten oder der Ehegattin] in seinen Haushalt aufgenommen hat oder
3. mit einem Kind in einem Haushalt lebt und die von ihm erklärte Anerkennung der Vaterschaft nach § 1594 Absatz 2 des Bürgerlichen Gesetzbuchs noch nicht wirksam oder über die von ihm beantragte Vaterschaftsfeststellung nach § 1600d des Bürgerlichen Gesetzbuchs noch nicht entschieden ist.

[2]Für angenommene Kinder und Kinder im Sinne des Satzes 1 Nummer 1 sind die Vorschriften dieses Gesetzes mit der Maßgabe anzuwenden, dass statt des Zeitpunktes der Geburt der Zeitpunkt der Aufnahme des Kindes bei der berechtigten Person maßgeblich ist.

[1)] Verweis geänd. durch G v. 18.12.2014 (BGBl. I S. 2325).

[2)] Kursiver Satzteil aufgeh. mWv 1.9.2021 (§ 28 Abs. 1) durch G v. 15.2.2021 (BGBl. I S. 239).

[3)] Eingef. durch G v. 5.2.2009 (BGBl. I S. 160).

[4)] § 1 Abs. 2 Satz 2 geänd. mWv 1.9.2021 (§ 28 Abs. 1) durch G v. 15.2.2021 (BGBl. I S. 239).

[5)] *Verweis geänd.* durch G v. 18.12.2014 (BGBl. I S. 2325).

[6)] § 1 Abs. 3 Satz 1 Nr. 2 geänd. mWv 1.9.2021 (§ 28 Abs. 1) durch G v. 15.2.2021 (BGBl. I S. 239).

(4)[1] Können die Eltern wegen einer schweren Krankheit, Schwerbehinderung oder *Tod* [***ab 1.9.2021:*** Todes] der Eltern ihr Kind nicht betreuen, haben Verwandte bis zum dritten Grad und ihre Ehegatten, *Ehegattinnen, Lebenspartner oder Lebenspartnerinnen* [***ab 1.9.2021:*** oder Ehegattinnen] Anspruch auf Elterngeld, wenn sie die übrigen Voraussetzungen nach Absatz 1 erfüllen und [***ab 1.9.2021:*** wenn] von anderen Berechtigten Elterngeld nicht in Anspruch genommen wird.

(5) Der Anspruch auf Elterngeld bleibt unberührt, wenn die Betreuung und Erziehung des Kindes aus einem wichtigen Grund nicht sofort aufgenommen werden kann oder wenn sie unterbrochen werden muss.

(6)[2] Eine Person ist nicht voll erwerbstätig, wenn ihre Arbeitszeit *30* [***ab 1.9.2021:*** 32] Wochenstunden im Durchschnitt des *Monats* [***ab 1.9.2021:*** Lebensmonats] nicht übersteigt, sie eine Beschäftigung zur Berufsbildung ausübt oder sie eine geeignete Tagespflegeperson im Sinne des § 23 des Achten Buches Sozialgesetzbuch ist und nicht mehr als fünf Kinder in Tagespflege betreut.

(7) [1]Ein nicht freizügigkeitsberechtigter Ausländer oder eine nicht freizügigkeitsberechtigte Ausländerin ist nur anspruchsberechtigt, wenn diese Person

1. eine Niederlassungserlaubnis oder eine Erlaubnis zum Daueraufenthalt-EU besitzt,
2. eine Blaue Karte EU, eine ICT-Karte, eine Mobiler-ICT-Karte oder eine Aufenthaltserlaubnis besitzt, die für einen Zeitraum von mindestens sechs Monaten zur Ausübung einer Erwerbstätigkeit berechtigen oder berechtigt haben oder diese erlauben, es sei denn, die Aufenthaltserlaubnis wurde
   a) nach § 16e des Aufenthaltsgesetzes zu Ausbildungszwecken, nach § 19c Absatz 1 des Aufenthaltsgesetzes zum Zweck der Beschäftigung als Au-Pair oder zum Zweck der Saisonbeschäftigung, nach § 19e des Aufenthaltsgesetzes zum Zweck der Teilnahme an einem Europäischen Freiwilligendienst oder nach § 20 Absatz 1 und 2 des Aufenthaltsgesetzes zur Arbeitsplatzsuche erteilt,
   b) nach § 16b des Aufenthaltsgesetzes zum Zweck eines Studiums, nach § 16d des Aufenthaltsgesetzes für Maßnahmen zur Anerkennung ausländischer Berufsqualifikationen oder nach § 20 Absatz 3 des Aufenthaltsgesetzes zur Arbeitsplatzsuche erteilt und er ist weder erwerbstätig noch nimmt er Elternzeit nach § 15 des Bundeselterngeld- und Elternzeitgesetzes oder laufende Geldleistungen nach dem Dritten Buch Sozialgesetzbuch in Anspruch,
   c)[3] nach § 23 Absatz 1 des Aufenthaltsgesetzes wegen eines Krieges in seinem Heimatland oder nach den *§§ 23a, 24* [***ab 1.6.2022:*** § 23a] oder § 25 Absatz 3 bis 5 des Aufenthaltsgesetzes erteilt,
3. eine in Nummer 2 Buchstabe c genannte Aufenthaltserlaubnis besitzt und im Bundesgebiet berechtigt erwerbstätig ist oder Elternzeit nach § 15 des

---

[1] § 1 Abs. 4 geänd. mWv 1.9.2021 (§ 28 Abs. 1) durch G v. 15.2.2021 (BGBl. I S. 239).

[2] § 1 Abs. 6 geänd. durch G v. 10.9.2012 (BGBl. S. 1878); geänd. mWv 1.9.2021 (§ 28 Abs. 1) durch G v. 15.2.2021 (BGBl. I S. 239).

[3] § 1 Abs. 7 Satz 1 Nr. 2 Buchst. c geänd. durch G v. 23.5.2022 (BGBl. I S. 760); zur Anwendung siehe § 28 Abs. 3 Satz 3.

Bundeselterngeld- und Elternzeitgesetzes oder laufende Geldleistungen nach dem Dritten Buch Sozialgesetzbuch in Anspruch nimmt,

4. eine in Nummer 2 Buchstabe c genannte Aufenthaltserlaubnis besitzt und sich seit mindestens 15 Monaten erlaubt, gestattet oder geduldet im Bundesgebiet aufhält oder
5.[1)] eine Beschäftigungsduldung gemäß § 60d in Verbindung mit § 60a Absatz 2 Satz 3 des Aufenthaltsgesetzes besitzt.

[2] Abweichend von Satz 1 Nummer 3 erste Alternative ist ein minderjähriger nicht freizügigkeitsberechtigter Ausländer oder eine minderjährige nicht freizügigkeitsberechtigte Ausländerin unabhängig von einer Erwerbstätigkeit anspruchsberechtigt.

(8)[2)] [1] Ein Anspruch entfällt, wenn die berechtigte Person im letzten abgeschlossenen Veranlagungszeitraum vor der Geburt des Kindes ein zu versteuerndes Einkommen nach § 2 Absatz 5 des Einkommensteuergesetzes in Höhe von mehr als 250 000 Euro erzielt hat. [2] Erfüllt auch eine andere Person die Voraussetzungen des Absatzes 1 Satz 1 Nummer 2 oder der Absätze 3 oder 4, entfällt abweichend von Satz 1 der Anspruch, wenn die Summe des zu versteuernden Einkommens beider Personen mehr als *500 000* [***ab 1.9.2021:*** 300 000] Euro beträgt.

§ 2 Höhe des Elterngeldes. (1)[3)] [1] Elterngeld wird in Höhe von 67 Prozent des Einkommens aus Erwerbstätigkeit vor der Geburt des Kindes gewährt. [2] Es wird bis zu einem Höchstbetrag von 1800 Euro monatlich für volle *Monate* [***ab 1.9.2021:*** Lebensmonate] gezahlt, in denen die berechtigte Person kein Einkommen aus Erwerbstätigkeit hat. [3] Das Einkommen aus Erwerbstätigkeit errechnet sich nach Maßgabe der §§ 2c bis 2f aus der um die Abzüge für Steuern und Sozialabgaben verminderten Summe der positiven Einkünfte aus

1. nichtselbständiger Arbeit nach § 2 Absatz 1 Satz 1 Nummer 4 des Einkommensteuergesetzes sowie
2. Land- und Forstwirtschaft, Gewerbebetrieb und selbständiger Arbeit nach § 2 Absatz 1 Satz 1 Nummer 1 bis 3 des Einkommensteuergesetzes,

die im Inland zu versteuern sind und die die berechtigte Person durchschnittlich monatlich im Bemessungszeitraum nach § 2b oder in *Monaten* [***ab 1.9.2021:*** Lebensmonaten] der Bezugszeit nach § 2 Absatz 3 hat.

(2)[4)] [1] In den Fällen, in denen das Einkommen aus Erwerbstätigkeit vor der Geburt geringer als 1000 Euro war, erhöht sich der Prozentsatz von 67 Prozent um 0,1 Prozentpunkte für je 2 Euro, um die dieses Einkommen den Betrag von 1000 Euro unterschreitet, auf bis zu 100 Prozent. [2] In den Fällen, in

---

[1)] § 1 Abs. 7 Satz 1 Nr. 4 wird Nr. 5 (und gilt ab 1.1.2020 gem. § 28 Abs. 3 Satz 2 durch G v. 12.12.2019 (BGBl. I S. 2451).

[2)] § 1 Abs. 8 angef. mWv 1.1.2011 durch G v. 9.12.2010 (BGBl. I S. 1885); Satz 1 und 2 geänd. mWv 1.8.2013 durch G v. 15.2.2013 (BGBl. I S. 254); Satz 2 geänd. durch G v. 18.12.2014 (BGBl. I S. 2325); Satz 2 Betrag geänd. mWv 1.9.2021 (§ 28 Abs. 1) durch G v. 15.2.2021 (BGBl. I S. 239).

[3)] *§ 2 Abs. 1* neu gef. durch G v. 10.9.2012 (BGBl. I S. 1878); Abs. 1 Satz 2 und 3 geänd. mWv 1.9.2021 (§ 28 Abs. 1) durch G v. 15.2.2021 (BGBl. I S. 239).

[4)] § 2 Abs. 2 geänd. durch G v. 10.9.2012 (BGBl. I S. 1878).

denen das Einkommen aus Erwerbstätigkeit vor der Geburt höher als 1200 Euro war, sinkt der Prozentsatz von 67 Prozent um 0,1 Prozentpunkte für je 2 Euro, um die dieses Einkommen den Betrag von 1200 Euro überschreitet, auf bis zu 65 Prozent.

(3)[1] [1]Für *Monate* [**ab 1.9.2021:** Lebensmonate] nach der Geburt des Kindes, in denen die berechtigte Person ein Einkommen aus Erwerbstätigkeit hat, das durchschnittlich geringer ist als das Einkommen aus Erwerbstätigkeit vor der Geburt, wird Elterngeld in Höhe des nach Absatz 1 oder 2 maßgeblichen Prozentsatzes des Unterschiedsbetrages dieser Einkommen aus Erwerbstätigkeit gezahlt. [2]Als Einkommen aus Erwerbstätigkeit vor der Geburt ist dabei höchstens der Betrag von 2770 Euro anzusetzen. [3]Der Unterschiedsbetrag nach Satz 1 ist für das Einkommen aus Erwerbstätigkeit in *Monaten* [**ab 1.9.2021:** Lebensmonaten], in denen die berechtigte Person *Elterngeld im Sinne des § 4 Absatz 2 Satz 2* [**ab 1.9.2021:** Basiselterngeld] in Anspruch nimmt, und in *Monaten* [**ab 1.9.2021:** Lebensmonaten], in denen sie Elterngeld Plus im Sinne des *§ 4 Absatz 3 Satz 1* [**ab 1.9.2021:** § 4a Absatz 2] in Anspruch nimmt, getrennt zu berechnen.

(4)[2] [1]Elterngeld wird mindestens in Höhe von 300 Euro gezahlt. [2]Dies gilt auch, wenn die berechtigte Person vor der Geburt des Kindes kein Einkommen aus Erwerbstätigkeit hat.

(6)–(9)[3] *(aufgehoben)*

§ 2a Geschwisterbonus und Mehrlingszuschlag. (1) [1]Lebt die berechtigte Person in einem Haushalt mit

1. zwei Kindern, die noch nicht drei Jahre alt sind, oder
2. drei oder mehr Kindern, die noch nicht sechs Jahre alt sind,

wird das Elterngeld um 10 Prozent, mindestens jedoch um 75 Euro erhöht (Geschwisterbonus). [2]Zu berücksichtigen sind alle Kinder, für die die berechtigte Person die Voraussetzungen des § 1 Absatz 1 und 3 erfüllt und für die sich das Elterngeld nicht nach Absatz 4 erhöht.

(2) [1]Für angenommene Kinder, die noch nicht 14 Jahre alt sind, gilt als Alter des Kindes der Zeitraum seit der Aufnahme des Kindes in den Haushalt der berechtigten Person. [2]Dies gilt auch für Kinder, die die berechtigte Person entsprechend § 1 Absatz 3 Satz 1 Nummer 1 mit dem Ziel der Annahme als Kind in ihren Haushalt aufgenommen hat. [3]Für Kinder mit Behinderung im Sinne von § 2 Absatz 1 Satz 1 des Neunten Buches Sozialgesetzbuch liegt die Altersgrenze nach Absatz 1 Satz 1 bei 14 Jahren.

(3) Der Anspruch auf den Geschwisterbonus endet mit Ablauf des Monats, in dem eine der in Absatz 1 genannten Anspruchsvoraussetzungen entfällt.

(4) [1]Bei Mehrlingsgeburten erhöht sich das Elterngeld um je 300 Euro für das zweite und jedes weitere Kind (Mehrlingszuschlag). [2]Dies gilt auch, wenn ein Geschwisterbonus nach Absatz 1 gezahlt wird.

---

[1] § 2 Abs. 3 Satz 3 angef. durch G v. 18.12.2014 (BGBl. I S. 2325); Sätze 1 und 3 geänd. mWv 1.9.2021 (§ 28 Abs. 1) durch G v. 15.2.2021 (BGBl. I S. 239).

[2] § 2 Abs. 4 aufgeh., bish. Abs. 5 wird Abs. 4 und geänd. durch G v. 10.9.2012 (BGBl. I S. 1878).

[3] § 2 Abs. 6 bis 9 aufgeh. durch G v. 10.9.2012 (BGBl. I S. 1878).

§ 2b Bemessungszeitraum. (1)[1] [1]Für die Ermittlung des Einkommens aus nichtselbstständiger Erwerbstätigkeit im Sinne von § 2c vor der Geburt sind die zwölf Kalendermonate vor dem *Monat* [*ab 1.9.2021:* Kalendermonat] der Geburt des Kindes maßgeblich. [2]Bei der Bestimmung des Bemessungszeitraums nach Satz 1 bleiben Kalendermonate unberücksichtigt, in denen die berechtigte Person

1.[2] im Zeitraum nach § 4 Absatz 1 *Satz 1* [*ab 1.9.2021:* Satz 2 und 3 und Absatz 5 Satz 3 Nummer 2] Elterngeld für ein älteres Kind bezogen hat,
2.[3] während der Schutzfristen nach § 3 des Mutterschutzgesetzes nicht beschäftigt werden durfte oder Mutterschaftsgeld nach dem Fünften Buch Sozialgesetzbuch oder nach dem Zweiten Gesetz über die Krankenversicherung der Landwirte bezogen hat,
3. eine Krankheit hatte, die maßgeblich durch eine Schwangerschaft bedingt war, oder
4. Wehrdienst nach dem Wehrpflichtgesetz in der bis zum 31. Mai 2011 geltenden Fassung oder nach dem Vierten Abschnitt des Soldatengesetzes oder Zivildienst nach dem Zivildienstgesetz geleistet hat

und in den Fällen der Nummern 3 und 4 dadurch ein geringeres Einkommen aus Erwerbstätigkeit hatte. [*ab 1.9.2021:* [3]Abweichend von Satz 2 sind Kalendermonate im Sinne des Satzes 2 Nummer 1 bis 4 auf Antrag der berechtigten Person zu berücksichtigen.] [4]Abweichend von Satz 2 bleiben auf Antrag bei der Ermittlung des Einkommens für die Zeit vom 1. März 2020 bis zum Ablauf des 23. September 2022[4] auch solche Kalendermonate unberücksichtigt, in denen die berechtigte Person aufgrund der COVID-19-Pandemie ein geringeres Einkommen aus Erwerbstätigkeit hatte und dies glaubhaft machen kann. [5]Satz 2 Nummer 1 gilt in den Fällen des § 27 Absatz 1 Satz 1 mit der Maßgabe, dass auf Antrag auch Kalendermonate mit Elterngeldbezug für ein älteres Kind nach Vollendung von dessen 14. Lebensmonat unberücksichtigt bleiben, soweit der Elterngeldbezug von der Zeit vor Vollendung des 14. Lebensmonats auf danach verschoben wurde.[5]

(2)[6] [1]Für die Ermittlung des Einkommens aus selbstständiger Erwerbstätigkeit im Sinne von § 2d vor der Geburt sind die jeweiligen steuerlichen Gewinnermittlungszeiträume maßgeblich, die dem letzten abgeschlossenen steuerlichen Veranlagungszeitraum vor der Geburt des Kindes zugrunde liegen. [2]Haben in einem Gewinnermittlungszeitraum die Voraussetzungen des Absat-

[1] § 2b Abs. 1 Satz 1 geänd.; Satz 3 eingef. mWv 1.9.2021 (§ 28 Abs. 1) durch G v. 15.2.2021 (BGBl. I S. 239).

[2] § 2b Abs. 1 Satz 2 Nr. 1 geänd. durch G v. 18.12.2014 (BGBl. I S. 2325); geänd. mWv 1.9.2021 (§ 28 Abs. 1) durch G v. 15.2.2021 (BGBl. I S. 239).

[3] § 2b Abs. 1 Satz 2 Nr. 2 geänd. durch G v. 23.10.2012 (BGBl. I S. 2246); zur Anwendung siehe § 28 Abs. 1b; geänd. mWv 1.1.2018 durch G v. 23.5.2017 (BGBl. I S. 1228).

[4] Zeitraum verlängert durch G v. 18.3.2022 (BGBl. I S. 473).

[5] *§ 2b Abs. 1* Sätze 3 und 4 angef. mWv 1.3.2020 durch G v. 20.5.2020 (BGBl. I S. 1061). Vgl. hierzu auch § 27.

[6] § 2b Abs. 2 Satz 2 geänd. mWv 1.3.2020 durch G v. 20.5.2020 (BGBl. I S. 1061).

(3)[1] Liegt der Bezug des Partnerschaftsbonus ganz oder teilweise vor dem Ablauf des 23. September 2022 und kann die berechtigte Person die Voraussetzungen des Bezugs aufgrund der COVID-19-Pandemie nicht einhalten, gelten die Angaben zur Höhe des Einkommens und zum Umfang der Arbeitszeit, die bei der Beantragung des Partnerschaftsbonus glaubhaft gemacht worden sind.

(4)[2] *(aufgehoben)*

§ 28[3] Übergangsvorschrift. (1)[4] [1] Für die vor dem 1. September 2021 geborenen oder mit dem Ziel der Adoption aufgenommenen Kinder ist dieses Gesetz in der bis zum 31. August 2021 geltenden Fassung[5] weiter anzuwenden. *[2] Für die vor dem 1. Juli 2015 geborenen oder mit dem Ziel der Adoption aufgenommenen Kinder sind die §§ 2 bis 22 in der bis zum 31. Dezember 2014 geltenden Fassung weiter anzuwenden. [3] Satz 2 gilt nicht für § 2c Absatz 1 Satz 2 und § 22 Absatz 2 Satz 1 Nummer 2.*

(1a)[6] Soweit dieses Gesetz Mutterschaftsgeld nach dem Fünften Buch Sozialgesetzbuch oder nach dem Zweiten Gesetz über die Krankenversicherung der Landwirte in Bezug nimmt, gelten die betreffenden Regelungen für Mutterschaftsgeld nach der Reichsversicherungsordnung oder nach dem Gesetz über die Krankenversicherung der Landwirte entsprechend.

(2)[7] Für die dem Erziehungsgeld vergleichbaren Leistungen der Länder sind § 8 Absatz 1 und § 9 des Bundeserziehungsgeldgesetzes in der bis zum 31. Dezember 2006 geltenden Fassung weiter anzuwenden.

(3)[8] [1] § 1 Absatz 7 Satz 1 Nummer 1 bis 4 in der Fassung des Artikels 36 des Gesetzes vom 12. Dezember 2019 (BGBl. I S. 2451) ist für Entscheidungen anzuwenden, die Zeiträume betreffen, die nach dem 29. Februar 2020[9] beginnen. [2] § 1 Absatz 7 Satz 1 Nummer 5 in der Fassung des Artikels 36 des Gesetzes vom 12. Dezember 2019 (BGBl. I S. 2451) ist für Entscheidungen anzuwenden, die Zeiträume betreffen, die nach dem 31. Dezember 2019 beginnen. [3] § 1 Absatz 7 Satz 1 Nummer 2 Buchstabe c in der Fassung des Artikels 12 Nummer 1 des Gesetzes vom 23. Mai 2022 (BGBl. I S. 760) ist für

---

[1] § 27 Abs. 3 neu gef. mWv 28.5.2020 durch G v. 15.2.2021 (BGBl. I S. 239); geänd. durch G v. 18.3.2022 (BGBl. I S. 473).

[2] § 27 Abs. 4 neu gef. mWv 1.1.2021 durch G v. 3.12.2020 (BGBl. I S. 2691) und aufgeh. mWv 1.9.2021 durch G v. 15.2.2021 (BGBl. I S. 239).

[3] § 27 wird § 28 mWv 1.3.2020 durch G v. 20.5.2020 (BGBl. I S. 1061).

[4] § 28 Abs. 1 neu gef. (Satz 1 geänd., Sätze 2 und 3 aufgeh.) durch G v. 15.2.2021 (BGBl. I S. 239).

[5] Abgedruckt unter Nr. **62a**.

[6] § 28 Abs. 1a eingef. als Abs. 1b durch G v. 23.10.2012 (BGBl. I S. 2246); bish. Abs. 1a aufgeh., Abs. 1b wird Abs. 1a durch G v. 18.12.2014 (BGBl. I S. 2325).

[7] § 28 Abs. 2 und 3 aufgeh. bish. Abs. 4 wird Abs. 2 durch G v. 10.9.2012 (BGBl. I S. 1878).

[8] § 28 Abs. 3 neu gef. durch G v. 12.12.2019 (BGBl. I S. 2451); Satz 3 angef. durch G v. 23.5.2022 (BGBl. I S. 760).

[9] Datum des letzten Tages des sechsten auf die Verkündung des Fachkräfteeinwanderungsgesetzes folgenden Kalendermonats.

Entscheidungen anzuwenden, die Zeiträume betreffen, die nach dem 31. Mai 2022 beginnen.

(4)[1] [1]§ 9 Absatz 2 und § 25 sind auf Kinder anwendbar, die nach dem 31. Dezember 2021 geboren oder nach dem 31. Dezember 2021 mit dem Ziel der Adoption aufgenommen worden sind. [2]Zur Erprobung des Verfahrens können diese Regelungen in Pilotprojekten mit Zustimmung des Bundesministeriums für Familie, Senioren, Frauen und Jugend, des Bundesministeriums für Arbeit und Soziales und des Bundesministeriums des Innern, für Bau und Heimat auf Kinder, die vor dem 1. Januar 2022 geboren oder vor dem 1. Januar 2022 zur Adoption aufgenommen worden sind, angewendet werden.

---

[1] § 28 Abs. 4 angef. durch G v. 3.12.2020 (BGBl. I S. 2668).

Wirtschaftsguts zu dem Wert, den der andere Staat der Besteuerung zugrunde legt, höchstens zum gemeinen Wert.]

[***ab 1.1.2020:***

(1a)[1] § 4 Absatz 1 Satz 3 zweiter Halbsatz, Satz 8 zweiter Halbsatz, Satz 9 und Satz 10 des Einkommensteuergesetzes gilt im Fall der Begründung des Besteuerungsrechts oder des Wegfalls einer Beschränkung des Besteuerungsrechts der Bundesrepublik Deutschland hinsichtlich des Gewinns aus der Veräußerung eines Wirtschaftsguts, das der außerbetrieblichen Sphäre einer Körperschaft, Personenvereinigung oder Vermögensmasse zuzuordnen ist, entsprechend.]

(2)[2] *1 Wird das Vermögen einer beschränkt steuerpflichtigen Körperschaft, Personenvereinigung oder Vermögensmasse als Ganzes auf eine andere Körperschaft desselben ausländischen Staates durch einen Vorgang übertragen, der einer Verschmelzung im Sinne des § 2 des Umwandlungsgesetzes vom 28. Oktober 1994 (BGBl. I S. 3210, 1995 I S. 428), das zuletzt durch Artikel 10 des Gesetzes vom 9. Dezember 2004 (BGBl. I S. 3214) geändert worden ist, in der jeweils geltenden Fassung vergleichbar ist, sind die übergehenden Wirtschaftsgüter abweichend von Absatz 1 mit dem Buchwert anzusetzen, soweit*

1. sichergestellt ist, dass sie später bei der übernehmenden Körperschaft der Besteuerung mit Körperschaftsteuer unterliegen,

2. das Recht der Bundesrepublik Deutschland hinsichtlich der Besteuerung der übertragenen Wirtschaftsgüter bei der übernehmenden Körperschaft nicht beschränkt wird,

3. eine Gegenleistung nicht gewährt wird oder in Gesellschaftsrechten besteht und

4. wenn der übernehmende und der übertragende Rechtsträger nicht die Voraussetzungen des § 1 Abs. 2 Satz 1 und 2 des Umwandlungssteuergesetzes vom 7. Dezember 2006 (BGBl. I S. 2782, 2791)[3] *in der jeweils geltenden Fassung erfüllen.*

2 Wird das Vermögen einer Körperschaft durch einen Vorgang im Sinne des Satzes 1 auf eine andere Körperschaft übertragen, gilt § 13 des Umwandlungssteuergesetzes für die Besteuerung der Anteilseigner der übertragenden Körperschaft entsprechend.

(3)[4] *1 Verlegt eine Körperschaft, Vermögensmasse oder Personenvereinigung ihre Geschäftsleitung oder ihren Sitz und scheidet sie dadurch aus der unbeschränkten Steuerpflicht in einem Mitgliedstaat der Europäischen Union oder einem Staat aus, auf den das Abkommen über den Europäischen Wirtschaftsraum Anwendung findet, gilt sie als aufgelöst, und § 11 ist entsprechend anzuwenden. 2 Gleiches gilt, wenn die Körperschaft, Vermögensmasse oder Personenvereinigung auf Grund eines Abkommens zur Vermeidung der Doppelbesteuerung infolge der Verlegung ihres Sitzes oder ihrer Geschäftleitung als außerhalb des Hoheitsgebietes der in Satz 1 genannten Staaten ansässig anzusehen ist. 3 An die Stelle des zur Verteilung kommenden Vermögens tritt der gemeine Wert des vorhandenen Vermögens.* [***ab 29.3.2019:*** *4 Dieser Absatz ist mit der Maßgabe anzuwenden, dass allein der Austritt des Vereinigten Königreichs Großbri-*

---

[1] § 12 Abs. 1a eingef. durch G v. 25.6.2021 (BGBl. I S. 2035); zur Anwendung siehe § 34 Abs. 6d.

[2] § 12 Abs. 2 aufgeh. durch G v. 25.6.2021 (BGBl. I S. 2050); zur letztmaligen Anwendung siehe § 34 Abs. 6d Satz 3.

[3] Nr. **130.**

[4] § 12 Abs. 3 Satz 4 angef. mWv 29.3.2019 durch Brexit-StBG v. 25.3.2019 (BGBl. I S. 357) und Abs. 3 aufgeh. mWv 1.1.2022 durch G v. 25.6.2021 (BGBl. I S. 2050).

tannien und Nordirland aus der Europäischen Union nicht dazu führt, dass eine Körperschaft, Vermögensmasse oder Personenvereinigung dadurch als aus der unbeschränkten Steuerpflicht in einem Mitgliedstaat der Europäischen Union ausgeschieden gilt oder als außerhalb der Europäischen Union ansässig anzusehen ist.]

(4)[1] *Einer unbeschränkt steuerpflichtigen Körperschaft mit Sitz im Vereinigten Königreich Großbritannien und Nordirland ist nach dem Austritt des Vereinigten Königreichs Großbritannien und Nordirland aus der Europäischen Union das Betriebsvermögen ununterbrochen zuzurechnen, das ihr bereits vor dem Austritt zuzurechnen war.*

§ 13 Beginn und Erlöschen einer Steuerbefreiung. (1) Wird eine steuerpflichtige Körperschaft, Personenvereinigung oder Vermögensmasse von der Körperschaftsteuer befreit, so hat sie auf den Zeitpunkt, in dem die Steuerpflicht endet, eine Schlussbilanz aufzustellen.

(2) Wird eine von der Körperschaftsteuer befreite Körperschaft, Personenvereinigung oder Vermögensmasse steuerpflichtig und ermittelt sie ihren Gewinn durch Betriebsvermögensvergleich, so hat sie auf den Zeitpunkt, in dem die Steuerpflicht beginnt, eine Anfangsbilanz aufzustellen.

(3)[2] In der Schlussbilanz im Sinne des Absatzes 1 und in der Anfangsbilanz im Sinne des Absatzes 2 sind die Wirtschaftsgüter vorbehaltlich des Absatzes 4 mit den Teilwerten anzusetzen.

(4)[3] [1]Beginnt die Steuerbefreiung auf Grund des § 5 Abs. 1 Nr. 9, sind die Wirtschaftsgüter, die der Förderung steuerbegünstigter Zwecke im Sinne *des § 9 Abs. 1 Nr. 2* [***ab VZ 2020:*** der §§ 52 bis 54 der Abgabenordnung] dienen, in der Schlussbilanz mit den Buchwerten anzusetzen. [2]Erlischt die Steuerbefreiung, so ist in der Anfangsbilanz für die in Satz 1 bezeichneten Wirtschaftsgüter der Wert anzusetzen, der sich bei ununterbrochener Steuerpflicht nach den Vorschriften über die steuerliche Gewinnermittlung ergeben würde.

(5) Beginnt oder erlischt die Steuerbefreiung nur teilweise, so gelten die Absätze 1 bis 4 für den entsprechenden Teil des Betriebsvermögens.

(6) [1]Gehören Anteile an einer Kapitalgesellschaft nicht zu dem Betriebsvermögen der Körperschaft, Personenvereinigung oder Vermögensmasse, die von der Körperschaftsteuer befreit wird, so ist § 17 des Einkommensteuergesetzes auch ohne Veräußerung anzuwenden, wenn die übrigen Voraussetzungen dieser Vorschrift in dem Zeitpunkt erfüllt sind, in dem die Steuerpflicht endet. [2]Als Veräußerungspreis gilt der gemeine Wert der Anteile. [3]Im Falle des Beginns der Steuerpflicht gilt der gemeine Wert der Anteile als Anschaffungskosten der Anteile. [4]Die Sätze 1 und 2 gelten nicht in den Fällen des Absatzes 4 Satz 1.

---

[1] § 12 Abs. 4 angef. mWv 29.3.2019 durch Brexit-StBG v. 25.3.2019 (BGBl. I S. 357) und aufgeh. durch G v. 25.6.2021 (BGBl. I S. 2056); zur letztmaligen Anwendung siehe § 34 Abs. 6d Satz 2.

[2] § 13 Abs. 3 Sätze 2 bis 11 aufgeh. durch G v. 8.12.2010 (BGBl. I S. 1768).

[3] § 13 Abs. 4 Satz 1 Verweis geänd. mWv VZ 2020 durch G v. 12.12.2019 (BGBl. I S. 2451).

(5)[1] [1] § 8b Absatz 1 Satz 3 in der Fassung des Artikels 2 des Gesetzes vom 25. Juni 2021 (BGBl. I S. 2035) ist erstmals für Bezüge anzuwenden, die nach dem 31. Dezember 2019 zufließen. [2] § 8b Absatz 3 Satz 6 in der Fassung des Artikels 1 des Gesetzes vom 25. Juni 2021 (BGBl. I S. 2050) ist erstmals für Gewinnminderungen im Sinne des § 8b Absatz 3 Satz 4 und 5 anzuwenden, die nach dem 31. Dezember 2021 eintreten.[3] § 8b Absatz 4 in der am 12. Dezember 2006 geltenden Fassung ist für Anteile weiter anzuwenden, die einbringungsgeboren im Sinne des § 21 des Umwandlungssteuergesetzes in der am 12. Dezember 2006 geltenden Fassung sind, und für Anteile im Sinne des § 8b Absatz 4 Satz 1 Nummer 2, die auf einer Übertragung bis zum 12. Dezember 2006 beruhen. [4] § 8b Absatz 4 Satz 8 in der Fassung des Artikels 6 des Gesetzes vom 12. Dezember 2019 (BGBl. I S. 2451) ist erstmals für den Veranlagungszeitraum 2018 anzuwenden. [5] § 8b Absatz 7 Satz 1 in der am 1. Januar 2017 geltenden Fassung ist erstmals für den Veranlagungszeitraum 2017 anzuwenden; § 8b Absatz 7 Satz 2 in der am 1. Januar 2017 geltenden Fassung ist anzuwenden auf Anteile, die nach dem 31. Dezember 2016 dem Betriebsvermögen zugehen.

(6)[2] [1] § 8c Absatz 1 Satz 1 bis 3 in der Fassung des Artikels 6 des Gesetzes vom 11. Dezember 2018 (BGBl. I S. 2338) findet erstmals für den Veranlagungszeitraum 2008 und auf Anteilsübertragungen nach dem 31. Dezember 2007 Anwendung. [2] § 8c Absatz 1 Satz 4 bis 8 in der Fassung des Artikels 6 des Gesetzes vom 11. Dezember 2018 (BGBl. I S. 2338) ist erstmals auf schädliche Beteiligungserwerbe nach dem 31. Dezember 2009 anzuwenden. [3] § 8c Absatz 1a in der Fassung des Artikels 6 des Gesetzes vom 12. Dezember 2019 (BGBl. I S. 2451) ist erstmals für den Veranlagungszeitraum 2008 und auf Anteilsübertragungen nach dem 31. Dezember 2007 anzuwenden. [4] Erfüllt ein nach dem 31. Dezember 2007 erfolgter Beteiligungserwerb die Voraussetzungen des § 8c Absatz 1a, bleibt er bei der Anwendung des § 8c Absatz 1 Satz 1 unberücksichtigt.

(6a)[3] [1] § 8d ist erstmals auf schädliche Beteiligungserwerbe im Sinne des § 8c anzuwenden, die nach dem 31. Dezember 2015 erfolgen, wenn der Geschäftsbetrieb der Körperschaft vor dem 1. Januar 2016 weder eingestellt noch ruhend gestellt war. [2] § 8d Absatz 1 Satz 2 Nummer 1 ist auf Einstellungen oder Ruhendstellungen anzuwenden, die nach dem 31. Dezember 2015 erfolgen.

(6b)[4] § 9 Absatz 1 Satz 8 in der Fassung des Artikels 6 des Gesetzes vom 12. Dezember 2019 (BGBl. I S. 2451) ist erstmals auf Mitgliedsbeiträge anzuwenden, die nach dem 31. Dezember 2019 gezahlt werden.

(6c)[4] § 10 Nummer 3 in der Fassung des Artikels 6 des Gesetzes vom 12. Dezember 2019 (BGBl. I S. 2451) ist erstmals anzuwenden auf nach dem

---

[1] § 34 Abs. 5 Satz 2 angef., bish. Text wird Satz 1 durch G v. 20.12.2016 (BGBl. I S. 3000); Satz 2 eingef., bish. Satz 2 wird Satz 3 durch G v. 12.12.2019 (BGBl. I S. 2451); Satz 1 eingef., bish. Sätze 1 bis 3 werden Sätze 2 bis 4 durch G v. 25.6.2021 (BGBl. I S. 2035; Satz 2 eingef., Sätze 2 bis 4 werden Sätze 3 bis 5 durch G v. 25.6.2021 (BGBl. I S. 2050).

[2] § 34 Abs. 6 neu gef. durch G v. 11.12.2018 (BGBl. I S. 2338); Satz 3 neu gef. durch G v. 12.12.2019 (BGBl. I S. 2451).

[3] § 34 Abs. 6a eingef. durch G v. 20.12.2016 (BGBl. I S. 2998).

[4] § 34 Abs. 6b und 6c eingef. durch G v. 12.12.2019 (BGBl. I S. 2451).

31. Dezember 2018 festgesetzte Geldstrafen, sonstige Rechtsfolgen vermögensrechtlicher Art, bei denen der Strafcharakter überwiegt, und Leistungen zur Erfüllung von Auflagen oder Weisungen, soweit die Auflagen oder Weisungen nicht lediglich der Wiedergutmachung des durch die Tat verursachten Schadens dienen, sowie auf nach dem 31. Dezember 2018 entstandene damit zusammenhängende Aufwendungen.

(6d)[1] [1] § 12 Absatz 1 und 1a in der Fassung des Artikels 2 des Gesetzes vom 25. Juni 2021 (BGBl. I S. 2035) ist erstmals für nach dem 31. Dezember 2019 endende Wirtschaftsjahre anzuwenden. [2] § 12 Absatz 4 in der am 30. Juni 2021 geltenden Fassung ist letztmals für den Veranlagungszeitraum 2020 anzuwenden. [3] § 12 Absatz 2 in der am 31. Dezember 2021 geltenden Fassung ist letztmals auf Verschmelzungen anwendbar, deren steuerlicher Übertragungsstichtag vor dem 1. Januar 2022 liegt.

(6e)[2] [1] § 14 Absatz 2 in der Fassung des Artikels 6 des Gesetzes vom 11. Dezember 2018 (BGBl. I S. 2338) ist auch für Veranlagungszeiträume vor 2017 anzuwenden. [2] Ist im Einzelfall eine vor dem 1. August 2018 bestehende Organschaft unter Berücksichtigung von Ausgleichszahlungen nach anderen Grundsätzen als denen des § 14 Absatz 2 in der Fassung des Artikels 6 des Gesetzes vom 11. Dezember 2018 (BGBl. I S. 2338) anerkannt worden, so sind diese Grundsätze insoweit letztmals für den Veranlagungszeitraum 2021 maßgebend. [3] Wird ein Gewinnabführungsvertrag im Sinne des Satzes 2 vorzeitig nach dem 1. August 2018 durch Kündigung beendet, gilt die Kündigung als durch einen wichtigen Grund im Sinne des § 14 Absatz 1 Satz 1 Nummer 3 Satz 2 gerechtfertigt. [4] Wird ein Gewinnabführungsvertrag im Sinne des Satzes 2 an die Anforderungen des § 14 Absatz 2 in der Fassung des Artikels 6 des Gesetzes vom 11. Dezember 2018 (BGBl. I S. 2338) angepasst, gilt diese Anpassung für die Anwendung des § 14 Absatz 1 Satz 1 Nummer 3 nicht als Neuabschluss. [5] § 14 Absatz 4 sowie § 27 Absatz 1 Satz 3 und Absatz 6 in der Fassung des Artikels 1 des Gesetzes vom 25. Juni 2021 (BGBl. I S. 2050) sind erstmals auf Minder- und Mehrabführungen anzuwenden, die nach dem 31. Dezember 2021 erfolgen. [6] Hinsichtlich des Zeitpunkts der Minder- und Mehrabführungen ist dabei auf das Ende des Wirtschaftsjahres der Organgesellschaft abzustellen. [7] Beim Organträger sind noch bestehende Ausgleichsposten für organschaftliche Minder- und Mehrabführungen, die nach Maßgabe des § 14 Absatz 4 in der am 31. Dezember 2021 geltenden Fassung in der Steuerbilanz gebildet wurden, in dem Wirtschaftsjahr aufzulösen, das nach dem 31. Dezember 2021 endet. [8] Aktive Ausgleichsposten erhöhen, passive Ausgleichsposten mindern dabei den Buchwert der Beteiligung des Organträgers an der Organgesellschaft in der Steuerbilanz. [9] Soweit ein passiver Ausgleichsposten die Summe aus dem aktiven Ausgleichsposten und dem Buchwert der Beteiligung des Organträgers an der Organgesellschaft in

[1] § 34 Abs. 6d eingef. durch G v. 25.6.2021 (BGBl. I S. 2035); Satz 2 angef., bish. Wortlaut wird Satz 1 durch G v. 25.6.2021 (BGBl. I S. 2050); Satz 3 angef. durch G v. 25.6.2021 (BGBl. I S. 2056).

[2] *§ 34 Abs.* 6b eingef. durch G v. 11.12.2018 (BGBl. I S. 2338); wird Abs. 6d durch G v. 12.12.2019 (BGBl. I S. 2451); wird Abs. 6e durch G v. 25.6.2021 (BGBl. I S. 2035); Sätze 5 bis 16 angef. durch G v. 25.6.2021 (BGBl. I S. 2050).

-unternehmen und andere nach französischem Recht gegründete Gesellschaften, die der französischen Körperschaftsteuer unterliegen;

ka)[1] die Gesellschaften kroatischen Rechts mit der Bezeichnung „dioničko društvo" oder „društvo s ograničenom odgovornošću" und andere nach kroatischem Recht gegründete Gesellschaften, die der kroatischen Gewinnsteuer unterliegen;

l) die Gesellschaften italienischen Rechts mit der Bezeichnung „società per azioni", „società in accomandita per azioni", „società a responsabilità limitata", „società cooperative", „società di mutua assicurazione" sowie öffentliche und private Körperschaften, deren Tätigkeit ganz oder überwiegend handelsgewerblicher Art ist;

m) die nach zyprischem Recht gegründeten Gesellschaften: „εταιρείες" gemäß der Begriffsbestimmung in den Einkommensteuergesetzen;

n) die Gesellschaften lettischen Rechts mit der Bezeichnung „akciju sabiedrība", „sabiedrība ar ierobežotu atbildību";

o) die nach litauischem Recht gegründeten Gesellschaften;

p) die Gesellschaften luxemburgischen Rechts mit der Bezeichnung „société anonyme", „société en commandite par actions", „société à responsabilité limitée", „société coopérative", „société coopérative organisée comme une société anonyme", „association d'assurances mutuelles", „association d'épargne-pension", „entreprise de nature commerciale, industrielle ou minière de l'État, des communes, des syndicats de communes, des établissements publics et des autres personnes morales de droit public" sowie andere nach luxemburgischem Recht gegründete Gesellschaften, die der luxemburgischen Körperschaftsteuer unterliegen;

q) die Gesellschaften ungarischen Rechts mit der Bezeichnung „közkereseti társaság", „betéti társaság", „közös vállalat", „korlátolt felelősségű társaság", „részvénytársaság", „egyesülés", „közhasznú társaság" und „szövetkezet";

r) die Gesellschaften maltesischen Rechts mit der Bezeichnung „Kumpaniji ta' Responsabilita Limitata" und „Soċjetajiet en commandite li l-kapital tagħhom maqsum f'azzjonijiet";

s) die Gesellschaften niederländischen Rechts mit der Bezeichnung „naamloze vennootschap", „besloten vennootschap met beperkte aansprakelijkheid", „open commanditaire vennootschap", „coöperatie", „onderlinge waarborgmaatschappij", „fonds voor gemene rekening", „vereniging op coöperatieve grondslag" und „vereniging welke op onderlinge grondslag als verzekeraar of kredietinstelling optreedt" sowie andere nach niederländischem Recht gegründete Gesellschaften, die der niederländischen Körperschaftsteuer unterliegen;

t) die Gesellschaften österreichischen Rechts mit der Bezeichnung „Aktiengesellschaft", „Gesellschaft mit beschränkter Haftung" und „Erwerbs- und Wirtschaftsgenossenschaft";

---

[1] Eingef. mWv 1.7.2013 durch RL 2013/13/EU v. 13.5.2013 (ABl. EU Nr. L 141 S. 30).

u) die Gesellschaften polnischen Rechts mit der Bezeichnung „spółka akcyjna“ und „spółka z ograniczoną odpowiedzialnością“;

v) die nach portugiesischem Recht gegründeten Handelsgesellschaften und zivilrechtlichen Handelsgesellschaften sowie andere nach portugiesischem Recht gegründete juristische Personen, die Industrie- oder Handelsunternehmen sind;

w) Gesellschaften rumänischen Rechts mit der Bezeichnung „societăţi pe acţiuni“, „societăţi în comandită pe acţiuni“ und „societăţi cu răspundere limitată“;

x) die Gesellschaften slowenischen Rechts mit der Bezeichnung „delniška družba“, „komanditna družba“ und „družba z omejeno odgovornostjo“;

y) die Gesellschaften slowakischen Rechts mit der Bezeichnung „akciová spoločnosť“, „spoločnosť s ručením obmedzeným“ und „komanditná spoločnosť“;

z) die Gesellschaften finnischen Rechts mit der Bezeichnung „osakeyhtiö“/ „aktiebolag“, „osuuskunta“/„andelslag“, „säästöpankki“/„sparbank“ und „vakuutusyhtiö“/„försäkringsbolag“;

aa) die Gesellschaften schwedischen Rechts mit der Bezeichnung „aktiebolag“, „bankaktiebolag“, „försäkringsaktiebolag“, „ekonomiska föreningar“, „sparbanker“ und „ömsesidiga försäkringsbolag“;

ab) die nach dem Recht des Vereinigten Königreichs gegründeten Gesellschaften.

Teil B

Liste der Steuern im Sinne von Artikel 3 Buchstabe c

– vennootschapsbelasting/impôt des sociétés in Belgien,
– корпоративен данък in Bulgarien,
– daň z příjmů právnických osob in der Tschechischen Republik,
– selskabsskat in Dänemark,
– Körperschaftsteuer in Deutschland,
– tulumaks in Estland,
– corporation tax in Irland,
– φόρος εισοδήματος νομικών προσώπων κερδοκοπικού χαρακτήρα in Griechenland,
– impuesto sobre sociedades in Spanien,
– impôt sur les sociétés in Frankreich,
– porez na dobit in Kroatien,[1]
– imposta sul reddito delle società in Italien,
– φόρος εισοδήματος in Zypern,
– uzņēmumu ienākuma nodoklis in Lettland,

[1] Eingef. mWv 1.7.2013 durch RL 2013/13/EU v. 13.5.2013 (ABl. EU Nr. L 141 S. 30).

450. Gewerbesteuergesetz (GewStG)

In der Fassung der Bekanntmachung vom 15. Oktober 2002 (BGBl. I S. 4167)[1)·2)]

Geändert durch Steuervergünstigungsabbaugesetz vom 16.5.2003 (BGBl. I S. 660), Kleinunternehmerförderungsgesetz vom 31.7.2003 (BGBl. I S. 1550), Förderbankenneustrukturierungsgesetz vom 15.8.2003 (BGBl. I S. 1657), Steueränderungsgesetz 2003 vom 15.12.2003 (BGBl. I S. 2645), Gesetz zur Umsetzung der Protokollerklärung der Bundesregierung zur Vermittlungsempfehlung zum Steuervergünstigungsabbaugesetz vom 22.12.2003 (BGBl. I S. 2840), Gesetz zur Änderung des Gewerbesteuergesetzes und anderer Gesetze vom 23.12. 2003 (BGBl. I S. 2922), Gesetz zur Einordnung des Sozialhilferechts in das Sozialgesetzbuch vom 27.12.2003 (BGBl. I S. 3022), Haushaltsbegleitgesetz 2004 vom 29.12.2003 (BGBl. I S. 3076), Gesetz zur Organisationsreform in der gesetzlichen Rentenversicherung vom 9.12. 2004 (BGBl. I S. 3242), EURichtlinien-Umsetzungsgesetz vom 9.12.2004 (BGBl. I S. 3310), Gesetz zum 3. Zusatzprotokoll vom 4.7.2004 zum Abkommen vom 16.6.1959 zwischen der Bundesrepublik Deutschland und dem Königreich der Niederlande vom 15.12.2004 (BGBl. II S. 1653), Gesetz über steuerliche Begleitmaßnahmen zur Einführung der Europäischen Gesellschaft und zur Änderung weiterer steuerrechtlicher Vorschriften (SEStEG) vom 7.12.2006 (BGBl. I S. 2782), Jahressteuergesetz 2007 vom 13.12.2006 (BGBl. I S. 2878), Unternehmensteuerreformgesetz 2008 vom 14.8.2007 (BGBl. I S. 1912), Gesetz zur weiteren Stärkung des bürgerschaftlichen Engagements vom 10.10.2007 (BGBl. I S. 2332), Jahressteuergesetz 2008 vom 20.12.2007 (BGBl. I S. 3150), Gesetz zur Modernisierung der Rahmenbedingungen für Kapitalbeteiligungen vom 12.8.2008 (BGBl. I S. 1672), Jahressteuergesetz 2009 vom 19.12. 2008 (BGBl. I S. 2794), Steuerbürokratieabbaugesetz vom 20.12.2008 (BGBl. I S. 2850), Drittes Mittelstandsentlastungsgesetz v. 17.3.2009 (BGBl. I S. 550), Wachstumsbeschleunigungsgesetz vom 22.12.2009 (BGBl. I S. 3950), Gesetz zur Umsetzung steuerlicher EU-Vorgaben sowie zur Änderung steuerlicher Vorschriften vom 8.4.2010 (BGBl. I S. 386), Jahressteuergesetz 2010 (JStG 2010) vom 8.12.2010 (BGBl. I S. 1768), Beitreibungsrichtlinie-Umsetzungsgesetz (BeitrRLUmsG) vom 7.12.2011 (BGBl. I S. 2592), Gesetz zur Änderung und Vereinfachung der Unternehmensbesteuerung und des steuerlichen Reisekostenrechts vom 20.2.2013 (BGBl. I S. 285), Ehrenamtstärkungsgesetz vom 21.3.2013 (BGBl. I S. 556), Amtshilferichtlinie-Umsetzungsgesetz (AmtshilfeRL-UmsG) vom 26.6.2013 (BGBl. I S. 1809), Gesetz zur Anpassung des nationalen Steuerrechts an den Beitritt Kroatiens zur EU und zur Änderung weiterer steuerlicher Vorschriften vom 25.7.2014 (BGBl. I S. 1266), Gesetz zur Anpassung der Abgabenordnung an den Zollkodex der Union und zur Änderung weiterer steuerlicher Vorschriften vom 22.12.2014 (BGBl. I S. 2417), Gesetz zur Modernisierung der Finanzaufsicht über Versicherungen vom 1.4.2015 (BGBl. I S. 434), Steueränderungsgesetz 2015 vom 2.11.2015 (BGBl. I S. 1834), Gesetz zur Weiterentwicklung der steuerlichen Verlustverrechnung bei Körperschaften vom 20.12.2016 (BGBl. I S. 2998), Gesetz zur Umsetzung der Änderungen der EU-Amtshilferichtlinie und von weiteren Maßnahmen gegen Gewinnkürzungen und -verlagerungen vom 20.12.2016 (BGBl. I S. 3000), Drittes Gesetz zur Stärkung der pflegerischen Versorgung und zur Änderung weiterer Vorschriften (Drittes Pflegestärkungsgesetz – PSG III) vom 23.12.2016 (BGBl. I S. 3192), Gesetz gegen schädliche Steuerpraktiken im Zusammenhang mit Rechteüberlassungen vom 27.6.2017 (BGBl. I S. 2074), Gesetz zur Vermeidung von Umsatzsteuerausfällen beim Handel mit Waren im Internet und zur Änderung weiterer steuerlicher Vorschriften vom 11.12.2018 (BGBl. I S. 2338), Gesetz zur Reform des

---

1) Neubekanntmachung des Gewerbesteuergesetzes idF der Bek. v. 19.5.1999 (BGBl. I S. 1990, 1491) auf Grund § 35c Abs. 2 GewStG eingef. durch G v. 22.12.1999 (BGBl. I S. 2601), in der ab 27.7.2002 geltenden Fassung.

2) Vgl. hierzu die GewStDV (Nr. **460**) und die Gewerbesteuer-Richtlinien **(Steuerrichtlinien Nr. 450)**.

Zum Erhebungszeitraum vgl. § 36.

Grundsteuer- und Bewertungsrechts (Grundsteuer-Reformgesetz – GrStRefG) vom 26.11. 2019 (BGBl. I S. 1794), Gesetz zur weiteren steuerlichen Förderung der Elektromobilität und zur Änderung weiterer steuerlicher Vorschriften vom 12.12.2019 (BGBl. I S. 2451), Zweites Gesetz zur Umsetzung steuerlicher Hilfsmaßnahmen zur Bewältigung der Corona-Krise (Zweites Corona-Steuerhilfegesetz) vom 29.6.2020 (BGBl. I S. 1512), Gesetz zur Förderung der Elektromobilität und zur Modernisierung des Wohnungseigentumsgesetzes und zur Änderung von kosten- und grundbuchrechtlichen Vorschriften (Wohnungseigentumsmodernisierungsgesetz – WEMoG) vom 16.10.2020 (BGBl. I S. 2187), Jahressteuergesetz 2020 (JStG 2020) vom 21.12.2020 (BGBl. I S. 3096), Gesetz zur Umsetzung der Richtlinie (EU) 2019/2034 über die Beaufsichtigung von Wertpapierinstituten vom 12.5.2021 (BGBl. I S. 990), Fondsstandortgesetz (FoStG) vom 3.6.2021 (BGBl. I S. 1498), Gesetz zur Umsetzung der Anti-Steuervermeidungsrichtlinie (ATAD-Umsetzungsgesetz – ATADUmsG) vom 25.6.2021 (BGBl. I S. 2035), Gesetz zur Modernisierung des Körperschaftsteuerrechts vom 25.6.2021 (BGBl. I S. 2050) und Viertes Gesetz zur Umsetzung steuerlicher Hilfsmaßnahmen zur Bewältigung der Corona–Krise (Viertes Corona-Steuerhilfegesetz) vom 19.6.2022 (BGBl. I S. 911)

BGBl. III/FNA 611-5

Inhaltsübersicht

(3)[1] 1 § 7 Satz 3 in der durch Artikel 8 des Gesetzes vom 12. Dezember 2019 (BGBl. I S. 2451) geänderten Fassung ist erstmals für den Erhebungszeitraum 2009 anzuwenden. 2 Für den Erhebungszeitraum 2008 ist § 7 Satz 3 in folgender Fassung anzuwenden:

„3 Der nach § 5a des Einkommensteuergesetzes ermittelte Gewinn einschließlich der Hinzurechnungen nach § 5a Absatz 4 und 4a des Einkommensteuergesetzes und das nach § 8 Absatz 1 Satz 2 des Körperschaftsteuergesetzes ermittelte Einkommen gelten als Gewerbeertrag nach Satz 1."

3 § 7 Satz 7 in der Fassung des Artikels 16 des Gesetzes vom 20. Dezember 2016 (BGBl. I S. 3000) ist erstmals für den Erhebungszeitraum 2017 anzuwenden. 4 § 7 Satz 9 in der Fassung des Artikels 3 des Gesetzes vom 25. Juni 2021 (BGBl. I S. 2035) ist erstmals für den Erhebungszeitraum 2022 anzuwenden.

(4) 1 § 8 Nummer 1 Buchstabe d Satz 2 ist nur auf Entgelte anzuwenden, die auf Verträgen beruhen, die nach dem 31. Dezember 2019 abgeschlossen worden sind. 2 Dabei ist bei Verträgen, die vor dem 1. Januar 2025 abgeschlossen werden, statt einer Reichweite von 80 Kilometern eine Reichweite von 60 Kilometern ausreichend. 3 § 8 Nummer 1 Buchstabe d Satz 2 ist letztmals für den Erhebungszeitraum 2030 anzuwenden.

(4a)[2] § 8 Nummer 5 in der Fassung des Artikels 3 des Gesetzes vom 25. Juni 2021 (BGBl. I S. 2035) ist erstmals für den Erhebungszeitraum 2022 anzuwenden.

(5)[3] 1 § 9 Nummer 3 Satz 1 erster Halbsatz in der Fassung des Artikels 16 des Gesetzes vom 20. Dezember 2016 (BGBl. I S. 3000) ist erstmals für den Erhebungszeitraum 2017 anzuwenden. 2 § 9 Nummer 5 Satz 12 in der Fassung des Artikels 8 des Gesetzes vom 12. Dezember 2019 (BGBl. I S. 2451) ist erstmals für Zuwendungen anzuwenden, die nach dem 31. Dezember 2019 geleistet werden.

(5a)[4] § 10a in der Fassung des Artikels 9 des Gesetzes vom 21. Dezember 2020 (BGBl. I S. 3096) ist auch für Erhebungszeiträume vor 2020 anzuwenden.

(5b)[5] § 19 Absatz 3 Satz 2 und 3 ist auf Antrag des Steuerpflichtigen mit der Maßgabe anzuwenden, dass für die Erhebungszeiträume 2019 bis 2021 der 21. Kalendermonat, für den Erhebungszeitraum 2022 der 20. Kalendermonat, für den Erhebungszeitraum 2023 der 18. Kalendermonat und für den Erhebungszeitraum 2024 der 17. Kalendermonat an die Stelle des 15. Kalendermonats tritt.

---

[1] § 36 Abs. 3 Satz 3 angef. durch G v. 21.12.2020 (BGBl. I S. 3096); Satz 4 angef. durch G v. 25.6.2021 (BGBl. I S. 2035).

[2] § 36 Abs. 4a eingef. durch G v. 25.6.2021 (BGBl. I S. 2035).

[3] § 36 Abs. 5 Satz 1 eingef., bish. Wortlaut wird Satz 2 durch G v. 21.12.2020 (BGBl. I S. 3096).

[4] § 36 Abs. 5a eingef. durch G v. 21.12.2020 (BGBl. I S. 3096).

[5] § 36 Abs. 5b eingef. durch G v. 25.6.2021 (BGBl. I S. 2035); neu gef. durch G v. 19.6.2022 (BGBl. I S. 911).

(6) § 35c Absatz 1 Nummer 2 Buchstabe f Satz 1 Doppelbuchstabe bb in der Fassung des Artikels 8 des Gesetzes vom 12. Dezember 2019 (BGBl. I S. 2451) ist erstmals für den Erhebungszeitraum 2018 anzuwenden.

§ 37. (weggefallen)

(Fortsetzung nächste Seite)

500. Umsatzsteuergesetz (UStG)

In der Fassung der Bekanntmachung vom 21. Februar 2005 (BGBl. I S. 386)[1]

Geändert durch Gesetz zur Neuorganisation der Bundesfinanzverwaltung und zur Schaffung eines Refinanzierungsregisters vom 22.9.2005 (BGBl. I S. 2809), Gesetz zur steuerlichen Förderung von Wachstum und Beschäftigung vom 26.4.2006 (BGBl. I S. 1091), Gesetz zur Eindämmung missbräuchlicher Steuergestaltungen vom 28.4.2006 (BGBl. I S. 1095), Haushaltsbegleitgesetz 2006 vom 29.6.2006 (BGBl. I S. 1402), Erstes Gesetz zum Abbau bürokratischer Hemmnisse insbesondere in der mittelständischen Wirtschaft vom 22.8.2006 (BGBl. I S. 1970), Jahressteuergesetz 2007 vom 13.12.2006 (BGBl. I S. 2878), Zweites Gesetz zum Abbau bürokratischer Hemmnisse insbesondere in der mittelständischen Wirtschaft vom 7.9.2007 (BGBl. I S. 2246), Gesetz zur weiteren Stärkung des bürgerschaftlichen Engagements vom 10.10.2007 (BGBl. I S. 2332), Jahressteuergesetz 2008 vom 20.12.2007 (BGBl. I S. 3150), Jahressteuergesetz 2009 vom 19.12.2008 (BGBl. I S. 2794), Steuerbürokratieabbaugesetz vom 20.12.2008 (BGBl. I S. 2850), Bürgerentlastungsgesetz Krankenversicherung vom 16.7.2009 (BGBl. I S. 1959), Wachstumsbeschleunigungsgesetz vom 22.12.2009 (BGBl. I S. 3950), Gesetz zur Umsetzung steuerlicher EU-Vorgaben sowie zur Änderung steuerlicher Vorschriften vom 8.4.2010 (BGBl. I S. 386), Gesetz zur Weiterentwicklung der Organisation der Grundsicherung für Arbeitsuchende vom 3.8.2010 (BGBl. I S. 1112), Jahressteuergesetz 2010 (JStG 2010) vom 8.12.2010 (BGBl. I S. 1768), Gesetz zur Ermittlung von Regelbedarfen und zur Änderung des Zweiten und Zwölften Buches Sozialgesetzbuch vom 24.3.2011 (BGBl. I S. 453), Gesetz zur bestätigenden Regelung verschiedener steuerlicher und verkehrsrechtlicher Vorschriften des Haushaltsbegleitgesetzes 2004 vom 5.4.2011 (BGBl. I S. 554), Sechstes Gesetz zur Änderung von Verbrauchsteuergesetzen vom 16.6.2011 (BGBl. I S. 1090), Gesetz zur Anpassung der Rechtsgrundlagen für die Fortentwicklung des Emissionshandels vom 21.7. 2011 (BGBl. I S. 1475), Steuervereinfachungsgesetz 2011 vom 1.11.2011 (BGBl. I S. 2131), Drittes Gesetz zur Änderung des Umsatzsteuergesetzes vom 6.12.2011 (BGBl. I S. 2562), Beitreibungsrichtlinie-Umsetzungsgesetz (BeitrRLUmsG) vom 7.12.2011 (BGBl. I S. 2592), Gesetz zur Änderung des Gemeindefinanzreformgesetzes und von steuerlichen Vorschriften vom 8.5.2012 (BGBl. I S. 1030), Amtshilferichtlinie-Umsetzungsgesetz (AmtshilfeRLUmsG) vom 26.6.2013 (BGBl. I S. 1809), Gesetz zur Anpassung des Investmentsteuergesetzes und anderer Gesetze an das AIFM-Umsetzungsgesetz (AIFM-Steuer-Anpassungsgesetz – AIFM-StAnpG) vom 18.12.2013 (BGBl. I S. 4318), Gesetz zur Anpassung des nationalen Steuerrechts an den Beitritt Kroatiens zur EU und zur Änderung weiterer steuerlicher Vorschriften vom 25.7.2014 (BGBl. I S. 1266), Gesetz zur Anpassung der Abgabenordnung an den Zollkodex der Union und zur Änderung weiterer steuerlicher Vorschriften vom 22.12.2014 (BGBl. I S. 2417), Steueränderungsgesetz 2015 vom 2.11.2015 (BGBl. I S. 1834), Gesetz zur Modernisierung des Besteuerungsverfahrens vom 18.7.2016 (BGBl. I S. 1679), Gesetz zur Reform der Investmentbesteuerung (Investmentsteuerreformgesetz – InvStRefG) vom 19.7.2016 (BGBl. I S. 1730), Drittes Gesetz zur Stärkung der pflegerischen Versorgung und zur Änderung weiterer Vorschriften (Drittes Pflegestärkungsgesetz – PSG III) vom 23.12.2016 (BGBl. I S. 3191), Gesetz zur Stärkung der Teilhabe und Selbstbestimmung von Menschen mit Behinderungen (Bundesteilhabegesetz – BTHG) vom 23.12.2016 (BGBl. I S. 3234), Branntweinmonopolverwaltung-Auflösungsgesetz (BfBAG) vom 10.3.2017 (BGBl. I S. 420), Gesetz zur Umsetzung der Vierten EU-Geldwäscherichtlinie, zur Ausführung der EU-Geldtransferverordnung und zur Neuorganisation der Zentralstelle für Finanztransaktionsuntersuchungen vom 23.6.2017 (BGBl. I S. 1822), Zweites Gesetz zur Entlastung insbesondere der mittelständischen Wirtschaft von Bürokratie (Zweites Bürokratieentlastungsgesetz) vom 30.6.2017 (BGBl. I S. 2143), Gesetz zum Ausschluss verfassungsfeindlicher Parteien von der Parteienfinanzierung vom 18.7.2017 (BGBl. I S. 2730), Gesetz zur Durchführung der Verordnung (EU) Nr. 910/2014 des Euro-

[1] Neubekanntmachung des UStG idF der Bek. v. 9.6.1999 (BGBl. I S. 1270) auf Grund des § 26 Abs. 6 UStG in der ab 1.1.2005 geltenden Fassung.

päischen Parlaments und des Rates vom 23. Juli 2014 über elektronische Identifizierung und Vertrauensdienste für elektronische Transaktionen im Binnenmarkt, zur Aufhebung der Richtlinie 1999/93/EG (eIDAS-Durchführungsgesetz) vom 18.7.2017 (BGBl. I S. 2745), Gesetz zur Vermeidung von Umsatzsteuerausfällen beim Handel mit Waren im Internet und zur Änderung weiterer steuerlicher Vorschriften vom 11.12.2018 (BGBl. I S. 2338), Zweites Gesetz zur Anpassung des Datenschutzrechts an die Verordnung (EU) 2016/679 und zur Umsetzung der Richtlinie (EU) 2016/680 (Zweites Datenschutz-Anpassungs- und Umsetzungsgesetz EU – 2. DSAnpUG-EU) vom 20.11.2019 (BGBl. I S. 1626), Drittes Gesetz zur Entlastung insbesondere der mittelständischen Wirtschaft von Bürokratie (Drittes Bürokratieentlastungsgesetz) vom 22.11.2019 (BGBl. I S. 1746), Gesetz zur Reform des Grundsteuer- und Bewertungsrechts (Grundsteuer-Reformgesetz – GrStRefG) vom 26.11.2019 (BGBl. I S. 1794), Gesetz zur weiteren steuerlichen Förderung der Elektromobilität und zur Änderung weiterer steuerlicher Vorschriften vom 12.12.2019 (BGBl. I S. 2451), Gesetz zur Regelung des Sozialen Entschädigungsrechts vom 12.12.2019 (BGBl. I S. 2652; geänd. durch G v. 21.12.2020, BGBl. I S. 3096 und durch G v. 20.8.2021, BGBl. I S. 3932), Gesetz zur Einführung einer Pflicht zur Mitteilung grenzüberschreitender Steuergestaltungen vom 21.12.2019 (BGBl. I S. 2875), Gesetz zur Umsetzung des Klimaschutzprogramms 2030 im Steuerrecht vom 21.12.2019 (BGBl. I S. 2886), Gesetz zur Umsetzung steuerlicher Hilfsmaßnahmen zur Bewältigung der Corona-Krise (Corona-Steuerhilfegesetz) vom 19.6.2020 (BGBl. I S. 1385), Zweites Gesetz zur Umsetzung steuerlicher Hilfsmaßnahmen zur Bewältigung der Corona-Krise (Zweites Corona-Steuerhilfegesetz) vom 29.6.2020 (BGBl. I S. 1512), Jahressteuergesetz 2020 (JStG 2020) vom 21.12.2020 (BGBl. I S. 3096; geänd. durch G v. 20.8.2021, BGBl. I S. 3932), Drittes Gesetz zur Umsetzung steuerlicher Hilfsmaßnahmen zur Bewältigung der Corona-Krise (Drittes Corona-Steuerhilfegesetz) vom 10.3.2021 (BGBl. I S. 330), Gesetz zur Reform des Vormundschafts- und Betreuungsrechts vom 4.5.2021 (BGBl. I S. 882), Gesetz zur Modernisierung der Entlastung von Abzugsteuern und der Bescheinigung der Kapitalertragsteuer (Abzugsteuerentlastungsmodernisierungsgesetz – AbzStEntModG) vom 2.6.2021 (BGBl. I S. 1259), Gesetz zur digitalen Modernisierung von Versorgung und Pflege (Digitale-Versorgung-und-Pflege-Modernisierungs-Gesetz – DVPMG) vom 3.6.2021 (BGBl. I S. 1309), Fondsstandortgesetz (FoStoG) vom 3.6.2021 (BGBl. I S. 1498), Gesetz über die Entschädigung der Soldatinnen und Soldaten und zur Neuordnung des Soldatenversorgungsrechts vom 20.8.2021 (BGBl. I S. 3932) und Gesetz zur Umsetzung unionsrechtlicher Vorgaben im Umsatzsteuerrecht vom 21.12.2021 (BGBl. I S. 5250)

BGBl. III/FNA 611-10-14

Inhaltsübersicht

I. Steuergegenstand und Geltungsbereich §§

II. Steuerbefreiungen und Steuervergütungen

(Fortsetzung nächstes Blatt)

cc)[1] Leistungen der Kindertagespflege erbringen, für die sie nach § 23 Absatz 3 des Achten Buches Sozialgesetzbuch geeignet sind, oder

[***ab 1.1.2020:***
dd) Leistungen der Adoptionsvermittlung erbringen, für die sie nach § 4 Absatz 1 des Adoptionsvermittlungsgesetzes anerkannt oder nach § 4 Absatz 2 des Adoptionsvermittlungsgesetzes zugelassen sind.]

[3] Steuerfrei sind auch

a) die Durchführung von kulturellen und sportlichen Veranstaltungen, wenn die Darbietungen von den von der Jugendhilfe begünstigten Personen selbst erbracht oder die Einnahmen überwiegend zur Deckung der Kosten verwendet werden und diese Leistungen in engem Zusammenhang mit den in Satz 1 bezeichneten Leistungen stehen,

b) die Beherbergung, Beköstigung und die üblichen Naturalleistungen, die diese Einrichtungen den Empfängern der Jugendhilfeleistungen und Mitarbeitern in der Jugendhilfe sowie den bei den Leistungen nach Satz 1 tätigen Personen als Vergütung für die geleisteten Dienste gewähren,

c)[2] Leistungen, die von Einrichtungen erbracht werden, die als Vormünder nach § 1773 des Bürgerlichen Gesetzbuchs oder als Ergänzungspfleger nach *§ 1909* [***ab 1.1.2023:*** § 1809] des Bürgerlichen Gesetzbuchs bestellt worden sind, sofern es sich nicht um Leistungen handelt, die nach *§ 1835* [***ab 1.1.2023:*** § 1877] Absatz 3 des Bürgerlichen Gesetzbuchs vergütet werden,

[***ab 1.1.2021:***
d)[3] Einrichtungen, die als Verfahrensbeistand nach den §§ 158, 174 oder 191 des Gesetzes über das Verfahren in Familiensachen und in den Angelegenheiten der freiwilligen Gerichtsbarkeit bestellt worden sind, wenn die Preise, die diese Einrichtungen verlangen, von den zuständigen Behörden genehmigt sind oder die genehmigten Preise nicht übersteigen; bei Umsätzen, für die eine Preisgenehmigung nicht vorgesehen ist, müssen die verlangten Preise unter den Preisen liegen, die der Mehrwertsteuer unterliegende gewerbliche Unternehmen für entsprechende Umsätze fordern;]

26. die ehrenamtliche Tätigkeit,

a) wenn sie für juristische Personen des öffentlichen Rechts ausgeübt wird oder

b) wenn das Entgelt für diese Tätigkeit nur in Auslagenersatz und einer angemessenen Entschädigung für Zeitversäumnis besteht;

27. a)[4] die Gestellung von Personal durch religiöse und weltanschauliche Einrichtungen für die in Nummer 14 Buchstabe b, in den Nummern 16,

---

[1] § 4 Nr. 25 Satz 2 Buchst. b Doppelbuchst. cc geänd. mWv 31.7.2014 durch G v. 25.7. 2014 (BGBl. I S. 1266).

[2] § 4 Nr. 25 Satz 3 Buchst. c angef. mWv 30.6.2013 durch G v. 26.6.2013 (BGBl. I S. 1809); geänd. mWv 1.1.2023 durch G v. 4.5.2021 (BGBl. I S. 882).

[3] § 4 Nr. 25 Satz 3 Buchst. d angef. mWv 1.1.2021 durch G v. 21.12.2020 (BGBl. I S. 3096).

[4] § 4 Nr. 27 Buchst. a neu gef. mWv 1.1.2015 durch G v. 25.7.2014 (BGBl. I S. 1266); geänd. mWv 18.12.2019 durch G v. 12.12.2019 (BGBl. I S. 2451).

18, 21, 22 Buchstabe a sowie in den Nummern 23 und 25 genannten Tätigkeiten und für Zwecke geistlichen Beistands,

b) die Gestellung von land- und forstwirtschaftlichen Arbeitskräften durch juristische Personen des privaten oder des öffentlichen Rechts für land- und forstwirtschaftliche Betriebe (§ 24 Abs. 2) mit höchstens drei Vollarbeitskräften zur Überbrückung des Ausfalls des Betriebsinhabers oder dessen voll mitarbeitenden Familienangehörigen wegen Krankheit, Unfalls, Schwangerschaft, eingeschränkter Erwerbsfähigkeit oder Todes sowie die Gestellung von Betriebshelfern an die gesetzlichen Träger der Sozialversicherung;

28.[1] die Lieferungen von Gegenständen, für die der Vorsteuerabzug nach § 15 Abs. 1a ausgeschlossen ist oder wenn der Unternehmer die gelieferten Gegenstände ausschließlich für eine nach den Nummern 8 bis 27 [***ab 1.1.2020:*** und 29] steuerfreie Tätigkeit verwendet hat;

[***ab 1.1.2020:***

29.[2] sonstige Leistungen von selbständigen, im Inland ansässigen Zusammenschlüssen von Personen, deren Mitglieder eine dem Gemeinwohl dienende nichtunternehmerische Tätigkeit oder eine dem Gemeinwohl dienende Tätigkeit ausüben, die nach den Nummern 11b, 14 bis 18, 20 bis 25 oder 27 von der Steuer befreit ist, gegenüber ihren im Inland ansässigen Mitgliedern, soweit diese Leistungen für unmittelbare Zwecke der Ausübung dieser Tätigkeiten verwendet werden und der Zusammenschluss von seinen Mitgliedern lediglich die genaue Erstattung des jeweiligen Anteils an den gemeinsamen Kosten fordert, vorausgesetzt, dass diese Befreiung nicht zu einer Wettbewerbsverzerrung führt.]

§ 4a Steuervergütung für Leistungsbezüge zur Verwendung zu humanitären, karitativen oder erzieherischen Zwecken im Drittlandsgebiet[3]. (1) [1] Körperschaften, die ausschließlich und unmittelbar gemeinnützige, mildtätige oder kirchliche Zwecke verfolgen (§§ 51 bis 68 der Abgabenordnung), und juristischen Personen des öffentlichen Rechts wird auf Antrag eine Steuervergütung zum Ausgleich der Steuer gewährt, die auf der an sie bewirkten Lieferung eines Gegenstands, seiner Einfuhr oder seinem innergemeinschaftlichen Erwerb lastet, wenn die folgenden Voraussetzungen erfüllt sind:

1. Die Lieferung, die Einfuhr oder der innergemeinschaftliche Erwerb des Gegenstands muss steuerpflichtig gewesen sein.
2. Die auf die Lieferung des Gegenstands entfallende Steuer muss in einer nach § 14 ausgestellten Rechnung gesondert ausgewiesen und mit dem Kaufpreis bezahlt worden sein.
3. Die für die Einfuhr oder den innergemeinschaftlichen Erwerb des Gegenstands geschuldete Steuer muss entrichtet worden sein.

---

[1] § 4 Nr. 28 Verweis geänd. durch G v. 20.12.2007 (BGBl. I S. 3150); Verweis ergänzt *mWv 1.1.2020 durch G v.* 12.12.2019 (BGBl. I S. 2451).

[2] § 4 Nr. 29 angef. mWv 1.1.2020 durch G v. 12.12.2019 (BGBl. I S. 2451).

[3] Überschr. neu gef. mWv 1.1.2022 durch G v. 21.12.2021 (BGBl. I S. 5250).

4. Der Gegenstand muss in das Drittlandsgebiet gelangt sein.

5. Der Gegenstand muss im Drittlandsgebiet zu humanitären, karitativen oder erzieherischen Zwecken verwendet werden.

6.[1)] Der Erwerb oder die Einfuhr des Gegenstands und seine Ausfuhr dürfen von einer Körperschaft, die steuerbegünstigte Zwecke verfolgt, nicht im Rahmen eines wirtschaftlichen Geschäftsbetriebs und von einer juristischen Person des öffentlichen Rechts nicht im Rahmen ihres Unternehmens vorgenommen worden sein.

7. Die vorstehenden Voraussetzungen müssen nachgewiesen sein.

²Der Antrag ist nach amtlich vorgeschriebenem Vordruck zu stellen, in dem der Antragsteller die zu gewährende Vergütung selbst zu berechnen hat.

(2) Das Bundesministerium der Finanzen kann mit Zustimmung des Bundesrates durch Rechtsverordnung näher bestimmen,

1. wie die Voraussetzungen für den Vergütungsanspruch nach Absatz 1 Satz 1 nachzuweisen sind und
2. in welcher Frist die Vergütung zu beantragen ist.

§ 4b Steuerbefreiung beim innergemeinschaftlichen Erwerb von Gegenständen. Steuerfrei ist der innergemeinschaftliche Erwerb

1. der in § 4 Nr. 8 Buchstabe e und Nr. 17 Buchstabe a sowie der in § 8 Abs. 1 Nr. 1 und 2 bezeichneten Gegenstände;
2. der in § 4 Nr. 4 bis 4b und Nr. 8 Buchstabe b und i sowie der in § 8 Abs. 2 Nr. 1 und 2 bezeichneten Gegenstände unter den in diesen Vorschriften bezeichneten Voraussetzungen;
3. der Gegenstände, deren Einfuhr (§ 1 Abs. 1 Nr. 4) nach den für die Einfuhrumsatzsteuer geltenden Vorschriften steuerfrei wäre;
4. der Gegenstände, die zur Ausführung von Umsätzen verwendet werden, für die der Ausschluss vom Vorsteuerabzug nach § 15 Abs. 3 nicht eintritt.

[*Für nach dem 31.12.2020 bezogene Leistungen:*][2)]

§ 4c Steuervergütung für Leistungsbezüge europäischer Einrichtungen. (1) Europäischen Einrichtungen wird

1. die von dem Unternehmer für eine Leistung gesetzlich geschuldete und von der Einrichtung gezahlte Steuer sowie
2. die von der Einrichtung nach § 13b Absatz 5 geschuldete und von ihr entrichtete Steuer

auf Antrag vergütet, sofern die Leistung nicht von der Steuer befreit werden kann.

---

1) § 4a Abs. 1 Satz 1 Nr. 6 geänd. mWv 1.1.2016 durch G v. 2.11.2015 (BGBl. I S. 1834).

2) § 4c eingef. durch G v. 21.12.2021 (BGBl. I S. 5250); zur Anwendung siehe § 27 Abs. 35 Satz 1.

(2) Europäische Einrichtungen im Sinne des Absatzes 1 sind

1. die Europäische Union, die Europäische Atomgemeinschaft, die Europäische Zentralbank und die Europäische Investitionsbank sowie die von der Europäischen Union geschaffenen Einrichtungen, auf die das dem Vertrag über die Europäische Union und dem Vertrag über die Arbeitsweise der Europäischen Union beigefügte Protokoll (Nr. 7) über die Vorrechte und Befreiungen der Europäischen Union (ABl. C 202 vom 7.6.2016, S. 266) anwendbar ist, und
2. die Europäische Kommission sowie nach dem Unionsrecht geschaffene Agenturen und Einrichtungen.

(3) Die Vergütung an eine in Absatz 2 Nummer 1 bezeichnete Einrichtung erfolgt in den Grenzen und zu den Bedingungen, die in dem dem Vertrag über die Europäische Union und dem Vertrag über die Arbeitsweise der Europäischen Union beigefügten Protokoll (Nr. 7) über die Vorrechte und Befreiungen der Europäischen Union und den Übereinkünften zu seiner Umsetzung oder in den Abkommen über den Sitz der Einrichtung festgelegt sind.

(4) [1] Die Vergütung an eine in Absatz 2 Nummer 2 bezeichnete Einrichtung setzt voraus, dass die Leistung

1. in Wahrnehmung der der Einrichtung durch das Unionsrecht übertragenen Aufgaben bezogen wurde, um auf die COVID-19-Pandemie zu reagieren, und
2. nicht zur Ausführung einer eigenen entgeltlichen Leistung verwendet wird.

[2] Soweit die Voraussetzungen nach Antragstellung wegfallen, ist die Einrichtung verpflichtet, dies dem Bundeszentralamt für Steuern innerhalb eines Monats anzuzeigen.]

§ 5 Steuerbefreiungen bei der Einfuhr. (1) Steuerfrei ist die Einfuhr

1. der in § 4 Nr. 8 Buchstabe e und Nr. 17 Buchstabe a sowie der in § 8 Abs. 1 Nr. 1, 2 und 3 bezeichneten Gegenstände;
2. der in § 4 Nr. 4 und Nr. 8 Buchstabe b und i sowie der in § 8 Abs. 2 Nr. 1, 2 und 3 bezeichneten Gegenstände unter den in diesen Vorschriften bezeichneten Voraussetzungen;
3. [1)] der Gegenstände, die von einem Schuldner der Einfuhrumsatzsteuer im Anschluss an die Einfuhr unmittelbar zur Ausführung von innergemeinschaftlichen Lieferungen (§ 4 Nummer 1 Buchstabe b, § 6a) verwendet werden; der Schuldner der Einfuhrumsatzsteuer hat zum Zeitpunkt der Einfuhr
   a) seine im Geltungsbereich dieses Gesetzes erteilte Umsatzsteuer-Identifikationsnummer oder die im Geltungsbereich dieses Gesetzes erteilte Umsatzsteuer-Identifikationsnummer seines Fiskalvertreters und
   b) die im anderen Mitgliedstaat erteilte Umsatzsteuer-Identifikationsnummer des Abnehmers mitzuteilen sowie
   c) nachzuweisen, dass die Gegenstände zur Beförderung oder Versendung in das übrige Gemeinschaftsgebiet bestimmt sind;

[1)] § 5 Abs. 1 Nr. 3 neu gef. mWv 1.1.2011 durch G v. 8.12.2010 (BGBl. I S. 1768).

4. der in der Anlage 1 bezeichneten Gegenstände, die im Anschluss an die Einfuhr zur Ausführung von steuerfreien Umsätzen nach § 4 Nr. 4a Satz 1 Buchstabe a Satz 1 verwendet werden sollen; der Schuldner der Einfuhrumsatzsteuer hat die Voraussetzungen der Steuerbefreiung nachzuweisen;
5. der in der Anlage 1 bezeichneten Gegenstände, wenn die Einfuhr im Zusammenhang mit einer Lieferung steht, die zu einer Auslagerung im Sinne des § 4 Nr. 4a Satz 1 Buchstabe a Satz 2 führt und der Lieferer oder sein Beauftragter Schuldner der Einfuhrumsatzsteuer ist; der Schuldner der Einfuhrumsatzsteuer hat die Voraussetzungen der Steuerbefreiung nachzuweisen;
6.[1] von Erdgas über das Erdgasnetz oder von Erdgas, das von einem Gastanker aus in das Erdgasnetz oder ein vorgelagertes Gasleitungsnetz eingespeist wird, von Elektrizität oder von Wärme oder Kälte über Wärme- oder Kältenetze;

[*ab 1.7.2021:*
7.[2] von aus dem Drittlandsgebiet eingeführten Gegenständen in Sendungen mit einem Sachwert von höchstens 150 Euro, für die die Steuer im Rahmen des besonderen Besteuerungsverfahrens nach § 18k zu erklären ist und für die in der Anmeldung zur Überlassung in den freien Verkehr die nach Artikel 369q der Richtlinie 2006/112/EG des Rates vom 28. November 2006 über das gemeinsame Mehrwertsteuersystem (ABl. L 347 vom 11.12.2006, S. 1) in der jeweils geltenden Fassung von einem Mitgliedstaat der Europäischen Union erteilte individuelle Identifikationsnummer des Lieferers oder die dem in seinem Auftrag handelnden Vertreter für diesen Lieferer erteilte individuelle Identifikationsnummer angegeben wird;]

[*ab 1.1.2021:*[3]
8. von Gegenständen durch die Europäische Union, die Europäische Atomgemeinschaft, die Europäische Zentralbank und die Europäische Investitionsbank sowie die von der Europäischen Union geschaffenen Einrichtungen, auf die das dem Vertrag über die Europäische Union und dem Vertrag über die Arbeitsweise der Europäischen Union beigefügte Protokoll (Nr. 7) über die Vorrechte und Befreiungen der Europäischen Union (ABl. C 202 vom 7.6.2016, S. 266) anwendbar ist, und zwar in den Grenzen und zu den Bedingungen, die in diesem Protokoll und den Übereinkünften zu seiner Umsetzung oder in den Abkommen über den Sitz festgelegt sind;
9. von Gegenständen durch die Europäische Kommission sowie nach dem Unionsrecht geschaffene Agenturen und Einrichtungen, sofern die Gegenstände in Wahrnehmung der ihnen durch das Unionsrecht übertragenen Aufgaben eingeführt werden, um auf die COVID-19-Pandemie zu reagieren. [2]Dies gilt nicht für Gegenstände, die von der Europäischen Kommission oder der nach dem Unionsrecht geschaffenen Agentur oder Einrichtung zur Ausführung von eigenen entgeltlichen Lieferungen verwendet

---

[1] § 5 Abs. 1 Nr. 6 geänd. mWv 1.1.2011 durch G v. 8.12.2010 (BGBl. I S. 1768).

[2] § 5 Abs. 1 Nr. 7 angef. durch G v. 21.12.2020 (BGBl. I S. 3096); zur Anwendung siehe § 27 Abs. 34 Satz 1.

[3] § 5 Abs. 1 Nrn. 8 und 9 eingef., Nr. 8 wird Nr. 10 durch G v. 21.12.2021 (BGBl. I S. 5250); zur Anwendung siehe § 27 Abs. 35 Satz 2.

werden. [3]Soweit die Voraussetzungen für die Steuerbefreiung nach der Einfuhr wegfallen, ist die Europäische Kommission oder die nach dem Unionsrecht geschaffene Agentur oder Einrichtung verpflichtet, dies dem für die Besteuerung dieser Einfuhr zuständigen Hauptzollamt innerhalb eines Monats anzuzeigen. [4]In diesem Fall wird die Einfuhrumsatzsteuer nach den im Zeitpunkt des Wegfalls geltenden Bestimmungen festgesetzt;]

[*ab 1.7.2022:*

10.[1)] von Gegenständen durch die Streitkräfte anderer Mitgliedstaaten für den eigenen Gebrauch oder Verbrauch oder für den ihres zivilen Begleitpersonals oder für die Versorgung ihrer Kasinos oder Kantinen, wenn diese Streitkräfte an einer Verteidigungsanstrengung teilnehmen, die zur Durchführung einer Tätigkeit der Union im Rahmen der Gemeinsamen Sicherheits- und Verteidigungspolitik unternommen wird.]

(2) Das Bundesministerium der Finanzen kann durch Rechtsverordnung, die nicht der Zustimmung des Bundesrates bedarf, zur Erleichterung des Warenverkehrs über die Grenze und zur Vereinfachung der Verwaltung Steuerfreiheit oder Steuerermäßigung anordnen

1. für Gegenstände, die nicht oder nicht mehr am Güterumsatz und an der Preisbildung teilnehmen;
2. für Gegenstände in kleinen Mengen oder von geringem Wert;
3. für Gegenstände, die nur vorübergehend ausgeführt worden waren, ohne ihre Zugehörigkeit oder enge Beziehung zur inländischen Wirtschaft verloren zu haben;
4. für Gegenstände, die nach zollamtlich bewilligter Veredelung in Freihäfen eingeführt werden;
5. für Gegenstände, die nur vorübergehend eingeführt und danach unter zollamtlicher Überwachung wieder ausgeführt werden;
6. für Gegenstände, für die nach zwischenstaatlichem Brauch keine Einfuhrumsatzsteuer erhoben wird;
7. für Gegenstände, die an Bord von Verkehrsmitteln als Mundvorrat, als Brenn-, Treib- oder Schmierstoffe, als technische Öle oder als Betriebsmittel eingeführt werden;
8. für Gegenstände, die weder zum Handel noch zur gewerblichen Verwendung bestimmt und insgesamt nicht mehr wert sind, als in Rechtsakten des Rates der Europäischen Union oder der Europäischen Kommission[2)] über die Verzollung zum Pauschalsatz festgelegt ist, soweit dadurch schutzwürdige Interessen der inländischen Wirtschaft nicht verletzt werden und keine unangemessenen Steuervorteile entstehen. [2]Es hat dabei Rechtsakte des Rates der Europäischen Union oder der Europäischen Kommission[2)] zu berücksichtigen.

[1)] *§ 5 Abs. 1 Nr.* 10 (urspr. als Nr. 8) angef. mWv 1.7.2022 durch G v. 21.12.2020 (BGBl. I S. 3096).

[2)] Bezeichnungen geänd. durch G v. 26.6.2013 (BGBl. I S. 1809).

nicht verpflichtet sind, Bücher zu führen und auf Grund jährlicher Bestandsaufnahmen regelmäßig Abschlüsse zu machen, ein Durchschnittssatz von 7 Prozent des steuerpflichtigen Umsatzes, mit Ausnahme der Einfuhr und des innergemeinschaftlichen Erwerbs, festgesetzt. [2]Ein weiterer Vorsteuerabzug ist ausgeschlossen.

(2) Der Unternehmer, dessen steuerpflichtiger Umsatz, mit Ausnahme der Einfuhr und des innergemeinschaftlichen Erwerbs, im vorangegangenen Kalenderjahr 35 000 Euro[1)] überstiegen hat, kann den Durchschnittssatz nicht in Anspruch nehmen.

(3) [1]Der Unternehmer, bei dem die Voraussetzungen für die Anwendung des Durchschnittssatzes gegeben sind, kann dem Finanzamt spätestens bis zum 10. Tag nach Ablauf des ersten Voranmeldungszeitraums eines Kalenderjahres erklären, dass er den Durchschnittssatz in Anspruch nehmen will. [2]Die Erklärung bindet den Unternehmer mindestens für fünf Kalenderjahre. [3]Sie kann nur mit Wirkung vom Beginn eines Kalenderjahres an widerrufen werden. [4]Der Widerruf ist spätestens bis zum 10. Tag nach Ablauf des ersten Voranmeldungszeitraums dieses Kalenderjahres zu erklären. [5]Eine erneute Anwendung des Durchschnittssatzes ist frühestens nach Ablauf von fünf Kalenderjahren zulässig.

§ 24 Durchschnittssätze für land- und forstwirtschaftliche Betriebe.

[*Fassung bis 31.12.2021:*]

(1) [1]Für die im Rahmen eines land- und forstwirtschaftlichen Betriebs ausgeführten Umsätze wird die Steuer vorbehaltlich der Sätze 2 bis 4 wie folgt festgesetzt:

1. für die Lieferungen von forstwirtschaftlichen Erzeugnissen, ausgenommen Sägewerkserzeugnisse, auf 5,5 Prozent[3)],
2.[4)] für die Lieferungen der in der Anlage 2 nicht aufgeführten Sägewerkserzeugnisse und Getränke sowie von alkoholischen Flüssigkeiten, ausgenommen die Lieferungen in das Ausland und die im Ausland bewirkten Umsätze, und für sonstige Leistungen, soweit in der Anlage 2 nicht aufgeführte Getränke abgegeben werden, auf 19 Prozent,

[*Fassung ab 1.1.2022:*]

(1)[2)] [1]Hat der Gesamtumsatz des Unternehmers (§ 19 Absatz 3) im vorangegangenen Kalenderjahr nicht mehr als 600 000 Euro betragen, wird die Steuer für die im Rahmen eines land- und forstwirtschaftlichen Betriebs ausgeführten Umsätze vorbehaltlich der Sätze 2 bis 4 wie folgt festgesetzt:

1. für die Lieferungen von forstwirtschaftlichen Erzeugnissen, ausgenommen Sägewerkserzeugnisse, auf 5,5 Prozent,
2. für die Lieferungen der in der Anlage 2 nicht aufgeführten Sägewerkserzeugnisse und Getränke sowie von alkoholischen Flüssigkeiten, ausgenommen die Lieferungen in das Ausland und die im Ausland bewirkten Umsätze, und

---

[1)] § 23a Abs. 2 Betrag geänd. mWv 1.1.2008 durch G v. 10.10.2007 (BGBl. I S. 2332).

[2)] § 24 Abs. 1 Satz 1 neu gef. durch G v. 21.12.2020 (BGBl. I S. 3096); zur Anwendung siehe § 27 Abs. 32.

[3)] Beträge geänd. mWv 1.1.2007 durch G v. 29.6.2006 (BGBl. I S. 1402).

[4)] § 24 Abs. 1 Satz 1 Nr. 2 geänd. durch G v. 20.12.2007 (BGBl. I S. 3150). Zur geänderten befristeten Anwendung siehe § 28 Abs. 3.

[***Fassung bis 31.12.2021:***]

3. für die übrigen Umsätze im Sinne des § 1 Abs. 1 Nr. 1 auf 10,7 Prozent

der Bemessungsgrundlage.

[***Fassung ab 1.1.2022:***]

für sonstige Leistungen, soweit in der Anlage 2 nicht aufgeführte Getränke abgegeben werden, auf 19 Prozent,

3. für die übrigen Umsätze im Sinne des § 1 Absatz 1 Nummer 1 auf *10,7* [***ab 1.1.2022:*** *9,5*] *Prozent*[1)]

der Bemessungsgrundlage.

[2] Die Befreiungen nach § 4 mit Ausnahme der Nummern 1 bis 7 bleiben unberührt; § 9 findet keine Anwendung. [3] Die Vorsteuerbeträge werden, soweit sie den in Satz 1 Nr. 1 bezeichneten Umsätzen zuzurechnen sind, auf 5,5 Prozent, in den übrigen Fällen des Satzes 1 auf *10,7* [***ab 1.1.2022:*** *9,5*] *Prozent*[1)] der Bemessungsgrundlage für diese Umsätze festgesetzt. [4] Ein weiterer Vorsteuerabzug entfällt. [5] § 14 ist mit der Maßgabe anzuwenden, dass der für den Umsatz maßgebliche Durchschnittssatz in der Rechnung zusätzlich anzugeben ist.

(2) [1] Als land- und forstwirtschaftlicher Betrieb gelten

1. die Landwirtschaft, die Forstwirtschaft, der Wein-, Garten-, Obst- und Gemüsebau, die Baumschulen, alle Betriebe, die Pflanzen und Pflanzenteile mit Hilfe der Naturkräfte gewinnen, die Binnenfischerei, die Teichwirtschaft, die Fischzucht für die Binnenfischerei und Teichwirtschaft, die Imkerei, die Wanderschäferei sowie die Saatzucht;
2. Tierzucht- und Tierhaltungsbetriebe, soweit ihre Tierbestände nach *den §§ 51 und 51a* [***ab 1.1.2025:*** § 241][2)] des Bewertungsgesetzes[3)] zur landwirtschaftlichen Nutzung gehören [***ab 1.1.2025:*** oder diese die Voraussetzungen des § 13 Absatz 1 Nummer 1 Satz 2 des Einkommensteuergesetzes in Verbindung mit § 13b des Einkommensteuergesetzes erfüllen.][4)]

[2] Zum land- und forstwirtschaftlichen Betrieb gehören auch die Nebenbetriebe, die dem land- und forstwirtschaftlichen Betrieb zu dienen bestimmt sind.[5)]

(3) Führt der Unternehmer neben den in Absatz 1 bezeichneten Umsätzen auch andere Umsätze aus, so ist der land- und forstwirtschaftliche Betrieb als ein in der Gliederung des Unternehmens gesondert geführter Betrieb zu behandeln.

(4) [1] Der Unternehmer kann spätestens bis zum 10. Tag eines Kalenderjahres gegenüber dem Finanzamt erklären, dass seine Umsätze vom Beginn des vorangegangenen Kalenderjahres an nicht nach den Absätzen 1 bis 3, sondern nach den allgemeinen Vorschriften dieses Gesetzes besteuert werden sollen. [2] Die Erklärung bindet den Unternehmer mindestens für fünf Kalenderjahre; im Fall der Geschäftsveräußerung ist der Erwerber an diese Frist gebunden. [3] Sie kann mit Wirkung vom Beginn eines Kalenderjahres an widerrufen werden. [4] Der Widerruf ist spätestens bis zum 10. Tag nach Beginn dieses Kalen-

---

1) § 24 Abs. 1 Satz 1 Nr. 3 und Satz 3 geänd. mWv 1.1.2022 durch G v. 21.12.2021 (BGBl. I S. 5250).

2) Verweis geänd. mWv 1.1.2025 durch G v. 26.11.2019 (BGBl. I S. 1794).

3) Nr. **200**.

4) Klammerzusatz angef. mWv 1.1.2025 durch G v. 12.12.2019 (BGBl. I S. 2451).

5) § 24 Abs. 2 Satz 3 aufgeh. mWv 29.12.2020 durch G v. 21.12.2020 (BGBl. I S. 3096).

derjahres zu erklären. [5] Die Frist nach Satz 4 kann verlängert werden. [6] Ist die Frist bereits abgelaufen, so kann sie rückwirkend verlängert werden, wenn es unbillig wäre, die durch den Fristablauf eingetretenen Rechtsfolgen bestehen zu lassen.

[*ab 1. 1. 2022:*[1)]

(5) [1] Das Bundesministerium der Finanzen überprüft jährlich die Höhe des Durchschnittssatzes im Sinne des Absatzes 1 Satz 1 Nummer 3 und Satz 3 und berichtet dem Deutschen Bundestag über das Ergebnis der Überprüfung. [2] Der Durchschnittssatz wird ermittelt aus dem Verhältnis der Summe der Vorsteuern zu der Summe der Umsätze aller Unternehmer, die ihre Umsätze nach Absatz 1 Satz 1 Nummer 2 und 3 versteuern, in einem Zeitraum von drei Jahren. [3] Der ermittelte Durchschnittssatz wird auf eine Nachkommastelle kaufmännisch gerundet. [4] Soweit nach der Überprüfung eine Anpassung des Durchschnittssatzes in Absatz 1 Satz 1 Nummer 3 und Satz 3 erforderlich ist, legt die Bundesregierung kurzfristig einen entsprechenden Gesetzentwurf vor.]

§ 25 Besteuerung von Reiseleistungen. (1)[2)] [1] Die nachfolgenden Vorschriften gelten für Reiseleistungen eines Unternehmers, soweit der Unternehmer dabei gegenüber dem Leistungsempfänger im eigenen Namen auftritt und Reisevorleistungen in Anspruch nimmt. [2] Die Leistung des Unternehmers ist als sonstige Leistung anzusehen. [3] Erbringt der Unternehmer an einen Leistungsempfänger im Rahmen einer Reise mehrere Leistungen dieser Art, so gelten sie als eine einheitliche sonstige Leistung. [4] Der Ort der sonstigen Leistung bestimmt sich nach § 3a Abs. 1. [5] Reisevorleistungen sind Lieferungen und sonstige Leistungen Dritter, die den Reisenden unmittelbar zugutekommen.

(2) [1] Die sonstige Leistung ist steuerfrei, soweit die ihr zuzurechnenden Reisevorleistungen im Drittlandsgebiet bewirkt werden. [2] Die Voraussetzung der Steuerbefreiung muss vom Unternehmer nachgewiesen sein. [3] Das Bundesministerium der Finanzen kann mit Zustimmung des Bundesrates durch Rechtsverordnung bestimmen, wie der Unternehmer den Nachweis zu führen hat.

(3) [1] Die sonstige Leistung bemisst sich nach dem Unterschied zwischen dem Betrag, den der Leistungsempfänger aufwendet, um die Leistung zu erhalten, und dem Betrag, den der Unternehmer für die Reisevorleistungen aufwendet. [2] Die Umsatzsteuer gehört nicht zur Bemessungsgrundlage. [3] *Der Unternehmer kann die Bemessungsgrundlage statt für jede einzelne Leistung entweder für Gruppen von Leistungen oder für die gesamten innerhalb des Besteuerungszeitraums erbrachten Leistungen ermitteln.*[3)]

(4) [1] Abweichend von § 15 Abs. 1 ist der Unternehmer nicht berechtigt, die ihm für die Reisevorleistungen gesondert in Rechnung gestellten sowie die nach § 13b geschuldeten Steuerbeträge als Vorsteuer abzuziehen. [2] Im Übrigen bleibt § 15 unberührt.

(5) Für die sonstigen Leistungen gilt § 22 mit der Maßgabe, dass aus den Aufzeichnungen des Unternehmers zu ersehen sein müssen:

[1)] § 24 Abs. 5 angef. mWv 1.1.2022 durch G v. 21.12.2021 (BGBl. I S. 5250).

[2)] § 25 Abs. 1 Satz 1 geänd. mWv 18.12.2019 durch G v. 12.12.2019 (BGBl. I S. 2451).

[3)] § 25 Abs. 3 Satz 3 aufgeh. **mWv 1.1.2022** (§ 27 Abs. 26 idF des G v. 12.12.2019, BGBl. I S. 2451) durch G v. 12.12.2019 (BGBl. I S. 2451).

1. der Betrag, den der Leistungsempfänger für die Leistung aufwendet,
2. die Beträge, die der Unternehmer für die Reisevorleistungen aufwendet,
3. die Bemessungsgrundlage nach Absatz 3 und
4. wie sich die in den Nummern 1 und 2 bezeichneten Beträge und die Bemessungsgrundlage nach Absatz 3 auf steuerpflichtige und steuerfreie Leistungen verteilen.

§ 25a Differenzbesteuerung. (1) Für die Lieferungen im Sinne des § 1 Abs. 1 Nr. 1 von beweglichen körperlichen Gegenständen gilt eine Besteuerung nach Maßgabe der nachfolgenden Vorschriften (Differenzbesteuerung), wenn folgende Voraussetzungen erfüllt sind:

1. [1]Der Unternehmer ist ein Wiederverkäufer. [2]Als Wiederverkäufer gilt, wer gewerbsmäßig mit beweglichen körperlichen Gegenständen handelt oder solche Gegenstände im eigenen Namen öffentlich versteigert.
2. [1]Die Gegenstände wurden an den Wiederverkäufer im Gemeinschaftsgebiet geliefert. [2]Für diese Lieferung wurde
   a) Umsatzsteuer nicht geschuldet oder nach § 19 Abs. 1 nicht erhoben oder
   b) die Differenzbesteuerung vorgenommen.
3. Die Gegenstände sind keine Edelsteine (aus Positionen 7102 und 7103 des Zolltarifs) oder Edelmetalle (aus Positionen 7106, 7108, 7110 und 7112 des Zolltarifs).

(2) [1]Der Wiederverkäufer kann spätestens bei Abgabe der ersten Voranmeldung eines Kalenderjahres gegenüber dem Finanzamt erklären, dass er die Differenzbesteuerung von Beginn dieses Kalenderjahres an auch auf folgende Gegenstände anwendet:

1. Kunstgegenstände (Nummer 53 der Anlage 2)[1], Sammlungsstücke (Nummer 49 Buchstabe f und Nummer 54 der Anlage 2) oder Antiquitäten (Position 9706 00 00 des Zolltarifs)[2], die er selbst eingeführt hat, oder
2. Kunstgegenstände, wenn die Lieferung an ihn steuerpflichtig war und nicht von einem Wiederverkäufer ausgeführt wurde.

[2]Die Erklärung bindet den Wiederverkäufer für mindestens zwei Kalenderjahre.

(3)[3] [1]Der Umsatz wird nach dem Betrag bemessen, um den der Verkaufspreis den Einkaufspreis für den Gegenstand übersteigt; bei Lieferungen im Sinne des § 3 Abs. 1b und in den Fällen des § 10 Abs. 5 tritt an die Stelle des Verkaufspreises der Wert nach § 10 Abs. 4 Satz 1 Nr. 1. [2]Lässt sich der Einkaufspreis eines Kunstgegenstandes (Nummer 53 der Anlage 2) nicht ermitteln oder ist der Einkaufspreis unbedeutend, wird der Betrag, nach dem sich der Umsatz bemisst, mit 30 Prozent des Verkaufspreises angesetzt. [3]Die Umsatzsteuer gehört nicht zur Bemessungsgrundlage. [4]Im Fall des Absatzes 2 Satz 1 Nr. 1 gilt als Einkaufspreis der Wert im Sinne des § 11 Abs. 1 zuzüglich der Einfuhrumsatzsteuer. [5]Im Fall des Absatzes 2 Satz 1 Nr. 2 schließt der Einkaufspreis die Umsatzsteuer des Lieferers ein.

---

[1] Abgedruckt im Anschluss an dieses Gesetz.
[2] Klammerzusatz geänd. durch G v. 13.12.2006 (BGBl. I S. 2878).
[3] § 25a Abs. 3 Satz 2 eingef., bish. Sätze 2 bis 4 werden Sätze 3 bis 5 mWv 1.1.2014 durch G v. 26.6.2013 (BGBl. I S. 1809).

(26)[1)] § 25 Absatz 3 in der Fassung des Artikels 11 des Gesetzes vom 12. Dezember 2019 (BGBl. I S. 2451) ist erstmals auf Umsätze anzuwenden, die nach dem 31. Dezember 2021 bewirkt werden.

(27)[1) · 2)] § 4 Nummer 15a in der bis zum 31. Dezember 2019 geltenden Fassung gilt bis zu den Zeitpunkten nach § 412 Absatz 1 Satz 4 des Fünften Buches Sozialgesetzbuch sowie § 412 Absatz 5 Satz 9 in Verbindung mit § 412 Absatz 1 Satz 4 des Fünften Buches Sozialgesetzbuch fort.

(28)[1)] § 15 Absatz 4b, § 16 Absatz 2 Satz 1 und § 18 Absatz 9 in der Fassung des Artikels 12 des Gesetzes vom 12. Dezember 2019 (BGBl. I S. 2451) sind erstmals auf Voranmeldungs-, Besteuerungs- und Vergütungszeiträume anzuwenden, die nach dem 31. Dezember 2019 enden.

(29)[1)] § 22b Absatz 2 und 2a in der Fassung des Artikels 12 des Gesetzes vom 12. Dezember 2019 (BGBl. I S. 2451) ist erstmals auf Voranmeldungs-, Besteuerungs- und Meldezeiträume anzuwenden, die nach dem 31. Dezember 2019 enden.

(30)[1)] § 25f in der Fassung des Artikels 12 des Gesetzes vom 12. Dezember 2019 (BGBl. I S. 2451) ist erstmals auf Voranmeldungs- und Besteuerungszeiträume anzuwenden, die nach dem 31. Dezember 2019 enden.

(31)[3)] Der Termin, ab dem § 21 Absatz 3a in der Fassung des Artikels 3 des Gesetzes vom 29. Juni 2020 (BGBl. I S. 1512) erstmals anzuwenden ist, wird mit einem Schreiben des Bundesministeriums der Finanzen bekanntgegeben.

(32)[4)] § 24 Absatz 1 in der Fassung des Artikels 11 des Gesetzes vom 21. Dezember 2020 (BGBl. I S. 3096) ist erstmals auf Umsätze anzuwenden, die nach dem 31. Dezember 2021 bewirkt werden.

(33)[5)] [1] § 18i Absatz 3 und 6, § 18j Absatz 4 und 7, § 18k Absatz 4 und 7 in der Fassung des Artikels 13 des Gesetzes vom 21. Dezember 2020 (BGBl. I S. 3096) sind erstmals auf Umsätze anzuwenden, die nach dem 30. Juni 2021 ausgeführt werden. [2] Die in den §§ 18i, 18j und 18k enthaltenen Verweise auf die §§ 3, 3a, 3c, 16, 18i, 18j, 18k und 22 beziehen sich auf die jeweilige Fassung der Artikel 13 und 14 des vorgenannten Gesetzes.

(34)[6)] [1] Die §§ 3 und 3a Absatz 5, die §§ 3c, 4, 5, 11, 13 Absatz 1 Nummer 1 Buchstabe f bis i, § 14a Absatz 2, § 16 Absatz 1c bis 1e, § 18 Absatz 1, 3 und 9, die §§ 21a, 22, 22f und 25e in der Fassung des Artikels 14 des Gesetzes vom 21. Dezember 2020 (BGBl. I S. 3096) sind erstmals auf Umsätze und Einfuhren anzuwenden, die nach dem 30. Juni 2021 ausgeführt werden. [2] § 13 Absatz 1 Nummer 1 Buchstabe d und e, § 16 Absatz 1a und 1b, § 18 Absatz 4c bis 4e und § 18h sind letztmalig auf Umsätze anzuwenden, die vor dem 1. Juli 2021 ausgeführt werden.

(35)[7)] [1] § 4c in der Fassung des Artikels 1 des Gesetzes vom 21. Dezember 2021 (BGBl. I S. 5250) ist auf Leistungen anzuwenden, die nach dem 31. De-

---

1) § 27 Abs. 26 bis 30 angef. durch G v. 12.12.2019 (BGBl. I S. 2451).

2) § 27 Abs. 27 geänd. durch G v. 3.6.2021 (BGBl. I S. 1309).

3) § 27 Abs. 31 angef. durch G v. 29.6.2020 (BGBl. I S. 1512); zum Aufschubzeitraum vgl. BMF v. 6.10.2020, BStBl. I S. 984.

4) § 27 Abs. 32 angef. durch G v. 21.12.2020 (BGBl. I S. 3096); geänd. durch G v. 2.6.2021 (BGBl. I S. 1259).

5) § 27 Abs. 33 angef. durch G v. 21.12.2020 (BGBl. I S. 3096).

6) § 27 Abs. 34 eingef. durch G v. 21.12.2020 (BGBl. I S. 3096).

7) § 27 Abs. 35 eingef. durch G v. 21.12.2021 (BGBl. I S. 5250).

zember 2020 bezogen werden. [2] § 5 Absatz 1 Nummer 8 und 9 in der Fassung des Artikels 1 des Gesetzes vom 21. Dezember 2021 (BGBl. I S. 5250) ist auf Einfuhren nach dem 31. Dezember 2020 anzuwenden.

§ 27a Umsatzsteuer-Identifikationsnummer. (1)[1)] [1]Das Bundeszentralamt für Steuern[2)] erteilt Unternehmern im Sinne des § 2 auf Antrag eine Umsatzsteuer-Identifikationsnummer. [2]Das Bundeszentralamt für Steuern[2)] erteilt auch juristischen Personen, die nicht Unternehmer sind oder die Gegenstände nicht für ihr Unternehmen erwerben, eine Umsatzsteuer-Identifikationsnummer, wenn sie diese für innergemeinschaftliche Erwerbe benötigen. [3]Im Fall der Organschaft wird auf Antrag für jede juristische Person eine eigene Umsatzsteuer-Identifikationsnummer erteilt. [4]Der Antrag auf Erteilung einer Umsatzsteuer-Identifikationsnummer nach den Sätzen 1 bis 3 ist schriftlich zu stellen. [5]In dem Antrag sind Name, Anschrift und Steuernummer, unter der der Antragsteller umsatzsteuerlich geführt wird, anzugeben.

[***ab 1.1.2021:***

(1a)[3)] [1]Das nach § 21 der Abgabenordnung für die Umsatzbesteuerung des Unternehmers zuständige Finanzamt kann die nach Absatz 1 Satz 1 bis 3 erteilte Umsatzsteuer-Identifikationsnummer begrenzen, wenn ernsthafte Anzeichen vorliegen oder nachgewiesen ist, dass die Umsatzsteuer-Identifikationsnummer zur Gefährdung des Umsatzsteueraufkommens verwendet wird. [2]Dies gilt auch, soweit das Umsatzsteueraufkommen anderer Mitgliedstaaten gefährdet wird.]

(2)[4)] [1]Die Landesfinanzbehörden übermitteln dem Bundeszentralamt für Steuern[2)] die für die Erteilung der Umsatzsteuer-Identifikationsnummer nach Absatz 1 erforderlichen Angaben über die bei ihnen umsatzsteuerlich geführten natürlichen und juristischen Personen und Personenvereinigungen. [2]Diese Angaben dürfen nur für die Erteilung einer Umsatzsteuer-Identifikationsnummer, für Zwecke der Verordnung (EU) Nr. 904/2010 des Rates vom 7. Oktober 2010 über die Zusammenarbeit der Verwaltungsbehörden und die Betrugsbekämpfung auf dem Gebiet der Mehrwertsteuer (ABl. L 268 vom 12.10.2010, S. 1), für die Umsatzsteuerkontrolle, für Zwecke der Amtshilfe zwischen den zuständigen Behörden anderer Staaten in Umsatzsteuersachen sowie für Übermittlungen an das Statistische Bundesamt nach § 2a des Statistikregistergesetzes und an das Bundeskartellamt zur Überprüfung und Vervollständigung der Daten nach § 3 Absatz 1 Nummer 4 des Wettbewerbsregistergesetzes verarbeitet werden. [***ab 1.1.2021:*** [3]Außerdem übermitteln die Landesfinanzbehörden dem Bundeszentralamt für Steuern die nach Absatz 1a erforderlichen Daten.] [4]Bundeszentralamt für Steuern[2)] übermittelt den Landesfinanzbehörden die erteilten Umsatzsteuer-Identifikationsnummern und die Daten, die sie für die Umsatzsteuerkontrolle benötigen.

[1)] § 27a Abs. 1 Sätze 2 und 3 ersetzt durch Satz 2, bish. Sätze 4 bis 6 werden Sätze 3 bis 5, neuer Satz 4 Verweis geänd. mWv 1.1.2010 durch G v. 8.4.2010 (BGBl. I S. 386).

[2)] Bezeichnung geänd. durch G v. 22.9.2005 (BGBl. I S. 2809).

[3)] § 27a Abs. 1a eingef. mWv 1.1.2021 durch G v. 21.12.2020 (BGBl. I S. 3096).

[4)] § 27a Abs. 2 Satz 2 geänd. mWv 26.11.2019 durch G v. 20.11.2019 (BGBl. I S. 1626); Satz 3 eingef., bish. Satz 3 wird Satz 4 mWv 1.1.2021 durch G v. 21.12.2020 (BGBl. I S. 3096); Satz 2 neu gef. mWv 9.6.2021 durch G v. 2.6.2021 (BGBl. I S. 1259).

550. Richtlinie 2006/112/EG des Rates vom 28. November 2006 über das gemeinsame Mehrwertsteuersystem

(ABl. L 347 S. 1, ber. ABl. 2007 L 335 S. 60 und ABl. 2017 L 336 S. 60)

Celex-Nr. 3 2006 L 0112

geänd. durch Art. 1 ÄndRL 2006/138/EG v. 19.12.2006 (ABl. L 384 S. 92), Art. 1 ÄndRL 2007/75/EG v. 20.12.2007 (ABl. L 346 S. 13), Art. 1, 2, 3, 4 und 5 ÄndRL 2008/8/EG v. 12.2.2008 (ABl. L 44 S. 11), Art. 1 ÄndRL 2008/117/EG v. 16.12.2008 (ABl. 2009 L 14 S. 7), Art. 1 ÄndRL 2009/47/EG v. 5.5.2009 (ABl. L 116 S. 18), Art. 1 ÄndRL 2009/69/EG v. 25.6.2009 (ABl. L 175 S. 12), Art. 1 ÄndRL 2009/162/EU v. 22.12.2009 (ABl. 2010 L 10 S. 14), Art. 1 ÄndRL 2010/23/EU v. 16.3.2010 (ABl. L 72 S. 1), Art. 1 ÄndRL 2010/45/EU v. 13.7.2010 (ABl. L 189 S. 1, ber. ABl. L 299 S. 46), Art. 1 ÄndRL 2010/88/EU v. 7.12.2010 (ABl. L 326 S. 1), Anh. III 6.1 und Anh. V 8.2 ÄndEU-BeitrAkt2013 v. 9.12.2011 (ABl. 2012 L 112 S. 21), Art. 1 ÄndRL 2013/42/EU v. 22.7.2013 (ABl. L 201 S. 1), Art. 1 ÄndRL 2013/43/EU v. 22.7.2013 (ABl. L 201 S. 4), Art. 1 ÄndRL 2013/61/EU v. 17.12.2013 (ABl. L 353 S. 5), Art. 1 ÄndRL (EU) 2016/856 v. 25.5.2016 (ABl. L 142 S. 12), Art. 1 ÄndRL (EU) 2016/1065 v. 27.6.2016 (ABl. L 177 S. 9), Art. 1 und 2 ÄndRL (EU) 2017/2455 v. 5.12.2017 (ABl. L 348 S. 7, ber. ABl. 2018 L 190 S. 21, L 225 S. 1 und ABl. 2019 L 245 S. 9, geänd. durch ABl. 2020 L 244 S. 3), Art. 1 ÄndRL (EU) 2018/912 v. 22.6.2018 (ABl. L 162 S. 1), Art. 1 ÄndRL (EU) 2018/1695 v. 6.11.2018 (ABl. L 282 S. 5, ber. 2018 L 329 S. 53), Art. 1 ÄndRL (EU) 2018/1713 v. 6.11.2018 (ABl. L 286 S. 20), Art. 1 ÄndRL (EU) 2018/1910 v. 4.12.2018 (ABl. L 311 S. 3), Art. 1 ÄndRL (EU) 2018/2057 v. 20.12.2018 (ABl. L 329 S. 3), Art. 1 ÄndRL (EU) 2019/475 v. 18.2.2019 (ABl. L 83 S. 42), Art. 1 RL (EU) 2019/1995 v. 21.11.2019 (ABl. L 310 S. 1, geänd. durch ABl. 2020 L 244 S. 3), Art. 1 RL (EU) 2019/2235 v. 16.12.2019 (ABl. L 336 S. 10), Art. 1 RL (EU) 2020/284 v. 18.2.2020 (ABl. L 62 S. 7), Art. 1 RL (EU) 2020/285 v. 18.2.2020 (ABl. L 62 S. 13), Art. 1 RL (EU) 2020/1756 v. 20.11.2020 (ABl. L 396 S. 1), Art. 1 RL (EU) 2020/2020 v. 7.12.2020 (ABl. L 419 S. 1), Art. 1 RL (EU) 2021/1159 v. 13.7.2021 (ABl. L 250 S. 1), Art. 1, 2 RL (EU) 2022/542 v. 5.4.2022 (ABl. L 107 S. 1), Art. 1 RL (EU) 2022/890 v. 3.6.2022 (ABl. L 155 S. 1)[1]

DER RAT DER EUROPÄISCHEN UNION –

gestützt auf den Vertrag zur Gründung der Europäischen Gemeinschaft, insbesondere auf Artikel 93,

auf Vorschlag der Kommission,

nach Stellungnahme des Europäischen Parlaments,

nach Stellungnahme des Europäischen Wirtschafts- und Sozialausschusses,

in Erwägung nachstehender Gründe:

(1) Die Richtlinie 77/388/EWG des Rates vom 17. Mai 1977 zur Harmonisierung der Rechtsvorschriften der Mitgliedstaaten über die Umsatzsteuern – Gemeinsames Mehrwertsteuersystem: einheitliche steuerpflichtige Bemessungsgrundlage[2] wurde mehrfach erheblich geändert. Anlässlich neuerlicher Änderungen empfiehlt sich aus Gründen der Klarheit und Wirtschaftlichkeit eine Neufassung.

---

[1] **Die redaktionellen Hinweise zur „Anwendung" beziehen sich auf die jeweiligen Umsetzungs- und Anwendungsfristen für die Mitgliedstaaten, die in den Änderungsrichtlinien jeweils festgelegt sind.**

[2] **Amtl. Anm.:** ABl. L 145 vom 13.6.1977, S. 1. Zuletzt geändert durch die Richtlinie 2006/98/EG (ABl. L 363 vom 20.12.2006 S. 129).

(2) Bei dieser Neufassung sollten die noch geltenden Bestimmungen der Richtlinie 67/227/EWG des Rates vom 11. April 1967 zur Harmonisierung der Rechtsvorschriften der Mitgliedstaaten über die Umsatzsteuer[1)] übernommen werden. Die genannte Richtlinie sollte daher aufgehoben werden.

(3) Im Einklang mit dem Grundsatz besserer Rechtsetzung sollten zur Gewährleistung der Klarheit und Wirtschaftlichkeit der Bestimmungen die Struktur und der Wortlaut der Richtlinie neu gefasst werden; dies sollte jedoch grundsätzlich nicht zu inhaltlichen Änderungen des geltenden Rechts führen. Einige inhaltliche Änderungen ergeben sich jedoch notwendigerweise im Rahmen der Neufassung und sollten dennoch vorgenommen werden. Soweit sich solche Änderungen ergeben, sind sie in den Bestimmungen über die Umsetzung und das Inkrafttreten der Richtlinie erschöpfend aufgeführt.

(4) Voraussetzung für die Verwirklichung des Ziels, einen Binnenmarkt zu schaffen ist, dass in den Mitgliedstaaten Rechtsvorschriften über die Umsatzsteuern angewandt werden, durch die die Wettbewerbsbedingungen nicht verfälscht und der freie Waren- und Dienstleistungsverkehr nicht behindert werden. Es ist daher erforderlich, eine Harmonisierung der Rechtsvorschriften über die Umsatzsteuern im Wege eines Mehrwertsteuersystems vorzunehmen, um soweit wie möglich die Faktoren auszuschalten, die geeignet sind, die Wettbewerbsbedingungen sowohl auf nationaler Ebene als auch auf Gemeinschaftsebene zu verfälschen.

(5) Die größte Einfachheit und Neutralität eines Mehrwertsteuersystems wird erreicht, wenn die Steuer so allgemein wie möglich erhoben wird und wenn ihr Anwendungsbereich alle Produktions- und Vertriebsstufen sowie den Bereich der Dienstleistungen umfasst. Es liegt folglich im Interesse des Binnenmarktes und der Mitgliedstaaten, ein gemeinsames System anzunehmen, das auch auf den Einzelhandel Anwendung findet.

(6) Es ist notwendig, schrittweise vorzugehen, da die Harmonisierung der Umsatzsteuern in den Mitgliedstaaten zu Änderungen der Steuerstruktur führt und merkliche Folgen auf budgetärem, wirtschaftlichem und sozialem Gebiet hat.

(7) Das gemeinsame Mehrwertsteuersystem sollte, selbst wenn die Sätze und Befreiungen nicht völlig harmonisiert werden, eine Wettbewerbsneutralität in dem Sinne bewirken, dass gleichartige Gegenstände und Dienstleistungen innerhalb des Gebiets der einzelnen Mitgliedstaaten ungeachtet der Länge des Produktions- und Vertriebswegs steuerlich gleich belastet werden.

(8) In Durchführung des Beschlusses 2000/597/EG, Euratom des Rates vom 29. September 2000 über das System der Eigenmittel der Europäischen Gemeinschaften[2)] wird der Haushalt der Europäischen Gemeinschaften, unbeschadet der sonstigen Einnahmen, vollständig aus eigenen Mitteln der Gemeinschaften finanziert. Diese Mittel umfassen unter anderem Einnahmen aus der Mehrwertsteuer, die sich aus der Anwendung eines gemeinsamen Satzes auf eine Bemessungsgrundlage ergeben, die einheitlich nach Gemeinschaftsvorschriften bestimmt wird.

(9) Es ist unerlässlich, einen Übergangszeitraum vorzusehen, der eine schrittweise Anpassung der nationalen Rechtsvorschriften in den betreffenden Bereichen ermöglicht.

(10) Während dieser Übergangszeit sollten in den Bestimmungsmitgliedstaaten die innergemeinschaftlichen Umsätze anderer Steuerpflichtiger als derjenigen, die steuerbefreit sind, zu den Sätzen und Bedingungen dieser Mitgliedstaaten besteuert werden.

(11) Ferner sollten in dieser Übergangszeit in den Bestimmungsmitgliedstaaten der innergemeinschaftliche Erwerb, der von steuerbefreiten Steuerpflichtigen oder von nichtsteuerpflichtigen juristischen Personen in Höhe eines bestimmten Betrags getätigt wird, sowie bestimmte innergemeinschaftliche Versandgeschäfte und Lieferungen neuer Fahrzeuge, die an Privatpersonen oder an steuerbefreite oder nichtsteuerpflichtige Einrichtungen bewirkt werden, zu den Sätzen und Bedingungen dieser Mitgliedstaaten insofern besteuert werden, als die Behandlung dieser Umsätze ohne besondere Bestimmungen zu erheblichen Wettbewerbsverzerrungen zwischen den Mitgliedstaaten führen könnten.

(12) Aufgrund ihrer geografischen, wirtschaftlichen und sozialen Lage sollten bestimmte Gebiete vom Anwendungsbereich dieser Richtlinie ausgenommen werden.

[1)] ***Amtl. Anm.:*** ABl. 71 vom 14.4.1967, S. 1301/67. Zuletzt geändert durch die Richtlinie 77/388/EWG.

[2)] **Amtl. Anm.:** ABl. L 253 vom 7.10.2000, S. 42.

(13) Der Begriff des Steuerpflichtigen sollte in einer Weise definiert werden, dass die Mitgliedstaaten zur Gewährleistung größtmöglicher Steuerneutralität auch Personen einbeziehen können, die gelegentlich Umsätze bewirken.

(14) Der Begriff des steuerbaren Umsatzes kann insbesondere hinsichtlich der diesem Umsatz gleichgestellten Umsätze zu Schwierigkeiten führen. Diese Begriffe sollten deshalb genauer definiert werden.

(15) Um den innergemeinschaftlichen Handelsverkehr im Bereich der Bearbeitung beweglicher körperlicher Gegenstände zu erleichtern, sollten die Einzelheiten der Besteuerung

(Fortsetzung nächstes Blatt)

Artikel genannten Grundsatz der Verhältnismäßigkeit geht diese Richtlinie nicht über das zum Erreichen dieser Ziele erforderliche Maß hinaus.

(66) Die Pflicht zur Umsetzung dieser Richtlinie in nationales Recht sollte nur jene Bestimmungen erfassen, die im Vergleich zu den bisherigen Richtlinien inhaltlich geändert wurden. Die Pflicht zur Umsetzung der inhaltlich unveränderten Bestimmungen ergibt sich aus den bisherigen Richtlinien.

(67) Diese Richtlinie sollte die Verpflichtung der Mitgliedstaaten hinsichtlich der Fristen für die Umsetzung in nationales Recht der in Anhang XI Teil B aufgeführten Richtlinie unberührt lassen –

HAT FOLGENDE RICHTLINIE ERLASSEN:

Inhaltsübersicht

Titel I. Zielsetzung und Anwendungsbereich

Art. 1 [Gemeinsames Mehrwertsteuersystem] (1) Diese Richtlinie legt das gemeinsame Mehrwertsteuersystem fest.

(2) *[1]* Das gemeinsame Mehrwertsteuersystem beruht auf dem Grundsatz, dass auf Gegenstände und Dienstleistungen, ungeachtet der Zahl der Umsätze, die auf den vor der Besteuerungsstufe liegenden Produktions- und Vertriebsstufen bewirkt wurden, eine allgemeine, zum Preis der Gegenstände und Dienstleistungen genau proportionale Verbrauchsteuer anzuwenden ist.

[2] Bei allen Umsätzen wird die Mehrwertsteuer, die nach dem auf den Gegenstand oder die Dienstleistung anwendbaren Steuersatz auf den Preis des Gegenstands oder der Dienstleistung errechnet wird, abzüglich des Mehr-

wertsteuerbetrags geschuldet, der die verschiedenen Kostenelemente unmittelbar belastet hat.

[3] Das gemeinsame Mehrwertsteuersystem wird bis zur Einzelhandelsstufe, diese eingeschlossen, angewandt.

Art. 2 [Steueranwendungsbereich] (1) Der Mehrwertsteuer unterliegen folgende Umsätze:

a) Lieferungen von Gegenständen, die ein Steuerpflichtiger als solcher im Gebiet eines Mitgliedstaats gegen Entgelt tätigt;

b) der innergemeinschaftliche Erwerb von Gegenständen im Gebiet eines Mitgliedstaats gegen Entgelt

   i)[1] durch einen Steuerpflichtigen, der als solcher handelt, oder durch eine nichtsteuerpflichtige juristische Person, wenn der Verkäufer ein Steuerpflichtiger ist, der als solcher handelt, für den die Mehrwertsteuerbefreiung für Kleinunternehmen gemäß Artikel 284 nicht gilt und der nicht unter Artikel 33 oder 36 fällt;

   ii) wenn der betreffende Gegenstand ein neues Fahrzeug ist, durch einen Steuerpflichtigen oder eine nichtsteuerpflichtige juristische Person, deren übrige Erwerbe gemäß Artikel 3 Absatz 1 nicht der Mehrwertsteuer unterliegen, oder durch jede andere nichtsteuerpflichtige Person;

   iii) wenn die betreffenden Gegenstände verbrauchsteuerpflichtige Waren sind, bei denen die Verbrauchsteuer nach der Richtlinie 92/12/EWG im Gebiet des Mitgliedstaats entsteht, durch einen Steuerpflichtigen oder eine nichtsteuerpflichtige juristische Person, deren übrige Erwerbe gemäß Artikel 3 Absatz 1 nicht der Mehrwertsteuer unterliegen;

c) Dienstleistungen, die ein Steuerpflichtiger als solcher im Gebiet eines Mitgliedstaats gegen Entgelt erbringt;

d) die Einfuhr von Gegenständen.

(2)

a) Für Zwecke des Absatzes 1 Buchstabe b Ziffer ii gelten als „Fahrzeug" folgende Fahrzeuge zur Personen- oder Güterbeförderung:

   i) motorbetriebene Landfahrzeuge mit einem Hubraum von mehr als 48 Kubikzentimetern oder einer Leistung von mehr als 7,2 Kilowatt;

(Fortsetzung nächste Seite)

[1] Art. 2 Abs. 1 Buchst. b Ziffer i neu gef. mWv 22.3.2020 durch RL v. 18.2.2020 (Abl. L 62 S. 13); zur **Anwendung ab 1.1.2025** siehe Art. 3 Abs. 1 u. Abs. 2 RL 2020/285/EU.

ziehungen oder -umgehungen durch die Anwendung dieser Bestimmung vorzubeugen.

Art. 12 [Kannbestimmung: Gelegentliche Grundstückslieferungen]
(1) Die Mitgliedstaaten können Personen als Steuerpflichtige betrachten, die gelegentlich eine der in Artikel 9 Absatz 1 Unterabsatz 2 genannten Tätigkeiten ausüben und insbesondere einen der folgenden Umsätze bewirken:

a) Lieferung von Gebäuden oder Gebäudeteilen und dem dazugehörigen Grund und Boden, wenn sie vor dem Erstbezug erfolgt;

b) Lieferung von Baugrundstücken.

(2) *[1]* Als „Gebäude" im Sinne des Absatzes 1 Buchstabe a gilt jedes mit dem Boden fest verbundene Bauwerk.

[2] Die Mitgliedstaaten können die Einzelheiten der Anwendung des in Absatz 1 Buchstabe a genannten Kriteriums des Erstbezugs auf Umbauten von Gebäuden und den Begriff „dazugehöriger Grund und Boden" festlegen.

[3] Die Mitgliedstaaten können andere Kriterien als das des Erstbezugs bestimmen, wie etwa den Zeitraum zwischen der Fertigstellung des Gebäudes und dem Zeitpunkt seiner ersten Lieferung, oder den Zeitraum zwischen dem Erstbezug und der späteren Lieferung, sofern diese Zeiträume fünf bzw. zwei Jahre nicht überschreiten.

(3) Als „Baugrundstück" im Sinne des Absatzes 1 Buchstabe b gelten erschlossene oder unerschlossene Grundstücke entsprechend den Begriffsbestimmungen der Mitgliedstaaten.

Art. 13[1] **[Einrichtungen des öffentlichen Rechts]** (1) *[1]* Staaten, Länder, Gemeinden und sonstige Einrichtungen des öffentlichen Rechts gelten nicht als Steuerpflichtige, soweit sie die Tätigkeiten ausüben oder Umsätze bewirken, die ihnen im Rahmen der öffentlichen Gewalt obliegen, auch wenn sie im Zusammenhang mit diesen Tätigkeiten oder Umsätzen Zölle, Gebühren, Beiträge oder sonstige Abgaben erheben.

[2] Falls sie solche Tätigkeiten ausüben oder Umsätze bewirken, gelten sie für diese Tätigkeiten oder Umsätze jedoch als Steuerpflichtige, sofern eine Behandlung als Nichtsteuerpflichtige zu größeren Wettbewerbsverzerrungen führen würde.

[3] Die Einrichtungen des öffentlichen Rechts gelten in Bezug auf die in Anhang I genannten Tätigkeiten in jedem Fall als Steuerpflichtige, sofern der Umfang dieser Tätigkeiten nicht unbedeutend ist.

(2) Die Mitgliedstaaten können die Tätigkeiten von Einrichtungen des öffentlichen Rechts, die nach den Artikeln 132, 135, 136 und 371, den Artikeln 374 bis 377, dem Artikel 378 Absatz 2, dem Artikel 379 Absatz 2 oder den Artikeln 380 bis 390c von der Mehrwertsteuer befreit sind, als Tätigkeiten behandeln, die ihnen im Rahmen der öffentlichen Gewalt obliegen.

---

[1] Art. 13 Abs. 2 neu gef. mWv 15.1.2010 durch RL v. 22.12.2009 (ABl. 2010 L 10 S. 14); Abs. 2 neu gef. mWv 1.7.2013 durch Akte v. 9.12.2011 (ABl. 2012 L 112 S. 21).

Titel IV. Steuerbarer Umsatz

Kapitel 1. Lieferung von Gegenständen

Art. 14[1] [Definition der Lieferung von Gegenständen sowie innergemeinschaftliche Fernverkäufe und Fernverkäufe aus Drittgebieten]

(1) Als „Lieferung von Gegenständen" gilt die Übertragung der Befähigung, wie ein Eigentümer über einen körperlichen Gegenstand zu verfügen.

(2) Neben dem in Absatz 1 genannten Umsatz gelten folgende Umsätze als Lieferung von Gegenständen:

a) die Übertragung des Eigentums an einem Gegenstand gegen Zahlung einer Entschädigung auf Grund einer behördlichen Anordnung oder kraft Gesetzes;

b) die Übergabe eines Gegenstands aufgrund eines Vertrags, der die Vermietung eines Gegenstands während eines bestimmten Zeitraums oder den Ratenverkauf eines Gegenstands vorsieht, der die Klausel enthält, dass das Eigentum unter normalen Umständen spätestens mit Zahlung der letzten fälligen Rate erworben wird;

c) die Übertragung eines Gegenstands auf Grund eines Vertrags über eine Einkaufs- oder Verkaufskommission.

(3) Die Mitgliedstaaten können die Erbringung bestimmter Bauleistungen als Lieferung von Gegenständen betrachten.

(4) Für die Zwecke dieser Richtlinie gelten folgende Begriffsbestimmungen:

1. „innergemeinschaftliche Fernverkäufe von Gegenständen": Lieferungen von Gegenständen, die durch den Lieferer oder für dessen Rechnung von einem anderen Mitgliedstaat als dem der Beendigung der Versendung oder Beförderung an den Erwerber aus versandt oder befördert werden, einschließlich jene, an deren Beförderung oder Versendung der Lieferer indirekt beteiligt ist, sofern folgende Bedingungen erfüllt sind:
   a) die Lieferung der Gegenstände erfolgt an einen Steuerpflichtigen oder eine nichtsteuerpflichtige juristische Person, deren innergemeinschaftliche Erwerbe von Gegenständen gemäß Artikel 3 Absatz 1 nicht der Mehrwertsteuer unterliegen, oder an eine andere nichtsteuerpflichtige Person;
   b) die gelieferten Gegenstände sind weder neue Fahrzeuge noch Gegenstände, die mit oder ohne probeweise Inbetriebnahme durch den Lieferer oder für dessen Rechnung montiert oder installiert geliefert werden;
2. „Fernverkäufe von aus Drittgebieten oder Drittländern eingeführten Gegenständen": Lieferungen von Gegenständen, die durch den Lieferer oder für dessen Rechnung von einem Drittgebiet oder Drittland aus an einen

[1] Art. 14 Abs. 4 angef. mWv 1.7.2021 durch RL v. 5.12.2017 (ABl. L 348 S. 7, geänd. durch ABl. 2020 L 244 S. 3).

Erwerber in einem Mitgliedstaat versandt oder befördert werden, einschließlich jene, an deren Beförderung oder Versendung der Lieferer indirekt beteiligt ist, sofern folgende Bedingungen erfüllt sind:

a) die Lieferung der Gegenstände erfolgt an einen Steuerpflichtigen oder eine nichtsteuerpflichtige juristische Person, deren innergemeinschaftliche Erwerbe von Gegenständen gemäß Artikel 3 Absatz 1 nicht der Mehrwertsteuer unterliegen, oder an eine andere nichtsteuerpflichtige Person;

b) die gelieferten Gegenstände sind weder neue Fahrzeuge noch Gegenstände, die mit oder ohne probeweise Inbetriebnahme durch den Lieferer oder für dessen Rechnung montiert oder installiert geliefert werden.

Art. 14a[1)] [Fernverkäufe aus Drittgebieten und innergemeinschaftliche Lieferungen über elektronische Schnittstellen] (1) Steuerpflichtige, die Fernverkäufe von aus Drittgebieten oder Drittländern eingeführten Gegenständen in Sendungen mit einem Sachwert von höchstens 150 EUR durch die Nutzung einer elektronischen Schnittstelle, beispielsweise eines Marktplatzes, einer Plattform, eines Portals oder Ähnlichem, unterstützen, werden behandelt, als ob sie diese Gegenstände selbst erhalten und geliefert hätten.

(2) Steuerpflichtige, die die Lieferung von Gegenständen innerhalb der Gemeinschaft durch einen nicht in der Gemeinschaft ansässigen Steuerpflichtigen an eine nicht steuerpflichtige Person durch die Nutzung einer elektronischen Schnittstelle, beispielsweise eines Marktplatzes, einer Plattform, eines Portals oder Ähnlichem, unterstützen, werden behandelt, als ob sie diese Gegenstände selbst erhalten und geliefert hätten.

Art. 15[2)] [Behandlung wie körperlicher Gegenstand] (1) Einem körperlichen Gegenstand gleichgestellt sind Elektrizität, Gas, Wärme oder Kälte und ähnliche Sachen.

(2) Die Mitgliedstaaten können als körperlichen Gegenstand betrachten:

a) bestimmte Rechte an Grundstücken;

b) dingliche Rechte, die ihrem Inhaber ein Nutzungsrecht an Grundstücken geben;

c) Anteilrechte und Aktien, deren Besitz rechtlich oder tatsächlich das Eigentums- oder Nutzungsrecht an einem Grundstück oder Grundstücksteil begründet.

Art. 16 [Entnahme eines Gegenstands] *[1]* Einer Lieferung von Gegenständen gegen Entgelt gleichgestellt ist die Entnahme eines Gegenstands durch einen Steuerpflichtigen aus seinem Unternehmen für seinen privaten Bedarf oder für den Bedarf seines Personals oder als unentgeltliche Zuwendung oder

---

[1)] Art. 14a eingef. mWv 1.7.2021 durch RL v. 5.12.2017 (ABl. L 348 S. 7, ber. ABl. 2018 L 190 S. 21, geänd. durch ABl. 2020 L 244 S. 3).

[2)] Art. 15 Abs. 1 neu gef. mWv 15.1.2010 durch RL v. 22.12.2009 (ABl. 2010 L 10 S. 14).

allgemein für unternehmensfremde Zwecke, wenn dieser Gegenstand oder seine Bestandteile zum vollen oder teilweisen Vorsteuerabzug berechtigt haben.

[2] Jedoch werden einer Lieferung von Gegenständen gegen Entgelt nicht gleichgestellt Entnahmen für Geschenke von geringem Wert und für Warenmuster für die Zwecke des Unternehmens.

Art. 17[1)] **[Verbringung eines Gegenstands in einen anderen Mitgliedsstaat; Behandlung wie Lieferung]** (1) *[1]* Einer Lieferung von Gegenständen gegen Entgelt gleichgestellt ist die von einem Steuerpflichtigen vorgenommene Verbringung eines Gegenstands seines Unternehmens in einen anderen Mitgliedstaat.

[2] Als „Verbringung in einen anderen Mitgliedstaat" gelten die Versendung oder Beförderung eines im Gebiet eines Mitgliedstaats befindlichen beweglichen körperlichen Gegenstands durch den Steuerpflichtigen oder für seine Rechnung für die Zwecke seines Unternehmens nach Orten außerhalb dieses Gebiets, aber innerhalb der Gemeinschaft.

(2) Nicht als Verbringung in einen anderen Mitgliedstaat gelten die Versendung oder Beförderung eines Gegenstands für die Zwecke eines der folgenden Umsätze:

a) Lieferung dieses Gegenstands durch den Steuerpflichtigen im Gebiet des Mitgliedstaats der Beendigung der Versendung oder Beförderung unter den Bedingungen des Artikels 33;
b) Lieferung dieses Gegenstands durch den Steuerpflichtigen zum Zwecke seiner Installation oder Montage durch den Lieferer oder für dessen Rechnung im Gebiet des Mitgliedstaats der Beendigung der Versendung oder Beförderung unter den Bedingungen des Artikels 36;
c) Lieferung dieses Gegenstands durch den Steuerpflichtigen an Bord eines Schiffes, eines Flugzeugs oder in einer Eisenbahn während einer Personenbeförderung unter den Bedingungen des Artikels 37;
d) Lieferung von Gas über ein Erdgasnetz im Gebiet der Gemeinschaft oder ein an ein solches Netz angeschlossenes Netz, Lieferung von Elektrizität oder Lieferung von Wärme oder Kälte über Wärme- oder Kältenetze unter den Bedingungen der Artikel 38 und 39;
e) Lieferung dieses Gegenstands durch den Steuerpflichtigen im Gebiet des Mitgliedstaats unter den Bedingungen der Artikel 138, 146, 147, 148, 151 und 152;
f) Erbringung einer Dienstleistung an den Steuerpflichtigen, die in der Begutachtung von oder Arbeiten an diesem Gegenstand besteht, die im Gebiet des Mitgliedstaats der Beendigung der Versendung oder Beförderung des Gegenstands tatsächlich ausgeführt werden, sofern der Gegenstand nach der Begutachtung oder Bearbeitung wieder an den Steuerpflichtigen in dem

---

[1)] Art. 17 Abs. 2 Buchst. d neu gef. mWv 15.1.2010 durch RL v. 22.12.2009 (ABl. 2010 L 10 S. 14); Abs. 2 Buchst. f neu gef. mWv 11.8.2010 durch RL v. 13.7.2010 (ABl. L 189 S. 1).

Mitgliedstaat zurückgesandt wird, von dem aus er ursprünglich versandt oder befördert worden war;

g) vorübergehende Verwendung dieses Gegenstands im Gebiet des Mitgliedstaats der Beendigung der Versendung oder Beförderung zum Zwecke der Erbringung von Dienstleistungen durch den im Mitgliedstaat des Beginns der Versendung oder Beförderung ansässigen Steuerpflichtigen;

h) vorübergehende Verwendung dieses Gegenstands während eines Zeitraums von höchstens 24 Monaten im Gebiet eines anderen Mitgliedstaats, in dem für die Einfuhr des gleichen Gegenstands aus einem Drittland im Hinblick auf eine vorübergehende Verwendung die Regelung über die vollständige Befreiung von Einfuhrabgaben bei der vorübergehenden Einfuhr gelten würde.

(3) [1] Liegt eine der Voraussetzungen für die Inanspruchnahme des Absatzes 2 nicht mehr vor, gilt der Gegenstand als in einen anderen Mitgliedstaat verbracht. [2] In diesem Fall gilt die Verbringung als zu dem Zeitpunkt erfolgt, zu dem die betreffende Voraussetzung nicht mehr vorliegt.

Art. 17a[1)] [Konsignationslagerregelung] (1) Die Verbringung von Gegenständen seines Unternehmens durch einen Steuerpflichtigen in einen anderen Mitgliedstaat im Rahmen einer Konsignationslagerregelung gilt nicht als einer Lieferung von Gegenständen gegen Entgelt gleichgestellt.

(2) Für den Zweck dieses Artikels wird davon ausgegangen, dass eine Konsignationslagerregelung vorliegt, wenn folgende Voraussetzungen erfüllt sind:

a) Gegenstände werden von einem Steuerpflichtigen oder auf seine Rechnung von einem Dritten in einen anderen Mitgliedstaat im Hinblick darauf versandt oder befördert, zu einem späteren Zeitpunkt und nach der Ankunft an einen anderen Steuerpflichtigen geliefert zu werden, der gemäß einer bestehenden Vereinbarung zwischen den beiden Steuerpflichtigen zur Übernahme des Eigentums an diesen Gegenständen berechtigt ist;

b) der Steuerpflichtige, der die Gegenstände versendet oder befördert, hat in dem Mitgliedstaat, in den die Gegenstände versandt oder befördert werden, weder den Sitz seiner wirtschaftlichen Tätigkeit noch eine feste Niederlassung;

c) der Steuerpflichtige, an den die Gegenstände geliefert werden sollen, hat eine Mehrwertsteuer-Identifikationsnummer in dem Mitgliedstaat, in den die Gegenstände versandt oder befördert werden, und sowohl seine Identität als auch die ihm von diesem Mitgliedstaat zugewiesene Mehrwertsteuer-Identifikationsnummer sind dem unter Buchstabe b genannten Steuerpflichtigen zum Zeitpunkt des Beginns der Versendung oder Beförderung bekannt;

d) der Steuerpflichtige, der die Gegenstände versendet oder befördert, trägt die Verbringung der Gegenstände in das in Artikel 243 Absatz 3 vorgesehene Register ein und nimmt die Identität des Steuerpflichtigen, der die Gegenstände erwirbt, sowie die Mehrwertsteuer-Identifikationsnummer, die ihm von dem Mitgliedstaat, in den die Gegenstände versandt oder befördert

---

1) Art. 17a eingef. mWv 27.12.2018 durch RL v. 4.12.2018 (ABl. L 311 S. 3).

werden, zugewiesen wurde, gemäß Artikel 262 Absatz 2 in die zusammenfassende Meldung auf.

(3) Wenn die Voraussetzungen gemäß Absatz 2 erfüllt sind, gelten zum Zeitpunkt der Übertragung der Befähigung, wie ein Eigentümer über die Gegenstände zu verfügen, an den Steuerpflichtigen gemäß Absatz 2 Buchstabe c folgende Bestimmungen, sofern die Übertragung innerhalb der in Absatz 4 genannten Frist erfolgt:

a) eine Lieferung von Gegenständen gemäß Artikel 138 Absatz 1 gilt als von dem Steuerpflichtigen vorgenommen, der die Gegenstände entweder selbst oder auf seine Rechnung durch einen Dritten in dem Mitgliedstaat versandt oder befördert hat, von dem aus die Gegenstände versandt oder befördert wurden;

b) ein innergemeinschaftlicher Erwerb von Gegenständen gilt als von dem Steuerpflichtigen vorgenommen, an den diese Gegenstände in dem Mitgliedstaat geliefert werden, in den die Gegenstände versandt oder befördert wurden.

(4) Wurden die Gegenstände innerhalb von 12 Monaten nach ihrer Ankunft in dem Mitgliedstaat, in den sie versandt oder befördert wurden, nicht an den Steuerpflichtigen geliefert, für den sie nach Absatz 2 Buchstabe c und Absatz 6 bestimmt waren, und ist keiner der in Absatz 7 genannten Umstände eingetreten, so gilt eine Verbringung im Sinne des Artikels 17 als am Tag nach Ablauf des Zeitraums von 12 Monaten erfolgt.

(5) Keine Verbringung im Sinne des Artikels 17 gilt als erfolgt, wenn die folgenden Voraussetzungen erfüllt sind:

a) die Befähigung, wie ein Eigentümer über die Gegenstände zu verfügen, wurde nicht übertragen und die Gegenstände werden innerhalb der in Absatz 4 genannten Frist in den Mitgliedstaat zurückgesandt, von dem aus sie versandt oder befördert wurden, und

b) der Steuerpflichtige, der die Gegenstände versandt oder befördert hat, trägt deren Rückversand in das in Artikel 243 Absatz 3 vorgesehene Register ein.

(6) Wird der Steuerpflichtige nach Absatz 2 Buchstabe c innerhalb des in Absatz 4 genannten Zeitraums durch einen anderen Steuerpflichtigen ersetzt, so gilt zum Zeitpunkt der Ersetzung keine Verbringung im Sinne von Artikel 17 als erfolgt, sofern

a) alle anderen maßgeblichen Voraussetzungen gemäß Absatz 2 erfüllt sind und

b) der Steuerpflichtige nach Absatz 2 Buchstabe b die Ersetzung in das in Artikel 243 Absatz 3 vorgesehene Register einträgt.

(7) *[1]* Ist eine der Voraussetzungen gemäß den Absätzen 2 und 6 innerhalb der in Absatz 4 genannten Frist nicht mehr erfüllt, so gilt eine Verbringung von Gegenständen gemäß Artikel 17 als zu dem Zeitpunkt erfolgt, zu dem die betreffende Voraussetzung nicht mehr erfüllt ist.

[2] Werden die Gegenstände an eine andere Person als den Steuerpflichtigen nach Absatz 2 Buchstabe c oder Absatz 6 geliefert, so gelten die Voraussetzungen gemäß den Absätzen 2 und 6 unmittelbar vor einer solchen Lieferung als nicht mehr erfüllt.

[3] Werden die Gegenstände in ein anderes Land als den Mitgliedstaat, aus dem sie ursprünglich verbracht wurden, versandt oder befördert, so gelten die Voraussetzungen gemäß den Absätzen 2 und 6 unmittelbar vor dem Beginn einer solchen Versendung oder Beförderung als nicht mehr erfüllt.

[4] Im Falle von Zerstörung, Verlust oder Diebstahl gelten die Voraussetzungen gemäß den Absätzen 2 und 6 an dem Tag, an dem die Gegenstände tatsächlich abhandenkamen oder zerstört wurden, oder – falls ein solcher Tag nicht bestimmt werden kann – an dem Tag, an dem die Zerstörung oder das Fehlen der Gegenstände festgestellt wurde, als nicht mehr erfüllt.

Art. 18 [Kannbestimmung: Behandlung unternehmensinterner Verwendungen wie Lieferungen] Die Mitgliedstaaten können der Lieferung von Gegenständen gegen Entgelt folgende Vorgänge gleichstellen:

a) die Verwendung – durch einen Steuerpflichtigen – eines im Rahmen seines Unternehmens hergestellten, gewonnenen, be- oder verarbeiteten, gekauften oder eingeführten Gegenstands zu seinem Unternehmen, falls ihn der Erwerb eines solchen Gegenstands von einem anderen Steuerpflichtigen nicht zum vollen Vorsteuerabzug berechtigen würde;

b) die Verwendung eines Gegenstands durch einen Steuerpflichtigen zu einem nicht besteuerten Tätigkeitsbereich, wenn dieser Gegenstand bei seiner Anschaffung oder seiner Zuordnung gemäß Buchstabe a zum vollen oder teilweisen Vorsteuerabzug berechtigt hat;

c) mit Ausnahme der in Artikel 19 genannten Fälle der Besitz von Gegenständen durch einen Steuerpflichtigen oder seine Rechtsnachfolger bei Aufgabe seiner der Steuer unterliegenden wirtschaftlichen Tätigkeit, wenn diese Gegenstände bei ihrer Anschaffung oder bei ihrer Verwendung nach Buchstabe a zum vollen oder teilweisen Vorsteuerabzug berechtigt haben.

Art. 19 [Kannbestimmung: Geschäftsveräußerungen im Ganzen – Lieferungen] *[1]* Die Mitgliedstaaten können die Übertragung eines Gesamt- oder Teilvermögens, die entgeltlich oder unentgeltlich oder durch Einbringung in eine Gesellschaft erfolgt, behandeln, als ob keine Lieferung von Gegenständen vorliegt, und den Begünstigten der Übertragung als Rechtsnachfolger des Übertragenden ansehen.

[2] [1]Die Mitgliedstaaten können die erforderlichen Maßnahmen treffen, um Wettbewerbsverzerrungen für den Fall zu vermeiden, dass der Begünstigte nicht voll steuerpflichtig ist. [2]Sie können ferner die erforderlichen Maßnahmen treffen, um Steuerhinterziehungen oder -umgehungen durch die Anwendung dieses Artikels vorzubeugen.

Kapitel 2. Innergemeinschaftlicher Erwerb von Gegenständen

Art. 20 [Definition des innergemeinschaftlichen Erwerbs von Gegenständen] *[1]* Als „innergemeinschaftlicher Erwerb von Gegenständen" gilt die Erlangung der Befähigung, wie ein Eigentümer über einen beweglichen körperlichen Gegenstand zu verfügen, der durch den Verkäufer oder durch den Erwerber oder für ihre Rechnung nach einem anderen Mitgliedstaat als dem, in dem sich der Gegenstand zum Zeitpunkt des Beginns der Versendung oder Beförderung befand, an den Erwerber versandt oder befördert wird.

[2] [1]Werden von einer nichtsteuerpflichtigen juristischen Person erworbene Gegenstände von einem Drittgebiet oder einem Drittland aus versandt oder befördert und von dieser nichtsteuerpflichtigen juristischen Person in einen anderen Mitgliedstaat als den der Beendigung der Versendung oder Beförderung eingeführt, gelten die Gegenstände als vom Einfuhrmitgliedstaat aus versandt oder befördert. [2]Dieser Mitgliedstaat gewährt dem Importeur, der gemäß Artikel 201 als Steuerschuldner bestimmt oder anerkannt wurde, die Erstattung der Mehrwertsteuer für die Einfuhr, sofern der Importeur nachweist, dass der Erwerb dieser Gegenstände im Mitgliedstaat der Beendigung der Versendung oder Beförderung der Gegenstände besteuert worden ist.

Art. 21 [Unternehmensinterne Verwendung eines Gegenstands – Behandlung wie innergemeinschaftlicher Erwerb] Einem innergemeinschaftlichen Erwerb von Gegenständen gegen Entgelt gleichgestellt ist die Verwendung eines Gegenstands durch den Steuerpflichtigen in seinem Unternehmen, der von einem Steuerpflichtigen oder für seine Rechnung aus einem anderen Mitgliedstaat, in dem der Gegenstand von dem Steuerpflichtigen im Rahmen seines in diesem Mitgliedstaat gelegenen Unternehmens hergestellt, gewonnen, be- oder verarbeitet, gekauft, im Sinne des Artikels 2 Absatz 1 Buchstabe b erworben oder eingeführt worden ist, versandt oder befördert wurde.

Art. 22[1)] [Verwendung von Gegenständen durch NATO-Streitkräfte – Behandlung wie innergemeinschaftlicher Erwerb] (1) Einem innergemeinschaftlichen Erwerb von Gegenständen gegen Entgelt gleichgestellt ist die Verwendung von Gegenständen, die nicht gemäß den allgemeinen Besteuerungsbedingungen des Binnenmarkts eines Mitgliedstaats gekauft wurden, durch die Streitkräfte eines Mitgliedstaats, die an einer Verteidigungsanstrengung teilnehmen, die zur Durchführung einer Tätigkeit der Union im Rahmen der Gemeinsamen Sicherheits- und Verteidigungspolitik unternommen wird, zum Gebrauch oder Verbrauch dieser Streitkräfte oder ihres zivilen Begleitpersonals, sofern für die Einfuhr dieser Gegenstände nicht die Steuerbefreiung nach Artikel 143 Absatz 1 Buchstabe ga in Anspruch genommen werden kann.

(2) Einem innergemeinschaftlichen Erwerb von Gegenständen gegen Entgelt gleichgestellt ist die Verwendung von Gegenständen, die nicht gemäß den allgemeinen Besteuerungsbedingungen des Binnenmarkts eines Mitgliedstaats gekauft wurden, durch die Streitkräfte von Staaten, die Vertragsparteien des Nordatlantikvertrags sind, zum Gebrauch oder Verbrauch durch diese Streitkräfte oder ihr ziviles Begleitpersonal, sofern für die Einfuhr dieser Gegen-

---

[1)] Art. 22 neu gef. mWv 24.7.2009 durch RL v. 25.6.2009 (ABl. L 175 S. 12); Abs. 1 eingef., bish. Wortlaut wird Abs. 2 mWv 19.1.2020 durch RL v. 16.12.2019 (ABl. L 336 S. 10); zur **Anwendung ab 1.7.2022** siehe Art. 3 Abs. 1 UAbs. 2 RL 2019/2235/EU.

stände nicht die Steuerbefreiung nach Artikel 143 Absatz 1 Buchstabe h in Anspruch genommen werden kann.

Art. 23 [Einstufung von Umsätzen als innergemeinschaftlicher Erwerb, die im Erwerbsstaat als Lieferungen eingestuft würden] Die Mitgliedstaaten treffen Maßnahmen, die sicherstellen, dass Umsätze als „innergemeinschaftlicher Erwerb von Gegenständen" eingestuft werden, die als „Lieferung von Gegenständen" eingestuft würden, wenn sie in ihrem Gebiet von einem Steuerpflichtigen, der als solcher handelt, getätigt worden wären.

Kapitel 3. Dienstleistungen

Art. 24 [Definition einer Dienstleistung und Telekommunikationsdienstleistung] (1) Als „Dienstleistung" gilt jeder Umsatz, der keine Lieferung von Gegenständen ist.

(2) Als „Telekommunikationsdienstleistung" gelten Dienstleistungen zum Zweck der Übertragung, Ausstrahlung oder des Empfangs von Signalen, Schrift, Bild und Ton oder Informationen jeglicher Art über Draht, Funk, optische oder andere elektromagnetische Medien, einschließlich der damit im Zusammenhang stehenden Abtretung oder Einräumung von Nutzungsrechten an Einrichtungen zur Übertragung, Ausstrahlung oder zum Empfang, einschließlich der Bereitstellung des Zugangs zu globalen Informationsnetzen.

Art. 25 [Abtretung, Duldung, Befolgen einer Anordnung als Dienstleistung] Eine Dienstleistung kann unter anderem in einem der folgenden Umsätze bestehen:

a) Abtretung eines nicht körperlichen Gegenstands, gleichgültig, ob in einer Urkunde verbrieft oder nicht;
b) Verpflichtung, eine Handlung zu unterlassen oder eine Handlung oder einen Zustand zu dulden;
c) Erbringung einer Dienstleistung auf Grund einer behördlichen Anordnung oder kraft Gesetzes.

Art. 26 [Verwendung eines Gegenstands und unentgeltliche Dienstleistung für unternehmensfremde Zwecke] (1) Einer Dienstleistung gegen Entgelt gleichgestellt sind folgende Umsätze:

a) Verwendung eines dem Unternehmen zugeordneten Gegenstands für den privaten Bedarf des Steuerpflichtigen, für den Bedarf seines Personals oder allgemein für unternehmensfremde Zwecke, wenn dieser Gegenstand zum vollen oder teilweisen Vorsteuerabzug berechtigt hat;
b) unentgeltliche Erbringung von Dienstleistungen durch den Steuerpflichtigen für seinen privaten Bedarf, für den Bedarf seines Personals oder allgemein für unternehmensfremde Zwecke.

(2) Die Mitgliedstaaten können Abweichungen von Absatz 1 vorsehen, sofern solche Abweichungen nicht zu Wettbewerbsverzerrungen führen.

Art. 27 [Kannbestimmung: Behandlung einer Innendienstleistung wie eine Dienstleistung] Um Wettbewerbsverzerrungen vorzubeugen, können die Mitgliedstaaten nach Konsultation des Mehrwertsteuerausschusses auch die Erbringung einer Dienstleistung durch einen Steuerpflichtigen für das eigene Unternehmen einer Dienstleistung gegen Entgelt gleichstellen, falls ihn die Erbringung einer derartigen Dienstleistung durch einen anderen Steuerpflichtigen nicht zum vollen Vorsteuerabzug berechtigen würde.

Art. 28 [Dienstleistungskommission] Steuerpflichtige, die bei der Erbringung von Dienstleistungen im eigenen Namen, aber für Rechnung Dritter tätig werden, werden behandelt, als ob sie diese Dienstleistungen selbst erhalten und erbracht hätten.

Art. 29 [Kannbestimmung: Geschäftsveräußerungen im Ganzen – Dienstleistungen] Artikel 19 gilt unter den gleichen Voraussetzungen für Dienstleistungen.

Kapitel 4. Einfuhr von Gegenständen

Art. 30 [Definition der Einfuhr eines Gegenstands] *[1]* Als „Einfuhr eines Gegenstands" gilt die Verbringung eines Gegenstands, der sich nicht im freien Verkehr im Sinne des Artikels 24 des Vertrags befindet, in die Gemeinschaft.

[2] Neben dem in Absatz 1 genannten Umsatz gilt als Einfuhr eines Gegenstands auch die Verbringung eines im freien Verkehr befindlichen Gegenstands mit Herkunft aus einem Drittgebiet, das Teil des Zollgebiets der Gemeinschaft ist, in die Gemeinschaft.

Kapitel 5.[1] Gemeinsame Bestimmungen zu den Kapiteln 1 und 3

Art. 30a[1] [2] [Begriffsbestimmungen „Gutschein"] Für die Zwecke dieser Richtlinie gelten folgende Begriffsbestimmungen:

1. „Gutschein" ist ein Instrument, bei dem die Verpflichtung besteht, es als Gegenleistung oder Teil einer solchen für eine Lieferung von Gegenständen oder eine Erbringung von Dienstleistungen anzunehmen und bei dem die zu liefernden Gegenstände oder zu erbringenden Dienstleistungen oder die Identität der möglichen Lieferer oder Dienstleistungserbringer entweder auf dem Instrument selbst oder in damit zusammenhängenden Unterlagen, einschließlich der Bedingungen für die Nutzung dieses Instruments, angegeben sind;
2. „Einzweck-Gutschein" ist ein Gutschein, bei dem der Ort der Lieferung der Gegenstände oder der Erbringung der Dienstleistungen, auf die sich der Gutschein bezieht, und die für diese Gegenstände oder Dienstleistungen geschuldete Mehrwertsteuer zum Zeitpunkt der Ausstellung des Gutscheins feststehen;

---

[1] Kapitel 5 (Art. 30a, 30b) angef. mWv 2.7.2016 durch RL v. 27.6.2016 (ABl. L 177 S. 9).
[2] Zur Anwendung siehe Art. 410a und 410b.

3. „Mehrzweck-Gutschein" ist ein Gutschein, bei dem es sich nicht um einen Einzweck-Gutschein handelt.

Art. 30b[1)·2)] **[Übertragung und Lieferung]** (1) *[1]* [1]Jede Übertragung eines Einzweck-Gutscheins durch einen Steuerpflichtigen, der im eigenen Namen handelt, gilt als eine Lieferung der Gegenstände oder Erbringung der Dienstleistungen, auf die sich der Gutschein bezieht. [2]Die tatsächliche Übergabe der Gegenstände oder die tatsächliche Erbringung der Dienstleistungen, für die ein Einzweck-Gutschein als Gegenleistung oder Teil einer solchen von dem Lieferer oder Dienstleistungserbringer angenommen wird, gilt nicht als unabhängiger Umsatz.

[2] Erfolgt eine Übertragung eines Einzweck-Gutscheins durch einen Steuerpflichtigen, der im Namen eines anderen Steuerpflichtigen handelt, gilt diese Übertragung als eine Lieferung der Gegenstände oder Erbringung der Dienstleistungen, auf die sich der Gutschein bezieht, durch den anderen Steuerpflichtigen, in dessen Namen der Steuerpflichtige handelt.

[3] Handelt es sich bei dem Lieferer von Gegenständen oder dem Erbringer von Dienstleistungen nicht um den Steuerpflichtigen, der, im eigenen Namen handelnd, den Einzweck-Gutschein ausgestellt hat, so wird dieser Lieferer von Gegenständen bzw. Erbringer von Dienstleistungen dennoch so behandelt, als habe er diesem Steuerpflichtigen die Gegenstände oder Dienstleistungen in Bezug auf diesen Gutschein geliefert oder erbracht.

(2) *[1]* Die tatsächliche Übergabe der Gegenstände oder die tatsächliche Erbringung der Dienstleistungen, für die der Lieferer der Gegenstände oder Erbringer der Dienstleistungen einen Mehrzweck-Gutschein als Gegenleistung oder Teil einer solchen annimmt, unterliegt der Mehrwertsteuer gemäß Artikel 2, wohingegen jede vorangegangene Übertragung dieses Mehrzweck-Gutscheins nicht der Mehrwertsteuer unterliegt.

[2] Wird ein Mehrzweck-Gutschein von einem anderen Steuerpflichtigen als dem Steuerpflichtigen, der den gemäß Unterabsatz 1 der Mehrwertsteuer unterliegenden Umsatz erbringt, übertragen, so unterliegen alle bestimmbaren Dienstleistungen wie etwa Vertriebs- oder Absatzförderungsleistungen der Mehrwertsteuer.

Titel V. Ort des steuerbaren Umsatzes

Kapitel 1. Ort der Lieferung von Gegenständen

Abschnitt 1. Lieferung von Gegenständen ohne Beförderung

Art. 31 [Ort der Lieferung ohne Beförderung] Wird der Gegenstand nicht versandt oder befördert, gilt als Ort der Lieferung der Ort, an dem sich der Gegenstand zum Zeitpunkt der Lieferung befindet.

[1)] Kapitel 5 (Art. 30a, 30b) angef. mWv 2.7.2016 durch RL v. 27.6.2016 (ABl. L 177 S. 9).
[2)] Zur Anwendung siehe Art. 410a und 410b.

Abschnitt 2. Lieferung von Gegenständen mit Beförderung

Art. 32 [Ort der Lieferung mit Beförderung] *[1]* Wird der Gegenstand vom Lieferer, vom Erwerber oder von einer dritten Person versandt oder befördert, gilt als Ort der Lieferung der Ort, an dem sich der Gegenstand zum Zeitpunkt des Beginns der Versendung oder Beförderung an den Erwerber befindet.

[2] Liegt der Ort, von dem aus die Gegenstände versandt oder befördert werden, in einem Drittgebiet oder in einem Drittland, gelten der Ort der Lieferung, die durch den Importeur bewirkt wird, der gemäß Artikel 201 als Steuerschuldner bestimmt oder anerkannt wurde, sowie der Ort etwaiger anschließender Lieferungen jedoch als in dem Mitgliedstaat gelegen, in den die Gegenstände eingeführt werden.

Art. 33[1)] **[Ort des innergemeinschaftlichen Fernverkaufs sowie des Fernverkaufs aus Drittgebieten]** Abweichend von Artikel 32 gilt Folgendes:

a) Als Ort der Lieferung eines innergemeinschaftlichen Fernverkaufs von Gegenständen gilt der Ort, an dem sich die Gegenstände bei Beendigung der Versendung oder Beförderung an den Erwerber befinden.

b) Als Ort der Lieferung eines Fernverkaufs von Gegenständen, die aus Drittgebieten oder Drittländern in einen anderen Mitgliedstaat als den, in dem die Versendung oder Beförderung der Gegenstände an den Erwerber endet, eingeführt werden, gilt der Ort, an dem sich die Gegenstände bei Beendigung der Versendung oder Beförderung an den Erwerber befinden.

c) Der Ort der Lieferung eines Fernverkaufs von Gegenständen, die aus Drittgebieten oder Drittländern in den Mitgliedstaat, in dem die Versendung oder Beförderung der Gegenstände an den Erwerber endet, eingeführt werden, gilt als in diesem Mitgliedstaat gelegen, sofern die Mehrwertsteuer auf diese Gegenstände gemäß der Sonderregelung nach Titel XII Kapitel 6 Abschnitt 4 zu erklären ist.

Art. 34.[2)] *(aufgehoben)*

Art. 35[3)] **[Nichtanwendung der Fernverkaufsortbestimmungen bei Gegenständen der Differenzbesteuerung]** Artikel 33 gilt nicht für die Lieferung von Gebrauchtgegenständen, Kunstgegenständen, Sammlungsstücken und Antiquitäten im Sinne des Artikels 311 Absatz 1 Nummern 1 bis 4 sowie für die Lieferung von Gebrauchtfahrzeugen im Sinne des Artikels 327

---

1) Art. 33 neu gef. mWv 1.7.2021 durch RL v. 5.12.2017 (ABl. L 348 S. 7, geänd. durch ABl. 2020 L 244 S. 3).

2) Art. 34 aufgeh. mWv 1.7.2021 durch RL v. 5.12.2017 (ABl. L 348 S. 7, geänd. durch ABl. 2020 L 244 S. 3).

3) Art. 35 neu gef. mWv 1.7.2021 durch RL v. 5.12.2017 (ABl. L 348 S. 7, geänd. durch ABl. 2020 L 244 S. 3).

Absatz 3, die der Mehrwertsteuer gemäß den Sonderregelungen für diese Bereiche unterliegen.

Art. 36 [Ort einer Montagelieferung] *[1]* Wird der vom Lieferer, vom Erwerber oder von einer dritten Person versandte oder beförderte Gegenstand mit oder ohne probeweise Inbetriebnahme durch den Lieferer oder für dessen Rechnung installiert oder montiert, gilt als Ort der Lieferung der Ort, an dem die Installation oder Montage vorgenommen wird.

[2] Wird der Gegenstand in einem anderen Mitgliedstaat als dem des Lieferers installiert oder montiert, trifft der Mitgliedstaat, in dessen Gebiet die Installation oder Montage vorgenommen wird, die zur Vermeidung einer Doppelbesteuerung in diesem Mitgliedstaat erforderlichen Maßnahmen.

Art. 36a[1] [Zwischenhändler] (1) Werden dieselben Gegenstände nacheinander geliefert und werden diese Gegenstände aus einem Mitgliedstaat in einen anderen Mitgliedstaat unmittelbar vom ersten Lieferer bis zum letzten Erwerber in der Reihe versandt oder befördert, so wird die Versendung oder Beförderung nur der Lieferung an den Zwischenhändler zugeschrieben.

(2) Abweichend von Absatz 1 wird die Versendung oder Beförderung nur der Lieferung von Gegenständen durch den Zwischenhändler zugeschrieben, wenn der Zwischenhändler seinem Lieferer die Mehrwertsteuer-Identifikationsnummer mitgeteilt hat, die ihm vom Mitgliedstaat, aus dem die Gegenstände versandt oder befördert werden, erteilt wurde.

(3) Für die Zwecke dieses Artikels bezeichnet der Ausdruck „Zwischenhändler" einen Lieferer innerhalb der Reihe (mit Ausnahme des ersten Lieferers in der Reihe), der die Gegenstände selbst oder auf seine Rechnung durch einen Dritten versendet oder befördert.

(4) Dieser Artikel gilt nicht für Fälle nach Artikel 14a.

Art. 36b[2] [Versendung oder Beförderung im Fall des Art. 14a] Wird ein Steuerpflichtiger gemäß Artikel 14a behandelt, als ob er Gegenstände erhalten und geliefert hätte, wird die Versendung oder Beförderung der Gegenstände der Lieferung durch diesen Steuerpflichtigen zugeschrieben.

Abschnitt 3. Lieferung von Gegenständen an Bord eines Schiffes, eines Flugzeugs oder in einer Eisenbahn

Art. 37 [Ort einer Lieferung an Bord eines Personenbeförderungsmittels] (1) Erfolgt die Lieferung von Gegenständen an Bord eines Schiffes, eines Flugzeugs oder in einer Eisenbahn während des innerhalb der Gemeinschaft stattfindenden Teils einer Personenbeförderung, gilt als Ort dieser Lieferung der Abgangsort der Personenbeförderung.

---

[1] Art. 36a eingef. mWv 27.12.2018 durch RL v. 4.12.2018 (ABl. L 311 S. 3).

[2] Art. 36b eingef. mWv 22.12.2019 durch RL v. 21.11.2019 (ABl. L 310 S. 1, geänd. durch ABl. 2020 L 244 S. 3); zur Anwendung ab 1.7.2021 siehe Art. 2 Beschl. v. 20.7.2020 (ABl. 2020 L 244 S. 3).

(2) *[1]* Für die Zwecke des Absatzes 1 gilt als „innerhalb der Gemeinschaft stattfindender Teil einer Personenbeförderung" der Teil einer Beförderung zwischen dem Abgangsort und dem Ankunftsort einer Personenbeförderung, der ohne Zwischenaufenthalt außerhalb der Gemeinschaft erfolgt.

[2] „Abgangsort einer Personenbeförderung" ist der erste Ort innerhalb der Gemeinschaft, an dem Reisende in das Beförderungsmittel einsteigen können, gegebenenfalls nach einem Zwischenaufenthalt außerhalb der Gemeinschaft.

[3] „Ankunftsort einer Personenbeförderung" ist der letzte Ort innerhalb der Gemeinschaft, an dem in der Gemeinschaft zugestiegene Reisende das Beförderungsmittel verlassen können, gegebenenfalls vor einem Zwischenaufenthalt außerhalb der Gemeinschaft.

[4] Im Fall einer Hin- und Rückfahrt gilt die Rückfahrt als gesonderte Beförderung.

(3) *[1]* Die Kommission unterbreitet dem Rat möglichst rasch einen Bericht, gegebenenfalls zusammen mit geeigneten Vorschlägen, über den Ort der Besteuerung der Lieferung von Gegenständen, die zum Verbrauch an Bord bestimmt sind, und der Dienstleistungen, einschließlich Bewirtung, die an Reisende an Bord eines Schiffes, eines Flugzeugs oder in einer Eisenbahn erbracht werden.

[2] Bis zur Annahme der in Unterabsatz 1 genannten Vorschläge können die Mitgliedstaaten die Lieferung von Gegenständen, die zum Verbrauch an Bord bestimmt sind und deren Besteuerungsort gemäß Absatz 1 festgelegt wird, mit Recht auf Vorsteuerabzug von der Steuer befreien oder weiterhin befreien.

Abschnitt 4.[1]) Lieferung von Gas über ein Erdgasnetz, von Elektrizität und von Wärme oder Kälte über Wärme- und Kältenetze

Art. 38[1]) [Ort der Lieferung von Gas und Elektrizität an Wiederverkäufer] (1) Bei Lieferung von Gas über ein Erdgasnetz im Gebiet der Gemeinschaft oder jedes an ein solches Netz angeschlossene Netz, von Elektrizität oder von Wärme oder Kälte über Wärme- oder Kältenetze an einen steuerpflichtigen Wiederverkäufer gilt als Ort der Lieferung der Ort, an dem dieser steuerpflichtige Wiederverkäufer den Sitz seiner wirtschaftlichen Tätigkeit oder eine feste Niederlassung hat, für die die Gegenstände geliefert werden, oder in Ermangelung eines solchen Sitzes oder einer solchen festen Niederlassung sein Wohnsitz oder sein gewöhnlicher Aufenthaltsort.

(2) Für die Zwecke des Absatzes 1 ist ein „steuerpflichtiger Wiederverkäufer" ein Steuerpflichtiger, dessen Haupttätigkeit in Bezug auf den Kauf von Gas, Elektrizität, Wärme oder Kälte im Wiederverkauf dieser Erzeugnisse besteht und dessen eigener Verbrauch dieser Erzeugnisse zu vernachlässigen ist.

---

[1]) Abschnitt 4 (Art. 38, 39) neu gef. mWv 15.1.2010 durch RL v. 22.12.2009 (ABl. 2010 L 10 S. 14).

Art. 39[1] **[Ort der Lieferung von Gas und Elektrizität an andere Abnehmer]** *[1]* Für den Fall, dass die Lieferung von Gas über ein Erdgasnetz im Gebiet der Gemeinschaft oder jedes an ein solches Netz angeschlossene Netz, die Lieferung von Elektrizität oder die Lieferung von Wärme oder Kälte über Wärme- oder Kältenetze nicht unter Artikel 38 fällt, gilt als Ort der Lieferung der Ort, an dem der Erwerber die Gegenstände tatsächlich nutzt und verbraucht.

[2] [1] Falls die Gesamtheit oder ein Teil des Gases, der Elektrizität oder der Wärme oder Kälte von diesem Erwerber nicht tatsächlich verbraucht wird, wird davon ausgegangen, dass diese nicht verbrauchten Gegenstände an dem Ort genutzt und verbraucht worden sind, an dem er den Sitz seiner wirtschaftlichen Tätigkeit oder eine feste Niederlassung hat, für die die Gegenstände geliefert werden. [2] In Ermangelung eines solchen Sitzes oder solchen festen Niederlassung wird davon ausgegangen, dass er die Gegenstände an seinem Wohnsitz oder seinem gewöhnlichen Aufenthaltsort genutzt und verbraucht hat.

Kapitel 2. Ort des innergemeinschaftlichen Erwerbs von Gegenständen

Art. 40 [Ort des innergemeinschaftlichen Erwerbs – Grundsatz] Als Ort eines innergemeinschaftlichen Erwerbs von Gegenständen gilt der Ort, an dem sich die Gegenstände zum Zeitpunkt der Beendigung der Versendung oder Beförderung an den Erwerber befinden.

Art. 41 [Ort des innergemeinschaftlichen Erwerbs – Folge aus Verwendung der Mehrwertsteuer-Identifikationsnummer] *[1]* Unbeschadet des Artikels 40 gilt der Ort eines innergemeinschaftlichen Erwerbs von Gegenständen im Sinne des Artikels 2 Absatz 1 Buchstabe b Ziffer i als im Gebiet des Mitgliedstaats gelegen, der dem Erwerber die von ihm für diesen Erwerb verwendete Mehrwertsteuer-Identifikationsnummer erteilt hat, sofern der Erwerber nicht nachweist, dass dieser Erwerb im Einklang mit Artikel 40 besteuert worden ist.

[2] Wird der Erwerb gemäß Artikel 40 im Mitgliedstaat der Beendigung der Versendung oder Beförderung der Gegenstände besteuert, nachdem er gemäß Absatz 1 besteuert wurde, wird die Steuerbemessungsgrundlage in dem Mitgliedstaat, der dem Erwerber die von ihm für diesen Erwerb verwendete Mehrwertsteuer-Identifikationsnummer erteilt hat, entsprechend gemindert.

Art. 42 [Ort des innergemeinschaftlichen Erwerbs – Erwerb für Zwecke einer anschließenden innergemeinschaftlichen Lieferung] Artikel 41 Absatz 1 ist nicht anzuwenden und der innergemeinschaftliche Erwerb von Gegenständen gilt als gemäß Artikel 40 besteuert, wenn folgende Bedingungen erfüllt sind:

---

[1] Abschnitt 4 (Art. 38, 39) neu gef. mWv 15.1.2010 durch RL v. 22.12.2009 (ABl. 2010 L 10 S. 14).

a) der Erwerber weist nach, dass er diesen Erwerb für die Zwecke einer anschließenden Lieferung getätigt hat, die im Gebiet des gemäß Artikel 40 bestimmten Mitgliedstaats bewirkt wurde und für die der Empfänger der Lieferung gemäß Artikel 197 als Steuerschuldner bestimmt worden ist;

b) der Erwerber ist der Pflicht zur Abgabe der zusammenfassenden Meldung gemäß Artikel 265 nachgekommen.

Kapitel 3.[1)] Ort der Dienstleistung

Abschnitt 1. Begriffsbestimmungen

Art. 43[1)] **[Ort der Dienstleistung – Fiktion Steuerpflichtiger als Leistungsempfänger]** Für die Zwecke der Anwendung der Regeln für die Bestimmung des Ortes der Dienstleistung gilt

1. ein Steuerpflichtiger, der auch Tätigkeiten ausführt oder Umsätze bewirkt, die nicht als steuerbare Lieferungen von Gegenständen oder Dienstleistungen im Sinne des Artikels 2 Absatz 1 angesehen werden, in Bezug auf alle an ihn erbrachten Dienstleistungen als Steuerpflichtiger;
2. eine nicht steuerpflichtige juristische Person mit Mehrwertsteuer-Identifikationsnummer als Steuerpflichtiger.

Abschnitt 2. Allgemeine Bestimmungen

Art. 44[1)] **[Ort der Dienstleistung – Grundregel B2B-Umsätze]** [1] Als Ort einer Dienstleistung an einen Steuerpflichtigen, der als solcher handelt, gilt der Ort, an dem dieser Steuerpflichtige den Sitz seiner wirtschaftlichen Tätigkeit hat. [2] Werden diese Dienstleistungen jedoch an eine feste Niederlassung des Steuerpflichtigen, die an einem anderen Ort als dem des Sitzes seiner wirtschaftlichen Tätigkeit gelegen ist, erbracht, so gilt als Ort dieser Dienstleistungen der Sitz der festen Niederlassung. [3] In Ermangelung eines solchen Sitzes oder einer solchen festen Niederlassung gilt als Ort der Dienstleistung der Wohnsitz oder der gewöhnliche Aufenthaltsort des steuerpflichtigen Dienstleistungsempfängers.

Art. 45[1)] **[Ort der Dienstleistung – Grundregel B2C-Umsätze]** [1] Als Ort einer Dienstleistung an einen Nichtsteuerpflichtigen gilt der Ort, an dem der Dienstleistungserbringer den Sitz seiner wirtschaftlichen Tätigkeit hat. [2] Werden diese Dienstleistungen jedoch von der festen Niederlassung des Dienstleistungserbringers, die an einem anderen Ort als dem des Sitzes seiner wirtschaftlichen Tätigkeit gelegen ist, aus erbracht, so gilt als Ort dieser Dienstleistungen der Sitz der festen Niederlassung. [3] In Ermangelung eines solchen Sitzes oder einer solchen festen Niederlassung gilt als Ort der Dienstleistung der Wohnsitz oder der gewöhnliche Aufenthaltsort des Dienstleistungserbringers.

[1)] Kapitel 3 (Art. 43–59b) neu gef. mWv 1.1.2010 durch RL v. 12.2.2008 (ABl. L 44 S. 11).

Abschnitt 3. Besondere Bestimmungen

Unterabschnitt 1. Von Vermittlern erbrachte Dienstleistungen an Nichtsteuerpflichtige

Art. 46[1)] **[Ort der Dienstleistung – Vermittlungsleistungen B2C]** Als Ort einer Dienstleistung an einen Nichtsteuerpflichtigen, die von einem Vermittler im Namen und für Rechnung eines Dritten erbracht wird, gilt der Ort, an dem der vermittelte Umsatz gemäß den Bestimmungen dieser Richtlinie erbracht wird.

Unterabschnitt 2. Dienstleistungen im Zusammenhang mit Grundstücken

Art. 47[1)] **[Ort der Dienstleistung – grundstücksbezogene Leistungen]** Als Ort einer Dienstleistung im Zusammenhang mit einem Grundstück, einschließlich der Dienstleistungen von Sachverständigen und Grundstücksmaklern, der Beherbergung in der Hotelbranche oder in Branchen mit ähnlicher Funktion, wie zum Beispiel in Ferienlagern oder auf einem als Campingplatz hergerichteten Gelände, der Einräumung von Rechten zur Nutzung von Grundstücken sowie von Dienstleistungen zur Vorbereitung und Koordinierung von Bauleistungen, wie z. B. die Leistungen von Architekten und Bauaufsichtsunternehmen, gilt der Ort, an dem das Grundstück gelegen ist.

Unterabschnitt 3. Beförderungsleistungen

Art. 48[1)] **[Ort der Dienstleistung – Personenbeförderungen]** Als Ort einer Personenbeförderungsleistung gilt der Ort, an dem die Beförderung nach Maßgabe der zurückgelegten Beförderungsstrecke jeweils stattfindet.

Art. 49[1)] **[Ort der Dienstleistung – Güterbeförderungen B2C, nicht innergemeinschaftlich]** Als Ort einer Güterbeförderungsleistung an Nichtsteuerpflichtige, die keine innergemeinschaftliche Güterbeförderung darstellt, gilt der Ort, an dem die Beförderung nach Maßgabe der zurückgelegten Beförderungsstrecke jeweils stattfindet.

Art. 50[1)] **[Ort der Dienstleistung – Güterbeförderungen B2C, innergemeinschaftlich]** Als Ort einer innergemeinschaftlichen Güterbeförderungsleistung an Nichtsteuerpflichtige gilt der Abgangsort der Beförderung.

Art. 51[1)] **[Ort der Dienstleistung – Begriff der innergemeinschaftlichen Güterbeförderung]** *[1]* Als „innergemeinschaftliche Güterbeförderung" gilt die Beförderung von Gegenständen, bei der Abgangs- und Ankunftsort in zwei verschiedenen Mitgliedstaaten liegen.

[2] „Abgangsort" ist der Ort, an dem die Güterbeförderung tatsächlich beginnt, ungeachtet der Strecken, die bis zu dem Ort zurückzulegen sind, an dem sich die Gegenstände befinden, und „Ankunftsort" ist der Ort, an dem die Güterbeförderung tatsächlich endet.

[1)] Kapitel 3 (Art. 43–59b) neu gef. mWv 1.1.2010 durch RL v. 12.2.2008 (ABl. L 44 S. 11).

Art. 52[1] [Kannbestimmung: Nichtberücksichtigung von Strecken über Drittlandsgewässer bei innergemeinschaftlichen Güterbeförderungen B2C] Die Mitgliedstaaten haben die Möglichkeit, keine Mehrwertsteuer auf den Teil der innergemeinschaftlichen Güterbeförderung an Nichtsteuerpflichtige zu erheben, der den Beförderungsstrecken über Gewässer entspricht, die nicht zum Gebiet der Gemeinschaft gehören.

Unterabschnitt 4. Dienstleistungen auf dem Gebiet der Kultur, der Künste, des Sports, der Wissenschaft, des Unterrichts, der Unterhaltung und ähnliche Veranstaltungen, Nebentätigkeiten zur Beförderung, Begutachtung von beweglichen Gegenständen und Arbeiten an solchen Gegenständen

Art. 53[2] [Ort der Dienstleistung – Tätigkeiten der Kultur, des Sports usw.] (1) Als Ort einer Dienstleistung an einen Steuerpflichtigen betreffend die Eintrittsberechtigung sowie die damit zusammenhängenden Dienstleistungen für Veranstaltungen auf dem Gebiet der Kultur, der Künste, des Sports, der Wissenschaft, des Unterrichts, der Unterhaltung oder für ähnliche Veranstaltungen wie Messen und Ausstellungen gilt der Ort, an dem diese Veranstaltungen tatsächlich stattfinden.

(2)[3] Dieser Artikel findet im Fall der virtuellen Teilnahme keine Anwendung auf die Eintrittsberechtigung für die in Absatz 1 genannten Veranstaltungen.

Art. 54[4] [Ort der Dienstleistung – Nebentätigkeiten zur Beförderung und Arbeiten an beweglichen körperlichen Gegenständen, B2C] (1) *[1]* Als Ort einer Dienstleistung sowie der damit zusammenhängenden Dienstleistungen an einen Nichtsteuerpflichtigen betreffend Tätigkeiten auf dem Gebiet der Kultur, der Künste, des Sports, der Wissenschaft, des Unterrichts, der Unterhaltung oder ähnliche Veranstaltungen wie Messen und Ausstellungen, einschließlich der Erbringung von Dienstleistungen der Veranstalter solcher Tätigkeiten, gilt der Ort, an dem diese Tätigkeiten tatsächlich ausgeübt werden.

[2] Betreffen die Dienstleistungen und die damit zusammenhängenden Dienstleistungen Tätigkeiten, die per Streaming übertragen oder auf andere Weise virtuell verfügbar gemacht werden, so gilt als Ort der Dienstleistung jedoch der Ort, an dem der Nichtsteuerpflichtige ansässig ist oder seinen Wohnsitz oder seinen gewöhnlichen Aufenthaltsort hat.

---

[1] Kapitel 3 (Art. 43–59b) neu gef. mWv 1.1.2010 durch RL v. 12.2.2008 (ABl. L 44 S. 11).

[2] Art. 53 neu gef. mWv 1.1.2011 durch RL v. 12.2.2008 (ABl. L 44 S. 11); Abs. 2 angef., bish. Text wird Abs. 1 mWv 6.4.2022 durch RL v. 5.4.2022 (ABl. L 107 S. 1).

[3] Zur Anwendung siehe Art. 3 Abs. 1 RL 2022/542 v. 5.4.2022 (ABl. L 107 S. 1).

[4] Art. 54 *neu gef. mWv 1.1.2011 durch* RL v. 12.2.2008 (ABl. L 44 S. 11); Abs. 1 UAbs. 2 angef., bish. Abs. 1 wird UAbs. 1 mWv 6.4.2022 durch RL v. 5.4.2022 (ABl. L 107 S. 1); zur Anwendung siehe Art. 3 Abs. 1 RL 2022/542 v. 5.4.2022 (ABl. L 107 S. 1).

(2) Als Ort der folgenden Dienstleistungen an Nichtsteuerpflichtige gilt der Ort, an dem sie tatsächlich erbracht werden:

a) Nebentätigkeiten zur Beförderung wie Beladen, Entladen, Umschlag und ähnliche Tätigkeiten;

b) Begutachtung von beweglichen körperlichen Gegenständen und Arbeiten an solchen Gegenständen.

Unterabschnitt 5. Restaurant- und Verpflegungsdienstleistungen

Art. 55[1)] [Ort der Dienstleistung – Restaurant- und Verpflegungsumsätze nicht an Bord eines Beförderungsmittels] Als Ort von Restaurant- und Verpflegungsdienstleistungen, die nicht an Bord eines Schiffes oder eines Flugzeugs oder in der Eisenbahn während des innerhalb der Gemeinschaft stattfindenden Teils einer Personenbeförderung tatsächlich erbracht werden, gilt der Ort, an dem die Dienstleistungen tatsächlich erbracht werden.

Unterabschnitt 6. Vermietung von Beförderungsmitteln

Art. 56[2)] [Ort der Dienstleistung – kurzfristige Vermietung eines Beförderungsmittels] (1) Als Ort der Vermietung eines Beförderungsmittels über einen kürzeren Zeitraum gilt der Ort, an dem das Beförderungsmittel dem Dienstleistungsempfänger tatsächlich zur Verfügung gestellt wird.

(2) *[1]* Als Ort der Vermietung eines Beförderungsmittels an Nichtsteuerpflichtige, ausgenommen die Vermietung über einen kürzeren Zeitraum, gilt der Ort, an dem der Dienstleistungsempfänger ansässig ist oder seinen Wohnsitz oder seinen gewöhnlichen Aufenthaltsort hat.

[2] Jedoch gilt als Ort der Vermietung eines Sportboots an einen Nichtsteuerpflichtigen, ausgenommen die Vermietung über einen kürzeren Zeitraum, der Ort, an dem das Sportboot dem Dienstleistungsempfänger tatsächlich zur Verfügung gestellt wird, sofern der Dienstleistungserbringer diese Dienstleistung tatsächlich vom Sitz seiner wirtschaftlichen Tätigkeit oder von einer festen Niederlassung an diesem Ort aus erbringt.

(3) Als „kürzerer Zeitraum" im Sinne der Absätze 1 und 2 gilt der Besitz oder die Verwendung des Beförderungsmittels während eines ununterbrochenen Zeitraums von nicht mehr als 30 Tagen und bei Wasserfahrzeugen von nicht mehr als 90 Tagen.

Unterabschnitt 7. Für den Verbrauch bestimmte Restaurant- und Verpflegungsdienstleistungen an Bord eines Schiffes, eines Flugzeugs oder in der Eisenbahn

Art. 57[1)] [Ort der Dienstleistung – Restaurant- und Verpflegungsumsätze an Bord eines Beförderungsmittels] (1) Der Ort von Restaurant- und Verpflegungsdienstleistungen, die an Bord eines Schiffes oder eines Flugzeugs oder in der Eisenbahn während des innerhalb der Gemeinschaft

---

[1)] Kapitel 3 (Art. 43–59b) neu gef. mWv 1.1.2010 durch RL v. 12.2.2008 (ABl. L 44 S. 11).

[2)] Art. 56 neu gef. mWv 1.1.2010, Abs. 2 neu gef. und Abs. 3 angef. mWv 1.1.2013 durch RL v. 12.2.2008 (ABl. L 44 S. 11).

stattfindenden Teils einer Personenbeförderung tatsächlich erbracht werden, ist der Abgangsort der Personenbeförderung.

(2) *[1]* Für die Zwecke des Absatzes 1 gilt als „innerhalb der Gemeinschaft stattfindender Teil einer Personenbeförderung" der Teil einer Beförderung zwischen dem Abgangsort und dem Ankunftsort einer Personenbeförderung, der ohne Zwischenaufenthalt außerhalb der Gemeinschaft erfolgt.

[2] „Abgangsort einer Personenbeförderung" ist der erste Ort innerhalb der Gemeinschaft, an dem Reisende in das Beförderungsmittel einsteigen können, gegebenenfalls nach einem Zwischenaufenthalt außerhalb der Gemeinschaft.

[3] „Ankunftsort einer Personenbeförderung" ist der letzte Ort innerhalb der Gemeinschaft, an dem in der Gemeinschaft zugestiegene Reisende das Beförderungsmittel verlassen können, gegebenenfalls vor einem Zwischenaufenthalt außerhalb der Gemeinschaft.

[4] Im Falle einer Hin- und Rückfahrt gilt die Rückfahrt als gesonderte Beförderung.

Unterabschnitt 8.[1] Telekommunikationsdienstleistungen, Rundfunk- und Fernsehdienstleistungen und elektronisch erbrachte Dienstleistungen an Nichtsteuerpflichtige

Art. 58[2] [Ort der Dienstleistung – elektronische Dienstleistungen, Telekommunikationsdienstleistungen sowie Rundfunk- und Fernsehdienstleistungen]

(1) *[1]* Als Ort der folgenden Dienstleistungen an Nichtsteuerpflichtige gilt der Ort, an dem dieser Nichtsteuerpflichtige ansässig ist, seinen Wohnsitz oder seinen gewöhnlichen Aufenthaltsort hat:

a) Telekommunikationsdienstleistungen;
b) Rundfunk- und Fernsehdienstleistungen;
c) elektronisch erbrachte Dienstleistungen, insbesondere die in Anhang II genannten Dienstleistungen.

[2] Kommunizieren Dienstleistungserbringer und Dienstleistungsempfänger über E-Mail miteinander, bedeutet dies allein noch nicht, dass die erbrachte Dienstleistung eine elektronisch erbrachte Dienstleistung wäre.

(2)–(6) (*aufgehoben*)

Unterabschnitt 9. Dienstleistungen an Nichtsteuerpflichtige außerhalb der Gemeinschaft

Art. 59[3] [Ort der Dienstleistung – Katalogleistungen B2C] Als Ort der folgenden Dienstleistungen an einen Nichtsteuerpflichtigen, der außerhalb

[1] Kapitel 3 (Art. 43–59b) neu gef. mWv 1.1.2010 durch RL v. 12.2.2008 (ABl. L 44 S. 11).

[2] Art. 58 neu gef. mWv 1.1.2019, Abs. 2–6 aufgeh. mWv 1.7.2021 durch RL v. 5.12. 2017 (ABl. L 348 S. 7, geänd. durch ABl. 2020 L 244 S. 3).

[3] Art. 59 neu gef. mWv 1.1.2010 durch RL v. 12.2.2008 (ABl. L 44 S. 11); UAbs. 1 Buchst. i, j, k und UAbs. 2 aufgeh. mWv 1.1.2015 durch RL v. 12.2.2008 (ABl. L 44 S. 11); Buchst. h neu gef. mWv 15.1.2010 durch RL v. 22.12.2009 (ABl. 2010 L 10 S. 14).

der Gemeinschaft ansässig ist oder seinen Wohnsitz oder seinen gewöhnlichen Aufenthaltsort außerhalb der Gemeinschaft hat, gilt der Ort, an dem dieser Nichtsteuerpflichtige ansässig ist oder seinen Wohnsitz oder seinen gewöhnlichen Aufenthaltsort hat:

a) Abtretung und Einräumung von Urheberrechten, Patentrechten, Lizenzrechten, Fabrik- und Warenzeichen sowie ähnlichen Rechten;
b) Dienstleistungen auf dem Gebiet der Werbung;
c) Dienstleistungen von Beratern, Ingenieuren, Studienbüros, Anwälten, Buchprüfern und sonstige ähnliche Dienstleistungen sowie die Datenverarbeitung und die Überlassung von Informationen;
d) Verpflichtungen, eine berufliche Tätigkeit ganz oder teilweise nicht auszuüben oder ein in diesem Artikel genanntes Recht nicht wahrzunehmen;
e) Bank-, Finanz- und Versicherungsumsätze, einschließlich Rückversicherungsumsätze, ausgenommen die Vermietung von Schließfächern;
f) Gestellung von Personal;
g) Vermietung beweglicher körperlicher Gegenstände, ausgenommen jegliche Beförderungsmittel;
h) Gewährung des Zugangs zu einem Erdgasnetz im Gebiet der Gemeinschaft oder zu einem an ein solches Netz angeschlossenes Netz, zum Elektrizitätsnetz oder zu Wärme- oder Kältenetzen sowie Fernleitung, Übertragung oder Verteilung über diese Netze und Erbringung anderer unmittelbar damit verbundener Dienstleistungen.

Unterabschnitt 10. Vermeidung der Doppelbesteuerung und der Nichtbesteuerung

Art. 59a[1)] [Kannbestimmung: Verlagerung des Dienstleistungsorts an den Ort der tatsächlichen Nutzung oder Auswertung] Um Doppelbesteuerung, Nichtbesteuerung und Wettbewerbsverzerrungen zu vermeiden, können die Mitgliedstaaten bei Dienstleistungen, deren Erbringungsort sich gemäß den Artikeln 44 und 45, Artikel 54 Absatz 1 Unterabsatz 2 und den Artikeln 56, 58 und 59 bestimmt,

a) den Ort einer oder aller dieser Dienstleistungen, der in ihrem Gebiet liegt, so behandeln, als läge er außerhalb der Gemeinschaft, wenn die tatsächliche Nutzung oder Auswertung außerhalb der Gemeinschaft erfolgt;
b) den Ort einer oder aller dieser Dienstleistungen, der außerhalb der Gemeinschaft liegt, so behandeln, als läge er in ihrem Gebiet, wenn in ihrem Gebiet die tatsächliche Nutzung oder Auswertung erfolgt.

Art. 59b.[2)] *(aufgehoben)*

[1)] Art. 59a neu gef. mWv 1.1.2015 durch RL v. 12.2.2008 (ABl. L 44 S. 11); einl. Satzteil geänd. mWv 6.4.2022 durch RL v. 5.4.2022 (ABl. L 107 S. 1).
[2)] Art. 59b aufgeh. mWv 1.1.2015 durch RL v. 12.2.2008 (ABl. L 44 S. 11).

Kapitel 3a.[1] Schwellenwert für Steuerpflichtige, die Lieferungen von Gegenständen gemäß Artikel 33 Buchstabe a tätigen und Dienstleistungen gemäß Artikel 58 erbringen

Art. 59c[1] [Schwellenwert für Lieferungen und Leistungen nach Artikel 33 und 58] (1) Artikel 33 Buchstabe a und Artikel 58 gelten nicht in den Fällen, in denen die folgenden Voraussetzungen erfüllt sind:

a) Der Lieferer oder Dienstleistungserbringer ist in nur einem Mitgliedstaat ansässig oder hat, in Ermangelung eines Sitzes der wirtschaftlichen Tätigkeit oder einer festen Niederlassung, seinen Wohnsitz oder seinen gewöhnlichen Aufenthaltsort in nur einem Mitgliedstaat;

b) die Dienstleistungen werden an nichtsteuerpflichtige Personen erbracht, die in einem anderen als dem unter Buchstabe a genannten Mitgliedstaat ansässig sind, dort ihren Wohnsitz oder gewöhnlichen Aufenthaltsort haben, oder die Gegenstände werden in einen anderen als den unter Buchstabe a genannten Mitgliedstaat geliefert und

c) der Gesamtbetrag – ohne Mehrwertsteuer – der Lieferungen oder Dienstleistungen nach Buchstabe b überschreitet im laufenden Kalenderjahr nicht 10 000 EUR bzw. den Gegenwert in Landeswährung und hat dies auch im vorangegangenen Kalenderjahr nicht getan.

(2) Wird in einem Kalenderjahr der Schwellenwert gemäß Absatz 1 Buchstabe c überschritten, so gelten ab diesem Zeitpunkt Artikel 33 Buchstabe a und Artikel 58.

(3) Der Mitgliedstaat, in dessen Gebiet sich die Gegenstände bei Beginn der Versendung oder Beförderung befinden oder in dem die Steuerpflichtigen, die Telekommunikationsdienstleistungen, Rundfunk- und Fernsehdienstleistungen und elektronische Dienstleistungen erbringen, ansässig sind, gewährt den Steuerpflichtigen, auf deren Lieferungen oder Dienstleistungen Absatz 1 gegebenenfalls Anwendung findet, das Recht, sich dafür zu entscheiden, dass der Ort dieser Lieferungen oder Dienstleistungen gemäß Artikel 33 Buchstabe a bzw. Artikel 58 bestimmt wird; diese Entscheidung erstreckt sich in jedem Fall auf zwei Kalenderjahre.

(4) Die Mitgliedstaaten treffen zweckdienliche Maßnahmen, um die Einhaltung der in den Absätzen 1, 2 und 3 genannten Bedingungen durch den Steuerpflichtigen zu überprüfen.

(5) Der Gegenwert in Landeswährung des in Absatz 1 Buchstabe c genannten Betrags wird unter Anwendung des von der Europäischen Zentralbank am Tag der Annahme der Richtlinie (EU) 2017/2455 veröffentlichten Wechselkurses berechnet.

Kapitel 4. Ort der Einfuhr von Gegenständen

Art. 60 [Ort der Einfuhr – Grundsatz] Die Einfuhr von Gegenständen erfolgt in dem Mitgliedstaat, in dessen Gebiet sich der Gegenstand zu dem Zeitpunkt befindet, in dem er in die Gemeinschaft verbracht wird.

---

[1] Kapitel 3a (Art. 59c) eingef. mWv 1.7.2021 durch RL v. 5.12.2017 (ABl. L 348 S. 7, geänd. durch ABl. 2020 L 244 S. 3).

Art. 61 [Ort der Einfuhr – Gegenstand nicht im freien Verkehr]

[1] Abweichend von Artikel 60 erfolgt bei einem Gegenstand, der sich nicht im freien Verkehr befindet und der vom Zeitpunkt seiner Verbringung in die Gemeinschaft einem Verfahren oder einer sonstigen Regelung im Sinne des Artikels 156, der Regelung der vorübergehenden Verwendung bei vollständiger Befreiung von Einfuhrabgaben oder dem externen Versandverfahren unterliegt, die Einfuhr in dem Mitgliedstaat, in dessen Gebiet der Gegenstand nicht mehr diesem Verfahren oder der sonstigen Regelung unterliegt.

[2] Unterliegt ein Gegenstand, der sich im freien Verkehr befindet, vom Zeitpunkt seiner Verbringung in die Gemeinschaft einem Verfahren oder einer sonstigen Regelung im Sinne der Artikel 276 und 277, erfolgt die Einfuhr in dem Mitgliedstaat, in dessen Gebiet der Gegenstand nicht mehr diesem Verfahren oder der sonstigen Regelung unterliegt.

Titel VI. Steuertatbestand und Steueranspruch

Kapitel 1. Allgemeine Bestimmungen

Art. 62 [Definition von Steuertatbestand und Steueranspruch] Für die Zwecke dieser Richtlinie gilt

(1) als „Steuertatbestand" der Tatbestand, durch den die gesetzlichen Voraussetzungen für den Steueranspruch verwirklicht werden;

(2) als „Steueranspruch" der Anspruch auf Zahlung der Steuer, den der Fiskus kraft Gesetzes gegenüber dem Steuerschuldner von einem bestimmten Zeitpunkt an geltend machen kann, selbst wenn Zahlungsaufschub gewährt werden kann.

Kapitel 2. Lieferung von Gegenständen und Dienstleistungen

Art. 63 [Zeitpunkt des Eintritts des Steuertatbestands und Steueranspruchs bei Leistungen] Steuertatbestand und Steueranspruch treten zu dem Zeitpunkt ein, zu dem die Lieferung von Gegenständen bewirkt oder die Dienstleistung erbracht wird.

Art. 64[1)] [Dauerleistungen – Vollendung mit Ablauf der jeweiligen Abrechnungsperiode] (1) Geben Lieferungen von Gegenständen, die nicht die Vermietung eines Gegenstands oder den Ratenverkauf eines Gegenstands im Sinne des Artikels 14 Absatz 2 Buchstabe b betreffen, und Dienstleistungen zu aufeinander folgenden Abrechnungen oder Zahlungen Anlass, gelten sie jeweils als mit Ablauf des Zeitraums bewirkt, auf den sich diese Abrechnungen oder Zahlungen beziehen.

(2) *[1]* Kontinuierlich über einen Zeitraum von mehr als einem Kalendermonat durchgeführte Lieferungen von Gegenständen, die der Steuerpflichtige

---

1) Art. 64 Abs. 2 neu gef. mWv 21.1.2009 durch RL v. 16.12.2008 (ABl. 2009 L 14 S. 7); Abs. 2 neu gef. mWv 11.8.2010 durch RL v. 13.7.2010 (ABl. L 189 S. 1).

für Zwecke seines Unternehmens in einen anderen Mitgliedstaat als den des Beginns der Versendung oder Beförderung versendet oder befördert und deren Lieferung oder Verbringung in einen anderen Mitgliedstaat nach Artikel 138 von der Steuer befreit ist, gelten als mit Ablauf eines jeden Kalendermonats bewirkt, solange die Lieferung nicht eingestellt wird.

[2] Dienstleistungen, für die nach Artikel 196 der Leistungsempfänger die Steuer schuldet, die kontinuierlich über einen längeren Zeitraum als ein Jahr erbracht werden und die in diesem Zeitraum nicht zu Abrechnungen oder Zahlungen Anlass geben, gelten als mit Ablauf eines jeden Kalenderjahres bewirkt, solange die Dienstleistung nicht eingestellt wird.

[3] In bestimmten, nicht von den Unterabsätzen 1 und 2 erfassten Fällen können die Mitgliedstaaten vorsehen, dass kontinuierliche Lieferungen von Gegenständen und Dienstleistungen, die sich über einen bestimmten Zeitraum erstrecken, mindestens jährlich als bewirkt gelten.

Art. 65 [Entstehung des Steueranspruchs bei Anzahlungen] Werden Anzahlungen geleistet, bevor die Lieferung von Gegenständen bewirkt oder die Dienstleistung erbracht ist, entsteht der Steueranspruch zum Zeitpunkt der Vereinnahmung entsprechend dem vereinnahmten Betrag.

Art. 66[1] [Kannbestimmung: Entstehung des Steueranspruchs nach Rechnungsausstellung oder Vereinnahmung des Entgelts] *[1]* Abweichend von den Artikeln 63, 64 und 65 können die Mitgliedstaaten vorsehen, dass der Steueranspruch für bestimmte Umsätze oder Gruppen von Steuerpflichtigen zu einem der folgenden Zeitpunkte entsteht:

a) spätestens bei der Ausstellung der Rechnung;

b) spätestens bei der Vereinnahmung des Preises;

c) im Falle der Nichtausstellung oder verspäteten Ausstellung der Rechnung binnen einer bestimmten Frist spätestens nach Ablauf der von den Mitgliedstaaten gemäß Artikel 222 Absatz 2 gesetzten Frist für die Ausstellung der Rechnung oder, falls von den Mitgliedstaaten eine solche Frist nicht gesetzt wurde, binnen einer bestimmten Frist nach dem Eintreten des Steuertatbestands.

[2] Die Ausnahme nach Absatz 1 gilt jedoch nicht für Dienstleistungen, für die der Dienstleistungsempfänger nach Artikel 196 die Mehrwertsteuer schuldet, und für Lieferungen oder Verbringungen von Gegenständen gemäß Artikel 67.

Art. 66a[2] [Maßgeblicher Zeitpunkt] Abweichend von den Artikeln 63, 64 und 65 treten der Steuertatbestand und der Steueranspruch in Bezug auf

---

[1] Art. 66 Abs. 2 angef. mWv 21.1.2009 durch RL v. 16.12.2008 (ABl. 2009 L 14 S. 7); Abs. 1 Buchst. c und UAbs. 2 neu gef. mWv 11.8.2010 durch RL v. 13.7.2010 (ABl. L 189 S. 1).

[2] Art. 66a neu gef. mWv 22.12.2019 durch RL v. 21.11.2019 (ABl. L 310 S. 1, geänd. durch ABl. 2020 L 244 S. 3); zur Anwendung ab 1.7.2021 siehe Art. 2 Beschl. v. 20.7.2020 (ABl. 2020 L 244 S. 3).

die Lieferung von Gegenständen durch einen Steuerpflichtigen, der nach Artikel 14a behandelt wird, als ob er diese Gegenstände erhalten und geliefert hätte, sowie in Bezug auf die Lieferung von Gegenständen an diesen Steuerpflichtigen zu dem Zeitpunkt ein, zu dem die Zahlung angenommen wurde.

Art. 67[1] [Zeitpunkt des Eintritts des Steueranspruchs bei steuerfreien innergemeinschaftlichen Lieferungen] *[1]* Werden Gegenstände, die in einen anderen Mitgliedstaat als den des Beginns der Versendung oder Beförderung versandt oder befördert wurden, mehrwertsteuerfrei geliefert oder werden Gegenstände von einem Steuerpflichtigen für Zwecke seines Unternehmens mehrwertsteuerfrei in einen anderen Mitgliedstaat verbracht, so gilt, dass der Steueranspruch unter den Voraussetzungen des Artikels 138 bei der Ausstellung der Rechnung oder bei Ablauf der Frist nach Artikel 222 Absatz 1, wenn bis zu diesem Zeitpunkt keine Rechnung ausgestellt worden ist, eintritt.

[2] Artikel 64 Absatz 1, Artikel 64 Absatz 2 Unterabsatz 3 und Artikel 65 und finden keine Anwendung auf die in Absatz 1 genannten Lieferungen und Verbringungen.

Kapitel 3. Innergemeinschaftlicher Erwerb von Gegenständen

Art. 68 [Zeitpunkt des Steuertatbestands beim innergemeinschaftlichen Erwerb] *[1]* Der Steuertatbestand tritt zu dem Zeitpunkt ein, zu dem der innergemeinschaftliche Erwerb von Gegenständen bewirkt wird.

[2] Der innergemeinschaftliche Erwerb von Gegenständen gilt als zu dem Zeitpunkt bewirkt, zu dem die Lieferung gleichartiger Gegenstände innerhalb des Mitgliedstaats als bewirkt gilt.

Art. 69[2] [Zeitpunkt des Steueranspruchs beim innergemeinschaftlichen Erwerb] Beim innergemeinschaftlichen Erwerb von Gegenständen tritt der Steueranspruch bei der Ausstellung der Rechnung, oder bei Ablauf der Frist nach Artikel 222 Absatz 1, wenn bis zu diesem Zeitpunkt keine Rechnung ausgestellt worden ist, ein.

Kapitel 4. Einfuhr von Gegenständen

Art. 70 [Zeitpunkt des Steuertatbestands und Steueranspruchs bei Einfuhren – Grundsatz] Steuertatbestand und Steueranspruch treten zu dem Zeitpunkt ein, zu dem die Einfuhr des Gegenstands erfolgt.

Art. 71 [Zeitpunkt des Steuertatbestands und Steueranspruchs bei Einfuhren unter bestimmten Zollverfahren] (1) *[1]* Unterliegen Gegenstände vom Zeitpunkt ihrer Verbringung in die Gemeinschaft einem Verfah-

[1] Art. 67 neu gef. mWv 11.8.2010 durch RL v. 13.7.2010 (ABl. L 189 S. 1).
[2] Art. 69 neu gef. mWv 11.8.2010 durch RL v. 13.7.2010 (ABl. L 189 S. 1).

ren oder einer sonstigen Regelung im Sinne der Artikel 156, 276 und 277, der Regelung der vorübergehenden Verwendung bei vollständiger Befreiung von Einfuhrabgaben oder dem externen Versandverfahren, treten Steuertatbestand und Steueranspruch erst zu dem Zeitpunkt ein, zu dem die Gegenstände diesem Verfahren oder dieser sonstigen Regelung nicht mehr unterliegen.

[2] Unterliegen die eingeführten Gegenstände Zöllen, landwirtschaftlichen Abschöpfungen oder im Rahmen einer gemeinsamen Politik eingeführten Abgaben gleicher Wirkung, treten Steuertatbestand und Steueranspruch zu dem Zeitpunkt ein, zu dem Tatbestand und Anspruch für diese Abgaben entstehen.

(2) In den Fällen, in denen die eingeführten Gegenstände keiner der Abgaben im Sinne des Absatzes 1 Unterabsatz 2 unterliegen, wenden die Mitgliedstaaten in Bezug auf Steuertatbestand und Steueranspruch die für Zölle geltenden Vorschriften an.

Titel VII. Steuerbemessungsgrundlage

Kapitel 1. Begriffsbestimmung

Art. 72 [Steuerbemessungsgrundlage – Definition des Normalwerts]

[1] Für die Zwecke dieser Richtlinie gilt als „Normalwert" der gesamte Betrag, den ein Empfänger einer Lieferung oder ein Dienstleistungsempfänger auf derselben Absatzstufe, auf der die Lieferung der Gegenstände oder die Dienstleistung erfolgt, an einen selbständigen Lieferer oder Dienstleistungserbringer in dem Mitgliedstaat, in dem der Umsatz steuerpflichtig ist, zahlen müsste, um die betreffenden Gegenstände oder Dienstleistungen zu diesem Zeitpunkt unter den Bedingungen des freien Wettbewerbs zu erhalten.

[2] Kann keine vergleichbare Lieferung von Gegenständen oder Erbringung von Dienstleistungen ermittelt werden, ist der Normalwert wie folgt zu bestimmen:

(1) bei Gegenständen, ein Betrag nicht unter dem Einkaufspreis der Gegenstände oder gleichartiger Gegenstände oder mangels eines Einkaufspreises nicht unter dem Selbstkostenpreis, und zwar jeweils zu den Preisen, die zum Zeitpunkt der Bewirkung dieser Umsätze festgestellt werden;

(2) bei Dienstleistungen, ein Betrag nicht unter dem Betrag der Ausgaben des Steuerpflichtigen für die Erbringung der Dienstleistung.

Kapitel 2. Lieferung von Gegenständen und Dienstleistungen

Art. 73 [Steuerbemessungsgrundlage bei Lieferungen und Dienstleistungen – Grundsatz] Bei der Lieferung von Gegenständen und Dienstleistungen, die nicht unter die Artikel 74 bis 77 fallen, umfasst die Steuerbemessungsgrundlage alles, was den Wert der Gegenleistung bildet, die der Lieferer oder Dienstleistungserbringer für diese Umsätze vom Erwerber oder

Dienstleistungsempfänger oder einem Dritten erhält oder erhalten soll, einschließlich der unmittelbar mit dem Preis dieser Umsätze zusammenhängenden Subventionen.

Art. 73a[1)·2)] **[Steuerbemessungsgrundlage bei Mehrzweck-Gutscheinen]** Bei der Lieferung von Gegenständen oder bei der Erbringung von Dienstleistungen, die in Bezug auf einen Mehrzweck-Gutschein erfolgt, entspricht die Steuerbemessungsgrundlage unbeschadet des Artikels 73 der für den Gutschein gezahlten Gegenleistung oder, in Ermangelung von Informationen über diese Gegenleistung, dem auf dem Mehrzweck-Gutschein selbst oder in den damit zusammenhängenden Unterlagen angegebenen Geldwert, abzüglich des Betrags der auf die gelieferten Gegenstände oder die erbrachten Dienstleistungen erhobenen Mehrwertsteuer.

Art. 74 [Steuerbemessungsgrundlage bei der Entnahme von Gegenständen] Bei den in den Artikeln 16 und 18 genannten Umsätzen in Form der Entnahme oder der Zuordnung eines Gegenstands des Unternehmens durch einen Steuerpflichtigen oder beim Besitz von Gegenständen durch einen Steuerpflichtigen oder seine Rechtsnachfolger im Fall der Aufgabe seiner steuerbaren wirtschaftlichen Tätigkeit ist die Steuerbemessungsgrundlage der Einkaufspreis für diese oder gleichartige Gegenstände oder mangels eines Einkaufspreises der Selbstkostenpreis, und zwar jeweils zu den Preisen, die zum Zeitpunkt der Bewirkung dieser Umsätze festgestellt werden.

Art. 75 [Steuerbemessungsgrundlage bei der unternehmensfremden Verwendung eines Gegenstands] Bei Dienstleistungen in Form der Verwendung eines dem Unternehmen zugeordneten Gegenstands für den privaten Bedarf und unentgeltlich erbrachten Dienstleistungen im Sinne des Artikels 26 ist die Steuerbemessungsgrundlage der Betrag der Ausgaben des Steuerpflichtigen für die Erbringung der Dienstleistung.

Art. 76 [Steuerbemessungsgrundlage beim innergemeinschaftlichen Verbringen von Gegenständen] Bei der Lieferung von Gegenständen in Form der Verbringung in einen anderen Mitgliedstaat ist die Steuerbemessungsgrundlage der Einkaufspreis der Gegenstände oder gleichartiger Gegenstände oder mangels eines Einkaufspreises der Selbstkostenpreis, und zwar jeweils zu den Preisen, die zum Zeitpunkt der Bewirkung dieser Umsätze festgestellt werden.

Art. 77 [Steuerbemessungsgrundlage bei Innendienstleistungen] Bei der Erbringung einer Dienstleistung durch einen Steuerpflichtigen für das eigene Unternehmen im Sinne des Artikels 27 ist die Steuerbemessungsgrundlage der Normalwert des betreffenden Umsatzes.

---

1) Art. 73a eingef. mWv 2.7.2016 durch RL v. 27.6.2016 (ABl. L 177 S. 9).
2) Zur Anwendung siehe Art. 410a und 410b.

Art. 78 [Einbeziehung von Abgaben und Nebenkosten in die Steuerbemessungsgrundlage] *[1]* In die Steuerbemessungsgrundlage sind folgende Elemente einzubeziehen:

a) Steuern, Zölle, Abschöpfungen und Abgaben mit Ausnahme der Mehrwertsteuer selbst;

b) Nebenkosten wie Provisions-, Verpackungs-, Beförderungs- und Versicherungskosten, die der Lieferer oder Dienstleistungserbringer vom Erwerber oder Dienstleistungsempfänger fordert.

[2] Die Mitgliedstaaten können als Nebenkosten im Sinne des Absatzes 1 Buchstabe b Kosten ansehen, die Gegenstand einer gesonderten Vereinbarung sind.

Art. 79 [Minderung der Steuerbemessungsgrundlage durch Preisnachlässe] *[1]* In die Steuerbemessungsgrundlage sind folgende Elemente nicht einzubeziehen:

a) Preisnachlässe durch Skonto für Vorauszahlungen;

b) Rabatte und Rückvergütungen auf den Preis, die dem Erwerber oder Dienstleistungsempfänger eingeräumt werden und die er zu dem Zeitpunkt erhält, zu dem der Umsatz bewirkt wird;

c) Beträge, die ein Steuerpflichtiger vom Erwerber oder vom Dienstleistungsempfänger als Erstattung der in ihrem Namen und für ihre Rechnung verauslagten Beträge erhält und die in seiner Buchführung als durchlaufende Posten behandelt sind.

[2] Der Steuerpflichtige muss den tatsächlichen Betrag der in Absatz 1 Buchstabe c genannten Auslagen nachweisen und darf die Mehrwertsteuer, die auf diese Auslagen gegebenenfalls erhoben worden ist, nicht als Vorsteuer abziehen.

Art. 80[1] [Kannbestimmung: Mindeststeuerbemessungsgrundlage bei Umsätzen mit eng verbundenen Personen] (1) *[1]* Zur Vorbeugung gegen Steuerhinterziehung oder -umgehung können die Mitgliedstaaten in jedem der folgenden Fälle Maßnahmen treffen, um sicherzustellen, dass die Steuerbemessungsgrundlage für die Lieferungen von Gegenständen oder für Dienstleistungen, an Empfänger, zu denen familiäre oder andere enge persönliche Bindungen, Bindungen aufgrund von Leitungsfunktionen oder Mitgliedschaften, sowie eigentumsrechtliche, finanzielle oder rechtliche Bindungen, gemäß der Definition des Mitgliedstaats, bestehen, der Normalwert ist:

a) sofern die Gegenleistung niedriger als der Normalwert ist und der Erwerber oder Dienstleistungsempfänger nicht zum vollen Vorsteuerabzug gemäß den Artikeln 167 bis 171 sowie 173 bis 177 berechtigt ist;

---

[1] *Art. 80 Abs. 1 UAbs. 1 Buchst. b geänd. mWv 15.1.2010 durch RL v. 22.12.2009 (ABl. 2010 L 10 S. 14); Abs. 1 UAbs. 1 Buchst. b neu gef. mWv 1.7.2013 durch Akte v. 9.12.2011 (ABl. 2012 L 112 S. 21).*

b) sofern die Gegenleistung niedriger als der Normalwert ist, der Lieferer oder Dienstleistungserbringer nicht zum vollen Vorsteuerabzug gemäß den Artikeln 167 bis 171 sowie 173 bis 177 berechtigt ist und der Umsatz einer Befreiung gemäß den Artikeln 132, 135, 136, 371, 375, 376, 377, des Artikels 378 Absatz 2, des Artikels 379 Absatz 2 sowie der Artikel 380 bis 390c unterliegt;

c) sofern die Gegenleistung höher als der Normalwert ist und der Lieferer oder Dienstleistungserbringer nicht zum vollen Vorsteuerabzug gemäß den Artikeln 167 bis 171 sowie 173 bis 177 berechtigt ist.

[2] Für die Zwecke des Unterabsatzes 1 kann als rechtliche Bindung auch die Beziehung zwischen Arbeitgeber und Arbeitnehmer, der Familie des Arbeitnehmers oder anderen diesem nahe stehenden Personen, gelten.

(2) Machen die Mitgliedstaaten von der in Absatz 1 vorgesehenen Möglichkeit Gebrauch, können sie festlegen, für welche Kategorien von Lieferern und Dienstleistungserbringern sowie von Erwerbern oder Dienstleistungsempfängern sie von diesen Maßnahmen Gebrauch machen.

(3) Die Mitgliedstaaten unterrichten den Mehrwertsteuerausschuss von nationalen Maßnahmen, die sie im Sinne des Absatzes 1 erlassen, sofern diese nicht Maßnahmen sind, die vom Rat vor dem 13. August 2006 gemäß Artikel 27 Absätze 1 bis 4 der Richtlinie 77/388/EWG genehmigt wurden und gemäß Absatz 1 des vorliegenden Artikels weitergeführt werden.

Art. 81[1)] [Kannbestimmung: Steuerbemessungsgrundlage bei Lieferungen von Kunstgegenständen ohne Anwendung eines ermäßigten Steuersatzes] (1) Die Mitgliedstaaten, die am 1. Januar 1993 nicht von der Möglichkeit der Anwendung eines ermäßigten Steuersatzes gemäß Artikel 98 Gebrauch gemacht haben, können vorsehen, dass die Steuerbemessungsgrundlage bei der Inanspruchnahme der Möglichkeit nach Artikel 89 für die Lieferung von Kunstgegenständen im Sinne von Anhang III Nummer 26 gleich einem Bruchteil des gemäß den Artikeln 73, 74, 76, 78 und 79 ermittelten Betrags ist.

(2) Der Bruchteil im Sinne des Absatzes 1 wird so festgelegt, dass sich die dergestalt geschuldete Mehrwertsteuer auf mindestens 5% des gemäß den Artikeln 73, 74, 76, 78 und 79 ermittelten Betrags beläuft.

Art. 82 [Kannbestimmung: Einbeziehung des Werts von Anlagegold in die Steuerbemessungsgrundlage der Leistungen unter Verarbeitung von Anlagegold] [1]Die Mitgliedstaaten können vorsehen, dass der Wert von steuerfreiem Anlagegold im Sinne des Artikels 346 in die Steuerbemessungsgrundlage bei der Lieferung von Gegenständen und bei Dienstleistungen einzubeziehen ist, wenn es vom Erwerber oder Dienstleistungsempfänger zur Verfügung gestellt und für die Verarbeitung verwendet wird und infolgedessen bei der Lieferung der Gegenstände oder der Erbringung der Dienstleistungen

[1)] Art. 81 Abs. 1 neu gef. mWv 6.4.2022 durch RL v. 5.4.2022 (ABl. L 107 S. 1).

seinen Status als von der Mehrwertsteuer befreites Anlagegold verliert. [2]Der zugrunde zu legende Wert ist der Normalwert des Anlagegoldes zum Zeitpunkt der Lieferung der Gegenstände oder der Erbringung der Dienstleistungen.

Kapitel 3. Innergemeinschaftlicher Erwerb von Gegenständen

Art. 83 [Steuerbemessungsgrundlage beim innergemeinschaftlichen Erwerb] [1]Beim innergemeinschaftlichen Erwerb von Gegenständen setzt sich die Steuerbemessungsgrundlage aus denselben Elementen zusammen wie denen, die zur Bestimmung der Steuerbemessungsgrundlage für die Lieferung derselben Gegenstände innerhalb des Gebiets des Mitgliedstaats gemäß Kapitel 2 dienen. [2]Bei Umsätzen, die dem innergemeinschaftlichen Erwerb von Gegenständen im Sinne der Artikel 21 und 22 gleichgestellt sind, ist die Steuerbemessungsgrundlage der Einkaufspreis der Gegenstände oder gleichartiger Gegenstände oder mangels eines Einkaufspreises der Selbstkostenpreis, und zwar jeweils zu den Preisen, die zum Zeitpunkt der Bewirkung dieser Umsätze festgestellt werden.

Art. 84 [Einbeziehung von Verbrauchsteuern in die Steuerbemessungsgrundlage beim innergemeinschaftlichen Erwerb] (1) Die Mitgliedstaaten treffen die erforderlichen Maßnahmen, um sicherzustellen, dass die Verbrauchsteuern, die von der Person geschuldet oder entrichtet werden, die den innergemeinschaftlichen Erwerb eines verbrauchsteuerpflichtigen Erzeugnisses tätigt, gemäß Artikel 78 Absatz 1 Buchstabe a in die Steuerbemessungsgrundlage einbezogen werden.

(2) Erhält der Erwerber nach dem Zeitpunkt der Bewirkung des innergemeinschaftlichen Erwerbs von Gegenständen Verbrauchsteuern zurück, die in dem Mitgliedstaat, von dem aus die Gegenstände versandt oder befördert worden sind, entrichtet wurden, wird die Steuerbemessungsgrundlage im Mitgliedstaat des innergemeinschaftlichen Erwerbs entsprechend gemindert.

Kapitel 4. Einfuhr von Gegenständen

Art. 85 [Steuerbemessungsgrundlage bei der Einfuhr – Grundsatz] Bei der Einfuhr von Gegenständen ist die Steuerbemessungsgrundlage der Betrag, der durch die geltenden Gemeinschaftsvorschriften als Zollwert bestimmt ist.

Art. 86 [Einbeziehung von Abgaben und Nebenkosten in die Steuerbemessungsgrundlage bei der Einfuhr] (1) In die Steuerbemessungsgrundlage sind – soweit nicht bereits darin enthalten – folgende Elemente einzubeziehen:

a) die außerhalb des Einfuhrmitgliedstaats geschuldeten Steuern, Zölle, Abschöpfungen und sonstigen Abgaben, sowie diejenigen, die aufgrund der Einfuhr geschuldet werden, mit Ausnahme der zu erhebenden Mehrwertsteuer;

b) die Nebenkosten – wie Provisions-, Verpackungs-, Beförderungs- und Versicherungskosten –, die bis zum ersten Bestimmungsort der Gegenstände im Gebiet des Einfuhrmitgliedstaats entstehen sowie diejenigen, die sich aus der Beförderung nach einem anderen Bestimmungsort in der Gemeinschaft ergeben, der zum Zeitpunkt, zu dem der Steuertatbestand eintritt, bekannt ist.

(2) [1] Für Zwecke des Absatzes 1 Buchstabe b gilt als „erster Bestimmungsort" der Ort, der auf dem Frachtbrief oder einem anderen Begleitpapier, unter dem die Gegenstände in den Einfuhrmitgliedstaat verbracht werden, angegeben ist. [2] Fehlt eine solche Angabe, gilt als erster Bestimmungsort der Ort, an dem die erste Umladung im Einfuhrmitgliedstaat erfolgt.

Art. 87 [Minderung bei der Steuerbemessungsgrundlage bei Einfuhren durch Preisnachlässe] In die Steuerbemessungsgrundlage sind folgende Elemente nicht einzubeziehen:

a) Preisnachlässe durch Skonto für Vorauszahlungen;

b) Rabatte und Rückvergütungen auf den Preis, die dem Erwerber eingeräumt werden und die er zu dem Zeitpunkt erhält, zu dem die Einfuhr erfolgt.

Art. 88 [Sicherung der Steuerbemessungsgrundlage bei Wiedereinfuhren nach Be- oder Verarbeitungen] Für vorübergehend aus der Gemeinschaft ausgeführte Gegenstände, die wieder eingeführt werden, nachdem sie außerhalb der Gemeinschaft in Stand gesetzt, umgestaltet oder be- oder verarbeitet worden sind, treffen die Mitgliedstaaten Maßnahmen, die sicherstellen, dass die mehrwertsteuerliche Behandlung des fertigen Gegenstands die gleiche ist, wie wenn die genannten Arbeiten in ihrem jeweiligen Gebiet durchgeführt worden wären.

Art. 89 [Kannbestimmung: Steuerbemessungsgrundlage bei Einfuhren von Kunstgegenständen ohne Anwendung eines ermäßigten Steuersatzes] *[1]* Die Mitgliedstaaten, die am 1. Januar 1993 nicht von der Möglichkeit der Anwendung eines ermäßigten Steuersatzes gemäß Artikel 98 Gebrauch gemacht haben, können vorsehen, dass die Steuerbemessungsgrundlage bei der Einfuhr von Kunstgegenständen, Sammlungsstücken oder Antiquitäten im Sinne des Artikels 311 Absatz 1 Nummern 2, 3 und 4 einem Bruchteil des gemäß den Artikeln 85, 86 und 87 ermittelten Betrags entspricht.

[2] Der Bruchteil im Sinne des Absatzes 1 wird so festgelegt, dass sich die dergestalt für die Einfuhr geschuldete Mehrwertsteuer auf mindestens 5% des gemäß den Artikeln 85, 86 und 87 ermittelten Betrags beläuft.

Kapitel 5. Verschiedene Bestimmungen

Art. 90 [Berichtigung der Steuerbemessungsgrundlage bei Uneinbringlichkeit des Entgelts u. Ä.] (1) Im Falle der Annullierung, der Rückgängigmachung, der Auflösung, der vollständigen oder teilweisen Nichtbezahlung oder des Preisnachlasses nach der Bewirkung des Umsatzes wird die Steuerbemessungsgrundlage unter den von den Mitgliedstaaten festgelegten Bedingungen entsprechend vermindert.

(2) Die Mitgliedstaaten können im Falle der vollständigen oder teilweisen Nichtbezahlung von Absatz 1 abweichen.

Art. 91[1)] **[Anwendung von Umrechnungskursen bei der Ermittlung der Steuerbemessungsgrundlage]** (1) Sind die zur Ermittlung der Steuerbemessungsgrundlage bei der Einfuhr dienenden Elemente in einer anderen Währung als der des Mitgliedstaats ausgedrückt, in dem die Steuerbemessungsgrundlage ermittelt wird, wird der Umrechnungskurs gemäß den Gemeinschaftsvorschriften zur Berechnung des Zollwerts festgesetzt.

(2) *[1]* Sind die zur Ermittlung der Steuerbemessungsgrundlage eines anderen Umsatzes als der Einfuhr von Gegenständen dienenden Elemente in einer anderen Währung als der des Mitgliedstaats ausgedrückt, in dem die Steuerbemessungsgrundlage ermittelt wird, gilt als Umrechnungskurs der letzte Verkaufskurs, der zu dem Zeitpunkt, zu dem der Steueranspruch entsteht, an dem oder den repräsentativsten Devisenmärkten des betreffenden Mitgliedstaats verzeichnet wurde, oder ein Kurs, der mit Bezug auf diesen oder diese Devisenmärkte entsprechend den von diesem Mitgliedstaat festgelegten Einzelheiten festgesetzt wurde.

[2] [1]Die Mitgliedstaaten akzeptieren stattdessen auch die Anwendung des letzten Umrechnungskurses, der von der Europäischen Zentralbank zu dem Zeitpunkt, zu dem der Steueranspruch eintritt, veröffentlicht wird. [2]Die Umrechnung zwischen nicht auf Euro lautenden Währungen erfolgt anhand des Euro-Umrechnungskurses jeder der Währungen. [3]Die Mitgliedstaaten können vorschreiben, dass der Steuerpflichtige ihnen mitteilen muss, wenn er von dieser Möglichkeit Gebrauch macht.

[3] Bei bestimmten Umsätzen im Sinne des Unterabsatzes 1 oder bei bestimmten Gruppen von Steuerpflichtigen können Mitgliedstaaten jedoch den Umrechnungskurs anwenden, der gemäß den Gemeinschaftsvorschriften zur Berechnung des Zollwerts festgesetzt worden ist.

Art. 92 [Kannbestimmung: vereinfachende Verfahren für die Behandlung von Pfandgeldern bei der Ermittlung der Steuerbemessungsgrundlage] In Bezug auf die Kosten von zurückzugebenden Warenumschließungen können die Mitgliedstaaten wie folgt verfahren:

a) sie können sie bei der Ermittlung der Steuerbemessungsgrundlage unberücksichtigt lassen, müssen gleichzeitig aber die erforderlichen Vorkehrungen treffen, damit die Steuerbemessungsgrundlage berichtigt wird, wenn diese Umschließungen nicht zurückgegeben werden;

b) sie können sie bei der Ermittlung der Steuerbemessungsgrundlage berücksichtigen, müssen aber gleichzeitig die erforderlichen Vorkehrungen treffen,

---

1) Art. 91 Abs. 2 UAbs. 2 neu gef., UAbs. 3 angef. mWv 11.8.2010 durch RL v. 13.7.2010 (ABl. L 189 S. 1).

damit die Steuerbemessungsgrundlage berichtigt wird, wenn diese Umschließungen tatsächlich zurückgegeben werden.

Titel VIII. Steuersätze

Kapitel 1. Anwendung der Steuersätze

Art. 93 [Maßgeblichkeit des Steuersatzes bei Eintritt des Steuertatbestands] *[1]* Auf die steuerpflichtigen Umsätze ist der Steuersatz anzuwenden, der zu dem Zeitpunkt gilt, zu dem der Steuertatbestand eintritt.

[2] In folgenden Fällen ist jedoch der Steuersatz anzuwenden, der zu dem Zeitpunkt gilt, zu dem der Steueranspruch entsteht:

a) die in den Artikeln 65 und 66 genannten Fälle;
b) innergemeinschaftlicher Erwerb von Gegenständen;
c) Einfuhr der in Artikel 71 Absatz 1 Unterabsatz 2 und Absatz 2 genannten Gegenstände.

Art. 94 [Gleichbehandlung innergemeinschaftlicher Erwerbe und Einfuhren mit Inlandslieferungen bei Anwendung des Steuersatzes]

(1) Beim innergemeinschaftlichen Erwerb von Gegenständen ist der gleiche Steuersatz anzuwenden wie der, der für die Lieferung gleicher Gegenstände innerhalb des Gebiets des Mitgliedstaats gelten würde.

(2)[1] Bei der Einfuhr von Gegenständen ist der gleiche Steuersatz anzuwenden wie der, der für die Lieferung gleicher Gegenstände innerhalb des Gebiets des Mitgliedstaats gelten würde.

(3)[1] Abweichend von Absatz 2 können Mitgliedstaaten, die einen Normalsatz auf die Lieferung der in Anhang IX Teile A, B und C aufgeführten Kunstgegenstände, Sammlungsstücke und Antiquitäten anwenden, auf die Einfuhr dieser Gegenstände in das Gebiet des Mitgliedstaats einen ermäßigten Steuersatz gemäß Artikel 98 Absatz 1 Unterabsatz 1 anwenden.

Art. 95 [Kannbestimmung: Berichtigung des Steueranspruchs in den Fällen der Anzahlung und der Istversteuerung bei Änderung des Steuersatzes] *[1]* Ändert sich der Steuersatz, können die Mitgliedstaaten in den in Artikel 65 und 66 geregelten Fällen eine Berichtigung vornehmen, um dem Steuersatz Rechnung zu tragen, der zum Zeitpunkt der Lieferung der Gegenstände oder der Erbringung der Dienstleistungen anzuwenden ist.

[2] Die Mitgliedstaaten können außerdem alle geeigneten Übergangsmaßnahmen treffen.

---

[1] Art. 94 Abs. 2 neu gef., Abs. 3 angef. mWv 6.4.2022 durch RL v. 5.4.2022 (ABl. L 107 S. 1); zur **Anwendung ab 1.1.2025** vgl. Art. 3 Abs. 1 RL 2022/542 v. 5.4.2022.

Kapitel 2. Struktur und Höhe der Steuersätze

Abschnitt 1. Normalsatz

Art. 96 [Anwendung des Mehrwertsteuer-Normalsatzes] Die Mitgliedstaaten wenden einen Mehrwertsteuer-Normalsatz an, den jeder Mitgliedstaat als Prozentsatz der Bemessungsgrundlage festsetzt und der für die Lieferungen von Gegenständen und für Dienstleistungen gleich ist.

Art. 97[1)] [Höhe des Mehrwertsteuer-Normalsatzes] Der Normalsatz muss mindestens 15 % betragen.

Abschnitt 2. Ermäßigte Steuersätze

Art. 98[2)] [Kannbestimmung: Anwendung von zwei ermäßigten Steuersätzen] (1) *[1]* Die Mitgliedstaaten können höchstens zwei ermäßigte Steuersätze anwenden.

[2] Die ermäßigten Steuersätze werden als Prozentsatz der Bemessungsgrundlage festgesetzt, der mindestens 5 % betragen muss und nur auf die in Anhang III aufgeführten Lieferungen von Gegenständen und Dienstleistungen angewandt werden darf.

[3] Die Mitgliedstaaten können die ermäßigten Steuersätze auf unter höchstens 24 Nummern des Anhangs III fallende Lieferungen von Gegenständen und Dienstleistungen anwenden.

(2) *[1]* Die Mitgliedstaaten können zusätzlich zu den zwei ermäßigten Steuersätzen gemäß Absatz 1 dieses Artikels auf unter höchstens sieben Nummern des Anhangs III fallende Lieferungen von Gegenständen und Dienstleistungen einen ermäßigten Steuersatz anwenden, der unter dem Mindestsatz von 5 % liegt, oder eine Steuerbefreiung mit Recht auf Vorsteuerabzug gewähren.

[2] Der ermäßigte Steuersatz, der unter dem Mindestsatz von 5 % liegt, und die Steuerbefreiung mit Recht auf Vorsteuerabzug dürfen nur auf unter die folgenden Nummern des Anhangs III fallenden Lieferungen von Gegenständen und Dienstleistungen angewandt werden:

a) den Nummern 1 bis 6 und 10c;

b) jeder weiteren Nummer des Anhangs III, die unter die in Artikel 105a Absatz 1 vorgesehenen Möglichkeiten fällt.

[3] Für die Zwecke von Unterabsatz 2 Buchstabe b des vorliegenden Absatzes müssen die in Artikel 105a Absatz 1 Unterabsatz 2 genannten Umsätze in Bezug auf Wohnungen als unter Anhang III Nummer 10 fallend angesehen werden.

[4] [1] Mitgliedstaaten, die am 1. Januar 2021 auf unter mehr als sieben Nummern des Anhangs III fallende Lieferungen von Gegenständen und Dienstleis-

---

1) Art. 97 neu gef. mWv 17.7.2018 durch RL v. 22.6.2018 (ABl. L 162 S. 1).
2) Art. 98 neu gef. mWv 6.4.2022 durch RL v. 5.4.2022 (ABl. L 107 S. 1).

tungen ermäßigte Steuersätze angewandt haben, die unter dem Mindestsatz von 5% lagen, oder eine Steuerbefreiung mit Recht auf Vorsteuerabzug gewährt haben, beschränken die Anwendung dieser ermäßigten Steuersätze oder die Gewährung solcher Steuerbefreiungen dahin gehend, dass Unterabsatz 1 des vorliegenden Absatzes bis zum 1. Januar 2032 oder bis zur Einführung der in Artikel 402 genannten endgültigen Regelung, je nachdem, welcher Zeitpunkt der frühere ist, nachgekommen wird. [2]Es steht den Mitgliedstaaten frei, zu bestimmen, bei welchen Lieferungen von Gegenständen und Dienstleistungen sie die genannten ermäßigten Steuersätze weiterhin anwenden oder die genannten Steuerbefreiungen weiterhin gewähren.

(3) Die in den Absätzen 1 und 2 dieses Artikels genannten ermäßigten Steuersätze und Steuerbefreiungen sind nicht anwendbar auf elektronisch erbrachte Dienstleistungen mit Ausnahme der in Anhang III Nummern 6, 7, 8 und 13 aufgeführten Dienstleistungen.

(4) Zur Anwendung der in dieser Richtlinie vorgesehenen ermäßigten Steuersätze und Steuerbefreiungen können die Mitgliedstaaten die Kategorien anhand der Kombinierten Nomenklatur bzw. der statistischen Güterklassifikation in Verbindung mit den Wirtschaftszweigen genau abgrenzen.

Art. 98a[1)] **[Ermäßigte Steuersätze – Kunstgegenstände, Sammlungsstücke und Antiquitäten]** Die in Artikel 98 Absätze 1 und 2 genannten ermäßigten Steuersätze und Steuerbefreiungen sind nicht auf Lieferungen von Kunstgegenständen, Sammlungsstücken und Antiquitäten anwendbar, auf die die in Titel XII Kapitel 4 vorgesehenen Sonderregelungen angewandt werden.

Art. 99.[2)] *(aufgehoben)*

Art. 100[3)] **[Regelmäßige Berichte über den Anwendungsbereich des Anhangs III]** Die Kommission legt dem Rat bis zum 31. Dezember 2028 und danach alle fünf Jahre einen Bericht über den Anwendungsbereich des Anhangs III vor, dem erforderlichenfalls geeignete Vorschläge beigefügt sind.

Art. 101.[4)] *(aufgehoben)*

Abschnitt 2a. Außergewöhnliche Situationen[5)]

Art. 101a[6)] **[Außergewöhnliche Situationen]** (1) Wurde einem Mitgliedstaat von der Kommission eine Ermächtigung gemäß Artikel 53 Absatz 1

---

1) Art. 98a eingef. mWv 6.4.2022 durch RL v. 5.4.2022 (ABl. L 107 S. 1); zur **Anwendung ab 1.1.2025** vgl. Art. 3 Abs. 1 RL 2022/542 v. 5.4.2022.

2) Art. 99 aufgeh. mWv 6.4.2022 durch RL v. 5.4.2022 (ABl. L 107 S. 1).

3) Art. 100 neu gef. mWv 6.4.2022 durch RL v. 5.4.2022 (ABl. L 107 S. 1).

4) Art. 101 aufgeh. mWv 6.4.2022 durch RL v. 5.4.2022 (ABl. L 107 S. 1).

5) Abschnitt 2a eingef. mWv 6.4.2022 durch RL v. 5.4.2022 (ABl. L 107 S. 1).

6) Art. 101a eingef. mWv 6.4.2022 durch RL v. 5.4.2022 (ABl. L 107 S. 1).

der Richtlinie 2009/132/EG des Rates[1] für die Anwendung einer Steuerbefreiung auf Gegenstände, die zugunsten von Katastrophenopfern eingeführt werden, erteilt, so kann dieser Mitgliedstaat unter denselben Bedingungen eine Steuerbefreiung mit Recht auf Vorsteuerabzug in Bezug auf den innergemeinschaftlichen Erwerb und die Lieferung der genannten Gegenstände sowie die mit diesen Gegenständen zusammenhängenden Dienstleistungen, einschließlich Vermietungsdienstleistungen, anwenden.

(2) Ein Mitgliedstaat, der die in Absatz 1 genannte Maßnahme anwenden möchte, setzt den Mehrwertsteuerausschuss davon in Kenntnis.

(3) Werden Gegenstände oder Dienstleistungen, die von den Organisationen erworben werden, denen die in Absatz 1 festgelegte Steuerbefreiung gewährt wird, für andere als die in Titel VIII Kapitel 4 der Richtlinie 2009/132/EG vorgesehenen Zwecke verwendet, so unterliegt die Verwendung dieser Gegenstände und Dienstleistungen unter den zu dem Zeitpunkt, zu dem die Bedingungen für die Steuerbefreiung nicht mehr erfüllt waren, geltenden Bedingungen der Mehrwertsteuer.

Abschnitt 3. Besondere Bestimmungen

Art. 102, 103.[2] *(aufgehoben)*

Art. 104[3] **[Kannbestimmung: zweiter Mehrwertsteuer-Normalsatz in Ländern und Gemeinden]** (1) Österreich kann in den Gemeinden Jungholz und Mittelberg (Kleines Walsertal) einen zweiten Normalsteuersatz anwenden, der niedriger als der entsprechende, im restlichen Österreich angewandte Steuersatz ist, jedoch nicht unter 15% liegen darf.

(2) Griechenland kann in den Verwaltungsbezirken Lesbos, Chios, Samos, Dodekanes, Kykladen und auf den Inseln Thassos, Nördliche Sporaden, Samothrake und Skyros Steuersätze anwenden, die bis zu 30 % unter den entsprechenden, auf dem griechischen Festland geltenden Steuersätzen liegen.

(3) Portugal kann auf die in den autonomen Regionen Azoren und Madeira bewirkten Umsätze und auf die direkten Einfuhren in diese Regionen Steuersätze anwenden, die unter den entsprechenden, im Mutterland angewandten Steuersätzen liegen.

(4) Portugal kann auf die Mautgebühren an Brücken im Raum Lissabon einen der zwei ermäßigten Steuersätze gemäß Artikel 98 Absatz 1 anwenden.

Art. 104a, 105.[4] *(gestrichen)*

---

[1] **[Amtl. Anm.:]** Richtlinie 2009/132/EG des Rates vom 19. Oktober 2009 zur Festlegung des Anwendungsbereichs von Artikel 143 Buchstaben b und c der Richtlinie 2006/112/EG hinsichtlich der Mehrwertsteuerbefreiung bestimmter endgültiger Einfuhren von Gegenständen (ABl. L 292 vom 10.11.2009, S. 5).

[2] Art. 102 und 103 aufgeh. mWv 6.4.2022 durch RL v. 5.4.2022 (ABl. L 107 S. 1); zur **Anwendung ab 1.1.2025** vgl. Art. 3 Abs. 1 RL v. 5.4.2022.

[3] Art. 104 neu gef. mWv 6.4.2022 durch RL v. 5.4.2022 (ABl. L 107 S. 1).

[4] Art. 104a und 105 aufgehoben mWv 6.4.2022 durch RL v. 5.4.2022 (ABl. L 107 S. 1).

Art. 105a[1)] [Ermäßigter Steuersatz – Fortgeltung von Steuersätzen unter Mindestsatz] (1) *[1]* Mitgliedstaaten, die im Einklang mit dem Unionsrecht am 1. Januar 2021 ermäßigte Steuersätze, die unter dem in Artikel 98 Absatz 1 festgelegten Mindestsatz lagen, oder Steuerbefreiungen mit Recht auf Vorsteuerabzug auf die in den Nummern des Anhangs III außer den Nummern 1 bis 6 und 10c aufgeführten Lieferungen von Gegenständen oder Dienstleistungen angewandt haben, können diese ermäßigten Steuersätze oder Steuerbefreiungen gemäß Artikel 98 Absatz 2 weiterhin anwenden; dies gilt unbeschadet des Absatzes 4 des vorliegenden Artikels.

[2] Mitgliedstaaten, die im Einklang mit dem Unionsrecht am 1. Januar 2021 ermäßigte Steuersätze, die unter dem in Artikel 98 Absatz 1 festgelegten Mindestsatz lagen, auf Umsätze in Bezug auf Wohnungen in einem nicht sozialpolitischen Kontext angewandt haben, können diese ermäßigten Steuersätze gemäß Artikel 98 Absatz 2 weiterhin anwenden.

[3] Die Mitgliedstaaten teilen dem Mehrwertsteuerausschuss den Wortlaut der wichtigsten nationalen Rechtsvorschriften und die Bedingungen für die Anwendung der ermäßigten Steuersätze und Steuerbefreiungen im Zusammenhang mit Artikel 98 Absatz 2 Unterabsatz 2 Buchstabe b spätestens am 7. Juli 2022 mit.

[4] Unbeschadet des Absatzes 4 des vorliegenden Artikels können ermäßigte Steuersätze, die unter dem in Artikel 98 Absatz 1 festgelegten Mindestsatz liegen, oder Steuerbefreiungen mit Recht auf Vorsteuerabzug von anderen Mitgliedstaaten gemäß Artikel 98 Absatz 2 Unterabsatz 1 auf dieselben in den Unterabsätzen 1 und 2 des vorliegenden Absatzes genannten Lieferungen von Gegenständen oder Dienstleistungen und unter denselben Bedingungen, wie sie am 1. Januar 2021 in den in den Unterabsätzen 1 und 2 des vorliegenden Absatzes genannten Mitgliedstaaten galten, angewandt werden.

(2) Mitgliedstaaten, die im Einklang mit dem Unionsrecht am 1. Januar 2021 ermäßigte Steuersätze, die unter 12% lagen, einschließlich ermäßigter Steuersätze, die unter dem in Artikel 98 Absatz 1 festgelegten Mindestsatz lagen, oder Steuerbefreiungen mit Recht auf Vorsteuerabzug auf andere Lieferungen von Gegenständen oder Dienstleistungen als die in Anhang III aufgeführten angewandt haben, können gemäß Artikel 98 Absätze 1 und 2 diese ermäßigten Steuersätze und Steuerbefreiungen bis zum 1. Januar 2032 oder bis zur Einführung der in Artikel 402 genannten endgültigen Regelung, je nachdem, welcher Zeitpunkt der frühere ist, weiterhin anwenden; dies gilt unbeschadet des Absatzes 4 des vorliegenden Artikels.

(3) *[1]* Mitgliedstaaten, die im Einklang mit dem Unionsrecht am 1. Januar 2021 ermäßigte Steuersätze, die nicht unter 12% lagen, auf andere Lieferungen von Gegenständen und Dienstleistungen als die in Anhang III aufgeführten angewandt haben, können diese ermäßigten Steuersätze gemäß Artikel 98 Absatz 1 Unterabsatz 1 weiterhin anwenden; dies gilt unbeschadet des Absatzes 4 des vorliegenden Artikels.

[1)] Art. 105a eingef. mWv 6.4.2022 durch RL v. 5.4.2022 (ABl. L 107 S. 1).

[2] Die Mitgliedstaaten teilen dem Mehrwertsteuerausschuss den Wortlaut der wichtigsten nationalen Rechtsvorschriften und die Bedingungen für die Anwendung der in Unterabsatz 1 dieses Absatzes genannten ermäßigten Steuersätze spätestens am 7. Juli 2022 mit.

[3] Unbeschadet des Absatzes 4 des vorliegenden Artikels können ermäßigte Steuersätze, die nicht unter 12% liegen, von anderen Mitgliedstaaten gemäß Artikel 98 Absatz 1 Unterabsatz 1 auf dieselben in Unterabsatz 1 dieses Absatzes genannten Lieferungen von Gegenständen oder Dienstleistungen unter denselben Bedingungen, wie sie am 1. Januar 2021 in den in Unterabsatz 1 des vorliegenden Absatzes genannten Mitgliedstaaten galten, angewandt werden.

(4) [1]Abweichend von den Absätzen 1 bis 3 dürfen die ermäßigten Steuersätze oder Steuerbefreiungen mit Recht auf Vorsteuerabzug auf fossile Brennstoffe, andere Gegenstände mit ähnlichen Auswirkungen auf die Treibhausgasemissionen, wie beispielsweise Torf und Brennholz, spätestens am 1. Januar 2030 nicht mehr angewandt werden. [2]Die ermäßigten Steuersätze oder Steuerbefreiungen mit Recht auf Vorsteuerabzug auf chemische Schädlingsbekämpfungsmittel und chemische Düngemittel dürfen spätestens am 1. Januar 2032 nicht mehr angewandt werden.

(5) [1]Mitgliedstaaten, die gemäß Absatz 1 Unterabsatz 4 des vorliegenden Artikels und Absatz 3 Unterabsatz 3 des vorliegenden Artikels sowie Artikel 105b die ermäßigten Steuersätze, die nicht unter 12% liegen, die ermäßigten Steuersätze, die unter dem in Artikel 98 Absatz 1 genannten Mindestsatz liegen, oder die Steuerbefreiungen mit Recht auf Vorsteuerabzug anwenden möchten, erlassen spätestens am 7. Oktober 2023 die genauen Vorschriften für die Inanspruchnahme der genannten Möglichkeiten. [2]Sie teilen dem Mehrwertsteuerausschuss den Wortlaut der wichtigsten nationalen Rechtsvorschriften, die sie erlassen haben, mit.

(6) Bis zum 1. Juli 2025 legt die Kommission dem Rat auf der Grundlage der von den Mitgliedstaaten bereitgestellten Informationen einen Bericht mit einem vollständigen Verzeichnis der Gegenstände und Dienstleistungen, die in den Absätzen 1 und 3 des vorliegenden Artikels und in Artikel 105b genannt sind und auf die die ermäßigten Steuersätze, einschließlich derjenigen, die unter dem in Artikel 98 Absatz 1 genannten Mindestsatz liegen, oder die Steuerbefreiungen mit Recht auf Vorsteuerabzug in den Mitgliedstaaten angewandt werden, vor.

Art. 105b[1)] [Ermäßigter Steuersatz – Fortgeltung von Steuersätzen unter Mindestsatz auf Umsätze in Bezug auf Wohnungen] *[1]* [1]Mitgliedstaaten, die im Einklang mit dem Unionsrecht am 1. Januar 2021 ermäßigte Steuersätze, die nicht unter dem Mindestsatz von 5% lagen, auf Umsätze in Bezug auf Wohnungen in einem nicht sozialpolitischen Kontext angewandt haben, können diese ermäßigten Steuersätze gemäß Artikel 98 Absatz 1 Unterabsatz 1 weiterhin anwenden. [2]In diesem Fall dürfen die auf solche Umsät-

1) Art. 105b eingef. mWv 6.4.2022 durch RL v. 5.4.2022 (ABl. L 107 S. 1).

ze anzuwendenden ermäßigten Steuersätze ab dem 1. Januar 2042 nicht unter 12% liegen.

[2] Die Mitgliedstaaten teilen dem Mehrwertsteuerausschuss den Wortlaut der wichtigsten nationalen Rechtsvorschriften und die Bedingungen für die Anwendung der in Absatz 1 genannten ermäßigten Steuersätze spätestens am 7. Juli 2022 mit.

[3] Ein ermäßigter Steuersatz, der nicht unter 12% liegt, kann von anderen Mitgliedstaaten gemäß Artikel 98 Absatz 1 Unterabsatz 1 auf die in Absatz 1 des vorliegenden Artikels genannten Umsätze unter denselben Bedingungen, wie sie am 1. Januar 2021 in den in Absatz 1 des vorliegenden Artikels genannten Mitgliedstaaten galten, angewandt werden.

[4] Für die Zwecke des Artikels 98 Absatz 1 Unterabsatz 3 werden die in diesem Artikel genannten Umsätze als unter Anhang III Nummer 10 fallend angesehen.

Kapitel 4. *(aufgehoben)*[1]

Kapitel 5. Befristete Bestimmungen

Art. 123.[2] *(aufgehoben)*

Art. 124.[3] *(aufgehoben)*

Art. 125.[4] *(aufgehoben)*

Art. 126.[5] *(aufgehoben)*

Art. 127.[6] *(aufgehoben)*

Art. 128, 129.[7] *(aufgehoben)*

(Fortsetzung nächstes Blatt)

---

[1] Titel VIII Kapitel 4 (Art. 109–122) aufgehoben mWv 6.4.2022 durch RL v. 5.4.2022 (ABl. L 107 S. 1).

[2] Art. 123 aufgeh. mWv 6.4.2022 durch RL v. 5.4.2022 (ABl. L 107 S. 1).

[3] Art. 124 aufgeh. mWv 1.1.2008 durch RL v. 20.12.2007 (ABl. L 346 S. 13).

[4] Art. 125 aufgeh. mWv 6.4.2022 durch RL v. 5.4.2022 (ABl. L 107 S. 1).

[5] Art. 126 aufgeh. mWv 1.1.2008 durch RL v. 20.12.2007 (ABl. L 346 S. 13).

[6] Art. 127 aufgeh. mWv 1.1.2011 durch RL v. 5.5.2009 (ABl. L 116 S. 18).

[7] Art. 128 und 129 aufgeh. mWv 6.4.2022 durch RL v. 5.4.2022 (ABl. L 107 S. 1).

e) Umsätze – einschließlich der Vermittlung –, die sich auf Devisen, Banknoten und Münzen beziehen, die gesetzliches Zahlungsmittel sind, mit Ausnahme von Sammlerstücken, d. h. Münzen aus Gold, Silber oder anderem Metall sowie Banknoten, die normalerweise nicht als gesetzliches Zahlungsmittel verwendet werden oder die von numismatischem Interesse sind;

f) Umsätze – einschließlich der Vermittlung, jedoch nicht der Verwahrung und der Verwaltung –, die sich auf Aktien, Anteile an Gesellschaften und Vereinigungen, Schuldverschreibungen oder sonstige Wertpapiere beziehen, mit Ausnahme von Warenpapieren und der in Artikel 15 Absatz 2 genannten Rechte und Wertpapiere;

g) die Verwaltung von durch die Mitgliedstaaten als solche definierten Sondervermögen;

h) Lieferung von in ihrem jeweiligen Gebiet gültigen Postwertzeichen, von Steuerzeichen und von sonstigen ähnlichen Wertzeichen zum aufgedruckten Wert;

i) Wetten, Lotterien und sonstige Glücksspiele mit Geldeinsatz unter den Bedingungen und Beschränkungen, die von jedem Mitgliedstaat festgelegt werden;

j) Lieferung von anderen Gebäuden oder Gebäudeteilen und dem dazugehörigen Grund und Boden als den in Artikel 12 Absatz 1 Buchstabe a genannten;

k) Lieferung unbebauter Grundstücke mit Ausnahme von Baugrundstücken im Sinne des Artikels 12 Absatz 1 Buchstabe b;

l) Vermietung und Verpachtung von Grundstücken.

(2) *[1]* Die folgenden Umsätze sind von der Befreiung nach Absatz 1 Buchstabe l ausgeschlossen:

a) Gewährung von Unterkunft nach den gesetzlichen Bestimmungen der Mitgliedstaaten im Rahmen des Hotelgewerbes oder in Sektoren mit ähnlicher Zielsetzung, einschließlich der Vermietung in Ferienlagern oder auf Grundstücken, die als Campingplätze erschlossen sind;

b) Vermietung von Plätzen für das Abstellen von Fahrzeugen;

c) Vermietung von auf Dauer eingebauten Vorrichtungen und Maschinen;

d) Vermietung von Schließfächern.

[2] Die Mitgliedstaaten können weitere Ausnahmen von der Befreiung nach Absatz 1 Buchstabe l vorsehen.

Art. 136[1)] [Steuerbefreiung für Lieferungen vom Vorsteuerabzug ausgeschlossener Gegenstände] Die Mitgliedstaaten befreien folgende Umsätze von der Steuer:

a) die Lieferungen von Gegenständen, die ausschließlich für eine auf Grund der Artikel 132, 135, 371, 375, 376, 377, des Artikels 378 Absatz 2, des Ar-

---

[1)] Art. 136 Buchst. a geänd. mWv 15.1.2010 durch RL v. 22.12.2009 (ABl. 2010 L 10 S. 14); Buchst. a neu gef. mWv 1.7.2013 durch Akte v. 9.12.2011 (ABl. 2012 L 112 S. 21).

tikels 379 Absatz 2 sowie der Artikel 380 bis 390c von der Steuer befreite Tätigkeit bestimmt waren, wenn für diese Gegenstände kein Recht auf Vorsteuerabzug bestanden hat;

b) die Lieferungen von Gegenständen, deren Anschaffung oder Zuordnung gemäß Artikel 176 vom Vorsteuerabzug ausgeschlossen war.

Art. 136a[1] [Steuerbefreiung durch die Mitgliedstaaten] Wird ein Steuerpflichtiger gemäß Artikel 14a Absatz 2 behandelt, als ob er Gegenstände erhalten und geliefert hätte, befreien die Mitgliedstaaten die Lieferung dieser Gegenstände an diesen Steuerpflichtigen von der Steuer.

Art. 137 [Kannbestimmung: Einräumung des Optionsrechts zur Steuerpflicht] (1) Die Mitgliedstaaten können ihren Steuerpflichtigen das Recht einräumen, sich bei folgenden Umsätzen für eine Besteuerung zu entscheiden:

a) die in Artikel 135 Absatz 1 Buchstaben b bis g genannten Finanzumsätze;

b) Lieferung von anderen Gebäuden oder Gebäudeteilen und dem dazugehörigen Grund und Boden als den in Artikel 12 Absatz 1 Buchstabe a genannten;

c) Lieferung unbebauter Grundstücke mit Ausnahme von Baugrundstücken im Sinne des Artikels 12 Absatz 1 Buchstabe b;

d) Vermietung und Verpachtung von Grundstücken.

(2) *[1]* Die Mitgliedstaaten legen die Einzelheiten für die Inanspruchnahme des Wahlrechts nach Absatz 1 fest.

[2] Die Mitgliedstaaten können den Umfang dieses Wahlrechts einschränken.

Kapitel 4. Steuerbefreiungen bei innergemeinschaftlichen Umsätzen

Abschnitt 1. Steuerbefreiungen bei der Lieferung von Gegenständen

Art. 138[2] [Steuerbefreiung innergemeinschaftlicher Lieferungen (einschließlich neuer Fahrzeuge und verbrauchsteuerpflichtiger Waren)] (1) Die Mitgliedstaaten befreien die Lieferung von Gegenständen, die durch den Verkäufer, den Erwerber oder auf deren Rechnung an einen Ort außerhalb ihres jeweiligen Gebiets, aber innerhalb der Gemeinschaft versandt oder befördert werden, von der Steuer, wenn die folgenden Voraussetzungen erfüllt sind:

---

[1] Art. 136a eingef. mWv 22.12.2019 durch RL v. 21.11.2019 (ABl. L 310 S. 1, geänd. durch ABl. 2020 L 244 S. 3); zur Anwendung ab 1.7.2021 siehe Art. 2 Beschl. v. 20.7.2020 (ABl. 2020 L 244 S. 3).

[2] Art. 138 Abs. 1 neu gef., Abs. 1a eingef. mWv 27.12.2018 durch RL v. 4.12.2018 (ABl. L 311 S. 3).

a) die Gegenstände werden an einen anderen Steuerpflichtigen oder an eine nichtsteuerpflichtige juristische Person geliefert, die als solche in einem anderen Mitgliedstaat als dem Mitgliedstaat handeln, in dem die Versendung oder Beförderung beginnt;

b) der Steuerpflichtige oder die nichtsteuerpflichtige juristische Person, für den bzw. die die Lieferung erfolgt, ist für Mehrwertsteuerzwecke in einem anderen Mitgliedstaat als dem Mitgliedstaat registriert, in dem die Versendung oder Beförderung der Gegenstände beginnt, und hat dem Lieferer diese Mehrwertsteuer-Identifikationsnummer mitgeteilt.

(1a) Die Befreiung gemäß Absatz 1 gilt nicht, wenn der Lieferer der Verpflichtung zur Abgabe einer zusammenfassenden Meldung nach den Artikeln 262 und 263 nicht nachgekommen ist oder die zusammenfassende Meldung nicht die gemäß Artikel 264 erforderlichen korrekten Angaben zur Lieferung enthält, es sei denn, der Lieferer kann sein Versäumnis zur Zufriedenheit der zuständigen Behörden ordnungsgemäß begründen.

(2) Außer den in Absatz 1 genannten Lieferungen befreien die Mitgliedstaaten auch folgende Umsätze von der Steuer:

a) die Lieferungen neuer Fahrzeuge, die durch den Verkäufer, den Erwerber oder für ihre Rechnung an den Erwerber nach Orten außerhalb ihres jeweiligen Gebiets, aber innerhalb der Gemeinschaft versandt oder befördert werden, wenn die Lieferungen an Steuerpflichtige oder nichtsteuerpflichtige juristische Personen, deren innergemeinschaftliche Erwerbe von Gegenständen gemäß Artikel 3 Absatz 1 nicht der Mehrwertsteuer unterliegen, oder an eine andere nichtsteuerpflichtige Person bewirkt werden;

b) die Lieferungen verbrauchsteuerpflichtiger Waren, die durch den Verkäufer, den Erwerber oder für ihre Rechnung an den Erwerber nach Orten außerhalb ihres jeweiligen Gebiets, aber innerhalb der Gemeinschaft versandt oder befördert werden, wenn die Lieferungen an Steuerpflichtige oder nichtsteuerpflichtige juristische Personen bewirkt werden, deren innergemeinschaftliche Erwerbe von Gegenständen, die keine verbrauchsteuerpflichtigen Waren sind, gemäß Artikel 3 Absatz 1 nicht der Mehrwertsteuer unterliegen, und wenn die Versendung oder Beförderung dieser Waren gemäß Artikel 7 Absätze 4 und 5 oder Artikel 16 der Richtlinie 92/12/EWG durchgeführt wird;

c) die Lieferungen von Gegenständen in Form der Verbringung in einen anderen Mitgliedstaat, die gemäß Absatz 1 und den Buchstaben a und b des vorliegenden Absatzes von der Mehrwertsteuer befreit wäre, wenn sie an einen anderen Steuerpflichtigen bewirkt würde.

Art. 139[1)] **[Ausnahme von der Steuerbefreiung innergemeinschaftlicher Lieferungen (einschließlich neuer Fahrzeuge und verbrauchsteuerpflichtiger Waren)]** (1) *[1]* Die Steuerbefreiung nach Artikel 138 Absatz 1

1) Art. 139 Abs. 1 UAbs. 1 und Abs. 2 neu gef. mWv 22.3.2020 durch RL v. 18.2.2020 (ABl. L 62 S. 13), zur **Anwendung ab 1.1.2025** siehe Art. 3 Abs. 1 UAbs. 2 RL 2020/285/EU.

gilt nicht für die Lieferungen von Gegenständen durch Steuerpflichtige, die in dem Mitgliedstaat, in dem die Lieferung bewirkt wird, unter die Steuerbefreiung für Kleinunternehmen nach Maßgabe des Artikels 284 fallen.

[2] Ferner gilt die Steuerbefreiung nicht für die Lieferungen von Gegenständen an Steuerpflichtige oder nichtsteuerpflichtige juristische Personen, deren innergemeinschaftliche Erwerbe von Gegenständen gemäß Artikel 3 Absatz 1 nicht der Mehrwertsteuer unterliegen.

(2) Die Steuerbefreiung nach Artikel 138 Absatz 2 Buchstabe b gilt nicht für die Lieferungen verbrauchsteuerpflichtiger Waren durch Steuerpflichtige, die in dem Mitgliedstaat, in dem die Lieferung bewirkt wird, unter die Steuerbefreiung für Kleinunternehmen nach Maßgabe des Artikels 284 fallen.

(3) *[1]* Die Steuerbefreiung nach Artikel 138 Absatz 1 und Absatz 2 Buchstaben b und c gilt nicht für die Lieferungen von Gegenständen, die nach der Sonderregelung über die Differenzbesteuerung der Artikel 312 bis 325 oder der Regelung für öffentliche Versteigerungen der Mehrwertsteuer unterliegen.

[2] Die Steuerbefreiung nach Artikel 138 Absatz 1 und Absatz 2 Buchstabe c gilt nicht für die Lieferungen von Gebrauchtfahrzeugen im Sinne des Artikels 327 Absatz 3, die nach der Übergangsregelung für Gebrauchtfahrzeuge der Mehrwertsteuer unterliegen.

Abschnitt 2. Steuerbefreiungen beim innergemeinschaftlichen Erwerb von Gegenständen

Art. 140[1] **[Steuerbefreiung des innergemeinschaftlichen Erwerbs]**
Die Mitgliedstaaten befreien folgende Umsätze von der Steuer:

a) den innergemeinschaftlichen Erwerb von Gegenständen, deren Lieferung durch Steuerpflichtige in ihrem jeweiligen Gebiet in jedem Fall mehrwertsteuerfrei ist;

b) den innergemeinschaftlichen Erwerb von Gegenständen, deren Einfuhr gemäß Artikel 143 Absatz 1 Buchstaben a, b und c sowie Buchstaben e bis l in jedem Fall mehrwertsteuerfrei ist;

c) den innergemeinschaftlichen Erwerb von Gegenständen, für die der Erwerber gemäß den Artikeln 170 und 171 in jedem Fall das Recht auf volle Erstattung der Mehrwertsteuer hat, die gemäß Artikel 2 Absatz 1 Buchstabe b geschuldet würde.

Art. 141 [Nichtbesteuerung des innergemeinschaftlichen Erwerbs im Fall eines innergemeinschaftlichen Dreiecksgeschäfts] Jeder Mitgliedstaat trifft besondere Maßnahmen, damit ein innergemeinschaftlicher Erwerb von Gegenständen, der nach Artikel 40 als in seinem Gebiet bewirkt

[1] Art. 140 Buchst. b geänd. durch RL v. 25.6.2009 (ABl. L 175 S. 12).

gilt, nicht mit der Mehrwertsteuer belastet wird, wenn folgende Voraussetzungen erfüllt sind:

a) der Erwerb von Gegenständen wird von einem Steuerpflichtigen bewirkt, der nicht in diesem Mitgliedstaat niedergelassen ist, aber in einem anderen Mitgliedstaat für Mehrwertsteuerzwecke erfasst ist;

b) der Erwerb von Gegenständen erfolgt für die Zwecke einer anschließenden Lieferung dieser Gegenstände durch den unter Buchstabe a genannten Steuerpflichtigen in diesem Mitgliedstaat;

c) die auf diese Weise von dem Steuerpflichtigen im Sinne von Buchstabe a erworbenen Gegenstände werden von einem anderen Mitgliedstaat aus als dem, in dem der Steuerpflichtige für Mehrwertsteuerzwecke erfasst ist, unmittelbar an die Person versandt oder befördert, an die er die anschließende Lieferung bewirkt;

d) Empfänger der anschließenden Lieferung ist ein anderer Steuerpflichtiger oder eine nichtsteuerpflichtige juristische Person, der bzw. die in dem betreffenden Mitgliedstaat für Mehrwertsteuerzwecke erfasst ist;

e) der Empfänger der Lieferung im Sinne des Buchstaben d ist gemäß Artikel 197 als Schuldner der Steuer für die Lieferung bestimmt worden, die von dem Steuerpflichtigen bewirkt wird, der nicht in dem Mitgliedstaat ansässig ist, in dem die Steuer geschuldet wird.

Abschnitt 3. Steuerbefreiungen für bestimmte Beförderungsleistungen

Art. 142 [Steuerbefreiung innergemeinschaftlicher Güterbeförderungen nach und von den Azoren und Madeira] Die Mitgliedstaaten befreien die innergemeinschaftliche Güterbeförderung nach oder von den Inseln, die die autonomen Regionen Azoren und Madeira bilden, sowie die Güterbeförderung zwischen diesen Inseln von der Steuer.

Kapitel 5. Steuerbefreiungen bei der Einfuhr

Art. 143[1] [Steuerbefreiung bestimmter Einfuhren] (1) Die Mitgliedstaaten befreien folgende Umsätze von der Steuer:

a) die endgültige Einfuhr von Gegenständen, deren Lieferung durch Steuerpflichtige in ihrem jeweiligen Gebiet in jedem Fall mehrwertsteuerfrei ist;

---

[1] Art. 143 Abs. 2 eingef., bish. Wortlaut wird Abs. 1 durch RL v. 25.6.2009 (ABl. L 175 S. 12); Abs. 1 Buchst. fa eingef., Buchst. g und l neu gef. durch RL v. 22.12.2009 (ABl. 2010 L 10 S. 14); Abs. 1 Buchst. ca eingef. mWv 1.7.2021 durch RL v. 5.12.2017 (ABl. L 348 S. 7, geänd. durch ABl. 2020 L 244 S. 3); Abs. 1 Buchst. ga eingef. mWv 19.1.2020 durch RL v. 16.12.2019 (ABl. L 336 S. 10); zur **Anwendung ab 1.7.2022** siehe Art. 3 Abs. 1 UAbs. 2 RL 2019/2235/EU; Abs. 1 Buchst. fb und Abs. 3 eingef. mWv 1.1.2021 durch RL v. 13.7.2021 (ABl. L 250 S. 1); zur Anwendung ab 1.1.2021 siehe Art. 2 Abs. 2 der RL 2021/1159/EU.

b) die endgültige Einfuhr von Gegenständen, die in den Richtlinien 69/169/EWG[1)] 83/181/EWG[2)] und 2006/79/EG[3)] des Rates geregelt ist;

c) die endgültige Einfuhr von Gegenständen aus Drittgebieten, die Teil des Zollgebiets der Gemeinschaft sind, im freien Verkehr, die unter die Steuerbefreiung nach Buchstabe b fallen würde, wenn die Gegenstände gemäß Artikel 30 Absatz 1 eingeführt worden wären;

ca) die Einfuhr von Gegenständen, für die die Mehrwertsteuer im Rahmen der Sonderregelung gemäß Titel XII Kapitel 6 Abschnitt 4 zu erklären ist und für die spätestens bei der Einreichung der Einfuhranmeldung die gemäß Artikel 369q zugeteilte individuelle Mehrwertsteuer-Identifikationsnummer des Lieferers oder des in seinem Auftrag handelnden Vermittlers für die Anwendung der Sonderregelung der zuständigen Zollstelle im Mitgliedstaat der Einfuhr vorgelegt wurde;

d) die Einfuhr von Gegenständen, die von einem Drittgebiet oder einem Drittland aus in einen anderen Mitgliedstaat als den Mitgliedstaat der Beendigung der Versendung oder Beförderung versandt oder befördert werden, sofern die Lieferung dieser Gegenstände durch den gemäß Artikel 201 als Steuerschuldner bestimmten oder anerkannten Importeur bewirkt wird und gemäß Artikel 138 befreit ist;

e) die Wiedereinfuhr von unter eine Zollbefreiung fallenden Gegenständen durch denjenigen, der sie ausgeführt hat, und zwar in dem Zustand, in dem sie ausgeführt wurden;

f) die Einfuhr von Gegenständen im Rahmen der diplomatischen und konsularischen Beziehungen, für die eine Zollbefreiung gilt;

fa) die Einfuhr von Gegenständen durch die Europäische Gemeinschaft, die Europäische Atomgemeinschaft, die Europäische Zentralbank oder die Europäische Investitionsbank oder die von den Europäischen Gemeinschaften geschaffenen Einrichtungen, auf die das Protokoll vom 8. April 1965 über die Vorrechte und Befreiungen der Europäischen Gemeinschaften anwendbar ist, und zwar in den Grenzen und zu den Bedingungen, die in diesem Protokoll und den Übereinkünften zu seiner Umsetzung oder in den Abkommen über ihren Sitz festgelegt sind, sofern dies nicht zu Wettbewerbsverzerrungen führt;

[1)] **Amtl. Anm.:** Richtlinie 69/169/EWG des Rates vom 28. Mai 1969 zur Harmonisierung der Rechts- und Verwaltungsvorschriften über die Befreiung von den Umsatzsteuern und Sonderverbrauchsteuern bei der Einfuhr im grenzüberschreitenden Reiseverkehr (ABl. L 133 vom 4.6.1969, S. 6). Zuletzt geändert durch die Richtlinie 2005/93/EG (ABl. L 346 vom 29.12.2005, S. 16).

[2)] **Amtl. Anm.:** Richtlinie 83/181/EWG des Rates vom 28. März 1983 zur Festlegung des Anwendungsbereichs von Artikel 14 Absatz 1 Buchstabe d der Richtlinie 77/388/EWG hinsichtlich der Mehrwertsteuerbefreiung bestimmter endgültiger Einfuhren von Gegenständen (ABl. L 105 vom 23.4.1983, S. 38). Zuletzt geändert durch die Beitrittsakte von 1994.

[3)] **Amtl. Anm.:** *Richtlinie* 2006/79/EG des Rates vom 5. Oktober 2006 über die Steuerbefreiungen bei der Einfuhr von Waren in Kleinsendungen nichtkommerzieller Art mit Herkunft aus Drittländern (kodifizierte Fassung) (ABl. L 286 vom 17.10.2006, S. 15).

fb) die Einfuhr von Gegenständen durch die Kommission oder durch eine nach dem Unionsrecht geschaffene Agentur oder Einrichtung, sofern die Kommission oder eine solche Agentur oder Einrichtung diese Gegenstände in Wahrnehmung der ihr durch das Unionsrecht übertragenen Aufgaben einführt, um auf die COVID-19-Pandemie zu reagieren, es sei denn, die eingeführten Gegenstände werden entweder unmittelbar oder zu einem späteren Zeitpunkt von der Kommission oder einer solchen Agentur oder Einrichtung für die Zwecke der entgeltlichen Weiterlieferungen verwendet;

g) die Einfuhr von Gegenständen durch internationale Einrichtungen, die nicht unter Buchstabe fa genannt sind und die von den Behörden des Aufnahmemitgliedstaats als internationale Einrichtungen anerkannt sind, sowie durch Angehörige dieser Einrichtungen, und zwar in den Grenzen und zu den Bedingungen, die in den internationalen Übereinkommen über die Gründung dieser Einrichtungen oder in den Abkommen über ihren Sitz festgelegt sind;

ga) die Einfuhr von Gegenständen in Mitgliedstaaten durch die Streitkräfte anderer Mitgliedstaaten für den eigenen Gebrauch oder Verbrauch oder für den ihres zivilen Begleitpersonals oder für die Versorgung ihrer Kasinos oder Kantinen, wenn diese Streitkräfte an einer Verteidigungsanstrengung teilnehmen, die zur Durchführung einer Tätigkeit der Union im Rahmen der Gemeinsamen Sicherheits- und Verteidigungspolitik unternommen wird;

h) die Einfuhr von Gegenständen in den Mitgliedstaaten, die Vertragsparteien des Nordatlantikvertrags sind, durch die Streitkräfte anderer Parteien dieses Vertrags für den Gebrauch oder Verbrauch durch diese Streitkräfte oder ihr ziviles Begleitpersonal oder für die Versorgung ihrer Kasinos oder Kantinen, wenn diese Streitkräfte der gemeinsamen Verteidigungsanstrengung dienen;

i) die Einfuhr von Gegenständen, die von den gemäß dem Vertrag zur Gründung der Republik Zypern vom 16. August 1960 auf der Insel Zypern stationierten Streitkräften des Vereinigten Königreichs durchgeführt wird, wenn sie für den Gebrauch oder Verbrauch durch diese Streitkräfte oder ihr ziviles Begleitpersonal oder für die Versorgung ihrer Kasinos oder Kantinen bestimmt ist;

j) die durch Unternehmen der Seefischerei in Häfen durchgeführte Einfuhr von Fischereierzeugnissen, die noch nicht Gegenstand einer Lieferung gewesen sind, in unbearbeitetem Zustand oder nach Haltbarmachung für Zwecke der Vermarktung;

k) die Einfuhr von Gold durch Zentralbanken;

l) die Einfuhr von Gas über ein Erdgasnetz oder jedes an ein solches Netz angeschlossene Netz oder von Gas, das von einem Gastanker aus in ein Erdgasnetz oder ein vorgelagertes Gasleitungsnetz eingespeist wird, von Elektrizität oder von Wärme oder Kälte über Wärme- oder Kältenetze.

(2) *[1]* Die Steuerbefreiung gemäß Absatz 1 Buchstabe d ist in den Fällen, in denen auf die Einfuhr von Gegenständen eine Lieferung von Gegenständen folgt, die gemäß Artikel 138 Absatz 1 und Absatz 2 Buchstabe c von der Steuer befreit ist, nur anzuwenden, wenn der Importeur zum Zeitpunkt der Ein-

fuhr den zuständigen Behörden des Einfuhrmitgliedstaats mindestens die folgenden Angaben hat zukommen lassen:

a) seine im Einfuhrmitgliedstaat erteilte MwSt.-Identifikationsnummer oder die im Einfuhrmitgliedstaat erteilte MwSt.-Identifikationsnummer seines Steuervertreters, der die Steuer schuldet;
b) die in einem anderen Mitgliedstaat erteilte MwSt.-Identifikationsnummer des Erwerbers, an den die Gegenstände gemäß Artikel 138 Absatz 1 geliefert werden, oder seine eigene MwSt.-Identifikationsnummer, die in dem Mitgliedstaat erteilt wurde, in dem die Versendung oder Beförderung der Gegenstände endet, wenn die Gegenstände gemäß Artikel 138 Absatz 2 Buchstabe c verbracht werden;
c) den Nachweis, aus dem hervorgeht, dass die eingeführten Gegenstände dazu bestimmt sind, aus dem Einfuhrmitgliedstaat in einen anderen Mitgliedstaat befördert oder versandt zu werden.

[2] Allerdings können die Mitgliedstaaten festlegen, dass der Nachweis nach Buchstabe c den zuständigen Behörden lediglich auf Ersuchen vorzulegen ist.

(3) Sind die Voraussetzungen für die Steuerbefreiung gemäß Absatz 1 Buchstabe fb nicht mehr erfüllt, so unterrichtet die Kommission oder die betreffende Agentur oder Einrichtung den Mitgliedstaat, in dem die Steuerbefreiung angewandt wurde, entsprechend und die Einfuhr dieser Gegenstände unterliegt der Mehrwertsteuer nach den zu diesem Zeitpunkt geltenden Bedingungen.

Art. 144 [Steuerbefreiung in der Steuerbemessungsgrundlage für Einfuhren bereits enthaltener Dienstleistungen] Die Mitgliedstaaten befreien Dienstleistungen, die sich auf die Einfuhr von Gegenständen beziehen und deren Wert gemäß Artikel 86 Absatz 1 Buchstabe b in der Steuerbemessungsgrundlage enthalten ist.

Art. 145 [Stand-Still-Klausel zum Anwendungsbereich der Steuerbefreiung bestimmter Einfuhren – Auftrag an EU-Kommission zur Überprüfung] (1) Falls erforderlich, unterbreitet die Kommission dem Rat so rasch wie möglich Vorschläge zur genauen Festlegung des Anwendungsbereichs der Befreiungen der Artikel 143 und 144 und der praktischen Einzelheiten ihrer Anwendung.

(2) *[1]* Bis zum Inkrafttreten der in Absatz 1 genannten Bestimmungen können die Mitgliedstaaten die geltenden nationalen Vorschriften beibehalten.

[2] Die Mitgliedstaaten können ihre nationalen Vorschriften anpassen, um Wettbewerbsverzerrungen zu verringern und insbesondere die Nicht- oder Doppelbesteuerung innerhalb der Gemeinschaft zu vermeiden.

[3] Die Mitgliedstaaten können die Verwaltungsverfahren anwenden, die ihnen zur Durchführung der Steuerbefreiung am geeignetsten erscheinen.

(3) Die Mitgliedstaaten teilen der Kommission ihre bereits geltenden nationalen Vorschriften mit, sofern diese noch nicht mitgeteilt wurden, und die Vorschriften, die sie im Sinne des Absatzes 2 erlassen; die Kommission unterrichtet hiervon die übrigen Mitgliedstaaten.

Kapitel 6. Steuerbefreiungen bei der Ausfuhr

Art. 146 [Steuerbefreiung von Ausfuhrumsätzen] (1) Die Mitgliedstaaten befreien folgende Umsätze von der Steuer:

a) die Lieferungen von Gegenständen, die durch den Verkäufer oder für dessen Rechnung nach Orten außerhalb der Gemeinschaft versandt oder befördert werden;

b) die Lieferungen von Gegenständen, die durch den nicht in ihrem jeweiligen Gebiet ansässigen Erwerber oder für dessen Rechnung nach Orten außerhalb der Gemeinschaft versandt oder befördert werden, mit Ausnahme der vom Erwerber selbst beförderten Gegenstände zur Ausrüstung oder Versorgung von Sportbooten und Sportflugzeugen sowie von sonstigen Beförderungsmitteln, die privaten Zwecken dienen;

c) die Lieferungen von Gegenständen an zugelassene Körperschaften, die diese im Rahmen ihrer Tätigkeit auf humanitärem, karitativem oder erzieherischem Gebiet nach Orten außerhalb der Gemeinschaft ausführen;

d) Dienstleistungen in Form von Arbeiten an beweglichen körperlichen Gegenständen, die zwecks Durchführung dieser Arbeiten in der Gemeinschaft erworben oder eingeführt worden sind und die vom Dienstleistungserbringer oder dem nicht in ihrem jeweiligen Gebiet ansässigen Dienstleistungsempfänger oder für deren Rechnung nach Orten außerhalb der Gemeinschaft versandt oder befördert werden;

e) Dienstleistungen, einschließlich Beförderungsleistungen und Nebentätigkeiten zur Beförderung, ausgenommen die gemäß den Artikeln 132 und 135 von der Steuer befreiten Dienstleistungen, wenn sie in unmittelbarem Zusammenhang mit der Ausfuhr oder der Einfuhr von Gegenständen stehen, für die Artikel 61 oder Artikel 157 Absatz 1 Buchstabe a gilt.

(2) Die Steuerbefreiung des Absatzes 1 Buchstabe c kann im Wege einer Mehrwertsteuererstattung erfolgen.

Art. 147 [Voraussetzungen der Steuerbefreiung von Ausfuhrlieferungen im nichtkommerziellen Reiseverkehr] (1) *[1]* Betrifft die in Artikel 146 Absatz 1 Buchstabe b genannte Lieferung Gegenstände zur Mitführung im persönlichen Gepäck von Reisenden, gilt die Steuerbefreiung nur, wenn die folgenden Voraussetzungen erfüllt sind:

a) der Reisende ist nicht in der Gemeinschaft ansässig;

b) die Gegenstände werden vor Ablauf des dritten auf die Lieferung folgenden Kalendermonats nach Orten außerhalb der Gemeinschaft befördert;

c) der Gesamtwert der Lieferung einschließlich Mehrwertsteuer übersteigt 175 EUR oder den Gegenwert in Landeswährung; der Gegenwert in Landeswährung wird alljährlich anhand des am ersten Arbeitstag im Oktober geltenden Umrechnungskurses mit Wirkung zum 1. Januar des folgenden Jahres festgelegt.

[2] Die Mitgliedstaaten können jedoch eine Lieferung, deren Gesamtwert unter dem in Unterabsatz 1 Buchstabe c vorgesehenen Betrag liegt, von der Steuer befreien.

(2) *[1]* [1]Für die Zwecke des Absatzes 1 gilt ein Reisender als „nicht in der Gemeinschaft ansässig", wenn sein Wohnsitz oder sein gewöhnlicher Aufenthaltsort nicht in der Gemeinschaft liegt. [2]Dabei gilt als „Wohnsitz oder gewöhnlicher Aufenthaltsort" der Ort, der im Reisepass, im Personalausweis oder in einem sonstigen Dokument eingetragen ist, das in dem Mitgliedstaat, in dessen Gebiet die Lieferung bewirkt wird, als Identitätsnachweis anerkannt ist.

[2] Der Nachweis der Ausfuhr wird durch Rechnungen oder entsprechende Belege erbracht, die mit dem Sichtvermerk der Ausgangszollstelle der Gemeinschaft versehen sein müssen.

[3] [1]Jeder Mitgliedstaat übermittelt der Kommission ein Muster des Stempelabdrucks, den er für die Erteilung des Sichtvermerks im Sinne des Unterabsatzes 2 verwendet. [2]Die Kommission leitet diese Information an die Steuerbehörden der übrigen Mitgliedstaaten weiter.

Kapitel 7. Steuerbefreiungen bei grenzüberschreitenden Beförderungen

Art. 148 [Steuerbefreiung von Vorumsätzen in der Seeschifffahrt und in der Luftfahrt] Die Mitgliedstaaten befreien folgende Umsätze von der Steuer:

a) die Lieferungen von Gegenständen zur Versorgung von Schiffen, die auf hoher See im entgeltlichen Passagierverkehr, zur Ausübung einer Handelstätigkeit, für gewerbliche Zwecke oder zur Fischerei sowie als Bergungs- oder Rettungsschiffe auf See oder zur Küstenfischerei eingesetzt sind, wobei im letztgenannten Fall die Lieferungen von Bordverpflegung ausgenommen sind;

b) die Lieferungen von Gegenständen zur Versorgung von Kriegsschiffen im Sinne des Codes der Kombinierten Nomenklatur (KN) 8906 10 00, die ihr Gebiet verlassen, um einen Hafen oder Ankerplatz außerhalb des Mitgliedstaats anzulaufen;

c) Lieferung, Umbau, Reparatur, Wartung, Vercharterung und Vermietung der unter Buchstabe a genannten Schiffe, sowie Lieferung, Vermietung, Reparatur und Wartung von Gegenständen, die in diese Schiffe eingebaut sind – einschließlich der Ausrüstung für die Fischerei –, oder die ihrem Betrieb dienen;

d) Dienstleistungen, die nicht unter Buchstabe c fallen und die unmittelbar für den Bedarf der unter Buchstabe a genannten Schiffe und ihrer Ladung erbracht werden;

e) die Lieferungen von Gegenständen zur Versorgung von Luftfahrzeugen, die von Luftfahrtgesellschaften verwendet werden, die hauptsächlich im entgeltlichen internationalen Verkehr tätig sind;

f) Lieferung, Umbau, Reparatur, Wartung, Vercharterung und Vermietung der unter Buchstabe e genannten Luftfahrzeuge, sowie Lieferung, Vermietung, Reparatur und Wartung von Gegenständen, die in diese Luftfahrzeuge eingebaut sind oder ihrem Betrieb dienen;

g) Dienstleistungen, die nicht unter Buchstabe f fallen und die unmittelbar für den Bedarf der unter Buchstabe e genannten Luftfahrzeuge und ihrer Ladung erbracht werden.

Art. 149 [Kannbestimmung: Portugal – See- und Luftverkehrsbeförderungen zwischen den Azoren und Madeira] Portugal kann Beförderungen im See- und Luftverkehr zwischen den Inseln, die die autonomen Regionen Azoren und Madeira bilden, sowie zwischen diesen Regionen und dem Mutterland grenzüberschreitenden Beförderungen gleichstellen.

Art. 150 [Auftrag an EU-Kommission zur Überprüfung des Anwendungsbereichs der Steuerbefreiung von Vorumsätzen in der Seeschifffahrt und in der Luftfahrt] (1) Falls erforderlich unterbreitet die Kommission dem Rat so rasch wie möglich Vorschläge zur genauen Festlegung des Anwendungsbereichs der Befreiungen des Artikels 148 und der praktischen Einzelheiten ihrer Anwendung.

(2) Bis zum Inkrafttreten der in Absatz 1 genannten Bestimmungen können die Mitgliedstaaten den Anwendungsbereich der Befreiungen nach Artikel 148 Buchstaben a und b beschränken.

Kapitel 8. Steuerbefreiungen bei bestimmten, Ausfuhren gleichgestellten Umsätzen

Art. 151[1)] [Steuerbefreiungen von Umsätzen an diplomatische Vertretungen, internationale Einrichtungen und NATO-Streitkräfte]

(1) *[1]* Die Mitgliedstaaten befreien folgende Umsätze von der Steuer:

a) Lieferungen von Gegenständen und Dienstleistungen, die im Rahmen der diplomatischen und konsularischen Beziehungen bewirkt werden;

aa) Lieferungen von Gegenständen und Dienstleistungen, die für die Europäische Gemeinschaft, die Europäische Atomgemeinschaft, die Europäische Zentralbank oder die Europäische Investitionsbank oder die von den Europäischen Gemeinschaften geschaffenen Einrichtungen, auf die das Protokoll vom 8. April 1965 über die Vorrechte und Befreiungen der Europäischen Gemeinschaften anwendbar ist, bestimmt sind, und zwar in den Grenzen und zu den Bedingungen, die in diesem Protokoll und den Übereinkünften zu seiner Umsetzung oder in den Abkommen über ihren Sitz festgelegt sind, sofern dies nicht zu Wettbewerbsverzerrungen führt;

ab) Lieferungen von Gegenständen und Dienstleistungen an die Kommission oder an eine nach dem Unionsrecht geschaffene Agentur oder Einrichtung, sofern die Kommission oder eine solche Agentur oder Einrichtung

---

1) Art. 151 Abs. 1 UAbs. 1 Buchst. aa eingef., Buchst. b neu gef. mWv 15.1.2010 durch RL v. 22.12.2009 (ABl. 2010 L 10 S. 14); Abs. 1 UAbs. 1 Buchst. ba und bb eingef. mWv 19.1.2020 durch RL v. 16.12.2019 (ABl. L 336 S. 10); zur **Anwendung ab 1.7.2022** siehe Art. 3 Abs. 1 UAbs. 2 RL 2019/2235/EU; Abs. 1 UAbs. 1 Buchst. ab eingef., Abs. 1 UAbs. 2 neu gef., Abs. 3 angef. mWv 1.1.2021 durch RL v. 13.7.2021 (ABl. L 250 S. 1); zur Anwendung ab 1.1.2021 siehe Art. 2 Abs. 2 der RL 2021/1159/EU.

diese Gegenstände oder Dienstleistungen in Wahrnehmung der ihr durch das Unionsrecht übertragenen Aufgaben erwirbt, um auf die COVID-19-Pandemie zu reagieren, es sei denn, die erworbenen Gegenstände und Dienstleistungen werden entweder unmittelbar oder zu einem späteren Zeitpunkt von der Kommission oder einer solchen Agentur oder Einrichtung für die Zwecke der entgeltlichen Weiterlieferungen verwendet;

b) Lieferungen von Gegenständen und Dienstleistungen, die für nicht unter Buchstabe aa genannte internationale Einrichtungen, die vom Aufnahmemitgliedstaat als internationale Einrichtungen anerkannt sind, sowie für die Angehörigen dieser Einrichtungen bestimmt sind, und zwar in den Grenzen und zu den Bedingungen, die in den internationalen Übereinkommen über die Gründung dieser Einrichtungen oder in den Abkommen über ihren Sitz festgelegt sind;

ba) Lieferungen von Gegenständen und Dienstleistungen in einem Mitgliedstaat, die entweder für den Gebrauch oder Verbrauch durch die Streitkräfte anderer Mitgliedstaaten oder ihr ziviles Begleitpersonal oder für die Versorgung ihrer Kasinos oder Kantinen bestimmt sind, wenn diese Streitkräfte an einer Verteidigungsanstrengung teilnehmen, die zur Durchführung einer Tätigkeit der Union im Rahmen der Gemeinsamen Sicherheits- und Verteidigungspolitik unternommen wird;

bb) Lieferungen von Gegenständen und Dienstleistungen in einen anderen Mitgliedstaat, die für den Gebrauch oder Verbrauch durch die Streitkräfte eines anderen Mitgliedstaats als die des Bestimmungsmitgliedstaats selbst oder ihr ziviles Begleitpersonal oder für die Versorgung ihrer Kasinos oder Kantinen bestimmt sind, wenn diese Streitkräfte an einer Verteidigungsanstrengung teilnehmen, die zur Durchführung einer Tätigkeit der Union im Rahmen der Gemeinsamen Sicherheits- und Verteidigungspolitik unternommen wird;

c) Lieferungen von Gegenständen und Dienstleistungen, die in den Mitgliedstaaten, die Vertragsparteien des Nordatlantikvertrags sind, an die Streitkräfte anderer Vertragsparteien bewirkt werden, wenn diese Umsätze für den Gebrauch oder Verbrauch durch diese Streitkräfte oder ihr ziviles Begleitpersonal oder für die Versorgung ihrer Kasinos oder Kantinen bestimmt sind und wenn diese Streitkräfte der gemeinsamen Verteidigungsanstrengung dienen;

d) Lieferungen von Gegenständen und Dienstleistungen, deren Bestimmungsort in einem anderen Mitgliedstaat liegt und die für die Streitkräfte anderer Vertragsparteien des Nordatlantikvertrags als die des Bestimmungsmitgliedstaats selbst bestimmt sind, wenn diese Umsätze für den Gebrauch oder Verbrauch durch diese Streitkräfte oder ihr ziviles Begleitpersonal oder für die Versorgung ihrer Kasinos oder Kantinen bestimmt sind und wenn diese Streitkräfte der gemeinsamen Verteidigungsanstrengung dienen;

e) Lieferungen von Gegenständen und Dienstleistungen, die für die gemäß *dem Vertrag zur Gründung* der Republik Zypern vom 16. August 1960 auf der Insel Zypern stationierten Streitkräfte des Vereinigten Königreichs bestimmt sind, wenn diese Umsätze für den Gebrauch oder Verbrauch durch die Streitkräfte oder ihr ziviles Begleitpersonal oder für die Versorgung ihrer Kasinos oder Kantinen bestimmt sind.

[2] Bis eine einheitliche Steuerregelung erlassen ist, gelten die in Unterabsatz 1 geregelten Befreiungen mit Ausnahme der unter Buchstabe ab genannten Befreiungen unter den vom Aufnahmemitgliedstaat festgelegten Beschränkungen.

(2) Bei Gegenständen, die nicht aus dem Mitgliedstaat versandt oder befördert werden, in dem die Lieferung dieser Gegenstände bewirkt wird, und bei Dienstleistungen kann die Steuerbefreiung im Wege der Mehrwertsteuererstattung erfolgen.

(3) Sind die Voraussetzungen für die Steuerbefreiung gemäß Absatz 1 Unterabsatz 1 Buchstabe ab nicht mehr erfüllt, so unterrichtet die Kommission oder die betreffende Agentur oder Einrichtung, die die steuerbefreite Lieferung oder Dienstleistung erhalten hat, den Mitgliedstaat, in dem die Steuerbefreiung angewandt wurde, entsprechend und die Lieferung dieser Gegenstände oder Dienstleistungen unterliegt der Mehrwertsteuer nach den zu diesem Zeitpunkt geltenden Bedingungen.

Art. 152 [Steuerbefreiung der Lieferungen von Gold an Zentralbanken] Die Mitgliedstaaten befreien die Lieferungen von Gold an Zentralbanken von der Steuer.

Kapitel 9. Steuerbefreiungen für Dienstleistungen von Vermittlern

Art. 153 [Steuerbefreiung von Vermittlungsleistungen im Zusammenhang mit grenzüberschreitenden Umsätzen] *[1]* Die Mitgliedstaaten befreien Dienstleistungen von Vermittlern, die im Namen und für Rechnung

(Fortsetzung nächstes Blatt)

entsprechende Lieferer oder Dienstleistungserbringer die Mehrwertsteuer auf die dem Steuerpflichtigen gelieferten Gegenstände oder erbrachten Dienstleistungen erhalten hat.

[2] [1]Mitgliedstaaten, die die in Absatz 1 genannte fakultative Regelung anwenden, legen für Steuerpflichtige, die innerhalb ihres Gebiets von dieser Regelung Gebrauch machen, einen Schwellenwert fest, der sich auf den gemäß Artikel 288 berechneten Jahresumsatz des Steuerpflichtigen stützt. [2]Dieser Schwellenwert darf 2 000 000 EUR oder den Gegenwert in Landeswährung nicht übersteigen.

Art. 168[1)] **[Umfang des Rechts auf Vorsteuerabzug – steuerpflichtige Ausgangsumsätze]** Soweit die Gegenstände und Dienstleistungen für die Zwecke seiner besteuerten Umsätze verwendet werden, ist der Steuerpflichtige berechtigt, in dem Mitgliedstaat, in dem er diese Umsätze bewirkt, vom Betrag der von ihm geschuldeten Steuer folgende Beträge abzuziehen:

a) die in diesem Mitgliedstaat geschuldete oder entrichtete Mehrwertsteuer für Gegenstände und Dienstleistungen, die ihm von einem anderen Steuerpflichtigen geliefert bzw. erbracht wurden oder werden;
b) die Mehrwertsteuer, die für Umsätze geschuldet wird, die der Lieferung von Gegenständen beziehungsweise dem Erbringen von Dienstleistungen gemäß Artikel 18 Buchstabe a sowie Artikel 27 gleichgestellt sind;
c) die Mehrwertsteuer, die für den innergemeinschaftlichen Erwerb von Gegenständen gemäß Artikel 2 Absatz 1 Buchstabe b Ziffer i geschuldet wird;
d) die Mehrwertsteuer, die für dem innergemeinschaftlichen Erwerb gleichgestellte Umsätze gemäß den Artikeln 21 und 22 geschuldet wird;
e) die Mehrwertsteuer, die für die Einfuhr von Gegenständen in diesem Mitgliedstaat geschuldet wird oder entrichtet worden ist.

Art. 168a[2), 3)] **[Umfang des Rechts auf Vorsteuerabzug bei Grundstücken und sonstigen Unternehmensgegenständen]** (1) *[1]* Soweit ein dem Unternehmen zugeordnetes Grundstück vom Steuerpflichtigen sowohl für unternehmerische Zwecke als auch für seinen privaten Bedarf oder den

---

[1)] Zeitlich befristete abweichende Ermächtigung der Bundesrepublik Deutschland auf **Ausschluss vom Recht auf Vorsteuerabzug** von Gegenständen und Dienstleistungen, die zu mehr als 90% für private Zwecke des Steuerpflichtigen oder seines Personals oder allgemein für unternehmensfremde Zwecke genutzt werden, durch Entscheidung des Rates 2009/791/EG vom 20.10.2009, zuletzt geänd. durch Durchführungsbeschluss (EU) 2018/2060 des Rates v. 20.12.2018 (ABl. L 329 S. 20).

[2)] Art. 168a eingef. durch RL v. 22.12.2009 (ABl. 2010 L 10 S. 14).

[3)] Zeitlich befristete abweichende Ermächtigung der Bundesrepublik Deutschland auf **Ausschluss vom Recht auf Vorsteuerabzug** von Gegenständen und Dienstleistungen, die zu mehr als 90% für private Zwecke des Steuerpflichtigen oder seines Personals oder allgemein für unternehmensfremde Zwecke genutzt werden, durch Entscheidung des Rates 2009/791/EG vom 20.10.2009, zuletzt geänd. durch Durchführungsbeschluss (EU) 2018/2060 des Rates v. 20.12.2018 (ABl. L 329 S. 20).

seines Personals oder allgemein für unternehmensfremde Zwecke verwendet wird, darf bei Ausgaben im Zusammenhang mit diesem Grundstück höchstens der Teil der Mehrwertsteuer nach den Grundsätzen der Artikel 167, 168, 169 und 173 abgezogen werden, der auf die Verwendung des Grundstücks für unternehmerische Zwecke des Steuerpflichtigen entfällt.

[2] Ändert sich der Verwendungsanteil eines Grundstücks nach Unterabsatz 1, so werden diese Änderungen abweichend von Artikel 26 nach den in dem betreffenden Mitgliedstaat geltenden Vorschriften zur Anwendung der in den Artikeln 184 bis 192 festgelegten Grundsätze berücksichtigt.

(2) Die Mitgliedstaaten können Absatz 1 auch auf die Mehrwertsteuer auf Ausgaben im Zusammenhang mit von ihnen definierten sonstigen Gegenständen anwenden, die dem Unternehmen zugeordnet sind.

Art. 169[1] **[Umfang des Rechts auf Vorsteuerabzug – im Ausland bewirkte und steuerfreie Ausgangsumsätze]** Über den Vorsteuerabzug nach Artikel 168 hinaus hat der Steuerpflichtige das Recht, die in jenem Artikel genannte Mehrwertsteuer abzuziehen, soweit die Gegenstände und Dienstleistungen für die Zwecke folgender Umsätze verwendet werden:

a) für andere als die nach Artikel 284 von der Steuer befreiten Umsätze, die sich aus den in Artikel 9 Absatz 1 Unterabsatz 2 genannten Tätigkeiten ergeben, die außerhalb des Mitgliedstaats, in dem diese Steuer geschuldet oder entrichtet wird, bewirkt werden und für die das Recht auf Vorsteuerabzug bestünde, wenn sie in diesem Mitgliedstaat bewirkt worden wären;

b) für seine Umsätze, die gemäß den Artikeln 136a, 138, 142, oder 144, den Artikeln 146 bis 149, den Artikeln 151, 152, 153, oder 156, dem Artikel 157 Absatz 1 Buchstabe b, den Artikeln 158 bis 161 oder Artikel 164 befreit sind;

c) für seine gemäß Artikel 135 Absatz 1 Buchstaben a bis f befreiten Umsätze, wenn der Dienstleistungsempfänger außerhalb der Gemeinschaft ansässig ist oder wenn diese Umsätze unmittelbar mit Gegenständen zusammenhängen, die zur Ausfuhr aus der Gemeinschaft bestimmt sind.

Art. 170[2] **[Umfang des Anspruchs von Unternehmen in anderen EU-Staaten und Drittstaaten auf Vorsteuererstattung]** Jeder Steuerpflichtige, der im Sinne des Artikels 1 der Richtlinie 86/560/EWG[3] [4], des

---

[1] Art. 169 Buchst. b neu gef. mWv 22.12.2019 durch RL v. 21.11.2019 (ABl. L 310 S. 1, gеänd. durch ABl. 2020 L 244 S. 3); zur Anwendung ab 1.7.2021 siehe Art. 2 Abs. 1 UAbs. 2 RL 2019/1995/EU; Buchst. a neu gef. mWv 22.3.2020 durch RL v. 18.2.2020 (ABl. L 62 S. 13); zur **Anwendung ab 1.1.2025** siehe Art. 3 Abs. 1 UAbs. 2 RL 2020/285/EU.

[2] Art. 170 einl. Satzteil neu gef. durch RL v. 12.2.2008 (ABl. L 44 S. 11).

[3] Nr. **553**.

[4] **Amtl. Anm.:** Dreizehnte Richtlinie 86/560/EWG des Rates vom 17. November 1986 *zur Harmonisierung der Rechtsvorschriften* der Mitgliedstaaten über die Umsatzsteuern – Verfahren der Erstattung der Mehrwertsteuer an nicht im Gebiet der Gemeinschaft ansässige Steuerpflichtige (ABl. L 326 vom 21.11.1986, S. 40).

Artikels 2 Nummer 1 und des Artikels 3 der Richtlinie 2008/9/EG[1)·2)] und des Artikels 171 der vorliegenden Richtlinie nicht in dem Mitgliedstaat ansässig ist, in dem er die Gegenstände und Dienstleistungen erwirbt oder mit der Mehrwertsteuer belastete Gegenstände einführt, hat Anspruch auf Erstattung dieser Mehrwertsteuer, soweit die Gegenstände und Dienstleistungen für die Zwecke folgender Umsätze verwendet werden:

a) die in Artikel 169 genannten Umsätze;

b) die Umsätze, bei denen die Steuer nach den Artikeln 194 bis 197 und 199 lediglich vom Empfänger geschuldet wird.

Art. 171[3)] [Anwendung der gesonderten Richtlinien beim Verfahren der Vorsteuererstattung] (1) Die Erstattung der Mehrwertsteuer an Steuerpflichtige, die nicht in dem Mitgliedstaat, in dem sie die Gegenstände und Dienstleistungen erwerben oder mit der Mehrwertsteuer belastete Gegenstände einführen, sondern in einem anderen Mitgliedstaat ansässig sind, erfolgt nach dem in der Richtlinie 2008/9/EG[1)] vorgesehenen Verfahren.

(2) *[1]* Die Erstattung der Mehrwertsteuer an nicht im Gebiet der Gemeinschaft ansässige Steuerpflichtige erfolgt nach dem in der Richtlinie 86/560/EWG[4)] vorgesehenen Verfahren.

[2] Steuerpflichtige im Sinne des Artikels 1 der Richtlinie 86/560/EWG, die in dem Mitgliedstaat, in dem sie die Gegenstände und Dienstleistungen erwerben oder mit der Mehrwertsteuer belastete Gegenstände einführen, ausschließlich Lieferungen von Gegenständen und Dienstleistungen bewirken, für die gemäß den Artikeln 194 bis 197 und 199 der Empfänger der Umsätze als Steuerschuldner bestimmt worden ist, gelten bei Anwendung der genannten Richtlinie ebenfalls als nicht in der Gemeinschaft ansässige Steuerpflichtige.

(3) Die Richtlinie 86/560/EWG gilt nicht für:

a) nach den Rechtsvorschriften des Mitgliedstaats der Erstattung fälschlich in Rechnung gestellte Mehrwertsteuerbeträge;

b) in Rechnung gestellte Mehrwertsteuerbeträge für Lieferungen von Gegenständen, die gemäß Artikel 138 oder Artikel 146 Absatz 1 Buchstabe b von der Steuer befreit sind oder befreit werden können.

Art. 171a[5)] [Kannbestimmung: Vorsteuerabzug aus einer Reverse-Charge-Steuerschuld anstelle der Anwendung des Erstattungsverfahrens] *[1]* [1]Die Mitgliedstaaten können anstatt der Gewährung einer Erstattung der Mehrwertsteuer gemäß den Richtlinien 86/560/EWG[4)] oder 2008/

[1)] Nr. **550b**.

[2)] **Amtl. Anm.:** Richtlinie 2008/9/EG des Rates vom 12. Februar 2008 zur Regelung der Erstattung der Mehrwertsteuer gemäß der Richtlinie 2006/112/EG an nicht im Mitgliedstaat der Erstattung, sondern in einem anderen Mitgliedstaat ansässige Steuerpflichtige (ABl. L 44 vom 20.2.2008, S. 23).

[3)] Art. 171 Abs. 1 und 3 neu gef. durch RL v. 12.2.2008 (ABl. L 44 S. 11).

[4)] Nr. **553**.

[5)] Art. 171a eingef. durch RL v. 12.2.2008 (ABl. L 44 S. 11).

9/EG[1] für Lieferungen von Gegenständen oder Dienstleistungen an einen Steuerpflichtigen, für die dieser Steuerpflichtige die Steuer gemäß den Artikeln 194 bis 197 oder Artikel 199 schuldet, den Abzug dieser Steuer nach dem Verfahren gemäß Artikel 168 erlauben. [2] Bestehende Beschränkungen nach Artikel 2 Absatz 2 und Artikel 4 Absatz 2 der Richtlinie 86/560/EWG können beibehalten werden.

[2] Zu diesem Zweck können die Mitgliedstaaten den Steuerpflichtigen, der die Steuer zu entrichten hat, von dem Erstattungsverfahren gemäß den Richtlinien 86/560/EWG oder 2008/9/EG ausschließen.

Art. 172 [Vorsteuerabzugsrecht des Lieferers eines neuen Fahrzeugs]

(1) *[1]* Jede Person, die als Steuerpflichtiger gilt, weil sie gelegentlich die Lieferung eines neuen Fahrzeugs unter den Voraussetzungen des Artikels 138 Absatz 1 und Absatz 2 Buchstabe a bewirkt, hat in dem Mitgliedstaat, in dem die Lieferung bewirkt wird, das Recht auf Abzug der im Einkaufspreis enthaltenen oder bei der Einfuhr oder dem innergemeinschaftlichen Erwerb dieses Fahrzeugs entrichteten Mehrwertsteuer im Umfang oder bis zur Höhe des Betrags, den sie als Steuer schulden würde, wenn die Lieferung nicht befreit wäre.

[2] Das Recht auf Vorsteuerabzug entsteht zum Zeitpunkt der Lieferung des neuen Fahrzeugs und kann nur zu diesem Zeitpunkt ausgeübt werden.

(2) Die Mitgliedstaaten legen die Einzelheiten der Anwendung des Absatzes 1 fest.

(Fortsetzung nächste Seite)

---

[1] Nr. **550b**.

d) Lieferung von Gebrauchtmaterial, auch solchem, das in seinem unveränderten Zustand nicht zur Wiederverwendung geeignet ist, Schrott, von gewerblichen und nichtgewerblichen Abfallstoffen, recyclingfähigen Abfallstoffen und teilweise verarbeiteten Abfallstoffen, und gewissen in Anhang VI aufgeführten Gegenständen und Dienstleistungen;

e) Lieferung sicherungsübereigneter Gegenstände durch einen steuerpflichtigen Sicherungsgeber an einen ebenfalls steuerpflichtigen Sicherungsnehmer;

f) Lieferung von Gegenständen im Anschluss an die Übertragung des Eigentumsvorbehalts auf einen Zessionar und die Ausübung des übertragenen Rechts durch den Zessionar;

g) Lieferung von Grundstücken, die vom Schuldner im Rahmen eines Zwangsversteigerungsverfahrens verkauft werden.

(2) Bei der Anwendung der in Absatz 1 geregelten Möglichkeit können die Mitgliedstaaten die Lieferungen von Gegenständen und Dienstleistungen und die Kategorien von Lieferern und Dienstleistungserbringern sowie von Erwerbern oder Dienstleistungsempfängern bestimmen, für die sie von diesen Maßnahmen Gebrauch machen.

(3) Für die Zwecke des Absatzes 1 können die Mitgliedstaaten folgende Maßnahmen ergreifen:

a) vorsehen, dass ein Steuerpflichtiger, der auch Tätigkeiten ausführt oder Umsätze bewirkt, die nicht als steuerbare Lieferungen von Gegenständen oder als nicht steuerbare Dienstleistungen im Sinne des Artikels 2 angesehen werden, in Bezug auf Lieferungen von Gegenständen oder Dienstleistungen, die er gemäß Absatz 1 des vorliegenden Artikels erhält, als Steuerpflichtiger gilt;

b) vorsehen, dass eine nicht steuerpflichtige Einrichtung des öffentlichen Rechts in Bezug auf gemäß Absatz 1 Buchstaben e, f und g erhaltene Lieferungen von Gegenständen, als Steuerpflichtiger gilt.

(4) Die Mitgliedstaaten unterrichten den Mehrwertsteuerausschuss von nationalen Maßnahmen, die sie im Sinne des Absatzes 1 erlassen, sofern diese nicht vom Rat vor dem 13. August 2006 gemäß Artikel 27 Absätze 1 bis 4 der Richtlinie 77/388/EWG genehmigt wurden und gemäß Absatz 1 des vorliegenden Artikels weitergeführt werden.

Art. 199a[1)] [Steuerschuldnerschaft bei Treibhausgasemissionszertifikaten] (1) Die Mitgliedstaaten können bis zum 31. Dezember 2026 vorsehen, dass die Mehrwertsteuer von dem steuerpflichtigen Empfänger der folgenden Leistungen geschuldet wird:

[1)] Art. 199a Abs. 1 einl. Satzteil neu gef., Buchst. c–j angef., Abs. 1a und 1b eingef., Abs. 2 neu gef., Abs. 3 UAbs. 1 Satz 1, UAbs. 2 Buchst. a und Abs. 4 neu gef. und Abs. 5 angef. mWv 15.8.2013 durch RL v. 22.7.2013 (ABl. L 201 S. 4); Abs. 1 einl. Satzteil neu gef. mWv 2.12.2018 durch RL v. 6.11.2018 (ABl. L 282 S. 5); Abs. 1 einl. Satzteil geänd., Abs. 3, 4 und 5 gestrichen mWv 11.6.2022 durch RL v. 3.6.2022 (ABl. L 155 S. 1).

a) Übertragung von Treibhausgasemissionszertifikaten entsprechend der Definition in Artikel 3 der Richtlinie 2003/87/EG des Europäischen Parlaments und des Rates vom 13. Oktober 2003 über ein System für den Handel mit Treibhausgasemissionszertifikaten in der Gemeinschaft[1], die gemäß Artikel 12 der genannten Richtlinie übertragen werden können,

b) Übertragung von anderen Einheiten, die von den Wirtschaftsbeteiligten genutzt werden können, um den Auflagen der Richtlinie nachzukommen,

c) Lieferungen von Mobilfunkgeräten, d. h. Geräten, die zum Gebrauch mittels eines zugelassenen Netzes und auf bestimmten Frequenzen hergestellt oder hergerichtet wurden, unabhängig von etwaigen weiteren Nutzungsmöglichkeiten,

d) Lieferungen von integrierten Schaltkreisen wie Mikroprozessoren und Zentraleinheiten vor Einbau in Endprodukte,

e) Lieferungen von Gas und Elektrizität an einen steuerpflichtigen Wiederverkäufer im Sinne des Artikels 38 Absatz 2,

f) Übertragung von Gas- und Elektrizitätszertifikaten,

g) Erbringung von Telekommunikationsdienstleistungen im Sinne des Artikels 24 Absatz 2,

h) Lieferungen von Spielkonsolen, Tablet-Computern und Laptops,

i) Lieferungen von Getreide und Handelsgewächsen einschließlich Ölsaaten und Zuckerrüben, die auf der betreffenden Stufe normalerweise nicht für den Endverbrauch bestimmt sind,

j) Lieferungen von Rohmetallen und Metallhalberzeugnissen einschließlich Edelmetalle, sofern sie nicht anderweitig unter Artikel 199 Absatz 1 Buchstabe d, die auf Gebrauchtgegenstände, Kunstgegenstände, Sammlungsstücke und Antiquitäten anwendbaren Sonderregelungen gemäß Artikel 311 bis 343 oder die Sonderregelung für Anlagegold gemäß Artikel 344 bis 356 fallen.

(1a) Die Mitgliedstaaten können die Bedingungen für die Anwendung des in Absatz 1 vorgesehenen Verfahrens festlegen.

(1b) Bei der Anwendung des in Absatz 1 vorgesehenen Verfahrens auf die Lieferung der Gegenstände und die Erbringung der Dienstleistungen, die in den Buchstaben c bis j jenes Absatzes aufgeführt sind, werden für alle Steuerpflichtigen, welche die Gegenstände liefern oder die Dienstleistungen erbringen, auf die das in Absatz 1 vorgesehene Verfahren angewendet wird, angemessene und wirksame Mitteilungspflichten eingeführt.

(2) Die Mitgliedstaaten teilen dem Mehrwertsteuerausschuss die Anwendung des in Absatz 1 vorgesehenen Verfahrens bei seiner Einführung mit und übermitteln dem Mehrwertsteuerausschuss die folgenden Angaben:

a) Geltungsbereich der Maßnahme zur Anwendung des Verfahrens zusammen mit der Art und den Merkmalen des Betrugs sowie eine detaillierte Beschreibung der begleitenden Maßnahmen, einschließlich der Mitteilungspflichten für Steuerpflichtige und Kontrollmaßnahmen,

---

[1] **Amtl. Anm.:** ABl. L 275 vom 25.10.2003, S. 32.

b) Maßnahmen zur Information der betreffenden Steuerpflichtigen über den Beginn der Anwendung des Verfahrens,

c) Evaluierungskriterien für einen Vergleich zwischen betrügerischen Tätigkeiten im Zusammenhang mit den in Absatz 1 genannten Gegenständen und Dienstleistungen vor und nach der Anwendung des Verfahrens, betrügerischen Tätigkeiten im Zusammenhang mit anderen Gegenständen und Dienstleistungen vor und nach Anwendung des Verfahrens und einem Anstieg bei anderen Arten betrügerischer Tätigkeiten vor und nach der Anwendung des Verfahrens,

d) Zeitpunkt des Geltungsbeginns und Geltungszeitraum der Maßnahme zur Anwendung des Verfahrens.

(3)–(5) *(aufgehoben)*

Art. 199b[1] **[Schnellreaktionsmechanismus zur Bekämpfung von Betrugsfällen]** (1) *[1]* Ein Mitgliedstaat kann in Fällen äußerster Dringlichkeit gemäß den Absätzen 2 und 3 als Sondermaßnahme des Schnellreaktionsmechanismus zur Bekämpfung unvermittelt auftretender und schwerwiegender Betrugsfälle, die voraussichtlich zu erheblichen und unwiederbringlichen finanziellen Verlusten führen, in Abweichung von Artikel 193 den Empfänger von bestimmten Gegenständen oder Dienstleistungen als Schuldner der Mehrwertsteuer bestimmen.

[2] Die Sondermaßnahme des Schnellreaktionsmechanismus unterliegt geeigneten Kontrollmaßnahmen des Mitgliedstaats betreffend Steuerpflichtige, die die Lieferungen bewirken oder Dienstleistungen erbringen, auf die die Maßnahme anwendbar ist, und gilt für einen Zeitraum von höchstens neun Monaten.

(2) *[1]* [1]Ein Mitgliedstaat, der eine in Absatz 1 bezeichnete Sondermaßnahme des Schnellreaktionsmechanismus einführen möchte, teilt dies der Kommission unter Verwendung des gemäß Absatz 4 festgelegten Standardformblatts mit; er übermittelt diese Mitteilung gleichzeitig an die anderen Mitgliedstaaten. [2]Er übermittelt der Kommission Angaben zur betroffenen Branche, zur Art und zu den Merkmalen des Betrugs, zum Vorliegen von Gründen für die äußerste Dringlichkeit, zum unvermittelten, schwerwiegenden Charakter des Betrugs und zu den Folgen in Form von erheblichen, unwiederbringlichen finanziellen Verlusten. [3]Ist die Kommission der Auffassung, dass ihr nicht alle erforderlichen Angaben vorliegen, so kontaktiert sie den betreffenden Mitgliedstaat innerhalb von zwei Wochen nach Eingang der Mitteilung und teilt ihm mit, welche zusätzlichen Angaben sie benötigt. [4]Alle zusätzlichen Angaben, die der betreffende Mitgliedstaat der Kommission übermittelt, werden gleichzeitig an die anderen Mitgliedstaaten übermittelt. [5]Sind die zusätzlichen Angaben unzureichend, so unterrichtet die Kommission den betreffenden Mitgliedstaat innerhalb einer Woche darüber.

[2] Der Mitgliedstaat, der eine in Absatz 1 dieses Artikels vorgesehene Sondermaßnahme des Schnellreaktionsmechanismus einführen möchte, stellt

[1] Art. 199b neu gef. mWv 2.12.2018 durch RL v. 6.11.2018 (ABl. L 282 S. 5); Abs. 6 geänd. mWv 11.6.2022 durch RL v. 3.6.2022 (ABl. L 155 S. 1).

gleichzeitig nach dem in Artikel 395 Absätze 2 und 3 festgelegten Verfahren einen Antrag an die Kommission.

[3] In Fällen äußerster Dringlichkeit gemäß Absatz 1 dieses Artikels ist das in Artikel 395 Absätze 2 und 3 festgelegte Verfahren innerhalb von sechs Monaten nach Eingang des Antrags bei der Kommission abzuschließen.

(3) [1]Sobald die Kommission über alle Angaben verfügt, die ihres Erachtens für die Beurteilung der Mitteilung nach Absatz 2 Unterabsatz 1 erforderlich sind, unterrichtet sie die Mitgliedstaaten hiervon. [2]Erhebt sie Einwände gegen die Sondermaßnahme des Schnellreaktionsmechanismus, so erstellt sie innerhalb eines Monats nach der Mitteilung eine ablehnende Stellungnahme und setzt den betreffenden Mitgliedstaat und den Mehrwertsteuerausschuss davon in Kenntnis. [3]Erhebt die Kommission keine Einwände, so bestätigt sie dies dem betreffenden Mitgliedstaat und – innerhalb des gleichen Zeitraums – dem Mehrwertsteuerausschuss in schriftlicher Form. [4]Der Mitgliedstaat kann die Sondermaßnahme des Schnellreaktionsmechanismus ab dem Zeitpunkt des Eingangs dieser Bestätigung erlassen. [5]Die Kommission berücksichtigt bei der Beurteilung der Mitteilung die Ansichten anderer Mitgliedstaaten, die ihr in schriftlicher Form übermittelt wurden.

(4) [1]Die Kommission erlässt einen Durchführungsrechtsakt zur Erstellung eines Standardformblatts für die Einreichung der Mitteilung einer Sondermaßnahme des Schnellreaktionsmechanismus nach Absatz 2 sowie für die Übermittlung von Angaben gemäß Absatz 2 Unterabsatz 1. [2]Dieser Durchführungsrechtsakt wird nach dem Prüfverfahren gemäß Absatz 5 erlassen.

(5) Wird auf diesen Absatz Bezug genommen, so gilt Artikel 5 der Verordnung (EU) Nr. 182/2011 des Europäischen Parlaments und des Rates[1)], und für diesen Zweck ist der durch Artikel 58 der Verordnung (EU) Nr. 904/2010 des Rates[2)] eingesetzte Ausschuss zuständig.

(6) Die in Absatz 1 vorgesehene Sondermaßnahme des Schnellreaktionsmechanismus gilt bis zum 31. Dezember 2026.

[*16.1.2019–30.6.2022:*

Art. 199c[3)] [Bedingungen und Voraussetzungen für die generelle Umkehrung der Steuerschuldnerschaft] (1) *[1]* Abweichend von Artikel 193 kann ein Mitgliedstaat bis zum 30. Juni 2022 eine generelle Umkehrung der Steuerschuldnerschaft auf nicht grenzübergreifende Lieferungen einführen, wonach die Mehrwertsteuer von dem Steuerpflichtigen geschuldet

---

1) **Amtl. Anm.:** Verordnung (EU) Nr. 182/2011 des Europäischen Parlaments und des Rates vom 16. Februar 2011 zur Festlegung der allgemeinen Regeln und Grundsätze, nach denen die Mitgliedstaaten die Wahrnehmung der Durchführungsbefugnisse durch die Kommission kontrollieren (ABl. L 55 vom 28.2.2011, S. 13).

2) **Amtl. Anm.:** Verordnung (EU) Nr. 904/2010 des Rates vom 7. Oktober 2010 über die Zusammenarbeit der Verwaltungsbehörden und die Betrugsbekämpfung auf dem Gebiet der Mehrwertsteuer (ABl. L 268 vom 12.10.2010, S. 1).

3) Art. 199c eingef. mWv 16.1.2019 durch RL v. 20.12.2018 (ABl. L 329 S. 3); zur **Geltung bis 30.6.2022** siehe Art. 2 UAbs. 2 RL 2018/2057/EU.

wird, an den Gegenstände oder Dienstleistungen geliefert werden, die alle einen Schwellenwert von 17 500 EUR je Umsatz übersteigen.

[2] Ein Mitgliedstaat, der die generelle Umkehrung der Steuerschuldnerschaft einführen möchte, muss alle folgenden Bedingungen erfüllen:

a) Seine Mehrwertsteuerlücke im Jahr 2014, die gemäß der Methode und den Zahlen des von der Kommission veröffentlichten Abschlussberichts aus dem Jahr 2016 zur Mehrwertsteuerlücke vom 23. August 2016 berechnet und als Prozentsatz des Gesamtbetrags der geschuldeten Mehrwertsteuer ausgedrückt wird, liegt mindestens fünf Prozentpunkte über dem Medianwert der gemeinschaftlichen Mehrwertsteuerlücke;

b) der Anteil des Karussellbetrugs an seiner gesamten Mehrwertsteuerlücke beläuft sich, gestützt auf die Folgenabschätzung, die dem Gesetzgebungsvorschlag für diesen Artikel beigefügt war, auf mehr als 25 %;

c) er hat festgestellt, dass andere Gegenmaßnahmen nicht ausreichen, um den Karussellbetrug auf seinem Hoheitsgebiet zu bekämpfen, insbesondere unter Angabe der angewandten Gegenmaßnahmen und der besonderen Gründe für ihre mangelnde Wirksamkeit sowie der Gründe, warum die Verwaltungszusammenarbeit auf dem Gebiet der Mehrwertsteuer sich als unzureichend erwiesen hat;

d) er hat festgestellt, dass die geschätzten Gewinne aus der Steuerehrlichkeit und der Steuererhebung, die infolge der Einführung der generellen Umkehrung der Steuerschuldnerschaft erwartet werden, die geschätzte zusätzliche Gesamtbelastung für Unternehmen und Steuerbehörden um mindestens 25 % überwiegen; und

e) er hat festgestellt, dass die Einführung der generellen Umkehrung der Steuerschuldnerschaft nicht zu höheren Kosten für die Unternehmen und Steuerbehörden führt als die Anwendung anderer Gegenmaßnahmen.

[3] Der Mitgliedstaat fügt dem Antrag nach Absatz 3 die Berechnung der Mehrwertsteuerlücke gemäß der Methode und den Zahlen des in Unterabsatz 2 Buchstabe a dieses Absatzes genannten, von der Kommission veröffentlichten Berichts zur Mehrwertsteuerlücke bei.

(2) Mitgliedstaaten, die die generelle Umkehrung der Steuerschuldnerschaft anwenden, richten geeignete und effiziente elektronische Berichtspflichten für alle Steuerpflichtigen und insbesondere für Steuerpflichtige ein, die von der Umkehrung der Steuerschuldnerschaft betroffene Gegenstände oder Dienstleistungen liefern oder erhalten, damit das reibungslose Funktionieren und die effiziente Überwachung der Anwendung der generellen Umkehrung der Steuerschuldnerschaft gewährleistet sind.

(3) *[1]* Mitgliedstaaten, die die generelle Umkehrung der Steuerschuldnerschaft anwenden möchten, richten einen Antrag mit folgenden Angaben an die Kommission:

a) ausführliche Begründung der Erfüllung der Bedingungen gemäß Absatz 1;

b) Beginn und Dauer der Anwendung der generellen Umkehrung der Steuerschuldnerschaft;

c) Maßnahmen zur Unterrichtung der Steuerpflichtigen über die Einführung der Anwendung der generellen Umkehrung der Steuerschuldnerschaft; und

d) ausführliche Beschreibung der Begleitmaßnahmen nach Absatz 2.

[2] [1]Die Kommission kann innerhalb eines Monats nach Eingang des Antrags weitere Informationen – einschließlich zugrunde liegender Methoden, Annahmen, Studien und weiterer Belegunterlagen – anfordern, wenn sie der Meinung ist, dass ihr nicht alle notwendigen Informationen vorliegen. [2]Der antragstellende Mitgliedstaat legt die erforderlichen Informationen innerhalb eines Monats nach Eingang der Anforderung vor.

(4) [1]Ist die Kommission der Auffassung, dass der Antrag den Anforderungen gemäß Absatz 3 entspricht, so unterbreitet sie spätestens drei Monate nach Eingang aller notwendigen Informationen dem Rat einen Vorschlag. [2]Der Rat kann auf einen solchen Vorschlag der Kommission hin einstimmig den antragstellenden Mitgliedstaat ermächtigen, die generelle Umkehrung der Steuerschuldnerschaft anzuwenden. [3]Ist die Kommission der Auffassung, dass der Antrag den Anforderungen gemäß Absatz 3 nicht entspricht, so teilt sie innerhalb der gleichen Frist dem antragstellenden Mitgliedstaat und dem Rat ihre Gründe mit.

(5) *[1]* [1]Wird eine beträchtliche negative Auswirkung auf den Binnenmarkt gemäß Unterabsatz 2 dieses Absatzes festgestellt, schlägt die Kommission spätestens drei Monate nach Eingang aller notwendigen Informationen vor, alle Durchführungsbeschlüsse nach Absatz 4 aufzuheben, und zwar frühestens sechs Monate nach dem Inkrafttreten des ersten Durchführungsbeschlusses zur Ermächtigung eines Mitgliedstaats, die generelle Umkehrung der Steuerschuldnerschaft anzuwenden. [2]Diese Aufhebung gilt als vom Rat angenom-

(Fortsetzung nächste Seite)

Abschnitt 3. Ausstellung der Rechnung

Art. 219a[1)] [Maßgebliche Vorschriften] (1) Die Rechnungsstellung unterliegt den Vorschriften des Mitgliedstaats, in dem die Lieferung von Gegenständen oder die Dienstleistung im Einklang mit Titel V als ausgeführt gilt.

(2) Abweichend von Absatz 1 unterliegt die Rechnungsstellung folgenden Vorschriften:

a) den Vorschriften des Mitgliedstaats, in dem der Lieferer oder Dienstleistungserbringer den Sitz seiner wirtschaftlichen Tätigkeit oder eine feste Niederlassung hat, von dem bzw. der aus die Lieferung oder Dienstleistung ausgeführt wird, oder – in Ermangelung eines solchen Sitzes oder einer solchen festen Niederlassung – des Mitgliedstaats, in dem er seinen Wohnsitz oder seinen gewöhnlichen Aufenthaltsort hat, wenn
   i) der Lieferer oder Dienstleistungserbringer nicht in dem Mitgliedstaat ansässig ist, in dem die Lieferung oder die Dienstleistung im Einklang mit Titel V als ausgeführt gilt, oder seine Niederlassung in dem betreffenden Mitgliedstaat im Sinne des Artikels 192a Buchstabe b nicht an der Lieferung oder Dienstleistung beteiligt ist, und wenn die Mehrwertsteuer vom Erwerber oder vom Dienstleistungsempfänger geschuldet wird, es sei denn, der Erwerber oder Dienstleistungsempfänger stellt die Rechnung aus (Gutschriften);
   ii) die Lieferung oder die Dienstleistung im Einklang mit Titel V als nicht innerhalb der Gemeinschaft ausgeführt gilt;

b) den Vorschriften des Mitgliedstaats, in dem der Lieferer oder Dienstleistungserbringer eine der Sonderregelungen gemäß Titel XII Kapitel 6 in Anspruch nimmt.

(3) Die Absätze 1 und 2 gelten unbeschadet der Artikel 244 bis 248.

Art. 220[2)] [Anwendungsfälle der Pflicht zu Ausstellung einer Rechnung] (1) Jeder Steuerpflichtige stellt in folgenden Fällen eine Rechnung entweder selbst aus oder stellt sicher, dass eine Rechnung vom Erwerber oder Dienstleistungsempfänger oder in seinem Namen und für seine Rechnung von einem Dritten ausgestellt wird:

1. Er liefert Gegenstände oder erbringt Dienstleistungen an einen anderen Steuerpflichtigen oder an eine nichtsteuerpflichtige juristische Person;
2. er liefert in Artikel 33 Buchstabe a genannte Gegenstände, es sei denn, der Steuerpflichtige nimmt die Sonderregelung gemäß Titel XII Kapitel 6 Abschnitt 3 in Anspruch;
3. er liefert Gegenstände unter den Voraussetzungen des Artikels 138;
4. er erhält Vorauszahlungen, bevor eine Lieferung von Gegenständen im Sinne der Nummern 1 und 2 erfolgt ist;

[1)] Art. 219a neu gef. mWv 1.1.2019 durch RL v. 5.12.2017 (ABl. L 348 S. 7).

[2)] Art. 220 neu gef. durch RL v. 13.7.2010 (ABl. L 189 S. 1); Abs. 1 Nr. 2 neu gef. mWv 1.7.2021 durch RL v. 5.12.2017 (ABl. L 348 S. 7, ber. ABl. 2019 L 245 S. 9, geänd. durch ABl. 2020 L 244 S. 3).

5. er erhält Vorauszahlungen von einem anderen Steuerpflichtigen oder einer nichtsteuerpflichtigen juristischen Person, bevor eine Dienstleistung abgeschlossen ist.

(2) Abweichend von Absatz 1 und unbeschadet des Artikels 221 Absatz 2 ist die Ausstellung einer Rechnung bei nach Artikel 135 Absatz 1 Buchstaben a bis g steuerbefreiten Dienstleistungen nicht erforderlich.

Art. 220a[1)] [Vereinfachte Rechnung] (1) Die Mitgliedstaaten gestatten den Steuerpflichtigen in den folgenden Fällen die Ausstellung einer vereinfachten Rechnung:

a) Der Rechnungsbetrag beträgt höchstens 100 EUR oder den Gegenwert in Landeswährung;

b) bei der ausgestellten Rechnung handelt es sich um ein Dokument oder eine Mitteilung, das/die gemäß Artikel 219 einer Rechnung gleichgestellt ist;

c) der Steuerpflichtige nimmt die Steuerbefreiung für Kleinunternehmen nach Artikel 284 in Anspruch.

(2) Die Mitgliedstaaten erlauben es Steuerpflichtigen nicht, eine vereinfachte Rechnung auszustellen, wenn Rechnungen gemäß Artikel 220 Absatz 1 Nummern 2 und 3 ausgestellt werden müssen oder wenn die steuerpflichtige Lieferung von Gegenständen oder die steuerpflichtige Dienstleistung von einem Steuerpflichtigen durchgeführt wird, der nicht in dem Mitgliedstaat ansässig ist, in dem die Mehrwertsteuer geschuldet wird, oder dessen Niederlassung in dem betreffenden Mitgliedstaat im Sinne des Artikels 192a nicht an der Lieferung oder Dienstleistung beteiligt ist und wenn die Steuer vom Erwerber oder Dienstleistungsempfänger geschuldet wird.

Art. 221[2)] [Kannbestimmung: Pflicht zur Ausstellung einer Rechnung in anderen Fällen, Befreiung von der Ausstellungspflicht] (1) Die Mitgliedstaaten können Steuerpflichtigen vorschreiben, für andere als die in Artikel 220 Absatz 1 genannten Lieferungen von Gegenständen oder Dienstleistungen eine Rechnung gemäß den Vorgaben der Artikel 226 oder 226b auszustellen.

(2) Die Mitgliedstaaten können Steuerpflichtigen, die in ihrem Gebiet ansässig sind oder dort eine feste Niederlassung haben, von der die Lieferung erfolgt oder die Dienstleistung erbracht wird, vorschreiben, für die nach Artikel 135 Absatz 1 Buchstaben a bis g steuerbefreiten Dienstleistungen, die die betreffenden Steuerpflichtigen in ihrem Gebiet oder außerhalb der Gemeinschaft erbringen, eine Rechnung gemäß den Vorgaben der Artikel 226 oder 226b auszustellen.

[1)] Art. 220a eingef. durch RL v. 13.7.2010 (ABl. L 189 S. 1); Abs. 1 Buchst. c angef. mWv 22.3.2020 durch RL v. 18.2.2020 (ABl. L 62 S. 13); zur **Anwendung ab 1.1.2025** siehe Art. 3 Abs. 1 UAbs. 2 RL 2020/285/EU.

[2)] Art. 221 *neu gef. durch RL v.* 13.7.2010 (ABl. L 189 S. 1); Abs. 3 neu gef. mWv 1.7.2013 durch Akte v. 9.12.2011 (ABl. 2012 L 112 S. 21); Abs. 3 geänd. mWv 6.4.2022 durch RL v. 5.4.2022 (ABl. L 107 S. 1).

(3) Die Mitgliedstaaten können Steuerpflichtige von der Pflicht nach Artikel 220 Absatz 1 oder Artikel 220a befreien, eine Rechnung für Lieferungen von Gegenständen oder Dienstleistungen auszustellen, die sie in ihrem Gebiet bewirken und die mit oder ohne Recht auf Vorsteuerabzug gemäß Artikel 98 Absatz 2, Artikel 105a und 132, Artikel 135 Absatz 1 Buchstaben h bis l, den Artikeln 136, 371, 375, 376 und 377, Artikel 378 Absatz 2, Artikel 379 Absatz 2 sowie den Artikeln 380 bis 390c befreit sind.

Art. 222[1)] **[Kannbestimmung: Fristen für die Ausstellung einer Rechnung]** *[1]* Für Gegenstände, die unter den Voraussetzungen des Artikels 138 geliefert werden, oder für Dienstleistungen, für die nach Artikel 196 der Leistungsempfänger die Steuer schuldet, wird spätestens am fünfzehnten Tag des Monats, der auf den Monat folgt, in dem der Steuertatbestand eingetreten ist, eine Rechnung ausgestellt.

[2] Für andere Lieferungen von Gegenständen oder Dienstleistungen können die Mitgliedstaaten den Steuerpflichtigen Fristen für die Ausstellung der Rechnung setzen.

Art. 223[2)] **[Zusammenfassende Rechnung]** *[1]* Die Mitgliedstaaten können den Steuerpflichtigen gestatten, für mehrere getrennte Lieferungen von Gegenständen oder Dienstleistungen zusammenfassende Rechnungen auszustellen, sofern der Steueranspruch für die auf einer zusammenfassenden Rechnung aufgeführten Lieferungen von Gegenständen oder Dienstleistungen innerhalb desselben Kalendermonats eintritt.

[2] Unbeschadet des Artikels 222 können die Mitgliedstaaten gestatten, dass Lieferungen von Gegenständen oder Dienstleistungen, für die der Steueranspruch innerhalb einer über einen Kalendermonat hinausgehenden Frist eintritt, in zusammenfassenden Rechnungen erscheinen.

Art. 224[3)] **[Gutschrift als Rechnung]** [1]Rechnungen dürfen von einem Erwerber oder Dienstleistungsempfänger für Lieferungen von Gegenständen oder für Dienstleistungen, die von einem Steuerpflichtigen bewirkt werden, ausgestellt werden, sofern zwischen den beiden Parteien eine vorherige Vereinbarung getroffen wurde und sofern jede Rechnung Gegenstand eines Verfahrens zur Akzeptierung durch den Steuerpflichtigen ist, der die Gegenstände liefert oder die Dienstleistungen erbringt. [2]Die Mitgliedstaaten können verlangen, dass solche Rechnungen im Namen und für Rechnung des Steuerpflichtigen ausgestellt werden.

Art. 225[4)] **[Kannbestimmung: besondere Anforderungen an die Rechnung bei Rechnungsausstellern aus Staaten ohne Amtshilfeabkommen]** Die Mitgliedstaaten können für Steuerpflichtige besondere Anforderungen festlegen, wenn der Dritte oder der Erwerber oder Dienstleistungs-

---

[1)] Art. 222 neu gef. durch RL v. 13.7.2010 (ABl. L 189 S. 1).
[2)] Art. 223 neu gef. durch RL v. 13.7.2010 (ABl. L 189 S. 1).
[3)] Art. 224 neu gef. durch RL v. 13.7.2010 (ABl. L 189 S. 1).
[4)] Art. 225 neu gef. durch RL v. 13.7.2010 (ABl. L 189 S. 1).

empfänger, der die Rechnung ausstellt, seinen Sitz in einem Land hat, mit dem keine Rechtsvereinbarung über Amtshilfe besteht, deren Anwendungsbereich mit dem der Richtlinie 2010/24/EU[1] und der Verordnung (EG) Nr. 1798/2003[2] vergleichbar ist.

Abschnitt 4. Rechnungsangaben

Art. 226[3] **[Rechnungsangaben – obligatorisch]** Unbeschadet der in dieser Richtlinie festgelegten Sonderbestimmungen müssen gemäß den Artikeln 220 und 221 ausgestellte Rechnungen für Mehrwertsteuerzwecke nur die folgenden Angaben enthalten:

1. das Ausstellungsdatum;
2. eine fortlaufende Nummer mit einer oder mehreren Zahlenreihen, die zur Identifizierung der Rechnung einmalig vergeben wird;
3. die Mehrwertsteuer-Identifikationsnummer im Sinne des Artikels 214, unter der der Steuerpflichtige die Gegenstände geliefert oder die Dienstleistung erbracht hat;
4. die Mehrwertsteuer-Identifikationsnummer im Sinne des Artikels 214, unter der der Erwerber oder Dienstleistungsempfänger eine Lieferung von Gegenständen oder eine Dienstleistung, für die er Steuerschuldner ist, oder eine Lieferung von Gegenständen nach Artikel 138 erhalten hat;
5. den vollständigen Namen und die vollständige Anschrift des Steuerpflichtigen und des Erwerbers oder Dienstleistungsempfängers;
6. Menge und Art der gelieferten Gegenstände beziehungsweise Umfang und Art der erbrachten Dienstleistungen;
7. das Datum, an dem die Gegenstände geliefert werden oder die Dienstleistung erbracht bzw. abgeschlossen wird, oder das Datum, an dem die Vorauszahlung im Sinne des Artikels 220 Nummern 4 und 5 geleistet wird, sofern dieses Datum feststeht und nicht mit dem Ausstellungsdatum der Rechnung identisch ist;

7a. die Angabe „Besteuerung nach vereinnahmten Entgelten" (Kassenbuchführung), sofern der Steueranspruch gemäß Artikel 66 Buchstabe b zum Zeitpunkt des Eingangs der Zahlung entsteht und das Recht auf Vorsteuerabzug entsteht, wenn der Anspruch auf die abziehbare Steuer entsteht;

8. die Steuerbemessungsgrundlage für die einzelnen Steuersätze beziehungsweise die Befreiung, den Preis je Einheit ohne Mehrwertsteuer sowie jede

---

[1] **Amtl. Anm.:** Richtlinie 2010/24/EU des Rates vom 16. März 2010 über die Amtshilfe bei der Beitreibung von Forderungen in Bezug auf bestimmte Steuern, Abgaben und sonstige Maßnahmen (ABl. L 84 vom 31.3.2010, S. 1).

[2] **Amtl. Anm.:** Verordnung (EG) Nr. 1798/2003 des Rates vom 7. Oktober 2003 über die Zusammenarbeit der Verwaltungsbehörden auf dem Gebiet der Mehrwertsteuer (ABl. L 264 vom 15.10.2003, S. 1).

[3] Art. 226 Nr. 7a, 10a und 11a eingef., Nr. 11, 13 und 14 neu gef. durch RL v. 13.7.2010 (ABl. L 189 S. 1).

Art. 239 [Angabe einer Steuerregisternummer auf der Rechnung anstelle der Mehrwertsteuer-Identifikationsnummer in den Fällen der Nichtvergabe einer Mehrwertsteuer-Identifikationsnummer] Machen die Mitgliedstaaten von der Möglichkeit nach Artikel 272 Absatz 1 Unterabsatz 1 Buchstabe b Gebrauch, Steuerpflichtigen, die keine der in den Artikeln 20, 21, 22, 33, 36, 138 und 141 genannten Umsätze bewirken, keine Mehrwertsteuer-Identifikationsnummer zu erteilen, ist – sofern keine Mehrwertsteuer-Identifikationsnummer erteilt wurde – auf der Rechnung die Mehrwertsteuer-Identifikationsnummer des Lieferers oder Dienstleistungserbringers und des Erwerbers oder Dienstleistungsempfängers, durch eine andere, von den betreffenden Mitgliedstaaten näher bestimmte Nummer, die so genannte Steuerregisternummer, zu ersetzen.

Art. 240 [Kannbestimmung: Pflicht zur Angabe der Mehrwertsteuer-Identifikationsnummer des Leistenden bei bestimmten Umsätzen für bestimmte Unternehmer mit Erklärungs- und Aufzeichnungserleichterungen] Mitgliedstaaten, die von der Möglichkeit nach Artikel 272 Absatz 1 Unterabsatz 1 Buchstabe b Gebrauch machen, können, wenn dem Steuerpflichtigen eine Mehrwertsteuer-Identifikationsnummer erteilt wurde, außerdem vorsehen, dass die Rechnung folgende Angaben enthält:

1. bei den in den Artikeln 44, 47, 50, 53, 54 und 55 genannten Dienstleistungen sowie bei den in den Artikeln 138 und 141 genannten Lieferungen von Gegenständen: die Mehrwertsteuer-Identifikationsnummer sowie die Steuerregisternummer des Lieferers bzw. Dienstleistungserbringers;
2. bei anderen Lieferungen von Gegenständen und Dienstleistungen: lediglich die Steuerregisternummer des Lieferers bzw. Dienstleistungserbringers oder lediglich die Mehrwertsteuer-Identifikationsnummer.

Kapitel 4. Aufzeichnungen

Abschnitt 1. Begriffsbestimmung

Art. 241 [Definition der elektronischen Aufbewahrung einer Rechnung] Für die Zwecke dieses Kapitels gilt als „elektronische Aufbewahrung einer Rechnung" die Aufbewahrung von Daten mittels elektronischer Einrichtungen zur Verarbeitung (einschließlich der digitalen Kompression) und Aufbewahrung unter Verwendung von Draht, Funk, optischen oder anderen elektromagnetischen Medien.

Abschnitt 2. Allgemeine Pflichten

Art. 242 [Aufzeichnungspflichten – Grundsatz] Jeder Steuerpflichtige hat Aufzeichnungen zu führen, die so ausführlich sind, dass sie die Anwendung der Mehrwertsteuer und ihre Kontrolle durch die Steuerverwaltung ermöglichen.

Art. 242a[1)] [Aufzeichnungspflichten von Betreibern elektronischer Plattformen] (1) [1] Unterstützt ein Steuerpflichtiger die Lieferung von Gegenständen oder Dienstleistungen innerhalb der Gemeinschaft an eine nicht steuerpflichtige Person im Einklang mit Titel V durch die Nutzung einer elektronischen Schnittstelle, beispielsweise eines Marktplatzes, einer Plattform, eines Portals oder Ähnlichem, so muss dieser Steuerpflichtige Aufzeichnungen über diese Lieferungen und Dienstleistungen führen. [2] Diese Aufzeichnungen müssen so ausführlich sein, dass die Steuerbehörden des Mitgliedstaats, in dem diese Lieferungen und Dienstleistungen steuerbar sind, feststellen können, ob die Mehrwertsteuer korrekt berücksichtigt worden ist.

(2) *[1]* Die Aufzeichnungen nach Absatz 1 sind den betreffenden Mitgliedstaaten auf Verlangen elektronisch zur Verfügung zu stellen.

[2] Diese Aufzeichnungen sind vom Ende des Jahres an, in dem der Umsatz bewirkt wurde, zehn Jahre lang aufzubewahren.

Art. 243[2)] [Pflicht zur Registrierung der Gegenstände, die innergemeinschaftlich für Zwecke der Be- oder Verarbeitung oder einer vorübergehenden Verwendung verbracht wurden] (1) Jeder Steuerpflichtige muss ein Register der Gegenstände führen, die er für die Zwecke seiner in Artikel 17 Absatz 2 Buchstaben f, g und h genannten Umsätze in Form der Begutachtung dieser Gegenstände oder von Arbeiten an diesen Gegenständen oder ihrer vorübergehenden Verwendung nach Orten außerhalb des Mitgliedstaats des Beginns der Versendung oder Beförderung, aber innerhalb der Gemeinschaft versandt oder befördert hat oder die für seine Rechnung dorthin versandt oder befördert wurden.

(2) Jeder Steuerpflichtige hat Aufzeichnungen zu führen, die so ausführlich sind, dass sie die Identifizierung der Gegenstände ermöglichen, die ihm aus einem anderen Mitgliedstaat von einem Steuerpflichtigen mit Mehrwertsteuer-Identifikationsnummer in diesem anderen Mitgliedstaat oder für dessen Rechnung im Zusammenhang mit einer Dienstleistung in Form der Begutachtung dieser Gegenstände oder von Arbeiten an diesen Gegenständen gesandt worden sind.

(3) *[1]* Jeder Steuerpflichtige, der Gegenstände im Rahmen der in Artikel 17a genannten Konsignationslagerregelung verbringt, führt ein Register, das es den Steuerbehörden ermöglicht, die korrekte Anwendung des genannten Artikels zu überprüfen.

[2] Jeder Steuerpflichtige, an den Gegenstände im Rahmen der in Artikel 17a genannten Konsignationslagerregelung geliefert werden, führt ein Register dieser Gegenstände.

---

1) Art. 242a eingef. mWv 1.7.2021 durch RL v. 5.12.2017 (ABl. L 348 S. 7, ber. ABl. 2018 L 190 S. 21, *geänd. durch ABl. 2020 L 244 S. 3*).

2) Art. 243 neu gef. durch RL v. 13.7.2010 (ABl. L 189 S. 1); Abs. 3 angef. durch RL v. 4.12.2018 (ABl. L 311 S. 3).

Abschnitt 2a.[1] Allgemeine Pflichten von Zahlungsdienstleistern

Art. 243a[1] [Begriffsbestimmungen] Im Sinne dieses Abschnitts bezeichnet der Ausdruck

1. „Zahlungsdienstleister" eine der in Artikel 1 Absatz 1 Buchstaben a bis d der Richtlinie (EU) 2015/2366 des Europäischen Parlaments und des Rates[2] aufgeführten Kategorien von Zahlungsdienstleistern oder eine natürliche oder juristische Person, für die eine Ausnahme gemäß Artikel 32 der genannten Richtlinie gilt;
2. „Zahlungsdienst" eine der in Anhang I Nummern 3 bis 6 der Richtlinie (EU) 2015/2366 genannten gewerblichen Tätigkeiten;
3. „Zahlung" vorbehaltlich der in Artikel 3 der Richtlinie (EU) 2015/2366 vorgesehenen Ausnahmen einen „Zahlungsvorgang" gemäß der Definition in Artikel 4 Nummer 5 der genannten Richtlinie oder einen „Finanztransfer" gemäß Artikel 4 Nummer 22 der genannten Richtlinie;
4. „Zahler" einen „Zahler" gemäß der Definition in Artikel 4 Nummer 8 der Richtlinie (EU) 2015/2366;
5. „Zahlungsempfänger" einen „Zahlungsempfänger" gemäß der Definition in Artikel 4 Nummer 9 der Richtlinie (EU) 2015/2366;
6. „Herkunftsmitgliedstaat" den „Herkunftsmitgliedstaat" gemäß der Definition in Artikel 4 Nummer 1 der Richtlinie (EU) 2015/2366;
7. „Aufnahmemitgliedstaat" den „Aufnahmemitgliedstaat" gemäß der Definition in Artikel 4 Nummer 2 der Richtlinie (EU) 2015/2366;
8. „Zahlungskonto" ein „Zahlungskonto" gemäß der Definition in Artikel 4 Nummer 12 der Richtlinie (EU) 2015/2366;
9. „IBAN" eine „IBAN" gemäß der Definition in Artikel 2 Nummer 15 der Verordnung (EU) Nr. 260/2012 des Europäischen Parlaments und des Rates[3];
10. „BIC" eine „BIC" gemäß der Definition in Artikel 2 Nummer 16 der Verordnung (EU) Nr. 260/2012.

Art. 243b[1] [Anforderungen an die Zahlungsdienstleister] (1) *[1]* Die Mitgliedstaaten verlangen von den Zahlungsdienstleistern, dass sie hinreichend detaillierte Aufzeichnungen über Zahlungsempfänger und Zahlungen in Bezug auf die von ihnen in jedem Kalenderquartal erbrachten Zahlungsdienste

---

[1] Abschnitt 2a (Art. 243a–243d) eingef. mWv 22.3.2020 durch RL v. 18.2.2020 (ABl. L 62 S. 7); zur **Anwendung ab 1.1.2024** siehe Art. 2 Abs. 1 UAbs. 2 RL 2020/284/EU.

[2] **Amtl. Anm.:** Richtlinie (EU) 2015/2366 des Europäischen Parlaments und des Rates vom 25. November 2015 über Zahlungsdienste im Binnenmarkt, zur Änderung der Richtlinien 2002/65/EG, 2009/110/EG, 2013/36/EU und der Verordnung (EU) Nr. 1093/2010 sowie zur Aufhebung der Richtlinie 2007/64/EG (ABl. L 337 vom 23.12.2015, S. 35).

[3] **Amtl. Anm.:** Verordnung (EU) Nr. 260/2012 des Europäischen Parlaments und des Rates vom 14. März 2012 zur Festlegung der technischen Vorschriften und der Geschäftsanforderungen für Überweisungen und Lastschriften in Euro und zur Änderung der Verordnung (EG) Nr. 924/2009 (ABl. L 94 vom 30.3.2012, S. 22).

führen, um die zuständigen Behörden der Mitgliedstaaten in die Lage zu versetzen, Lieferungen von Gegenständen und Dienstleistungen zu kontrollieren, die gemäß den Bestimmungen des Titels V als in einem Mitgliedstaat erfolgt bzw. erbracht gelten, damit das Ziel der Bekämpfung von Mehrwertsteuerbetrug erreicht wird.

[2] [1]Die in Unterabsatz 1 genannte Anforderung gilt nur für Zahlungsdienste, die in Bezug auf grenzüberschreitende Zahlungen erbracht werden. [2]Eine Zahlung gilt als grenzüberschreitende Zahlung, wenn sich der Zahler in einem Mitgliedstaat und der Zahlungsempfänger in einem anderen Mitgliedstaat, einem Drittgebiet oder einem Drittland befindet.

(2) *[1]* Die Anforderung an die Zahlungsdienstleister nach Absatz 1 gilt, wenn ein Zahlungsdienstleister während eines Kalenderquartals im Rahmen seiner Zahlungsdienste mehr als 25 grenzüberschreitende Zahlungen an denselben Zahlungsempfänger tätigt.

[2] [1]Die Anzahl der in Unterabsatz 1 dieses Absatzes genannten grenzüberschreitenden Zahlungen wird unter Zugrundelegung der Zahlungsdienste berechnet, die der Zahlungsdienstleister pro Mitgliedstaat und pro Kennzeichen gemäß Artikel 243c Absatz 2 erbringt. [2]Wenn der Zahlungsdienstleister über die Information verfügt, dass der Zahlungsempfänger mehrere Kennzeichen hat, erfolgt die Berechnung pro Zahlungsempfänger.

(3) [1]Die Anforderung nach Absatz 1 gilt nicht für Zahlungsdienste, die von den Zahlungsdienstleistern des Zahlers in Bezug auf jegliche Zahlung erbracht werden, bei der mindestens einer der Zahlungsdienstleister des Zahlungsempfängers gemäß seiner BIC oder eines anderen Geschäftskennzeichens, die bzw. das den Zahlungsdienstleister und dessen Ort eindeutig identifiziert, in einem Mitgliedstaat ansässig ist. [2]Die Zahlungsdienstleister des Zahlers müssen diese Zahlungsdienste jedoch in die Berechnung nach Absatz 2 aufnehmen.

(4) Findet die Anforderung an die Zahlungsdienstleister gemäß Absatz 1 Anwendung, so gilt für die Aufzeichnungen Folgendes:

a) Sie werden vom Zahlungsdienstleister in elektronischer Form für einen Zeitraum von drei Kalenderjahren ab Ende des Kalenderjahres, in dem die Zahlung ausgeführt wurde, aufbewahrt;

b) sie werden gemäß Artikel 24b der Verordnung (EU) Nr. 904/2010 dem Herkunftsmitgliedstaat des Zahlungsdienstleisters oder den Aufnahmemitgliedstaaten, wenn der Zahlungsdienstleister Zahlungsdienste in anderen Mitgliedstaaten als dem Herkunftsmitgliedstaat erbringt, zur Verfügung gestellt.

Art. 243c[1)] [Ort des Zahlers] (1) Für die Anwendung von Artikel 243b Absatz 1 Unterabsatz 2 und unbeschadet der Bestimmungen des Titels V gilt der Ort des Zahlers als in dem Mitgliedstaat belegen:

[1)] Abschnitt 2a (Art. 243a–243d) eingef. mWv 22.3.2020 durch RL v. 18.2.2020 (ABl. L 62 S. 7); zur **Anwendung ab 1.1.2024** siehe Art. 2 Abs. 1 UAbs. 2 RL 2020/284/EU.

a) dem die IBAN des Zahlungskontos des Zahlers oder jedes andere Kennzeichen, das eindeutig den Zahler identifiziert und seinen Ort angibt, zugeordnet werden kann, oder, falls keine solchen Kennzeichen vorliegen,

b) dem die BIC oder ein anderes Geschäftskennzeichen, das eindeutig den Zahlungsdienstleister, der im Namen des Zahlers handelt, identifiziert und seinen Ort angibt, zugeordnet werden kann.

(2) Für die Anwendung von Artikel 243b Absatz 1 Unterabsatz 2 gilt der Ort des Zahlungsempfängers als in dem Mitgliedstaat, Drittgebiet oder Drittland belegen:

a) dem die IBAN des Zahlungskontos des Zahlungsempfängers oder jedes andere Kennzeichen, das eindeutig den Zahlungsempfänger identifiziert und seinen Ort angibt, zugeordnet werden kann, oder, falls keine solchen Kennzeichen vorliegen,

b) dem die BIC oder ein anderes Geschäftskennzeichen, das eindeutig den Zahlungsdienstleister, der im Namen des Zahlungsempfängers handelt, identifiziert und seinen Ort angibt, zugeordnet werden kann.

Art. 243d[1)] [Aufzeichnungspflicht des Zahlungsdienstleisters] (1) Die gemäß Artikel 243b zu speichernden Aufzeichnungen der Zahlungsdienstleister umfassen folgende Informationen:

a) die BIC oder ein anderes Geschäftskennzeichen, das den Zahlungsdienstleister eindeutig identifiziert;

b) den Namen oder die Bezeichnung des Unternehmens des Zahlungsempfängers gemäß den Aufzeichnungen des Zahlungsdienstleisters;

c) falls vorhanden, jegliche MwSt.-Identifikationsnummer oder sonstige nationale Steuernummer des Zahlungsempfängers;

d) IBAN oder, falls diese nicht vorhanden ist, jedes andere Kennzeichen, das eindeutig den Zahlungsempfänger identifiziert und seinen Ort angibt;

e) die BIC oder ein anderes Geschäftskennzeichen, das eindeutig den Zahlungsdienstleister, der im Namen des Zahlungsempfängers handelt, identifiziert und seinen Ort angibt, wenn der Zahlungsempfänger Geldmittel erhält, jedoch kein Zahlungskonto hat;

f) falls verfügbar, die Adresse des Zahlungsempfängers gemäß den Aufzeichnungen des Zahlungsdienstleisters;

g) genaue Angaben zu allen grenzüberschreitenden Zahlungen gemäß Artikel 243b Absatz 1;

h) genaue Angaben zu allen als mit grenzüberschreitenden Zahlungen nach Buchstabe g zusammenhängend ermittelten Zahlungserstattungen.

(2) Die in Absatz 1 Buchstaben g und h genannten Informationen umfassen folgende Angaben:

a) Datum und Uhrzeit der Zahlung oder der Zahlungserstattung;

[1)] Abschnitt 2a (Art. 243a–243d) eingef. mWv 22.3.2020 durch RL v. 18.2.2020 (ABl. L 62 S. 7); zur **Anwendung ab 1.1.2024** siehe Art. 2 Abs. 1 UAbs. 2 RL 2020/284/EU.

b) Betrag und Währung der Zahlung oder der Zahlungserstattung;

c) den Ursprungsmitgliedstaat der vom Zahlungsempfänger oder in seinem Namen erhaltenen Zahlung, den Bestimmungsmitgliedstaat, in dem die Erstattung erfolgt, falls zutreffend, sowie die Informationen, die zur Ermittlung des Ursprungs oder des Bestimmungsortes der Zahlung oder der Zahlungserstattung gemäß Artikel 243c notwendig sind;

d) jede Bezugnahme, die die Zahlung eindeutig ausweist;

e) gegebenenfalls die Angabe, dass die Zahlung in den Räumlichkeiten des Händlers eingeleitet wird.

Abschnitt 3. Pflichten in Bezug auf die Aufbewahrung aller Rechnungen

Art. 244 [Pflicht zur Aufbewahrung von Rechnungskopien] Jeder Steuerpflichtige sorgt für die Aufbewahrung von Kopien aller Rechnungen, die er selbst, der Erwerber oder Dienstleistungsempfänger oder ein Dritter in seinem Namen und für seine Rechnung ausgestellt hat, sowie aller Rechnungen, die er erhalten hat.

Art. 245 [Aufbewahrungsort der Rechnungen; Kannbestimmung: Angabe eines ausländischen Aufbewahrungsorts und Gewährleistung eines Online-Zugriffs] (1) Für die Zwecke dieser Richtlinie kann der Steuerpflichtige den Aufbewahrungsort aller Rechnungen bestimmen, sofern er den zuständigen Behörden auf deren Verlangen alle gemäß Artikel 244 aufzubewahrenden Rechnungen oder Daten unverzüglich zur Verfügung stellt.

(2) *[1]* Die Mitgliedstaaten können von den in ihrem Gebiet ansässigen Steuerpflichtigen verlangen, ihnen den Aufbewahrungsort mitzuteilen, wenn sich dieser außerhalb ihres Gebiets befindet.

[2] Die Mitgliedstaaten können ferner von den in ihrem Gebiet ansässigen Steuerpflichtigen verlangen, alle von ihnen selbst oder vom Erwerber oder Dienstleistungsempfänger oder von einem Dritten in ihrem Namen und für ihre Rechnung ausgestellten Rechnungen sowie alle Rechnungen, die sie erhalten haben, im Inland aufzubewahren, soweit es sich nicht um eine elektronische Aufbewahrung handelt, die einen vollständigen Online-Zugriff auf die betreffenden Daten gewährleistet.

Art. 246.[1] *(aufgehoben)*

Art. 247[2] **[Rechnungsaufbewahrungsfrist; Kannbestimmung: Pflicht zur Aufbewahrung von Rechnungen in Originalform; Verbot der Aufbewahrung in einem Staat ohne Amtshilfeabkommen]** (1) Jeder Mitgliedstaat legt fest, über welchen Zeitraum Steuerpflichtige Rechnungen für Lieferungen von Gegenständen oder für Dienstleistungen in seinem Gebiet

---

[1] Art. 246 aufgeh. durch RL v. 13.7.2010 (ABl. L 189 S. 1).
[2] Art. 247 Abs. 2 und 3 neu gef. durch RL v. 13.7.2010 (ABl. L 189 S. 1).

a) der jährliche Gesamtbetrag ohne Mehrwertsteuer seiner Lieferungen von Gegenständen und Dienstleistungen übersteigt den Jahresumsatz, der bei Steuerpflichtigen, die unter die Steuerbefreiung für Kleinunternehmen nach Artikel 284 fallen, als Referenzbetrag dient, um nicht mehr als 35 000 EUR oder den Gegenwert in Landeswährung;
b) der jährliche Gesamtbetrag ohne Mehrwertsteuer seiner Lieferungen von Gegenständen unter den Bedingungen des Artikels 138 übersteigt nicht den Betrag von 15 000 EUR oder den Gegenwert in Landeswährung;
c) bei den von ihm unter den Voraussetzungen des Artikels 138 gelieferten Gegenständen handelt es sich nicht um neue Fahrzeuge.

Art. 271 [Kannbestimmung: Möglichkeit gleich langer Erklärungszeiträume für Mehrwertsteuererklärung und zusammenfassende Meldung nach Sonderermächtigung durch den Rat] Aufgrund der Ermächtigung nach Artikel 269 können diejenigen Mitgliedstaaten, die die Dauer des Steuerzeitraums, für den der Steuerpflichtige die in Artikel 250 genannte Mehrwertsteuererklärung abzugeben hat, auf mehr als drei Monate festlegen, einem Steuerpflichtigen gestatten, die zusammenfassende Meldung für denselben Zeitraum vorzulegen, wenn der Steuerpflichtige die folgenden drei Voraussetzungen erfüllt:
a) der jährliche Gesamtbetrag ohne Mehrwertsteuer seiner Lieferungen von Gegenständen und seiner Dienstleistungen beläuft sich auf höchstens 200 000 EUR oder den Gegenwert in Landeswährung;
b) der jährliche Gesamtbetrag ohne Mehrwertsteuer seiner Lieferungen von Gegenständen unter den Bedingungen des Artikels 138 übersteigt nicht den Betrag von 15 000 EUR oder den Gegenwert in Landeswährung;
c) bei den von ihm unter den Bedingungen des Artikels 138 gelieferten Gegenständen handelt es sich nicht um neue Fahrzeuge.

Kapitel 7. Verschiedenes

Art. 272[1)] [Kannbestimmung: Möglichkeit der Befreiung bestimmter Unternehmer von allen oder von bestimmten Erklärungs- und Aufzeichnungspflichten] (1) *[1]* Die Mitgliedstaaten können folgende Steuerpflichtige von bestimmten oder allen Pflichten nach den Kapiteln 2 bis 6 befreien:
a) Steuerpflichtige, deren innergemeinschaftliche Erwerbe von Gegenständen gemäß Artikel 3 Absatz 1 nicht der Mehrwertsteuer unterliegen;
b) Steuerpflichtige, die keine der in den Artikeln 20, 21, 22, 33, 36, 136a, 138 und 141 genannten Umsätze bewirken;

[1)] Art. 272 Abs. 1 UAbs. 2 neu gef. durch RL v. 13.7.2010 (ABl. L 189 S. 1); Abs. 1 UAbs. 1 Buchst. b neu gef. mWv 22.12.2019 durch RL v. 21.11.2019 (ABl. L 310 S. 1, geänd. durch ABl. 2020 L 244 S. 3); zur Anwendung durch die Mitgliedstaaten ab 1.7.2021 siehe Art. 2 Beschl. v. 20.7.2020 (ABl. 2020 L 244 S. 3); Abs. 1 UAbs. 1 Buchst. d aufgeh. mWv 22.3.2020 durch RL v. 18.2.2020 (ABl. L 62 S. 13); zur **Anwendung bis 31.12.2024** siehe Art. 3 Abs. 1 UAbs. 2 RL 2020/285/EU.

c) für jeden einzelnen dieser Empfänger der Lieferung den Gesamtbetrag ohne Mehrwertsteuer derartiger Lieferungen des Steuerpflichtigen im Mitgliedstaat der Beendigung der Versendung oder Beförderung.

(2) Der in Absatz 1 Buchstabe c genannte Betrag ist für den gemäß Artikel 263 Absätze 1 bis 1b festgelegten Abgabezeitraum zu melden, in dem der Steueranspruch eingetreten ist.

Art. 266 [Kannbestimmung: Verlangen nach weiteren Angaben in der zusammenfassenden Meldung] Abweichend von den Artikeln 264 und 265 können die Mitgliedstaaten verlangen, dass die zusammenfassende Meldung weitere Angaben enthält.

Art. 267 [Pflicht zur Abgabe von zusammenfassenden Meldungen bei Leistungsempfängern als Steuerschuldner und bei Steuervertretern] Die Mitgliedstaaten treffen die erforderlichen Maßnahmen, damit die Personen, die gemäß den Artikeln 194 und 204 anstelle eines nicht in ihrem Gebiet ansässigen Steuerpflichtigen als Steuerschuldner angesehen werden, ihrer Pflicht zur Abgabe von zusammenfassenden Meldungen nach diesem Kapitel nachkommen.

Art. 268 [Kannbestimmung: gesonderte Abgabe von Erklärungen über innergemeinschaftliche Erwerbe] Die Mitgliedstaaten können von Steuerpflichtigen, die in ihrem Gebiet innergemeinschaftliche Erwerbe von Gegenständen sowie diesen gleichgestellte Umsätze im Sinne der Artikel 21 und 22 bewirken, die Abgabe von Erklärungen mit ausführlichen Angaben über diese Erwerbe verlangen; für Zeiträume von weniger als einem Monat dürfen solche Erklärungen jedoch nicht verlangt werden.

Art. 269 [Möglichkeit der Sonderermächtigung von Mitgliedstaaten durch den Rat für Vereinfachungen in Bezug auf zusammenfassende Meldungen – Grundsatz] [1]Der Rat kann die einzelnen Mitgliedstaaten auf Vorschlag der Kommission einstimmig ermächtigen, die in den Artikeln 270 und 271 vorgesehenen besonderen Maßnahmen zu treffen, um die Pflicht zur Abgabe einer zusammenfassenden Meldung nach diesem Kapitel zu vereinfachen. [2]Diese Maßnahmen dürfen die Kontrolle der innergemeinschaftlichen Umsätze nicht beeinträchtigen.

Art. 270[1)] [Kannbestimmung: Gestattung jährlicher zusammenfassender Meldungen nach Sonderermächtigung durch den Rat] Aufgrund der Ermächtigung nach Artikel 269 können die Mitgliedstaaten einem Steuerpflichtigen gestatten, eine jährliche zusammenfassende Meldung mit den Mehrwertsteuer-Identifikationsnummern derjenigen Erwerber in anderen Mitgliedstaaten abzugeben, denen er Gegenstände unter den Bedingungen des Artikels 138 Absatz 1 und Absatz 2 Buchstabe c geliefert hat, wenn der Steuerpflichtige die folgenden drei Voraussetzungen erfüllt:

[1)] Art. 270 Buchst. a neu gef. mWv 22.3.2020 durch RL v. 18.2.2020 (ABl. L 62 S. 13); zur **Anwendung ab 1.1.2025** siehe Art. 3 Abs. 1 UAbs. 2 RL 2020/285/EU.

c) Steuerpflichtige, die nur Gegenstände liefern oder Dienstleistungen erbringen, die gemäß den Artikeln 132, 135 und 136, den Artikeln 146 bis 149 sowie den Artikeln 151, 152 und 153 von der Steuer befreit sind;

d) *(aufgehoben)*

e) Steuerpflichtige, die die gemeinsame Pauschalregelung für Landwirte in Anspruch nehmen.

[2] Die Mitgliedstaaten dürfen die in Unterabsatz 1 Buchstabe b genannten Steuerpflichtigen nicht von den in Kapitel 3 Abschnitte 3 bis 6 und Kapitel 4 Abschnitt 3 vorgesehenen Pflichten in Bezug auf die Rechnungsstellung entbinden.

(2) Machen die Mitgliedstaaten von der Möglichkeit nach Absatz 1 Unterabsatz 1 Buchstabe e Gebrauch, treffen sie die Maßnahmen, die für eine korrekte Anwendung der Übergangsregelung für die Besteuerung innergemeinschaftlicher Umsätze erforderlich sind.

(3) Die Mitgliedstaaten können auch andere als die in Absatz 1 genannten Steuerpflichtigen von bestimmten in Artikel 242 genannten Aufzeichnungspflichten entbinden.

Art. 273 [Kannbestimmung: Möglichkeit der Regelung weiterer Erklärungs- und Aufzeichnungspflichten] *[1]* Die Mitgliedstaaten können vorbehaltlich der Gleichbehandlung der von Steuerpflichtigen bewirkten Inlandsumsätze und innergemeinschaftlichen Umsätze weitere Pflichten vorsehen, die sie für erforderlich erachten, um eine genaue Erhebung der Steuer sicherzustellen und um Steuerhinterziehung zu vermeiden, sofern diese Pflichten im Handelsverkehr zwischen den Mitgliedstaaten nicht zu Formalitäten beim Grenzübertritt führen.

[2] Die Möglichkeit nach Absatz 1 darf nicht dazu genutzt werden, zusätzlich zu den in Kapitel 3 genannten Pflichten weitere Pflichten in Bezug auf die Rechnungsstellung festzulegen.

Kapitel 8. Pflichten bei bestimmten Einfuhr- und Ausfuhrumsätzen

Abschnitt 1. Einfuhrumsätze

Art. 274 [Anwendbarkeit von Zollvorschriften in Bezug auf die Einfuhr von Waren im zollrechtlich freien Verkehr – Grundsatz] Bei der Einfuhr von Gegenständen im freien Verkehr, die aus einem Drittgebiet in die Gemeinschaft verbracht werden, das Teil des Zollgebiets der Gemeinschaft ist, sind die Artikel 275, 276 und 277 anzuwenden.

Art. 275 [Anwendbarkeit von Zollvorschriften in Bezug auf Formalitäten bei der Einfuhr von Waren im zollrechtlich freien Verkehr] Für die Formalitäten bei der Einfuhr der in Artikel 274 genannten Gegenstände sind die für die Einfuhr von Gegenständen in das Zollgebiet der Gemeinschaft geltenden gemeinschaftlichen Zollvorschriften maßgebend.

Art. 276 [Anwendbarkeit des internen Versandverfahrens bei Divergenz zwischen Mitgliedstaat der Einfuhr und Mitgliedstaat des Endes der Beförderung] Liegt der Ort der Beendigung der Versendung oder Beförderung der in Artikel 274 genannten Gegenstände nicht in dem Mitgliedstaat, in dem sie in die Gemeinschaft gelangen, fallen sie in der Gemeinschaft unter das interne gemeinschaftliche Versandverfahren gemäß den gemeinschaftlichen Zollvorschriften, sofern sie bereits zum Zeitpunkt ihrer Verbringung in die Gemeinschaft zu diesem Verfahren angemeldet wurden.

Art. 277 [Gleichbehandlung zum Einfuhrzeitpunkt im freien Verkehr befindlicher Waren in Bezug auf die Anwendung von Zollverfahren] Ist bei den in Artikel 274 genannten Gegenständen zum Zeitpunkt ihrer Verbringung in die Gemeinschaft eine Situation gegeben, der zufolge sie bei einer Einfuhr im Sinne des Artikels 30 Absatz 1 unter eines der in Artikel 156 genannten Verfahren oder einer der dort genannten sonstigen Regelungen oder unter eine Zollregelung der vorübergehenden Verwendung unter vollständiger Befreiung von Einfuhrabgaben fallen könnten, treffen die Mitgliedstaaten die erforderlichen Maßnahmen, damit diese Gegenstände unter den gleichen Bedingungen in der Gemeinschaft verbleiben können, wie sie für die Anwendung dieser Verfahren oder sonstigen Regelungen vorgesehen sind.

Abschnitt 2. Ausfuhrumsätze

Art. 278 [Anwendbarkeit von Zollvorschriften in Bezug auf die Ausfuhr von Waren im zollrechtlich freien Verkehr – Grundsatz] Bei der Ausfuhr von Gegenständen im freien Verkehr, die aus einem Mitgliedstaat in ein Drittgebiet versandt oder befördert werden, das Teil des Zollgebiets der Gemeinschaft ist, sind die Artikel 279 und 280 anzuwenden.

Art. 279 [Anwendbarkeit von Zollvorschriften in Bezug auf Formalitäten bei der Ausfuhr von Waren im zollrechtlich freien Verkehr]

Für die Formalitäten bei der Ausfuhr der in Artikel 278 genannten Gegenstände aus dem Gebiet der Gemeinschaft sind die für die Ausfuhr von Gegenständen aus dem Zollgebiet der Gemeinschaft geltenden gemeinschaftlichen Zollvorschriften maßgebend.

Art. 280 [Gleichbehandlung der vorübergehenden Ausfuhr von Waren im freien Verkehr bei der Wiedereinfuhr wie Drittlandswaren]

In Bezug auf Gegenstände, die vorübergehend aus der Gemeinschaft ausgeführt werden, um wieder eingeführt zu werden, treffen die Mitgliedstaaten die erforderlichen Maßnahmen, damit für diese Gegenstände bei ihrer Wiedereinfuhr in die Gemeinschaft die gleichen Bestimmungen gelten, wie wenn *sie vorübergehend aus dem* Zollgebiet der Gemeinschaft ausgeführt worden wären.

Titel XII. Sonderregelungen

Kapitel 1. Sonderregelung für Kleinunternehmen

Abschnitt – 1.[1] Begriffsbestimmungen

Art. 280a[1] **[Jahresumsatz]** Für die Zwecke dieses Kapitels bezeichnet der Ausdruck

1. „Jahresumsatz im Mitgliedstaat" den jährlichen Gesamtbetrag der Lieferungen von Gegenständen und Dienstleistungen ohne Mehrwertsteuer eines Steuerpflichtigen in diesem Mitgliedstaat in einem Kalenderjahr;
2. „Jahresumsatz in der Union" den jährlichen Gesamtbetrag der Lieferungen von Gegenständen und Dienstleistungen ohne Mehrwertsteuer eines Steuerpflichtigen im Gebiet der Gemeinschaft in einem Kalenderjahr.

Abschnitt 1. Vereinfachte Modalitäten für die Besteuerung und die Steuererhebung

Art. 281 [Kannbestimmung: Möglichkeit der vereinfachten Besteuerung von Kleinunternehmen] Mitgliedstaaten, in denen die normale Besteuerung von Kleinunternehmen wegen deren Tätigkeit oder Struktur auf Schwierigkeiten stoßen würde, können unter den von ihnen festgelegten Beschränkungen und Voraussetzungen nach Konsultation des Mehrwertsteuerausschusses vereinfachte Modalitäten für die Besteuerung und Steuererhebung, insbesondere Pauschalregelungen, anwenden, die jedoch nicht zu einer Steuerermäßigung führen dürfen.

Abschnitt 2.[2] Steuerbefreiungen

Art. 282[3] **[Steuerbefreiungen für Lieferung; Leistung von Kleinunternehmen]** Die Steuerbefreiungen und -ermäßigungen nach diesem Abschnitt gelten für Lieferungen von Gegenständen und für Dienstleistungen, die von Kleinunternehmen bewirkt werden.

Art. 283[4] **[Vom Anwendungsbereich der Steuerbefreiungen für Kleinunternehmen ausgenommene Umsätze]** (1) Dieser Abschnitt gilt nicht für folgende Umsätze:

a) die in Artikel 12 genannten gelegentlichen Umsätze;

---

[1] Abschnitt 1 (Art. 280a) eingef. mWv 22.3.2020 durch RL v. 18.2.2020 (ABl. L 62 S. 13); zur **Anwendung ab 1.1.2025** siehe Art. 3 Abs. 1 UAbs. 2 RL 2020/285/EU.

[2] Abschnitt 2 Überschrift neu gef. mWv 22.3.2020 durch RL v. 18.2.2020 (ABl. L 62 S. 13); zur **Anwendung ab 1.1.2025** siehe Art. 3 Abs. 1 UAbs. 2 RL 2020/285/EU.

[3] Art. 282 neu gef. mWv 22.3.2020 durch RL v. 18.2.2020 (ABl. L 62 S. 13); zur **Anwendung ab 1.1.2025** siehe Art. 3 Abs. 1 UAbs. 2 RL 2020/285/EU.

[4] Art. 283 Abs. 1 Buchst. c aufgeh. mWv 22.3.2020 durch RL v. 18.2.2020 (ABl. L 62 S. 13); zur **Anwendung bis 31.12.2024** siehe Art. 3 Abs. 1 UAbs. 2 RL 2020/285/EU.

b) die Lieferungen neuer Fahrzeuge unter den Voraussetzungen des Artikels 138 Absatz 1 und Absatz 2 Buchstabe a.

c) *(aufgehoben)*

(2) Die Mitgliedstaaten können von der Anwendung dieses Abschnitts auch andere als die in Absatz 1 genannten Umsätze ausschließen.

[Anwendung bis 31.12.2024:]

Art. 284 [Kannbestimmung: Möglichkeit der Beibehaltung von Steuerbefreiungen oder degressiven Steuerermäßigungen für Kleinunternehmen nach der 2. EG-Richtlinie]

(1) Mitgliedstaaten, die von der Möglichkeit nach Artikel 14 der Richtlinie 67/228/EWG des Rates vom 11. April 1967 zur Harmonisierung der Rechtsvorschriften der Mitgliedstaaten über die Umsatzsteuern – Struktur und Anwendungsmodalitäten des gemeinsamen Mehrwertsteuersystems[2)] Gebrauch gemacht und Steuerbefreiungen oder degressive Steuerermäßigungen eingeführt haben, dürfen diese sowie die diesbezüglichen Durchführungsbestimmungen beibehalten, wenn sie mit dem Mehrwertsteuersystem in Einklang stehen.

[Anwendung ab 1.1.2025:[1)]]

Art. 284 [Kannbestimmung: Schwellenwert; Steuerbefreiung; Benachrichtigungspflicht]

(1) *[1]* [1]Die Mitgliedstaaten können die Lieferung von Gegenständen und die Dienstleistungen in ihrem Hoheitsgebiet, die von in diesem Hoheitsgebiet ansässigen Steuerpflichtigen bewirkt werden, deren diesen Lieferungen von Gegenständen und/oder Dienstleistungen zuzurechnender Jahresumsatz in diesem Mitgliedstaat den für die Anwendung dieser Steuerbefreiung von diesen Mitgliedstaaten festgelegten Schwellenwert nicht übersteigt, von der Steuer befreien. [2]Dieser Schwellenwert darf 85 000 EUR oder den Gegenwert in Landeswährung nicht übersteigen.

[2] [1]Die Mitgliedstaaten können anhand objektiver Kriterien unterschiedliche Schwellenwerte für verschiedene Wirtschaftsbereiche festlegen. [2]Keiner dieser Schwellenwerte darf jedoch 85 000 EUR oder den Gegenwert in Landeswährung übersteigen.

[1)] Art. 284 neu gef. mWv 22.3.2020 durch RL v. 18.2.2020 (ABl. L 62 S. 13); zur **Anwendung ab 1.1.2025** *siehe* Art. 3 Abs. 1 UAbs. 2 RL 2020/285/EU.

[2)] **Amtl. Anm.:** ABl. 71 vom 14.4.1967, S. 1303/67. Aufgehoben durch die Richtlinie 77/388/EWG.

Art. 286[1] ***[Kannbestimmung: Möglichkeit der Erhöhung der Kleinunternehmergrenze nach Entwicklung Preisindex]*** *Mitgliedstaaten, in denen am 17. Mai 1977 für Steuerpflichtige mit einem Jahresumsatz von mindestens dem Gegenwert von 5 000 Europäischen Rechnungseinheiten in Landeswährung zu dem an dem genannten Datum geltenden Umrechnungskurs eine Steuerbefreiung galt, können diesen Betrag zur Wahrung des realen Wertes anheben.*

Art. 287[2] ***[Kannbestimmung: Möglichkeit der Festlegung der Kleinunternehmergrenze in Mitgliedstaaten mit Beitritt nach 1.1.1978]*** *Mitgliedstaaten, die nach dem 1. Januar 1978 beigetreten sind, können Steuerpflichtigen eine Steuerbefreiung gewähren, wenn ihr Jahresumsatz den in Landeswährung ausgedrückten Gegenwert der folgenden Beträge nicht übersteigt, wobei der Umrechnungskurs am Tag des Beitritts zugrunde zu legen ist:*

1. Griechenland: 10 000 Europäische Rechnungseinheiten;
2. Spanien: 10 000 ECU;
3. Portugal: 10 000 ECU;
4. Österreich: 35 000 ECU;
5. Finnland: 10 000 ECU;
6. Schweden: 10 000 ECU;
7. Tschechische Republik: 35 000 EUR;
8. Estland: 16 000 EUR;
9. Zypern: 15 600 EUR;
10. Lettland: 17 200 EUR;
11. Litauen: 29 000 EUR;
12. Ungarn: 35 000 EUR;
13. Malta: 37 000 EUR, wenn die wirtschaftliche Tätigkeit hauptsächlich in der Lieferung von Waren besteht, 24 300 EUR, wenn die wirtschaftliche Tätigkeit hauptsächlich in der Erbringung von Dienstleistungen mit geringer Wertschöpfung (hoher Input) besteht und 14 600 EUR in anderen Fällen, nämlich bei Dienstleistungen mit hoher Wertschöpfung (niedriger Input);
14. Polen: 10 000 EUR;
15. Slowenien: 25 000 EUR;
16. Slowakei: 35 000 EUR;
17. Bulgarien: 25 600 EUR;
18. Rumänien: 35 000 EUR;
19. Kroatien: EUR 35 000.

---

[1] Art. 286 aufgeh. mWv 22.3.2020 durch RL v. 18.2.2020 (ABl. L 62 S. 13); zur **Anwendung bis 31.12.2024** siehe Art. 3 Abs. 1 UAbs. 2 RL 2020/285/EU.

[2] Art. 287 Nr. 17 und Nr. 18 angef. mWv 15.1.2010 durch RL v. 22.12.2009 (ABl. 2010 L 10 S. 14); Nr. 19 angef. mWv 1.7.2013 durch Akte v. 9.12.2011 (ABl. 2012 L 112 S. 21); Art. 287 aufgeh. mWv 22.3.2020 durch RL v. 18.2.2020 (ABl. L 62 S. 13); zur **Anwendung bis 31.12.2024** siehe Art. 3 Abs. 1 UAbs. 2 RL 2020/285/EU.

[Anwendung bis 31.12.2024:]

Art. 288 [Bestandteile des Gesamtumsatzes bei der Kleinunternehmergrenze]

[1] Der Umsatz, der bei der Anwendung der Regelung dieses Abschnitts zugrunde zu legen ist, setzt sich aus folgenden Beträgen ohne Mehrwertsteuer zusammen:

1. Betrag der Lieferungen von Gegenständen und Dienstleistungen, soweit diese besteuert werden;
2. [2] Betrag der gemäß Artikel 98 Absatz 2 oder Artikel 105a mit Recht auf Vorsteuerabzug von der Steuer befreiten Umsätze;
3. Betrag der gemäß den Artikeln 146 bis 149 sowie den Artikeln 151, 152 und 153 von der Steuer befreiten Umsätze;
4. Betrag der Umsätze mit Immobilien, der in Artikel 135 Absatz 1 Buchstaben b bis g genannten Finanzgeschäfte sowie der Versicherungsdienstleistungen, sofern diese Umsätze nicht den Charakter von Nebenumsätzen haben.

[2] Veräußerungen von körperlichen oder nicht körperlichen Investitionsgütern des Unternehmens bleiben bei der Ermittlung dieses Umsatzes jedoch außer Ansatz.

[Anwendung ab 1.1.2025:[1]]

Art. 288 [Bestandteile des Gesamtumsatzes für die Anwendung der Steuerbefreiung]

(1) Der Jahresumsatz, der bei der Anwendung der Steuerbefreiung nach Artikel 284 zugrunde zu legen ist, setzt sich aus folgenden Beträgen ohne Mehrwertsteuer zusammen:

a) Betrag der Lieferungen von Gegenständen und Dienstleistungen, soweit diese besteuert würden, wenn sie von einem nicht von der Steuer befreiten Steuerpflichtigen geliefert bzw. erbracht würden;

b) Betrag der gemäß Artikel 98 Absatz 2 oder Artikel 105a mit Recht auf Vorsteuerabzug von der Steuer befreiten Umsätze;

c) Betrag der gemäß den Artikeln 146 bis 149 sowie den Artikeln 151, 152 und 153 von der Steuer befreiten Umsätze;

d) Betrag der gemäß Artikel 138 von der Steuer befreiten Umsätze, in deren Fall die Steuerbefreiung nach dem genannten Artikel gilt;

e) Betrag der Umsätze mit Immobilien, der in Artikel 135 Absatz 1 Buchstaben b bis g genannten Finanzgeschäfte sowie der Versicherungs- und Rückversicherungsdienstleistungen, sofern diese Umsätze nicht den Charakter von Nebenumsätzen haben.

(2) Veräußerungen von körperlichen oder nicht körperlichen Investitionsgütern eines Steuerpflichtigen bleiben bei der Ermittlung des Umsatzes nach Absatz 1 außer Ansatz.

---

[1] Art. 288 neu gef. mWv 22.3.2020 durch RL v. 18.2.2020 (ABl. L 62 S. 13); geänd. mWv 6.4.2022 *durch* RL v. 5.4.2022 (ABl. L 107 S. 1); zur **Anwendung ab 1.1.2025** siehe Art. 3 Abs. 1 RL 2020/285 v. 18.2.2020 und Art. 3 Abs. 1 RL 2022/542 v. 5.4.2022.

[2] Art. 288 Abs. 1 Nr. 2 geänd. mWv 6.4.2022 durch RL v. 5.4.2022 (ABl. L 107 S. 1).

Art. 288a[1)] [Überschreitung des Schwellenwertes während des Kalenderjahres] (1) *[1]* [1]Unabhängig davon, ob er in dem Mitgliedstaat, der die Steuerbefreiung nach Artikel 284 Absatz 1 gewährt, ansässig ist, kann ein Steuerpflichtiger diese Steuerbefreiung während eines Kalenderjahres nicht in Anspruch nehmen, wenn der gemäß dem genannten Absatz festgelegte Schwellenwert im vorangegangenen Kalenderjahr überschritten wurde. [2]Der Mitgliedstaat, der die Steuerbefreiung gewährt, kann diesen Zeitraum auf zwei Kalenderjahre ausdehnen.

[2] Bei Überschreitung des Schwellenwerts nach Artikel 284 Absatz 1 während eines Kalenderjahres um

a) höchstens 10 % kann der Steuerpflichtige die Steuerbefreiung nach Artikel 284 Absatz 1 während dieses Kalenderjahres weiter in Anspruch nehmen;

b) mehr als 10 % ist die Steuerbefreiung nach Artikel 284 Absatz 1 ab diesem Zeitpunkt nicht mehr anzuwenden.

[3] [1]Abweichend von Unterabsatz 2 Buchstaben a und b können die Mitgliedstaaten eine Obergrenze von 25% festlegen oder dem Steuerpflichtigen für das Kalenderjahr, in dem der Schwellenwert überschritten wurde, die Steuerbefreiung gemäß Artikel 284 Absatz 1 weiterhin ohne Obergrenze gewähren. [2]Die Anwendung dieser Obergrenze oder Möglichkeit darf jedoch nicht dazu führen, dass Steuerpflichtige mit einem Umsatz von mehr als 100 000 EUR in dem Mitgliedstaat, der die Steuerbefreiung gewährt, von der Steuer befreit werden.

[4] Abweichend von den Unterabsätzen 2 und 3 können die Mitgliedstaaten festlegen, dass die Steuerbefreiung nach Artikel 284 Absatz 1 ab dem Zeitpunkt, ab dem der gemäß diesem Absatz festgelegte Schwellenwert überschritten wird, keine Anwendung mehr findet.

(2) *[1]* Ein Steuerpflichtiger, der nicht in dem Mitgliedstaat ansässig ist, der die Steuerbefreiung nach Artikel 284 Absatz 1 gewährt, kann diese Steuerbefreiung nicht in Anspruch nehmen, wenn der Schwellenwert für den Jahresumsatz in der Union nach Artikel 284 Absatz 2 Buchstabe a im vorangegangenen Kalenderjahr überschritten wurde.

[2] Wird der Schwellenwert für den Jahresumsatz in der Union gemäß Artikel 284 Absatz 2 Buchstabe a in einem Kalenderjahr überschritten, so findet die Steuerbefreiung nach Artikel 284 Absatz 1, die einem in einem anderen Mitgliedstaat ansässigen Steuerpflichtigen gewährt wurde, ab diesem Zeitpunkt keine Anwendung mehr.

(3) Der Gegenwert in Landeswährung des in Absatz 1 genannten Betrags wird unter Anwendung des von der Europäischen Zentralbank am 18. Januar 2018 veröffentlichten Wechselkurses berechnet.

---

1) Art. 288a eingef. mWv 22.3.2020 durch RL v. 18.2.2020 (ABl. L 62 S. 13); zur **Anwendung ab 1.1.2025** siehe Art. 3 Abs. 1 UAbs. 2 RL 2020/285/EU.

Art. 289 [Ausschluss vom Recht auf Vorsteuerabzug und Verbot des Steuerausweises in der Rechnung bei Kleinunternehmen] Steuerpflichtige, die eine Steuerbefreiung in Anspruch nehmen, haben kein Recht auf Vorsteuerabzug gemäß den Artikeln 167 bis 171 und 173 bis 177 und dürfen die Mehrwertsteuer in ihren Rechnungen nicht ausweisen.

Art. 290[1)] [Möglichkeit für Kleinunternehmen zum Wechsel zur Regelbesteuerung] [1]Steuerpflichtige, die für die Steuerbefreiung in Betracht kommen, können sich entweder für die normale Mehrwertsteuerregelung oder für die Anwendung der in Artikel 281 genannten vereinfachten Modalitäten entscheiden. [2]Die Mitgliedstaaten können die Einzelheiten und Bedingungen für die Anwendung dieser Möglichkeit festlegen.

Art. 291[2)] ***[Gleichsetzung degressive Steuerermäßigung bei Kleinunternehmen mit Regelbesteuerung]*** *Steuerpflichtige, für die die degressive Steuerermäßigung gilt, werden vorbehaltlich der Anwendung des Artikels 281 als der normalen Mehrwertsteuerregelung unterliegende Steuerpflichtige betrachtet.*

Art. 292[3)] ***[Befristung der Sonderregelung für Kleinunternehmen]*** *Dieser Abschnitt gilt bis zu einem Zeitpunkt, der vom Rat gemäß Artikel 93 des Vertrags festgelegt wird und der nicht nach dem Zeitpunkt des Inkrafttretens der endgültigen Regelung im Sinne von Artikel 402 liegen darf.*

Abschnitt 2a.[4)] Vereinfachung der Pflichten für von der Steuer befreite Kleinunternehmen

Art. 292a[4)] [Begriffsbestimmungen] Für die Zwecke dieses Abschnitts bezeichnet „von der Steuer befreites Kleinunternehmen" jeden Steuerpflichtigen, der die Steuerbefreiung gemäß Artikel 284 Absätze 1 und 2 in dem Mitgliedstaat, in dem die Mehrwertsteuer geschuldet wird, in Anspruch nimmt.

Art. 292b[4)] [Befreiung vom Identifizierungsverfahren] *[1]* Unbeschadet des Artikels 284 Absatz 3 können Mitgliedstaaten in ihrem Hoheitsgebiet ansässige von der Steuer befreite Kleinunternehmen, die die Steuerbefreiung nur in ihrem Hoheitsgebiet in Anspruch nehmen, von der Pflicht, gemäß Artikel 213 die Aufnahme ihrer Tätigkeit anzuzeigen und gemäß Artikel 214 eine individuelle Mehrwertsteuer-Identifikationsnummer zu erhalten,

---

1) Art. 290 Satz 2 neu gef. mWv 22.3.2020 durch RL v. 18.2.2020 (ABl. L 62 S. 13); zur **Anwendung ab 1.1.2025** siehe Art. 3 Abs. 1 UAbs. 2 RL 2020/285/EU.

2) Art. 291 aufgeh. mWv 22.3.2020 durch RL v. 18.2.2020 (ABl. L 62 S. 13); zur **Anwendung bis 31.12.2024** siehe Art. 3 Abs. 1 UAbs. 2 RL 2020/285/EU.

3) Art. 292 aufgeh. mWv 22.3.2020 durch RL v. 18.2.2020 (ABl. L 62 S. 13); zur **Anwendung *bis 31.12.2024*** *siehe Art. 3 Abs. 1 UAbs. 2 RL 2020/285/EU.*

4) Abschnitt 2a (Art. 292a–292d) eingef. mWv 22.3.2020 durch RL v. 18.2.2020 (ABl. L 62 S. 13); zur **Anwendung ab 1.1.2025** siehe Art. 3 Abs. 1 UAbs. 2 RL 2020/285/EU.

befreien, es sei denn, diese Unternehmen üben Tätigkeiten aus, die unter Artikel 214 Buchstabe b, d oder e fallen.

[2] ¹Wird die Möglichkeit gemäß Absatz 1 nicht wahrgenommen, so richten die Mitgliedstaaten ein Verfahren für die Identifikation solcher von der Steuer befreiter Kleinunternehmen anhand einer individuellen Nummer ein. ²Das Identifizierungsverfahren nimmt im Höchstfall 15 Werktage in Anspruch; hiervon ausgenommen sind besondere Fälle, in denen die Mitgliedstaaten zur Verhinderung von Steuerhinterziehung oder Steuervermeidung gegebenenfalls mehr Zeit für die erforderlichen Kontrollen benötigen.

Art. 292c[1)] [Befreiung von der Mehrwertsteuererklärung; vereinfachte Mehrwertsteuererklärung] *[1]* Die Mitgliedstaaten können in ihrem Hoheitsgebiet ansässige von der Steuer befreite Kleinunternehmen, die die Steuerbefreiung nur in ihrem Hoheitsgebiet in Anspruch nehmen, von der Pflicht nach Artikel 250 befreien, eine Mehrwertsteuererklärung abzugeben.

[2] ¹Wird die Möglichkeit gemäß Absatz 1 nicht wahrgenommen, so gestatten die Mitgliedstaaten diesen von der Steuer befreiten Kleinunternehmen, eine vereinfachte Mehrwertsteuererklärung für ein Kalenderjahr abzugeben. ²Von der Steuer befreite Kleinunternehmen können sich jedoch auch für die Anwendung des gemäß Artikel 252 festgelegten Steuerzeitraums entscheiden.

Art. 292d[1)] [Weitere Pflichtbefreiungen] Die Mitgliedstaaten können von der Steuer befreite Kleinunternehmen von bestimmten oder allen Pflichten nach den Artikeln 217 bis 271 befreien.

Abschnitt 3.[2)] Bericht und Überprüfung

Art. 293[2)] ***[Regelmäßige Berichtspflicht der EU-Kommission zur Anwendung der Sonderregelung für Kleinunternehmen]*** *¹Die Kommission legt dem Rat auf der Grundlage der von den Mitgliedstaaten erlangten Informationen alle vier Jahre nach der Annahme dieser Richtlinie einen Bericht über die Anwendung der Bestimmungen dieses Kapitels vor. ²Falls erforderlich fügt sie diesem Bericht unter Berücksichtigung der Notwendigkeit einer allmählichen Konvergenz der nationalen Regelungen Vorschläge bei, die Folgendes zum Gegenstand haben:*

1. die Verbesserung der Sonderregelung für Kleinunternehmen;

2. die Angleichung der nationalen Regelungen über die Steuerbefreiungen und degressiven Steuerermäßigungen;

3. die Anpassung der in Abschnitt 2 genannten Schwellenwerte.

Art. 294[2)] ***[Spätere Entscheidung des Rates über Notwendigkeit einer Kleinunternehmerregelung in einem endgültigen Mehrwertsteuersystem]*** *Der Rat entscheidet gemäß Artikel 93 des Vertrags darüber, ob im Rahmen der endgültigen Rege-*

---

1) Abschnitt 2a (Art. 292a–292d) eingef. mWv 22.3.2020 durch RL v. 18.2.2020 (ABl. L 62 S. 13); zur **Anwendung ab 1.1.2025** siehe Art. 3 Abs. 1 UAbs. 2 RL 2020/285/EU.

2) Abschnitt 3 (Art. 293, 294) aufgeh. mWv 22.3.2020 durch RL v. 18.2.2020 (ABl. L 62 S. 13); zur **Anwendung bis 31.12.2024** siehe Art. 3 Abs. 1 UAbs. 2 RL 2020/285/EU.

lung eine Sonderregelung für Kleinunternehmen erforderlich ist, und befindet gegebenenfalls über die gemeinsamen Beschränkungen und Bedingungen für die Anwendung der genannten Sonderregelung.

Kapitel 2. Gemeinsame Pauschalregelung für landwirtschaftliche Erzeuger

Art. 295 [Sonderregelung für pauschalierende Land- und Forstwirte – Begriffsbestimmungen] (1) Für die Zwecke dieses Kapitels gelten folgende Begriffsbestimmungen:

1. „landwirtschaftlicher Erzeuger" ist ein Steuerpflichtiger, der seine Tätigkeit im Rahmen eines land-, forst- oder fischwirtschaftlichen Betriebs ausübt;
2. „land-, forst- oder fischwirtschaftlicher Betrieb" ist ein Betrieb, der in den einzelnen Mitgliedstaaten im Rahmen der in Anhang VII genannten Erzeugertätigkeiten als solcher gilt;
3. „Pauschallandwirt" ist ein landwirtschaftlicher Erzeuger, der unter die Pauschalregelung dieses Kapitels fällt;
4. „landwirtschaftliche Erzeugnisse" sind die Gegenstände, die im Rahmen der in Anhang VII aufgeführten Tätigkeiten von den land-, forst- oder fischwirtschaftlichen Betrieben der einzelnen Mitgliedstaaten erzeugt werden;
5. „landwirtschaftliche Dienstleistungen" sind Dienstleistungen, die von einem landwirtschaftlichen Erzeuger mit Hilfe seiner Arbeitskräfte oder der normalen Ausrüstung seines land-, forst- oder fischwirtschaftlichen Betriebs erbracht werden und die normalerweise zur landwirtschaftlichen Erzeugung beitragen, und zwar insbesondere die in Anhang VIII aufgeführten Dienstleistungen;
6. „Mehrwertsteuer-Vorbelastung" ist die Mehrwertsteuer-Gesamtbelastung der Gegenstände und Dienstleistungen, die von der Gesamtheit der der Pauschalregelung unterliegenden land-, forst- und fischwirtschaftlichen Betriebe jedes Mitgliedstaats bezogen worden sind, soweit diese Steuer bei einem der normalen Mehrwertsteuerregelung unterliegenden landwirtschaftlichen Erzeuger gemäß den Artikeln 167, 168 und 169 und 173 bis 177 abzugsfähig wäre;
7. „Pauschalausgleich-Prozentsätze" sind die Prozentsätze, die die Mitgliedstaaten gemäß den Artikeln 297, 298 und 299 festsetzen und in den in Artikel 300 genannten Fällen anwenden, damit die Pauschallandwirte den pauschalen Ausgleich der Mehrwertsteuer-Vorbelastung erlangen;
8. „Pauschalausgleich" ist der Betrag, der sich aus der Anwendung des Pauschalausgleich-Prozentsatzes auf den Umsatz des Pauschallandwirts in den in Artikel 300 genannten Fällen ergibt.

(2) Den in Anhang VII aufgeführten Tätigkeiten der landwirtschaftlichen Erzeugung gleichgestellt sind die Verarbeitungstätigkeiten, die ein Landwirt bei im Wesentlichen aus seiner landwirtschaftlichen Produktion stammenden Erzeugnissen mit Mitteln ausübt, die normalerweise in land-, forst- oder fischwirtschaftlichen Betrieben verwendet werden.

3. „Sammlungsstücke“ sind die in Anhang IX Teil B genannten Gegenstände;
4. „Antiquitäten“ sind die in Anhang IX Teil C genannten Gegenstände;
5. „steuerpflichtiger Wiederverkäufer“ ist jeder Steuerpflichtige, der im Rahmen seiner wirtschaftlichen Tätigkeit zum Zwecke des Wiederverkaufs Gebrauchtgegenstände, Kunstgegenstände, Sammlungsstücke oder Antiquitäten kauft, seinem Unternehmen zuordnet oder einführt, gleich, ob er auf eigene Rechnung oder aufgrund eines Einkaufs- oder Verkaufskommissionsvertrags für fremde Rechnung handelt;
6. „Veranstalter einer öffentlichen Versteigerung“ ist jeder Steuerpflichtige, der im Rahmen seiner wirtschaftlichen Tätigkeit Gegenstände zur öffentlichen Versteigerung anbietet, um sie an den Meistbietenden zu verkaufen;
7. „Kommittent eines Veranstalters öffentlicher Versteigerungen“ ist jede Person, die einem Veranstalter öffentlicher Versteigerungen einen Gegenstand aufgrund eines Verkaufskommissionsvertrags übergibt.

(2) Die Mitgliedstaaten können vorsehen, dass die in Anhang IX Teil A Nummern 5, 6 und 7 genannten Gegenstände nicht als Kunstgegenstände gelten.

(3) Der in Absatz 1 Nummer 7 genannte Verkaufskommissionsvertrag muss vorsehen, dass der Veranstalter der öffentlichen Versteigerung den Gegenstand in eigenem Namen, aber für Rechnung seines Kommittenten zur öffentlichen Versteigerung anbietet und an den Meistbietenden übergibt, der in der öffentlichen Versteigerung den Zuschlag erhalten hat.

Abschnitt 2. Sonderregelung für steuerpflichtige Wiederverkäufer

Unterabschnitt 1. Differenzbesteuerung

Art. 312 [Differenzbesteuerung – Definition Verkaufspreis und Einkaufspreis] Für die Zwecke dieses Unterabschnitts gelten folgende Begriffsbestimmungen:

1. „Verkaufspreis“ ist die gesamte Gegenleistung, die der steuerpflichtige Wiederverkäufer vom Erwerber oder von einem Dritten erhält oder zu erhalten hat, einschließlich der unmittelbar mit dem Umsatz zusammenhängenden Zuschüsse, Steuern, Zölle, Abschöpfungen und Abgaben sowie der Nebenkosten wie Provisions-, Verpackungs-, Beförderungs- und Versicherungskosten, die der steuerpflichtige Wiederverkäufer dem Erwerber in Rechnung stellt, mit Ausnahme der in Artikel 79 genannten Beträge;
2. „Einkaufspreis“ ist die gesamte Gegenleistung gemäß der Begriffsbestimmung unter Nummer 1, die der Lieferer von dem steuerpflichtigen Wiederverkäufer erhält oder zu erhalten hat.

Art. 313 [Anwendung der Differenzbesteuerung auf Lieferungen von Gebrauchtwaren – Grundsatz] (1) Die Mitgliedstaaten wenden auf die Lieferungen von Gebrauchtgegenständen, Kunstgegenständen, Sammlungsstücken und Antiquitäten durch steuerpflichtige Wiederverkäufer eine Sonderregelung zur Besteuerung der von dem steuerpflichtigen Wiederverkäufer erzielten Differenz (Handelsspanne) gemäß diesem Unterabschnitt an.

(2) Bis zur Einführung der endgültigen Regelung nach Artikel 402 gilt Absatz 1 des vorliegenden Artikels nicht für die Lieferung neuer Fahrzeuge unter den Voraussetzungen des Artikels 138 Absatz 1 und Absatz 2 Buchstabe a.

Art. 314[1] **[Anwendung der Differenzbesteuerung – Abnahme der Gebrauchtwaren von bestimmten Personen]** Die Differenzbesteuerung gilt für die Lieferungen von Gebrauchtgegenständen, Kunstgegenständen, Sammlungsstücken und Antiquitäten durch einen steuerpflichtigen Wiederverkäufer, wenn ihm diese Gegenstände innerhalb der Gemeinschaft von einer der folgenden Personen geliefert werden:

a) von einem Nichtsteuerpflichtigen;

b) von einem anderen Steuerpflichtigen, sofern die Lieferungen des Gegenstands durch diesen anderen Steuerpflichtigen gemäß Artikel 136 von der Steuer befreit ist;

c) von einem anderen Steuerpflichtigen, sofern für die Lieferung des Gegenstands durch diesen anderen Steuerpflichtigen die Steuerbefreiung für Kleinunternehmen gemäß Artikel 284 gilt und es sich dabei um ein Investitionsgut handelt;

d) von einem anderen steuerpflichtigen Wiederverkäufer, sofern die Lieferung des Gegenstands durch diesen anderen steuerpflichtigen Wiederverkäufer gemäß dieser Sonderregelung mehrwertsteuerpflichtig ist.

Art. 315 [Steuerbemessungsgrundlage der Differenzbesteuerung]

[1] Die Steuerbemessungsgrundlage bei der Lieferung von Gegenständen nach Artikel 314 ist die von dem steuerpflichtigen Wiederverkäufer erzielte Differenz (Handelsspanne), abzüglich des Betrags der auf diese Spanne erhobenen Mehrwertsteuer.

[2] Die Differenz (Handelsspanne) des steuerpflichtigen Wiederverkäufers entspricht dem Unterschied zwischen dem von ihm geforderten Verkaufspreis und dem Einkaufspreis des Gegenstands.

Art. 316[2] **[Optionsrecht zur Anwendung der Differenzbesteuerung bei bestimmten Kunstgegenständen]** (1) Sofern auf die betreffenden Kunstgegenstände, Sammlungsstücke und Antiquitäten, die an einen steuerpflichtigen Wiederverkäufer geliefert oder von ihm eingeführt wurden, kein ermäßigter Steuersatz angewandt wurde, räumen die Mitgliedstaaten den steuerpflichtigen Wiederverkäufern das Recht ein, die Differenzbesteuerung bei der Lieferung folgender Gegenstände anzuwenden:

a) Kunstgegenstände, Sammlungsstücke und Antiquitäten, die der Wiederverkäufer selbst eingeführt hat;

b) Kunstgegenstände, die vom Urheber oder von dessen Rechtsnachfolgern an den Wiederverkäufer geliefert wurden;

---

[1] Art. 314 Buchst. c geänd. mWv 22.3.2020 durch RL v. 18.2.2020 (ABl. L 62 S. 13); zur ***Anwendung ab 1.1.2025*** *siehe* Art. 3 Abs. 1 UAbs. 2 RL 2020/285/EU.

[2] Art. 316 Abs. 1 neu gef. mWv 6.4.2022 durch RL v. 5.4.2022 (ABl. L 107 S. 1); zur **Anwendung ab 1.1.2025** vgl. Art. 3 Abs. 1 RL 2022/542 v. 5.4.2022.

c) Kunstgegenstände, die von einem Steuerpflichtigen, der kein steuerpflichtiger Wiederverkäufer ist, an den Wiederverkäufer geliefert wurden.

(2) Die Mitgliedstaaten legen die Einzelheiten der Ausübung der Option des Absatzes 1 fest, die in jedem Fall für einen Zeitraum von mindestens zwei Kalenderjahren gelten muss.

Art. 317 [Steuerbemessungsgrundlage in Fällen der Option zur Differenzbesteuerung] *[1]* Macht ein steuerpflichtiger Wiederverkäufer von der Option des Artikels 316 Gebrauch, wird die Steuerbemessungsgrundlage gemäß Artikel 315 ermittelt.

[2] Bei der Lieferung von Kunstgegenständen, Sammlungsstücken oder Antiquitäten, die der steuerpflichtige Wiederverkäufer selbst eingeführt hat, ist der für die Berechnung der Differenz zugrunde zu legende Einkaufspreis gleich der gemäß den Artikeln 85 bis 89 ermittelten Steuerbemessungsgrundlage bei der Einfuhr zuzüglich der für die Einfuhr geschuldeten oder entrichteten Mehrwertsteuer.

Art. 318 [Kannbestimmung: Möglichkeit einer Gesamtdifferenzbesteuerung] (1) *[1]* Die Mitgliedstaaten können zur Vereinfachung der Steuererhebung und nach Konsultation des Mehrwertsteuerausschusses für bestimmte Umsätze oder für bestimmte Gruppen von steuerpflichtigen Wiederverkäufern vorsehen, dass die Steuerbemessungsgrundlage bei der Lieferung von Gegenständen, die der Differenzbesteuerung unterliegen, für jeden Steuerzeitraum festgesetzt wird, für den der steuerpflichtige Wiederverkäufer die in Artikel 250 genannte Mehrwertsteuererklärung abzugeben hat.

[2] Wird Unterabsatz 1 angewandt, ist die Steuerbemessungsgrundlage für Lieferungen von Gegenständen, die ein und demselben Mehrwertsteuersatz unterliegen, die von dem steuerpflichtigen Wiederverkäufer erzielte Gesamtdifferenz abzüglich des Betrags der auf diese Spanne erhobenen Mehrwertsteuer.

(2) Die Gesamtdifferenz entspricht dem Unterschied zwischen den beiden folgenden Beträgen:

a) Gesamtbetrag der der Differenzbesteuerung unterliegenden Lieferungen von Gegenständen des steuerpflichtigen Wiederverkäufers während des Steuerzeitraums, der von der Erklärung umfasst wird, d.h. Gesamtsumme der Verkaufspreise;

b) Gesamtbetrag der Käufe von Gegenständen im Sinne des Artikels 314, die der steuerpflichtige Wiederverkäufer während des Steuerzeitraums, der von der Erklärung umfasst wird, getätigt hat, d. h. Gesamtsumme der Einkaufspreise.

(3) Die Mitgliedstaaten treffen die erforderlichen Maßnahmen, damit sich für die in Absatz 1 genannten Steuerpflichtigen weder ungerechtfertigte Vorteile noch ungerechtfertigte Nachteile ergeben.

Art. 319 [Wechsel von der Differenzbesteuerung zur Regelbesteuerung] Der steuerpflichtige Wiederverkäufer kann auf jede der Differenzbesteuerung unterliegende Lieferung die normale Mehrwertsteuerregelung anwenden.

Art. 320 [Recht auf Vorsteuerabzug bei Regelbesteuerung anstelle von Differenzbesteuerung] (1) *[1]* Wendet der steuerpflichtige Wiederverkäufer die normale Mehrwertsteuerregelung an, ist er berechtigt, bei der Lieferung eines von ihm selbst eingeführten Kunstgegenstands, Sammlungsstücks oder einer Antiquität die für die Einfuhr dieses Gegenstands geschuldete oder entrichtete Mehrwertsteuer als Vorsteuer abzuziehen.

[2] Wendet der steuerpflichtige Wiederverkäufer die normale Mehrwertsteuerregelung an, ist er berechtigt, bei der Lieferung eines Kunstgegenstands, der ihm von seinem Urheber oder dessen Rechtsnachfolgern oder von einem Steuerpflichtigen, der kein steuerpflichtiger Wiederverkäufer ist, geliefert wurde, die von ihm dafür geschuldete oder entrichtete Mehrwertsteuer als Vorsteuer abzuziehen.

(2) Das Recht auf Vorsteuerabzug entsteht zu dem Zeitpunkt, zu dem der Steueranspruch für die Lieferung entsteht, für die der steuerpflichtige Wiederverkäufer die Anwendung der normalen Mehrwertsteuerregelung gewählt hat.

Art. 321 [Steuerbefreiung von Differenzbesteuerungslieferungen in Ausfuhr- und ähnlichen Fällen] Werden der Differenzbesteuerung unterliegende Gebrauchtgegenstände, Kunstgegenstände, Sammlungsstücke oder Antiquitäten unter den Voraussetzungen der Artikel 146, 147, 148 und 151 geliefert, sind sie von der Steuer befreit.

Art. 322 [Ausschluss vom Vorsteuerabzugsrecht in den Fällen der Differenzbesteuerung für Vorbezüge von anderen als Wiederverkäufern] Sofern die Gegenstände für Lieferungen verwendet werden, die der Differenzbesteuerung unterliegen, darf der steuerpflichtige Wiederverkäufer von seiner Steuerschuld folgende Beträge nicht abziehen:

a) die geschuldete oder entrichtete Mehrwertsteuer auf von ihm selbst eingeführte Kunstgegenstände, Sammlungsstücke oder Antiquitäten;
b) die geschuldete oder entrichtete Mehrwertsteuer auf Kunstgegenstände, die ihm vom Urheber oder von dessen Rechtsnachfolgern geliefert werden;
c) die geschuldete oder entrichtete Mehrwertsteuer auf Kunstgegenstände, die ihm von einem Steuerpflichtigen geliefert werden, der kein steuerpflichtiger Wiederverkäufer ist.

Art. 323 [Ausschluss vom Vorsteuerabzugsrecht in den Fällen der Differenzbesteuerung für Vorbezüge von Wiederverkäufern] Ein Steuerpflichtiger darf die für Gegenstände, die ihm von einem steuerpflichtigen Wiederverkäufer geliefert werden, geschuldete oder entrichtete Mehrwertsteuer nicht als Vorsteuer abziehen, wenn die Lieferung dieser Gegenstände durch den steuerpflichtigen Wiederverkäufer der Differenzbesteuerung unterliegt.

Art. 324 [Pflicht zu getrennten Aufzeichnungen bei gleichzeitiger Regel- und Differenzbesteuerung] Wendet der steuerpflichtige Wiederverkäufer sowohl die normale Mehrwertsteuerregelung als auch die Differenzbesteuerung an, muss er die unter die jeweilige Regelung fallenden Umsätze nach den von den Mitgliedstaaten festgelegten Modalitäten in seinen Aufzeichnungen gesondert ausweisen.

Art. 325 [Verbot des gesonderten Steuerausweises in der Rechnung in den Fällen der Differenzbesteuerung] Der steuerpflichtige Wiederverkäufer darf die Mehrwertsteuer auf die Lieferungen von Gegenständen, auf die er die Differenzbesteuerung anwendet, in der von ihm ausgestellten Rechnung nicht gesondert ausweisen.

Unterabschnitt 2. Übergangsregelung für Gebrauchtfahrzeuge

Art. 326 [Andere Sonderregelung als Differenzbesteuerung für Gebrauchtfahrzeuge – Stand-Still-Klausel] *[1]* Die Mitgliedstaaten, die am 31. Dezember 1992 auf die Lieferungen von Gebrauchtfahrzeugen durch steuerpflichtige Wiederverkäufer eine andere Sonderregelung als die Differenzbesteuerung angewandt haben, können diese Regelung für die Dauer des in Artikel 402 genannten Zeitraums beibehalten, sofern diese Regelung die in diesem Unterabschnitt festgelegten Voraussetzungen erfüllt oder dergestalt angepasst wird, dass sie diese erfüllt.

[2] Dänemark ist berechtigt, die in Absatz 1 vorgesehene Regelung einzuführen.

Art. 327 [Differenzbesteuerung für Gebrauchtfahrzeuge als Übergangsregelung – Grundsatz] (1) Diese Übergangsregelung gilt für die Lieferungen von Gebrauchtfahrzeugen durch steuerpflichtige Wiederverkäufer, die der Differenzbesteuerung unterliegt.

(2) Die Übergangsregelung gilt nicht für die Lieferungen neuer Fahrzeuge unter den Voraussetzungen des Artikels 138 Absatz 1 und Absatz 2 Buchstabe a.

(3) Für die Zwecke des Absatzes 1 gelten als „Gebrauchtfahrzeuge" die in Artikel 2 Absatz 2 Buchstabe a genannten Land-, Wasser- und Luftfahrzeuge, wenn sie Gebrauchtgegenstände sind und nicht die Voraussetzungen erfüllen, um als neue Fahrzeuge angesehen zu werden.

Art. 328 [Bemessung des geschuldeten Steuerbetrags in den Fällen der Differenzbesteuerung für Gebrauchtfahrzeuge] Die für jede Lieferung im Sinne des Artikels 327 geschuldete Mehrwertsteuer ist gleich dem Betrag der Steuer, die geschuldet würde, wenn die betreffende Lieferung der normalen Mehrwertsteuerregelung unterläge, abzüglich des Betrags der Mehrwertsteuer, die als in dem Einkaufspreis enthalten gilt, den der steuerpflichtige Wiederverkäufer für das Fahrzeug entrichtet hat.

Art. 329 [Bemessung des im Einkaufspreis enthaltenen Steuerbetrags in den Fällen der Differenzbesteuerung für Gebrauchtfahrzeuge] Die Mehrwertsteuer, die als in dem Einkaufspreis enthalten gilt, den der steuerpflichtige Wiederverkäufer für das Fahrzeug entrichtet hat, wird nach folgendem Verfahren berechnet:

a) Als Einkaufspreis ist der Einkaufspreis im Sinne des Artikels 312 Nummer 2 zugrunde zu legen.

b) In diesem vom steuerpflichtigen Wiederverkäufer entrichteten Einkaufspreis gilt die Mehrwertsteuer als enthalten, die geschuldet worden wäre, wenn der Lieferer des steuerpflichtigen Wiederverkäufers auf seine Lieferung die normale Mehrwertsteuerregelung angewandt hätte.

c) Es ist der Steuersatz gemäß Artikel 93 anzuwenden, der in dem Mitgliedstaat angewandt wird, in dessen Gebiet der Ort der Lieferung an den steuerpflichtigen Wiederverkäufer im Sinne der Artikel 31 und 32 als gelegen gilt.

Art. 330 [Untergrenze des geschuldeten Steuerbetrags in den Fällen der Differenzbesteuerung für Gebrauchtfahrzeuge] *[1]* Die für jede Lieferung von Fahrzeugen im Sinne des Artikels 327 Absatz 1 geschuldete und gemäß Artikel 328 festgesetzte Mehrwertsteuer darf nicht unter dem Steuerbetrag liegen, der geschuldet würde, wenn auf die betreffende Lieferung die Differenzbesteuerung angewandt worden wäre.

[2] Die Mitgliedstaaten können für den Fall, dass die Lieferung der Differenzbesteuerung unterlegen hätte, vorsehen, dass die Gewinnspanne nicht unter 10% des Verkaufspreises im Sinne des Artikels 312 Nummer 1 angesetzt werden darf.

Art. 331 [Ausschluss vom Vorsteuerabzugsrecht in den Fällen der Differenzbesteuerung für Gebrauchtfahrzeuge bei Vorbezug von einem Wiederverkäufer] Ein Steuerpflichtiger darf von seiner Steuerschuld die für die Lieferung eines Gebrauchtfahrzeugs durch einen steuerpflichtigen Wiederverkäufer geschuldete oder entrichtete Mehrwertsteuer nicht als Vorsteuer abziehen, wenn die Lieferung dieses Gegenstands durch den steuerpflichtigen Wiederverkäufer gemäß dieser Übergangsregelung besteuert wurde.

Art. 332 [Verbot des gesonderten Steuerausweises in der Rechnung in den Fällen der Differenzbesteuerung für Gebrauchtfahrzeuge] Der steuerpflichtige Wiederverkäufer darf auf der von ihm ausgestellten Rechnung die Mehrwertsteuer auf die Lieferungen, auf die er diese Übergangsregelung anwendet, nicht gesondert ausweisen.

Abschnitt 3. Sonderregelung für öffentliche Versteigerungen

Art. 333 [Differenzbesteuerung für öffentliche Versteigerungen – Grundsatz] (1) Die Mitgliedstaaten können gemäß diesem Abschnitt eine Sonderregelung für die Besteuerung der Differenz anwenden, die ein Veranstalter öffentlicher Versteigerungen bei der Lieferung von Gebrauchtgegenständen, Kunstgegenständen, Sammlungsstücken und Antiquitäten erzielt, die er in eigenem Namen aufgrund eines Kommissionsvertrags zum Verkauf dieser Gegenstände im Wege einer öffentlichen Versteigerung für Rechnung von in Artikel 334 genannten Personen bewirkt.

(2) Die Regelung des Absatzes 1 gilt nicht für die Lieferungen neuer Fahrzeuge unter den Voraussetzungen des Artikels 138 Absatz 1 und Absatz 2 Buchstabe a.

Art. 334[1)] [Subjektiver Anwendungsbereich der Differenzbesteuerung für öffentliche Versteigerungen (Veranstalter im eigenen Namen und für Rechnung bestimmter Personen)] Diese Sonderregelung gilt für Lieferungen eines Veranstalters öffentlicher Versteigerungen, der in eigenem Namen für Rechnung einer der folgenden Personen handelt:

a) eines Nichtsteuerpflichtigen;
b) eines anderen Steuerpflichtigen, sofern die Lieferung des Gegenstands durch diesen anderen Steuerpflichtigen aufgrund eines Verkaufskommissionsvertrags gemäß Artikel 136 von der Steuer befreit ist;
c) eines anderen Steuerpflichtigen, sofern für die Lieferung des Gegenstands durch diesen anderen Steuerpflichtigen aufgrund eines Verkaufskommissionsvertrags die Steuerbefreiung für Kleinunternehmen des Artikels 284 gilt und es sich bei dem Gegenstand um ein Investitionsgut handelt;
d) eines steuerpflichtigen Wiederverkäufers, sofern die Lieferung des Gegenstands durch diesen steuerpflichtigen Wiederverkäufer aufgrund eines Verkaufskommissionsvertrags gemäß der Differenzbesteuerung der Mehrwertsteuer unterliegt.

Art. 335 [Fiktion des Zeitpunkts der Lieferung an einen Veranstalter öffentlicher Versteigerungen] Die Lieferung eines Gegenstands an einen steuerpflichtigen Veranstalter öffentlicher Versteigerungen gilt als zum Zeitpunkt des Verkaufs dieses Gegenstands im Wege der öffentlichen Versteigerung erfolgt.

Art. 336 [Steuerbemessungsgrundlage der Lieferungen bei der Differenzbesteuerung für öffentliche Versteigerungen] Die Steuerbemessungsgrundlage für die einzelnen Lieferungen von Gegenständen im Sinne dieses Abschnitts ist der dem Erwerber vom Veranstalter der öffentlichen Versteigerung gemäß Artikel 339 in Rechnung gestellte Gesamtbetrag abzüglich folgender Beträge:

a) vom Veranstalter der öffentlichen Versteigerung an seinen Kommittenten gezahlter oder zu zahlender Nettobetrag gemäß Artikel 337;
b) Betrag der vom Veranstalter der öffentlichen Versteigerung für seine Lieferung geschuldeten Mehrwertsteuer.

Art. 337 [Vom Veranstalter der öffentlichen Versteigerung an Kommittenten zu zahlender Nettobetrag] Der vom Veranstalter der öffentlichen Versteigerung an seinen Kommittenten gezahlte oder zu zahlende Nettobetrag ist gleich der Differenz zwischen dem Preis, zu dem in der Versteigerung

[1)] Art. 334 Buchst. c neu gef. mWv 22.3.2020 durch RL v. 18.2.2020 (ABl. L 62 S. 13); zur **Anwendung ab 1.1.2025** siehe Art. 3 Abs. 1 UAbs. 2 RL 2020/285/EU.

der Zuschlag für den Gegenstand erteilt wurde, und dem Betrag der Provision, die der Veranstalter der öffentlichen Versteigerung von seinem Kommittenten gemäß dem Verkaufskommissionsvertrag erhält oder zu erhalten hat.

Art. 338 [Pflicht des Veranstalters öffentlicher Versteigerungen zur Verbuchung bestimmter Beträge als durchlaufende Posten] *[1]* Veranstalter öffentlicher Versteigerungen, die Gegenstände gemäß den Artikeln 333 und 334 liefern, müssen folgende Beträge in ihren Aufzeichnungen als durchlaufende Posten verbuchen:

a) die vom Erwerber des Gegenstands erhaltenen oder zu erhaltenden Beträge;

b) die dem Verkäufer des Gegenstands erstatteten oder zu erstattenden Beträge.

[2] Die in Absatz 1 genannten Beträge müssen ordnungsgemäß nachgewiesen sein.

Art. 339 [Pflicht des Veranstalters öffentlicher Versteigerungen zur Ausstellung einer Rechnung mit Ausweis bestimmter Beträge] *[1]* Der Veranstalter der öffentlichen Versteigerung muss dem Erwerber eine Rechnung ausstellen, in der folgende Beträge gesondert auszuweisen sind:

a) Zuschlagspreis des Gegenstands;

b) Steuern, Zölle, Abschöpfungen und Abgaben;

c) Nebenkosten wie Provisions-, Verpackungs-, Beförderungs- und Versicherungskosten, die der Veranstalter dem Erwerber des Gegenstands in Rechnung stellt.

[2] In der von dem Veranstalter der öffentlichen Versteigerung ausgestellten Rechnung darf jedoch die Mehrwertsteuer nicht gesondert ausgewiesen werden.

Art. 340 [Pflicht des Veranstalters öffentlicher Versteigerungen zur Aushändigung einer Ausführungsanzeige] (1) *[1]* Der Veranstalter der öffentlichen Versteigerung, dem der Gegenstand aufgrund eines Kommissionsvertrags zum Verkauf im Wege der öffentlichen Versteigerung übergeben wurde, muss seinem Kommittenten eine Ausführungsanzeige aushändigen.

[2] In der Ausführungsanzeige des Veranstalters der öffentlichen Versteigerung muss der Umsatzbetrag, d.h. der Preis, zu dem der Zuschlag für den Gegenstand erteilt wurde, abzüglich des Betrags der vom Kommittenten erhaltenen oder zu erhaltenden Provision gesondert ausgewiesen werden.

(2) Die gemäß Absatz 1 ausgestellte Ausführungsanzeige tritt an die Stelle der Rechnung, die der Kommittent, sofern er steuerpflichtig ist, dem Veranstalter der öffentlichen Versteigerung gemäß Artikel 220 ausstellen muss.

Art. 341 [Pflicht zur Anwendung der von einem Mitgliedstaat praktizierten Differenzbesteuerung bei öffentlichen Versteigerungen auf Lieferungen von Gebrauchtfahrzeugen] Die Mitgliedstaaten, die die Sonderregelung dieses Abschnitts anwenden, wenden sie auch auf die Lieferungen von Gebrauchtfahrzeugen im Sinne des Artikels 327 Absatz 3 durch den Veranstalter einer öffentlichen Versteigerung an, der in eigenem Namen aufgrund eines Kommissionsvertrags zum Verkauf dieser Gegenstände im Wege einer öffentlichen Versteigerung für Rechnung eines steuerpflichtigen Wiederverkäufers handelt, sofern diese Lieferung gemäß der Übergangsregelung für Gebrauchtfahrzeuge der Mehrwertsteuer unterläge, wenn sie durch diesen steuerpflichtigen Wiederverkäufer erfolgen würde.

Abschnitt 4. Verhütung von Wettbewerbsverzerrungen und Steuerbetrug

Art. 342 [Kannbestimmung: Möglichkeiten der Mitgliedstaaten zur Verhinderung von Vor- und Nachteilen beim Vorsteuerabzug in den Fällen der Differenzbesteuerung] Die Mitgliedstaaten können hinsichtlich des Rechts auf Vorsteuerabzug Maßnahmen treffen, um zu verhindern, dass steuerpflichtigen Wiederverkäufern, die unter eine der Regelungen des Abschnitts 2 fallen, ungerechtfertigte Vor- oder Nachteile entstehen.

Art. 343 [Möglichkeit der Sonderermächtigung eines Mitgliedstaates durch den Rat zur Bekämpfung von Steuerbetrug] *[1]* Der Rat kann auf Vorschlag der Kommission einstimmig jeden Mitgliedstaat zu besonderen Maßnahmen zur Bekämpfung des Steuerbetrugs ermächtigen, nach denen die gemäß der Differenzbesteuerung geschuldete Mehrwertsteuer nicht unter dem Betrag der Steuer liegen darf, die bei Zugrundelegung einer Differenz (Handelsspanne) in Höhe eines bestimmten Prozentsatzes des Verkaufspreises geschuldet würde.

[2] Der Prozentsatz des Verkaufspreises wird unter Zugrundelegung der in dem betreffenden Sektor üblichen Handelsspannen festgelegt.

Kapitel 5. Sonderregelung für Anlagegold

Abschnitt 1. Allgemeine Bestimmungen

Art. 344 [Sonderregelung für Anlagegold – Definition Anlagegold]

(1) Für die Zwecke dieser Richtlinie und unbeschadet anderer Gemeinschaftsvorschriften gilt als „Anlagegold“:

1. Gold in Barren- oder Plättchenform mit einem von den Goldmärkten akzeptierten Gewicht und einem Feingehalt von mindestens 995 Tausendsteln, unabhängig davon, ob es durch Wertpapiere verbrieft ist oder nicht;
2. Goldmünzen mit einem Feingehalt von mindestens 900 Tausendsteln, die nach dem Jahr 1800 geprägt wurden, die in ihrem Ursprungsland gesetzliches Zahlungsmittel sind oder waren und die üblicherweise zu einem Preis verkauft werden, der den Offenmarktwert ihres Goldgehalts um nicht mehr als 80% übersteigt.

(2) Die Mitgliedstaaten können kleine Goldbarren oder -plättchen mit einem Gewicht von höchstens 1g von dieser Sonderregelung ausnehmen.

(3) Für die Zwecke dieser Richtlinie gilt der Verkauf von in Absatz 1 Nummer 2 genannten Münzen als nicht aus numismatischem Interesse erfolgt.

Art. 345 [Jährliche Mitteilung an EU-Kommission über Goldmünzen zur Aufnahme in Jahresliste] [1]Ab 1999 teilt jeder Mitgliedstaat der Kommission vor dem 1. Juli eines jeden Jahres mit, welche die in Artikel 344 Absatz 1 Nummer 2 genannten Kriterien erfüllenden Münzen in dem betreffenden Mitgliedstaat gehandelt werden. [2]Die Kommission veröffentlicht vor dem 1. Dezember eines jeden Jahres ein erschöpfendes Verzeichnis dieser Münzen in der Reihe C des Amtsblatts der Europäischen Union. [3]Die in diesem Verzeichnis aufgeführten Münzen gelten als Münzen, die die genannten Kriterien während des gesamten Jahres erfüllen, für das das Verzeichnis gilt.

Abschnitt 2. Steuerbefreiung

Art. 346 [Steuerbefreiung der Umsätze mit Anlagegold] Die Mitgliedstaaten befreien von der Mehrwertsteuer die Lieferung, den innergemeinschaftlichen Erwerb und die Einfuhr von Anlagegold, einschließlich Anlagegold in Form von Zertifikaten über sammel- oder einzelverwahrtes Gold und über Goldkonten gehandeltes Gold, insbesondere auch Golddarlehen und Goldswaps, durch die ein Eigentumsrecht an Anlagegold oder ein schuldrechtlicher Anspruch auf Anlagegold begründet wird, sowie Terminkontrakte und im Freiverkehr getätigte Terminabschlüsse mit Anlagegold, die zur Übertragung eines Eigentumsrechts an Anlagegold oder eines schuldrechtlichen Anspruchs auf Anlagegold führen.

Art. 347 [Steuerbefreiung der Vermittlung der Lieferungen von Anlagegold] Die Mitgliedstaaten befreien Dienstleistungen von im Namen und für Rechnung Dritter handelnden Vermittlern von der Steuer, wenn diese die Lieferung von Anlagegold an ihre Auftraggeber vermitteln.

Abschnitt 3. Besteuerungswahlrecht

Art. 348 [Optionsrecht der Hersteller von Anlagegold zur Besteuerung der Lieferungen an andere Unternehmer] Die Mitgliedstaaten räumen Steuerpflichtigen, die Anlagegold herstellen oder Gold in Anlagegold umwandeln, das Recht ein, sich für die Besteuerung der Lieferung von Anlagegold an einen anderen Steuerpflichtigen, die ansonsten gemäß Artikel 346 von der Steuer befreit wäre, zu entscheiden.

Art. 349 [Kannbestimmung: Optionsrecht zur Besteuerung der Lieferungen von Goldbarren für gewebliche Zwecke an andere Unternehmer] (1) Die Mitgliedstaaten können Steuerpflichtigen, die im Rahmen ihrer wirtschaftlichen Tätigkeit üblicherweise Gold für gewerbliche Zwecke liefern, das Recht einräumen, sich für die Besteuerung der Lieferung von Goldbarren oder -plättchen im Sinne des Artikels 344 Absatz 1 Nummer 1 an einen anderen Steuerpflichtigen, die ansonsten gemäß Artikel 346 von der Steuer befreit wäre, zu entscheiden.

(2) *Die Mitgliedstaaten können den Umfang des Wahlrechts nach Absatz 1 einschränken.*

Art. 350 [Optionsrecht zur Besteuerung bei der Vermittlung von Anlagegoldlieferungen] Hat der Lieferer das Recht, sich für die Besteuerung gemäß den Artikeln 348 und 349 zu entscheiden, in Anspruch genommen, räumen die Mitgliedstaaten dem Vermittler in Bezug auf die in Artikel 347 genannten Vermittlungsleistungen das Recht ein, sich für eine Besteuerung zu entscheiden.

Art. 351 [Spielraum der Mitgliedstaaten zur Regelung von Einzelheiten bezüglich des Optionsrechts zur Besteuerung bei Umsätzen mit Anlagegold] Die Mitgliedstaaten regeln die Einzelheiten der Ausübung des Wahlrechts im Sinne dieses Abschnitts und unterrichten die Kommission entsprechend.

Abschnitt 4. Umsätze auf einem geregelten Goldmarkt

Art. 352 [Kannbestimmung: Möglichkeit zur Besteuerung von Anlagegoldumsätzen auf einem geregelten Goldmarkt] [1]Jeder Mitgliedstaat kann nach Konsultation des Mehrwertsteuerausschusses bestimmte Umsätze mit Anlagegold in diesem Mitgliedstaat zwischen Steuerpflichtigen, die auf einem von dem betreffenden Mitgliedstaat geregelten Goldmarkt tätig sind, oder zwischen einem solchen Steuerpflichtigen und einem anderen Steuerpflichtigen, der nicht auf diesem Markt tätig ist, der Mehrwertsteuer unterwerfen. [2]Der Mitgliedstaat darf jedoch Lieferungen unter den Voraussetzungen des Artikels 138 und Ausfuhren von Anlagegold nicht der Mehrwertsteuer unterwerfen.

Art. 353 [Möglichkeit zur Steueraussetzung für Umsätze auf einem geregelten Goldmarkt] Ein Mitgliedstaat, der gemäß Artikel 352 die Umsätze zwischen auf einem geregelten Goldmarkt tätigen Steuerpflichtigen besteuert, gestattet zur Vereinfachung die Aussetzung der Steuer und entbindet die Steuerpflichtigen von den Aufzeichnungspflichten zu Mehrwertsteuerzwecken.

Abschnitt 5. Besondere Rechte und Pflichten von Händlern mit Anlagegold

Art. 354 [Recht auf Vorsteuerabzug bei steuerfreier Weiterlieferung von Anlagegold] Ist seine anschließende Lieferung von Anlagegold gemäß diesem Kapitel von der Steuer befreit, hat der Steuerpflichtige das Recht, folgende Beträge abzuziehen:

a) die Mehrwertsteuer, die für Anlagegold geschuldet wird oder entrichtet wurde, das ihm von einer Person, die von dem Wahlrecht nach den Artikeln 348 und 349 Gebrauch gemacht hat, oder gemäß Abschnitt 4 geliefert wurde;

b) die Mehrwertsteuer, die für an ihn geliefertes oder durch ihn innergemeinschaftlich erworbenes oder eingeführtes Gold geschuldet wird oder entrichtet wurde, das kein Anlagegold ist und anschließend von ihm oder in seinem Namen in Anlagegold umgewandelt wird;

c) die Mehrwertsteuer, die für an ihn erbrachte Dienstleistungen geschuldet wird oder entrichtet wurde, die in der Veränderung der Form, des Gewichts oder des Feingehalts von Gold, einschließlich Anlagegold, bestehen.

Art. 355 [Recht auf Vorsteuerabzug bei Unternehmern, die Anlagegold herstellen] Steuerpflichtige, die Anlagegold herstellen oder Gold in Anlagegold umwandeln, dürfen die für die Lieferung, den innergemeinschaftlichen Erwerb oder die Einfuhr von Gegenständen oder für direkt im Zusammenhang mit der Herstellung oder Umwandlung dieses Goldes stehende Dienstleistungen von ihnen geschuldete oder entrichtete Steuer als Vorsteuer abziehen, so als ob die anschließende, gemäß Artikel 346 steuerfreie Lieferung des Goldes steuerpflichtig wäre.

Art. 356 [Aufzeichnungspflichten der Anlagegoldhändler] (1) *[1]* Die Mitgliedstaaten stellen sicher, dass Anlagegoldhändler zumindest größere Umsätze mit Anlagegold aufzeichnen und die Unterlagen aufbewahren, um die Feststellung der Identität der an diesen Umsätzen beteiligten Kunden zu ermöglichen.

[2] Die Händler haben die in Unterabsatz 1 genannten Unterlagen mindestens fünf Jahre lang aufzubewahren.

(2) Die Mitgliedstaaten können gleichwertige Auflagen nach Maßgabe anderer Vorschriften zur Umsetzung des Gemeinschaftsrechts, beispielsweise der Richtlinie 2005/60/EG des Europäischen Parlaments und des Rates vom 26. Oktober 2005 zur Verhinderung der Nutzung des Finanzsystems zum Zwecke der Geldwäsche und der Terrorismusfinanzierung[1)] gelten lassen, um den Anforderungen des Absatzes 1 nachzukommen.

(3) Die Mitgliedstaaten können strengere Vorschriften, insbesondere über das Führen besonderer Nachweise oder über besondere Aufzeichnungspflichten, festlegen.

Kapitel 6.[2)] Sonderregelungen für Steuerpflichtige, die Dienstleistungen an Nichtsteuerpflichtige erbringen oder Fernverkäufe von Gegenständen oder bestimmte inländische Lieferungen von Gegenständen tätigen

Abschnitt 1. Allgemeine Bestimmungen

Art. 357.[3)] *(aufgehoben)*

[1)] **Amtl. Anm.:** ABl. L 309 vom 25.11.2005, S. 15.

[2)] Titel XII Kapitel 6 Überschrift neu gef. **mWv 1.7.2021** durch RL v. 5.12.2017 (ABl. L 348 S. 7, geänd. durch ABl. 2020 L 244 S. 3); neu gef. mWv 22.12.2019 durch RL v. 21.11.2019 *(ABl. L 310 S. 1, geänd. durch* ABl. 2020 L 244 S. 3); zur **Anwendung ab 1.7.2021** siehe Art. 2 Beschl. v. 20.7.2020 (ABl. 2020 L 244 S. 3).

[3)] Art. 357 aufgeh. mWv 1.1.2015 durch RL v. 12.2.2008 (ABl. L 44 S. 11).

Art. 358[1] **[Sonderregelung für Dienstleistungen an Nichtsteuerpflichtige und Fernverkäufe von Gegenständen – Begriffsbestimmungen]** Für die Zwecke dieses Kapitels und unbeschadet anderer Gemeinschaftsvorschriften gelten folgende Begriffsbestimmungen:

1.–3. *(aufgehoben)*

4. „Mehrwertsteuererklärung": die Erklärung, in der die für die Ermittlung des in den einzelnen Mitgliedstaaten geschuldeten Mehrwertsteuerbetrags erforderlichen Angaben enthalten sind.

Abschnitt 2.[2] Sonderregelung für von nicht in der Gemeinschaft ansässigen Steuerpflichtigen erbrachte Dienstleistungen

Art. 358a[3] **[Sonderregelung für Dienstleistungen an Nichtsteuerpflichtige durch Drittlandsunternehmer – Begriffsbestimmungen]** Für Zwecke dieses Abschnitts und unbeschadet anderer Gemeinschaftsvorschriften gelten folgende Begriffsbestimmungen:

1. „nicht in der Gemeinschaft ansässiger Steuerpflichtiger": ein Steuerpflichtiger, der im Gebiet der Gemeinschaft weder den Sitz seiner wirtschaftlichen Tätigkeit noch eine feste Niederlassung hat;
2. „Mitgliedstaat der Identifizierung": der Mitgliedstaat, in dem der nicht in der Gemeinschaft ansässige Steuerpflichtige die Aufnahme seiner Tätigkeit als Steuerpflichtiger im Gebiet der Gemeinschaft gemäß diesem Abschnitt anzeigt;
3. „Mitgliedstaat des Verbrauchs": der Mitgliedstaat, in dem gemäß Titel V Kapitel 3 sie[4] Dienstleistung als erbracht gilt.

Art. 359[5] **[Sonderregelung für Dienstleistungen von Drittlandsunternehmern an Nichtsteuerpflichtige – Anwendungsbereich]** [1]Die Mitgliedstaaten gestatten nicht in der Gemeinschaft ansässigen Steuerpflichtigen, die Dienstleistungen an Nichtsteuerpflichtige erbringen, die in einem Mitgliedstaat ansässig sind oder dort ihren Wohnsitz oder ihren gewöhnlichen Aufenthaltsort haben, diese Sonderregelung in Anspruch zu nehmen. [2]Diese Regelung gilt für alle derartigen Dienstleistungen, die in der Gemeinschaft erbracht werden.

---

[1] Art. 358 neu gef. mWv 1.1.2015 durch RL v. 12.2.2008 (ABl. L 44 S. 11); Nr. 1–3 aufgeh. durch RL v. 5.12.2017 (ABl. L 348 S. 7, geänd. durch ABl. 2020 L 244 S. 3), Anwendung bis 30.6.2021.

[2] Abschnitt 2 Überschrift neu gef. mWv 1.1.2015 durch RL v. 12.2.2008 (ABl. L 44 S. 11); neu gef. mWv 1.7.2021 durch RL v. 5.12.2017 (ABl. L 348 S. 7, geänd. durch ABl. 2020 L 244 S. 3).

[3] Art. 358a eingef. mWv 1.1.2015 durch RL v. 12.2.2008 (ABl. L 44 S. 11); Nr. 1 neu gef. mWv 1.1.2019, Nr. 3 angef. mWv 1.7.2021 durch RL v. 5.12.2017 (ABl. L 348 S. 7, geänd. durch ABl. 2020 L 244 S. 3).

[4] Richtig wohl: „die".

[5] Art. 359 neu gef. mWv 1.7.2021 durch RL v. 5.12.2017 (ABl. L 348 S. 7, geänd. durch ABl. 2020 L 244 S. 3).

Art. 360[1] **[Meldepflichten des Drittlandsunternehmers bezüglich Dienstleistungen an Nichtsteuerpflichtige – Grundsatz]** [1]Der nicht in der Gemeinschaft ansässige Steuerpflichtige hat dem Mitgliedstaat der Identifizierung die Aufnahme und die Beendigung seiner Tätigkeit als Steuerpflichtiger sowie diesbezügliche Änderungen, durch die er die Voraussetzungen für die Inanspruchnahme dieser Sonderregelung nicht mehr erfüllt, zu melden. [2]Diese Meldung erfolgt elektronisch.

Art. 361[2] **[Meldepflichten des Drittlandsunternehmers bezüglich Dienstleistungen an Nichtsteuerpflichtige – Aufnahme der Tätigkeit]**

(1) Der nicht in der Gemeinschaft ansässige Steuerpflichtige macht dem Mitgliedstaat der Identifizierung bei der Aufnahme seiner steuerpflichtigen Tätigkeit folgende Angaben zu seiner Identität:

a) Name;

b) Postanschrift;

c) elektronische Anschriften einschließlich Websites;

d) nationale Steuernummer, falls vorhanden;

e) Erklärung, dass er im Gebiet der Gemeinschaft weder den Sitz seiner wirtschaftlichen Tätigkeit noch eine feste Niederlassung hat.

(2) Der nicht in der Gemeinschaft ansässige Steuerpflichtige teilt dem Mitgliedstaat der Identifizierung jegliche Änderung der übermittelten Angaben mit.

Art. 362[3] **[Erteilung einer Identifikationsnummer an Drittlandsunternehmer bezüglich Dienstleistungen an Nichtsteuerpflichtige]** [1]Der Mitgliedstaat der Identifizierung erteilt dem nicht in der Gemeinschaft ansässigen Steuerpflichtigen eine Mehrwertsteuer-Identifikationsnummer für die Anwendung dieser Sonderregelung, die er dem Betreffenden elektronisch mitteilt. [2]Auf der Grundlage der für diese Erteilung der Identifikationsnummer verwendeten Angaben können die Mitgliedstaaten des Verbrauchs ihre eigenen Identifikationssysteme verwenden.

Art. 363[4] **[Streichung des Drittlandsunternehmers mit Dienstleistungen an Nichtsteuerpflichtige aus Identifikationsregister]** Der Mitgliedstaat der Identifizierung streicht den nicht in der Gemeinschaft ansässigen Steuerpflichtigen aus dem Register, wenn

---

[1] Art. 360 neu gef. mWv 1.1.2015 durch RL v. 12.2.2008 (ABl. L 44 S. 11).

[2] Art. 361 neu gef. mWv 1.1.2015 durch RL v. 12.2.2008 (ABl. L 44 S. 11); Abs. 1 Buchst. e neu gef. mWv 1.1.2019 durch RL v. 5.12.2017 (ABl. L 348 S. 7).

[3] Art. 362 neu gef. mWv 1.7.2021 durch RL v. 5.12.2017 (ABl. L 348 S. 7, geänd. durch ABl. 2020 L 244 S. 3).

[4] Art. 363 neu gef. mWv 1.1.2015 durch RL v. 12.2.2008 (ABl. L 44 S. 11); Buchst. a neu gef. mWv 1.7.2021 durch RL v. 5.12.2017 (ABl. L 348 S. 7, geänd. durch ABl. 2020 L 244 S. 3).

a) dieser diesem Mitgliedstaat mitteilt, dass er keine Dienstleistungen mehr erbringt, die unter diese Sonderregelung fallen;

b) aus anderen Gründen davon ausgegangen werden kann, dass seine steuerpflichtigen Tätigkeiten beendet sind;

c) er die Voraussetzungen für die Inanspruchnahme dieser Sonderregelung nicht mehr erfüllt;

d) er wiederholt gegen die Vorschriften dieser Sonderregelung verstößt.

Art. 364[1)] **[Abgabe einer elektronischen Mehrwertsteuererklärung durch Drittlandsunternehmer mit Dienstleistungen an Nichtsteuerpflichtige]** [1] Der nicht in der Gemeinschaft ansässige Steuerpflichtige, der diese Sonderregelung in Anspruch nimmt, hat im Mitgliedstaat der Identifizierung für jedes Kalenderquartal eine Mehrwertsteuererklärung elektronisch abzugeben, unabhängig davon, ob Dienstleistungen, die unter diese Sonderregelung fallen, erbracht wurden oder nicht. [2] Die Mehrwertsteuererklärung ist bis zum Ende des Monats nach Ablauf des Steuerzeitraums, der von der Erklärung umfasst wird, abzugeben.

Art. 365[2)] **[Angaben in der Mehrwertsteuererklärung durch Drittlandsunternehmer mit Dienstleistungen an Nichtsteuerpflichtige]**

[1] [1] In der Mehrwertsteuererklärung anzugeben sind die individuelle Mehrwertsteuer-Identifikationsnummer für die Anwendung dieser Sonderregelung und in Bezug auf jeden Mitgliedstaat des Verbrauchs, in dem Mehrwertsteuer geschuldet wird, der Gesamtbetrag ohne Mehrwertsteuer der während des Steuerzeitraums erbrachten Dienstleistungen, die unter diese Sonderregelung fallen, sowie der Gesamtbetrag der entsprechenden Steuer aufgegliedert nach Steuersätzen. [2] Ferner sind die anzuwendenden Mehrwertsteuersätze und die Gesamtsteuerschuld anzugeben.

[2] [1] Sind nach Abgabe der Mehrwertsteuererklärung Änderungen an dieser Erklärung erforderlich, so werden diese Änderungen in eine spätere Erklärung innerhalb von drei Jahren nach dem Tag, an dem die ursprüngliche Erklärung gemäß Artikel 364 abgegeben werden musste, aufgenommen. [2] Aus dieser späteren Mehrwertsteuererklärung müssen der betreffende Mitgliedstaat des Verbrauchs, der Steuerzeitraum und der Mehrwertsteuerbetrag, für den Änderungen erforderlich sind, hervorgehen.

Art. 366[3)] **[Währungsangaben in der Mehrwertsteuererklärung durch Drittlandsunternehmer mit Dienstleistungen an Private]** (1) *[1]* Die Beträge in der Mehrwertsteuererklärung sind in Euro anzugeben.

[1)] Art. 364 neu gef. mWv 1.7.2021 durch RL v. 5.12.2017 (ABl. L 348 S. 7, geänd. durch ABl. 2020 L 244 S. 3).

[2)] Art. 365 neu gef. mWv 1.7.2021 durch RL v. 5.12.2017 (ABl. L 348 S. 7, geänd. durch ABl. 2020 L 244 S. 3).

[3)] Art. 366 Abs. 1 neu gef. mWv 1.1.2015 durch RL v. 12.2.2008 (ABl. L 44 S. 11).

[2] [1]Diejenigen Mitgliedstaaten, die den Euro nicht eingeführt haben, können vorschreiben, dass die Beträge in der Mehrwertsteuererklärung in ihrer Landeswährung anzugeben sind. [2]Wurden für die Dienstleistungen Beträge in anderen Währungen berechnet, hat der nicht in der Gemeinschaft ansässige Steuerpflichtige für die Zwecke der Mehrwertsteuererklärung den Umrechnungskurs vom letzten Tag des Steuerzeitraums anzuwenden

(2) Die Umrechnung erfolgt auf der Grundlage der Umrechnungskurse, die von der Europäischen Zentralbank für den betreffenden Tag oder, falls an diesem Tag keine Veröffentlichung erfolgt, für den nächsten Tag, an dem eine Veröffentlichung erfolgt, veröffentlicht werden.

Art. 367[1)] [Modalitäten der Entrichtung der Mehrwertsteuer durch Drittlandsunternehmer mit Dienstleistungen an Private] *[1]* Der nicht in der Gemeinschaft ansässige Steuerpflichtige entrichtet die Mehrwertsteuer unter Hinweis auf die zugrunde liegende Mehrwertsteuererklärung bei der Abgabe der Mehrwertsteuererklärung, spätestens jedoch nach Ablauf der Frist, innerhalb der die Erklärung abzugeben ist.

[2] [1]Der Betrag wird auf ein auf Euro lautendes Bankkonto überwiesen, das vom Mitgliedstaat der Identifizierung angegeben wird. [2]Diejenigen Mitgliedstaaten, die den Euro nicht eingeführt haben, können vorschreiben, dass der Betrag auf ein auf ihre Landeswährung lautendes Bankkonto überwiesen wird.

Art. 368[2)] [Ausschluss vom Vorsteuerabzugsrecht/Erstattung der Mehrwertsteuer nach der 13. EG-Richtlinie an Drittlandsunternehmer mit Dienstleistungen an Nichtsteuerpflichtige] *[1]* [1]Der nicht in der Gemeinschaft ansässige Steuerpflichtige, der diese Sonderregelung in Anspruch nimmt, darf keinen Vorsteuerabzug gemäß Artikel 168 der vorliegenden Richtlinie vornehmen. [2]Unbeschadet des Artikels 1 Nummer 1 der Richtlinie 86/560/EWG wird diesem Steuerpflichtigen eine Mehrwertsteuererstattung gemäß der genannten Richtlinie gewährt. [3]Artikel 2 Absätze 2 und 3 sowie Artikel 4 Absatz 2 der Richtlinie 86/560/EWG gelten nicht für Erstattungen im Zusammenhang mit Dienstleistungen, die unter diese Sonderregelung fallen.

[2] Ist der Steuerpflichtige, der diese Sonderregelung in Anspruch nimmt, zur Registrierung in einem Mitgliedstaat in Bezug auf nicht dieser Sonderregelung unterliegende Tätigkeiten verpflichtet, so zieht er die in diesem Mitgliedstaat angefallene Vorsteuer in Bezug auf seine dieser Sonderregelung unterliegenden steuerbaren Tätigkeiten in der nach Artikel 250 der vorliegenden Richtlinie abzugebenden Mehrwertsteuererklärung ab.

Art. 369[3)] [Aufzeichnungspflichten des Drittlandsunternehmers mit Dienstleistungen an Nichtsteuerpflichtige] (1) [1]Der nicht in der Ge-

---

[1)] Art. 367 neu gef. mWv 1.1.2015 durch RL v. 12.2.2008 (ABl. L 44 S. 11).

[2)] Art. 368 neu gef. mWv 1.7.2021 durch RL v. 5.12.2017 (ABl. L 348 S. 7, geänd. durch ABl. 2020 L 244 S. 3).

[3)] Art. 369 Abs. 1 neu gef. mWv 1.1.2015 durch RL v. 12.2.2008 (ABl. L 44 S. 11).

meinschaft ansässige Steuerpflichtige führt über seine dieser Sonderregelung unterliegenden Umsätze Aufzeichnungen. [2]Diese müssen so ausführlich sein, dass die Steuerbehörden des Mitgliedstaats des Verbrauchs feststellen können, ob die Mehrwertsteuererklärung korrekt ist.

(2) *[1]* Die Aufzeichnungen nach Absatz 1 sind dem Mitgliedstaat des Verbrauchs und dem Mitgliedstaat der Identifizierung auf Verlangen elektronisch zur Verfügung zu stellen.

[2] Die Aufzeichnungen sind vom 31. Dezember des Jahres an, in dem der Umsatz bewirkt wurde, zehn Jahre lang aufzubewahren.

Abschnitt 3.[1)] Sonderregelung für innergemeinschaftliche Fernverkäufe von Gegenständen, für Lieferungen von Gegenständen innerhalb eines Mitgliedstaats über eine entsprechende elektronische Schnittstelle und für von in der Gemeinschaft, nicht aber im Mitgliedstaat des Verbrauchs ansässigen Steuerpflichtigen erbrachte Dienstleistungen

Art. 369a[2)] [Sonderregelung für innergemeinschaftliche Fernverkäufe und Dienstleistungen – Begriffsbestimmungen] Für Zwecke dieses Abschnitts und unbeschadet anderer Gemeinschaftsvorschriften gelten folgende Begriffsbestimmungen:

1. „nicht im Mitgliedstaat des Verbrauchs ansässiger Steuerpflichtiger": ein Steuerpflichtiger, der den Sitz seiner wirtschaftlichen Tätigkeit oder eine feste Niederlassung in der Gemeinschaft hat, aber weder den Sitz seiner wirtschaftlichen Tätigkeit noch eine feste Niederlassung im Gebiet des Mitgliedstaats des Verbrauchs hat;
2. „Mitgliedstaat der Identifizierung": der Mitgliedstaat, in dem der Steuerpflichtige den Sitz seiner wirtschaftlichen Tätigkeit hat oder, falls er den Sitz seiner wirtschaftlichen Tätigkeit nicht in der Gemeinschaft hat, in dem er eine feste Niederlassung hat.

   Hat der Steuerpflichtige den Sitz seiner wirtschaftlichen Tätigkeit nicht in der Gemeinschaft, dort jedoch mehr als eine feste Niederlassung, ist Mitgliedstaat der Identifizierung der Mitgliedstaat mit einer festen Niederlassung, in dem dieser Steuerpflichtige die Inanspruchnahme dieser Sonderregelung anzeigt. Der Steuerpflichtige ist an diese Entscheidung für das betreffende Kalenderjahr und die beiden darauf folgenden Kalenderjahre gebunden.

[1)] Abschnitt 3 (Art. 369a–369k) eingef. mWv 1.1.2015 durch RL v. 12.2.2008 (ABl. L 44 S. 11); Überschrift neu gef. mWv 1.7.2021 durch RL v. 5.12.2017 (ABl. L 348 S. 7, geänd. durch ABl. 2020 L 244 S. 3); neu gef. mWv 22.12.2019 durch RL v. 21.11.2019 (ABl. L 310 S. 1, geänd. durch ABl. 2020 L 244 S. 3); zur Anwendung ab 1.7.2021 siehe Art. 2 Beschl. v. 20.7.2020 (ABl. 2020 L 244 S. 3).

[2)] Art. 369a neu gef. mWv 22.12.2019 durch RL v. 21.11.2019 (ABl. L 310 S. 1, geänd. durch ABl. 2020 L 244 S. 3); zur Anwendung ab 1.7.2021 siehe Art. 2 Beschl. v. 20.7.2020 (ABl. 2020 L 244 S. 3).

Hat der Steuerpflichtige den Sitz seiner wirtschaftlichen Tätigkeit nicht in der Gemeinschaft und hat er dort keine feste Niederlassung, so ist der Mitgliedstaat der Identifizierung der Mitgliedstaat des Beginns der Versendung oder Beförderung der Gegenstände. Gibt es mehr als einen Mitgliedstaat des Beginns der Versendung oder Beförderung der Gegenstände, so gibt der Steuerpflichtige an, welcher dieser Mitgliedstaaten der Mitgliedstaat der Identifizierung sein soll. Der Steuerpflichtige ist an diese Entscheidung für das betreffende Kalenderjahr und die beiden darauf folgenden Kalenderjahre gebunden;

3. „Mitgliedstaat des Verbrauchs":
   a) bei der Erbringung von Dienstleistungen der Mitgliedstaat, in dem gemäß Titel V Kapitel 3 der Ort der Erbringung der Dienstleistungen als gelegen gilt;
   b) im Falle innergemeinschaftlicher Fernverkäufe von Gegenständen der Mitgliedstaat, in dem die Versendung oder Beförderung der Gegenstände an den Erwerber endet;
   c) bei Lieferungen von Gegenständen durch einen Steuerpflichtigen, der diese Lieferungen gemäß Artikel 14a Absatz 2 unterstützt, bei denen die Versendung oder Beförderung der gelieferten Gegenstände im selben Mitgliedstaat beginnt und endet, dieser Mitgliedstaat.

Art. 369b[1] **[Sonderregelung für innergemeinschaftliche Fernverkäufe und Dienstleistungen – Grundsatz]** *[1]* Die Mitgliedstaaten gestatten folgenden Steuerpflichtigen, diese Sonderregelung in Anspruch zu nehmen:

a) Steuerpflichtigen, die innergemeinschaftliche Fernverkäufe tätigen;
b) Steuerpflichtigen, die die Lieferung von Gegenständen gemäß Artikel 14a Absatz 2 unterstützen, wenn die Versendung oder Beförderung der gelieferten Gegenstände im selben Mitgliedstaat beginnt und endet;
c) nicht im Mitgliedstaat des Verbrauchs ansässigen Steuerpflichtigen, die Dienstleistungen an Nichtsteuerpflichtige erbringen.

[2] Diese Sonderregelung gilt für alle Gegenstände oder Dienstleistungen, die von den betreffenden Steuerpflichtigen in der Gemeinschaft geliefert bzw. erbracht werden.

Art. 369c[2] **[Sonderregelung für innergemeinschaftliche Fernverkäufe und Dienstleistungen – Meldepflichten]** [1]Der Steuerpflichtige hat dem Mitgliedstaat der Identifizierung die Aufnahme und die Beendigung seiner dieser Sonderregelung unterliegenden Tätigkeit als Steuerpflichtiger sowie diesbezügliche Änderungen, durch die er die Voraussetzungen für die Inan-

---

[1] Art. 369b neu gef. mWv 22.12.2019 durch RL v. 21.11.2019 (ABl. L 310 S. 1, geänd. durch ABl. 2020 L 244 S. 3); zur Anwendung ab 1.7.2021 siehe Art. 2 Beschl. v. 20.7.2020 (ABl. 2020 L 244 S. 3).

[2] Art. 369c neu gef. mWv 1.7.2021 durch RL v. 5.12.2017 (ABl. L 348 S. 7, geänd. durch ABl. 2020 L 244 S. 3).

spruchnahme dieser Sonderregelung nicht mehr erfüllt, zu melden. ²Diese Meldung erfolgt elektronisch.

Art. 369d [Sonderregelung für Fernverkäufe und Dienstleistungen – Erfassung des Steuerpflichtigen; individuelle Mehrwertsteuer-Identifikationsnummer] *[1]* ¹Ein Steuerpflichtiger, der die Sonderregelung in Anspruch nimmt, wird in Bezug auf dieser Regelung unterliegende steuerbare Umsätze nur in dem Mitgliedstaat der Identifizierung erfasst. ²Hierzu verwendet der Mitgliedstaat die individuelle Mehrwertsteuer-Identifikationsnummer, die dem Steuerpflichtigen für die Erfüllung seiner Pflichten aufgrund des internen Systems bereits zugeteilt wurde.

[2] Auf der Grundlage der für diese Erteilung der Identifikationsnummer verwendeten Angaben können die Mitgliedstaaten des Verbrauchs ihre eigenen Identifikationssysteme beibehalten.

Art. 369e[1)] [Sonderregelung für Fernverkäufe und Dienstleistungen – Ausschluss von der Regelung] Der Mitgliedstaat der Identifizierung schließt den nicht im Mitgliedstaat des Verbrauchs ansässigen Steuerpflichtigen von dieser Sonderregelung in folgenden Fällen aus:

a) wenn dieser mitteilt, dass er keine Lieferungen von Gegenständen mehr tätigt und keine Dienstleistungen mehr erbringt, die unter diese Sonderregelung fallen;

b) wenn aus anderen Gründen davon ausgegangen werden kann, dass seine dieser Sonderregelung unterliegenden steuerpflichtigen Tätigkeiten beendet sind;

c) wenn er die Voraussetzungen für die Inanspruchnahme dieser Sonderregelung nicht mehr erfüllt;

d) wenn er wiederholt gegen die Vorschriften dieser Sonderregelung verstößt.

Art. 369f[2)] [Sonderregelung für innergemeinschaftliche Fernverkäufe von Gegenständen oder Dienstleistungen – Abgabe der Mehrwertsteuererklärung] ¹Der Steuerpflichtige, der diese Sonderregelung in Anspruch nimmt, hat im Mitgliedstaat der Identifizierung für jedes Kalenderquartal eine Mehrwertsteuererklärung elektronisch abzugeben, unabhängig davon, ob unter diese Sonderregelung fallende Gegenstände geliefert oder Dienstleistungen erbracht wurden oder nicht. ²Die Erklärung ist bis zum Ende des Monats nach Ablauf des Steuerzeitraums, der von der Erklärung umfasst wird, abzugeben.

[1)] Art. 369e eingef. mWv 1.1.2015 durch RL v. 12.2.2008 (ABl. L 44 S. 11); einl. Satzteil und Buchst. a neu gef. mWv 1.7.2021 durch RL v. 5.12.2017 (ABl. L 348 S. 7, geänd. durch ABl. 2020 L 244 S. 3); Buchst. a neu gef. mWv 22.12.2019 durch RL v. 21.11.2019 (ABl. L 310 S. 1, geänd. durch ABl. 2020 L 244 S. 3); zur Anwendung ab 1.7.2021 siehe Art. 2 Beschl. v. 20.7.2020 (ABl. 2020 L 244 S. 3).

[2)] Art. 369f neu gef. mWv 22.12.2019 durch RL v. 21.11.2019 (ABl. L 310 S. 1, geänd. durch ABl. 2020 L 244 S. 3); zur Anwendung ab 1.7.2021 siehe Art. 2 Beschl. v. 20.7.2020 (ABl. 2020 L 244 S. 3).

Art. 369g[1)] **[Sonderregelung für innergemeinschaftliche Fernverkäufe von Gegenständen oder Dienstleistungen – Inhalt der Mehrwertsteuererklärung]** (1) [1] In der Mehrwertsteuererklärung anzugeben sind die Mehrwertsteuer-Identifikationsnummer nach Artikel 369d und in Bezug auf jeden Mitgliedstaat des Verbrauchs, in dem die Mehrwertsteuer geschuldet wird, der Gesamtbetrag ohne Mehrwertsteuer, die anzuwendenden Mehrwertsteuersätze, der Gesamtbetrag der entsprechenden Mehrwertsteuer aufgegliedert nach Steuersätzen und die Gesamtsteuerschuld in Bezug auf die folgenden, unter diese Sonderregelung fallenden Lieferungen während des Steuerzeitraums:

a) innergemeinschaftliche Fernverkäufe von Gegenständen;

b) Lieferungen von Gegenständen gemäß Artikel 14a Absatz 2, wenn die Versendung oder Beförderung dieser Gegenstände im selben Mitgliedstaat beginnt und endet;

c) Erbringung von Dienstleistungen.

[2] Gemäß Absatz 4 enthält die Mehrwertsteuererklärung auch Änderungen in Bezug auf frühere Steuerzeiträume.

(2) *[1]* Werden Gegenstände aus anderen Mitgliedstaaten als dem Mitgliedstaat der Identifizierung versandt oder befördert, so sind in der Mehrwertsteuererklärung auch der Gesamtbetrag ohne Mehrwertsteuer, die anzuwendenden Mehrwertsteuersätze, der Gesamtbetrag der entsprechenden Mehrwertsteuer aufgegliedert nach Steuersätzen und die gesamte Mehrwertsteuerschuld in Bezug auf die folgenden, unter diese Sonderregelung fallenden Lieferungen für jeden Mitgliedstaat, aus dem die Gegenstände versandt oder befördert werden, anzugeben:

a) innergemeinschaftliche Fernverkäufe von Gegenständen mit Ausnahme von Fernverkäufen durch Steuerpflichtige gemäß Artikel 14a Absatz 2;

b) innergemeinschaftliche Fernverkäufe von Gegenständen und Lieferungen von Gegenständen durch Steuerpflichtige gemäß Artikel 14a Absatz 2, wenn die Versendung oder Beförderung dieser Gegenstände im selben Mitgliedstaat beginnt und endet.

[2] Bei den in Buchstabe a genannten Lieferungen umfasst die Mehrwertsteuererklärung außerdem die individuelle Mehrwertsteuer-Identifikationsnummer oder die von jedem Mitgliedstaat, aus dem die Gegenstände versandt oder befördert werden, zugewiesene Steuerregisternummer.

[3] Bei den in Buchstabe b genannten Lieferungen umfasst die Mehrwertsteuererklärung außerdem die individuelle Mehrwertsteuer-Identifikationsnummer oder die von jedem Mitgliedstaat, aus dem die Gegenstände versandt oder befördert werden, zugewiesene Steuerregisternummer, falls vorhanden.

[4] Die Mehrwertsteuererklärung enthält die in diesem Absatz genannten Angaben, aufgegliedert nach Mitgliedstaaten des Verbrauchs.

(3) Hat der Steuerpflichtige, der die unter diese Sonderregelung fallenden Dienstleistungen erbringt, außer der Niederlassung im Mitgliedstaat der Identi-

---

1) Art. 369g neu gef. mWv 1.7.2021 durch RL v. 5.12.2017 (ABl. L 348 S. 7, geänd. durch ABl. 2020 L 244 S. 3); Abs. 1–3 neu gef. mWv 22.12.2019 durch RL v. 21.11.2019 (ABl. L 310 S. 1, geänd. durch ABl. 2020 L 244 S. 3); zur Anwendung ab 1.7.2021 siehe Art. 2 Beschl. v. 20.7.2020 (ABl. 2020 L 244 S. 3).

fizierung eine oder mehrere feste Niederlassungen, von denen aus die Dienstleistungen erbracht werden, so sind in der Mehrwertsteuererklärung für jeden Mitgliedstaat, in dem er eine Niederlassung hat, auch der Gesamtbetrag ohne Mehrwertsteuer, die anzuwendenden Mehrwertsteuersätze, der Gesamtbetrag der entsprechenden Mehrwertsteuer aufgegliedert nach Steuersätzen und die gesamte Mehrwertsteuerschuld in Bezug auf diese Dienstleistungen zusammen mit der jeweiligen Mehrwertsteuer-Identifikationsnummer oder der Steuerregisternummer dieser Niederlassung, aufgeschlüsselt nach Mitgliedstaaten des Verbrauchs, anzugeben.

(4) [1] Sind nach Abgabe der Mehrwertsteuererklärung Änderungen an dieser Erklärung erforderlich, so werden diese Änderungen in eine spätere Erklärung innerhalb von drei Jahren nach dem Tag, an dem die ursprüngliche Erklärung gemäß Artikel 369f abgegeben werden musste, aufgenommen. [2] Aus dieser späteren Mehrwertsteuererklärung müssen der betreffende Mitgliedstaat des Verbrauchs, der Steuerzeitraum und der Mehrwertsteuerbetrag, für den Änderungen erforderlich sind, hervorgehen.

Art. 369h[1)] [Sonderregelung für innergemeinschaftliche Fernverkäufe und Dienstleistungen – Angabe von Beträgen in der Mehrwertsteuererklärung] (1) *[1]* Die Beträge in der Mehrwertsteuererklärung sind in Euro anzugeben.

[2] [1] Diejenigen Mitgliedstaaten, die den Euro nicht eingeführt haben, können vorschreiben, dass die Beträge in der Mehrwertsteuererklärung in ihrer Landeswährung anzugeben sind. [2] Wurden für die Lieferungen oder Dienstleistungen Beträge in anderen Währungen berechnet, so hat der diese Sonderregelung in Anspruch nehmende Steuerpflichtige für die Zwecke der Mehrwertsteuererklärung den Umrechnungskurs vom letzten Tag des Steuerzeitraums anzuwenden.

(2) Die Umrechnung erfolgt auf der Grundlage der Umrechnungskurse, die von der Europäischen Zentralbank für den betreffenden Tag oder, falls an diesem Tag keine Veröffentlichung erfolgt, für den nächsten Tag, an dem eine Veröffentlichung erfolgt, veröffentlicht werden.

Art. 369i[2)] [Sonderregelung für innergemeinschaftliche Fernverkäufe und Dienstleistungen – Entrichtung der Mehrwertsteuer] *[1]* Der diese Sonderregelung in Anspruch nehmende Steuerpflichtige entrichtet die Mehrwertsteuer unter Hinweis auf die zugrunde liegende Mehrwertsteuererklärung spätestens nach Ablauf der Frist, innerhalb der die Erklärung abzugeben ist.

[2] [1] Der Betrag wird auf ein auf Euro lautendes Bankkonto überwiesen, das vom Mitgliedstaat der Identifizierung angegeben wird. [2] Diejenigen Mitglied-

[1)] Art. 369h eingef. mWv 1.1.2015 durch RL v. 12.2.2008 (ABl. L 44 S. 11); Abs. 1 UAbs. 2 Satz 2 neu gef. mWv 1.7.2021 durch RL v. 5.12.2017 (ABl. L 348 S. 7, geänd. durch ABl. 2020 L 244 S. 3).

[2)] Art. 369i eingef. mWv 1.1.2015 durch RL v. 12.2.2008 (ABl. L 44 S. 11); Abs. 1 neu gef. mWv 1.7.2021 durch RL v. 5.12.2017 (ABl. L 348 S. 7, geänd. durch ABl. 2020 L 244 S. 3).

staaten, die den Euro nicht eingeführt haben, können vorschreiben, dass der Betrag auf ein auf ihre Landeswährung lautendes Bankkonto überwiesen wird.

Art. 369j[1] **[Sonderregelung für innergemeinschaftliche Fernverkäufe und Dienstleistungen – Vorsteuerabzug]** *[1]* [1]Der diese Sonderregelung in Anspruch nehmende Steuerpflichtige nimmt in Bezug auf seine dieser Sonderregelung unterliegenden steuerbaren Tätigkeiten keinen Vorsteuerabzug für im Mitgliedstaat des Verbrauchs angefallene Mehrwertsteuer gemäß Artikel 168 dieser Richtlinie vor. [2]Unbeschadet des Artikels 2 Nummer 1, des Artikels 3 und des Artikels 8 Absatz 1 Buchstabe e der Richtlinie 2008/9/EG[2] wird diesem Steuerpflichtigen insoweit eine Mehrwertsteuererstattung gemäß der genannten Richtlinie gewährt.

[2] Ist der diese Sonderregelung in Anspruch nehmende Steuerpflichtige bei nicht dieser Sonderregelung unterliegenden Tätigkeiten zur Registrierung in einem Mitgliedstaat verpflichtet, so zieht er die in diesem Mitgliedstaat angefallene Vorsteuer in Bezug auf seine dieser Sonderregelung unterliegenden steuerbaren - Tätigkeiten in der nach Artikel 250 der vorliegenden Richtlinie abzugebenden Mehrwertsteuererklärung ab.

Art. 369k[3] **[Sonderregelung für innergemeinschaftliche Fernverkäufe und Dienstleistungen – Aufzeichnungspflichten]** (1) [1]Der diese Sonderregelung in Anspruch nehmende Steuerpflichtige führt über seine dieser Sonderregelung unterliegenden Umsätze Aufzeichnungen. [2]Diese müssen so ausführlich sein, dass die Steuerbehörden des Mitgliedstaats des Verbrauchs feststellen können, ob die Mehrwertsteuererklärung korrekt ist.

(2) *[1]* Die Aufzeichnungen nach Absatz 1 sind dem Mitgliedstaat des Verbrauchs und dem Mitgliedstaat der Identifizierung auf Verlangen elektronisch zur Verfügung zu stellen.

[2] Die Aufzeichnungen sind vom 31. Dezember des Jahres an, in dem der Umsatz bewirkt wurde, zehn Jahre lang aufzubewahren.

Abschnitt 4.[4] Sonderregelung für Fernverkäufe von aus Drittgebieten oder Drittländern eingeführten Gegenständen

Art. 369l[4] **[Sonderregelung für Fernverkäufe von aus Drittländern eingeführten Gegenständen – Begriffsbestimmungen]** *[1]* Für die Zwecke dieses Abschnitts fallen unter Fernverkäufe von aus Drittgebieten oder Drittländern eingeführten Gegenständen nur Gegenstände – mit Ausnahme

[1] Art. 369j neu gef. mWv 1.7.2021 durch RL v. 5.12.2017 (ABl. L 348 S. 7, geänd. durch ABl. 2020 L 244 S. 3).

[2] Nr. **550b**.

[3] Art. 369k eingef. mWv 1.1.2015 durch RL v. 12.2.2008 (ABl. L 44 S. 11); Abs. 1 neu gef. mWv 1.7.2021 durch RL v. 5.12.2017 (ABl. L 348 S. 7, geänd. durch ABl. 2020 L 244 S. 3).

[4] Abschnitt 4 (Art. 369l–369x) eingef. mWv 1.7.2021 durch RL v. 5.12.2017 (ABl. L 348 S. 7, geänd. durch ABl. 2020 L 244 S. 3).

verbrauchsteuerpflichtiger Waren – in Sendungen mit einem Sachwert von höchstens 150 EUR.

[2] Für die Zwecke dieses Abschnitts und unbeschadet anderer Gemeinschaftsvorschriften gelten folgende Begriffsbestimmungen:

(1) „nicht in der Gemeinschaft ansässiger Steuerpflichtiger": ein Steuerpflichtiger, der im Gebiet der Gemeinschaft weder den Sitz seiner wirtschaftlichen Tätigkeit noch eine feste Niederlassung hat;

(2) „Vermittler": eine in der Gemeinschaft ansässige Person, die von dem Steuerpflichtigen, der Fernverkäufe von aus Drittgebieten oder Drittländern eingeführten Gegenständen tätigt, als Steuerschuldner der Mehrwertsteuer und zur Erfüllung der Verpflichtungen gemäß dieser Sonderregelung im Namen und für Rechnung des Steuerpflichtigen benannt wird;

(3) „Mitgliedstaat der Identifizierung":
   a) sofern der Steuerpflichtige nicht in der Gemeinschaft ansässig ist, der von ihm zur Registrierung gewählte Mitgliedstaat;
   b) sofern der Steuerpflichtige den Sitz seiner wirtschaftlichen Tätigkeit außerhalb der Gemeinschaft hat, jedoch in der Gemeinschaft über eine oder mehrere feste Niederlassungen verfügt, der Mitgliedstaat mit einer festen Niederlassung, in dem dieser Steuerpflichtige die Inanspruchnahme dieser Sonderregelung anzeigt;
   c) sofern der Steuerpflichtige den Sitz seiner wirtschaftlichen Tätigkeit in einem Mitgliedstaat hat, dieser Mitgliedstaat;
   d) sofern der Vermittler den Sitz seiner wirtschaftlichen Tätigkeit in einem Mitgliedstaat hat, dieser Mitgliedstaat;
   e) sofern der Vermittler den Sitz seiner wirtschaftlichen Tätigkeit außerhalb der Gemeinschaft hat, jedoch in der Gemeinschaft über eine oder mehrere feste Niederlassungen verfügt, der Mitgliedstaat mit einer festen Niederlassung, in dem der Vermittler die Inanspruchnahme dieser Sonderregelung anzeigt.

   Für die Zwecke der Buchstaben b und e gilt Folgendes: Hat der Steuerpflichtige oder der Vermittler mehr als eine feste Niederlassung in der Gemeinschaft, so ist er an die Entscheidung, den Mitgliedstaat der Niederlassung für das betreffende Kalenderjahr und die beiden darauf folgenden Kalenderjahre anzugeben, gebunden;

(4) „Mitgliedstaat des Verbrauchs": der Mitgliedstaat, in dem die Versendung oder die Beförderung der Gegenstände an den Erwerber endet.

Art. 369m[1)] [Sonderregelung für Fernverkäufe von aus Drittländern eingeführten Gegenständen – Gestattung der Anwendung] (1) [1] Die Mitgliedstaaten gestatten folgenden Steuerpflichtigen, die Fernverkäufe von aus Drittgebieten oder Drittländern eingeführten Gegenständen tätigen, diese Sonderregelung in Anspruch zu nehmen:

[1)] Abschnitt 4 (Art. 369l–369x) eingef. mWv 1.7.2021 durch RL v. 5.12.2017 (ABl. L 348 S. 7, geänd. durch ABl. 2020 L 244 S. 3).

a) in der Gemeinschaft ansässigen Steuerpflichtigen, die Fernverkäufe von aus Drittgebieten oder Drittländern eingeführten Gegenständen tätigen;

b) Steuerpflichtigen, die Fernverkäufe von aus Drittgebieten oder Drittländern eingeführten Gegenständen tätigen und durch einen in der Gemeinschaft ansässigen Vermittler vertreten werden, unabhängig davon, ob die Steuerpflichtigen in der Gemeinschaft ansässig sind oder nicht;

c) Steuerpflichtigen mit Sitz in einem Drittland, mit dem die Union ein Abkommen über gegenseitige Amtshilfe geschlossen hat, dessen Anwendungs-

(Fortsetzung nächste Seite)

(2) Die Mitgliedstaaten schreiben vor, dass die in Absatz 1 genannte Mehrwertsteuer monatlich bis zu dem für die Entrichtung der Einfuhrabgaben geltenden Fälligkeitstermin zu entrichten ist.

(3) [1]Die diese Sonderregelung in Anspruch nehmenden Personen führen während eines durch den Mitgliedstaat der Einfuhr zu bestimmenden Zeitraums Aufzeichnungen über die Geschäftsvorgänge im Rahmen dieser Sonderregelung. [2]Diese Aufzeichnungen müssen so ausführlich sein, dass die Steuer- oder die Zollbehörden des Mitgliedstaats des Verbrauchs feststellen können, ob die erklärte Mehrwertsteuer korrekt ist, und auf Ersuchen des Mitgliedstaats der Einfuhr elektronisch verfügbar gemacht werden.

Kapitel 8.[1]) Gegenwerte

Art. 369zc[1]) [Festsetzung und Umrechnung des Gegenwertes]

(1) [1]Der Gegenwert des Euro in Landeswährung, der für die in Artikel 369l und Artikel 369y genannten Beträge zu berücksichtigen ist, wird einmal jährlich festgesetzt. [2]Es gelten die Sätze des ersten Arbeitstages des Monats Oktober mit Wirkung zum 1. Januar des folgenden Jahres.

(2) Es steht den Mitgliedstaaten frei, den Betrag in Landeswährung, der sich aus der Umrechnung der Euro-Beträge ergibt, zu runden.

(3) Es steht den Mitgliedstaaten frei, den Betrag, der zum Zeitpunkt der jährlichen Anpassung nach Absatz 1 gilt, unverändert beizubehalten, wenn die Umrechnung des in Euro ausgedrückten Betrags vor der in Absatz 2 vorgesehenen Rundung eine Änderung des in Landeswährung ausgedrückten Betrags um weniger als 5% oder eine Verringerung dieses Betrags zur Folge hätte.

Titel XIII. Ausnahmen

Kapitel 1. Bis zur Annahme einer endgültigen Regelung geltende Ausnahmen

Abschnitt 1. Ausnahmen für Staaten, die am 1. Januar 1978 Mitglied der Gemeinschaft waren

Art. 370 [Kannbestimmung: Beibehaltung der Besteuerung der Umsätze nach Anhang X Teil A] Mitgliedstaaten, die am 1. Januar 1978 die in Anhang X Teil A genannten Umsätze besteuert haben, dürfen diese weiterhin besteuern.

Art. 371 [Kannbestimmung: Beibehaltung der Befreiung der Umsätze nach Anhang X Teil B] Mitgliedstaaten, die am 1. Januar 1978 die in

[1]) Kapitel 8 (Art. 369zc) angef. mWv 1.7.2021 durch RL v. 5.12.2017 (ABl. L 348 S. 7, geänd. durch ABl. 2020 L 244 S. 3).

Anhang X Teil B genannten Umsätze von der Steuer befreit haben, dürfen diese zu den in dem jeweiligen Mitgliedstaat zu dem genannten Zeitpunkt geltenden Bedingungen weiterhin befreien.

Art. 372 [Kannbestimmung: Beibehaltung von Abweichungen vom sofortigen Vorsteuerabzug] Mitgliedstaaten, die am 1. Januar 1978 Bestimmungen angewandt haben, die vom Grundsatz des sofortigen Vorsteuerabzugs des Artikels 179 Absatz 1 abweichen, dürfen diese weiterhin anwenden.

Art. 373 [Kannbestimmung: Beibehaltung von Abweichungen von der Dienstleistungskommission und der Nichtentgeltsfunktion durchlaufender Posten] Mitgliedstaaten, die am 1. Januar 1978 Bestimmungen angewandt haben, die von Artikel 28 und Artikel 79 Absatz 1 Buchstabe c abweichen, dürfen diese weiterhin anwenden.

Art. 374 [Kannbestimmung: Beibehaltung der Steuerbefreiung für Reiseleistungen] [1]Abweichend von den Artikeln 169 und 309 dürfen die Mitgliedstaaten, die am 1. Januar 1978 die in Artikel 309 genannten Dienstleistungen von Reisebüros ohne Recht auf Vorsteuerabzug von der Steuer befreit haben, diese weiterhin befreien. [2]Diese Ausnahme gilt auch für Reisebüros, die im Namen und für Rechnung des Reisenden tätig sind.

Abschnitt 2. Ausnahmen für Staaten, die der Gemeinschaft nach dem 1. Januar 1978 beigetreten sind

Art. 375 [Kannbestimmung: Beibehaltung von Steuerbefreiungen – Griechenland] Griechenland darf die in Anhang X Teil B Nummern 2, 8, 9, 11 und 12 genannten Umsätze weiterhin zu den Bedingungen von der Steuer befreien, die in diesem Mitgliedstaat am 1. Januar 1987 galten.

Art. 376 [Kannbestimmung: Beibehaltung von Steuerbefreiungen – Spanien] Spanien darf die in Anhang X Teil B Nummer 2 genannten Dienstleistungen von Autoren und die in Anhang X Teil B Nummern 11 und 12 genannten Umsätze weiterhin zu den Bedingungen von der Steuer befreien, die in diesem Mitgliedstaat am 1. Januar 1993 galten.

Art. 377 [Kannbestimmung: Beibehaltung von Steuerbefreiungen – Portugal] Portugal darf die in Anhang X Teil B Nummern 2, 4, 7, 9, 10 und 13 genannten Umsätze weiterhin zu den Bedingungen von der Steuer befreien, die in diesem Mitgliedstaat am 1. Januar 1989 galten.

Art. 378 [Kannbestimmung: Beibehaltung von Besteuerungen und Befreiungen – Österreich] (1) Österreich darf die in Anhang X Teil A Nummer 2 genannten Umsätze weiterhin besteuern.

(2) Solange die betreffenden Umsätze in einem Staat von der Steuer befreit werden, der am 31. Dezember 1994 Mitglied der Gemeinschaft war, darf Ös-

terreich die folgenden Umsätze weiterhin zu den in diesem Mitgliedstaat zum Zeitpunkt seines Beitritts geltenden Bedingungen von der Steuer befreien:

a) die in Anhang X Teil B Nummern 5 und 9 genannten Umsätze;

b) mit Recht auf Vorsteuerabzug, sämtliche Teile der grenzüberschreitenden Personenbeförderung im Luft-, See- und Binnenwasserstraßenverkehr mit Ausnahme der Personenbeförderung auf dem Bodensee.

Art. 379 [Kannbestimmung: Beibehaltung von Besteuerungen und Befreiungen – Finnland] (1) Finnland darf die in Anhang X Teil A Nummer 2 genannten Umsätze weiterhin besteuern, solange diese Umsätze in einem Staat besteuert werden, der am 31. Dezember 1994 Mitglied der Gemeinschaft war.

(2) Finnland darf die in Anhang X Teil B Nummer 2 genannten Dienstleistungen von Autoren, Künstlern und Interpreten von Kunstwerken sowie die in Anhang X Teil B Nummern 5, 9 und 10 genannten Umsätze zu den in diesem Mitgliedstaat zum Zeitpunkt seines Beitritts geltenden Bedingungen weiterhin von der Steuer befreien, solange diese Umsätze in einem Mitgliedstaat befreit sind, der am 31. Dezember 1994 Mitglied der Gemeinschaft war.

Art. 380 [Kannbestimmung: Beibehaltung von Steuerbefreiungen – Schweden] Schweden darf die in Anhang X Teil B Nummer 2 genannten Dienstleistungen von Autoren, Künstlern und Interpreten von Kunstwerken sowie die in Anhang X Teil B Nummern 1, 9 und 10 genannten Umsätze zu den in diesem Mitgliedstaat zum Zeitpunkt seines Beitritts geltenden Bedingungen weiterhin von der Steuer befreien, solange diese Umsätze in einem Mitgliedstaat befreit sind, der am 31. Dezember 1994 Mitglied der Gemeinschaft war.

Art. 381 [Kannbestimmung: Beibehaltung von Steuerbefreiungen – Tschechien] Die Tschechische Republik darf die in Anhang X Teil B Nummer 10 genannte grenzüberschreitende Personenbeförderung zu den in diesem Mitgliedstaat zum Zeitpunkt seines Beitritts geltenden Bedingungen weiterhin von der Steuer befreien, solange diese Umsätze in einem Mitgliedstaat befreit sind, der am 30. April 2004 Mitglied der Gemeinschaft war.

Art. 382 [Kannbestimmung: Beibehaltung von Steuerbefreiungen – Estland] Estland darf die in Anhang X Teil B Nummer 10 genannte grenzüberschreitende Personenbeförderung zu den in diesem Mitgliedstaat zum Zeitpunkt seines Beitritts geltenden Bedingungen weiterhin von der Steuer befreien, solange diese Umsätze in einem Mitgliedstaat befreit sind, der am 30. April 2004 Mitglied der Gemeinschaft war.

Art. 383 [Kannbestimmung: Beibehaltung von Steuerbefreiungen – Zypern] Zypern darf weiterhin die folgenden Umsätze zu den in diesem Mitgliedstaat zum Zeitpunkt seines Beitritts geltenden Bedingungen von der Steuer befreien:

a) bis zum 31. Dezember 2007 die in Anhang X Teil B Nummer 9 genannte Lieferung von Baugrundstücken;

b) die in Anhang X Teil B Nummer 10 genannte grenzüberschreitende Personenbeförderung, solange diese Umsätze in einem Mitgliedstaat befreit sind, der am 30. April 2004 Mitglied der Gemeinschaft war.

Art. 384 [Kannbestimmung: Beibehaltung von Steuerbefreiungen – Lettland] Solange die betreffenden Umsätze in einem Mitgliedstaat von der Steuer befreit sind, der am 30. April 2004 Mitglied der Gemeinschaft war, darf Lettland zu den in diesem Mitgliedstaat zum Zeitpunkt seines Beitritts geltenden Bedingungen folgende Umsätze weiterhin von der Steuer befreien:

a) die in Anhang X Teil B Nummer 2 genannten Dienstleistungen von Autoren, Künstlern und Interpreten von Kunstwerken;

b) die in Anhang X Teil B Nummer 10 genannte grenzüberschreitende Personenbeförderung.

Art. 385 [Kannbestimmung: Beibehaltung von Steuerbefreiungen – Litauen] Litauen darf die in Anhang X Teil B Nummer 10 genannte grenzüberschreitende Personenbeförderung zu den in diesem Mitgliedstaat zum Zeitpunkt seines Beitritts geltenden Bedingungen weiterhin von der Steuer befreien, solange diese Umsätze in einem Mitgliedstaat befreit sind, der am 30. April 2004 Mitglied der Gemeinschaft war.

Art. 386 [Kannbestimmung: Beibehaltung von Steuerbefreiungen – Ungarn] Ungarn darf die in Anhang X Teil B Nummer 10 genannte grenzüberschreitende Personenbeförderung zu den in diesem Mitgliedstaat zum Zeitpunkt seines Beitritts geltenden Bedingungen weiterhin von der Steuer befreien, solange diese Umsätze in einem Mitgliedstaat befreit sind, der am 30. April 2004 Mitglied der Gemeinschaft war.

Art. 387[1] [Kannbestimmung: Beibehaltung von Steuerbefreiungen – Malta] Solange die betreffenden Umsätze in einem Mitgliedstaat von der Steuer befreit sind, der am 30. April 2004 Mitglied der Gemeinschaft war, darf Malta zu den in diesem Mitgliedstaat zum Zeitpunkt seines Beitritts geltenden Bedingungen folgende Umsätze weiterhin von der Steuer befreien:

a) ohne Recht auf Vorsteuerabzug, die in Anhang X Teil B Nummer 8 genannte Lieferung von Wasser durch Einrichtungen des öffentlichen Rechts;

b) ohne Recht auf Vorsteuerabzug, die in Anhang X Teil B Nummer 9 genannte Lieferung von Gebäuden und Baugrundstücken;

c) *(aufgehoben)*

Art. 388 [Kannbestimmung: Beibehaltung von Steuerbefreiungen – Polen] Polen darf die in Anhang X Teil B Nummer 10 genannte grenzüberschreitende Personenbeförderung zu den in diesem Mitgliedstaat zum Zeit-

[1] Art. 387 Buchst. c aufgeh. mWv 6.4.2022 durch RL v. 5.4.2022 (ABl. L 107 S. 1).

Anhang I

Verzeichnis der Tätigkeiten im Sinne des Artikels 13 Absatz 1 Unterabsatz 3

1. Telekommunikationswesen;
2. Lieferung von Wasser, Gas, Elektrizität und thermischer Energie;
3. Güterbeförderung;
4. Hafen- und Flughafendienstleistungen;
5. Personenbeförderung;
6. Lieferung von neuen Gegenständen zum Zwecke ihres Verkaufs;
7. Umsätze der landwirtschaftlichen Interventionsstellen aus landwirtschaftlichen Erzeugnissen, die in Anwendung der Verordnungen über eine gemeinsame Marktorganisation für diese Erzeugnisse bewirkt werden;
8. Veranstaltung von Messen und Ausstellungen mit gewerblichem Charakter;
9. Lagerhaltung;
10. Tätigkeiten gewerblicher Werbebüros;
11. Tätigkeiten der Reisebüros;
12. Umsätze von betriebseigenen Kantinen, Verkaufsstellen und Genossenschaften und ähnlichen Einrichtungen;
13. Tätigkeiten der Rundfunk- und Fernsehanstalten sofern sie nicht nach Artikel 132 Absatz 1 Buchstabe q steuerbefreit sind.

Anhang II

Exemplarisches Verzeichnis elektronisch erbrachter Dienstleistungen im Sinne von Artikel 58 Absatz 1 Buchstabe c[1)]

1. Bereitstellung von Websites, Webhosting, Fernwartung von Programmen und Ausrüstungen;
2. Bereitstellung von Software und deren Aktualisierung;
3. Bereitstellung von Bildern, Texten und Informationen sowie Bereitstellung von Datenbanken;
4. Bereitstellung von Musik, Filmen und Spielen, einschließlich Glücksspielen und Lotterien sowie von Sendungen und Veranstaltungen aus den Bereichen Politik, Kultur, Kunst, Sport, Wissenschaft und Unterhaltung;
5. Erbringung von Fernunterrichtsleistungen.

Anhang III[2)]

Verzeichnis der Lieferungen von Gegenständen und Dienstleistungen, auf die ermäßigte Steuersätze und die Steuerbefreiung mit Recht auf Vorsteuerabzug gemäß Artikel 98 angewandt werden können

1. Nahrungs- und Futtermittel (einschließlich Getränke, alkoholische Getränke jedoch ausgenommen), lebende Tiere, Saatgut, Pflanzen und üblicherweise für die Zubereitung von

---

1) Überschrift geänd. mWv 1.1.2010 bzw. mWv 1.1.2015 durch RL 2008/8/EG v. 12.2.2008 (ABl. EU Nr. L 44 S. 11).

2) Anh III geänd. mWv 1.6.2009 durch RL v. 5.5.2009 (ABl. L 116 S. 18); geänd. mWv 4.12.2018 durch RL v. 6.11.2018 (ABl. L 286 S. 20); geänd. mWv 6.4.2022 durch RL v. 5.4.2022 (ABl. L 107 S. 1); zur **Anwendung ab 1.1.2025** siehe Art. 3 Abs. 1 UAbs. 2 RL 2022/542.

Nahrungs- und Futtermitteln verwendete Zutaten sowie üblicherweise als Zusatz oder als Ersatz für Nahrungs- und Futtermittel verwendete Erzeugnisse;

2. Lieferung von Wasser;
3. Arzneimittel, die für ärztliche und tierärztliche Zwecke verwendet werden, einschließlich Erzeugnissen für Zwecke der Empfängnisverhütung und der Monatshygiene, sowie absorbierender Hygieneprodukte;
4. medizinische Geräte, Vorrichtungen, Produkte, Artikel, Hilfsmittel und Schutzausrüstung, einschließlich Atemschutzmasken, die üblicherweise für die Verwendung in der Gesundheitsversorgung oder für den Gebrauch von Behinderten bestimmt sind, Gegenstände, die wesentlich sind, um eine Behinderung auszugleichen oder zu bewältigen, sowie die Anpassung, Instandsetzung, Vermietung und das Leasing solcher Gegenstände;
5. Beförderung von Personen und Beförderung der von ihnen mitgeführten Gegenstände, wie beispielsweise Gepäck, Fahrräder einschließlich Elektrofahrräder, Kraftfahrzeuge oder andere Fahrzeuge, oder Dienstleistungen im Zusammenhang mit der Beförderung von Personen;
6. Lieferung von Büchern, Zeitungen und Zeitschriften auf physischen Trägern, auf elektronischem Weg oder beidem, einschließlich des Verleihs durch Büchereien (einschließlich Broschüren, Prospekte und ähnlicher Drucksachen, Bilder-, Zeichen- oder Malbücher für Kinder, Notenhefte oder Manuskripte, Landkarten und hydrografischer oder sonstiger Karten), mit Ausnahme von Veröffentlichungen, die vollständig oder im Wesentlichen Werbezwecken dienen, und mit Ausnahme von Veröffentlichungen, die vollständig oder im Wesentlichen aus Videoinhalten oder hörbarer Musik bestehen; Herstellung von Veröffentlichungen von gemeinnützigen Organisationen und Dienstleistungen im Zusammenhang mit dieser Herstellung;
7. Eintrittsberechtigung für Veranstaltungen, Theater, Zirkus, Jahrmärkte, Vergnügungsparks, Konzerte, Museen, Tierparks, Kinos und Ausstellungen sowie ähnliche kulturelle Ereignisse und Einrichtungen, oder Zugang zum Live-Streaming dieser Ereignisse oder Besuche oder beides;
8. Empfang von Rundfunk- und Fernsehprogrammen und Webcasting dieser Programme durch einen Mediendiensteanbieter; Internetzugangsdienste, die im Rahmen einer Digitalisierungspolitik bereitgestellt werden, die von den Mitgliedstaaten festgelegt wurde;
9. Dienstleistungen von Schriftstellern, Komponisten und ausübenden Künstlern sowie diesen geschuldete urheberrechtliche Vergütungen;
10. Lieferung und Bau von Wohnungen im Rahmen des sozialen Wohnungsbaus, wie von den Mitgliedstaaten festgelegt; Renovierung und Umbau, einschließlich Abriss und Neubau, sowie Reparatur von Wohnungen und Privatwohnungen; Vermietung von Grundstücken für Wohnzwecke;

10a. Bau und Renovierung von öffentlichen und anderen Gebäuden, die für dem Gemeinwohl dienende Tätigkeiten genutzt werden;

10b. Reinigung von Fenstern und Reinigung in privaten Haushalten;

10c. Lieferung und Installation von Solarpaneelen auf und in der Nähe von Privatwohnungen, Wohnungen sowie öffentlichen und anderen Gebäuden, die für dem Gemeinwohl dienende Tätigkeiten genutzt werden;

11. Lieferung von Gegenständen und Dienstleistungen, die in der Regel für den Einsatz in der landwirtschaftlichen Erzeugung bestimmt sind, mit Ausnahme von Investitionsgütern wie Maschinen oder Gebäuden; und bis zum 1. Januar 2032 Lieferung von chemischen Schädlingsbekämpfungsmitteln und chemischen Düngemitteln;

11a. Lebende Equiden und Dienstleistungen im Zusammenhang mit lebenden Equiden;

12. Beherbergung in Hotels und ähnlichen Einrichtungen, einschließlich der Beherbergung in Ferienunterkünften, und Vermietung von Campingplätzen und Plätzen für das Abstellen von Wohnwagen;

12a. Restaurant- und Verpflegungsdienstleistungen, mit der Möglichkeit, die Abgabe von (alkoholischen und/oder alkoholfreien) Getränken auszuklammern;

13. Eintrittsberechtigung für Sportveranstaltungen oder Zugang zum Live-Streaming dieser Veranstaltungen oder beides; Überlassung von Sportanlagen und Angebot von Sport- oder Bewegungskursen auch im Wege von Live-Streaming;

14. *(aufgehoben)*

15. Lieferung von Gegenständen und Erbringung von Dienstleistungen durch gemeinnützige Organisationen. die sich für wohltätige Zwecke und im Bereich der sozialen Sicherheit wie von den Mitgliedstaaten definiert einsetzen und die von den Mitgliedstaaten als Einrichtungen mit sozialem Charakter anerkannt werden, soweit sie nicht gemäß den Artikeln 132, 135 und 136 von der Steuer befreit sind;
16. Dienstleistungen von Bestattungsinstituten und Krematorien, einschließlich der Lieferung von damit im Zusammenhang stehenden Gegenständen;
17. medizinische Versorgungsleistungen und zahnärztliche Leistungen sowie Thermalbehandlungen, soweit sie nicht gemäß Artikel 132 Absatz 1 Buchstaben b bis e von der Steuer befreit sind;
18. Dienstleistungen im Zusammenhang mit Abwasser, Straßenreinigung, der Abfuhr von Hausmüll und der Abfallbehandlung oder dem Recycling von Müll mit Ausnahme der Dienstleistungen, die von Einrichtungen im Sinne des Artikels 13 erbracht werden;
19. Reparaturdienstleistungen betreffend Haushaltsgeräte, Schuhe und Lederwaren, Kleidung und Haushaltswäsche (einschließlich Ausbesserung und Änderung);
20. häusliche Pflegedienstleistungen (z. B. Haushaltshilfe und Betreuung von Kindern, älteren, kranken oder behinderten Personen);
21. Friseurdienstleistungen;
22. Lieferung von Elektrizität, Fernwärme und Fernkälte sowie Biogas, das aus in Anhang IX Teil A der Richtlinie (EU) 2018/2001 des Europäischen Parlaments und des Rates[1] aufgeführten Rohstoffen hergestellt wird; Lieferung und Installation von hocheffizienten emissionsarmen Heizanlagen, die die Emissionsrichtwerte gemäß Anhang V der Verordnung (EU) 2015/1189 der Kommission[2] bzw. Anhang V der Verordnung (EU) 2015/1185 der Kommission[3] einhalten und denen ein EU-Energieetikett zuerkannt wurde, um zu zeigen, dass das Kriterium nach Artikel 7 Absatz 2 der Verordnung (EU) 2017/1369 des Europäischen Parlaments und des Rates[4] erfüllt wird; und bis zum 1. Januar 2030 von Erdgas und Brennholz;
23. Lebende Pflanzen und sonstige Erzeugnisse des Pflanzenanbaus, einschließlich Knollen, Baumwolle, Wurzeln und ähnlichen Erzeugnissen, Schnittblumen und Pflanzenteilen zu Binde- oder Zierzwecken;
24. Kinderbekleidung und -schuhe; Lieferung von Kindersitzen für Kraftfahrzeuge;
25. Lieferung von Fahrrädern, einschließlich Elektrofahrrädern; Vermietungs- und Reparaturdienstleistungen für solche Fahrräder;
26. Lieferung von in Anhang IX Teile A, B und C aufgeführten Kunstgegenständen, Sammlungsstücken und Antiquitäten;
27. Rechtsdienstleistungen für auf Vertragsbasis Beschäftigte und Arbeitslose in Arbeitsgerichtsverfahren, und Rechtsdienstleistungen im Rahmen der Regelung für Verfahrenshilfe, wie von den Mitgliedstaaten festgelegt;
28. Geräte und sonstige Ausrüstung, die üblicherweise für den Einsatz bei Rettungs- oder Erste-Hilfe-Diensten bestimmt sind, wenn sie öffentlichen Einrichtungen oder gemeinnützigen Organisationen, die im Bereich des Zivil- oder Gemeinschaftsschutzes tätig sind, geliefert werden;

---

[1] **[Amtl. Anm.:]** Richtlinie (EU) 2018/2001 des Europäischen Parlaments und des Rates vom 11. Dezember 2018 zur Förderung der Nutzung von Energie aus erneuerbaren Quellen (Neufassung) (ABl. L 328 vom 21.12.2018, S. 82).

[2] **[Amtl. Anm.:]** Verordnung (EU) 2015/1189 der Kommission vom 28. April 2015 zur Durchführung der Richtlinie 2009/125/EG des Europäischen Parlaments und des Rates im Hinblick auf die Festlegung von Anforderungen an die umweltgerechte Gestaltung von Festbrennstoffkesseln (ABl. L 193 vom 21.7.2015, S. 100).

[3] **[Amtl. Anm.:]** Verordnung (EU) 2015/1185 der Kommission vom 24. April 2015 zur Durchführung der Richtlinie 2009/125/EG des Europäischen Parlaments und des Rates im Hinblick auf die Festlegung von Anforderungen an die umweltgerechte Gestaltung von Festbrennstoff-Einzelraumheizgeräten (ABl. L 193 vom 21.7.2015, S. 1).

[4] **[Amtl. Anm.:]** Verordnung (EU) 2017/1369 des Europäischen Parlaments und des Rates vom 4. Juli 2017 zur Festlegung eines Rahmens für die Energieverbrauchskennzeichnung und zur Aufhebung der Richtlinie 2010/30/EU (ABl. L 198 vom 28.7.2017, S. 1).

29. Dienstleistungen in Verbindung mit dem Betrieb von Feuerschiffen, Leuchttürmen oder anderen Navigationshilfen und Lebensrettungsdiensten einschließlich der Organisation und Unterhaltung des Rettungsboot-Dienstes.

(Fortsetzung nächste Seite)

550a. Durchführungsverordnung (EU) Nr. 282/2011 des Rates vom 15. März 2011 zur Festlegung von Durchführungsvorschriften zur Richtlinie 2006/112/EG über das gemeinsame Mehrwertsteuersystem

(Neufassung)

Vom 15. März 2011

(ABl. L 77 S. 1)[1]

Celex-Nr. 3 2011 R 0282

geänd. durch Art. 1 ÄndVO (EU) 967/2012 v. 9.10.2012 (ABl. L 290 S. 1), Art. 1 ÄndVO (EU) 1042/2013 v. 7.10.2013 (ABl. L 284 S. 1), Art. 1 ÄndVO (EU) 2017/2459 v. 5.12.2017 (ABl. L 348 S. 32), Art. 1 ÄndVO (EU) 2018/1912 v. 4.12.2018 (ABl. L 311 S. 10), Art. 1 VO (EU) 2019/2026 v. 21.11.2019 (ABl. L 313 S. 14, geänd. durch ABl. 2020 L 244 S. 9), Art. 1 DVO (EU) 2022/432 v. 15.3.2022 (ABl. L 88 S. 15)

DER RAT DER EUROPÄISCHEN UNION –

gestützt auf den Vertrag über die Arbeitsweise der Europäischen Union,
gestützt auf die Richtlinie 2006/112/EG[2] des Rates vom 28. November 2006 über das gemeinsame Mehrwertsteuersystem[3], insbesondere Artikel 397,
auf Vorschlag der Europäischen Kommission,
in Erwägung nachstehender Gründe:

(1) Die Verordnung (EG) Nr. 1777/2005 des Rates vom 17. Oktober 2005 zur Festlegung von Durchführungsvorschriften zur Richtlinie 77/388/EWG über das gemeinsame Mehrwertsteuersystem[4] muss in einigen wesentlichen Punkten geändert werden. Aus Gründen der Klarheit und der Vereinfachung sollte die Verordnung neu gefasst werden.

(2) Die Richtlinie 2006/112/EG legt Vorschriften im Bereich der Mehrwertsteuer fest, die in bestimmten Fällen für die Auslegung durch die Mitgliedstaaten offen sind. Der Erlass von gemeinsamen Vorschriften zur Durchführung der Richtlinie 2006/112/EG sollte gewährleisten, dass in Fällen, in denen es zu Divergenzen bei der Anwendung kommt oder kommen könnte, die nicht mit dem reibungslosen Funktionieren des Binnenmarkts zu vereinbaren sind, die Anwendung des Mehrwertsteuersystems stärker auf das Ziel eines solchen Binnenmarkts ausgerichtet wird. Diese Durchführungsvorschriften sind erst vom Zeitpunkt des Inkrafttretens dieser Verordnung an rechtsverbindlich; sie berühren nicht die Gültigkeit der von den Mitgliedstaaten in der Vergangenheit angenommenen Rechtsvorschriften und Auslegungen.

(3) Die Änderungen, die sich aus dem Erlass der Richtlinie 2008/8/EG des Rates vom 12. Februar 2008 zur Änderung der Richtlinie 2006/112/EG bezüglich des Ortes der Dienstleistung[5] ergeben, sollten in dieser Verordnung berücksichtigt werden.

(4) Das Ziel dieser Verordnung ist, die einheitliche Anwendung des Mehrwertsteuersystems in seiner derzeitigen Form dadurch sicherzustellen, dass Vorschriften zur Durchführung der Richtlinie 2006/112/EG erlassen werden, und zwar insbesondere in Bezug auf den Steuerpflichtigen, die Lieferung von Gegenständen und die Erbringung von Dienstleistungen sowie

---

[1] Veröffentlicht am 23.3.2011.
[2] Nr. **550**.
[3] **Amtl. Anm.:** ABl. L 347 vom 11.12.2006, S. 1.
[4] **Amtl. Anm.:** ABl. L 288 vom 29.10.2005, S. 1.
[5] **Amtl. Anm.:** ABl. L 44 vom 20.2.2008, S. 11.

den Ort der steuerbaren Umsätze. Im Einklang mit dem Grundsatz der Verhältnismäßigkeit gemäß Artikel 5 Absatz 4 des Vertrags über die Europäische Union geht diese Verordnung nicht über das für die Erreichung dieses Ziels erforderliche Maß hinaus. Da sie in allen Mitgliedstaaten verbindlich ist und unmittelbar gilt, wird die Einheitlichkeit der Anwendung am besten durch eine Verordnung gewährleistet.

(5) Diese Durchführungsvorschriften enthalten spezifische Regelungen zu einzelnen Anwendungsfragen und sind ausschließlich im Hinblick auf eine unionsweit einheitliche steuerliche Behandlung dieser Einzelfälle konzipiert. Sie sind daher nicht auf andere Fälle übertragbar und auf der Grundlage ihres Wortlauts restriktiv anzuwenden.

(6) Ändert ein Nichtsteuerpflichtiger seinen Wohnort und überführt er bei dieser Gelegenheit ein neues Fahrzeug oder wird ein neues Fahrzeug in den Mitgliedstaat zurücküberführt, aus dem es ursprünglich mehrwertsteuerfrei an den Nichtsteuerpflichtigen, der es zurücküberführt, geliefert worden war, so sollte klargestellt werden, dass es sich dabei nicht um den innergemeinschaftlichen Erwerb eines neuen Fahrzeugs handelt.

(7) Für bestimmte Dienstleistungen ist es ausreichend, dass der Dienstleistungserbringer nachweist, dass der steuerpflichtige oder nichtsteuerpflichtiger Empfänger dieser Dienstleistungen außerhalb der Gemeinschaft ansässig ist, damit die Erbringung dieser Dienstleistungen nicht der Mehrwertsteuer unterliegt.

(8) Die Zuteilung einer Mehrwertsteuer-Identifikationsnummer an einen Steuerpflichtigen, der eine Dienstleistung für einen Empfänger in einem anderen Mitgliedstaat erbringt oder der aus einem anderen Mitgliedstaat eine Dienstleistung erhält, für die die Mehrwertsteuer ausschließlich vom Dienstleistungsempfänger zu zahlen ist, sollte nicht das Recht dieses Steuerpflichtigen auf Nichtbesteuerung seiner innergemeinschaftlichen Erwerbe von Gegenständen beeinträchtigen. Teilt jedoch ein Steuerpflichtiger im Zusammenhang mit einem innergemeinschaftlichen Erwerb von Gegenständen dem Lieferer seine Mehrwertsteuer-Identifikationsnummer mit, so wird der Steuerpflichtige in jedem Fall so behandelt, als habe er von der Möglichkeit Gebrauch gemacht, diese Umsätze der Steuer zu unterwerfen.

(9) Die weitere Integration des Binnenmarkts erfordert eine stärkere grenzüberschreitende Zusammenarbeit von in verschiedenen Mitgliedstaaten ansässigen Wirtschaftsbeteiligten und hat zu einer steigenden Anzahl von Europäischen wirtschaftlichen Interessenvereinigungen (EWIV) im Sinne der Verordnung (EWG) Nr. 2137/85 des Rates vom 25. Juli 1985 über die Schaffung einer Europäischen wirtschaftlichen Interessenvereinigung (EWIV)[1)] geführt. Daher sollte klargestellt werden, dass EWIV steuerpflichtig sind, wenn sie gegen Entgelt Gegenstände liefern oder Dienstleistungen erbringen.

(10) Es ist erforderlich, Restaurant- und Verpflegungsdienstleistungen, die Abgrenzung zwischen diesen beiden Dienstleistungen sowie ihre angemessene Behandlung klar zu definieren.

(11) Im Interesse der Klarheit sollten Umsätze, die als elektronisch erbrachte Dienstleistungen eingestuft werden, in Verzeichnissen aufgelistet werden, wobei diese Verzeichnisse weder endgültig noch erschöpfend sind.

(12) Es ist erforderlich, einerseits festzulegen, dass es sich bei einer Leistung, die nur aus der Montage verschiedener vom Dienstleistungsempfänger zur Verfügung gestellter Teile einer Maschine besteht, um eine Dienstleistung handelt, und andererseits, wo der Ort dieser Dienstleistung liegt, wenn sie an einen Nichtsteuerpflichtigen erbracht wird.

(13) Der Verkauf einer Option als Finanzinstrument sollte als Dienstleistung behandelt werden, die von den Umsätzen, auf die sich die Option bezieht, getrennt ist.

(14) Um die einheitliche Anwendung der Regeln für die Bestimmung des Ortes der steuerbaren Umsätze sicherzustellen, sollten der Begriff des Ortes, an dem ein Steuerpflichtiger den Sitz seiner wirtschaftlichen Tätigkeit hat, und der Begriff der festen Niederlassung, des Wohnsitzes und des gewöhnlichen Aufenthaltsortes klargestellt werden. Die Zugrundelegung möglichst klarer und objektiver Kriterien sollte die praktische Anwendung dieser Begriffe erleichtern, wobei der Rechtsprechung des Gerichtshofs Rechnung getragen werden sollte.

(15) Es sollten Vorschriften erlassen werden, die eine einheitliche Behandlung von Lieferungen von Gegenständen gewährleisten, wenn ein Lieferer den Schwellenwert für Fernverkäufe in einen anderen Mitgliedstaat überschritten hat.

---

1) **Amtl. Anm.:** ABl. L 199 vom 31.7.1985, S. 1.

Anhang II[1)]

Artikel 51 dieser Verordnung

EUROPÄISCHE UNION

BESCHEINIGUNG ÜBER DIE BEFREIUNG VON DER MEHRWERTSTEUER UND/ODER DER VERBRAUCHSTEUER (*)
(Richtlinie 2006/112/EG — Artikel 151 — und Richtlinie 2008/118/EG — Artikel 13)

Laufende Nummer (nicht zwingend):

1. **ANTRAGSTELLENDE EINRICHTUNG BZW. PRIVATPERSON**

Bezeichnung/Name

Straße, Hausnummer

Postleitzahl, Ort

(Aufnahme-)Mitgliedstaat

2. **FÜR DAS ANBRINGEN DES DIENSTSTEMPELS ZUSTÄNDIGE BEHÖRDE (Bezeichnung, Anschrift und Rufnummer)**

3. **ERKLÄRUNG DER ANTRAGSTELLENDEN EINRICHTUNG ODER PRIVATPERSON**

Der Antragsteller (Einrichtung/Privatperson) ([1]) erklärt hiermit,

a) dass die in Feld 5 genannten Gegenstände und/oder Dienstleistungen bestimmt sind ([2])

☐ für amtliche Zwecke	☐ zur privaten Verwendung durch
☐ einer ausländischen diplomatischen Vertretung	☐ einen Angehörigen einer ausländischen diplomatischen Vertretung
☐ einer ausländischen berufskonsularischen Vertretung	☐ einen Angehörigen einer ausländischen berufskonsularischen Vertretung
☐ einer europäischen Einrichtung, auf die das Protokoll über die Vorrechte und Befreiungen der Europäischen Union Anwendung findet	
☐ einer internationalen Organisation	☐ einen Bediensteten einer internationalen Organisation
☐ der Streitkräfte eines der NATO angehörenden Staates	
☐ der Streitkräfte eines Mitgliedstaats, die an Maßnahmen der Union im Rahmen der Gemeinsamen Sicherheits- und Verteidigungspolitik (GSVP) Union beteiligt sind	
☐ der auf Zypern stationierten Streitkräfte des Vereinigten Königreichs	
☐ für die Verwendung durch die Europäische Kommission oder eine andere nach Unionsrecht geschaffene Einrichtung oder sonstige Stelle, wenn die Kommission oder diese Einrichtung oder sonstige Stelle ihre Aufgaben im Rahmen der Reaktion auf die COVID-19-Pandemie wahrnimmt	

[1)] Anh. II neu gef. **mWv 1.7.2022** durch DVO v. 15.3.2022 (ABl. L 88 S. 15 ff., S. 20 ff.).

(Bezeichnung der Einrichtung) (siehe Feld 4)

b) dass die in Feld 5 genannten Gegenstände und/oder Dienstleistungen mit den Bedingungen und Beschränkungen vereinbar sind, die in dem in Feld 1 genannten Aufnahmemitgliedstaat für die Freistellung gelten, und

c) dass die obigen Angaben richtig und vollständig sind.

Der Antragsteller (Einrichtung/Privatperson) verpflichtet sich hiermit, an den Mitgliedstaat, aus dem die Gegenstände versandt wurden oder von dem aus die Gegenstände geliefert oder die Dienstleistungen erbracht wurden, die Mehrwertsteuer und/oder Verbrauchsteuer zu entrichten, die fällig wird, falls die Gegenstände und/oder Dienstleistungen die Bedingungen für die Befreiung nicht erfüllen oder nicht für die beabsichtigten Zwecke verwendet werden bzw. nicht den beabsichtigten Zwecken dienen.

Ort, Datum — Name und Stellung des Unterzeichnenden

Unterschrift

4. **DIENSTSTEMPEL DER EINRICHTUNG (bei Freistellung zur privaten Verwendung)**

Ort, Datum	Stempel	Name und Stellung des Unterzeichnenden Unterschrift

5. **BEZEICHNUNG DER GEGENSTÄNDE UND/ODER DIENSTLEISTUNGEN, FÜR DIE DIE BEFREIUNG VON DER MEHRWERTSTEUER UND/ODER VERBRAUCHSTEUER BEANTRAGT WIRD**

A. Angaben zu dem Unternehmer/zugelassenen Lagerinhaber:

1) Bezeichnung und Anschrift

2) Mitgliedstaat

3) Mehrwertsteuer-Identifikationsnummer oder Steuerregisternummer/Verbrauchsteuernummer

B. Angaben zu den Gegenständen und/oder Dienstleistungen:

Nr.	Ausführliche Beschreibung der Gegenstände und/oder Dienstleistungen (³) (oder Verweis auf beigefügten Bestellschein)	Menge oder Anzahl	Preis ohne Mehrwertsteuer und Verbrauchsteuer		Währung
			Preis pro Einheit	Gesamtwert	
		Gesamtbetrag			

6. **BESCHEINIGUNG DER ZUSTÄNDIGEN BEHÖRDE(N) DES AUFNAHMEMITGLIEDSTAATES**

Die Versendung/Lieferung bzw. Erbringung der in Feld 5 genannten Gegenstände und/oder Dienstleistungen entspricht

☐ in vollem Umfang ☐ in folgendem Umfang (Menge bzw. Anzahl) (⁴)

den Bedingungen für die Befreiung von der Mehrwertsteuer und/oder Verbrauchsteuer.

Name und Stellung des Unterzeichnenden

Ort, Datum — Stempel — Unterschrift

7. **VERZICHT AUF ANBRINGUNG DES DIENSTSTEMPELABDRUCKS IN FELD 6 (nur bei Freistellung für amtliche Zwecke)**
Mit Schreiben Nr. vom wird für (Bezeichnung der antragstellenden Einrichtung) auf die Anbringung des Dienststempelabdrucks in Feld 6 durch (Bezeichnung der zuständigen Behörde des Aufnahmemitgliedstaates) verzichtet. Name und Stellung des Unterzeichnenden Ort, Datum Stempel Unterschrift
(*) Nichtzutreffendes streichen. (¹) Nichtzutreffendes streichen. (²) Zutreffendes ankreuzen. (³) Nicht benutzte Felder durchstreichen. Dies gilt auch, wenn ein Bestellschein beigefügt ist. (⁴) Gegenstände und/oder Dienstleistungen, für die keine Befreiung gewährt werden kann, sind in Feld 5 oder auf dem Bestellschein durchzustreichen.

Erläuterungen

1. Dem Unternehmer und/oder zugelassenen Lagerinhaber dient diese Bescheinigung als Beleg für die Steuerbefreiung von Gegenständen oder Dienstleistungen, die an Einrichtungen bzw. Privatpersonen im Sinne von Artikel 151 der Richtlinie 2006/112/EG und Artikel 13 der Richtlinie 2008/118/EG versendet und/oder geliefert werden. Dementsprechend ist für jeden Lieferer/Lagerinhaber eine Bescheinigung auszufertigen. Der Lieferer/Lagerinhaber hat die Bescheinigung gemäß den in seinem Mitgliedstaat geltenden Rechtsvorschriften in seine Buchführung aufzunehmen.

2.a) Die allgemeinen Hinweise zum zu verwendenden Papier und zu den Abmessungen der Felder sind dem *Amtsblatt der Europäischen Gemeinschaften* (C 164 vom 1.7.1989, S. 3) zu entnehmen.
Für alle Exemplare ist weißes Papier im Format 210 x 297 mm zu verwenden, wobei in der Länge Abweichungen von -5 bis +8 mm zulässig sind.
Bei einer Befreiung von der Verbrauchsteuer ist die Befreiungsbescheinigung in zwei Exemplaren auszufertigen:
– eine Ausfertigung für den Versender;
– eine Ausfertigung, die die Bewegungen der der Verbrauchsteuer unterliegenden Produkte begleitet.

b) Nicht genutzter Raum in Feld 5 Buchstabe B ist so durchzustreichen, dass keine zusätzlichen Eintragungen vorgenommen werden können.

c) Das Dokument ist leserlich und in dauerhafter Schrift auszufüllen. Löschungen oder Überschreibungen sind nicht zulässig. Die Bescheinigung ist in einer vom Aufnahmemitgliedstaat anerkannten Sprache auszufüllen.

d) Wird bei der Beschreibung der Gegenstände und/oder Dienstleistungen (Feld 5 Buchstabe B der Bescheinigung) auf einen Bestellschein Bezug genommen, der nicht in einer vom Aufnahmemitgliedstaat anerkannten Sprache abgefasst ist, so hat der Antragsteller (Einrichtung/Privatperson) eine Übersetzung beizufügen.

e) Ist die Bescheinigung in einer vom Mitgliedstaat des Lieferers/Lagerinhabers nicht anerkannten Sprache verfasst, so hat der Antragsteller (Einrichtung/Privatperson) eine Übersetzung der Angaben über die in Feld 5 Buchstabe B aufgeführten Gegenstände und Dienstleistungen beizufügen.

f) Unter einer anerkannten Sprache ist eine der Sprachen zu verstehen, die in dem betroffenen Mitgliedstaat amtlich in Gebrauch ist, oder eine andere Amtssprache der Union, die der Mitgliedstaat als zu diesem Zwecke verwendbar erklärt.

3. In Feld 3 der Bescheinigung macht der Antragsteller (Einrichtung/Privatperson) die für die Entscheidung über den Freistellungsantrag im Aufnahmemitgliedstaat erforderlichen Angaben.

4. In Feld 4 der Bescheinigung bestätigt die Einrichtung die Angaben in den Feldern 1 und 3 Buchstabe a des Dokuments und bescheinigt, dass der Antragsteller – wenn es sich um eine Privatperson handelt – Bediensteter der Einrichtung ist.

5.a) Wird (in Feld 5 Buchstabe B der Bescheinigung) auf einen Bestellschein verwiesen, so sind mindestens Bestelldatum und Bestellnummer anzugeben. Der Bestellschein hat alle Angaben zu enthalten, die in Feld 5 der Bescheinigung genannt werden. Muss die Bescheinigung von der zuständigen Behörde des Aufnahmemitgliedstaates abgestempelt werden, so ist auch der Bestellschein abzustempeln.

b) Die Angabe der in Artikel 2 Nummer 12 der Verordnung (EU) Nr. 389/2012 des Rates vom 2. Mai 2012 über die Zusammenarbeit der Verwaltungsbehörden auf dem Gebiet der Verbrauchsteuern und zur Aufhebung von Verordnung (EG) Nr. 2073/2004 definierten Verbrauchsteuernummer ist nicht zwingend; die MehrwertsteuerIdentifikationsnummer oder die Steuerregisternummer ist anzugeben.

c) Währungen sind mit den aus drei Buchstaben bestehenden Codes der internationalen ISOIDIS-4217-Norm zu bezeichnen, die von der Internationalen Normenorganisation festgelegt wurde.[1)]

6. Die genannte Erklärung einer antragstellenden Einrichtung/Privatperson ist in Feld 6 durch die Dienststempel der zuständigen Behörde(n) des Aufnahmemitgliedstaates zu beglaubigen. Diese Behörde(n) kann/können die Beglaubigung davon abhängig machen, dass eine andere Behörde des Mitgliedstaats zustimmt. Es obliegt der zuständigen Steuerbehörde, eine derartige Zustimmung zu erlangen.

7. Zur Vereinfachung des Verfahrens kann die zuständige Behörde darauf verzichten, von einer Einrichtung, die eine Befreiung für amtliche Zwecke beantragt, die Erlangung des Dienststempels zu fordern. Die antragstellende Einrichtung hat diese Verzichterklärung in Feld 7 der Bescheinigung anzugeben.

Anhang III

Artikel 56 der vorliegenden Verordnung

Einheit	Gehandelte Gewichte
Kilogramm	12,5/1
Gramm	500/250/100/50/20/10/5/2,5/2
Unze (1 oz = 31,1035g)	100/10/5/1/$^1/_2$/$^1/_4$
Tael (1 tael = 1,193 oz)[2)]	10/5/1
Tola (10 tola = 3,75 oz)[3)]	10

[1)] Die Codes einiger häufig benutzter Währungen lauten: EUR (Euro), BGN (Leva), CZK (Tschechische Kronen), DKK (Dänische Kronen), GBP (Pfund Sterling), HUF (Forint), LTL (Litai), PLN (Zloty), RON (Rumänische Lei), SEK (Schwedische Kronen), USD (US-Dollar).

[2)] Tael = traditionelle chinesische Gewichtseinheit. In Hongkong haben Taelbarren einen nominalen Feingehalt von 990 Tausendstel, aber in Taiwan können Barren von 5 und 10 Tael einen Feingehalt von 999,9 Tausendstel haben.

[3)] Tola = traditionelle indische Gewichtseinheit für Gold. Am weitesten verbreitet sind Barren *von 10 Tola mit einem Feingehalt* von 999 Tausendstel.

Anhang IV

Entsprechungstabelle

Verordnung (EG) Nr. 1777/2005	Vorliegende Verordnung
Kapitel I	Kapitel I
Artikel I	Artikel I
Kapitel II	Kapitel III und IV
Kapitel II Abschnitt 1	Kapitel III
Artikel 2	Artikel 5
Kapitel II Abschnitt 2	Kapitel IV
Artikel 3 Absatz 1	Artikel 9
Artikel 3 Absatz 2	Artikel 8
Kapitel III	Kapitel V
Kapitel III Abschnitt 1	Kapitel V Abschnitt 4
Artikel 4	Artikel 28
Kapitel III Abschnitt 2	Kapitel V Abschnitt 4
Artikel 5	Artikel 34
Artikel 6	Artikel 29 und 41
Artikel 7	Artikel 26
Artikel 8	Artikel 27
Artikel 9	Artikel 30
Artikel 10	Artikel 38 Absatz 2 Buchstaben b und c
Artikel 11 Absätze 1 und 2	Artikel 7 Absätze 1 und 2
Artikel 12	Artikel 7 Absatz 3
Kapitel IV	Kapitel VI
Artikel 13	Artikel 42
Kapitel V	Kapitel VIII
Kapitel V Abschnitt 1	Kapitel VIII Abschnitt 1
Artikel 14	Artikel 44
Artikel 15	Artikel 45
Kapitel V Abschnitt 2	Kapitel VIII Abschnitt 4
Artikel 16	Artikel 47
Artikel 17	Artikel 48
Kapitel VI	Kapitel IX
Artikel 18	Artikel 52
Kapitel VII	Kapitel XI
Artikel 19 Absatz 1	Artikel 56
Artikel 19 Absatz 2	Artikel 57
Artikel 20 Absatz 1	Artikel 58
Artikel 20 Absatz 2	Artikel 62
Artikel 20 Absatz 3 Unterabsatz 1	Artikel 59
Artikel 20 Absatz 3 Unterabsatz 2	Artikel 60
Artikel 20 Absatz 3 Unterabsatz 3	Artikel 63
Artikel 20 Absatz 4	Artikel 61
Kapitel VIII	Kapitel V Abschnitt 3
Artikel 21	Artikel 16
Artikel 22	Artikel 14
Kapitel IX	Kapitel XII
Artikel 23	Artikel 65
Anhang I	Anhang I
Anhang II	Anhang III

630. Rennwett- und Lotteriegesetz (RennwLottG)

Vom 25. Juni 2021 (BGBl. I S. 2065)

FNA 611-20

Zuletzt geändert durch Gesetz zur Änderung des Rennwett- und Lotteriegesetzes vom 23.5.2022 (BGBl. I S. 752)

Inhaltsübersicht

I. Allgemeine Vorschriften für Rennwetten

§ 1 Totalisatorbetreiber. (1) [1]Ein Verein, der einen Totalisator aus Anlass öffentlicher Pferderennen und anderer öffentlicher Leistungsprüfungen für Pferde im Inland betreiben will (Rennverein), bedarf der Erlaubnis der nach Landesrecht zuständigen Behörde. [2]Der Betrieb von Totalisatoren kann diesem Verein auch in Kooperation mit anderen Rennvereinen aus dem Inland und mit Totalisatorveranstaltern aus dem Ausland gestattet werden.

(2) [1]Die Erlaubnis kann mit einer Befristung oder einem Vorbehalt des Widerrufs erteilt oder mit einer Auflage oder einem Vorbehalt einer nachträglichen Aufnahme, Änderung oder Ergänzung einer Auflage verbunden werden. [2]Sie kann auf einzelne Veranstaltungen beschränkt werden.

(3) Die Erlaubnis darf nur solchen Vereinen erteilt werden, die die Sicherheit bieten, dass die Einnahmen ausschließlich zum Besten der Landespferdezucht verwendet werden.

(4) [1]Eine Erlaubnis für den Betrieb eines Totalisators aus Anlass öffentlicher Pferderennen im Ausland und anderer ausländischer Leistungsprüfungen für

steuerliche Zuverlässigkeit keine Bedenken bestehen und der – soweit er nach dem Handelsgesetzbuch oder der Abgabenordnung dazu verpflichtet ist – ordnungsmäßig kaufmännische Bücher führt und rechtzeitig Jahresabschlüsse aufstellt.

(3) Der steuerliche Beauftragte hat die in § 21 geregelten Pflichten als eigene zu erfüllen.

(4) Der steuerliche Beauftragte schuldet die Steuer nach § 16 neben dem Steuerschuldner (Gesamtschuldner).

(5) § 123 der Abgabenordnung bleibt unberührt.

§ 23 Aufzeichnungspflichten. (1) [1]Der Steuerschuldner (§ 19) ist neben der Verpflichtung aus § 7 Absatz 3 verpflichtet, für jede einzelne Wettannahmestelle getrennte Aufzeichnungen zur Ermittlung der Sportwettensteuer und zu den Grundlagen ihrer Berechnung zu führen. [2]Ist ein steuerlicher Beauftragter gemäß § 22 benannt, hat der Veranstalter diesem die Aufzeichnungen nach Satz 1 monatlich zu übermitteln.

(2) Aus den Aufzeichnungen müssen insbesondere zu ersehen sein:

1. Name und Anschrift des Wettenden,
2. Name und Anschrift der beteiligten Dritten (§ 56) sowie die von diesen vermittelten Wetteinsätze (§ 17 Absatz 1),
3. Beschreibung der Sportwette und der Art der Sportwette sowie des Sportereignisses, auf das sich die Sportwette bezieht,
4. geleisteter Wetteinsatz für die jeweilige Sportwette,
5. Voraussetzungen für die Minderung der Bemessungsgrundlage (§ 17 Absatz 2),
6. Zeitpunkt der Leistung des Wetteinsatzes und
7. Höhe der Steuer.

§ 24 Zerlegung. (1)[1)] Das Gesamtaufkommen der Steuer nach § 16 wird [*neue Fassung:* kalendervierteljährlich] nach den Absätzen 2 und 3 zerlegt.

(2) Die Zerlegungsanteile der einzelnen Länder am Gesamtaufkommen der Steuer nach § 16 sind nach den folgenden Zerlegungsmaßstäben zu ermitteln:

1. zu 50 Prozent entsprechend den Anteilen am im Jahr 2010 erzielten Aufkommen der Steuern nach diesem Gesetz und,

[bisherige Fassung:]

2. zu 50 Prozent entsprechend dem Einwohneranteil der Länder; dabei sind jeweils die am 1. Mai beim Statistischen Bundesamt ver-

[neue Fassung:][2)]

2. zu 50 Prozent entsprechend dem Einwohneranteil der Länder, wobei jeweils die zum Ende des Monats, der dem betreffenden

---

[1)] § 24 Abs. 1 geänd. durch G v. 23.5.2022 (BGBl. I S. 752); zur Anwendung siehe § 64.

[2)] § 24 Abs. 2 Nr. 2 neu gef., Abs. 3 neu gef. durch G v. 23.5.2022 (BGBl. I S. 752); zur Anwendung siehe § 64.

[bisherige Fassung:]	*[neue Fassung:]*[1]
fügbaren neuesten Daten des dem Zerlegungsjahr folgenden Jahres zugrunde zu legen.	Kalendervierteljahr folgt, beim Statistischen Bundesamt verfügbaren neuesten Daten zu Grunde zu legen sind.
(3) [1] Die Zerlegung wird von der in der Durchführungsverordnung zu diesem Gesetz bestimmten obersten Landesfinanzbehörde durchgeführt. [2] Dabei sind Abschlagszahlungen unter Berücksichtigung des jeweiligen Vorjahresergebnisses festzusetzen, die am 15. März, 15. Juni, 15. September und 15. Dezember des Jahres zu leisten sind. [3] Bis zur Festsetzung der Zerlegungsanteile für das Vorjahr sind die Abschlagszahlungen vorläufig in bisheriger Höhe zu entrichten.	(3) [1] Die Zerlegung wird von der in der Durchführungsverordnung zum Rennwett- und Lotteriegesetz bestimmten obersten Landesfinanzbehörde durchgeführt. [2] Dabei sind vorläufige Abschlagszahlungen unter Berücksichtigung der endgültigen Abrechnung des jeweiligen vorangegangenen Kalendervierteljahres festzusetzen. [3] Mit den vorläufigen Abschlagszahlungen für ein Kalendervierteljahr sind die Zerlegungsanteile für das jeweilige vorangegangene Kalendervierteljahr endgültig abzurechnen. [4] Die Zahlungen sind am 15. März, 15. Juni, 15. September und 15. Dezember zu leisten.

§ 25 Zuständigkeit. [1] Örtlich zuständig ist das Finanzamt, in dessen Bezirk der Veranstalter der Sportwette seinen Wohnsitz, gewöhnlichen Aufenthalt, Ort der Geschäftsleitung oder Sitz hat. [2] Ist ein steuerlicher Beauftragter im Sinne des § 22 Absatz 1 benannt, ist das Finanzamt örtlich zuständig, in dessen Bezirk der steuerliche Beauftragte seinen Geschäftssitz hat. [3] Ergibt sich weder nach Satz 1 noch nach Satz 2 eine örtliche Zuständigkeit, ist das in der Durchführungsverordnung zum Rennwett- und Lotteriegesetz bestimmte Finanzamt örtlich zuständig.

3. Besteuerung von öffentlichen Lotterien und Ausspielungen

§ 26 Steuergegenstand. (1) [1] Lotterien und Ausspielungen unterliegen der Lotteriesteuer, wenn sie im Geltungsbereich dieses Gesetzes öffentlich veranstaltet werden. [2] Dies ist der Fall, wenn

1. der Veranstalter der Lotterie oder Ausspielung bei Abschluss des Spielvertrages seinen Wohnsitz, gewöhnlichen Aufenthalt, Ort der Geschäftsleitung oder Sitz im Geltungsbereich dieses Gesetzes hat oder
2. der Spieler die zur Entstehung des Spielvertrages mit einem im Ausland ansässigen Veranstalter erforderlichen Handlungen im Geltungsbereich dieses Gesetzes vornimmt.

[1] § 24 Abs. 2 Nr. 2 neu gef., Abs. 3 neu gef. durch G v. 23.5.2022 (BGBl. I S. 752); zur Anwendung siehe § 64.

(2) Als Lotterie oder Ausspielung im Sinne des Absatzes 1 gilt auch eine angehängte Lotterie (Zweitlotterie).

§ 27 Bemessungsgrundlage. (1) [1]Die Lotteriesteuer bemisst sich nach dem geleisteten Teilnahmeentgelt abzüglich der Lotteriesteuer. [2]Geleistetes Teilnahmeentgelt ist der vom Spieler zur Teilnahme an der öffentlichen Lotterie oder Ausspielung geleistete Lospreis zuzüglich möglicher vom Veranstalter festgelegter Gebühren. [3]Hält ein Vermittler von Losen einer Klassenlotterie ein nicht verkauftes oder zurückgegebenes Los mit eigener Gewinnberechtigung vor, gilt er für die Dauer der Vorhaltung als Spieler. [4]In den Fällen des Satzes 3 gilt der Verkaufspreis des Loses für die erste Klasse beziehungsweise für ein Erneuerungslos für die nachfolgende Klasse als geleistetes Teilnahmeentgelt.

(2) Wird die öffentliche Lotterie oder Ausspielung mit einer sonstigen Leistung kombiniert und leistet der Spieler hierfür ein ungeteiltes Gesamtentgelt, gilt mindestens der Wert der vorgehaltenen Gewinne als geleistetes Teilnahmeentgelt im Sinne des Absatz 1 Satz 1.

(3) Ein Teilnahmeentgelt, das zurückgezahlt oder verrechnet wird, weil die Lotterie oder Ausspielung für ungültig erklärt wird oder nicht stattfindet, mindert die Bemessungsgrundlage in dem Anmeldungszeitraum (§ 32), in dem die Rückzahlung oder Verrechnung vorgenommen wird.

(4) [1]Werden vom Spieler Gebühren oder Entgelte für sonstige Leistungen von Lotterieeinnehmern, Spielvermittlern oder sonstigen Dritten erhoben, die nicht vom Veranstalter festgelegt wurden, aber im Zusammenhang mit der Teilnahme stehen, sind diese dem geleisteten Teilnahmeentgelt hinzuzurechnen, wenn sie von der inländischen Behörde nicht genehmigt wurden oder soweit sie die genehmigte Höhe übersteigen. [2]Das gilt nicht in den Fällen, in denen diese Gebühren oder Entgelte aufgrund eines anderen Gesetzes allgemein und der Höhe nach erlaubt sind.

§ 28 Lotteriesteuerbefreiung. Von der Lotteriesteuer befreit sind von den zuständigen inländischen Behörden erlaubte öffentliche Lotterien und Ausspielungen,

1. bei denen der Gesamtbetrag der geleisteten Teilnahmeentgelte den Wert von 1000 Euro nicht übersteigt oder
2. bei denen der Gesamtbetrag der geleisteten Teilnahmeentgelte einer öffentlichen Lotterie oder Ausspielung zu ausschließlich gemeinnützigen, mildtätigen oder kirchlichen Zwecken den Wert von 40 000 Euro nicht übersteigt und der Reinertrag für die genannten Zwecke verwandt wird.

§ 29 Steuersatz. Die Lotteriesteuer beträgt 20 Prozent der Bemessungsgrundlage nach § 27.

§ 30 Steuerschuldner. (1) [1]Steuerschuldner ist der Veranstalter der öffentlichen Lotterie oder Ausspielung. [2]Veranstalter ist, wer die planmäßige Ausführung des gesamten Unternehmens selbst oder durch andere ins Werk setzt und dabei das Spielgeschehen maßgeblich gestaltet.

(2) Im Fall einer öffentlichen Lotterie oder Ausspielung ohne inländische ordnungsrechtliche Erlaubnis schuldet neben dem Veranstalter der öffentlichen Lotterie oder Ausspielung derjenige die Steuer gesamtschuldnerisch, der die Teilnahme an dieser öffentlichen Lotterie oder Ausspielung ermöglicht (Dritter), insbesondere durch Verkauf oder Vermittlung von Losen oder vergleichbaren Teilnahmeberechtigungen.

(3) [1] Abweichend von den Absätzen 1 und 2 schuldet der Dritte die Steuer allein, wenn der Veranstalter im Fall des Absatzes 2 von der Ermöglichung der Teilnahme durch Dritte nicht gewusst hat. [2] Dies gilt auch, wenn dem Veranstalter die Ermöglichung der Teilnahme durch Dritte bekannt war oder er diese für möglich gehalten und im Rahmen seiner Möglichkeiten versucht hat, die Teilnahme zu unterbinden.

(4) [1] Abweichend von Absatz 1 schuldet neben dem Veranstalter der öffentlichen Lotterie oder Ausspielung der Lotterieeinnehmer, Lotterievermittler oder sonstige Dritte den Teil der Steuer, der sich daraus ergibt, dass nach § 27 Absatz 4 Gebühren oder Entgelte für sonstige Leistungen nicht genehmigt wurden oder sie die genehmigte Höhe übersteigen und sie dem geleisteten Teilnahmeentgelt hinzugerechnet werden. [2] Der Lotterieeinnehmer, Spielvermittler oder sonstige Dritte schuldet den hierauf entfallenden Teil der Steuer allein, wenn zwischen ihm und dem Lotterieveranstalter kein Auftrags- oder ähnliches Vertragsverhältnis besteht.

§ 31 Steuerentstehung. [1] Die Lotteriesteuer entsteht mit der Leistung des Teilnahmeentgelts. [2] Bei Klassenlotterien entsteht die Steuer mit Beginn der jeweiligen Klasse, wenn das Teilnahmeentgelt vor diesem Zeitpunkt geleistet wurde.

§ 32 Steueranmeldung und -entrichtung. (1) Der Steuerschuldner hat die Lotteriesteuer für jeden Kalendermonat, in dem die Steuer entsteht (Anmeldungszeitraum), anzumelden.

(2) [1] Der Steuerschuldner hat für die Lotteriesteuer bis zum 15. Tag nach Ablauf des Anmeldungszeitraums beim zuständigen Finanzamt eine eigenhändig unterschriebene Steuererklärung nach amtlich vorgeschriebenem Vordruck abzugeben, die Steuer darin selbst zu berechnen (Steueranmeldung) und die im Anmeldungszeitraum entstandene Steuer zum Fälligkeitszeitpunkt zu entrichten. [2] Die Steueranmeldung kann auch nach amtlich vorgeschriebenem Datensatz durch Datenfernübertragung übermittelt werden, sofern der Zugang hierfür eröffnet ist. [3] Die Lotteriesteuer ist am 15. Tag nach Ablauf des Anmeldungszeitraums fällig.

(3) [1] In den Fällen einer nach § 28 steuerbefreiten öffentlichen Lotterie oder Ausspielung kann der Veranstalter abweichend von Absatz 1 lediglich für den Kalendermonat, in dem die letzte Ziehung der öffentlichen Lotterie oder Ausspielung stattgefunden hat (Anmeldungszeitraum), bis zum 15. Tag nach Ablauf des Anmeldungszeitraums beim zuständigen Finanzamt eine eigenhändig unterschriebene Steuererklärung nach amtlich vorgeschriebenem Vordruck abgeben und die Steuer darin selbst berechnen (Steueranmeldung). [2] Die Steueranmeldung kann auch nach amtlich vorgeschriebenem Datensatz durch

Datenfernübertragung übermittelt werden, sofern der Zugang hierfür eröffnet ist. [3]Der Anmeldungszeitraum nach Satz 1 kann auch gewählt werden, wenn die Nichterfüllung der Steuerbefreiungsvoraussetzungen feststeht, bevor die letzte Ziehung der öffentlichen Lotterie oder Ausspielung stattgefunden hat.

(4) [1]Der Steueranmeldung sind in den Fällen des § 27 Absatz 2 Unterlagen über die Ermittlung des Werts der vorgehaltenen Gewinne beizufügen. [2]Soweit eine Steuerbefreiung nach § 28 geltend gemacht wird, hat der Veranstalter die nach Landesrecht einzuholende behördliche Erlaubnis oder abzugebende Anzeige als Anlage hinzuzufügen. [3]In den Fällen des § 28 Nummer 2 ist eine zeitnahe Verwendung des Reinertrags für die dort genannten Zwecke nachzuweisen.

§ 33 Aufzeichnungspflichten. (1) Der Steuerschuldner (§ 30) ist verpflichtet, Aufzeichnungen zur Ermittlung der Steuer und zu den Grundlagen ihrer Berechnung sowie zum Nachweis der Steuerbefreiung (§ 28) zu führen.

(2) Aus den Aufzeichnungen müssen insbesondere zu ersehen sein:

1. Beschreibung der öffentlichen Lotterie oder Ausspielung,
2. geleistetes Teilnahmeentgelt für die jeweilige öffentliche Lotterie oder Ausspielung,
3. in den Fällen des § 26 Absatz 1 Satz 2 Nummer 2 Name und Anschrift des Spielers,
4. Voraussetzungen für die Minderung der Bemessungsgrundlage (§ 27 Absatz 3),
5. Zeitpunkt der Steuerentstehung,
6. Höhe der Steuer und
7. in den Fällen des § 28 Nummer 2 die Verwendung des Reinertrags.

§ 34 Zerlegung. (1)[1)] [1]Das Aufkommen der Steuer nach § 26 Absatz 1 Satz 2 Nummer 2 wird ***[neue Fassung:*** kalendervierteljährlich] zerlegt. [2]Die Zerlegungsanteile der einzelnen Länder sind nach den folgenden Zerlegungsmaßstäben zu ermitteln:

1. zu 50 Prozent entsprechend den Anteilen am im Jahr 2010 erzielten Aufkommen der Steuern nach diesem Gesetz,

[bisherige Fassung:]	***[neue Fassung:]***[2)]
2. zu 50 Prozent entsprechend dem Einwohneranteil der Länder; dabei sind jeweils die am 1. Mai beim Statistischen Bundesamt verfügbaren neuesten Daten des dem	2. zu 50 Prozent entsprechend dem Einwohneranteil der Länder, wobei jeweils die zum Ende des Monats, der dem betreffenden Kalendervierteljahr folgt, beim

---

[1)] § 34 Abs. 1 Satz 1 geänd. durch G v. 23.5.2022 (BGBl. I S. 752); zur Anwendung siehe § 64.

[2)] § 34 Abs. 1 Satz 2 Nr. 2 neu gef., Abs. 2 neu gef. durch G v. 23.5.2022 (BGBl. I S. 752); zur Anwendung siehe § 64.

[bisherige Fassung:]	*[neue Fassung:]*[1)]
Zerlegungsjahr folgenden Jahres zugrunde zu legen.	Statistischen Bundesamt verfügbaren neuesten Daten zu Grunde zu legen sind.
(2) [1]Die Zerlegung wird von der in der Durchführungsverordnung zu diesem Gesetz bestimmten obersten Landesfinanzbehörde durchgeführt. [2]Dabei sind Abschlagszahlungen unter Berücksichtigung des jeweiligen Vorjahresergebnisses festzusetzen, die am 15. März, 15. Juni, 15. September und 15. Dezember des Jahres zu leisten sind. [3]Bis zur Festsetzung der Zerlegungsanteile für das Vorjahr sind die Abschlagszahlungen vorläufig in bisheriger Höhe zu entrichten.	(2) [1]Die Zerlegung wird von der in der Durchführungsverordnung zum Rennwett- und Lotteriegesetz bestimmten obersten Landesfinanzbehörde durchgeführt. [2]Dabei sind vorläufige Abschlagszahlungen unter Berücksichtigung der endgültigen Abrechnung des jeweiligen vorangegangenen Kalendervierteljahres festzusetzen. [3]Mit den vorläufigen Abschlagszahlungen für ein Kalendervierteljahr sind die Zerlegungsanteile für das jeweilige vorangegangene Kalendervierteljahr endgültig abzurechnen. [4]Die Zahlungen sind am 15. März, 15. Juni, 15. September und 15. Dezember zu leisten.

§ 35 Zuständigkeit. [1]Örtlich zuständig ist das Finanzamt, in dessen Bezirk der Veranstalter der Lotterie oder Ausspielung seinen Wohnsitz, gewöhnlichen Aufenthalt, Ort der Geschäftsleitung oder Sitz hat. [2]Ergibt sich nach Satz 1 keine örtliche Zuständigkeit, ist das in der Durchführungsverordnung zum Rennwett- und Lotteriegesetz bestimmte Finanzamt örtlich zuständig.

4. Besteuerung von virtuellem Automatenspiel

§ 36 Steuergegenstand. [1]Im Internet angebotene Nachbildungen terrestrischer Automatenspiele (virtuelle Automatenspiele) unterliegen der Virtuellen Automatensteuer, wenn sie im Geltungsbereich dieses Gesetzes veranstaltet werden. [2]Dies ist der Fall, wenn

1. der Veranstalter des virtuellen Automatenspiels bei Abschluss des Spielvertrages seinen Wohnsitz, gewöhnlichen Aufenthalt, Ort der Geschäftsleitung oder Sitz im Geltungsbereich dieses Gesetzes hat oder
2. der Spieler die zur Entstehung des Spielvertrages erforderlichen Handlungen im Geltungsbereich dieses Gesetzes vornimmt.

[3]Der Virtuellen Automatensteuer unterliegen nicht das terrestrische Automatenspiel sowie im Internet angebotene Nachbildungen des terrestrischen Automatenspiels, die nur an bestimmten, ortsgebundenen Eingabegeräten gespielt werden können.

---

1) § 34 Abs. 1 Satz 2 Nr. 2 neu gef., Abs. 2 neu gef. durch G v. 23.5.2022 (BGBl. I S. 752); zur Anwendung siehe § 64.

§ 37 Bemessungsgrundlage. [1]Die Virtuelle Automatensteuer bemisst sich nach dem geleisteten Spieleinsatz abzüglich der Virtuellen Automatensteuer. [2]Der geleistete Spieleinsatz umfasst sämtliche Aufwendungen des Spielers zur Teilnahme am virtuellen Automatenspiel nach § 36.

§ 38 Steuersatz. Die Virtuelle Automatensteuer beträgt 5,3 Prozent der Bemessungsgrundlage nach § 37.

§ 39 Steuerschuldner. [1]Steuerschuldner ist der Veranstalter des virtuellen Automatenspiels. [2]Veranstalter ist, wer die planmäßige Ausführung des gesamten Unternehmens selbst oder durch andere ins Werk setzt und dabei das Spielgeschehen maßgeblich gestaltet.

§ 40 Steuerentstehung. Die Virtuelle Automatensteuer entsteht mit der Leistung des Spieleinsatzes.

§ 41 Steueranmeldung und -entrichtung. (1) Der Steuerschuldner hat die Virtuelle Automatensteuer für jeden Kalendermonat (Anmeldungszeitraum) anzumelden.

(2) [1]Der Steuerschuldner hat für die Virtuelle Automatensteuer bis zum 15. Tag nach Ablauf des Anmeldungszeitraums beim zuständigen Finanzamt eine eigenhändig unterschriebene Steuererklärung nach amtlich vorgeschriebenem Vordruck abzugeben, die Steuer darin selbst zu berechnen (Steueranmeldung) und die im Anmeldungszeitraum entstandene Steuer zum Fälligkeitszeitpunkt zu entrichten. [2]Die Steueranmeldung kann auch nach amtlich vorgeschriebenem Datensatz durch Datenfernübertragung übermittelt werden, sofern der Zugang hierfür eröffnet ist. [3]Die Virtuelle Automatensteuer ist am 15. Tag nach Ablauf des Anmeldungszeitraums fällig.

§ 42 Steuerlicher Beauftragter. (1) Hat der Veranstalter des virtuellen Automatenspiels seinen Wohnsitz, gewöhnlichen Aufenthalt, Ort der Geschäftsleitung oder Sitz nicht in einem Mitgliedstaat der Europäischen Union oder einem Vertragsstaat des Abkommens über den Europäischen Wirtschaftsraum, hat er der zuständigen Finanzbehörde einen steuerlichen Beauftragten im Inland zu benennen.

(2) Steuerlicher Beauftragter kann sein, wer seinen Wohnsitz, gewöhnlichen Aufenthalt, Ort der Geschäftsleitung oder Sitz im Inland hat, gegen dessen steuerliche Zuverlässigkeit keine Bedenken bestehen und der – soweit er nach dem Handelsgesetzbuch oder der Abgabenordnung[1)] dazu verpflichtet ist – ordnungsmäßig kaufmännische Bücher führt und rechtzeitig Jahresabschlüsse aufstellt.

(3) Der steuerliche Beauftragte hat die in § 41 geregelten Pflichten als eigene zu erfüllen.

[1)] **Nr. 800.**

(4) Der steuerliche Beauftragte schuldet die Steuer nach § 36 neben dem Steuerschuldner (Gesamtschuldner).

(5) § 123 der Abgabenordnung[1] bleibt unberührt.

§ 43 Aufzeichnungspflichten. (1) [1]Der Steuerschuldner (§ 39) ist verpflichtet, für jedes virtuelle Automatenspiel Aufzeichnungen zur Ermittlung der Virtuellen Automatensteuer und zu den Grundlagen ihrer Berechnung zu führen. [2]Ist ein steuerlicher Beauftragter gemäß § 42 benannt, hat der Veranstalter diesem die Aufzeichnungen nach Satz 1 monatlich zu übermitteln.

(2) Aus den Aufzeichnungen müssen insbesondere zu ersehen sein:

1. Name und Anschrift des Spielers,
2. geleistete Spieleinsatz,
3. Zeitpunkt der Leistung des Spieleinsatzes,
4. Höhe der Steuer und
5. Zugangsmöglichkeiten für eine Teilnahme am virtuellen Automatenspiel.

(3) Die Aufzeichnungen zu den Zugangsmöglichkeiten im Sinne des Absatzes 2 Nummer 5 umfassen insbesondere die Internetadresse des Angebots sowie die Namen der verfügbaren Applikationen, die zusätzlich oder gänzlich selbständig über Endgeräte genutzt werden können.

§ 44 Zerlegung. (1)[2] Das Gesamtaufkommen der Steuer nach § 36 wird [*neue Fassung:* kalendervierteljährlich] nach den Absätzen 2 und 3 zerlegt.

(2) Die Zerlegungsanteile der einzelnen Länder am Gesamtaufkommen der Steuer nach § 36 sind nach den folgenden Zerlegungsmaßstäben zu ermitteln:

1. zu 50 Prozent entsprechend den Anteilen am im Jahr 2010 erzielten Aufkommen der Steuern nach diesem Gesetz,

[bisherige Fassung:]

2. zu 50 Prozent entsprechend dem Einwohneranteil der Länder; dabei sind jeweils die am 1. Mai beim Statistischen Bundesamt verfügbaren neuesten Daten des dem Zerlegungsjahr folgenden Jahres zugrunde zu legen.

(3) [1]Die Zerlegung wird von der in der Durchführungsverordnung zu diesem Gesetz bestimmten obersten

[neue Fassung:][3]

2. zu 50 Prozent entsprechend dem Einwohneranteil der Länder, wobei jeweils die zum Ende des Monats, der dem betreffenden Kalendervierteljahr folgt, beim Statistischen Bundesamt verfügbaren neuesten Daten zu Grunde zu legen sind.

(3) [1]Die Zerlegung wird von der in der Durchführungsverordnung zum Rennwett- und Lotteriegesetz

---

[1] **Nr. 800.**

[2] § 44 Abs. 1 geänd. durch G v. 23.5.2022 (BGBl. I S. 752); zur Anwendung siehe § 64.

[3] § 44 Abs. 2 Nr. 2 neu gef., Abs. 3 neu gef. durch G v. 23.5.2022 (BGBl. I S. 752); zur Anwendung siehe § 64.

[bisherige Fassung:]	*[neue Fassung:]*[1)]
Landesfinanzbehörde durchgeführt. [2]Dabei sind Abschlagszahlungen unter Berücksichtigung des jeweiligen Vorjahresergebnisses festzusetzen, die am 15. März, 15. Juni, 15. September und 15. Dezember des Jahres zu leisten sind. [3]Bis zur Festsetzung der Zerlegungsanteile für das Vorjahr sind die Abschlagszahlungen vorläufig in bisheriger Höhe zu entrichten.	bestimmten obersten Landesfinanzbehörde durchgeführt. [2]Dabei sind vorläufige Abschlagszahlungen unter Berücksichtigung der endgültigen Abrechnung des jeweiligen vorangegangenen Kalendervierteljahres festzusetzen. [3]Mit den vorläufigen Abschlagszahlungen für ein Kalendervierteljahr sind die Zerlegungsanteile für das jeweilige vorangegangene Kalendervierteljahr endgültig abzurechnen. [4]Die Zahlungen sind am 15. März, 15. Juni, 15. September und 15. Dezember zu leisten.

§ 45 Zuständigkeit. [1]Örtlich zuständig ist das Finanzamt, in dessen Bezirk der Veranstalter des virtuellen Automatenspiels seinen Wohnsitz, gewöhnlichen Aufenthalt, Ort der Geschäftsleitung oder Sitz hat. [2]Wurde ein steuerlicher Beauftragter im Sinne des § 42 benannt, ist das Finanzamt örtlich zuständig, in dessen Bezirk der steuerliche Beauftragte seinen Geschäftssitz hat. [3]Ergibt sich weder nach Satz 1 noch nach Satz 2 eine örtliche Zuständigkeit, ist das in der Durchführungsverordnung zum Rennwett- und Lotteriegesetz bestimmte Finanzamt örtlich zuständig.

5. Besteuerung von Online-Poker

§ 46 Steuergegenstand. [1]Varianten des Pokerspiels ohne Bankhalter, bei denen an einem virtuellen Tisch gespielt wird (Online-Poker), unterliegen der Online-Pokersteuer, wenn sie im Geltungsbereich dieses Gesetzes veranstaltet werden. [2]Dies ist der Fall, wenn

1. der Veranstalter des Online-Pokers bei Abschluss des Spielvertrages seinen Wohnsitz, gewöhnlichen Aufenthalt, Ort der Geschäftsleitung oder Sitz im Geltungsbereich dieses Gesetzes hat oder
2. der Spieler die zur Entstehung des Spielvertrages erforderlichen Handlungen im Geltungsbereich dieses Gesetzes vornimmt.

[3]Alle Formen des terrestrischen Pokerspiels sowie Pokerspiele mit Bankhalter an einem virtuellen Tisch unterliegen nicht der Online-Pokersteuer.

§ 47 Bemessungsgrundlage. (1) [1]Die Online-Pokersteuer bemisst sich nach dem Spieleinsatz abzüglich der Online-Pokersteuer. [2]Der Spieleinsatz umfasst sämtliche Aufwendungen des Spielers zur Teilnahme am Online-

[1)] § 44 Abs. 2 Nr. 2 neu gef., Abs. 3 neu gef. durch G v. 23.5.2022 (BGBl. I S. 752); zur Anwendung siehe § 64.

Poker nach § 46. [3]Hierzu gehören insbesondere der Betrag, den der Spieler bei Beginn des Spiels zum Setzen zur Verfügung hat sowie alle sonstigen vom Spieler an den Veranstalter oder dessen Beauftragten zur Teilnahme bewirkten Leistungen. [4]Werden während des Spiels weitere Beträge zur Verlängerung des Spiels eingesetzt, gelten diese zu dem Betrag zugehörig, den der Spieler bei Beginn des Spiels zum Setzen zur Verfügung hat.

(2) [1]Ein Spiel beginnt am jeweiligen Tisch, wenn der Spieler seine erste Karte am Tisch erhält. [2]Das Spiel endet mit dem Verlassen des Tisches.

(3) Wird Online-Poker als Turnier veranstaltet, umfasst ein Spiel abweichend von Absatz 2 die gesamte Turnierteilnahme vom Beginn des Spielens am ersten Tisch bis zum Ausscheiden oder Gewinn des Turniers.

§ 48 Steuersatz. Die Online-Pokersteuer beträgt 5,3 Prozent der Bemessungsgrundlage nach § 47.

§ 49 Steuerschuldner. [1]Steuerschuldner ist der Veranstalter des Online-Pokers. [2]Veranstalter ist, wer die planmäßige Ausführung des gesamten Unternehmens selbst oder durch andere ins Werk setzt und dabei das Spielgeschehen maßgeblich gestaltet.

§ 50 Steuerentstehung. Die Online-Pokersteuer entsteht mit der Leistung des Spieleinsatzes.

§ 51 Steueranmeldung und -entrichtung. (1) Der Steuerschuldner hat die Online-Pokersteuer für jeden Kalendermonat (Anmeldungszeitraum) anzumelden.

(2) [1]Der Steuerschuldner hat für die Online-Pokersteuer bis zum 15. Tag nach Ablauf des Anmeldungszeitraums beim zuständigen Finanzamt eine eigenhändig unterschriebene Steuererklärung nach amtlich vorgeschriebenem Vordruck abzugeben, die Steuer darin selbst zu berechnen (Steueranmeldung) und die im Anmeldungszeitraum entstandene Steuer zum Fälligkeitszeitpunkt zu entrichten. [2]Die Steueranmeldung kann auch nach amtlich vorgeschriebenem Datensatz durch Datenfernübertragung übermittelt werden, sofern der Zugang hierfür eröffnet ist. [3]Die Online-Pokersteuer ist am 15. Tag nach Ablauf des Anmeldungszeitraums fällig.

§ 52 Steuerlicher Beauftragter. (1) Hat der Veranstalter des Online-Pokers seinen Wohnsitz, gewöhnlichen Aufenthalt, Ort der Geschäftsleitung oder Sitz nicht in einem Mitgliedstaat der Europäischen Union oder einem Vertragsstaat des Abkommens über den Europäischen Wirtschaftsraum, hat er der zuständigen Finanzbehörde einen steuerlichen Beauftragten im Inland zu benennen.

(2) Steuerlicher Beauftragter kann sein, wer seinen Wohnsitz, gewöhnlichen Aufenthalt, Ort der Geschäftsleitung oder Sitz im Inland hat, gegen dessen steuerliche Zuverlässigkeit keine Bedenken bestehen und der – soweit er nach

dem Handelsgesetzbuch oder der Abgabenordnung[1)] dazu verpflichtet ist – ordnungsmäßig kaufmännische Bücher führt und rechtzeitig Jahresabschlüsse aufstellt.

(3) Der steuerliche Beauftragte hat die in § 51 geregelten Pflichten als eigene zu erfüllen.

(4) Der steuerliche Beauftragte schuldet die Steuer nach § 46 neben dem Steuerschuldner (Gesamtschuldner).

(5) § 123 der Abgabenordnung[1)] bleibt unberührt.

§ 53 Aufzeichnungspflichten. (1) [1]Der Steuerschuldner (§ 49) ist verpflichtet, für jedes Online-Poker Aufzeichnungen zur Ermittlung der Online-Pokersteuer und zu den Grundlagen ihrer Berechnung zu führen. [2]Ist ein steuerlicher Beauftragter gemäß § 52 benannt, hat der Veranstalter diesem die Aufzeichnungen nach Satz 1 monatlich zu übermitteln.

(2) Aus den Aufzeichnungen müssen insbesondere zu ersehen sein:

1. Name und Anschrift des Spielers,
2. geleisteter Spieleinsatz,
3. Zeitpunkt der Leistung des Spieleinsatzes,
4. Höhe der Steuer und
5. Zugangsmöglichkeiten für eine Teilnahme am Online-Poker.

(3) Die Aufzeichnungen zu den Zugangsmöglichkeiten im Sinne des Absatzes 2 Nummer 5 umfassen insbesondere die Internetadresse des Angebots sowie die Namen der verfügbaren Applikationen, die zusätzlich oder gänzlich selbständig über Endgeräte genutzt werden können.

§ 54 Zerlegung. (1)[2)] Das Gesamtaufkommen der Steuer nach § 46 wird [***neue Fassung:*** kalendervierteljährlich] nach den Absätzen 2 und 3 zerlegt.

(2) Die Zerlegungsanteile der einzelnen Länder am Gesamtaufkommen der Steuer nach § 46 sind nach den folgenden Zerlegungsmaßstäben zu ermitteln:

1. zu 50 Prozent entsprechend den Anteilen am im Jahr 2010 erzielten Aufkommen der Steuern nach diesem Gesetz,

[bisherige Fassung:]	***[neue Fassung:]***[3)]
2. zu 50 Prozent entsprechend dem Einwohneranteil der Länder; dabei sind jeweils die am 1. Mai beim Statistischen Bundesamt verfügbaren neuesten Daten des dem Zerlegungsjahr folgenden Jahres zugrunde zu legen.	2. zu 50 Prozent entsprechend dem Einwohneranteil der Länder, wobei jeweils die zum Ende des Monats, der dem betreffenden Kalendervierteljahr folgt, beim Statistischen Bundesamt verfügbaren neuesten Daten zu Grunde zu legen sind.

---

1) **Nr. 800.**

2) § 54 Abs. 1 geänd. durch G v. 23.5.2022 (BGBl. I S. 752); zur Anwendung siehe § 64.

3) § 54 Abs. 2 Nr. 2 neu gef., Abs. 3 neu gef. durch G v. 23.5.2022 (BGBl. I S. 752); zur Anwendung siehe § 64.

[bisherige Fassung:]

(3) [1] Die Zerlegung wird von der in der Durchführungsverordnung zu diesem Gesetz bestimmten obersten Landesfinanzbehörde durchgeführt. [2] Dabei sind Abschlagszahlungen unter Berücksichtigung des jeweiligen Vorjahresergebnisses festzusetzen, die am 15. März, 15. Juni, 15. September und 15. Dezember des Jahres zu leisten sind. [3] Bis zur Festsetzung der Zerlegungsanteile für das Vorjahr sind die Abschlagszahlungen vorläufig in bisheriger Höhe zu entrichten.

[neue Fassung:][1)]

(3) [1] Die Zerlegung wird von der in der Durchführungsverordnung zum Rennwett- und Lotteriegesetz bestimmten obersten Landesfinanzbehörde durchgeführt. [2] Dabei sind vorläufige Abschlagszahlungen unter Berücksichtigung der endgültigen Abrechnung des jeweiligen vorangegangenen Kalendervierteljahres festzusetzen. [3] Mit den vorläufigen Abschlagszahlungen für ein Kalendervierteljahr sind die Zerlegungsanteile für das jeweilige vorangegangene Kalendervierteljahr endgültig abzurechnen. [4] Die Zahlungen sind am 15. März, 15. Juni, 15. September und 15. Dezember zu leisten.

§ 55 Zuständigkeit. [1] Örtlich zuständig ist das Finanzamt, in dessen Bezirk der Veranstalter des Online-Pokers seinen Wohnsitz, gewöhnlichen Aufenthalt, Ort der Geschäftsleitung oder Sitz hat. [2] Wurde ein steuerlicher Beauftragter im Sinne des § 52 benannt, ist das Finanzamt örtlich zuständig, in dessen Bezirk der steuerliche Beauftragte seinen Geschäftssitz hat. [3] Ergibt sich weder nach Satz 1 noch nach Satz 2 eine örtliche Zuständigkeit, ist das in der Durchführungsverordnung zum Rennwett- und Lotteriegesetz bestimmte Finanzamt örtlich zuständig.

6. Sonstige Vorschriften

§ 56 Informationspflichten Dritter. Zur Gewährleistung eines ordnungsgemäßen Besteuerungsverfahrens sind alle an der Begründung oder Durchführung der Vereinbarung zwischen Veranstalter und Wettenden oder Spieler beteiligten Dritten verpflichtet, den jeweiligen Steuerschuldner über die für die Besteuerung erheblichen Tatsachen, insbesondere über den geleisteten Wetteinsatz oder das geleistete Teilnahmeentgelt, unverzüglich zu informieren.

§ 57 Umrechnung fremder Währung. Werte in fremder Währung sind zur Berechnung der Steuer nach den für die Umsatzsteuer geltenden Vorschriften umzurechnen.

§ 58 Nachschau. (1) Zur Sicherstellung einer gleichmäßigen und vollständigen Festsetzung und Erhebung der Steuern nach diesem Gesetz sind die von der zuständigen Finanzbehörde mit der Verwaltung dieser Steuer betrauten

[1)] § 54 Abs. 2 Nr. 2 neu gef., Abs. 3 neu gef. durch G v. 23.5.2022 (BGBl. I S. 752); zur Anwendung siehe § 64.

Amtsträger befugt, ohne vorherige Ankündigung und außerhalb einer Außenprüfung nach § 193 der Abgabenordnung[1] Grundstücke und Geschäftsräume von Personen, die die Teilnahme an Rennwetten, Sportwetten, Lotterien oder Ausspielungen, virtuellem Automatenspiel oder Online-Poker ermöglichen, während der Geschäfts- und Arbeitszeiten kostenfrei zu betreten, um Sachverhalte festzustellen, die für die Besteuerung erheblich sein können.

(2) [1] Soweit dies zur Feststellung einer steuerlichen Erheblichkeit zweckdienlich ist, haben die von der Nachschau betroffenen Personen und deren Angestellte oder Beauftragte sowie Personen, die darüber hinaus über eine entsprechende Berechtigung verfügen, auf Ersuchen des Amtsträgers Aufzeichnungen, Bücher, Geschäftspapiere und andere Unterlagen vorzulegen und Auskünfte zu erteilen. [2] § 147 Absatz 6 der Abgabenordnung[1] gilt entsprechend.

(3) [1] Wenn die bei der Nachschau getroffenen Feststellungen hierzu Anlass geben, kann ohne vorherige Prüfungsanordnung (§ 196 der Abgabenordnung[1]) zu einer Außenprüfung nach § 193 der Abgabenordnung[1] übergegangen werden. [2] Auf den Übergang zur Außenprüfung ist schriftlich hinzuweisen.

(4) Werden anlässlich der Nachschau Verhältnisse festgestellt, die für die Festsetzung und Erhebung anderer Steuern als der Steuern nach diesem Gesetz erheblich sein können, ist die Auswertung der Feststellungen insoweit zulässig, als ihre Kenntnis für die Besteuerung der in Absatz 1 genannten Personen oder anderer Personen von Bedeutung sein kann.

§ 59 Änderung nach Außenprüfung. [1] Steuerbeträge, die auf Grund einer Außenprüfung nachzuentrichten oder zu erstatten sind, sind zusammen mit der Steuer für den letzten Kalendermonat des Prüfungszeitraums festzusetzen. [2] Sie sind einen Monat nach Bekanntgabe der Festsetzung fällig.

§ 60 Ermächtigung. Das Bundesministerium der Finanzen wird ermächtigt, durch Rechtsverordnung mit Zustimmung des Bundesrates Regelungen zu erlassen über:

1. die nähere Bestimmung der in Abschnitt II. verwendeten Begriffe,
2. Anzeigepflichten gegenüber der zuständigen Finanzbehörde,
3. die für die Besteuerung zuständigen Finanzbehörden,
4. die Bestimmung der für die Steuerzerlegung zuständigen Finanzbehörden,
5. die Berechnung der Steuer,
6. die näheren Voraussetzungen für eine Steuerbefreiung und
7. die Einzelheiten der Besteuerungsverfahren einschließlich der erforderlichen Angaben und vorzulegenden Unterlagen.

---

[1] **Nr. 800.**

III. Gemeinsame Vorschriften

§ 61 Offenbarungs- und Verwertungsbefugnis für nichtsteuerliche Zwecke. Die Finanzbehörde kann die nach § 30 der Abgabenordnung[1] geschützten personenbezogenen Daten gegenüber der Glücksspielaufsichtsbehörde und gegenüber der für das Zuweisungsverfahren nach § 7 zuständigen Behörde offenbaren, soweit es dem Verfahren der Glücksspielaufsicht und dem Zuweisungsverfahren dient.

§ 62 Mitteilungspflicht. Die für die Glücksspielaufsicht und für die Erteilung der Erlaubnis zuständigen Behörden sind verpflichtet, erlangte Kenntnisse gegenüber der Finanzbehörde mitzuteilen, soweit die Kenntnisse der Durchführung eines Verfahrens in Steuersachen dienen.

§ 63 Bekanntmachungsermächtigungen. (1) Das Bundesministerium der Finanzen kann dieses Gesetz, die Durchführungsverordnung zu diesem Gesetz sowie die von ihm auf Grund dieses Gesetzes erlassenen Rechtsverordnungen in der jeweils geltenden Fassung mit neuem Datum und unter neuer Überschrift im Bundesgesetzblatt bekanntmachen.

(2) Das Bundesministerium für Ernährung und Landwirtschaft kann die von ihm auf Grund dieses Gesetzes erlassenen Rechtsverordnungen in der jeweils geltenden Fassung mit neuem Datum und unter neuer Überschrift im Bundesgesetzblatt bekanntmachen.

§ 64[2] Übergangsvorschrift. Für die Abrechnung und den Vollzug der Zerlegung des Aufkommens der Steuern nach § 16, § 26 Absatz 1 Satz 2 Nummer 2, §§ 36 und 46 vor dem 1. Januar 2022 und die vorläufigen Abschlagszahlungen am 15. März 2022 finden die §§ 24, 34, 44 und 54 in der am 31. Dezember 2021 geltenden Fassung weiterhin Anwendung.

---

[1] **Nr. 800.**

[2] § 64 angef. durch G v. 23.5.2022 (BGBl. I S. 752).

ist nur vorzunehmen, wenn dies im Einzelfall zu einem Ergebnis führt, das dem Fremdvergleichsgrundsatz besser entspricht.

(4) Dienstleistungen, die im übrigen Unternehmen im Zusammenhang mit dem Bau- und Montagevertrag des Bau- und Montageunternehmens erbracht werden, gelten auch dann nicht als gegenüber der Bau- und Montagebetriebsstätte erbracht, wenn sie im Zusammenhang mit der Dienstleistung der Bau- und Montagebetriebsstätte stehen.

§ 33 Anzunehmende schuldrechtliche Beziehungen in besonderen Fällen. (1) Abweichend von § 32 ist der Verrechnungspreis für die anzunehmende schuldrechtliche Beziehung zwischen der Bau- und Montagebetriebsstätte und dem übrigen Unternehmen nach einer Gewinnaufteilungsmethode zu bestimmen, wenn

1. die Personalfunktionen, die jeweils sowohl von der Bau- und Montagebetriebsstätte als auch vom übrigen Unternehmen im Hinblick auf die Erfüllung des Bau- oder Montagevertrags ausgeübt werden, keine Routinetätigkeit darstellen und dazu führen, dass jeweils vergleichbare Chancen und Risiken zuzuordnen sind, oder
2. für die Erfüllung des Bau- oder Montagevertrags sowohl von der Bau- und Montagebetriebsstätte als auch vom übrigen Unternehmen einzigartige immaterielle Werte selbst entwickelt oder erworben werden.

(2) [1] Der Aufteilungsschlüssel, der für die Gewinnaufteilungsmethode nach Absatz 1 anzuwenden ist, bestimmt sich nach den Beiträgen, die jeweils von der Bau- und Montagebetriebsstätte und vom übrigen Unternehmen für den Bau- und Montagevertrag geleistet werden. [2] Der Umfang der geleisteten Beiträge berechnet sich nach den Kosten der maßgeblichen Personalfunktionen, die jeweils von der Bau- und Montagebetriebsstätte und vom übrigen Unternehmen für den Bau- und Montagevertrag ausgeübt werden. [3] Zu berücksichtigen ist auch ein angemessener Anteil

1. an den Forschungs- und Entwicklungskosten der eingesetzten immateriellen Werte sowie
2. an vergeblichen Akquisitionskosten für nicht zustande gekommene Bau- und Montageverträge.

[4] Ein anderer Aufteilungsschlüssel ist anzuwenden, wenn dieser im Einzelfall zu einem Ergebnis der Bau- und Montagebetriebsstätte führt, das dem Fremdvergleichsgrundsatz besser entspricht.

§ 34 Übergangsregelung für Bau- und Montagebetriebsstätten. (1) Das Bau- und Montageunternehmen kann die Einkünfte einer bereits vor dem 1. Januar 2013 begründeten Bau- und Montagebetriebsstätte bis zur Beendigung der Bau- oder Montagebetriebsstätte nach den bisher von der Finanzbehörde anerkannten steuerlichen Grundsätzen ermitteln.

(2) Das Bau- und Montageunternehmen kann, ungeachtet § 1 Absatz 5 des Außensteuergesetzes, Absatz 1 auch auf Bau- und Montagebetriebsstätten, die in den Jahren 2013 und 2014 begründet werden, anwenden, wenn es

1. nachweist, dass es für die Kalkulation seiner Leistungen von der Anwendung der bisher von der Finanzbehörde anerkannten steuerlichen Grundsätze ausgegangen ist, und
2. glaubhaft macht, dass die Regelungen dieser Verordnung seiner Kalkulation die Grundlage entziehen.

Abschnitt 5. Besonderheiten für Förderbetriebsstätten

§ 35 Allgemeines. (1) [1]Für eine Betriebsstätte, die zur Förderung von Bodenschätzen entsteht und nach Abschluss der Förderung endet (Förderbetriebsstätte), gelten die §§ 1 bis 17, soweit in diesem Abschnitt keine abweichende Regelung getroffen wird. [2]Ein Unternehmen, zu dem eine Förderbetriebsstätte gehört, ist ein Bergbauunternehmen oder ein Erdöl- oder Erdgasunternehmen.

(2) Ein Explorationsrecht ist das Recht, Bodenschätze zu suchen oder zu fördern.

§ 36 Besondere Zuordnungsregelungen. (1) [1]Ein Explorationsrecht, das für die Ausübung von Personalfunktionen in einer Förderbetriebsstätte eines Bergbauunternehmens oder eines Erdöl- oder Erdgasunternehmens genutzt wird, ist dieser Förderbetriebsstätte nur dann zuzuordnen, wenn dort zusätzlich auch

1. die Personalfunktionen im Zusammenhang mit der Anschaffung oder Herstellung des Explorationsrechts ausgeübt werden oder
2. der Vertrieb oder die Verwertung der gewonnenen Bodenschätze erfolgt.

[2]Die Zuordnung nach Satz 1 setzt voraus, dass die Bedeutung der genannten Personalfunktionen, die in der Förderbetriebsstätte im Hinblick auf das Explorationsrecht ausgeübt werden, gegenüber den insoweit ausgeübten Personalfunktionen des übrigen Unternehmens eindeutig überwiegt.

(2) Kann das Explorationsrecht nach Absatz 1 nicht der Förderbetriebsstätte zugeordnet werden, so ist es dem übrigen Unternehmen zuzuordnen und gilt als der Förderbetriebsstätte unentgeltlich beigestellt.

(3) [1]Abweichend von Absatz 2 ist das Explorationsrecht der Förderbetriebsstätte zum Zeitpunkt der Aufnahme der Fördertätigkeit zuzuordnen, wenn das Bergbauunternehmen oder das Erdöl- oder Erdgasunternehmen nachweist, dass der Staat, in dem die Förderbetriebsstätte liegt, ebenfalls von dieser Zuordnung ausgeht. [2]Die Zuordnung ist beizubehalten, solange der Staat, in dem die Förderbetriebsstätte liegt, von der entsprechenden Zuordnung des Explorationsrechts ausgeht.

(4) [1]In den Fällen des Absatzes 2 gilt für die Zuordnung von Vermögenswerten zu einer Förderbetriebsstätte § 31 Absatz 1 bis 3 sinngemäß. [2]In den Fällen des Absatzes 3 gelten für die Zuordnung von Vermögenswerten zu einer Förderbetriebsstätte die §§ 5 bis 8.

§ 37 Anzunehmende schuldrechtliche Beziehungen. (1) [1]Die Tätigkeit einer Förderbetriebsstätte unter Nutzung eines Explorationsrechts, das von

751. Verordnung zur Durchführung von § 14 Absatz 1 des Forschungszulagengesetzes (Forschungszulagen-Bescheinigungsverordnung – FZulBV)

Vom 30. Januar 2020 (BGBl. I S. 118)

Zuletzt geänd. durch Erste Verordnung zur Änderung der Forschungszulagen-Bescheinigungsverordnung vom 26.4.2022 (BGBl. I S. 850)

FNA 610-6-19-1

Inhaltsübersicht

Auf Grund des § 14 Absatz 1 Nummer 1 und 2 in Verbindung mit § 6 Absatz 1 des Forschungszulagengesetzes vom 14. Dezember 2019 (BGBl. I S. 2763) verordnet das Bundesministerium für Bildung und Forschung im Einvernehmen mit dem Bundesministerium der Finanzen und dem Bundesministerium für Wirtschaft und Energie:

§ 1 Gegenstand, Anwendungsbereich. Diese Verordnung regelt das Bescheinigungsverfahren nach § 6 des Gesetzes.

§ 2[1] **Zuständige Stelle.** (1) [1]Zuständige Stelle für die Wahrnehmung der Aufgaben nach dieser Verordnung ist das Bundesministerium für Bildung und Forschung. [2]Zur Durchführung wird eine Stelle bestimmt und soweit erforderlich beliehen, die Gewähr für eine sachgemäße Aufgabenwahrnehmung bietet (Bescheinigungsstelle). [3]Das Bundesministerium für Bildung und Forschung gibt die Bescheinigungsstelle im Gemeinsamen Ministerialblatt (GMBl) amtlich bekannt.

(2) Das Bundesministerium für Bildung und Forschung führt die Rechts- und Fachaufsicht über die Bescheinigungsstelle und stellt eine einheitliche Durchführung des Bescheinigungsverfahrens sicher.

---

[1] § 2 Abs. 1 Sätze 2 und 3 geänd., Satz 4 aufgeh., Abs. 2 und Abs. 3 Satz 1 geänd. durch VO v. 26.4.2022 (BGBl. I S. 850).

(3) [1]Die Mitarbeiterinnen und Mitarbeiter der Bescheinigungsstelle sind zur Geheimhaltung besonders zu verpflichten. [2]§ 1 Absatz 2 und 3 des Verpflichtungsgesetzes vom 2. März 1974 (BGBl. I S. 469, 547), das durch § 1 Nummer 4 des Gesetzes vom 15. August 1974 (BGBl. I S. 1942) geändert worden ist, gilt entsprechend.

§ 3 Antragsverfahren. (1) [1]Der Antrag auf Erteilung einer Bescheinigung nach § 6 des Gesetzes ist nach amtlich vorgeschriebenem Vordruck des Bundesministeriums für Bildung und Forschung einheitlich für sämtliche Forschungs- und Entwicklungsvorhaben eines Wirtschaftsjahres, für die ein Antrag auf Forschungszulage beim Finanzamt gestellt werden soll, elektronisch bei der nach § 2 Absatz 1 benannten Bescheinigungsstelle zu stellen. [2]Sofern erforderlich, sind ergänzende Unterlagen beizufügen. [3]Der Vordruck nach Satz 1 wird im Internet auf der Seite der zuständigen Stelle veröffentlicht.

(2) Die Bescheinigung nach § 6 des Gesetzes kann vor oder während der Durchführung eines Forschungs- und Entwicklungsvorhabens oder nach Ablauf des Wirtschaftsjahres, für das die Forschungszulage beantragt werden soll, beantragt werden.

(3) Der Antrag muss enthalten:

1. Angaben zu den Forschungs- und Entwicklungsvorhaben, für die eine Bescheinigung begehrt wird; insbesondere
   a) eine aussagekräftige, nachvollziehbare inhaltliche Beschreibung des Forschungs- und Entwicklungsvorhabens,
   b) die Angabe, ob es sich um eigenbetriebliche Forschung, Auftragsforschung oder ein Kooperationsvorhaben handelt,
   c) den zeitlichen, personellen und den finanziellen Umfang des Forschungs- und Entwicklungsvorhabens;
2. den Namen (gegebenenfalls inklusive Rechtsformzusatz), die Anschrift, die Kontaktdaten (Telefonnummer, E-Mail-Adresse, Ansprechperson des Antragstellers);
3. die Steuernummer und das zuständige Finanzamt;
4. soweit vorhanden, eine Handelsregister-Nummer;
5.[1)] den Namen, die Anschrift und die Steuernummer der mit dem Antragsteller im Sinne des § 3 Absatz 6 Satz 2 des Gesetzes verbundenen Unternehmen, soweit diese im Inland beschränkt oder unbeschränkt steuerpflichtig sind.

§ 4[2)] Antragsprüfung. (1) Die Bescheinigungsstelle prüft auf der Grundlage einheitlicher Vorgaben, ob ein Forschungs- und Entwicklungsvorhaben im Sinne des § 2 Absatz 1 bis 3 des Gesetzes vorliegt.

[1)] § 3 Abs. 3 Nr. 5 neu gef. durch VO v. 26.4.2022 (BGBl. I S. 850).
[2)] § 4 Abs. 1 geänd. durch VO v. 26.4.2022 (BGBl. I S. 850).

(2) [1]Die Prüfung eines Antrags erfolgt auf Grundlage der vom Antragsteller im Antrag nach § 3 gemachten Angaben. [2]Die Bescheinigungsstelle kann im Rahmen der Prüfung ergänzende Unterlagen anfordern und bei Bedarf Vorortprüfungen durchführen.

(3) Soweit die Bescheinigungsstelle es in Ausnahmefällen für erforderlich hält, kann sie für die inhaltliche Prüfung eines Forschungs- und Entwicklungsvorhabens auf das Vorliegen der Voraussetzungen nach § 2 Absatz 1 bis 3 des Forschungszulagengesetzes externe Gutachterinnen und Gutachter hinzuziehen, wenn der Antragsteller der Hinzuziehung nicht bei der Antragstellung widersprochen hat.

(4) [1]Den externen Gutachterinnen und Gutachtern sind in Fällen des Absatzes 3 die Antragsunterlagen durch die zuständige Bescheinigungsstelle zur Prüfung zur Verfügung zu stellen. [2]Die Gutachterinnen und Gutachter sind zur Geheimhaltung besonders zu verpflichten. [3]§ 1 Absatz 2 und 3 des Verpflichtungsgesetzes vom 2. März 1974 (BGBl. I S. 469, 547), das durch § 1 Nummer 4 des Gesetzes vom 15. August 1974 (BGBl. I S. 1942) geändert worden ist, gilt entsprechend. [4]Vorhandene oder potentielle Interessenkonflikte schließen eine Verpflichtung als Gutachterin oder Gutachter aus.

(5) Die Kosten der externen Gutachten trägt die Bescheinigungsstelle.

§ 5[1)] Bescheinigung nach § 6 des Gesetzes. (1) Die Bescheinigung wird von der Bescheinigungsstelle für alle in einem Antrag nach § 3 aufgeführten Forschungs- und Entwicklungsvorhaben ausgestellt, die die Voraussetzungen nach § 2 Absatz 1 bis 3 des Gesetzes erfüllen.

(2) Die Bescheinigung hat jeweils getrennt für jedes Vorhaben die Feststellung und die Begründung zu enthalten, dass es sich um ein begünstigtes Forschungs- und Entwicklungsvorhaben im Sinne des § 2 Absatz 1 bis 3 des Gesetzes handelt.

(3) [1]Die Bescheinigung soll innerhalb von drei Monaten nach Vorlage der vollständigen Unterlagen dem Antragsteller bekanntgegeben und dem zuständigen Finanzamt übermittelt werden. [2]Das nach § 6 Absatz 2 des Gesetzes vorgeschriebene Muster der Bescheinigung wird vom Bundesministerium der Finanzen in Abstimmung mit den obersten Finanzbehörden der Länder und im Einvernehmen mit dem Bundesministerium für Wirtschaft und Energie und dem Bundesministerium für Bildung und Forschung erstellt und im Bundessteuerblatt bekannt gemacht.

(4) Für Forschungs- und Entwicklungsvorhaben, die die Voraussetzungen des § 2 Absatz 1 bis 3 des Gesetzes nicht erfüllen, ist der Antrag auf Ausstellung einer Bescheinigung abzulehnen.

(5) Gegen die Bescheinigung und die Ablehnung einer Bescheinigung ist der Widerspruch zulässig.

---

1) § 5 Abs. 1 geänd. durch VO v. 26.4.2022 (BGBl. I S. 850).

§ 6[1)] Geschäftsstatistik. (1) [1]Über die Anträge, die Bescheinigungen und die Ablehnungen nach dieser Verordnung führt die Bescheinigungsstelle eine Geschäftsstatistik. [2]Gegenstand der Geschäftsstatistik sind die in Absatz 2 bestimmten Angaben und Merkmale.

(2) [1]Für die Geschäftsstatistik nach Absatz 1 sowie zum Zwecke der Evaluierung nach § 17 des Gesetzes werden im Rahmen des Antragsverfahrens insbesondere folgende Angaben von den Antragstellern erhoben:

1. die Angaben nach § 3 Absatz 3,
2. der Wirtschaftszweig des Antragstellers,
3. der Umsatz in den letzten drei abgeschlossenen Wirtschaftsjahren (gegebenenfalls vorläufiger Wert oder Schätzung),
4. die Zahl der Beschäftigten im Unternehmen insgesamt sowie die Zahl der Beschäftigten im Bereich Forschung und Entwicklung in Vollzeitäquivalenten jeweils zum Ende der letzten drei abgeschlossenen Wirtschaftsjahre,
5. die Gesamtaufwendungen für Forschung und Entwicklung, unterteilt nach Personal- und Sachaufwendungen sowie internen und externen Aufwendungen, jeweils für die letzten drei abgeschlossenen Wirtschaftsjahre (gegebenenfalls vorläufiger Wert oder Schätzung),
6. die Eigenschaft eines verbundenen Unternehmens.

[2]Bei verbundenen Unternehmen sollen die Angaben zu 2. bis 5. grundsätzlich für den gesamten Unternehmensverbund gemacht werden. [3]Ersatzweise können Angaben für das jeweils rechtlich selbstständige Unternehmen gemacht werden, das den Antrag stellt. [4]In diesem Fall sind zusätzlich Angaben zur Zahl der Beschäftigten und zum Umsatz im letzten abgeschlossenen Wirtschaftsjahr für den Unternehmensverbund zu machen (gegebenenfalls vorläufige Werte oder Schätzungen). [5]Die verpflichtenden Angaben nach Satz 1 Nummer 3 bis 5 werden bis zu einer Antragstellung im Jahr 2025 für die letzten drei abgeschlossenen Wirtschaftsjahre erhoben. [6]Für Anträge nach dem Jahr 2025 sind diese Angaben für das letzte abgeschlossene Wirtschaftsjahr zu erheben.

(3) Nach näherer Bestimmung der zuständigen Stelle (§ 2) stellt die Bescheinigungsstelle für statistische Zwecke oder zu Zwecken der Evaluierung und Erfolgskontrolle weitere Erhebungen bei den Antragstellern ohne Auskunftspflicht an und teilt die Angaben der zuständigen Stelle und, auf Weisung der zuständigen Stelle, den für die Evaluierung beziehungsweise für die Durchführung der in § 7 Absatz 3 genannten Erhebungen zuständigen Stellen mit.

(4) Zum Zwecke der Geschäftsstatistik, der Evaluierung sowie der wissenschaftlichen Forschung dürfen die Bescheinigungsstelle sowie die zuständige Stelle Angaben zu demselben Antragsteller aus verschiedenen Bescheinigungsverfahren zusammenführen.

[1)] § 6 Abs. 1 Satz 1 geänd., Abs. 2 Satz 1 neu gef., Sätze 5 und 6 angef., Abs. 3 und 4 geänd. durch VO v. 26.4.2022 (BGBl. I S. 850).

§ 7[1] Datenübermittlung. (1) [1] Für die weitere Bearbeitung des Antrags auf Forschungszulage nach § 5 des Gesetzes sowie zum Zwecke der Erfolgskontrolle, Evaluierung und Gesetzesfolgenabschätzung übermittelt die Bescheinigungsstelle Daten aus dem Bescheinigungsverfahren an die Finanzverwaltung. [2] In den Fällen nach § 5 Absatz 4 erfolgt eine Datenübermittlung an das zuständige Finanzamt nur, wenn der Antragsteller für weitere in demselben Zeitraum durchgeführte Forschungs- und Entwicklungsvorhaben eine Bescheinigung nach § 5 Absatz 1 erhalten hat und die Datenübermittlung zur Erfüllung der Aufgaben der Finanzverwaltung erforderlich ist.

(2) [1] Zum Zwecke der Evaluierung nach § 17 des Gesetzes verarbeiten die zuständige Stelle sowie die Bescheinigungsstelle auf Weisung durch die zuständige Stelle die erhobenen Einzelangaben der Antragsteller. [2] Sie übermitteln die Angaben nach Satz 1 einschließlich identifizierender Merkmale (insbesondere den Namen, die Anschrift, die E-Mail-Adresse, die Handelsregister-Nummer, die Steuernummer) sowie der jeweiligen Entscheidung über den betreffenden Antrag an die mit der Evaluierung betraute Stelle bzw. betrauten Stellen zur weiteren Verarbeitung, sofern die Angaben für die Durchführung der Evaluierung erforderlich sind.

(3) Die zuständige Stelle sowie die Bescheinigungsstelle dürfen die erhobenen Einzelangaben der Antragsteller einschließlich identifizierender Merkmale (insbesondere den Namen, die Anschrift, die E-Mail-Adresse, die Handelsregister-Nummer, die Steuernummer) sowie der jeweiligen Entscheidung über den betreffenden Antrag verarbeiten und zum Zweck der Evaluierung, weiterer wissenschaftlicher Forschung und zur Qualitätssicherung unionsrechtlicher Erhebungen an die die Erhebungen gemäß Durchführungsverordnung (EU) Nr. 995/2012 der Kommission vom 26. Oktober 2012 mit Durchführungsvorschriften zur Entscheidung Nr. 1608/2003/EG des Europäischen Parlaments und des Rates zur Erstellung und Entwicklung von Gemeinschaftsstatistiken über Wissenschaft und Technologie (ABl. L 299 vom 27.10.2012, S. 18) durchführenden Stellen zur weiteren Verarbeitung übermitteln.

§ 8[2] Inkrafttreten. [1] Diese Verordnung tritt am Tag nach der Bekanntgabe der Bescheinigungsstelle nach § 2 Absatz 1 in Kraft, frühestens am 1. Januar 2020. [2] Der Tag des Inkrafttretens ist durch das Bundesministerium für Bildung und Forschung im Bundesgesetzblatt gesondert bekannt zu geben.[3]

---

[1] § 7 Abs. 1 Satz 1 geänd., Satz 2 angef., Abs. 2 Satz 1 und Abs. 3 geänd. durch VO v. 26.4.2022 (BGBl. I S. 850).

[2] § 8 Satz 1 geänd. durch VO v. 26.4.2022 (BGBl. I S. 850).

[3] In Kraft mWv 1.8.2020 (BGBl. I S. 1954).

---

[3] Bek. v. 13.2.2020 (BGBl. I S. 198).

mit Waren im Internet und zur Änderung weiterer steuerlicher Vorschriften vom 11.12.2018 (BGBl. I S. 2338), Gesetz zur Umsetzung des Gesetzes zur Einführung des Rechts auf Eheschließung für Personen gleichen Geschlechts vom 18.12.2018 (BGBl. I S. 2639), Gesetz gegen illegale Beschäftigung und Sozialleistungsmissbrauch vom 11.7.2019 (BGBl. I S. 1066), Gesetz zur Reform der Psychotherapeutenausbildung vom 15.11.2019 (BGBl. I S. 1604), Zweites Gesetz zur Anpassung des Datenschutzrechts an die Verordnung (EU) 2016/679 und zur Umsetzung der Richtlinie (EU) 2016/680 (Zweites Datenschutz-Anpassungs- und Umsetzungsgesetz EU – 2. DSAnpUG-EU) vom 20.11.2019 (BGBl. I S. 1626), Gesetz zur Umsetzung der Richtlinie (EU) 2016/680 im Strafverfahren sowie zur Anpassung datenschutzrechtlicher Bestimmungen an die Verordnung (EU) 2016/679 vom 20.11.2019 (BGBl. I S. 1724), Drittes Gesetz zur Entlastung insbesondere der mittelständischen Wirtschaft von Bürokratie (Drittes Bürokratieentlastungsgesetz) vom 22.11.2019 (BGBl. I S. 1746), Gesetz zur Reform des Grundsteuer- und Bewertungsrechts (Grundsteuer-Reformgesetz – GrSt RefG) vom 26.11.2019 (BGBl. I S. 1794), Gesetz zur weiteren steuerlichen Förderung der Elektromobilität und zur Änderung weiterer steuerlicher Vorschriften vom 12.12.2019 (BGBl. I S. 2451), Gesetz zur Umsetzung der Änderungsrichtlinie zur Vierten EU-Geldwäscherichtlinie vom 12.12.2019 (BGBl. I S. 2602), Gesetz zur Einführung einer Pflicht zur Mitteilung grenzüberschreitender Steuergestaltungen vom 21.12.2019 (BGBl. I S. 2875), Elfte Zuständigkeitsanpassungsverordnung vom 19.6.2020 (BGBl. I S. 1328), Zweites Gesetz zur Umsetzung steuerlicher Hilfsmaßnahmen zur Bewältigung der Corona-Krise (Zweites Corona-Steuerhilfegesetz) vom 29.6.2020 (BGBl. I S. 1512), Gesetz zur Einführung der Grundrente für langjährige Versicherung in der gesetzlichen Rentenversicherung mit unterdurchschnittlichem Einkommen und für weitere Maßnahmen zur Erhöhung der Alterseinkommen (Grundrentengesetz) vom 12.8.2020 (BGBl. I S. 1879), Gesetz zur Fortentwicklung des Rechts des Pfändungsschutzkontos und zur Änderung von Vorschriften des Pfändungsschutzes (Pfändungsschutzkonto-Fortentwicklungsgesetz – PKoFoG) vom 22.11.2020 (BGBl. I S. 2466), Gesetz zur Digitalisierung von Verwaltungsverfahren bei der Gewährung von Familienleistungen vom 3.12.2020 (BGBl. I S. 2668), Gesetz zur Stärkung der Sicherheit im Pass-, Ausweis- und ausländerrechtlichen Dokumentenwesen vom 3.12.2020 (BGBl. I S. 2744), Gesetz über die Umwandlung des Informationstechnikzentrums Bund in eine nichtrechtsfähige Anstalt des öffentlichen Rechts und zur Änderung weiterer Vorschriften vom 7.12.2020 (BGBl. I S. 2756), Jahressteuergesetz 2020 (JStG 2020) vom 21.12.2020 (BGBl. I S. 3096), Gesetz zur Verbesserung der Transparenz in der Alterssicherung und der Rehabilitation sowie zur Modernisierung der Sozialversicherungswahlen und zur Änderung anderer Gesetze (Gesetz Digitale Rentenübersicht) vom 11.2.2021 (BGBl. I S. 154), Gesetz zur Einführung und Verwendung einer Identifikationsnummer in der öffentlichen Verwaltung und zur Änderung weiterer Gesetze (Registermodernisierungsgesetz – RegMoG) vom 28.3.2021 (BGBl. I S. 591), Gesetz zur Verbesserung des Schutzes von Gerichtsvollziehern vor Gewalt sowie zur Änderung weiterer zwangsvollstreckungsrechtlicher Vorschriften und zur Änderung des Infektionsschutzgesetzes vom 7.5.2021 (BGBl. I S. 850), Gesetz zur Reform des Vormundschafts- und Betreuungsrechts vom 4.5.2021 (BGBl. I S. 882), Gesetz zur Modernisierung der Entlastung von Abzugsteuern und der Bescheinigung der Kapitalertragsteuer (Abzugsteuerentlastungsmodernisierungsgesetz – AbzStEntModG) vom 2.6.2021 (BGBl. I S. 1259), Gesetz zur Stärkung der Finanzmarktintegrität (Finanzmarktintegritätsstärkungsgesetz – FISG) vom 3.6.2021 (BGBl. I S. 1534), Gesetz zur Abwehr von Steuervermeidung und unfairem Steuerwettbewerb und zur Änderung weiterer Gesetze vom 25.6.2021 (BGBl. I S. 2056), Gesetz zur europäischen Vernetzung der Transparenzregister und zur Umsetzung der Richtlinie (EU) 2019/1153 des Europäischen Parlaments und des Rates vom 20. Juni 2019 zur Nutzung von Finanzinformationen für die Bekämpfung von Geldwäsche, Terrorismusfinanzierung und sonstigen schweren Straftaten (Transparenzregister- und Finanzinformationsgesetz) vom 25.6.2021 (BGBl. I S. 2083), Gesetz zur Modernisierung des notariellen Berufsrechts und zur Änderung weiterer Vorschriften vom 25.6.2021 (BGBl. I S. 2154), Gesetz zum Ausbau des elektronischen Rechtsverkehrs mit den Gerichten und zur Änderung weiterer Vorschriften vom 5.10.2021 (BGBl. I S. 4607) und Zweites Gesetz zur Änderung der Abgabenordnung und des Einführungsgesetzes zur Abgabenordnung vom 12.7.2022 (BGBl. I S. 1142)

BGBl. III/FNA 610-1-3

Inhaltsübersicht

Erster Teil. Einleitende Vorschriften

Erster Abschnitt: Anwendungsbereich §§

Zweiter Abschnitt: Steuerliche Begriffsbestimmungen

Dritter Abschnitt: Zuständigkeit der Finanzbehörden

Vierter Abschnitt: Verarbeitung geschützter Daten und Steuergeheimnis

(Fortsetzung nächstes Blatt)

alle betroffenen Personen als verbundene Unternehmen. [4] Für die Zwecke dieses Absatzes wird eine Person, die in Bezug auf die Stimmrechte oder die Kapitalbeteiligung an einem Unternehmen gemeinsam mit einer anderen Person handelt, so behandelt, als würde sie eine Beteiligung an allen Stimmrechten oder dem gesamten Kapital dieses Unternehmens halten, die oder das von der anderen Person gehalten werden oder wird. [5] Bei mittelbaren Beteiligungen wird die Erfüllung der Anforderungen gemäß Satz 1 Nummer 3 durch Multiplikation der Beteiligungsquoten an den nachgeordneten Unternehmen ermittelt. [6] Eine Person mit einer Stimmrechtsbeteiligung von mehr als 50 Prozent gilt als Halter von 100 Prozent der Stimmrechte. [7] Eine natürliche Person, ihr Ehepartner und ihre Verwandten in aufsteigender oder absteigender gerader Linie werden als eine einzige Person behandelt, wenn gleichgerichtete wirtschaftliche Interessen bestehen. [8] Person im Sinne der Sätze 1 bis 7 ist jede natürliche oder juristische Person, Personengesellschaft, Gemeinschaft oder Vermögensmasse.[1)]

§ 138f[2)] Verfahren zur Mitteilung grenzüberschreitender Steuergestaltungen durch Intermediäre. (1) Die grenzüberschreitende Steuergestaltung im Sinne des § 138d Absatz 2 ist dem Bundeszentralamt für Steuern nach amtlich vorgeschriebenem Datensatz im Sinne des Absatzes 3 über die amtlich bestimmte Schnittstelle mitzuteilen.

(2) Die Angaben nach Absatz 3 sind innerhalb von 30 Tagen nach Ablauf des Tages zu übermitteln, an dem das erste der nachfolgenden Ereignisse eintritt:

1. die grenzüberschreitende Steuergestaltung wird zur Umsetzung bereitgestellt,
2. der Nutzer der grenzüberschreitenden Steuergestaltung ist zu deren Umsetzung bereit oder
3. mindestens ein Nutzer der grenzüberschreitenden Steuergestaltung hat den ersten Schritt der Umsetzung dieser Steuergestaltung gemacht.

(3) [1] Der Datensatz muss folgende Angaben enthalten:

1. zum Intermediär:
   a) den Familiennamen und den Vornamen sowie den Tag und Ort der Geburt, wenn der Intermediär eine natürliche Person ist,
   b) die Firma oder den Namen, wenn der Intermediär keine natürliche Person ist,
   c) die Anschrift,
   d) den Staat, in dem der Intermediär ansässig ist, und
   e) das Steueridentifikationsmerkmal oder die Steuernummer,
2. zum Nutzer:
   a) den Familiennamen und den Vornamen sowie den Tag und Ort der Geburt, wenn der Nutzer eine natürliche Person ist,

---

1) § 138e Abs. 3 Satz 6 eingef., bish. Sätze 6 und 7 werden Sätze 7 und 8 durch G v. 12.7.2022 (BGBl. I S. 1142); zur Anwendung siehe Art. 97 § 33 Abs. 6 EGAO (Nr. **800a**).

2) § 138f eingef. durch G v. 21.12.2019 (BGBl. I S. 2875); zur Anwendung siehe Art. 97 § 33 Abs. 1 und 2 EGAO (Nr. **800a**).

b) die Firma oder den Namen, wenn der Nutzer keine natürliche Person ist,
c) die Anschrift,
d) den Staat, in dem der Nutzer ansässig ist, und
e) das Steueridentifikationsmerkmal oder die Steuernummer des Nutzers, soweit dem Intermediär dies bekannt ist,

3. wenn an der grenzüberschreitenden Steuergestaltung Personen beteiligt sind, die im Sinne des § 138e Absatz 3 als verbundene Unternehmen des Nutzers gelten, zu dem verbundenen Unternehmen:
   a) die Firma oder den Namen,
   b) die Anschrift,
   c) den Staat, in dem das Unternehmen ansässig ist, und
   d) das Steueridentifikationsmerkmal oder die Steuernummer, soweit dem Intermediär dies bekannt ist,
4. Einzelheiten zu den nach § 138e zur Mitteilung verpflichtenden Kennzeichen,
5. eine Zusammenfassung des Inhalts der grenzüberschreitenden Steuergestaltung einschließlich
   a) soweit vorhanden, eines Verweises auf die Bezeichnung, unter der die Steuergestaltung allgemein bekannt ist, und
   b) einer abstrakt gehaltenen Beschreibung der relevanten Geschäftstätigkeit oder Gestaltung des Nutzers, soweit dies nicht zur Offenlegung eines Handels-, Gewerbe- oder Berufsgeheimnisses oder eines Geschäftsverfahrens oder von Informationen führt, deren Offenlegung die öffentliche Ordnung verletzen würde,
6. das Datum des Tages, an dem der erste Schritt der Umsetzung der grenzüberschreitenden Steuergestaltung gemacht wurde oder voraussichtlich gemacht werden wird,
7. Einzelheiten zu den einschlägigen Rechtsvorschriften aller betroffenen Mitgliedstaaten der Europäischen Union, die unmittelbar die Grundlage der grenzüberschreitenden Steuergestaltung bilden,
8. den tatsächlichen oder voraussichtlichen wirtschaftlichen Wert der grenzüberschreitenden Steuergestaltung,
9. die Mitgliedstaaten der Europäischen Union, die wahrscheinlich von der grenzüberschreitenden Steuergestaltung betroffen sind, und
10. Angaben zu allen in einem Mitgliedstaat der Europäischen Union ansässigen Personen, die von der grenzüberschreitenden Steuergestaltung wahrscheinlich unmittelbar betroffen sind, einschließlich Angaben darüber, zu welchen Mitgliedstaaten der Europäischen Union sie in Beziehung stehen, soweit dem Intermediär dies bekannt ist.

[2] Soweit dem Intermediär bekannt ist, dass neben ihm mindestens ein weiterer Intermediär im Geltungsbereich dieses Gesetzes oder in einem anderen Mitgliedstaat der Europäischen Union zur Mitteilung derselben grenzüberschreitenden Steuergestaltung verpflichtet ist, so kann er im Datensatz nach Satz 1 die Angaben nach Satz 1 Nummer 1 auch hinsichtlich der anderen ihm bekannten Intermediäre machen.

soweit der Nutzer nachweisen kann, dass er selbst, ein Intermediär oder ein anderer Nutzer dieselbe grenzüberschreitende Steuergestaltung bereits in einem anderen Mitgliedstaat der Europäischen Union im Einklang mit den dort geltenden Rechtsvorschriften mitgeteilt hat.

(2) [1] Obliegt die Mitteilung der in § 138f Absatz 3 bezeichneten Angaben im Fall des Absatzes 1 mehreren Nutzern derselben grenzüberschreitenden Steuergestaltung, so gilt Folgendes:

1. hinsichtlich der in § 138f Absatz 3 Satz 1 Nummer 1 und 4 bis 9 bezeichneten Angaben ist vorrangig der Nutzer zur Mitteilung verpflichtet, der die grenzüberschreitende Steuergestaltung mit dem Intermediär oder den Intermediären vereinbart hat; nachrangig ist der Nutzer mitteilungspflichtig, der die Umsetzung der grenzüberschreitenden Steuergestaltung verwaltet;
2. alle Nutzer derselben grenzüberschreitenden Steuergestaltung sind zur Mitteilung der in § 138f Absatz 3 Satz 1 Nummer 2, 3 und 10 bezeichneten Angaben verpflichtet;
3. soweit der in Nummer 1 bezeichnete Nutzer auch die in § 138f Absatz 3 Satz 1 Nummer 2, 3 und 10 bezeichneten Angaben zu den übrigen Nutzern derselben Steuergestaltung mitgeteilt hat, sind die übrigen Nutzer von der Mitteilungspflicht nach Nummer 2 befreit.

[2] Bei Anwendung von Satz 1 Nummer 1 gilt § 138f Absatz 5 Satz 1 und 4 entsprechend.

(3) Die Absätze 1 und 2 gelten nur für Nutzer, die ihren Wohnsitz, ihren gewöhnlichen Aufenthalt, ihre Geschäftsleitung oder ihren Sitz

1. im Geltungsbereich dieses Gesetzes haben oder
2. nicht in einem Mitgliedstaat der Europäischen Union haben, aber im Geltungsbereich dieses Gesetzes
   a) eine Betriebstätte im Sinne des § 138d Absatz 4 haben, in der durch die grenzüberschreitende Steuergestaltung ein steuerlicher Vorteil entsteht,
   b) Einkünfte erzielen oder eine wirtschaftliche Tätigkeit ausüben, sofern diese für eine Steuer von Bedeutung sind, auf die das EU-Amtshilfegesetz anzuwenden ist.

§ 138h[1)] Mitteilungen bei marktfähigen grenzüberschreitenden Steuergestaltungen. (1) Eine grenzüberschreitende Steuergestaltung ist marktfähig, wenn sie konzipiert wird, vermarktet wird, umsetzungsbereit ist oder zur Umsetzung bereitgestellt wird, ohne dass sie individuell angepasst werden muss.

(2)[2)] [1] Bei marktfähigen grenzüberschreitenden Steuergestaltungen sind Änderungen und Ergänzungen hinsichtlich der in § 138f Absatz 3 Satz 1 Nummer 1, 2, 3, 6, 9 und 10 bezeichneten Angaben, die nach Übermittlung des Datensatzes nach § 138f Absatz 3 eingetreten sind, innerhalb von zehn Tagen

---

[1)] § 138h eingef. durch G v. 21.12.2019 (BGBl. I S. 2875); zur Anwendung siehe § 138f Abs. 2 iVm Art. 97 § 33 Abs. 1 und 2 EGAO (Nr. **800a**).

[2)] § 138h Abs. 2 Satz 1 geänd. durch G v. 12.7.2022 (BGBl. I S. 1142); zur Anwendung siehe Art. 97 § 33 Abs. 6 EGAO (Nr. **800a**).

nach Ablauf des Kalendervierteljahres mitzuteilen, in dem die jeweils mitteilungspflichtigen Umstände eingetreten sind. [2]Dabei sind die Registriernummer und die Offenlegungsnummer anzugeben. [3]Die Angaben sind dem Bundeszentralamt für Steuern nach amtlich vorgeschriebenem Datensatz über die amtlich bestimmte Schnittstelle mitzuteilen. [4]Die Sätze 1 bis 3 gelten in den Fällen des § 138g entsprechend.

§ 138i[1] **Information der Landesfinanzbehörden.** Soweit von nach den §§ 138f bis 138h mitgeteilten grenzüberschreitenden Steuergestaltungen im Sinne des § 138d Absatz 2 Steuern betroffen sind, die von Landesfinanzbehörden oder Gemeinden verwaltet werden, teilt das Bundeszentralamt für Steuern den für die Nutzer zuständigen Finanzbehörden der Länder im automatisierten Verfahren unter Angabe der Registriernummer und der Offenlegungsnummer mit, dass ihm Angaben über mitgeteilte grenzüberschreitende Steuergestaltungen vorliegen.

§ 138j[2] **Auswertung der Mitteilungen grenzüberschreitender Steuergestaltungen.** (1) [1]Das Bundeszentralamt für Steuern wertet die ihm nach den §§ 138f bis 138h zugegangenen Mitteilungen aus. [2]Soweit von mitgeteilten grenzüberschreitenden Steuergestaltungen im Sinne des § 138d Absatz 2 Steuern betroffen sind, die von Zollbehörden verwaltet werden, übermittelt das Bundeszentralamt für Steuern die ihm zugegangenen Mitteilungen zusammen mit der jeweils zugewiesenen Registriernummer an die Generalzolldirektion. [3]Die Auswertung der Daten erfolgt in diesem Fall durch die Generalzolldirektion. [4]Die Ergebnisse der Auswertung teilen das Bundeszentralamt für Steuern und die Generalzolldirektion dem Bundesministerium der Finanzen mit.

(2) Soweit von nach den §§ 138f bis 138h mitgeteilten grenzüberschreitenden Steuergestaltungen Steuern betroffen sind, die ganz oder teilweise den Ländern oder Gemeinden zustehen, unterrichtet das Bundesministerium der Finanzen die obersten Finanzbehörden der Länder über die Ergebnisse der Auswertung.

(3) Soweit von nach den §§ 138f bis 138h mitgeteilten grenzüberschreitenden Steuergestaltungen Steuern betroffen sind, die von Finanzbehörden der Länder oder von Gemeinden verwaltet werden, stellt das Bundeszentralamt für Steuern den für die Nutzer zuständigen Finanzbehörden der Länder ergänzend zu den Angaben nach § 138i auch die Angaben nach § 138f Absatz 3 sowie eigene Ermittlungsergebnisse und die Ergebnisse der Auswertung zum Abruf bereit.

(4) [1]Das Ausbleiben einer Reaktion des Bundeszentralamts für Steuern, der Generalzolldirektion, des Bundesministeriums der Finanzen oder des Gesetzgebers auf die Mitteilung einer grenzüberschreitenden Steuergestaltung nach den §§ 138f bis 138h bedeutet nicht deren rechtliche Anerkennung. [2]§ 89 Absatz 2 bis 7 bleibt unberührt.

---

[1] § 138i eingef. durch G v. 21.12.2019 (BGBl. I S. 2875); zur Anwendung siehe § 138f Abs. 2 iVm Art. 97 § 33 Abs. 1 und 2 EGAO (Nr. **800a**).

[2] § 138j eingef. durch G v. 21.12.2019 (BGBl. I S. 2875); zur Anwendung siehe § 138f Abs. 2 iVm Art. 97 § 33 Abs. 1 und 2 EGAO (Nr. **800a**).

1. von der Finanzbehörde nicht ausdrücklich als eigenständige Billigkeitsentscheidung ausgesprochen worden ist,
2. mit einer Steuerfestsetzung unter Vorbehalt der Nachprüfung nach § 164 verbunden ist oder
3. mit einer vorläufigen Steuerfestsetzung nach § 165 verbunden ist und der Grund der Vorläufigkeit auch für die Entscheidung nach Absatz 1 von Bedeutung ist.

[2]In den Fällen von Satz 1 Nummer 1 entfällt der Vorbehalt des Widerrufs, wenn die Festsetzungsfrist für die Steuerfestsetzung abläuft, für die die Billigkeitsmaßnahme Grundlagenbescheid ist. [3]In den Fällen von Satz 1 Nummer 2 entfällt der Vorbehalt des Widerrufs mit Aufhebung oder Entfallen des Vorbehalts der Nachprüfung der Steuerfestsetzung, für die die Billigkeitsmaßnahme Grundlagenbescheid ist. [4]In den Fällen von Satz 1 Nummer 3 entfällt der Vorbehalt des Widerrufs mit Eintritt der Endgültigkeit der Steuerfestsetzung, für die die Billigkeitsmaßnahme Grundlagenbescheid ist.

(4) [1]Ist eine Billigkeitsmaßnahme nach Absatz 1, die nach Absatz 3 unter Vorbehalt des Widerrufs steht, rechtswidrig, ist sie mit Wirkung für die Vergangenheit zurückzunehmen. [2]§ 130 Absatz 3 Satz 1 gilt in diesem Fall nicht.

§ 164 Steuerfestsetzung unter Vorbehalt der Nachprüfung. (1) [1]Die Steuern können, solange der Steuerfall nicht abschließend geprüft ist, allgemein oder im Einzelfall unter dem Vorbehalt der Nachprüfung festgesetzt werden, ohne dass dies einer Begründung bedarf. [2]Die Festsetzung einer Vorauszahlung ist stets eine Steuerfestsetzung unter Vorbehalt der Nachprüfung.

(2)[1)] [1]Solange der Vorbehalt wirksam ist, kann die Steuerfestsetzung aufgehoben oder geändert werden. [2]Der Steuerpflichtige kann die Aufhebung oder Änderung der Steuerfestsetzung jederzeit beantragen. [3]Die Entscheidung hierüber kann jedoch bis zur abschließenden Prüfung des Steuerfalls, die innerhalb angemessener Frist vorzunehmen ist, hinausgeschoben werden.

(3)[1)] [1]Der Vorbehalt der Nachprüfung kann jederzeit aufgehoben werden. [2]Die Aufhebung steht einer Steuerfestsetzung ohne Vorbehalt der Nachprüfung gleich; § 157 Abs. 1 Satz 1 und 3 gilt sinngemäß. [3]Nach einer Außenprüfung ist der Vorbehalt aufzuheben, wenn sich Änderungen gegenüber der Steuerfestsetzung unter Vorbehalt der Nachprüfung nicht ergeben.

(4)[2)] [1]Der Vorbehalt der Nachprüfung entfällt, wenn die Festsetzungsfrist abläuft. [2]§ 169 Absatz 2 Satz 2, § 170 Absatz 6 und § 171 Absatz 7, 8 und 10 sind nicht anzuwenden.

§ 165[3)] Vorläufige Steuerfestsetzung, Aussetzung der Steuerfestsetzung. (1) [1]Soweit ungewiss ist, ob die Voraussetzungen für die Entstehung einer Steuer eingetreten sind, kann sie vorläufig festgesetzt werden. [2]Diese Regelung ist auch anzuwenden, wenn

---

[1)] Zur Anwendung in den neuen Bundesländern siehe Art. 97a § 2 Nr. 4 EGAO (Nr. **800a**).

[2)] § 164 Abs. 4 Satz 2 geänd. mWv 1.1.2015 durch G v. 22.12.2014 (BGBl. I S. 2415).

[3)] Vgl. zu § 165 Abs. 1 Satz 2 Nr. 2, Satz 4, Abs. 2: Art. 97 § 15 Abs. 16 EGAO (Nr. **800a**).

1. ungewiss ist, ob und wann Verträge mit anderen Staaten über die Besteuerung (§ 2), die sich zugunsten des Steuerpflichtigen auswirken, für die Steuerfestsetzung wirksam werden,
2. das Bundesverfassungsgericht die Unvereinbarkeit eines Steuergesetzes mit dem Grundgesetz festgestellt hat und der Gesetzgeber zu einer Neuregelung verpflichtet ist,

2a.[1] sich auf Grund einer Entscheidung des Gerichtshofes der Europäischen Union ein Bedarf für eine gesetzliche Neuregelung ergeben kann,

3.[2] die Vereinbarkeit eines Steuergesetzes mit höherrangigem Recht Gegenstand eines Verfahrens bei dem Gerichtshof der Europäischen Union, dem Bundesverfassungsgericht oder einem obersten Bundesgericht ist, oder

4.[3] die Auslegung eines Steuergesetzes Gegenstand eines Verfahrens bei dem Bundesfinanzhof ist.

[3] Umfang und Grund der Vorläufigkeit sind anzugeben. [4] Unter den Voraussetzungen der Sätze 1 oder 2 kann die Steuerfestsetzung auch gegen oder ohne Sicherheitsleistung ausgesetzt werden.

(2)[4] [5] [1] Soweit die Finanzbehörde eine Steuer vorläufig festgesetzt hat, kann sie die Festsetzung aufheben oder ändern. [2] Wenn die Ungewissheit beseitigt ist, ist eine vorläufige Steuerfestsetzung aufzuheben, zu ändern oder für endgültig zu erklären; eine ausgesetzte Steuerfestsetzung ist nachzuholen. [3] In den Fällen des Absatzes 1 Satz 2 Nr. 4 endet die Ungewissheit, sobald feststeht, dass die Grundsätze der Entscheidung des Bundesfinanzhofs über den entschiedenen Einzelfall hinaus allgemein anzuwenden sind. [4] In den Fällen des Absatzes 1 Satz 2 muss eine vorläufige Steuerfestsetzung nach Satz 2 nur auf Antrag des Steuerpflichtigen für endgültig erklärt werden, wenn sie nicht aufzuheben oder zu ändern ist.

(3) Die vorläufige Steuerfestsetzung kann mit einer Steuerfestsetzung unter Vorbehalt der Nachprüfung verbunden werden.

§ 166 Drittwirkung der Steuerfestsetzung. Ist die Steuer dem Steuerpflichtigen gegenüber unanfechtbar festgesetzt, so hat dies neben einem Gesamtrechtsnachfolger auch gegen sich gelten zu lassen, wer in der Lage gewesen wäre, den gegen den Steuerpflichtigen erlassenen Bescheid als dessen Vertreter, Bevollmächtigter oder kraft eigenen Rechts anzufechten.

§ 167 Steueranmeldung, Verwendung von Steuerzeichen oder Steuerstemplern. (1) [1] Ist eine Steuer auf Grund gesetzlicher Verpflichtung an-

---

[1] § 165 Abs. 1 Satz 2 Nr. 2a eingef. mWv 1.1.2017 durch G v. 18.7.2016 (BGBl. I S. 1679); zur Anwendung s. auch Art. 97 § 1 Abs. 11 EGAO (Nr. **800a**).

[2] § 165 Abs. 1 Satz 2 Nr. 3 geänd. durch G v. 26.6.2013 (BGBl. I S. 1809).

[3] § 165 Abs. 1 Satz 2 Nr. 4 angef. mWv 1.1.2009 durch G v. 20.12.2008 (BGBl. I S. 2850).

[4] § 165 Abs. 2 Satz 3 eingef. mWv 1.1.2009 durch G v. 20.12.2008 (BGBl. I S. 2850).

[5] Zur Anwendung in den neuen Bundesländern siehe Art. 97a § 2 Nr. 4 EGAO (Nr. **800a**).

(6)[1] Für die Steuer, die auf Kapitalerträge entfällt, die

1. aus Staaten oder Territorien stammen, die nicht Mitglieder der Europäischen Union oder der Europäischen Freihandelsassoziation sind, und
2. nicht nach Verträgen im Sinne des § 2 Absatz 1 oder hierauf beruhenden Vereinbarungen automatisch mitgeteilt werden,

beginnt die Festsetzungsfrist frühestens mit Ablauf des Kalenderjahres, in dem diese Kapitalerträge der Finanzbehörde durch Erklärung des Steuerpflichtigen oder in sonstiger Weise bekannt geworden sind, spätestens jedoch zehn Jahre nach Ablauf des Kalenderjahres, in dem die Steuer entstanden ist.

(7)[2] Für Steuern auf Einkünfte oder Erträge, die in Zusammenhang stehen mit Beziehungen zu einer Drittstaat-Gesellschaft im Sinne des § 138 Absatz 3, auf die der Steuerpflichtige allein oder zusammen mit nahestehenden Personen im Sinne des § 1 Absatz 2 des Außensteuergesetzes unmittelbar oder mittelbar einen beherrschenden oder bestimmenden Einfluss ausüben kann, beginnt die Festsetzungsfrist frühestens mit Ablauf des Kalenderjahres, in dem diese Beziehungen durch Mitteilung des Steuerpflichtigen oder auf andere Weise bekannt geworden sind, spätestens jedoch zehn Jahre nach Ablauf des Kalenderjahres, in dem die Steuer entstanden ist.

§ 171 Ablaufhemmung. (1) Die Festsetzungsfrist läuft nicht ab, solange die Steuerfestsetzung wegen höherer Gewalt innerhalb der letzten sechs Monate des Fristlaufs nicht erfolgen kann.

(2)[3] [1] Ist beim Erlass eines Steuerbescheids eine offenbare Unrichtigkeit unterlaufen, so endet die Festsetzungsfrist insoweit nicht vor Ablauf eines Jahres nach Bekanntgabe dieses Steuerbescheids. [2] Das Gleiche gilt in den Fällen des § 173a.

(3) Wird vor Ablauf der Festsetzungsfrist außerhalb eines Einspruchs- oder Klageverfahrens ein Antrag auf Steuerfestsetzung oder auf Aufhebung oder Änderung einer Steuerfestsetzung oder ihrer Berichtigung nach § 129 gestellt, so läuft die Festsetzungsfrist insoweit nicht ab, bevor über den Antrag unanfechtbar entschieden worden ist.

(3a) [1] Wird ein Steuerbescheid mit einem Einspruch oder einer Klage angefochten, so läuft die Festsetzungsfrist nicht ab, bevor über den Rechtsbehelf unanfechtbar entschieden ist; dies gilt auch, wenn der Rechtsbehelf erst nach Ablauf der Festsetzungsfrist eingelegt wird. [2] Der Ablauf der Festsetzungsfrist ist hinsichtlich des gesamten Steueranspruchs gehemmt; dies gilt nicht, soweit der Rechtsbehelf unzulässig ist. [3] In den Fällen des § 100 Abs. 1 Satz 1, Abs. 2 Satz 2, Abs. 3 Satz 1, § 101 der Finanzgerichtsordnung[4] ist über den Rechtsbehelf erst dann unanfechtbar entschieden, wenn ein auf Grund der genannten Vorschriften erlassener Steuerbescheid unanfechtbar geworden ist.

---

[1] § 170 Abs. 6 neu gef. durch G v. 22.12.2014 (BGBl. I S. 2415); zur Anwendung siehe Art. 97 § 10 Abs. 13 EGAO (Nr. **800a**).

[2] § 170 Abs. 7 angef. durch G v. 23.6.2017 (BGBl. I S. 1682); zur Anwendung siehe Art. 97 § 10 Abs. 15 EGAO (Nr. **800a**).

[3] § 171 Abs. 2 Satz 2 angef. durch G v. 18.7.2016 (BGBl. I S. 1679); zur Anwendung siehe Art. 97 § 10 Abs. 14 EGAO (Nr. **800a**).

[4] Nr. **802**.

(4) [1] Wird vor Ablauf der Festsetzungsfrist mit einer Außenprüfung begonnen oder wird deren Beginn auf Antrag des Steuerpflichtigen hinausgeschoben, so läuft die Festsetzungsfrist für die Steuern, auf die sich die Außenprüfung erstreckt oder im Fall der Hinausschiebung der Außenprüfung erstrecken sollte, nicht ab, bevor die auf Grund der Außenprüfung zu erlassenden Steuerbescheide unanfechtbar geworden sind oder nach Bekanntgabe der Mitteilung nach § 202 Abs. 1 Satz 3 drei Monate verstrichen sind. [2] Dies gilt nicht, wenn eine Außenprüfung unmittelbar nach ihrem Beginn für die Dauer von mehr als sechs Monaten aus Gründen unterbrochen wird, die die Finanzbehörde zu vertreten hat. [3] Die Festsetzungsfrist endet spätestens, wenn seit Ablauf des Kalenderjahrs, in dem die Schlussbesprechung stattgefunden hat, oder, wenn sie unterblieben ist, seit Ablauf des Kalenderjahrs, in dem die letzten Ermittlungen im Rahmen der Außenprüfung stattgefunden haben, die in § 169 Abs. 2 genannten Fristen verstrichen sind; eine Ablaufhemmung nach anderen Vorschriften bleibt unberührt.

(5)[1)] [1] Beginnen die Behörden des Zollfahndungsdienstes oder die mit der Steuerfahndung betrauten Dienststellen der Landesfinanzbehörden vor Ablauf der Festsetzungsfrist beim Steuerpflichtigen mit Ermittlungen der Besteuerungsgrundlagen, so läuft die Festsetzungsfrist insoweit nicht ab, bevor die auf Grund der Ermittlungen zu erlassenden Steuerbescheide unanfechtbar geworden sind; Absatz 4 Satz 2 gilt sinngemäß. [2] Das Gleiche gilt, wenn dem Steuerpflichtigen vor Ablauf der Festsetzungsfrist die Einleitung des Steuerstrafverfahrens oder des Bußgeldverfahrens wegen einer Steuerordnungswidrigkeit bekannt gegeben worden ist; § 169 Abs. 1 Satz 3 gilt sinngemäß.

(6) [1] Ist bei Steuerpflichtigen eine Außenprüfung im Geltungsbereich dieses Gesetzes nicht durchführbar, wird der Ablauf der Festsetzungsfrist auch durch sonstige Ermittlungshandlungen im Sinne des § 92 gehemmt, bis die auf Grund dieser Ermittlungen erlassenen Steuerbescheide unanfechtbar geworden sind. [2] Die Ablaufhemmung tritt jedoch nur dann ein, wenn der Steuerpflichtige vor Ablauf der Festsetzungsfrist auf den Beginn der Ermittlungen nach Satz 1 hingewiesen worden ist; § 169 Abs. 1 Satz 3 gilt sinngemäß.

(7) In den Fällen des § 169 Abs. 2 Satz 2 endet die Festsetzungsfrist nicht, bevor die Verfolgung der Steuerstraftat oder der Steuerordnungswidrigkeit verjährt ist.

(8)[2)] [1] Ist die Festsetzung einer Steuer nach § 165 ausgesetzt oder die Steuer vorläufig festgesetzt worden, so endet die Festsetzungsfrist nicht vor dem Ablauf eines Jahres, nachdem die Ungewissheit beseitigt ist und die Finanzbehörde hiervon Kenntnis erhalten hat. [2] In den Fällen des § 165 Abs. 1 Satz 2 endet die Festsetzungsfrist nicht vor Ablauf von zwei Jahren, nachdem die Ungewissheit beseitigt ist und die Finanzbehörde hiervon Kenntnis erlangt hat.

[1)] § 171 Abs. 5 Satz 1 neu gef. durch G v. 12.12.2019 (BGBl. I S. 2451); zur Anwendung siehe Art. 97 § 1 Abs. 13 EGAO (Nr. **800a**); geänd. mWv 29.12.2020 durch G v. 21.12.2020 (BGBl. I S. 3096).

[2)] Vgl. hierzu Art. 97 § 15 Abs. 16 EGAO (Nr. **800a**).

6. Aufnahme in einen Insolvenzplan oder einen gerichtlichen Schuldenbereinigungsplan,
7. Ermittlungen der Finanzbehörde nach dem Wohnsitz oder dem Aufenthaltsort des Zahlungspflichtigen und
8. schriftliche Geltendmachung des Anspruchs.

[2] § 169 Abs. 1 Satz 3 gilt sinngemäß.

(2)[1] [1] Die Unterbrechung der Verjährung dauert fort

1. in den Fällen des Absatzes 1 Satz 1 Nummer 1 bis zum Ablauf der Maßnahme,
2. im Fall des Absatzes 1 Satz 1 Nummer 2 bis zum Erlöschen der Sicherheit,
3. im Fall des Absatzes 1 Satz 1 Nummer 3 bis zum Erlöschen des Pfändungspfandrechts, der Zwangshypothek oder des sonstigen Vorzugsrechts auf Befriedigung,
4. im Fall des Absatzes 1 Satz 1 Nummer 4 bis zur Beendigung des Insolvenzverfahrens,
5. im Fall des Absatzes 1 Satz 1 Nummer 5 bis zum Wegfall des Vollstreckungsverbots nach § 210 oder § 294 Absatz 1 der Insolvenzordnung,
6. in den Fällen des Absatzes 1 Satz 1 Nummer 6, bis der Insolvenzplan oder der gerichtliche Schuldenbereinigungsplan erfüllt oder hinfällig wird.

[2] Wird gegen die Finanzbehörde ein Anspruch geltend gemacht, so endet die hierdurch eingetretene Unterbrechung der Verjährung nicht, bevor über den Anspruch rechtskräftig entschieden worden ist.

(3) Mit Ablauf des Kalenderjahrs, in dem die Unterbrechung geendet hat, beginnt eine neue Verjährungsfrist.

(4) Die Verjährung wird nur in Höhe des Betrags unterbrochen, auf den sich die Unterbrechungshandlung bezieht.

§ 232 Wirkung der Verjährung. Durch die Verjährung erlöschen der Anspruch aus dem Steuerschuldverhältnis und die von ihm abhängenden Zinsen.

Zweiter Abschnitt: Verzinsung, Säumniszuschläge

1. Unterabschnitt: Verzinsung

§ 233[2] **Grundsatz.** [1] Ansprüche aus dem Steuerschuldverhältnis (§ 37) werden nur verzinst, soweit dies *gesetzlich* [***ab 22.7.2022:*** durch Bundesrecht oder

[1] § 231 Abs. 2 Satz 1 neu gef. mWv 20.12.2003 durch G v. 15.12.2003 (BGBl. I S. 2645); Satz 1 neu gef. durch G v. 23.6.2017 (BGBl. I S. 1682); zur Anwendung siehe Art. 97 § 14 Abs. 5 EGAO (Nr. **800a**); Abs. 2 Satz 1 Nr. 5 geänd. mWv 29.12.2020 durch G v. 21.12.2020 (BGBl. I S. 3096).

[2] § 233 Satz 1 geänd. durch G v. 12.7.2022 (BGBl. I S. 1142); zur Anwendung siehe Art. 97 § 15 Abs. 13 EGAO (Nr. **800a**).

Recht der Europäischen Union] vorgeschrieben ist. 2 Ansprüche auf steuerliche Nebenleistungen (§ 3 Abs. 4) und die entsprechenden Erstattungsansprüche werden nicht verzinst.

§ 233a[1)] Verzinsung von Steuernachforderungen und Steuererstattungen. (1) 1 Führt die Festsetzung der Einkommen-, Körperschaft-, Vermögen-, Umsatz- oder Gewerbesteuer zu einem Unterschiedsbetrag im Sinne des Absatzes 3, ist dieser zu verzinsen. 2 Dies gilt nicht für die Festsetzung von Vorauszahlungen und Steuerabzugsbeträgen.

(2)[2)] 1 Der Zinslauf beginnt 15 Monate[3)] nach Ablauf des Kalenderjahrs, in dem die Steuer entstanden ist. 2 Er beginnt für die Einkommen- und Körperschaftsteuer 23 Monate[3)] nach diesem Zeitpunkt, wenn die Einkünfte aus Land- und Forstwirtschaft bei der erstmaligen Steuerfestsetzung die anderen Einkünfte überwiegen; [***ab 22.7.2022:*** hierbei sind Kapitalerträge nach § 32d Absatz 1 und § 43 Absatz 5 des Einkommensteuergesetzes nicht zu berücksichtigen].[4)] 3 Er endet mit Ablauf des Tages, an dem die Steuerfestsetzung wirksam wird.

(2a)[5)] Soweit die Steuerfestsetzung auf der Berücksichtigung eines rückwirkenden Ereignisses (§ 175 Abs. 1 Satz 1 Nr. 2 und Abs. 2) oder auf einem Verlustabzug nach § 10d Abs. 1 des Einkommensteuergesetzes beruht, beginnt der Zinslauf abweichend von Absatz 2 Satz 1 und 2 15 Monate nach Ablauf des Kalenderjahres, in dem das rückwirkende Ereignis eingetreten oder der Verlust entstanden ist.

(3)[6)] 1 Maßgebend für die Zinsberechnung ist die festgesetzte Steuer, vermindert um die anzurechnenden Steuerabzugsbeträge, um die anzurechnende Körperschaftsteuer und um die bis zum Beginn des Zinslaufs festgesetzten Vorauszahlungen (Unterschiedsbetrag). 2 Bei der Vermögensteuer ist als Unterschiedsbetrag für die Zinsberechnung die festgesetzte Steuer, vermindert um die festgesetzten Vorauszahlungen oder die bisher festgesetzte Jahressteuer, maßgebend. 3 Ein Unterschiedsbetrag zugunsten des Steuerpflichtigen ist nur bis zur Höhe des zu erstattenden Betrags zu verzinsen; die Verzinsung beginnt frühestens mit dem Tag der Zahlung. [***ab 22.7.2022:*** 4 Besteht der Erstattungs-

---

1) Siehe hierzu BVerfG v. 8.7.2021 (BGBl. I 2021 S. 4303) iVm Allgemeinverfügung der obersten Finanzbehörden der Länder v. 29.11.2021 (www.bundesfinanzministerium.de).

2) Zur **Anwendung aufgrund der Corona-Pandemie** siehe **Sonderregelung** in Art. 97 § 36 EGAO (Nr. **800a**). Zur Anwendung in den neuen Bundesländern siehe Art. 97a § 2 Nr. 10 EGAO (Nr. **800a**).

3) Zeitpunkt geänd. durch G v. 1.11.2011 (BGBl. I S. 2131); zur Anwendung siehe Art. 97 § 15 Abs. 11 und § 36 Abs. 3 Nrn. 10 und 11 EGAO (Nr. **800a**).

4) § 233a Abs. 2 Satz 2 2. Hs. angef. durch G v. 12.7.2022 (BGBl. I S. 1142); zur Anwendung siehe Art.. 97 § 15 Abs. 13 EGAO (Nr. **800a**).

5) In § 233a Abs. 2a s. auch Art. 97 § 9 Abs. 5 EGAO (Nr. **800a**).

6) § 233a Abs. 3 Satz 4 angef. durch G v. 12.7.2022 (BGBl. I S. 1142); zur Anwendung siehe Art. 97 § 15 Abs. 13 EGAO (Nr. **800a**).

betrag aus mehreren Teil-Leistungen, richtet sich der Zinsberechnungszeitraum jeweils nach dem Zeitpunkt der einzelnen Leistung; die Leistungen sind in chronologischer Reihenfolge zu berücksichtigen, beginnend mit der jüngsten Leistung.]

(4) Die Festsetzung der Zinsen soll mit der Steuerfestsetzung verbunden werden.

(5)[1] [1]Wird die Steuerfestsetzung aufgehoben, geändert oder nach § 129 berichtigt, ist eine bisherige Zinsfestsetzung zu ändern; Gleiches gilt, wenn die Anrechnung von Steuerbeträgen zurückgenommen, widerrufen oder nach § 129 berichtigt wird. [2]Maßgebend für die Zinsberechnung ist der Unterschiedsbetrag zwischen der festgesetzten Steuer und der vorher festgesetzten Steuer, jeweils vermindert um die anzurechnenden Steuerabzugsbeträge und um die anzurechnende Körperschaftsteuer. [3]Dem sich hiernach ergebenden Zinsbetrag sind bisher festzusetzende Zinsen hinzuzurechnen; bei einem Unterschiedsbetrag zugunsten des Steuerpflichtigen entfallen darauf festgesetzte Zinsen. [4]Im Übrigen gilt Absatz 3 Satz 3 [***ab 22.7.2022:*** und 4] entsprechend.

(6) Die Absätze 1 bis 5 gelten bei der Durchführung des Lohnsteuer-Jahresausgleichs entsprechend.

(7) [1]Bei Anwendung des Absatzes 2a gelten die Absätze 3 und 5 mit der Maßgabe, dass der Unterschiedsbetrag in Teil-Unterschiedsbeträge mit jeweils gleichem Zinslaufbeginn aufzuteilen ist; für jeden Teil-Unterschiedsbetrag sind Zinsen gesondert und in der zeitlichen Reihenfolge der Teil-Unterschiedsbeträge zu berechnen, beginnend mit den Zinsen auf den Teil-Unterschiedsbetrag mit dem ältesten Zinslaufbeginn. [2]Ergibt sich ein Teil-Unterschiedsbetrag zugunsten des Steuerpflichtigen, entfallen auf diesen Betrag festgesetzte Zinsen frühestens ab Beginn des für diesen Teil-Unterschiedsbetrag maßgebenden Zinslaufs; Zinsen für den Zeitraum bis zum Beginn des Zinslaufs dieses Teil-Unterschiedsbetrags bleiben endgültig bestehen. [3]Dies gilt auch, wenn zuvor innerhalb derselben Zinsberechnung Zinsen auf einen Teil-Unterschiedsbetrag zuungunsten des Steuerpflichtigen berechnet worden sind.

(8)[2] [1]Zinsen auf einen Unterschiedsbetrag zuungunsten des Steuerpflichtigen (Nachzahlungszinsen) sind entweder nicht festzusetzen oder zu erlassen, soweit Zahlungen oder andere Leistungen auf eine später wirksam gewordene Steuerfestsetzung erbracht wurden, die Finanzbehörde diese Leistungen angenommen und auf die festgesetzte und zu entrichtende Steuer angerechnet hat. [2]Absatz 3 Satz 4 ist hierbei entsprechend anzuwenden. [3]Soweit Nachzahlungszinsen aufgrund einer Aufhebung, Änderung oder Berichtigung der Steuerfestsetzung nach Absatz 5 Satz 3 zweiter Halbsatz entfallen, mindert sich der Zinsverzicht nach Satz 1 entsprechend. [4]Die §§ 163 und 227 bleiben unberührt.

---

[1] § 233a Abs. 5 Satz 4 geänd. durch G v. 12.7.2022 (BGBl. I S. 1142); zur Anwendung siehe Art. 97 § 15 Abs. 13 EGAO (Nr. **800a**).

[2] § 233a Abs. 8 angef. durch G v. 12.7.2022 (BGBl. I S. 1142); zur Anwendung siehe Art. 97 § 15 Abs. 14 EGAO (Nr. **800a**).

§ 234 Stundungszinsen. (1) [1] Für die Dauer einer gewährten Stundung von Ansprüchen aus dem Steuerschuldverhältnis werden Zinsen erhoben. [2] Wird der Steuerbescheid nach Ablauf der Stundung aufgehoben, geändert oder nach § 129 berichtigt, so bleiben die bis dahin entstandenen Zinsen unberührt.

(2) Auf die Zinsen kann ganz oder teilweise verzichtet werden, wenn ihre Erhebung nach Lage des einzelnen Falls unbillig wäre.

(3) Zinsen nach § 233a, die für denselben Zeitraum festgesetzt wurden, sind anzurechnen.

§ 235 Verzinsung von hinterzogenen Steuern. (1) [1] Hinterzogene Steuern sind zu verzinsen. [2] Zinsschuldner ist derjenige, zu dessen Vorteil die Steuern hinterzogen worden sind. [3] Wird die Steuerhinterziehung dadurch begangen, dass ein anderer als der Steuerschuldner seine Verpflichtung, einbehaltene Steuern an die Finanzbehörde abzuführen oder Steuern zu Lasten eines anderen zu entrichten, nicht erfüllt, so ist dieser Zinsschuldner.

(2) [1] Der Zinslauf beginnt mit dem Eintritt der Verkürzung oder der Erlangung des Steuervorteils, es sei denn, dass die hinterzogenen Beträge ohne die Steuerhinterziehung erst später fällig geworden wären. [2] In diesem Fall ist der spätere Zeitpunkt maßgebend.

(3) [1] Der Zinslauf endet mit der Zahlung der hinterzogenen Steuern. [2] Für eine Zeit, für die ein Säumniszuschlag verwirkt, die Zahlung gestundet oder die Vollziehung ausgesetzt ist, werden Zinsen nach dieser Vorschrift nicht erhoben. [3] Wird der Steuerbescheid nach Ende des Zinslaufs aufgehoben, geändert oder nach § 129 berichtigt, so bleiben die bis dahin entstandenen Zinsen unberührt.

(4) Zinsen nach § 233a, die für denselben Zeitraum festgesetzt wurden, sind anzurechnen.

§ 236 Prozesszinsen auf Erstattungsbeträge. (1) [1] Wird durch eine rechtskräftige gerichtliche Entscheidung oder auf Grund einer solchen Entscheidung eine festgesetzte Steuer herabgesetzt oder eine Steuervergütung gewährt, so ist der zu erstattende oder zu vergütende Betrag vorbehaltlich des Absatzes 3 vom Tag der Rechtshängigkeit an bis zum Auszahlungstag zu verzinsen. [2] Ist der zu erstattende Betrag erst nach Eintritt der Rechtshängigkeit entrichtet worden, so beginnt die Verzinsung mit dem Tag der Zahlung.

(2) Absatz 1 ist entsprechend anzuwenden, wenn

1. sich der Rechtsstreit durch Aufhebung oder Änderung des angefochtenen Verwaltungsakts oder durch Erlass des beantragten Verwaltungsakts erledigt oder
2. eine rechtskräftige gerichtliche Entscheidung oder ein unanfechtbarer Verwaltungsakt, durch den sich der Rechtsstreit erledigt hat,

   a) zur Herabsetzung der in einem Folgebescheid festgesetzten Steuer,

b) zur Herabsetzung der Gewerbesteuer nach Änderung des Gewerbesteuermessbetrags

führt.

(3) Ein zu erstattender oder zu vergütender Betrag wird nicht verzinst, soweit dem Beteiligten die Kosten des Rechtsbehelfs nach § 137 Satz 1 der Finanzgerichtsordnung auferlegt worden sind.

(4) Zinsen nach § 233a, die für denselben Zeitraum festgesetzt wurden, sind anzurechnen.

(5) Ein Zinsbescheid ist nicht aufzuheben oder zu ändern, wenn der Steuerbescheid nach Abschluss des Rechtsbehelfsverfahrens aufgehoben, geändert oder nach § 129 berichtigt wird.

§ 237 Zinsen bei Aussetzung der Vollziehung. (1) [1] Soweit ein Einspruch oder eine Anfechtungsklage gegen einen Steuerbescheid, eine Steueranmeldung oder einen Verwaltungsakt, der einen Steuervergütungsbescheid aufhebt oder ändert, oder gegen eine Einspruchsentscheidung über einen dieser Verwaltungsakte endgültig keinen Erfolg gehabt hat, ist der geschuldete Betrag, hinsichtlich dessen die Vollziehung des angefochtenen Verwaltungsakts ausgesetzt wurde, zu verzinsen. [2] Satz 1 gilt entsprechend, wenn nach Einlegung eines förmlichen außergerichtlichen oder gerichtlichen Rechtsbehelfs gegen einen Grundlagenbescheid (§ 171 Abs. 10) oder eine Rechtsbehelfsentscheidung über einen Grundlagenbescheid die Vollziehung eines Folgebescheids ausgesetzt wurde.

(2) [1] Zinsen werden erhoben vom Tag des Eingangs des außergerichtlichen Rechtsbehelfs bei der Behörde, deren Verwaltungsakt angefochten wird, oder vom Tag der Rechtshängigkeit beim Gericht an bis zum Tag, an dem die Aussetzung der Vollziehung endet. [2] Ist die Vollziehung erst nach dem Eingang des außergerichtlichen Rechtsbehelfs oder erst nach der Rechtshängigkeit ausgesetzt worden, so beginnt die Verzinsung mit dem Tag, an dem die Wirkung der Aussetzung der Vollziehung beginnt.

(3) Absätze 1 und 2 sind entsprechend anzuwenden, wenn nach Aussetzung der Vollziehung des Einkommensteuerbescheids, des Körperschaftsteuerbescheids oder eines Feststellungsbescheids die Vollziehung eines Gewerbesteuermessbescheids oder Gewerbesteuerbescheids ausgesetzt wird.

(4) § 234 Abs. 2 und 3 gelten entsprechend.

(5) Ein Zinsbescheid ist nicht aufzuheben oder zu ändern, wenn der Steuerbescheid nach Abschluss des Rechtsbehelfsverfahrens aufgehoben, geändert oder nach § 129 berichtigt wird.

§ 238 Höhe und Berechnung der Zinsen. (1) [1] Die Zinsen betragen für jeden Monat einhalb Prozent. [2] Sie sind von dem Tag an, an dem der Zinslauf beginnt, nur für volle Monate zu zahlen; angefangene Monate bleiben außer Ansatz. [3] Erlischt der zu verzinsende Anspruch durch Aufrechnung, gilt der Tag, an dem die Schuld des Aufrechnenden fällig wird, als Tag der Zahlung.

(1a)[1] In den Fällen des § 233a betragen die Zinsen abweichend von Absatz 1 Satz 1 ab dem 1. Januar 2019 0,15 Prozent für jeden Monat, das heißt 1,8 Prozent für jedes Jahr.

(1b)[1] [1]Sind für einen Zinslauf unterschiedliche Zinssätze maßgeblich, ist der Zinslauf in Teilverzinsungszeiträume aufzuteilen. [2]Die Zinsen für die Teilverzinsungszeiträume sind jeweils tageweise zu berechnen. [3]Hierbei wird jeder Kalendermonat unabhängig von der tatsächlichen Anzahl der Kalendertage mit 30 Zinstagen und jedes Kalenderjahr mit 360 Tagen gerechnet.

(1c)[1] [1]Die Angemessenheit des Zinssatzes nach Absatz 1a ist unter Berücksichtigung der Entwicklung des Basiszinssatzes nach § 247 des Bürgerlichen Gesetzbuchs wenigstens alle zwei Jahre zu evaluieren. [2]Die erste Evaluierung erfolgt spätestens zum 1. Januar 2024.

(2)[2] Für die Berechnung der Zinsen wird der zu verzinsende Betrag jeder Steuerart auf den nächsten durch 50 Euro teilbaren Betrag abgerundet.

§ 239 Festsetzung der Zinsen. (1)[3] [1]Auf die Zinsen sind die für die Steuern geltenden Vorschriften entsprechend anzuwenden, jedoch beträgt die Festsetzungsfrist *ein Jahr* [***n. F.:*** zwei Jahre]. [2]Die Festsetzungsfrist beginnt:

1. in den Fällen des § 233a mit Ablauf des Kalenderjahrs, in dem die Steuer festgesetzt, aufgehoben, geändert oder nach § 129 berichtigt worden ist,
2. in den Fällen des § 234 mit Ablauf des Kalenderjahrs, in dem die Stundung geendet hat,
3. in den Fällen des § 235 mit Ablauf des Kalenderjahrs, in dem die Festsetzung der hinterzogenen Steuern unanfechtbar geworden ist, jedoch nicht vor Ablauf des Kalenderjahrs, in dem ein eingeleitetes Strafverfahren rechtskräftig abgeschlossen worden ist,
4. in den Fällen des § 236 mit Ablauf des Kalenderjahrs, in dem die Steuer erstattet oder die Steuervergütung ausgezahlt worden ist,
5. in den Fällen des § 237 mit Ablauf des Kalenderjahrs, in dem ein Einspruch oder eine Anfechtungsklage endgültig erfolglos geblieben ist und
6. in allen anderen Fällen mit Ablauf des Kalenderjahres, in dem der Zinslauf endet

[3]Die Festsetzungsfrist läuft in den Fällen des § 233a nicht ab, solange die Steuerfestsetzung, ihre Aufhebung, ihre Änderung oder ihre Berichtigung nach § 129 noch zulässig ist.

---

[1] § 238 Abs. 1a, 1b, 1c eingef. durch G v. 12.7.2022 (BGBl. I S. 1142); zur Anwendung siehe Art. 97 § 15 Abs. 14 EGAO (Nr. **800a**).

[2] Zur erstmaligen Anwendung von § 238 Abs. 2 siehe Art. 97 § 15 Abs. 10 EGAO (Nr. **800a**).

[3] § 239 Abs. 1 Satz 1 geänd., Satz 2 Nr. 6 angef. durch G v. 12.7.2022 (BGBl. I S. 1142); zur Anwendung siehe Art. 97 § 15 Abs. 15 EGAO (Nr. **800a**).

(2)[1] [1]Zinsen sind auf volle Euro zum Vorteil des Steuerpflichtigen gerundet festzusetzen. [2]Sie werden nur dann festgesetzt, wenn sie mindestens 10 Euro betragen.

(3)[2] Werden Besteuerungsgrundlagen gesondert festgestellt oder wird ein Steuermessbetrag festgesetzt, sind die Grundlagen für eine Festsetzung von Zinsen

1. nach § 233a in den Fällen des § 233a Absatz 2a oder

2. nach § 235

gesondert festzustellen, soweit diese an Sachverhalte anknüpfen, die Gegenstand des Grundlagenbescheids sind.

(4)[3] Werden wegen einer Steueranmeldung, die nach § 168 Satz 1 einer Steuerfestsetzung unter Vorbehalt der Nachprüfung gleichsteht, Zinsen nach § 233a festgesetzt, so steht diese Zinsfestsetzung ebenfalls unter dem Vorbehalt der Nachprüfung.

(5)[4] Die Festsetzung von Zinsen nach § 233a hat Bindungswirkung für Zinsfestsetzungen nach den §§ 234, 235, 236 oder 237, soweit auf diese Zinsen nach § 233a festgesetzte Zinsen anzurechnen sind.

2. Unterabschnitt: Säumniszuschläge

§ 240 Säumniszuschläge. (1) [1]Wird eine Steuer nicht bis zum Ablauf des Fälligkeitstages entrichtet, so ist für jeden angefangenen Monat der Säumnis ein Säumniszuschlag von ein Prozent des abgerundeten rückständigen Steuerbetrags zu entrichten; abzurunden ist auf den nächsten durch 50 Euro teilbaren Betrag. [2]Das Gleiche gilt für zurückzuzahlende Steuervergütungen und Haftungsschulden, soweit sich die Haftung auf Steuern und zurückzuzahlende Steuervergütungen erstreckt. [3]Die Säumnis nach Satz 1 tritt nicht ein, bevor die Steuer festgesetzt oder angemeldet worden ist. [4]Wird die Festsetzung einer Steuer oder Steuervergütung aufgehoben, geändert oder nach § 129 berichtigt, so bleiben die bis dahin verwirkten Säumniszuschläge unberührt; das Gleiche gilt, wenn ein Haftungsbescheid zurückgenommen, widerrufen oder nach § 129 berichtigt wird. [5]Erlischt der Anspruch durch Aufrechnung, bleiben Säumniszuschläge unberührt, die bis zur Fälligkeit der Schuld des Aufrechnenden entstanden sind.

(2) Säumniszuschläge entstehen nicht bei steuerlichen Nebenleistungen.

---

[1] Zur erstmaligen Anwendung von § 239 Abs. 2 siehe Art. 97 § 15 Abs. 10 EGAO – Nr. **800a**

[2] § 239 Abs. 3 angef. durch G v. 18.7.2016 (BGBl. I S. 1679); zur Anwendung siehe Art. 97 § 15 Abs. 12 Satz 1 EGAO – Nr. **800a**.

[3] § 239 Abs. 4 angef. durch G v. 18.7.2016 (BGBl. I S. 1679); zur Anwendung siehe Art. 97 § 15 Abs. 12 Satz 2 EGAO – Nr. **800a**.

[4] § 239 Abs. 5 angef. durch G v. 12.7.2022 (BGBl. I S. 1142); zur Anwendung siehe Art. 97 § 15 Abs. 14 EGAO (Nr. **800a**).

(3) [1]Ein Säumniszuschlag wird bei einer Säumnis bis zu drei[1)] Tagen nicht erhoben. [2]Dies gilt nicht bei Zahlung nach § 224 Abs. 2 Nr. 1.

(4) [1]In den Fällen der Gesamtschuld entstehen Säumniszuschläge gegenüber jedem säumigen Gesamtschuldner. [2]Insgesamt ist jedoch kein höherer Säumniszuschlag zu entrichten als verwirkt worden wäre, wenn die Säumnis nur bei einem Gesamtschuldner eingetreten wäre.

Dritter Abschnitt: Sicherheitsleistung

§ 241 Art der Sicherheitsleistung. (1) Wer nach den Steuergesetzen Sicherheit zu leisten hat, kann diese erbringen

1. durch Hinterlegung von im Geltungsbereich dieses Gesetzes umlaufenden Zahlungsmitteln bei der zuständigen Finanzbehörde,
2. durch Verpfändung der in Absatz 2 genannten Wertpapiere, die von dem zur Sicherheitsleistung Verpflichteten der Deutschen Bundesbank oder einem Kreditinstitut zur Verwahrung anvertraut worden sind, das zum Depotgeschäft zugelassen ist, wenn dem Pfandrecht keine anderen Rechte vorgehen. [2]Die Haftung der Wertpapiere für Forderungen des Verwahrers

(Fortsetzung nächste Seite)

[1)] § 240 Abs. 3 Satz 1 geänd. durch G v. 15.12.2003 (BGBl. I S. 2645); zur erstmaligen Anwendung siehe Art. 97 § 16 Abs. 6 EGAO (Nr. **800a**).

800a. Einführungsgesetz zur Abgabenordnung (EGAO)

Vom 14. Dezember 1976
(BGBl. I S. 3341, ber. 1977 I S. 667)

Geändert durch Grunderwerbsteuergesetz 1983 vom 17.12.1982 (BGBl. I S. 1777), Steuerbereinigungsgesetz 1986 vom 19.12.1985 (BGBl. I S. 2436), Steuerreformgesetz 1990 vom 25.7.1988 (BGBl. I S. 1093), Haushaltsbegleitgesetz 1989 vom 20.12.1988 (BGBl. I S. 2262), Vereinsförderungsgesetz vom 18.12.1989 (BGBl. I S. 2212), Wohnungsbauförderungsgesetz vom 22.12.1989 (BGBl. I S. 2408), Einigungsvertrag vom 31.8.1990 (BGBl. II S. 889, 968), Steueränderungsgesetz 1991 vom 24.6.1991 (BGBl. I S. 1322), Steueränderungsgesetz 1992 vom 25.2.1992 (BGBl. I S. 297), Gesetz zur Umsetzung des Föderalen Konsolidierungsprogramms vom 23.6.1993 (BGBl. I S. 944), Standortsicherungsgesetz vom 13.9.1993 (BGBl. I S. 1569), Mißbrauchsbekämpfungs- und Steuerbereinigungsgesetz vom 21.12.1993 (BGBl. I S. 2310), Grenzpendlergesetz vom 24.6.1994 (BGBl. I S. 1395), Jahressteuergesetz 1996 vom 11.10.1995 (BGBl. I S. 1250), Jahressteuer-Ergänzungsgesetz 1996 vom 18.12.1995 (BGBl. I S. 1959), Jahressteuergesetz 1997 vom 20.12.1996 (BGBl. I S. 2049), 2. Zwangsvollstreckungsnovelle vom 17.12.1997 (BGBl. I S. 3039), Gesetz zur Datenermittlung für den Verteilungsschlüssel des Gemeindeanteils am Umsatzsteueraufkommen und zur Änderung steuerlicher Vorschriften vom 23.6.1998 (BGBl. I S. 1496), Steueränderungsgesetz 1998 vom 19.12.1998 (BGBl. I S. 3816), Gesetz zur Änderung des Einführungsgesetzes zur Insolvenzordnung vom 19.12.1998 (BGBl. I S. 3836), Zweites Euro-Einführungsgesetz vom 24.3.1999 (BGBl. I S. 385), Steuerbereinigungsgesetz 1999 vom 22.12.1999 (BGBl. I S. 2601), Gesetz zur weiteren steuerlichen Förderung von Stiftungen vom 14.7.2000 (BGBl. I S. 1034), Steuersenkungsgesetz vom 23.10.2000 (BGBl. I S. 1433), Steuer-Euroglättungsgesetz vom 19.12.2000 (BGBl. I S. 1790), Gesetz zur Änderung des Investitionszulagengesetzes 1999 vom 20.12.2000 (BGBl. I S. 1850), Steueränderungsgesetz 2001 vom 20.12.2001 (BGBl. I S. 3794), Steuervergünstigungsabbaugesetz vom 16.5.2003 (BGBl. I S. 660), Kleinunternehmerförderungsgesetz vom 31.7.2003 (BGBl. I S. 1550), Steueränderungsgesetz 2003 vom 15.12.2003 (BGBl. I S. 2645), Gesetz zur Förderung der Ausbildung und Beschäftigung schwerbehinderter Menschen vom 23.4.2004 (BGBl. I S. 606), Kostenrechtsmodernisierungsgesetz vom 5.5.2004 (BGBl. I S. 718), Gesetz zur Änderung der Abgabenordnung und weiterer Gesetze vom 21.7.2004 (BGBl. I S. 1753), EU-Richtlinien-Umsetzungsgesetz vom 9.12.2004 (BGBl. I S. 3310), Erstes Gesetz zum Abbau bürokratischer Hemmnisse insbesondere in der mittelständischen Wirtschaft vom 22.8.2006 (BGBl. I S. 1970), Jahressteuergesetz 2007 vom 13.12.2006 (BGBl. I S. 2878), Zweites Gesetz zum Abbau bürokratischer Hemmnisse insbesondere in der mittelständischen Wirtschaft vom 7.9.2007 (BGBl. I S. 2246), Gesetz zur weiteren Stärkung des bürgerschaftlichen Engagements vom 10.10.2007 (BGBl. I S. 2332), Jahressteuergesetz 2008 vom 20.12.2007 (BGBl. I S. 3150), Jahressteuergesetz 2009 vom 19.12.2008 (BGBl. I S. 2794), Steuerbürokratieabbaugesetz vom 20.12.2008 (BGBl. I S. 2850), Steuerhinterziehungsbekämpfungsgesetz vom 29.7.2009 (BGBl. I S. 2302), Jahressteuergesetz 2010 (JStG 2010) vom 8.12.2010 (BGBl. I S. 1768), Schwarzgeldbekämpfungsgesetz vom 28.4.2011 (BGBl. I S. 676), Steuervereinfachungsgesetz 2011 vom 1.11.2011 (BGBl. I S. 2131), Amtshilferichtlinie-Umsetzungsgesetz (AmtshilfeRLUmsG) vom 26.6.2013 (BGBl. I S. 1809), Gesetz zur Anpassung steuerlicher Regelungen an die Rechtsprechung des Bundesverfassungsgerichts vom 18.7.2014 (BGBl. I S. 1042), Gesetz zur Änderung der Abgabenordnung und des Einführungsgesetzes zur Abgabenordnung vom 22.12.2014 (BGBl. I S. 2415), Gesetz zur Anpassung der Abgabenordnung an den Zollkodex der Union und zur Änderung weiterer steuerlicher Vorschriften vom 22.12.2014 (BGBl. I S. 2417), Gesetz zur Entlastung insbesondere der mittelständischen Wirtschaft von Bürokratie (Bürokratieentlastungsgesetz) vom 28.7.2015 (BGBl. I S. 1400), Gesetz zur Modernisierung des Besteuerungsverfahrens vom 18.7.2016 (BGBl. I S. 1679), Gesetz zur Umsetzung der Änderungen der EU-Amtshilferichtlinie und von weiteren Maßnahmen gegen Gewinnkürzungen und -verlagerungen vom 20.12.2016 (BGBl. I S. 3000), Gesetz zum Schutz vor

Manipulationen an digitalen Grundaufzeichnungen vom 22.12.2016 (BGBl. I S. 3152), Gesetz zur Bekämpfung der Steuerumgehung und zur Änderung weiterer steuerlicher Vorschriften (Steuerumgehungsbekämpfungsgesetz – StUmgBG) vom 23.6.2017 (BGBl. I S. 1682), Zweites Gesetz zur Entlastung insbesondere der mittelständischen Wirtschaft von Bürokratie (Zweites Bürokratieentlastungsgesetz) vom 30.6.2017 (BGBl. I S. 2143), Gesetz zur Vermeidung von Umsatzsteuerausfällen beim Handel mit Waren im Internet und zur Änderung weiterer steuerlicher Vorschriften vom 11.12.2018 (BGBl. I S. 2338), Zweites Gesetz zur Anpassung des Datenschutzrechts an die Verordnung (EU) 2016/679 und zur Umsetzung der Richtlinie (EU) 2016/680 (Zweites Datenschutz-Anpassungs- und Umsetzungsgesetz EU – 2. DSAnpUG-EU) vom 20.11.2019 (BGBl. I S. 1626), Drittes Gesetz zur Entlastung insbesondere der mittelständischen Wirtschaft von Bürokratie (Drittes Bürokratieentlastungsgesetz) vom 22.11.2019 (BGBl. I S. 1746), Gesetz zur Reform des Grundsteuer- und Bewertungsrechts (Grundsteuer-Reformgesetz – GrStRefG) vom 26.11.2019 (BGBl. I S. 1794), Gesetz zur weiteren steuerlichen Förderung der Elektromobilität und zur Änderung weiterer steuerlicher Vorschriften vom 12.12.2019 (BGBl. I S. 2451), Gesetz zur Einführung einer Pflicht zur Mitteilung grenzüberschreitender Steuergestaltungen vom 21.12.2019 (BGBl. I S. 2875), Gesetz zur Umsetzung steuerlicher Hilfsmaßnahmen zur Bewältigung der Corona-Krise (Corona-Steuerhilfegesetz) vom 19.6.2020 (BGBl. I S. 1385), Zweites Gesetz zur Umsetzung steuerlicher Hilfsmaßnahmen zur Bewältigung der Corona-Krise (Zweites Corona-Steuerhilfegesetz) vom 29.6.2020 (BGBl. I S. 1512), Jahressteuergesetz 2020 vom 21.12.2020 (BGBl. I S. 3096), Gesetz zur Verlängerung der Aussetzung der Insolvenzantragspflicht und des Anfechtungsschutzes für pandemiebedingte Stundungen sowie zur Verlängerung der Steuererklärungsfrist in beratenen Fällen und der zinsfreien Karenzzeit für den Veranlagungszeitraum 2019 vom 15.2.2021 (BGBl. I S. 237), Gesetz zur Modernisierung der Entlastung von Abzugsteuern und der Bescheinigung der Kapitalertragsteuer (Abzugsteuerentlastungsmodernisierungsgesetz – AbzStEntModG) vom 2.6.2021 (BGBl. I S. 1259) und Gesetz zur Umsetzung der Anti-Steuervermeidungsrichtlinie (ATAD-Umsetzungsgesetz – ATADUmsG) vom 25.6.2021 (BGBl. I S. 2035), Gesetz zur Abwehr von Steuervermeidung und unfairem Steuerwettbewerb und zur Änderung weiterer Gesetze vom 25.6.2021 (BGBl. I S. 2056), Viertes Gesetz zur Umsetzung steuerlicher Hilfsmaßnahmen zur Bewältigung der Corona-Krise (Viertes Corona-Steuerhilfegesetz) vom 19.6.2022 (BGBl. I S. 911) und Zweites Gesetz zur Änderung der Abgabenordnung und des Einführungsgesetzes zur Abgabenordnung vom 12.7.2022 (BGBl. I S. 1142)

BGBl. III/FNA 610-1-4

– Auszug –

Der Bundestag hat mit Zustimmung des Bundesrates das folgende Gesetz beschlossen:

Erster Abschnitt. Änderung von Gesetzen auf dem Gebiet des Finanzwesens

Art. 1 bis **Art. 6** ……

Art. 7 Hauptfeststellung der Einheitswerte der Mineralgewinnungsrechte. (1) Für Mineralgewinnungsrechte findet die nächste Hauptfeststellung der Einheitswerte auf den 1. Januar 1977 statt (Hauptfeststellung 1977).

(2) Die Einheitswerte für Mineralgewinnungsrechte, denen die Wertverhältnisse vom 1. Januar 1977 zugrunde liegen, sind erstmals anzuwenden bei der Feststellung von Einheitswerten der gewerblichen Betriebe auf den 1. Januar 1977 und bei der Festsetzung von Steuern, bei denen die Steuer nach dem 31. Dezember 1976 entsteht.

(3)[1] Die Absätze 1 und 2 sind letztmals anzuwenden für gesonderte Feststellungen auf den 1. Januar 2024.

Art. 8 bis **Art. 38** ……

Zweiter Abschnitt. Anpassung weiterer Bundesgesetze

Erster Titel. Änderung von Gesetzen auf dem Gebiet des Rechts der Verwaltung

Art. 39 bis **Art. 52** ……

Zweiter Titel. Änderung von Gesetzen auf dem Gebiet der Rechtspflege, des Zivilrechts und des Strafrechts

Art. 53 bis **Art. 57** ……

(Fortsetzung nächstes Blatt)

[1] Art. 7 Abs. 3 angef. durch G v. 26.11.2019 (BGBl. I S. 1794).

§ 13 Sicherungsgeld. [1]Die Vorschriften des § 203 der Reichsabgabenordnung sind auch nach dem 31. Dezember 1976 anzuwenden, soweit die dort genannten besonderen Bedingungen vor dem 1. Januar 1977 nicht eingehalten wurden. [2]Auf die Verwaltungsakte, die ein Sicherungsgeld festsetzen, ist § 100 Abs. 2 der Finanzgerichtsordnung nicht anzuwenden.

§ 13a[1]) Änderung widerstreitender Abrechnungsbescheide und Anrechnungsverfügungen. § 218 Absatz 3 der Abgabenordnung in der Fassung des Artikels 1 des Gesetzes vom 22. Dezember 2014 (BGBl. I S. 2417) gilt ab dem 31. Dezember 2014 auch für Abrechnungsbescheide und Anrechnungsverfügungen, die vor dem 31. Dezember 2014 erlassen worden sind.

§ 14[2]) Zahlungsverjährung. (1) Die Vorschriften der Abgabenordnung über die Zahlungsverjährung gelten für alle Ansprüche im Sinne des § 228 Satz 1 der Abgabenordnung, deren Verjährung nach § 229 der Abgabenordnung nach dem 31. Dezember 1976 beginnt.

(2) [1]Liegen die Voraussetzungen des Absatzes 1 nicht vor, so gelten für die Ansprüche weiterhin die bisherigen Vorschriften über Verjährung und Ausschlußfristen. [2]Die Verjährung wird jedoch ab 1. Januar 1977 nur noch nach den §§ 230 und 231 der Abgabenordnung gehemmt und unterbrochen. [3]Auf die nach § 321 Abs. 3 der Abgabenordnung beginnende neue Verjährungsfrist sind die §§ 228 bis 232 der Abgabenordnung anzuwenden.

(3) § 229 Abs. 1 Satz 2 der Abgabenordnung in der Fassung des Artikels 26 des Gesetzes vom 21. Dezember 1993 (BGBl. I S. 2310) gilt für alle bei Inkrafttreten[3]) dieses Gesetzes noch nicht abgelaufenen Verjährungsfristen.

(4) § 231 Abs. 1 Satz 1 und Abs. 2 Satz 1 der Abgabenordnung in der Fassung des Artikels 17 des Gesetzes vom 22. Dezember 1999 (BGBl. I S. 2601) gilt für alle bei Inkrafttreten[4]) dieses Gesetzes noch nicht abgelaufenen Verjährungsfristen.

(5) § 228 Satz 2 sowie § 231 Absatz 1 Satz 1 und Absatz 2 Satz 1 der Abgabenordnung in der am 25. Juni 2017 geltenden Fassung gelten für alle am 24. Juni 2017 noch nicht abgelaufenen Verjährungsfristen.

§ 15[5]) Zinsen. (1) [1]Zinsen entstehen für die Zeit nach dem 31. Dezember 1976 nach den Vorschriften der Abgabenordnung. [2]Aussetzungszinsen entstehen nach § 237 der Abgabenordnung in der Fassung des Steuerbereinigungsgesetzes 1986 auch, soweit der Zinslauf vor dem 1. Januar 1987 begonnen hat.

---

[1]) Art 97 § 13a eingef. durch G v. 22.12.2014 (BGBl. I S. 2417).

[2]) § 14 Abs. 3 angef. durch G v. 21.12.1993 (BGBl. I S. 2310); Abs. 4 angef. durch G v. 22.12.1999 (BGBl. I S. 2601); Abs. 5 angef. durch G v. 23.6.2017 (BGBl. I S. 1682).

[3]) In Kraft ab 30.12.1993.

[4]) In Kraft ab 30.12.1999.

[5]) § 15 Abs. 1 Satz 2 angef. durch G v. 19.12.1985 (BGBl. I S. 2436), Abs. 4 angef. durch G v. 25.7.1988 (BGBl. I S. 1093), geänd. durch G v. 20.12.1988 (BGBl. I S. 2262) und v. 22.12.1989 (BGBl. I S. 2408), Abs. 5 und 6 angef. durch G v. 21.12.1993 (BGBl. I S. 2310), Abs. 5 neugef. durch G v 24.6.1994 (BGBl. I S. 1395), Abs. 7 angef. durch G v. 11.10.1995 (BGBl. I S. 1250), Abs. 8 angef. durch G v. 20.12.1996 (BGBl. I S. 2049), Abs. 7 aufgeh. und Abs. 9 angef. durch G v. 22.12 1999 (BGBl. I S. 2601), Abs. 10 angef. durch G v. 19.12.2000 (BGBl. I S. 1790); Abs. 12 angef. durch G v. 18.7.2016 (BGBl. I S. 1679).

(2) Ist eine Steuer über den 31. Dezember 1976 hinaus zinslos gestundet worden, so gilt dies als Verzicht auf Zinsen im Sinne des § 234 Abs. 2 der Abgabenordnung.

(3) Die Vorschriften des § 239 Abs. 1 der Abgabenordnung über die Festsetzungsfrist gelten in allen Fällen, in denen die Festsetzungsfrist auf Grund dieser Vorschrift nach dem 31. Dezember 1977 beginnt.

(4) Die Vorschriften der §§ 233a, 235, 236 und 239 der Abgabenordnung in der Fassung von Artikel 15 Nr. 3 bis 5 und 7 des Steuerreformgesetzes 1990 vom 25. Juli 1988 (BGBl. I S. 1093) und Artikel 9 des Wohnungsbauförderungsgesetzes vom 22. Dezember 1989 (BGBl. I S. 2408) gelten für alle Steuern, die nach dem 31. Dezember 1988 entstehen.

(5) § 233a Abs. 2 Satz 3 der Abgabenordnung in der Fassung des Artikels 4 Nr. 1 des Gesetzes vom 24. Juni 1994 (BGBl. I S. 1395) gilt in allen Fällen, in denen Zinsen nach dem 31. Dezember 1993 festgesetzt werden.

(6) § 233a Abs. 5 und §§ 234 bis 237 der Abgabenordnung in der Fassung des Artikels 26 des Gesetzes vom 21. Dezember 1993 (BGBl. I S. 2310) gelten in allen Fällen, in denen die Steuerfestsetzung nach Inkrafttreten[1] dieses Gesetzes aufgehoben, geändert oder nach § 129 der Abgabenordnung berichtigt wird.

(7) *(aufgehoben)*

(8) § 233a Abs. 2a der Abgabenordnung in der Fassung des Gesetzes vom 20. Dezember 1996 (BGBl. I S. 2049) gilt in allen Fällen, in denen der Verlust nach dem 31. Dezember 1995 entstanden oder das rückwirkende Ereignis nach dem 31. Dezember 1995 eingetreten ist.

(9) § 233a Abs. 2 Satz 3 der Abgabenordnung in der Fassung des Artikels 17 des Gesetzes vom 22. Dezember 1999 (BGBl. I S. 2601) gilt für alle Steuern, die nach dem 31. Dezember 1993 entstehen.

(10) § 238 Abs. 2 und § 239 Abs. 2 der Abgabenordnung in der Fassung des Artikels 23 Nr. 7 und 8 des Gesetzes vom 19. Dezember 2000 (BGBl. I S. 1790) gilt in allen Fällen, in denen Zinsen nach dem 31. Dezember 2001 festgesetzt werden.

(11)[2] § 233a Absatz 2 Satz 2 der Abgabenordnung in der Fassung des Artikels 3 des Gesetzes vom 1. November 2011 (BGBl. I S. 2131) gilt für alle Steuern, die nach dem 31. Dezember 2009 entstehen.

(12) [1] § 239 Absatz 3 der Abgabenordnung in der am 1. Januar 2017 geltenden Fassung ist erstmals auf Feststellungszeiträume anzuwenden, die nach dem 31. Dezember 2016 beginnen. [2] § 239 Absatz 4 der Abgabenordnung in der am 1. Januar 2017 geltenden Fassung ist erstmals auf Zinsbescheide anzuwenden, die nach dem 31. Dezember 2016 erlassen worden sind.

(13)[3] Die §§ 233 und 233a Absatz 2 Satz 2 zweiter Halbsatz, Absatz 3 Satz 4 und Absatz 5 Satz 4 der Abgabenordnung in der Fassung des Artikels 1 des Gesetzes vom 12. Juli 2022 (BGBl. I S. 1142) gelten in allen Fällen, in denen Zinsen nach dem 21. Juli 2022 festgesetzt werden.

---

[1] In Kraft ab 30.12.1993.
[2] Art. 97 § 15 Abs. 11 angef. durch G v. 1.11.2011 (BGBl. I S. 2131).
[3] Art. 97 § 15 Abs. 13 bis 16 angef. durch G v. 12.7.2022 (BGBl. I S. 1142).

(14)[1] [1] § 233a Absatz 8, § 238 Absatz 1a bis 1c und § 239 Absatz 5 der Abgabenordnung in der Fassung des Artikels 1 des Gesetzes vom 12. Juli 2022 (BGBl. I S. 1142) sind vorbehaltlich des § 176 Absatz 1 Satz 1 Nummer 1 der Abgabenordnung und des Absatzes 16 in allen am 21. Juli 2022[2] anhängigen Verfahren anzuwenden. [2] Bei Anwendung des § 233a Absatz 5 Satz 3 zweiter Halbsatz der Abgabenordnung ist für die Minderung von Nachzahlungszinsen der Zinssatz maßgeblich, der bei der ursprünglichen Festsetzung der Nachzahlungszinsen zugrunde gelegt wurde. [3] § 176 Absatz 1 Satz 1 Nummer 1 der Abgabenordnung ist dabei mit der Maßgabe anzuwenden, dass die Zinsen, die sich aufgrund der Neuberechnung bisher festgesetzter Zinsen nach den Sätzen 1 und 2 ergeben, die vor Anwendung der Neuberechnung festgesetzten Zinsen nicht übersteigen dürfen.

(15)[1] § 239 Absatz 1 Satz 1 und 2 der Abgabenordnung in der Fassung des Artikels 1 des Gesetzes vom 12. Juli 2022 (BGBl. I S. 1142) gilt in allen Fällen, in denen die Festsetzungsfrist am 21. Juli 2022[2] noch nicht abgelaufen ist.

(16)[1] § 165 Absatz 1 Satz 2 Nummer 2, Satz 4 und Absatz 2 sowie § 171 Absatz 8 der Abgabenordnung sind auf nach dem 21. Juli 2022 erlassene Zinsfestsetzungen nach § 233a der Abgabenordnung für Verzinsungszeiträume ab dem 1. Januar 2019 entsprechend anzuwenden, solange die technischen und organisatorischen Voraussetzungen für die Anwendung des § 238 Absatz 1a der Abgabenordnung in der am 22. Juli 2022[3] geltenden Fassung noch nicht vorliegen.

§ 16[4] **Säumniszuschläge.** (1) Die Vorschriften des § 240 der Abgabenordnung über Säumniszuschläge sind erstmals auf Säumniszuschläge anzuwenden, die nach dem 31. Dezember 1976 verwirkt werden.

(Fortsetzung nächstes Blatt)

---

[1] Art. 97 § 15 Abs. 13 bis 16 angef. durch G v. 12.7.2022 (BGBl. I S. 1142).
[2] Datum des Tages der Verkündung des G v. 12.7.2022.
[3] Datum des Tages nach dem Tag der Verkündung des G v. 12.7.2022.
[4] Art. 97 § 16 Abs. 3 angef. durch G v. 23.6.1993 (BGBl. I S. 944), Abs. 4 angef. durch G v. 23.6.1998 (BGBl. I S. 1496), Abs. 5 angef. durch G v. 19.12.2000 (BGBl. I S. 1790), Abs. 6 angef. durch G v. 15.12.2003 (BGBl. I S. 2645).

schäftlichen Angelegenheiten einer Drittstaat-Gesellschaft im Sinne des § 138 Absatz 3 der Abgabenordnung in der am 25. Juni 2017 geltenden Fassung ausüben konnten, haben dies dem für sie nach den §§ 18 bis 20 der Abgabenordnung zuständigen Finanzamt mitzuteilen, wenn dieser Einfluss auch noch am 1. Januar 2018 fortbesteht. [2] § 138 Absatz 5 der Abgabenordnung in der am 25. Juni 2017 geltenden Fassung gilt in diesem Fall entsprechend.

(3) § 138 Absatz 2 und 5 der Abgabenordnung in der am 29. Dezember 2020 geltenden Fassung ist auf alle offenen Fälle anzuwenden.

§ 33[1)] Mitteilungspflicht bei Steuergestaltungen. (1) § 102 Absatz 4 Satz 3 und die §§ 138d bis 138k der Abgabenordnung in der am 1. Januar 2020 geltenden Fassung sind ab dem 1. Juli 2020 in allen Fällen anzuwenden, in denen das nach § 138f Absatz 2 der Abgabenordnung in der am 1. Januar 2020 sgeltenden Fassung maßgebliche Ereignis nach dem 30. Juni 2020 eingetreten ist.

(2) Wurde der erste Schritt einer mitteilungspflichtigen grenzüberschreitenden Steuergestaltung nach dem 24. Juni 2018 und vor dem 1. Juli 2020 umgesetzt, sind § 102 Absatz 4 Satz 3 und die §§ 138d bis 138k der Abgabenordnung in der am 1. Januar 2020 geltenden Fassung ab dem 1. Juli 2020 mit der Maßgabe anzuwenden, dass die Mitteilung abweichend von § 138f Absatz 2 der Abgabenordnung in der am 1. Januar 2020 geltenden Fassung innerhalb von zwei Monaten nach dem 30. Juni 2020 zu erstatten ist.

(3) § 379 Absatz 2 Nummer 1e bis 1g sowie Absatz 7 der Abgabenordnung in der am 1. Januar 2020 geltenden Fassung ist ab dem 1. Juli 2020 in allen Fällen anzuwenden, in denen das nach § 138f Absatz 2 der Abgabenordnung in der am 1. Januar 2020 geltenden Fassung maßgebliche Ereignis nach dem 30. Juni 2020 eingetreten ist.

(4) [1] Das Bundesministerium der Finanzen erstattet dem Finanzausschuss des Deutschen Bundestages jährlich zum 1. Juni, erstmals zum 1. Juni 2021, Bericht über

1. die Anzahl der im vorangegangen Kalenderjahr beim Bundeszentralamt für Steuern eingegangenen Mitteilungen über grenzüberschreitende Steuergestaltungen,
2. die Fallgestaltungen, deren Prüfung Anlass dafür war,
   a) dem Bundeskabinett im vorangegangenen Kalenderjahr eine Gesetzesinitiative vorzuschlagen,
   b) ein im Bundessteuerblatt zu veröffentlichendes Schreiben des Bundesministeriums der Finanzen oder einen im Bundessteuerblatt zu veröffentlichenden gleichlautenden Erlass der obersten Finanzbehörden der Länder im vorangegangenen Kalenderjahr zu erlassen oder zu ändern.

[2] In den Fällen von Satz 1 Nummer 2 ist die Fallgestaltung im Bericht abstrakt zu beschreiben.

[1)] Art. 97 § 33 angef. durch G v. 21.12.2019 (BGBl. I S. 2875); § 33 Abs. 5 angef. durch G v. 19.6.2020 (BGBl. I S. 1385); Abs. 6 angef. durch G v. 12.7.2022 (BGBl. I S. 1142).

(5) Das Bundesministerium der Finanzen wird ermächtigt, zur zeitnahen Umsetzung unionsrechtlicher Bestimmungen hinsichtlich der Fristen zur Mitteilung grenzüberschreitender Steuergestaltungen durch ein im Bundessteuerblatt zu veröffentlichendes Schreiben von den Absätzen 1 und 2 abweichende Bestimmungen zu treffen.

(6) § 138e Absatz 3 Satz 6 bis 8 und § 138h Absatz 2 Satz 1 der Abgabenordnung in der Fassung des Artikels 1 des Gesetzes vom 12. Juli 2022 (BGBl. I S. 1142) sind in allen bei Inkrafttreten dieser Vorschriften anhängigen Verfahren anzuwenden.

§ 34[1] **Vorabverständigungsverfahren.** [1] § 89a der Abgabenordnung in der am 9. Juni 2021 geltenden Fassung ist erstmals auf Anträge anzuwenden, die nach dem 8. Juni 2021 bei der zuständigen Behörde eingegangen sind. [2] § 178a der Abgabenordnung in der Fassung des Gesetzes vom 13. Dezember 2006 (BGBl. I S. 2878) ist letztmals auf Anträge anzuwenden, die am 8. Juni 2021 bei der zuständigen Behörde eingegangen sind.

§ 35[2] **Abrufverfahren von Steuermessbeträgen.** § 184 Absatz 3 Satz 2 der Abgabenordnung findet erstmals für Steuermessbeträge Anwendung, die für Realsteuern des Jahres 2025 maßgeblich sind.

§ 36[3] **Sonderregelung auf Grund der Corona-Pandemie.** (1) § 149 Absatz 3 der Abgabenordnung in der am 19. Februar 2021 geltenden Fassung ist für den Besteuerungszeitraum 2019 mit der Maßgabe anzuwenden, dass an die Stelle des letzten Tages des Monats Februar 2021 der 31. August 2021 und an die Stelle des 31. Juli 2021 der 31. Dezember 2021 tritt; § 149 Absatz 4 der Abgabenordnung bleibt unberührt.

(2) [1] Abweichend von § 233a Absatz 2 Satz 1 der Abgabenordnung in der am 19. Februar 2021 geltenden Fassung beginnt der Zinslauf für den Besteuerungszeitrum 2019 am 1. Oktober 2021. [2] In den Fällen des § 233a Absatz 2 Satz 2 der Abgabenordnung in der am 19. Februar 2021 geltenden Fassung beginnt der Zinslauf für den Besteuerungszeitrum 2019 am 1. Mai 2022.

(3)[4] Für die Besteuerungszeiträume 2020 bis 2024 sind die §§ 109, 149, 152 und 233a der Abgabenordnung in der am 23. Juni 2022 geltenden Fassung mit folgenden Maßgaben anzuwenden:

1. In § 109 Absatz 2 Satz 1 Nummer 1 und § 149 Absatz 3 und 4 Satz 1 und 3 der Abgabenordnung tritt jeweils an die Stelle des letzten Tags des Monats Februar des zweiten auf den Besteuerungszeitraum folgenden Kalenderjahres
   a) für den Besteuerungszeitraum 2020 der 31. August 2022,
   b) für den Besteuerungszeitraum 2021 der 31. August 2023,

---

[1] Art. 97 § 34 neu gef. durch G v. 2.6.2021 (BGBl. I S. 1259).
[2] Art. 97 § 35 angef. durch G v. 21.12.2020 (BGBl. I S. 3096).
[3] Art. 97 § 36 angef. durch G v. 15.2.2021 (BGBl. I S. 237).
[4] Art. 97 § 36 Abs. 3 angef. duch G v. 25.6.2021 (BGBl. I S. 2035); neu gef. mWv 31.5.2022 durch G v. 19.6.2022 (BGBl. I S. 911).

c) für den Besteuerungszeitraum 2022 der 31. Juli 2024,

d) für den Besteuerungszeitraum 2023 der 31. Mai 2025 und

e) für den Besteuerungszeitraum 2024 der 30. April 2026.

2. In § 109 Absatz 2 Satz 2 und § 149 Absatz 3 und 4 Satz 5 der Abgabenordnung tritt jeweils an die Stelle des 31. Juli des zweiten auf den Besteuerungszeitraum folgenden Kalenderjahres

a) für den Besteuerungszeitraum 2020 der 31. Januar 2023,

b) für den Besteuerungszeitraum 2021 der 31. Januar 2024,

c) für den Besteuerungszeitraum 2022 der 31. Dezember 2024,

d) für den Besteuerungszeitraum 2023 der 31. Oktober 2025 und

e) für den Besteuerungszeitraum 2024 der 30. September 2026.

3. In § 149 Absatz 2 Satz 1 der Abgabenordnung tritt an die Stelle der Angabe „sieben Monate"

a) für die Besteuerungszeiträume 2020 und 2021 die Angabe „zehn Monate",

b) für den Besteuerungszeitraum 2022 die Angabe „neun Monate" und

c) für den Besteuerungszeitraum 2023 die Angabe „acht Monate".

4. In § 149 Absatz 2 Satz 2 der Abgabenordnung tritt an die Stelle der Angabe „des siebten Monats"

a) für die Besteuerungszeiträume 2020 und 2021 die Angabe „des zehnten Monats",

b) für den Besteuerungszeitraum 2022 die Angabe „des neunten Monats" und

c) für den Besteuerungszeitraum 2023 die Angabe „des achten Monats".

5. In § 152 Absatz 2 Nummer 1 der Abgabenordnung tritt an die Stelle der Angabe „14 Monaten"

a) für die Besteuerungszeiträume 2020 und 2021 die Angabe „20 Monaten",

b) für den Besteuerungszeitraum 2022 die Angabe „19 Monaten",

c) für den Besteuerungszeitraum 2023 die Angabe „17 Monaten" und

d) für den Besteuerungszeitraum 2024 die Angabe „16 Monaten".

6. In § 152 Absatz 2 Nummer 2 der Abgabenordnung tritt an die Stelle der Angabe „19 Monaten"

a) für die Besteuerungszeiträume 2020 und 2021 die Angabe „25 Monaten",

b) für den Besteuerungszeitraum 2022 die Angabe „24 Monaten",

c) für den Besteuerungszeitraum 2023 die Angabe „22 Monaten" und

d) für den Besteuerungszeitraum 2024 die Angabe „21 Monaten".

7. In § 233a Absatz 2 Satz 1 der Abgabenordnung tritt an die Stelle der Angabe „15 Monate"

a) für die Besteuerungszeiträume 2020 und 2021 die Angabe „21 Monate",

b) für den Besteuerungszeitraum 2022 die Angabe „20 Monate",
c) für den Besteuerungszeitraum 2023 die Angabe „18 Monate" und
d) für den Besteuerungszeitraum 2024 die Angabe „17 Monate".

8. In § 233a Absatz 2 Satz 2 der Abgabenordnung tritt an die Stelle der Angabe „23 Monate"
   a) für die Besteuerungszeiträume 2020 und 2021 die Angabe „29 Monate",
   b) für den Besteuerungszeitraum 2022 die Angabe „28 Monate",
   c) für den Besteuerungszeitraum 2023 die Angabe „26 Monate" und
   d) für den Besteuerungszeitraum 2024 die Angabe „25 Monate".

Art. 97a[1] Überleitungsregelungen aus Anlaß der Herstellung der Einheit Deutschlands

§ 1[2] Zuständigkeit. (1) [1] Für vor dem 1. Januar 1991 nach dem Recht der Bundesrepublik Deutschland oder der Deutschen Demokratischen Republik entstandene Besitz- und Verkehrsteuern, Zulagen und Prämien, auf die Abgabenrecht Anwendung findet, und dazugehörige steuerliche Nebenleistungen, bleiben die nach den bisher geltenden Vorschriften einschließlich der Vorschriften der Einzelsteuergesetze örtlich zuständigen Finanzbehörden weiterhin zuständig. [2] Dies gilt auch für das Rechtsbehelfsverfahren.

(2) [1] Würde durch einen Wechsel der örtlichen Zuständigkeit eine Finanzbehörde in dem in Artikel 3 des Einigungsvertrages genannten Gebiet für die gesonderte Feststellung nach § 180 Abs. 1 Nr. 1 der Abgabenordnung, für die gesonderte und einheitliche Feststellung nach der Anteilsbewertungsverordnung vom 19. Januar 1977 (BGBl. I S. 171) oder für die Besteuerung nach dem Vermögen zuständig, bleibt abweichend von § 26 Satz 1 der Abgabenordnung letztmals für Feststellungen zum 1. Januar 1998[3] oder für die Vermögensteuer des Kalenderjahrs 1998 die nach den bisherigen Verhältnissen zuständige Finanzbehörde insoweit zuständig. [2] Dies gilt auch für das Rechtsbehelfsverfahren.

§ 2 Überleitungsbestimmungen für die Anwendung der Abgabenordnung in dem in Artikel 3 des Einigungsvertrages genannten Gebiet. Für die Anwendung der Abgabenordnung in dem in Artikel 3 des Einigungsvertrages genannten Gebiet gilt folgendes:

1. Verfahren, die beim Wirksamwerden des Beitritts anhängig sind, werden nach den Vorschriften der Abgabenordnung zu Ende geführt, soweit in den nachfolgenden Vorschriften nichts anderes bestimmt ist.
2. Fristen, deren Lauf vor dem Wirksamwerden des Beitritts begonnen hat, werden nach den Vorschriften der Abgabenordnung der Deutschen Demokratischen Republik (AO 1990) vom 22. Juni 1990 (Sonderdruck

[1] Art. 97a eingef. durch Vertrag v. 31.8.1990 (BGBl. II S. 889, 968).

[2] § 1 Abs. 2 angef. durch G v. 24.6.1991 (BGBl. I S. 1322) und geänd. durch G v. 21.12. 1993 (BGBl. I S. 2310).

[3] Geänd. durch G v. 11.10.1995 (BGBl. I S. 1250).

Nr. 1428 des Gesetzblattes)[1] sowie des Einführungsgesetzes zur Abgabenordnung der Deutschen Demokratischen Republik vom 22. Juni 1990 (Sonderdruck Nr. 1428 des Gesetzblattes)[1] berechnet, soweit in den nachfolgenden Vorschriften nichts anderes bestimmt ist.

3. § 152 ist erstmals auf Steuererklärungen anzuwenden, die nach dem Wirksamwerden des Beitritts einzureichen sind; eine Verlängerung der Steuererklärungsfrist ist hierbei nicht zu berücksichtigen.
4. [1] Die Vorschriften über die Aufhebung und Änderung von Verwaltungsakten sind erstmals anzuwenden, wenn nach dem Wirksamwerden des Beitritts ein Verwaltungsakt aufgehoben oder geändert wird. [2] Dies gilt auch dann, wenn der aufzuhebende oder zu ändernde Verwaltungsakt vor dem Wirksamwerden des Beitritts erlassen worden ist. [3] Auf vorläufige Steuerbescheide nach § 100 Abs. 1 der Abgabenordnung (AO) der

(Fortsetzung nächstes Blatt)

---

[1] Gesetzblatt der DDR.

800f (a). Verordnung über Mitteilungen an die Finanzbehörden durch andere Behörden und öffentlich-rechtliche Rundfunkanstalten (Mitteilungsverordnung – MV)

Vom 7. September 1993 (BGBl. I S. 1554)

Geändert durch Verordnungen vom 19. Dezember 1994 (BGBl. I S. 3848), vom 26.5.1999 (BGBl. I S. 1077), Gesetze vom 19.12.2000 (BGBl. I S. 1790), vom 23.12.2003 (BGBl. I S. 2848); durch Art. 1 der VO vom 18.11.2020 (BGBl. I S. 2449), durch Art. 1 der VO vom 12.1.2021 (BGBl. I S. 67), VO vom 23.9.2021 (BGBl. I S. 4386) und Art. 1 der VO v. 25.5.2022 (BGBl. I S. 816)[1]

BGBl. III/FNA 610-1-8

Auf Grund des § 93a der Abgabenordnung vom 16. März 1976 (BGBl. I S. 613, 1977 I S. 269), der durch Artikel 1 Nr. 10 des Gesetzes vom 19. Dezember 1985 (BGBl. I S. 2436) eingefügt worden ist, verordnet die Bundesregierung

1. Teil. Allgemeine Vorschriften

§ 1[2] Grundsätze. (1) [1] Behörden (§ 6 Abs. 1 der Abgabenordnung) und öffentlich-rechtliche Rundfunkanstalten sind verpflichtet, Mitteilungen an die Finanzbehörden nach Maßgabe der folgenden Vorschriften ohne Ersuchen zu übersenden. [2] Dies gilt nicht, wenn die Finanzbehörden bereits auf Grund anderer Vorschriften über diese Tatbestände Mitteilungen erhalten. [3] Eine Verpflichtung zur Mitteilung besteht auch dann nicht, wenn die Gefahr besteht, daß das Bekanntwerden des Inhalts der Mitteilung dem Wohl des Bundes oder eines deutschen Landes Nachteile bereiten würde. [4] Ist eine mitteilungspflichtige Behörde einer obersten Dienstbehörde nachgeordnet, muß die oberste Behörde dem Unterlassen der Mitteilung zustimmen; die Zustimmung kann für bestimmte Fallgruppen allgemein erteilt werden.

(2) Auf Grund dieser Verordnung sind personenbezogene Daten, die dem Sozialgeheimnis unterliegen (§ 35 des Ersten Buches Sozialgesetzbuch), und nach Landesrecht zu erbringende Sozialleistungen nicht mitzuteilen.

§ 2[3] Allgemeine Zahlungsmitteilungen. (1) [1] Die Behörden haben Zahlungen mitzuteilen, wenn der Zahlungsempfänger nicht im Rahmen einer land- und forstwirtschaftlichen, gewerblichen oder freiberuflichen Haupttätigkeit gehandelt hat, oder soweit die Zahlung nicht auf das Geschäftskonto des Zahlungsempfängers erfolgt. [2] Zahlungen sind auch mitzuteilen, wenn zweifelhaft ist, ob der Zahlungsempfänger im Rahmen der Haupttätigkeit gehandelt hat oder die Zahlung auf das Geschäftskonto erfolgt. [3] Eine Mitteilungspflicht besteht nicht, wenn ein Steuerabzug durchgeführt wird.

---

[1] **Diese Fassung der MV gilt bis 31.12.2024; zur Fassung ab 1.1.2025 siehe Text hinter Seite 10a auf den Seiten 1 ff.**

[2] § 1 Abs. 1 Satz 1 geänd. durch VO v. 26.5.1999 (BGBl. I S. 1077).

[3] § 2 neu gef. durch VO v. 26.5.1999 (BGBl. I S. 1077); Abs. 3 angef. mWv 29.9.2021 durch VO v. 23.9.2021 (BGBl. I S. 4386).

(2) Die Finanzbehörden können Ausnahmen von der Mitteilungspflicht zulassen, wenn die Zahlungen geringe oder keine steuerliche Bedeutung haben.

(3) Absatz 1 gilt für die in § 93a Absatz 2 der Abgabenordnung bezeichneten öffentlichen Stellen erstmals für nach dem 31. Dezember 2023 geleistete Zahlungen.

§ 3 Honorare der Rundfunkanstalten. (1) [1]Die öffentlich-rechtlichen Rundfunkanstalten haben Honorare für Leistungen freier Mitarbeiter mitzuteilen, die in unmittelbarem Zusammenhang mit der Vorbereitung, Herstellung oder Verbreitung von Hörfunk- und Fernsehsendungen erbracht werden. [2]Das gilt nicht, wenn die Besteuerung den Regeln eines Abzugsverfahrens unterliegt oder wenn die Finanzbehörden auf Grund anderweitiger Regelungen Mitteilungen über die Honorare erhalten.

(2) Honorare im Sinne des Absatzes 1 sind alle Güter, die in Geld oder Geldeswert bestehen und dem Steuerpflichtigen für eine persönliche Leistung oder eine Verwertung im Sinne des Urheberrechtsgesetzes zufließen.

§ 4 Wegfall oder Einschränkung einer steuerlichen Vergünstigung. Die Behörden haben Verwaltungsakte mitzuteilen, die den Wegfall oder die Einschränkung einer steuerlichen Vergünstigung zur Folge haben können.

§ 4a[1)] Ordnungsgelder nach § 335 des Handelsgesetzbuchs. (1) Das Bundesamt für Justiz hat als mitteilungspflichtige Stelle (§ 93c Absatz 1 der Abgabenordnung) den Finanzbehörden die Adressaten und die Höhe von nach dem 31. Dezember 2021 im Verfahren nach § 335 des Handelsgesetzbuchs festgesetzten Ordnungsgeldern mitzuteilen, sofern das festgesetzte Ordnungsgeld mindestens 5000 Euro beträgt.

(2) [1]Die in Absatz 1 bezeichneten Daten sind den Finanzbehörden nach Maßgabe des § 93c der Abgabenordnung nach amtlich vorgeschriebenem Datensatz über die amtlich bestimmte Schnittstelle zu übermitteln. [2]Die Mitteilung hat abweichend von § 93c Absatz 1 Nummer 1 der Abgabenordnung spätestens bis zum 31. März des auf die Festsetzung des Ordnungsgelds folgenden Kalenderjahres zu erfolgen. [3]Das Bundesministerium der Finanzen kann im Einvernehmen mit den obersten Finanzbehörden der Länder die Mitteilungsfrist nach Satz 2 durch ein im Bundessteuerblatt Teil I zu veröffentlichendes Schreiben verlängern, sofern die technischen Voraussetzungen für die Annahme der Mitteilungen nicht rechtzeitig vorliegen. [4]Die §§ 8 bis 12 sind nicht anzuwenden.

(3) [1]Sind dem Bundesamt für Justiz bei Festsetzung des Ordnungsgelds die in § 93c Absatz 1 Nummer 2 Buchstabe c und d der Abgabenordnung bezeichneten Daten nicht bekannt, soll es den Finanzbehörden die Handelsregisternummer der Gesellschaft oder andere ihm bekannte und zur automationsgestützten Identifizierung des Adressaten der Ordnungsgeldfestsetzung geeignete Daten übermitteln. [2]Die den Finanzbehörden übermittelten Daten sind abweichend von § 93c Absatz 1 Nummer 4 der Abgabenordnung fünf

---

[1)] § 4a eingef. durch VO v. 26.5.1999 (BGBl. I S. 1077); neu gef. mWv 21.1.2021 bis 31.12.2024 durch VO v. 12.1.2021 (BGBl. I S. 67).

§ 9[1)] **Empfänger der Mitteilungen.** (1) [1]Die Mitteilungen sind an das Finanzamt zu richten, in dessen Bezirk der Zahlungsempfänger oder derjenige, für den ein Verwaltungsakt bestimmt ist, seinen Wohnsitz hat. [2]Bei Körperschaften, Personenvereinigungen und Vermögensmassen ist die Mitteilung dem Finanzamt zuzuleiten, in dessen Bezirk sich die Geschäftsleitung befindet. [3]Mitteilungen nach § 6 Abs. 2 sind an das für die Umsatzbesteuerung zuständige Finanzamt zu richten. [4]Bestehen Zweifel über die Zuständigkeit des Finanzamts, ist die Mitteilung an die Oberfinanzdirektionen zu senden, in deren Bezirk die Behörde oder Rundfunkanstalt ihren Sitz hat. [5]Die Oberfinanzdirektion, in deren Bezirk die mitteilungspflichtige Behörde oder Rundfunkanstalt ihren Sitz hat, kann ein Finanzamt bestimmen, an das die mitteilungspflichtige Behörde oder Rundfunkanstalt die Mitteilung zu übersenden hat.

(2) Werden Mitteilungen auf maschinell verwertbaren Datenträgern oder durch Datenfernübertragung übermittelt, kann die oberste Finanzbehörde des Landes, in dem die mitteilungspflichtige Behörde oder Rundfunkanstalt ihren Sitz hat, eine andere Landesfinanzbehörde oder mit Zustimmung des Bundesministeriums der Finanzen eine Finanzbehörde des Bundes als Empfänger der Mitteilungen bestimmen.

§ 10[2)] **[Zeitpunkt der Mitteilungen]** Die Mitteilungen nach § 6 Abs. 2 sind unverzüglich, die Mitteilungen nach den §§ 4 und 6 Abs. 1 sind mindestens vierteljährlich und die übrigen Mitteilungen mindestens einmal jährlich, spätestens bis zum 30. April des Folgejahres, zu übersenden.

3. Teil. Unterrichtung des Betroffenen

§ 11 Pflicht zur Unterrichtung. Die mitteilungspflichtige Behörde oder öffentlich-rechtliche Rundfunkanstalt hat den Betroffenen von ihrer Verpflichtung, Mitteilungen zu erstellen, spätestens bei Übersendung der ersten Mitteilung an die Finanzbehörde zu unterrichten.

§ 12 Inhalt der Unterrichtung. (1) [1]Der Betroffene ist darüber zu unterrichten, daß den Finanzbehörden die nach § 8 geforderten Angaben mitgeteilt werden, soweit sich diese Unterrichtung nicht aus dem Verwaltungsakt, dem Vertrag, der Genehmigung oder der Erlaubnis ergibt. [2]Der Betroffene ist hierbei in allgemeiner Form auf seine steuerlichen Aufzeichnungs- und Erklärungspflichten hinzuweisen.

(2) In den Fällen des § 2 Satz 2 und des § 3 ist dem Betroffenen eine Aufstellung der im Kalenderjahr geleisteten Zahlungen und ihrer Summe zu übersenden, soweit nicht über die einzelne Zahlung bereits eine Unterrichtung erfolgt ist.

[1)] § 9 Abs. 1 Satz 3 eingef., bisherige Sätze 3 und 4 werden Sätze 4 und 5 durch VO vom 26.5.1999 (BGBl. I S. 1077).

[2)] § 10 geänd. durch VOen v. 19.12.1994 (BGBl. I S. 3848) und vom 26.5.1999 (BGBl. I S. 1077).

4. Teil. Besondere Vorschriften[1)]

§ 13[2)] Mitteilungen über Billigkeitsleistungen des Bundes und der Länder anlässlich der Corona-Krise. (1) [1] Behörden und andere öffentliche Stellen des Bundes und der Länder haben als mitteilungspflichtige Stellen (§ 93c Absatz 1 der Abgabenordnung) den Finanzbehörden folgende als Subvention oder ähnliche Förderungsmaßnahme bewilligte Leistungen nach amtlich vorgeschriebenem Datensatz über die amtlich bestimmte Schnittstelle nach Maßgabe des § 93c der Abgabenordnung mitzuteilen:

1. Soforthilfen des Bundes für kleine Unternehmen, Soloselbstständige und Angehörige der Freien Berufe zur Milderung der finanziellen Notlagen dieser Unternehmen aufgrund der Corona-Krise,
2. Überbrückungshilfen des Bundes für kleine und mittelständische Unternehmen, Soloselbstständige und Angehörige der Freien Berufe, die ihren Geschäftsbetrieb im Zuge der Corona-Krise ganz oder zu wesentlichen Teilen einstellen müssen oder mussten, oder
3. andere Soforthilfen, Überbrückungshilfen oder vergleichbare Billigkeitsleistungen des Bundes oder des jeweiligen Landes für Unternehmen, Soloselbstständige und Angehörige der Freien Berufe anlässlich der Corona-Krise.

[2] Satz 1 Nummer 3 gilt nicht für aufgrund der Corona-Krise gewährte

1. Subventionen oder ähnliche Förderungsmaßnahmen der Gemeinden oder Gemeindeverbände,
2. Hilfsleistungen nach dem Fünften und Elften Buch Sozialgesetzbuch,
3. Hilfsleistungen nach der COVID-19-Versorgungsstrukturen-Schutzverordnung vom 30. April 2020 (BAnz. AT 4.5.2020 V1),
4. Leistungen nach dem Krankenhausfinanzierungsgesetz und
5. Leistungen nach dem Sozialdienstleister-Einsatzgesetz.

(2) [1] Zur Sicherstellung der Besteuerung sind neben den in § 93c Absatz 1 Nummer 2 der Abgabenordnung genannten Angaben folgende Angaben mitzuteilen:

1. die Art und Höhe der jeweils gewährten Zahlung,
2. das Datum, an dem die Zahlung bewilligt wurde,
3. das Datum der Zahlung oder der Zahlungsanordnung und
4. bei unbarer Zahlung die Bankverbindung für das Konto, auf das die Leistung erbracht wurde.

[2] Werden nach Satz 1 mitzuteilende Zahlungen in einem späteren Kalenderjahr ganz oder teilweise zurückerstattet, ist die Rückzahlung abweichend von

---

1) Überschrift neu gef. mWv 1.6.2022 durch VO v. 25.5.2022 (BGBl. I S. 816).

2) § 13 Abs. 1 Satz 2 Nr. 3 und 4 geänd., Nr. 5 angef., Abs. 2 Satz 1 Nr. 2 und 3 geänd., Nr. 4 und Satz 2 sowie Abs. 3 Satz 3 angef. mWv 21.1.2021 durch VO v. 12.1.2021 (BGBl. I S. 67); Abs. 3 Sätze 1 und 3 geänd. mWv 1.6.2022 durch VO v. 25.5.2022 (BGBl. I S. 816).

§ 93c Absatz 3 der Abgabenordnung von der mitteilungspflichtigen Stelle unter Angabe des Datums, an dem die Zahlung bei der mitteilungspflichtigen Stelle eingegangen ist, mitzuteilen.

(3) [1]Mitteilungen nach Absatz 1 sind abweichend von § 93c Absatz 1 Nummer 1 der Abgabenordnung nach Veröffentlichung des amtlich vorgeschriebenen Datensatzes und der Freigabe der amtlich bestimmten Schnittstelle bis zum 30. April des auf das Jahr der Auszahlung folgenden Jahres zu übermitteln. [2]Das Bundesministerium der Finanzen kann im Einvernehmen mit den obersten Finanzbehörden der Länder die Frist nach Satz 1 durch ein im Bundessteuerblatt Teil I zu veröffentlichendes Schreiben verlängern, sofern die technischen Voraussetzungen für die Annahme der Mitteilungen nicht rechtzeitig vorliegen. [3]Auf begründeten Antrag einer mitteilungspflichtigen Stelle kann die oberste Finanzbehörde desjenigen Landes, in dem die mitteilungspflichtige Stelle ihren Sitz hat, dieser die Frist nach Satz 1 oder Satz 2 für im Kalenderjahr 2020 ausgezahlte Leistungen um längstens vierzehn Monate und für im Kalenderjahr 2021 ausgezahlte Leistungen um längstens sechs Monate verlängern, sofern die technischen Voraussetzungen für die Übersendung der Mitteilungen bei der mitteilungspflichtigen Stelle nicht rechtzeitig vorliegen; das Bundesministerium der Finanzen ist über eine gewährte Fristverlängerung zu unterrichten.

(4) [1]Von den Absätzen 1 bis 3 abweichende Bestimmungen dieser Verordnung sind nicht anzuwenden. [2]§ 1 Absatz 2 und § 2 Absatz 2 bleiben unberührt.

§ 14[2)] Mitteilung von Zahlungen der Kassenärztlichen Vereinigungen an die Anbieter von Leistungen nach der Coronavirus-Testverordnung. (1) [1]Die Kassenärztlichen Vereinigungen haben als mitteilungspflichtige Stelle im Sinne des § 93c Absatz 1 der Abgabenordnung den Finanzbehörden die von ihnen nach dem 31. Dezember 2020 an Leistungserbringer geleisteten Zahlungen nach der Coronavirus-Testverordnung nach amtlich vorgeschriebenem Datensatz über die amtlich bestimmte Schnittstelle nach Maßgabe des § 93c der Abgabenordnung mitzuteilen. [2]Als Steuerpflichtiger im Sinne des § 93c Absatz 1 Nummer 2 Buchstabe c oder Buchstabe d der Abgabenordnung ist stets der Leistungserbringer zu benennen, auch wenn die Erstattungsforderung abgetreten, verpfändet oder gepfändet ist. [3]Von der Mitteilungspflicht ausgenommen sind Zahlungen nach Satz 1 an öffentliche Stellen des Bundes oder eines Landes im Sinne des § 6 Absatz 1a bis 1c der Abgabenordnung.

(2) [1]Zur Sicherstellung der Besteuerung sind neben den in § 93c Absatz 1 Nummer 2 der Abgabenordnung genannten Angaben folgende Angaben mitzuteilen:

1. die im jeweils vorangegangenen Kalenderjahr geleisteten Zahlungen im Sinne von Absatz 1 unter Angabe des jeweiligen Rechtsgrunds der Zahlung,

---

[2)] § 14 angef. mWv 29.9.2021 durch VO v. 23.9.2021 (BGBl. I S. 4386); Abs. 3 Sätze 1 und 3 geänd. mWv 1.6.2022 durch VO v. 25.5.2022 (BGBl. I S. 816).

2. das Datum der Zahlungen und
3. bei unbarer Zahlung die Bankverbindung für das Konto, auf das die Zahlungen geleistet wurden.

[2] Werden mitteilungspflichtige Zahlungen in einem späteren Kalenderjahr ganz oder teilweise zurückerstattet, ist die Rückzahlung abweichend von § 93c Absatz 3 der Abgabenordnung von der mitteilungspflichtigen Stelle unter Angabe des Datums, an dem die Zahlung bei der mitteilungspflichtigen Stelle eingegangen ist, mitzuteilen.

(3) [1] Mitteilungen nach Absatz 1 sind abweichend von § 93c Absatz 1 Nummer 1 der Abgabenordnung nach Veröffentlichung des amtlich vorgeschriebenen Datensatzes und der Freigabe der amtlich bestimmten Schnittstelle bis zum 30. April des auf das Jahr der Auszahlung folgenden Jahres zu übermitteln. [2] Das Bundesministerium der Finanzen kann im Einvernehmen mit den obersten Finanzbehörden der Länder die Frist nach Satz 1 durch ein im Bundessteuerblatt Teil I zu veröffentlichendes Schreiben verlängern, sofern die technischen Voraussetzungen für die Annahme der Mitteilungen nicht rechtzeitig vorliegen. [3] Auf begründeten Antrag einer mitteilungspflichtigen Stelle kann die oberste Finanzbehörde desjenigen Landes, in dem die mitteilungspflichtige Stelle ihren Sitz hat, dieser die Frist nach Satz 1 oder Satz 2 für im Kalenderjahr 2021 ausgezahlte Leistungen um längstens vierzehn Monate und für im Kalenderjahr 2022 ausgezahlte Leistungen um längstens sechs Monate verlängern, sofern die technischen Voraussetzungen für die Übersendung der Mitteilungen bei der mitteilungspflichtigen Stelle nicht rechtzeitig vorliegen; das Bundesministerium der Finanzen ist über eine gewährte Fristverlängerung zu unterrichten.

(4) [1] Von den Absätzen 1 bis 3 abweichende Bestimmungen dieser Verordnung sind nicht anzuwenden. [2] § 1 Absatz 2 und § 2 Absatz 2 bleiben hiervon unberührt.

§ 15[2)] Mitteilungen über öffentliche Hilfsleistungen aus Anlass der Starkregen- und Hochwasserkatastrophe im Juli 2021. (1) Behörden und andere öffentliche Stellen haben als mitteilungspflichtige Stellen (§ 93c Absatz 1 der Abgabenordnung) den Finanzbehörden aus Anlass der Starkregen- und Hochwasserkatastrophe im Juli 2021 als Aufbauhilfen des Bundes und der Länder aus den Mitteln des Fonds „Aufbauhilfe 2021" bewilligte Leistungen nach amtlich vorgeschriebenem Datensatz über die amtlich bestimmte Schnittstelle nach Maßgabe des § 93c der Abgabenordnung mitzuteilen; mitzuteilen sind Leistungen an

1. Privathaushalte,
2. gewerbliche Unternehmen, Selbständige und Angehörige der freien Berufe,
3. Wohnungsunternehmen und Vermieter von Wohnraum,
4. Vermieter und Verpächter von ganz oder teilweise für eine gewerbliche, selbständige oder freiberufliche Tätigkeit genutzten Gebäuden oder Gebäudeteilen,

---

[2)] § 15 eingef. mWv 1.6.2022 durch VO v. 25.5.2022 (BGBl. I S. 816).

5. Betriebe der Land- und Forstwirtschaft und ähnliche Betriebe, Betriebe der Fischerei und Aquakultur.

(2) [1]Zur Sicherstellung der Besteuerung sind neben den in § 93c Absatz 1 Nummer 2 der Abgabenordnung genannten Angaben folgende Angaben mitzuteilen:

1. die Art und die Höhe der im jeweils vorangegangenen Kalenderjahr gewährten Zahlung,
2. soweit vorhanden, das Objekt, für das die Zahlung bewilligt wurde,
3. das Datum, an dem die Zahlung bewilligt wurde,
4. das Datum der Zahlung und
5. bei unbarer Zahlung die Bankverbindung für das Konto, auf das die Zahlung geleistet wurde.

[2]Werden nach Satz 1 mitzuteilende Zahlungen in einem späteren Kalenderjahr ganz oder teilweise zurückerstattet, ist die Rückzahlung abweichend von § 93c Absatz 3 der Abgabenordnung von der mitteilungspflichtigen Stelle unter Angabe des Datums, an dem die Zahlung bei der mitteilungspflichtigen Stelle eingegangen ist, mitzuteilen.

(3) [1]Abweichend von § 93c Absatz 1 Nummer 1 der Abgabenordnung sind Mitteilungen nach Absatz 1 nach Veröffentlichung des amtlich vorgeschriebenen Datensatzes und der Freigabe der amtlich bestimmten Schnittstelle für im Kalenderjahr 2021 ausgezahlte Leistungen bis zum 31. Dezember 2022 sowie für in den Folgejahren ausgezahlte Leistungen bis zum 30. April des auf das Jahr der Auszahlung folgenden Jahres zu übermitteln. [2]Das Bundesministerium der Finanzen kann im Einvernehmen mit den obersten Finanzbehörden der Länder die Frist nach Satz 1 durch ein im Bundessteuerblatt Teil I zu veröffentlichendes Schreiben verlängern, sofern die technischen Voraussetzungen für die Annahme der Mitteilungen nicht rechtzeitig vorliegen. [3]Auf begründeten Antrag einer mitteilungspflichtigen Stelle kann die oberste Finanzbehörde desjenigen Landes, in dem die mitteilungspflichtige Stelle ihren Sitz hat, dieser die Frist nach Satz 1 oder Satz 2 für im Kalenderjahr 2021 ausgezahlte Leistungen um längstens zehn Monate und für im Kalenderjahr 2022 ausgezahlte Leistungen um längstens sechs Monate verlängern, sofern die technischen Voraussetzungen für die Übersendung der Mitteilungen bei der mitteilungspflichtigen Stelle nicht rechtzeitig vorliegen; das Bundesministerium der Finanzen ist über eine gewährte Fristverlängerung zu unterrichten.

(4) [1]Von den Absätzen 1 bis 3 abweichende Bestimmungen oder andere Mitteilungspflichten nach dieser Verordnung sind nicht anzuwenden. [2]§ 1 Absatz 2 bleibt unberührt. [3]Das Bundesministerium der Finanzen oder die obersten Finanzbehörden der Länder können Ausnahmen von der Mitteilungspflicht nach Absatz 1 zulassen.

800f. Verordnung über Mitteilungen an die Finanzbehörden durch andere Behörden und öffentlich-rechtliche Rundfunkanstalten (Mitteilungsverordnung – MV)

Vom 7. September 1993 (BGBl. I S. 1554)

Geändert durch Verordnungen vom 19. Dezember 1994 (BGBl. I S. 3848), vom 26.5.1999 (BGBl. I S. 1077), Gesetze vom 19.12.2000 (BGBl. I S. 1790), vom 23.12.2003 (BGBl. I S. 2848); durch Art. 2 der VO v. 18.11.2020 (BGBl. I S. 2449)[1], Art. 2 der VO v. 12.1.2021 (BGBl. I S. 67), Art. 1 der VO v. 23.9.2021 (BGBl. I S. 4386) und Art. 2 der VO v. 25.5.2022 (BGBl. I S. 816)

BGBl. III/FNA 610-1-8

Auf Grund des § 93a der Abgabenordnung vom 16. März 1976 (BGBl. I S. 613, 1977 I S. 269), der durch Artikel 1 Nr. 10 des Gesetzes vom 19. Dezember 1985 (BGBl. I S. 2436) eingefügt worden ist, verordnet die Bundesregierung:

1. Teil. Allgemeine Vorschriften

§ 1[2] Grundsätze. (1) [1]Behörden und andere öffentliche Stellen einschließlich öffentlich-rechtlicher Rundfunkanstalten (§ 6 Absatz 1 bis 1c der Abgabenordnung) sind verpflichtet, Mitteilungen an die Finanzbehörden nach Maßgabe der folgenden Vorschriften ohne Ersuchen zu übersenden. [2]Dies gilt nicht, wenn die Finanzbehörden bereits auf Grund anderer Vorschriften über diese Tatbestände Mitteilungen erhalten. [3]Eine Verpflichtung zur Mitteilung besteht auch dann nicht, wenn die Gefahr besteht, daß das Bekanntwerden des Inhalts der Mitteilung dem Wohl des Bundes oder eines deutschen Landes Nachteile bereiten würde. [4]Ist eine mitteilungspflichtige Behörde einer obersten Dienstbehörde nachgeordnet, muß die oberste Behörde dem Unterlassen der Mitteilung zustimmen; die Zustimmung kann für bestimmte Fallgruppen allgemein erteilt werden.

(2) Auf Grund dieser Verordnung sind personenbezogene Daten, die dem Sozialgeheimnis unterliegen (§ 35 des Ersten Buches Sozialgesetzbuch), und nach Landesrecht zu erbringende Sozialleistungen nicht mitzuteilen.

§ 2[3] Allgemeine Zahlungsmitteilungen. (1) [1]Behörden und andere öffentliche Stellen mit Ausnahme öffentlich-rechtlicher Rundfunkanstalten haben den Finanzbehörden alle Zahlungen mitzuteilen. [2]Satz 1 gilt nicht, sofern

1. der Zahlungsempfänger zweifelsfrei im Rahmen einer land- und forstwirtschaftlichen, gewerblichen oder freiberuflichen Haupttätigkeit gehandelt hat

---

[1] Änderungen treten gem. Art. 3 Abs. 2 der VO mWv 1.1.2025 in Kraft.

[2] § 1 Abs. 1 Satz 1 geänd. durch VO v. 26.5.1999 (BGBl. I S. 1077); geänd. mWv 1.1.2025 durch VO v. 18.11.2020 (BGBl. I S. 2449).

[3] § 2 neu gef. durch VO v. 26.5.1999 (BGBl. I S. 1077); Abs. 1 neu gef. mWv 1.1.2025 durch VO v. 18.11.2020 (BGBl. I S. 2449); Abs. 2 Satz 2, 3 geänd. mWv 1.1.2025 durch VO v. 12.1.2021 (BGBl. I S. 67); Abs. 3 angef. mWv 29.9.2021 durch VO v. 23.9.2021 (BGBl. I S. 4386).

und die Zahlung zweifelsfrei auf das Geschäftskonto des Zahlungsempfängers erfolgt,
2. ein Steuerabzug durchgeführt wird oder
3. die Zahlungen aufgrund anderweitiger Rechtsvorschriften den Finanzbehörden mitzuteilen sind.

3 Satz 2 Nummer 1 gilt nicht für Zahlungen an Berufsbetreuer im Sinne von § 292 des Gesetzes über das Verfahren in Familiensachen und in den Angelegenheiten der freiwilligen Gerichtsbarkeit sowie für Vergütungen an Sachverständige, Dolmetscher und Übersetzer im Sinne von Abschnitt 3 des Justizvergütungs- und -entschädigungsgesetzes.

(2) Die Finanzbehörden können Ausnahmen von der Mitteilungspflicht zulassen, wenn die Zahlungen geringe oder keine steuerliche Bedeutung haben.

(3) Absatz 1 gilt für die in § 93a Absatz 2 der Abgabenordnung bezeichneten öffentlichen Stellen erstmals für nach dem 31. Dezember 2023 geleistete Zahlungen.

§ 3 Honorare der Rundfunkanstalten. (1) 1 Die öffentlich-rechtlichen Rundfunkanstalten haben Honorare für Leistungen freier Mitarbeiter mitzuteilen, die in unmittelbarem Zusammenhang mit der Vorbereitung, Herstellung oder Verbreitung von Hörfunk- und Fernsehsendungen erbracht werden. 2 Das gilt nicht, wenn die Besteuerung den Regeln eines Abzugsverfahrens unterliegt oder wenn die Finanzbehörden auf Grund anderweitiger Regelungen Mitteilungen über die Honorare erhalten.

(2) Honorare im Sinne des Absatzes 1 sind alle Güter, die in Geld oder Geldeswert bestehen und dem Steuerpflichtigen für eine persönliche Leistung oder eine Verwertung im Sinne des Urheberrechtsgesetzes zufließen.

§ 4[1)] Wegfall oder Einschränkung einer steuerlichen Vergünstigung. Behörden und andere öffentliche Stellen mit Ausnahme öffentlich-rechtlicher Rundfunkanstalten haben Verwaltungsakte mitzuteilen, die den Wegfall oder die Einschränkung einer steuerlichen Vergünstigung zur Folge haben können.

§ 4a[2)] Ordnungsgelder nach § 335 des Handelsgesetzbuchs. (1) Das Bundesamt für Justiz hat als mitteilungspflichtige Stelle (§ 93c Absatz 1 der Abgabenordnung) den Finanzbehörden die Adressaten und die Höhe von nach dem 31. Dezember 2021 im Verfahren nach § 335 des Handelsgesetzbuchs festgesetzten Ordnungsgeldern mitzuteilen, sofern das festgesetzte Ordnungsgeld mindestens 5000 Euro beträgt.

(2) 1 Sind dem Bundesamt für Justiz bei Festsetzung des Ordnungsgelds die in § 93c Absatz 1 Nummer 2 Buchstabe c und d der Abgabenordnung bezeichneten Daten nicht bekannt, soll es den Finanzbehörden die Handelsregisternummer der Gesellschaft oder andere ihm bekannte und zur automationsgestützten Identifizierung des Adressaten der Ordnungsgeldfestsetzung geeignete Daten übermitteln. 2 Die den Finanzbehörden übermittelten Daten

---

1) § 4 geänd. mWv 1.1.2025 durch VO v. 18.11.2020 (BGBl. I S. 2449).

2) § 4a eingef. durch VO v. 26.5.1999 (BGBl. I S. 1077); neu gef. mWv 21.1.2021, Abs. 2 aufgeh., bish. Abs. 3 wird Abs. 2 mWv 1.1.2025 durch VO v. 12.1.2021 (BGBl. I S. 67).

(2) [1]Mitteilungen nach § 6 Absatz 2 sind abweichend von § 93c Absatz 1 Nummer 1 der Abgabenordnung unverzüglich zu übermitteln. [2]Mitteilungen nach den §§ 4 und 6 Absatz 1 sind abweichend von § 93c Absatz 1 Nummer 1 der Abgabenordnung mindestens vierteljährlich zu übermitteln.

(3) [1]Auf Antrag der mitteilungspflichtigen Stelle kann die oberste Finanzbehörde des Landes, in dem die mitteilungspflichtige Stelle ihren Sitz hat, zur Vermeidung unbilliger Härten auf eine elektronische Übermittlung nach Maßgabe des § 93c der Abgabenordnung verzichten. [2]In diesem Fall sind die Mitteilungen nach amtlich vorgeschriebenem Formular an die oberste Landesfinanzbehörde oder die von ihr bestimmte Landesfinanzbehörde zu übersenden.

§ 9[1)] ***Empfänger der Mitteilungen.*** *(1) [1]Die Mitteilungen sind an das Finanzamt zu richten, in dessen Bezirk der Zahlungsempfänger oder derjenige, für den ein Verwaltungsakt bestimmt ist, seinen Wohnsitz hat. [2]Bei Körperschaften, Personenvereinigungen und Vermögensmassen ist die Mitteilung dem Finanzamt zuzuleiten, in dessen Bezirk sich die Geschäftsleitung befindet. [3]Mitteilungen nach § 6 Abs. 2 sind an das für die Umsatzbesteuerung zuständige Finanzamt zu richten. [4]Bestehen Zweifel über die Zuständigkeit des Finanzamts, ist die Mitteilung an die Oberfinanzdirektionen zu senden, in deren Bezirk die Behörde oder Rundfunkanstalt ihren Sitz hat. [5]Die Oberfinanzdirektion, in deren Bezirk die mitteilungspflichtige Behörde oder Rundfunkanstalt ihren Sitz hat, kann ein Finanzamt bestimmen, an das die mitteilungspflichtige Behörde oder Rundfunkanstalt die Mitteilung zu übersenden hat.*

(2) Werden Mitteilungen auf maschinell verwertbaren Datenträgern oder durch Datenfernübertragung übermittelt, kann die oberste Finanzbehörde des Landes, in dem die mitteilungspflichtige Behörde oder Rundfunkanstalt ihren Sitz hat, eine andere Landesfinanzbehörde oder mit Zustimmung des Bundesministeriums der Finanzen eine Finanzbehörde des Bundes als Empfänger der Mitteilungen bestimmen.

§ 10[1)] ***[Zeitpunkt der Mitteilungen]*** *Die Mitteilungen nach § 6 Abs. 2 sind unverzüglich, die Mitteilungen nach den §§ 4 und 6 Abs. 1 sind mindestens vierteljährlich und die übrigen Mitteilungen mindestens einmal jährlich, spätestens bis zum 30. April des Folgejahres, zu übersenden.*

3. Teil. Unterrichtung des Betroffenen

§ 11[1)] ***Pflicht zur Unterrichtung.*** *Die mitteilungspflichtige Behörde oder öffentlich-rechtliche Rundfunkanstalt hat den Betroffenen von ihrer Verpflichtung, Mitteilungen zu erstellen, spätestens bei Übersendung der ersten Mitteilung an die Finanzbehörde zu unterrichten.*

§ 12[1)] ***Inhalt der Unterrichtung.*** *(1) [1]Der Betroffene ist darüber zu unterrichten, daß den Finanzbehörden die nach § 8 geforderten Angaben mitgeteilt werden, soweit sich diese Unterrichtung nicht aus dem Verwaltungsakt, dem Vertrag, der Genehmigung*

---

1) §§ 9–12 aufgeh. mWv 1.1.2025 durch VO v. 18.11.2020 (BGBl. I S. 2449); zur Anwendung siehe § 13.

oder der Erlaubnis ergibt. [2] Der Betroffene ist hierbei in allgemeiner Form auf seine steuerlichen Aufzeichnungs- und Erklärungspflichten hinzuweisen.

(2) In den Fällen des § 2 Satz 2 und des § 3 ist dem Betroffenen eine Aufstellung der im Kalenderjahr geleisteten Zahlungen und ihrer Summe zu übersenden, soweit nicht über die einzelne Zahlung bereits eine Unterrichtung erfolgt ist.

4. Teil. Anwendungsbestimmung und Besondere Vorschriften[1)]

§ 13[1)] Anwendungszeitpunkt. [1] Den Zeitpunkt der erstmaligen Anwendung des § 8 in der am 1. Januar 2025 geltenden Fassung bestimmt das Bundesministerium der Finanzen im Einvernehmen mit den obersten Finanzbehörden der Länder durch ein im Bundessteuerblatt zu veröffentlichendes Schreiben. [2] Bis zu diesem Zeitpunkt sind die §§ 8 bis 12 in der am 31. Dezember 2024 geltenden Fassung weiter anzuwenden.

§ 14[2)] Mitteilungen über öffentliche Hilfsleistungen aus Anlass der Starkregen- und Hochwasserkatastrophe im Juli 2021. (1) Behörden und andere öffentliche Stellen haben als mitteilungspflichtige Stellen (§ 93c Absatz 1 der Abgabenordnung) den Finanzbehörden aus Anlass der Starkregen- und Hochwasserkatastrophe im Juli 2021 als Aufbauhilfen des Bundes und der Länder aus den Mitteln des Fonds „Aufbauhilfe 2021" bewilligte Leistungen nach amtlich vorgeschriebenem Datensatz über die amtlich bestimmte Schnittstelle nach Maßgabe des § 93c der Abgabenordnung mitzuteilen; mitzuteilen sind Leistungen an

1. Privathaushalte,
2. gewerbliche Unternehmen, Selbständige und Angehörige der freien Berufe,
3. Wohnungsunternehmen und Vermieter von Wohnraum,
4. Vermieter und Verpächter von ganz oder teilweise für eine gewerbliche, selbständige oder freiberufliche Tätigkeit genutzten Gebäuden oder Gebäudeteilen,
5. Betriebe der Land- und Forstwirtschaft und ähnliche Betriebe, Betriebe der Fischerei und Aquakultur.

(2) [1] Zur Sicherstellung der Besteuerung sind neben den in § 93c Absatz 1 Nummer 2 der Abgabenordnung genannten Angaben folgende Angaben mitzuteilen:

1. die Art und die Höhe der im jeweils vorangegangenen Kalenderjahr gewährten Zahlung,
2. soweit vorhanden, das Objekt, für das die Zahlung bewilligt wurde,
3. das Datum, an dem die Zahlung bewilligt wurde,

---

1) Teil 4 (§ 13) neu gef. mWv 1.1.2025 durch VO v. 18.11.2020 (BGBl. I S. 2449); Überschr. geänd. durch VO v. 25.5.2022 (BGBl. I S. 816).

2) § 14 eingef. durch VO v. 25.5.2022 (BGBl. I S. 816).

4. das Datum der Zahlung und
5. bei unbarer Zahlung die Bankverbindung für das Konto, auf das die Zahlung geleistet wurde.

[2] Werden nach Satz 1 mitzuteilende Zahlungen in einem späteren Kalenderjahr ganz oder teilweise zurückerstattet, ist die Rückzahlung abweichend von § 93c Absatz 3 der Abgabenordnung von der mitteilungspflichtigen Stelle unter Angabe des Datums, an dem die Zahlung bei der mitteilungspflichtigen Stelle eingegangen ist, mitzuteilen.

(3) [1] Abweichend von § 93c Absatz 1 Nummer 1 der Abgabenordnung sind Mitteilungen nach Absatz 1 nach Veröffentlichung des amtlich vorgeschriebenen Datensatzes und der Freigabe der amtlich bestimmten Schnittstelle für im Kalenderjahr 2021 ausgezahlte Leistungen bis zum 31. Dezember 2022 sowie für in den Folgejahren ausgezahlte Leistungen bis zum 30. April des auf das Jahr der Auszahlung folgenden Jahres zu übermitteln. [2] Das Bundesministerium der Finanzen kann im Einvernehmen mit den obersten Finanzbehörden der Länder die Frist nach Satz 1 durch ein im Bundessteuerblatt Teil I zu veröffentlichendes Schreiben verlängern, sofern die technischen Voraussetzungen für die Annahme der Mitteilungen nicht rechtzeitig vorliegen. [3] Auf begründeten Antrag einer mitteilungspflichtigen Stelle kann die oberste Finanzbehörde desjenigen Landes, in dem die mitteilungspflichtige Stelle ihren Sitz hat, dieser die Frist nach Satz 1 oder Satz 2 für im Kalenderjahr 2021 ausgezahlte Leistungen um längstens zehn Monate und für im Kalenderjahr 2022 ausgezahlte Leistungen um längstens sechs Monate verlängern, sofern die technischen Voraussetzungen für die Übersendung der Mitteilungen bei der mitteilungspflichtigen Stelle nicht rechtzeitig vorliegen; das Bundesministerium der Finanzen ist über eine gewährte Fristverlängerung zu unterrichten.

(4) [1] Von den Absätzen 1 bis 3 abweichende Bestimmungen oder andere Mitteilungspflichten nach dieser Verordnung sind nicht anzuwenden. [2] § 1 Absatz 2 bleibt unberührt. [3] Das Bundesministerium der Finanzen oder die obersten Finanzbehörden der Länder können Ausnahmen von der Mitteilungspflicht nach Absatz 1 zulassen.

803. Gesetz über die Finanzverwaltung (Finanzverwaltungsgesetz – FVG)[1)]

In der Fassung der Bekanntmachung vom 4. April 2006
(BGBl. I S. 846, ber. S. 1202)

Geändert durch Bundesschuldenwesenmodernisierungsgesetz vom 12.7.2006 (BGBl. I S. 1466), Föderalismusreform-Begleitgesetz vom 5.9.2006 (BGBl. I S. 2098), Gesetz über steuerliche Begleitmaßnahmen zur Einführung der Europäischen Gesellschaft und zur Änderung weiterer steuerrechtlicher Vorschriften (SEStEG) vom 7.12.2006 (BGBl. I S. 2782), Jahressteuergesetz 2007 vom 13.12.2006 (BGBl. I S. 2878), Gesetz zur Schaffung deutscher Immobilien-Aktiengesellschaften mit börsennotierten Anteilen vom 28.5.2007 (BGBl. I S. 914), Unternehmensteuerreformgesetz 2008 vom 14.8.2007 (BGBl. I S. 1912), Zweites Gesetz zur Änderung des Finanzverwaltungsgesetzes und anderer Gesetze vom 13.12.2007 (BGBl. I S. 2897), Jahressteuergesetz 2008 vom 20.12.2007 (BGBl. I S. 3150), Gesetz zur Änderung der Organisation des Bundesausgleichsamtes vom 5.3.2008 (BGBl. I S. 282), Jahressteuergesetz 2009 vom 19.12.2008 (BGBl. I S. 2794), Steuerbürokratieabbaugesetz vom 20.12.2008 (BGBl. I S. 2850), Gesetz zur Neuregelung der Kraftfahrzeugsteuer und Änderung anderer Gesetze vom 29.5.2009 (BGBl. I S. 1170), Bürgerentlastungsgesetz Krankenversicherung von 16.7.2009 (BGBl. I S. 1959), Begleitgesetz zur zweiten Föderalismusreform vom 10.8.2009 (BGBl. I S. 2702), Gesetz zur Umsetzung steuerlicher EU-Vorgaben sowie zur Änderung steuerlicher Vorschriften vom 8.4.2010 (BGBl. I S. 386), Gesetz zu dem Staatsvertrag vom 16.12.2009 und 26.1.2010 über die Verteilung von Versorgungslasten bei bund- und länderübergreifenden Dienstherrenwechseln vom 5.9.2010 (BGBl. I S. 1288),[2)] Jahressteuergesetz 2010 (JStG 2010) vom 8.12.2010 (BGBl. I S. 1768), Gesetz zur Umsetzung des EuGH-Urteils vom 20. Oktober 2011 in der Rechtssache C-284/09 vom 21.3.2013 (BGBl. I S. 561), Amtshilferichtlinie-Umsetzungsgesetz (AmtshilfeRLUmsG) vom 26.6.2013 (BGBl. I S. 1809), Gesetz zur Anpassung des Investmentsteuergesetzes und anderer Gesetze an das AIFM-Umsetzungsgesetz (AIFM-Steuer-Anpassungsgesetz – AIFM-StAnpG) vom 18.12.2013 (BGBl. I S. 4318), Gesetz zur Anpassung des nationalen Steuerrechts an den Beitritt Kroatiens zur EU und zur Änderung weiterer steuerlicher Vorschriften vom 25.7.2014 (BGBl. I S. 1266), Gesetz zur Anpassung der Abgabenordnung an den Zollkodex der Union und zur Änderung weiterer steuerlicher Vorschriften vom 22.12.2014 (BGBl. I S. 2417), Steueränderungsgesetz 2015 vom 2.11.2015 (BGBl. I S. 1834), Gesetz zur Neuorganisation der Zollverwaltung vom 3.12.2015 (BGBl. I S. 2178), Gesetz zum automatischen Austausch von Informationen über Finanzkonten in Steuersachen und zur Änderung weiterer Gesetze vom 21.12.2015 (BGBl. I S. 2531), Gesetz zur Modernisierung des Besteuerungsverfahrens vom 18.7.2016 (BGBl. I S. 1679), Gesetz zur Reform der Investmentbesteuerung (Investmentsteuerreformgesetz – InvStRefG) vom 19.7.2016 (BGBl. I S. 1730), Gesetz zur Beendigung der Sonderzuständigkeit der Familienkassen des öffentlichen Dienstes im Bereich des Bundes vom 8.12.2016 (BGBl. I S. 2835), Gesetz zur Umsetzung der Änderungen der EU-Amtshilferichtlinie und von weiteren Maßnahmen gegen Gewinnkürzungen und -verlagerungen vom 20.12.2016 (BGBl. I S. 3000), Gesetz zur Auflösung der Bundesmonopolverwaltung für Branntwein und zur Änderung weiterer Gesetze (Branntweinmonopolverwaltung-Auflösungsgesetz – BfBAG) vom 10.3.2017 (BGBl. I S. 420), Gesetz zur Umsetzung der Vierten EU-Geldwäscherichtlinie, zur Ausführung der EU-Geldtransferverordnung und zur Neuorganisation der Zentralstelle für Finanztransaktionsuntersuchungen vom 23.6.2017 (BGBl. I S. 1822), Gesetz zur Änderung des Bundesversorgungsgesetzes und anderen Vorschriften vom 17.7.2017 (BGBl. I S. 2541), Gesetz zur

---

1) Neubekanntmachung des FVG v. 30.8.1971 (BGBl. I S. 1426, 1427) auf Grund Art. 4 des Gesetzes zur Änderung des Gemeindefinanzreformgesetzes und anderer Gesetze v. 6.9.2005 (BGBl. I S. 2725) in der ab 1.1.2006 geltenden Fassung.

2) Gem. dessen Art. 6 Abs. 2 Satz 2 in Kraft getreten am 1.1.2011, lt. Bek. v. 8.10.2010 (BGBl. I S. 1404).

Neuregelung des bundesstaatlichen Finanzausgleichssystems ab dem Jahr 2020 und zur Änderung haushaltsrechtlicher Vorschriften vom 14.8.2017 (BGBl. I S. 3122), Gesetz zur Vermeidung von Umsatzsteuerausfällen beim Handel mit Waren im Internet und zur Änderung weiterer steuerlicher Vorschriften vom 11.12.2018 (BGBl. I S. 2338), Gesetz zur fortgesetzten Beteiligung des Bundes an den Integrationskosten der Länder und Kommunen und zur Regelung der Folgen der Abfinanzierung des Fonds „Deutsche Einheit" vom 17.12.2018 (BGBl. I S. 2522), Zweites Gesetz zur Anpassung des Datenschutzrechts an die Verordnung (EU) 2016/679 und zur Umsetzung der Richtlinie (EU) 2016/680 (Zweites Datenschutz-Anpassungs- und Umsetzungsgesetz EU – 2. DSAnpUG EU) vom 20.11.2019 (BGBl. I S. 1626), Gesetz zur Umsetzung der Richtlinie (EU) 2017/1852 des Rates vom 10. Oktober 2017 über Verfahren zur Beilegung von Besteuerungsstreitigkeiten in der Europäischen Union vom 10.12.2019 (BGBl. I S. 2103), Gesetz zur weiteren steuerlichen Förderung der Elektromobilität und zur Änderung weiterer steuerlicher Vorschriften vom 12.12.2019 (BGBl. I S. 2451), Gesetz zur Einführung einer Pflicht zur Mitteilung grenzüberschreitender Steuergestaltungen vom 21.12.2019 (BGBl. I S. 2875) und Gesetz zur Einführung der Grundrente für langjährige Versicherung der gesetzlichen Rentenversicherung mit unterdurchschnittlichem Einkommen; für weitere Maßnahmen zur Erhöhung der Alterseinkommen (Grundrentengesetz) vom 12.8.2020 (BGBl. I S. 1879), Gesetz über die Umwandlung des Informationstechnikzentrums Bund in eine nichtrechtsfähige Anstalt des öffentlichen Rechts und zur Änderung weiterer Vorschriften vom 7.12.2020 (BGBl. I S. 2756), Jahressteuergesetz 2020 (JStG 2020) vom 21.12.2020 (BGBl. I S. 3096), Gesetz zur Verbesserung der Transparenz in der Alterssicherung und der Rehabilitation sowie zur Modernisierung der Sozialversicherungswahlen und zur Änderung anderer Gesetze (Gesetz Digitale Rentenübersicht) vom 11.2.2021 (BGBl. I S. 154), Siebtes Gesetz zur Änderung von Verbrauchsteuergesetzen vom 30.3.2021 (BGBl. I S. 607), Gesetz zur Modernisierung der Entlastung von Abzugsteuern und der Bescheinigung der Kapitalertragsteuer (Abzugsteuerentlastungsmodernisierungsgesetz – AbzStEntModG) vom 2.6.2021 (BGBl. I S. 1259), Gesetz zur Modernisierung des Körperschaftsteuerrechts vom 25.6.2021 (BGBl. I S. 2050), Gesetz zur Abwehr von Steuervermeidung und unfairem Steuerwettbewerb und zur Änderung weiterer Gesetze vom 25.6.2021 (BGBl. I S. 2056) und Gesetz zur Regelung eines Sofortzuschlages und einer Einmalzahlung in den sozialen Mindestsicherungssystemen sowie zur Änderung des Finanzausgleichsgesetzes und weiterer Gesetze vom 23.5.2022 (BGBl. I S. 760)

BGBl. III/FNA 600-1

Abschnitt I. Allgemeine Vorschriften

§ 1 Bundesfinanzbehörden. Bundesfinanzbehörden sind

1. als oberste Behörde:
   das Bundesministerium der Finanzen;
2. [1] als Oberbehörden:
   das Bundeszentralamt für Steuern [*ab 1.1.2021:* , das Informationstechnikzentrum Bund] und die Generalzolldirektion;
3. [2] als örtliche Behörden:
   die Hauptzollämter einschließlich ihrer Dienststellen (Zollämter) und die Zollfahndungsämter.

---

[1] § 1 Nr. 2 geänd. mWv 1.8.2006 durch G v. 12.7.2006 (BGBl. I S. 1466); geänd. mWv 13.3.2008 durch G v. 5.3.2008 (BGBl. I S. 282); geänd. mWv 1.1.2016 durch G v. 3.12.2015 (BGBl. I S. 2178); geänd. mWv 1.1.2017 durch G v. 8.12.2016 (BGBl. I S. 2835); geänd. mWv 1.1.2019 durch G v. 10.3.2017 (BGBl. I S. 420); geänd. mWv 1.1.2021 durch G v. 7.12.2020 (BGBl. I S. 2756).

[2] § 1 Nr. 3 aufgeh., bish. Nr. 4 wird Nr. 3 mWv 1.1.2016 durch G v. 3.12.2015 (BGBl. I S. 2178).

gaben des Zollfahndungsdienstes werden durch das Zollkriminalamt wahrgenommen.

(4) *(aufgehoben)*

§ 5b[1] Übertragung von Bauaufgaben. [1]Durch Verwaltungsvereinbarung mit dem jeweiligen Land kann der Bund die Leitung und Erledigung seiner Bauaufgaben im Wege der Organleihe Landesbehörden sowie Landesbetrieben, Sondervermögen des Landes und landesunmittelbaren juristischen Personen des öffentlichen Rechts übertragen. [2]Die Verwaltungsvereinbarung muss vorsehen, dass die Landesbehörden die Anordnungen der fachlich zuständigen Bundesbehörde zu befolgen haben.

§ 6 Sitz und Aufgaben der Landesoberbehörde. (1) Die für die Finanzverwaltung zuständige oberste Landesbehörde bestimmt den Sitz der Landesoberbehörde, soweit durch Gesetz nichts anderes bestimmt ist.

(2) Die Landesoberbehörde erledigt Aufgaben, die ihr nach Maßgabe des § 17 Abs. 3 Satz 1 zugewiesen werden und die ihr sonst übertragenen Aufgaben.

(3) Für die Ernennung und Entlassung des Leiters einer Oberbehörde, die nach § 2 Abs. 1 Nr. 3 anstelle einer Mittelbehörde tritt, gilt § 9a Satz 3 entsprechend.

Abschnitt III. Mittelbehörden

§ 7[2] Bezirk und Sitz. Die obersten Landesbehörden bestimmen den Bezirk und Sitz der Mittelbehörde, die ihnen jeweils untersteht.

§ 8.[3] *(aufgehoben)*

§ 8a[4] Aufgaben und Gliederung. (1) [1]Die Mittelbehörden leiten die Finanzverwaltung des jeweiligen Landes in ihrem Bezirk. [2]Einer Mittelbehörde kann auch die Leitung der Finanzverwaltung eines Landes für mehrere Oberfinanzbezirke übertragen werden. [3]Die Mittelbehörden können weitere Aufgaben erledigen.

(2) [1]Die Mittelbehörden können sich in eine Besitz- und Verkehrsteuerabteilung und eine Landesbauabteilung oder Landesvermögens- und Bauabteilung gliedern. [2]Außerdem können weitere Landesabteilungen oder andere Organisationseinheiten des Landes eingerichtet werden.

(3) [1]Durch Rechtsverordnung können Aufgaben einer Mittelbehörde für den ganzen Bezirk oder einen Teil davon auf andere Mittelbehörden übertragen werden, wenn dadurch der Vollzug der Aufgaben verbessert oder erleich-

---

[1] § 5b eingef. mWv 1.1.2016 durch G v. 3.12.2015 (BGBl. I S. 2178); Satz 2 geänd. mWv 28.5.2022 durch G v. 23.5.2022 (BGBl. I S. 760).

[2] § 7 Abs. 1 aufgeh. mWv 1.1.2016 durch G v. 3.12.2015 (BGBl. I S. 2178); geänd. mWv 29.12.2020 durch G v. 21.12.2020 (BGBl. I S. 3096).

[3] § 8 aufgeh. mWv 1.1.2016 durch G v. 3.12.2015 (BGBl. I S. 2178).

[4] § 8a eingef. mWv 1.1.2008 durch G v. 13.12.2007 (BGBl. I S. 2897); Überschr., Abs. 1 bis 3 geänd. mWv 29.12.2020 durch G v. 21.12.2020 (BGBl. I S. 3096).

tert wird. ²Die Rechtsverordnung erlässt die zuständige Landesregierung. ³Die Landesregierung kann die Ermächtigung auf die für die Finanzverwaltung zuständige oberste Landesbehörde übertragen.

(4) ¹Die Besitz- und Verkehrsteuerabteilung leitet die Durchführung der Aufgaben, für deren Erledigung die Finanzämter zuständig sind. ²Außerdem erledigt sie die ihr sonst übertragenen Aufgaben.

§ 9.[1)] *(aufgehoben)*

§ 9a[2)] **Leitung.** ¹Der Präsident oder die Präsidentin leitet die jeweilige Mittelbehörde. ²Ihm oder ihr kann auch die Leitung einer Abteilung übertragen werden. ³Er oder sie wird auf Vorschlag der für die Finanzverwaltung zuständigen obersten Landesbehörde im Einvernehmen mit der Bundesregierung durch die zuständige Stelle des Landes ernannt und entlassen.

§ 10.[3)] *(aufgehoben)*

§ 10a[4)] **Landeskassen.** ¹Werden oder sind bei einer Mittelbehörde eine oder mehrere Landeskassen errichtet, so kann eine Landeskasse Kassengeschäfte für mehrere Bezirke oder für Teile davon wahrnehmen. ²Die Landeskassen können unmittelbar dem zuständigen Präsidenten oder der zuständigen Präsidentin unterstellt werden.

§ 11.[5)] *(aufgehoben)*

Abschnitt IV. Örtliche Behörden

§ 12[6)] **Bezirk und Sitz der Hauptzollämter und Zollfahndungsämter sowie Aufgaben der Hauptzollämter.** (1) Die Generalzolldirektion bestimmt den Bezirk und den Sitz der Hauptzollämter und der Zollfahndungsämter.

(2) Die Hauptzollämter sind als örtliche Bundesbehörden für die Verwaltung der Zölle, der bundesgesetzlich geregelten Verbrauchsteuern einschließlich der Einfuhrumsatzsteuer und der Biersteuer, der Luftverkehrsteuer, der Kraftfahrzeugsteuer, der Abgaben im Rahmen der Europäischen Gemeinschaften, für die

---

1) § 9 aufgeh. mWv 1.1.2016 durch G v. 3.12.2015 (BGBl. I S. 2178).

2) § 9a eingef. mWv 1.1.2008 durch G v. 13.12.2007 (BGBl. I S. 2897); Überschr., Satz 1 geänd. mWv 29.12.2020 durch G v. 21.12.2020 (BGBl. I S. 3096).

3) § 10 aufgeh. mWv 1.1.2016 durch G v. 3.12.2015 (BGBl. I S. 2178).

4) § 10a eingef. mWv 1.1.2008 durch G v. 13.12.2007 (BGBl. I S. 2897); geänd. mWv 29.12.2020 durch G v. 21.12.2020 (BGBl. I S. 3096).

5) § 11 aufgeh. mWv 1.1.2008 durch G v. 13.12.2007 (BGBl. I S. 2897).

6) § 12 Abs. 2 geänd. mWv 1.1.2008 durch G v. 13.12.2007 (BGBl. I S. 2897); Abs. 2 geänd. mWv 30.6.2013, Abs. 2 geänd. mWv 1.7.2014, Abs. 4 angef. mWv 30.6.2013 und wieder aufgeh. mWv 1.7.2014 durch G v. 26.6.2013 (BGBl. I S. 1809); Abs. 1 geänd., Abs. 3 Satz 2 angef. mWv 1.1.2016 durch G v. 3.12.2015 (BGBl. I S. 2178).

zollamtliche Überwachung des Warenverkehrs über die Grenze, für die Grenzaufsicht, für die Bekämpfung der Schwarzarbeit und der illegalen Beschäftigung und für die ihnen sonst übertragenen Aufgaben zuständig.

(3) [1]Das Bundesministerium der Finanzen kann durch Rechtsverordnung ohne Zustimmung des Bundesrates die Zuständigkeit eines Hauptzollamts nach Absatz 2 auf einzelne Aufgaben beschränken oder Zuständigkeiten nach Absatz 2 einem Hauptzollamt für den Bereich mehrerer Hauptzollämter übertragen, wenn dadurch der Vollzug der Aufgaben verbessert oder erleichtert wird. [2]Das Bundesministerium der Finanzen kann die Ermächtigung nach Satz 1 durch Rechtsverordnung auf die Generalzolldirektion übertragen.

(Fortsetzung nächstes Blatt)

Schreiben betr. Automatischer Austausch von Informationen über Finanzkonten in Steuersachen nach dem Finanzkonten-Informationsaustauschgesetz – FKAustG; Bekanntmachung einer finalen Staatenaustauschliste 2022 im Sinne des § 1 Absatz 1 FKAustG für den automatischen Austausch von Informationen über Finanzkonten in Steuersachen zum 30. September 2022

Vom 4. Juli 2022

BMF IV B 6 – S 1315/19/10030 :044; DOK 2022/0474579

Nach den Vorgaben des Gesetzes zum automatischen Austausch von Informationen über Finanzkonten in Steuersachen (Finanzkonten-Informationsaustauschgesetz – FKAustG) werden Informationen über Finanzkonten in Steuersachen zwischen dem Bundeszentralamt für Steuern (BZSt) und der zuständigen Behörde des jeweils anderen Staates im Sinne des § 1 Absatz 1 FKAustG automatisch ausgetauscht (§ 27 Absatz 1 FKAustG).

Dem BZSt sind hierfür von den meldenden Finanzinstituten die Finanzkontendaten zu den meldepflichtigen Konten nach amtlich vorgeschriebenem Datensatz elektronisch im Wege der Datenfernübertragung zum 31. Juli 2022 zu übermitteln (§ 27 Absatz 2 FKAustG).

Zu den Staaten im Sinne des § 1 Absatz 1 FKAustG, mit denen der automatische Austausch von Informationen über Finanzkonten in Steuersachen erfolgt, zählen

1. Mitgliedstaaten der Europäischen Union aufgrund der Richtlinie 2011/16/EU des Rates vom 15. Februar 2011 über die Zusammenarbeit der Verwaltungsbehörden im Bereich der Besteuerung und zur Aufhebung der Richtlinie 77/799/EWG (ABl. L 64 vom 11. März 2011, Seite 1; Amtshilferichtlinie) in der Fassung der Richtlinie 2014/107/EU (ABl. L 359 vom 16. Dezember 2014, Seite 1),
2. Drittstaaten, die Vertragsparteien der von der Bundesrepublik Deutschland in Berlin unterzeichneten Mehrseitigen Vereinbarung vom 29. Oktober 2014 zwischen den zuständigen Behörden über den automatischen Austausch von Informationen über Finanzkonten (BGBl. 2015 II Seiten 1630, 1632) sind und diese in ihr nationales Recht verpflichtend aufgenommen haben sowie Vertragsparteien des Übereinkommens über die gegenseitige Amtshilfe in Steuersachen (BGBl. 2015 II Seiten 966, 967) sind und die gewährleisten, dass sie die Voraussetzungen des § 7 Absatz 1, insbesondere Buchstabe e der Mehrseitigen Vereinbarung vom 29. Oktober 2014 zwischen den zuständigen Behörden über den automatischen Austausch von Informationen über Finanzkonten erfüllen,
3. Drittstaaten, die Verträge mit der Europäischen Union zur Vereinbarung des automatischen Austauschs von Informationen über Finanzkonten im Sinne der unter Nummer 1 angeführten Richtlinie 2014/107/EU (ABl. L 359 vom 16. Dezember 2014, Seite 1) geschlossen haben, sowie
4. Drittstaaten, mit denen die Bundesrepublik Deutschland ein Abkommen über den steuerlichen Informationsaustausch geschlossen hat, nach dem ein automatischer Austausch von Informationen vereinbart werden kann.

Hiermit werden die Staaten im Sinne des § 1 Absatz 1 FKAustG bekannt gegeben, bei denen die Voraussetzungen für den automatischen Austausch von Informationen über Finanzkonten mit Stand vom 4. Mai 2022 vorliegen, mit denen der automatische Datenaustausch zum 30. September 2022 erfolgt und für welche die meldenden Finanzinstitute Finanzkontendaten zum 31. Juli 2022 dem BZSt zu übermitteln haben (finale FKAustG-Staatenaustauschliste 2022).

Für den Datenaustausch zum 30. September 2023 wird eine neue FKAustG-Staatenaustauschliste 2023 im Rahmen eines weiteren BMF-Schreibens bekannt gegeben.

Die finale FKAustG-Staatenaustauschliste 2022 wird nachfolgend dargestellt und steht auf der Internetseite des BZSt unter www.bzst.bund.de zur Ansicht und zum Abruf bereit.

Finale FKAustG-Staatenaustauschliste 2022

Nr.	Staaten nach § 1 Absatz 1 FKAustG mit automatischem Informationsaustausch zum 30. September 2022	Rechtsgrundlage nach § 1 Absatz 1 FKAustG
1.	Albanien	§ 1 Absatz 1 Nummer 2 FKAustG
2.	Andorra	§ 1 Absatz 1 Nummer 3 FKAustG
3.	Anguilla[1)]	§ 1 Absatz 1 Nummer 2 FKAustG
4.	Antigua und Barbuda	§ 1 Absatz 1 Nummer 2 FKAustG
5.	Argentinien	§ 1 Absatz 1 Nummer 2 FKAustG
6.	Aruba[1)]	§ 1 Absatz 1 Nummer 2 FKAustG
7.	Aserbaidschan	§ 1 Absatz 1 Nummer 2 FKAustG
8.	Australien	§ 1 Absatz 1 Nummer 2 FKAustG
9.	Bahamas[1)]	§ 1 Absatz 1 Nummer 2 FKAustG
10.	Bahrain[1)]	§ 1 Absatz 1 Nummer 2 FKAustG
11.	Barbados	§ 1 Absatz 1 Nummer 2 FKAustG
12.	Belgien	§ 1 Absatz 1 Nummer 1 FKAustG
13.	Belize[1)]	§ 1 Absatz 1 Nummer 2 FKAustG
14.	Bermuda[1)]	§ 1 Absatz 1 Nummer 2 FKAustG
15.	Brasilien	§ 1 Absatz 1 Nummer 2 FKAustG
16.	Britische Jungferninseln[1)]	§ 1 Absatz 1 Nummer 2 FKAustG
17.	Brunei Darussalam[1)]	§ 1 Absatz 1 Nummer 2 FKAustG
18.	Bulgarien	§ 1 Absatz 1 Nummer 1 FKAustG
19.	Chile	§ 1 Absatz 1 Nummer 2 FKAustG
20.	China	§ 1 Absatz 1 Nummer 2 FKAustG
21.	Cookinseln	§ 1 Absatz 1 Nummer 2 FKAustG
22.	Costa Rica	§ 1 Absatz 1 Nummer 2 FKAustG
23.	Curaçao	§ 1 Absatz 1 Nummer 2 FKAustG
24.	Dänemark	§ 1 Absatz 1 Nummer 1 FKAustG
25.	Dominica[1)]	§ 1 Absatz 1 Nummer 2 FKAustG
26.	**Ecuador**	§ 1 Absatz 1 Nummer 2 FKAustG
27.	Estland	§ 1 Absatz 1 Nummer 1 FKAustG
28.	Färöer	§ 1 Absatz 1 Nummer 2 FKAustG
29.	Finnland	§ 1 Absatz 1 Nummer 1 FKAustG
30.	Frankreich[2)]	§ 1 Absatz 1 Nummer 1 FKAustG
31.	Ghana[1)]	§ 1 Absatz 1 Nummer 2 FKAustG
32.	Gibraltar	§ 1 Absatz 1 Nummer 2 FKAustG
33.	Grenada	§ 1 Absatz 1 Nummer 2 FKAustG
34.	Griechenland	§ 1 Absatz 1 Nummer 1 FKAustG
35.	Grönland	§ 1 Absatz 1 Nummer 2 FKAustG
36.	Guernsey	§ 1 Absatz 1 Nummer 2 FKAustG
37.	Hongkong	§ 1 Absatz 1 Nummer 2 FKAustG
38.	Indien	§ 1 Absatz 1 Nummer 2 FKAustG
39.	Indonesien	§ 1 Absatz 1 Nummer 2 FKAustG

Nr.	Staaten nach § 1 Absatz 1 FKAustG mit automatischem Informationsaustausch zum 30. September 2022	Rechtsgrundlage nach § 1 Absatz 1 FKAustG
40.	Irland	§ 1 Absatz 1 Nummer 1 FKAustG
41.	Island	§ 1 Absatz 1 Nummer 2 FKAustG
42.	Isle of Man	§ 1 Absatz 1 Nummer 2 FKAustG
43.	Israel	§ 1 Absatz 1 Nummer 2 FKAustG
44.	Italien	§ 1 Absatz 1 Nummer 1 FKAustG
45.	Japan	§ 1 Absatz 1 Nummer 2 FKAustG
46.	Jersey	§ 1 Absatz 1 Nummer 2 FKAustG
47.	Kaimaninseln[1)]	§ 1 Absatz 1 Nummer 2 FKAustG
48.	Kanada	§ 1 Absatz 1 Nummer 2 FKAustG
49.	**Kasachstan**	§ 1 Absatz 1 Nummer 2 FKAustG
50.	Katar[1)]	§ 1 Absatz 1 Nummer 2 FKAustG
51.	Kolumbien	§ 1 Absatz 1 Nummer 2 FKAustG
52.	Korea, Republik	§ 1 Absatz 1 Nummer 2 FKAustG
53.	Kroatien	§ 1 Absatz 1 Nummer 1 FKAustG
54.	Kuwait[1)]	§ 1 Absatz 1 Nummer 2 FKAustG
55.	Lettland	§ 1 Absatz 1 Nummer 1 FKAustG
56.	Libanon[1)]	§ 1 Absatz 1 Nummer 2 FKAustG
57.	Liechtenstein	§ 1 Absatz 1 Nummer 3 FKAustG
58.	Litauen	§ 1 Absatz 1 Nummer 1 FKAustG
59.	Luxemburg	§ 1 Absatz 1 Nummer 1 FKAustG
60.	Macau[1)]	§ 1 Absatz 1 Nummer 2 FKAustG
61.	Malaysia	§ 1 Absatz 1 Nummer 2 FKAustG
62.	**Malediven[1)]**	§ 1 Absatz 1 Nummer 2 FKAustG
63.	Malta	§ 1 Absatz 1 Nummer 1 FKAustG
64.	Marshallinseln[1)]	§ 1 Absatz 1 Nummer 2 FKAustG
65.	Mauritius	§ 1 Absatz 1 Nummer 2 FKAustG
66.	Mexiko	§ 1 Absatz 1 Nummer 2 FKAustG
67.	Monaco	§ 1 Absatz 1 Nummer 3 FKAustG
68.	Montserrat[1)]	§ 1 Absatz 1 Nummer 2 FKAustG
69.	Nauru[1)]	§ 1 Absatz 1 Nummer 2 FKAustG
70.	Neukaledonien[1)]	§ 1 Absatz 1 Nummer 2 FKAustG
71.	Neuseeland	§ 1 Absatz 1 Nummer 2 FKAustG
72.	Niederlande[3)]	§ 1 Absatz 1 Nummer 1 FKAustG
73.	Nigeria	§ 1 Absatz 1 Nummer 2 FKAustG
74.	Niue[1)]	§ 1 Absatz 1 Nummer 2 FKAustG
75.	Norwegen	§ 1 Absatz 1 Nummer 2 FKAustG
76.	Österreich	§ 1 Absatz 1 Nummer 1 FKAustG
77.	Oman[1)]	§ 1 Absatz 1 Nummer 2 FKAustG
78.	Pakistan	§ 1 Absatz 1 Nummer 2 FKAustG
79.	Panama	§ 1 Absatz 1 Nummer 2 FKAustG
80.	Peru	§ 1 Absatz 1 Nummer 2 FKAustG

Nr.	Staaten nach § 1 Absatz 1 FKAustG mit automatischem Informationsaustausch zum 30. September 2022	Rechtsgrundlage nach § 1 Absatz 1 FKAustG
81.	Polen	§ 1 Absatz 1 Nummer 1 FKAustG
82.	Portugal	§ 1 Absatz 1 Nummer 1 FKAustG
83.	Rumänien	§ 1 Absatz 1 Nummer 1 FKAustG
84.	Russische Föderation[4)]	§ 1 Absatz 1 Nummer 2 FKAustG
85.	Samoa[1)]	§ 1 Absatz 1 Nummer 2 FKAustG
86.	San Marino	§ 1 Absatz 1 Nummer 3 FKAustG
87.	Saudi-Arabien	§ 1 Absatz 1 Nummer 2 FKAustG
88.	Schweden	§ 1 Absatz 1 Nummer 1 FKAustG
89.	Schweiz	§ 1 Absatz 1 Nummer 3 FKAustG
90.	Seychellen	§ 1 Absatz 1 Nummer 2 FKAustG
91.	Singapur	§ 1 Absatz 1 Nummer 2 FKAustG
92.	Slowakei	§ 1 Absatz 1 Nummer 1 FKAustG
93.	Slowenien	§ 1 Absatz 1 Nummer 1 FKAustG
94.	Spanien	§ 1 Absatz 1 Nummer 1 FKAustG
95.	St. Kitts und Nevis[1)]	§ 1 Absatz 1 Nummer 2 FKAustG
96.	St. Lucia	§ 1 Absatz 1 Nummer 2 FKAustG
97.	St. Vincent und die Grenadinen[1)]	§ 1 Absatz 1 Nummer 2 FKAustG
98.	Südafrika	§ 1 Absatz 1 Nummer 2 FKAustG
99.	Tschechien	§ 1 Absatz 1 Nummer 1 FKAustG
100.	Türkei	§ 1 Absatz 1 Nummer 2 FKAustG
101.	Turks- und Caicosinseln[1)]	§ 1 Absatz 1 Nummer 2 FKAustG
102.	Ungarn	§ 1 Absatz 1 Nummer 1 FKAustG
103.	Uruguay	§ 1 Absatz 1 Nummer 2 FKAustG
104.	Vanuatu[1)]	§ 1 Absatz 1 Nummer 2 FKAustG
105.	Vereinigte Arabische Emirate[1)]	§ 1 Absatz 1 Nummer 2 FKAustG
106.	Vereinigtes Königreich	§ 1 Absatz 1 Nummer 2 FKAustG
107.	Zypern	§ 1 Absatz 1 Nummer 1 FKAustG

[1)] **[Amtl. Anm.:]** Aufgrund einer Notifikation dieses Staates gemäß § 7 Absatz 1 Buchstabe b der Mehrseitigen Vereinbarung vom 29. Oktober 2014 zwischen den zuständigen Behörden über den automatischen Austausch von Informationen über Finanzkonten übermittelt die Bundesrepublik Deutschland nach § 2 Absatz 1.2 dieser Mehrseitigen Vereinbarung keine Finanzkonteninformationen an diesen Staat, erhält jedoch Finanzkonteninformationen von diesem. Deshalb sind auch in diesem Fall bis auf weiteres keine Finanzkontendaten durch meldende Finanzinstitute dem BZSt gemäß § 5 Absatz 1 FKAustG zu übermitteln.

[2)] **[Amtl. Anm.:]** Hierzu zählen auch Französisch-Guayana, Guadeloupe, Martinique, Mayotte, Réunion und Saint-Barthélemy.

[3)] **[Amtl. Anm.:]** Hierzu zählen auch Bonaire, Sint Eustatius und Saba.

[4)] **[Amtl. Anm.:]** Die Datenübermittlung an die Russische Föderation ist aktuell ausgesetzt.

808. Gesetz über den Finanzausgleich zwischen Bund und Ländern (Finanzausgleichsgesetz – FAG)[1)]

Vom 20. Dezember 2001 (BGBl. I S. 3955)

Geändert durch Viertes Gesetz für moderne Dienstleistungen am Arbeitsmarkt vom 24.12.2003 (BGBl. I S. 2954), Gesetz zur Neuorganisation der Bundesfinanzverwaltung und zur Schaffung eines Refinanzierungsregisters vom 22.9.2005 (BGBl. I S. 2809), Haushaltsbegleitgesetz 2006 vom 29.6.2006 (BGBl. I S. 1402), Föderalismusreform-Begleitgesetz vom 5.9.2006 (BGBl. I S. 2098), Gesetz zur Änderung des Zweiten Buches Sozialgesetzbuch und des Finanzausgleichsgesetzes vom 22.12.2006 (BGBl. I S. 3376), Achtes Gesetz zur Änderung des Gemeindefinanzreformgesetzes vom 31.7.2008 (BGBl. I S. 1626), Kinderförderungsgesetz vom 10.12.2008 (BGBl. I S. 2403), Jahressteuergesetz 2009 vom 19.12.2008 (BGBl. I S. 2794), Gesetz zur Umsetzung steuerrechtlicher Regelungen des Maßnahmenpakets „Beschäftigungssicherung durch Wachstumsstärkung" vom 21.12.2008 (BGBl. I S. 2896), Familienleistungsgesetz vom 22.12.2008 (BGBl. I S. 2955), Gesetz zur Sicherung von Beschäftigung und Stabilität in Deutschland vom 2.3.2009 (BGBl. I S. 416), Gesetz zur Neuregelung der Kraftfahrzeugsteuer und Änderung anderer Gesetze vom 29.5.2009 (BGBl. I S. 1170), Begleitgesetz zur zweiten Föderalismusreform vom 10.8.2009 (BGBl. I S. 2702), Wachstumsbeschleunigungsgesetz vom 22.12.2009 (BGBl. I S. 3950), Gesetz zur Abschaffung des Finanzplanungsrates und zur Übertragung der fortzuführenden Aufgaben auf den Stabilitätsrat sowie zur Änderung weiterer Gesetze vom 27.5.2010 (BGBl. I S. 671), Steuervereinfachungsgesetz 2011 vom 1.11.2011 (BGBl. I S. 2131), Gesetz zur Stärkung der Finanzkraft der Kommunen vom 6.12.2011 (BGBl. I S. 2563), Beitreibungsrichtlinie-Umsetzungsgesetz (BeitrRLUmsG) vom 7.12.2011 (BGBl. I S. 2592), Gesetz zur Besteuerung von Sportwetten vom 29.6.2012 (BGBl. I S. 1424), Gesetz zur zusätzlichen Förderung von Kindern unter drei Jahren in Tageseinrichtungen und in Kindertagespflege vom 15.2.2013 (BGBl. I S. 250), Gesetz zur Änderung des Finanzausgleichsgesetzes und der Bundeshaushaltsordnung vom 15.7.2013 (BGBl. I S. 2395), Gesetz zur innerstaatlichen Umsetzung des Fiskalvertrags vom 15.7.2013 (BGBl. I S. 2398), Aufbauhilfegesetz vom 15.7.2013 (BGBl. I S. 2401), Gesetz zur weiteren Entlastung von Ländern und Kommunen ab 2015 und zum quantitativen und qualitativen Ausbau der Kindertagesbetreuung sowie zur Änderung des Lastenausgleichsgesetzes vom 22.12.2014 (BGBl. I S. 2411), Gesetz zur Förderung von Investitionen finanzchwacher Kommunen und zur Entlastung von Ländern und Kommunen bei der Aufnahme und Unterbringung von Asylbewerbern vom 24.6.2015 (BGBl. I S. 974), Asylverfahrensbeschleunigungsgesetz vom 20.10.2015 (BGBl. I S. 1722), Gesetz zur Änderung des Kommunalinvestitionsförderungsgesetzes und zur Änderung weiterer Gesetze vom 21.11.2016 (BGBl. I S. 2613), Gesetz zur Beteiligung des Bundes an den Kosten der Integration und zur weiteren Entlastung von Ländern und Kommunen vom 1.12.2016 (BGBl. I S. 2755), Gesetz zur Neuregelung des bundesstaatlichen Finanzausgleichssystems ab dem Jahr 2020 und zur Änderung rechtlicher Vorschriften vom 14.8.2017 (BGBl. I S. 3122), Gesetz zur fortgesetzten Beteiligung des Bundes an den Integrationskosten der Länder und Kommunen und zur Regelung der Folgen der Abfinanzierung des Fonds „Deutsche Einheit" vom 17.12.2018 (BGBl. I S. 2522), Gesetz zur Weiterentwicklung der Qualität und zur Teilhabe in der Kindertagesbetreuung vom 19.12.2018 (BGBl. I S. 2696), Gesetz zur Reform des Grundsteuer- und Bewertungsrechts (Grundsteuer-Reformgesetz – GrStRefG) vom 26.11.2019 (BGBl. I S. 1794), Gesetz zur Beteiligung des Bundes an den Integrationskosten der Länder und Kommunen in den Jahren 2020 und 2021 vom 9.12.2019 (BGBl. I S. 2051), Gesetz zur Umsetzung des Klimaschutzprogramms 2030 im Steuerrecht vom 21.12.2019 (BGBl. I

[1)] Das FAG ist als Art. 5 des Solidarpaktfortführungsgesetzes v. 20.12.2001 verkündet worden. Es tritt mWv 1.1.2005 in Kraft. Gleichzeitig tritt das FAG v. 23.6.1993 außer Kraft.

S. 2886), Zweites Gesetz zur Umsetzung steuerlicher Hilfsmaßnahmen zur Bewältigung der Corona-Krise (Zweites Corona-Steuerhilfegesetz) vom 29.6.2020 (BGBl. I S. 1512), Gesetz zur Anpassung der Ergänzungszuweisungen des Bundes nach § 11 Absatz 4 des Finanzausgleichsgesetzes und zur Beteiligung des Bundes an den flüchtlingsbezogenen Kosten der Länder vom 3.12.2020 (BGBl. I S. 2657), Gesetz zur Änderung des Rennwett- und Lotteriegesetzes und der Ausführungsbestimmungen zum Rennwett- und Lotteriegesetz vom 25.6.2021 (BGBl. I S. 2065), Gesetz zur erleichterten Umsetzung der Reform der Grundsteuer und Änderung weiterer steuerrechtlicher Vorschriften (Grundsteuerreform-Umsetzungsgesetz – GrStRefUG) vom 16.7.2021 (BGBl. I S. 2931), Aufbauhilfegesetz 2021 (AufbhG 2021) vom 10.9.2021 (BGBl. I S. 4147), Ganztagsförderungsgesetz (GaFöG) vom 2.10.2021 (BGBl. I S. 4602) und Gesetz zur Regelung eines Sofortzuschlages und einer Einmalzahlung in den sozialen Mindestsicherungssystemen sowie zur Änderung des Finanzausgleichsgesetzes und weiterer Gesetze vom 23.5.2022 (BGBl. I S. 760)

BGBl. III/FNA 603-12

Erster Abschnitt. Steuerverteilung zwischen Bund und Ländern sowie unter den Ländern

§ 1[1] **Anteile von Bund und Ländern an der Umsatzsteuer.** (1) Das Aufkommen der Umsatzsteuer wird auf Bund, Länder und Gemeinden nach folgenden Prozentsätzen aufgeteilt:

	Bund	Länder	Gemeinden
ab 2020	52,81398351	45,19007254	1,99594395.

(2) Die im Folgenden genannten Beträge verändern die Anteile des Bundes, der Länder und Gemeinden nach Absatz 1:

Kalenderjahr	Bund	Länder	Gemeinden
2020	minus 20 533 717 472 Euro	15 858 934 915 Euro	4 674 782 557 Euro
2021	minus 17 142 407 683 Euro	12 988 407 683 Euro	4 154 000 000 Euro
2022	minus 11 706 407 683 Euro	9 306 407 683 Euro	2 400 000 000 Euro
2023	minus 9 706 407 683 Euro	7 306 407 683 Euro	2 400 000 000 Euro
2024	minus 9 894 407 683 Euro	7 494 407 683 Euro	2 400 000 000 Euro

[1] § 1 neu gef. mWv 1.1.2020 durch G v. 14.8.2017 (BGBl. I S. 3122); Abs. 2 neu gef. mWv 1.1.2020 durch G v. 17.12.2018 (BGBl. I S. 2522); Abs. 1 geänd., Abs. 2 neu gef., Abs. 4 aufgeh. mWv 1.1.2020 durch G v. 9.12.2019 (BGBl. I S. 2051); Abs. 2 neu gef. mWv 1.1.2020 durch G v. 21.12.2019 (BGBl. I S. 2886); Abs. 2 geänd. durch G v. 29.6.2020 (BGBl. I S. 1512); Abs. 2 geänd. durch G v. 3.12.2020 (BGBl. I S. 2657); Abs. 2 geänd., Abs. 6 angef. durch G v. 16.7.2021 (BGBl. I S. 2931); Abs. 2 geänd. durch G v. 23.5.2022 (BGBl. I S. 760).

Kalender-jahr	Bund	Länder	Gemeinden
2025	minus 9 519 407 683 Euro	7 119 407 683 Euro	2 400 000 000 Euro
2026	minus 9 519 407 683 Euro	7 119 407 683 Euro	2 400 000 000 Euro
ab 2027	minus 9 331 407 683 Euro	6 931 407 683 Euro	2 400 000 000 Euro.

(2a)[1] Zur finanziellen Beteiligung der Länder an der Bekämpfung der durch die Starkregenfälle und das Hochwasser im Juli 2021 verursachten Schäden und dem Wiederaufbau erhöhen sich die in Absatz 2 genannten Beträge für den Bund um jeweils 233 333 333 Euro in den Jahren von 2021 bis 2050; die in Absatz 2 genannten Beträge für die Länder verringern sich entsprechend umd jeweils 233 333 333 Euro in den Jahren von 2021 bis 2050.

(3) Diese Aufteilung der Umsatzsteuer gilt jeweils für alle Beträge, die während der Geltungsdauer des Beteiligungsverhältnisses vereinnahmt oder erstattet werden.

[bis 31.12.2025:][2]

(5) Zum Ausgleich für Belastungen der Länder aus dem KiTa-Qualitäts- und -Teilhabeverbesserungsgesetz vom 19. Dezember 2018 (BGBl. I S. 2696) und aus der Änderung des Achten Buches Sozialgesetzbuch durch die Artikel 1 und 2 des Gesetzes vom 19. Dezember 2018 (BGBl. I S. 2696) verringern sich die in Absatz 2 genannten Beträge für den Bund im Jahr 2020 um 993 Millionen Euro und in den Jahren 2021 und 2022 um jeweils 1993 Millionen Euro; die in Absatz 2 genannten Beträge für die Länder erhöhen sich entsprechend im Jahr 2020 um 993 Millionen Euro und in den Jahren 2021 und 2022 um jeweils 1993 Millionen Euro.

[ab 1.1.2026:][3]

(4) Zum anteiligen Ausgleich für laufende Belastungen der Länder, die diesen aus der stufenweisen Einführung eines Anspruchs auf ganztägige Förderung für Grundschulkinder durch Artikel 1 Nummer 2 und 3 des Ganztagsförderungsgesetzes vom 2. Oktober 2021 (BGBl. I S. 4602) entstehen, verringern sich die in Absatz 2 genannten Beträge für den Bund im Jahr 2026 um 135 Millionen Euro, im Jahr 2027 um 460 Millionen Euro, im Jahr 2028 um 785 Millionen Euro, im Jahr 2029 um 1110 Millionen Euro und in den Jahren ab 2030 um jeweils 1 300 Millionen Euro; die in Absatz 2 genannten Beträge für die Länder erhöhen sich entsprechend im Jahr 2026 um 135 Millionen Euro, im Jahr 2027 um 460 Millio-

[1] § 1 Abs. 2a eingef. durch AufbhG 2021 vom 10.9.2021 (BGBl. I S. 4147).

[2] § 1 Abs. 5 angef. durch G v. 19.12.2018 (BGBl. I S. 2696); zum Inkrafttreten siehe BGBl. I S. 1868.

[3] § 1 Abs. 4 eingef. mWv 1.1.2026 durch G v. 2.10.2021 (BGBL. I S. 4602); gleichzeitig tritt Abs. 5 außer Kraft.

[ab 1.1.2026:]

nen Euro, im Jahr 2028 um 785 Millionen Euro, im Jahr 2029 um 1110 Millionen Euro und in den Jahren ab 2030 um jeweils 1300 Millionen Euro.

(5) *(aufgehoben)*

(6) Um den finanziellen Lasten der Länder, die ihnen aus der Umsetzung des Aktionsprogramms „Aufholen nach Corona für Kinder und Jugendliche für die Jahre 2021 und 2022" im eigenen Zuständigkeitsbereich entstehen, Rechnung zu tragen, verringern sich die in Absatz 2 genannten Beträge für den Bund im Jahr 2021 um weitere 430 Millionen Euro und im Jahr 2022 um weitere 860 Millionen Euro; die in Absatz 2 genannten Beträge für die Länder erhöhen sich entsprechend im Jahr 2021 um weitere 430 Millionen Euro und im Jahr 2022 um weitere 860 Millionen Euro.

§ 2[1] **Verteilung der Umsatzsteuer unter den Ländern.** [1] Der Länderanteil an der Umsatzsteuer wird vorbehaltlich des gemäß § 4 durchzuführenden Finanzkraftausgleichs nach dem Verhältnis ihrer Einwohnerzahlen auf die Länder verteilt. [2] Hierbei sind die Einwohnerzahlen zugrunde zu legen, die das Statistische Bundesamt zum 30. Juni des Kalenderjahres, für das der Ausgleich durchgeführt wird (Ausgleichsjahr), festgestellt hat.

(Fortsetzung nächste Seite)

[1] § 2 neu gef. mWv 1.1.2020 durch G v. 14.8.2017 (BGBl. I S. 3122).

835. Zivilprozessordnung

In der Fassung der Bekanntmachung vom 5. Dezember 2005 (BGBl. I S. 3202)[1)]

Zuletzt geändert durch Gesetz vom 24.6.2022 (BGBl. I S. 959)

BGBl. III/FNA 310-4

– Auszug –

– Pfändungsschutzbestimmungen (§§ 850 bis 852) –

§ 850 Pfändungsschutz für Arbeitseinkommen. (1) Arbeitseinkommen, das in Geld zahlbar ist, kann nur nach Maßgabe der §§ 850a bis 850i gepfändet werden.

(2) Arbeitseinkommen im Sinne dieser Vorschrift sind die Dienst- und Versorgungsbezüge der Beamten, Arbeits- und Dienstlöhne, Ruhegelder und ähnliche nach dem einstweiligen oder dauernden Ausscheiden aus dem Dienst- oder Arbeitsverhältnis gewährte fortlaufende Einkünfte, ferner Hinterbliebenenbezüge sowie sonstige Vergütungen für Dienstleistungen aller Art, die die Erwerbstätigkeit des Schuldners vollständig oder zu einem wesentlichen Teil in Anspruch nehmen.

(3) Arbeitseinkommen sind auch die folgenden Bezüge, soweit sie in Geld zahlbar sind:

a) Bezüge, die ein Arbeitnehmer zum Ausgleich für Wettbewerbsbeschränkungen für die Zeit nach Beendigung seines Dienstverhältnisses beanspruchen kann;

b) Renten, die auf Grund von Versicherungsverträgen gewährt werden, wenn diese Verträge zur Versorgung des Versicherungsnehmers oder seiner unterhaltsberechtigten Angehörigen eingegangen sind.

(4) Die Pfändung des in Geld zahlbaren Arbeitseinkommens erfasst alle Vergütungen, die dem Schuldner aus der Arbeits- oder Dienstleistung zustehen, ohne Rücksicht auf ihre Benennung oder Berechnungsart.

§ 850a Unpfändbare Bezüge. Unpfändbar sind

1. zur Hälfte die für die Leistung von Mehrarbeitsstunden gezahlten Teile des Arbeitseinkommens;
2. die für die Dauer eines Urlaubs über das Arbeitseinkommen hinaus gewährten Bezüge, Zuwendungen aus Anlass eines besonderen Betriebsereignisses und Treugelder, soweit sie den Rahmen des Üblichen nicht übersteigen;

---

1) Neubekanntmachung der Zivilprozessordnung in der im Bundesgesetzblatt Teil III, Gliederungsnummer 310-4, veröffentlichten bereinigten Fassung auf Grund des Art. 2a des EG-Vollstreckungs-Durchführungsgesetzes v. 18.8.2005 (BGBl. I S. 2477) in der ab 21.10.2005 geltenden Fassung.

3. Aufwandsentschädigungen, Auslösungsgelder und sonstige soziale Zulagen für auswärtige Beschäftigungen, das Entgelt für selbstgestelltes Arbeitsmaterial, Gefahrenzulagen sowie Schmutz- und Erschwerniszulagen, soweit diese Bezüge den Rahmen des Üblichen nicht übersteigen;
4.[1] Weihnachtsvergütungen bis *zum Betrag der Hälfte des monatlichen Arbeitseinkommens, höchstens aber bis zum Betrag von 500 Euro* [***ab 1.1.2022:*** zu der Hälfte des Betrags, dessen Höhe sich nach Aufrundung des monatlichen Freibetrages nach § 850c Absatz 1 in Verbindung mit Absatz 4 auf den nächsten vollen 10-Euro-Betrag ergibt];
5.[2] Geburtsbeihilfen sowie Beihilfen aus Anlass der Eingehung einer Ehe oder Begründung einer Lebenspartnerschaft, sofern die Vollstreckung wegen anderer als der aus Anlass der Geburt, der Eingehung einer Ehe oder der Begründung einer Lebenspartnerschaft entstandenen Ansprüche betrieben wird;
6. Erziehungsgelder, Studienbeihilfen und ähnliche Bezüge;
7. Sterbe- und Gnadenbezüge aus Arbeits- oder Dienstverhältnissen;
8. Blindenzulagen.

§ 850b Bedingt pfändbare Bezüge. (1) Unpfändbar sind ferner

1. Renten, die wegen einer Verletzung des Körpers oder der Gesundheit zu entrichten sind;
2. Unterhaltsrenten, die auf gesetzlicher Vorschrift beruhen, sowie die wegen Entziehung einer solchen Forderung zu entrichtenden Renten;
3. fortlaufende Einkünfte, die ein Schuldner aus Stiftungen oder sonst auf Grund der Fürsorge und Freigebigkeit eines Dritten oder auf Grund eines Altenteils oder Auszugsvertrags bezieht;
4.[3] Bezüge aus Witwen-, Waisen-, Hilfs- und Krankenkassen, die ausschließlich oder zu einem wesentlichen Teil zu Unterstützungszwecken gewährt werden, ferner Ansprüche aus Lebensversicherungen, die nur auf den Todesfall des Versicherungsnehmers abgeschlossen sind, wenn die Versicherungssumme *3579* [***ab 1.1.2022:*** 5400] Euro nicht übersteigt.

(2) Diese Bezüge können nach den für Arbeitseinkommen geltenden Vorschriften gepfändet werden, wenn die Vollstreckung in das sonstige bewegliche Vermögen des Schuldners zu einer vollständigen Befriedigung des Gläubigers nicht geführt hat oder voraussichtlich nicht führen wird und wenn nach den Umständen des Falles, insbesondere nach der Art des beizutreibenden Anspruchs und der Höhe der Bezüge, die Pfändung der Billigkeit entspricht.

(3) Das Vollstreckungsgericht soll vor seiner Entscheidung die Beteiligten hören.

---

[1] § 850a Nr. 4 neu gef. mWv 1.1.2022 durch G v. 7.5.2021 (BGBl. I S. 850).
[2] § 850a Nr. 5 geänd. durch G v. 20.11.2015 (BGBl. I S. 2010).
[3] § 850b Abs. 1 Nr. 1 Betrag geänd. mWv 1.1.2022 durch G v. 7.5.2021 (BGBl. I S. 850).

§ 850c Pfändungsgrenzen für Arbeitseinkommen.

[Fassung bis 7.5.2021:]

(1)[2] [1] Arbeitseinkommen ist unpfändbar, wenn es, je nach dem Zeitraum, für den es gezahlt wird, nicht mehr als

930 [1178,59] Euro monatlich,
217,50 [271,24] Euro wöchentlich oder
43,50 [54,25] Euro täglich

beträgt. [2] Gewährt der Schuldner auf Grund einer gesetzlichen Verpflichtung seinem Ehegatten, einem früheren Ehegatten, seinem Lebenspartner, einem früheren Lebenspartner oder einem Verwandten oder nach §§ 1615l, 1615n des Bürgerlichen Gesetzbuchs einem Elternteil Unterhalt, so erhöht sich der Betrag, bis zu dessen Höhe Arbeitseinkommen unpfändbar ist, auf bis zu

2060 [2610,63] Euro monatlich,
478,50 [600,80] Euro wöchentlich oder
96,50 [120,16] Euro täglich,

und zwar um

350 [443,57] Euro monatlich,
81 [102,08] Euro wöchentlich oder
17 [20,42] Euro täglich

für die erste Person, der Unterhalt gewährt wird, und um je

195 [247,12] Euro monatlich,
45 [56,87] Euro wöchentlich oder
9 [11,37] Euro täglich

für die zweite bis fünfte Person.

[Fassung ab 8.5.2021:][1)*]

(1) Arbeitseinkommen ist unpfändbar, wenn es, je nach dem Zeitraum, für den es gezahlt wird, nicht mehr als

1. *1178,59* [1330,16]* Euro monatlich,
2. *271,24* [306,12]* Euro wöchentlich oder
3. *54,25* [61,22]* Euro täglich

beträgt.

(2) [1] Gewährt der Schuldner auf Grund einer gesetzlichen Verpflichtung seinem Ehegatten, einem früheren Ehegatten, seinem Lebenspartner, einem früheren Lebenspartner, einem Verwandten oder nach den §§ 1615l und 1615n des Bürgerlichen Gesetzbuchs einem Elternteil Unterhalt, so erhöht sich der Betrag nach Absatz 1 für die erste Person, der Unterhalt gewährt wird, und zwar um

1. *443,57* [500,62]* Euro monatlich,
2. *102,08* [115,21]* Euro wöchentlich oder
3. *20,42* [23,04]* Euro täglich.

[2] Für die zweite bis fünfte Person, der Unterhalt gewährt wird, erhöht sich der Betrag nach Absatz 1 um je

1. *247,12* [278,90]* Euro monatlich,
2. *56,87* [64,19]* Euro wöchentlich oder
3. *11,37* [12,84]* Euro täglich.

[1)] § 850c neu gef. mWv 8.5.2021 durch G v. 22.11.2020 (BGBl. I S. 2466); geänd. durch G v. 7.5.2021 (BGBl. I S. 850).

* Die unpfändbaren Beträge nach Absatz 1 und Absatz 2 Satz 2 sind durch Bekanntmachung zu den §§ 850c und 850f der Zivilprozessordnung (Pfändungsfreigrenzenbekanntmachung 2022) vom 25.5.2022 (BGBl. I S. 825) zum **1.7.2022** geändert worden.

[2)] Die Beträge in Klammern sind die durch VO von 4.4.2019 (BGBl. I S. 443) zum **1.7.2019** geänderten Werte.

[Fassung bis 7.5.2021:]

(2) [1] Übersteigt das Arbeitseinkommen den Betrag, bis zu dessen Höhe es je nach der Zahl der Personen, denen der Schuldner Unterhalt gewährt, nach Absatz 1 unpfändbar ist, so ist es hinsichtlich des überschießenden Betrages zu einem Teil unpfändbar, und zwar in Höhe von drei Zehnteln, wenn der Schuldner keiner der in Absatz 1 genannten Personen Unterhalt gewährt, zwei weiteren Zehnteln für die erste Person, der Unterhalt gewährt wird, und je einem weiteren Zehntel für die zweite bis fünfte Person. [2] Der Teil des Arbeitseinkommens, der *2851* [3613,08] Euro monatlich (*658* [831,50] Euro wöchentlich, *131,58* [166,30] Euro täglich) übersteigt, bleibt bei der Berechnung des unpfändbaren Betrages unberücksichtigt.

(2a) [1] Die unpfändbaren Beträge nach Absatz 1 und Absatz 2 Satz 2 ändern sich jeweils zum 1. Juli eines jeden zweiten Jahres, erstmalig zum 1. Juli 2003, entsprechend der im Vergleich zum jeweiligen Vorjahreszeitraum sich ergebenden prozentualen Entwicklung des Grundfreibetrages nach § 32a Abs. 1 Nr. 1 des Einkommensteuergesetzes; der Berechnung ist die am 1. Januar des jeweiligen Jahres geltende Fassung des § 32a Abs. 1 Nr. 1 des Einkommensteuergesetzes zugrunde zu legen. [2] Das Bundesministerium der Justiz und für Verbraucherschutz[1)] gibt die maßgebenden Beträge rechtzeitig im Bundesgesetzblatt bekannt.

(3) [1] Bei der Berechnung des nach Absatz 2 pfändbaren Teils des Arbeitseinkommens ist das Arbeitsein-

[Fassung ab 8.5.2021:]

(3) [1] Übersteigt das Arbeitseinkommen den Betrag nach Absatz 1, so ist es hinsichtlich des überschießenden Teils in Höhe von drei Zehnteln unpfändbar. [2] Gewährt der Schuldner nach Absatz 2 Unterhalt, so sind für die erste Person weitere zwei Zehntel und für die zweite bis fünfte Person jeweils ein weiteres Zehntel unpfändbar. [3] Der Teil des Arbeitseinkommens, der

1. *3613,08* [4077,72]* Euro monatlich,
2. *831,50* [938,43]* Euro wöchentlich oder
3. *166,30* [187,69]* Euro täglich

übersteigt, bleibt bei der Berechnung des unpfändbaren Betrages unberücksichtigt.

(4) [1] Das Bundesministerium der Justiz und für Verbraucherschutz macht im Bundesgesetzblatt Folgendes bekannt (Pfändungsfreigrenzenbekanntmachung):[2)]

1. die Höhe des unpfändbaren Arbeitseinkommens nach Absatz 1,
2. die Höhe der Erhöhungsbeträge nach Absatz 2,
3. die Höhe der in Absatz 3 Satz 3 genannten Höchstbeträge.

[2] Die Beträge werden jeweils zum 1. Juli eines Jahres entsprechend der im Vergleich zum jeweiligen Vorjahreszeitraum sich ergebenden prozentualen Entwicklung des Grundfreibetrages nach § 32a Absatz 1 Satz 2 Nummer 1 des Einkommensteuergesetzes angepasst; der Berechnung ist die am 1. Januar des jeweiligen Jahres

---

1) Bezeichnung geänd. durch VO v. 31.8.2015 (BGBl. I S. 1474).
2) Nachstehend abgedruckt.
* Zuletzt Bek. v. 25.5.2022, BGBl. I S. 825 (Pfändungsfreigrenzenbekanntmachung 2022).

[Fassung bis 7.5.2021:]

kommen, gegebenenfalls nach Abzug des nach Absatz 2 Satz 2 pfändbaren Betrages, wie aus der Tabelle ersichtlich, die diesem Gesetz als Anlage beigefügt ist, nach unten abzurunden, und zwar bei Auszahlung für Monate auf einen durch 10 Euro, bei Auszahlung für Wochen auf einen durch 2,50 Euro oder bei Auszahlung für Tage auf einen durch 50 Cent teilbaren Betrag. [2]Im Pfändungsbeschluss genügt die Bezugnahme auf die Tabelle.

(4) Hat eine Person, welcher der Schuldner auf Grund gesetzlicher Verpflichtung Unterhalt gewährt, eigene Einkünfte, so kann das Vollstreckungsgericht auf Antrag des Gläubigers nach billigem Ermessen bestimmen, dass diese Person bei der Berechnung des unpfändbaren Teils des Arbeitseinkommens ganz oder teilweise unberücksichtigt bleibt; soll die Person nur teilweise berücksichtigt werden, so ist Absatz 3 Satz 2 nicht anzuwenden.

[Fassung ab 8.5.2021:]

geltende Fassung des § 32a Absatz 1 Satz 2 Nummer 1 des Einkommensteuergesetzes zugrunde zu legen.

(5) [1]Um den nach Absatz 3 pfändbaren Teil des Arbeitseinkommens zu berechnen, ist das Arbeitseinkommen, gegebenenfalls nach Abzug des nach Absatz 3 Satz 3 pfändbaren Betrages, auf eine Zahl abzurunden, die bei einer Auszahlung für

1. Monate bei einer Teilung durch 10 eine natürliche Zahl ergibt,
2. Wochen bei einer Teilung durch 2,5 eine natürliche Zahl ergibt,
3. Tage bei einer Teilung durch 0,5 eine natürliche Zahl ergibt.

[2]Die sich aus der Berechnung nach Satz 1 ergebenden Beträge sind in der Pfändungsfreigrenzenbekanntmachung als Tabelle enthalten. [3]Im Pfändungsbeschluss genügt die Bezugnahme auf die Tabelle.

(6) Hat eine Person, welcher der Schuldner auf Grund gesetzlicher Verpflichtung Unterhalt gewährt, eigene Einkünfte, so kann das Vollstreckungsgericht auf Antrag des Gläubigers nach billigem Ermessen bestimmen, dass diese Person bei der Berechnung des unpfändbaren Teils des Arbeitseinkommens ganz oder teilweise unberücksichtigt bleibt; soll die Person nur teilweise berücksichtigt werden, so ist Absatz 5 Satz 3 nicht anzuwenden.

§ 850d Pfändbarkeit bei Unterhaltsansprüchen. (1) [1]Wegen der Unterhaltsansprüche, die kraft Gesetzes einem Verwandten, dem Ehegatten, einem früheren Ehegatten, dem Lebenspartner, einem früheren Lebenspartner oder nach §§ 1615l, 1615n des Bürgerlichen Gesetzbuchs[1)] einem Elternteil zustehen, sind das Arbeitseinkommen und die in § 850a Nr. 1, 2 und 4 genannten Bezüge ohne die in § 850c bezeichneten Beschränkungen pfändbar. [2]Dem Schuldner ist jedoch so viel zu belassen, als er für seinen notwendigen Unterhalt und zur Erfüllung seiner laufenden gesetzlichen Unterhaltspflichten gegenüber den dem Gläubiger vorgehenden Berechtigten oder zur gleichmä-

[1)] **Schönfelder Nr. 20.**

ßigen Befriedigung der dem Gläubiger gleichstehenden Berechtigten bedarf; von den in § 850a Nr. 1, 2 und 4 genannten Bezügen hat ihm mindestens die Hälfte des nach § 850a unpfändbaren Betrages zu verbleiben. [3]Der dem Schuldner hiernach verbleibende Teil seines Arbeitseinkommens darf den Betrag nicht übersteigen, der ihm nach den Vorschriften des § 850c gegenüber nicht bevorrechtigten Gläubigern zu verbleiben hätte. [4]Für die Pfändung wegen der Rückstände, die länger als ein Jahr vor dem Antrag auf Erlass des Pfändungsbeschlusses fällig geworden sind, gelten die Vorschriften dieses Absatzes insoweit nicht, als nach Lage der Verhältnisse nicht anzunehmen ist, dass der Schuldner sich seiner Zahlungspflicht absichtlich entzogen hat.

(2)[1)] Mehrere nach Absatz 1 Berechtigte sind mit ihren Ansprüchen in der Reihenfolge nach § 1609 des Bürgerlichen Gesetzbuchs und § 16 des Lebenspartnerschaftsgesetzes zu berücksichtigen, wobei mehrere gleich nahe Berechtigte untereinander den gleichen Rang haben.

(3) Bei der Vollstreckung wegen der in Absatz 1 bezeichneten Ansprüche sowie wegen der aus Anlass einer Verletzung des Körpers oder der Gesundheit zu zahlenden Renten kann zugleich mit der Pfändung wegen fälliger Ansprüche auch künftig fällig werdendes Arbeitseinkommen wegen der dann jeweils fällig werdenden Ansprüche gepfändet und überwiesen werden.

§ 850e Berechnung des pfändbaren Arbeitseinkommens. Für die Berechnung des pfändbaren Arbeitseinkommens gilt Folgendes:

1. [1]Nicht mitzurechnen sind die nach § 850a der Pfändung entzogenen Bezüge, ferner Beträge, die unmittelbar auf Grund steuerrechtlicher oder sozialrechtlicher Vorschriften zur Erfüllung gesetzlicher Verpflichtungen des Schuldners abzuführen sind. [2]Diesen Beträgen stehen gleich die auf den Auszahlungszeitraum entfallenden Beträge, die der Schuldner
   a) nach den Vorschriften der Sozialversicherungsgesetze zur Weiterversicherung entrichtet oder
   b) an eine Ersatzkasse oder an ein Unternehmen der privaten Krankenversicherung leistet, soweit sie den Rahmen des Üblichen nicht übersteigen.
2. [1]Mehrere Arbeitseinkommen sind auf Antrag vom Vollstreckungsgericht bei der Pfändung zusammenzurechnen. [2]Der unpfändbare Grundbetrag ist in erster Linie dem Arbeitseinkommen zu entnehmen, das die wesentliche Grundlage der Lebenshaltung des Schuldners bildet.

2a. [1]Mit Arbeitseinkommen sind auf Antrag auch Ansprüche auf laufende Geldleistungen nach dem Sozialgesetzbuch zusammenzurechnen, soweit diese der Pfändung unterworfen sind. [2]Der unpfändbare Grundbetrag ist, soweit die Pfändung nicht wegen gesetzlicher Unterhaltsansprüche erfolgt, in erster Linie den laufenden Geldleistungen nach dem Sozialgesetzbuch zu entnehmen. [3]Ansprüche auf Geldleistungen für Kinder dürfen mit Arbeitseinkommen nur zusammengerechnet werden, soweit sie nach § 76 des Einkommensteuergesetzes oder nach § 54 Abs. 5 des Ersten Buches Sozialgesetzbuch[2)] gepfändet werden können.

[1)] § 850d Abs. 2 neu gef. mWv 1.1.2008 durch G v. 21.12.2007 (BGBl. I S. 3189).
[2)] Loseblatt-Textsammlung **Aichberger SGB RVO Nr. 1**.

3. [1] Erhält der Schuldner neben seinem in Geld zahlbaren Einkommen auch Naturalleistungen, so sind Geld- und Naturalleistungen zusammenzurechnen. [2] In diesem Fall ist der in Geld zahlbare Betrag insoweit pfändbar, als der nach § 850c unpfändbare Teil des Gesamteinkommens durch den Wert der dem Schuldner verbleibenden Naturalleistungen gedeckt ist.
4. [1] Trifft eine Pfändung, eine Abtretung oder eine sonstige Verfügung wegen eines der in § 850d bezeichneten Ansprüche mit einer Pfändung wegen eines sonstigen Anspruchs zusammen, so sind auf die Unterhaltsansprüche zunächst die gemäß § 850d der Pfändung in erweitertem Umfang unterliegenden Teile des Arbeitseinkommens zu verrechnen. [2] Die Verrechnung nimmt auf Antrag eines Beteiligten das Vollstreckungsgericht vor. [3] Der Drittschuldner kann, solange ihm eine Entscheidung des Vollstreckungsgerichts nicht zugestellt ist, nach dem Inhalt der ihm bekannten Pfändungsbeschlüsse, Abtretungen und sonstigen Verfügungen mit befreiender Wirkung leisten.

§ 850f[1)] Änderung des unpfändbaren Betrages. (1) Das Vollstreckungsgericht kann dem Schuldner auf Antrag von dem nach den Bestimmungen der §§ 850c, 850d und 850i pfändbaren Teil seines Arbeitseinkommens einen Teil belassen, wenn

[Fassung bis 7.5.2021:]

a) der Schuldner nachweist, dass bei Anwendung der Pfändungsfreigrenzen entsprechend der Anlage zu diesem Gesetz (zu § 850c) der notwendige Lebensunterhalt im Sinne des Dritten, Vierten und Elften Kapitels des Zwölften Buches Sozialgesetzbuch oder nach Kapitel 3 Abschnitt 2 des Zweiten Buches Sozialgesetzbuch für sich und für die Personen, denen er Unterhalt zu gewähren hat, nicht gedeckt ist,
b) besondere Bedürfnisse des Schuldners aus persönlichen oder beruflichen Gründen oder
c) der besondere Umfang der gesetzlichen Unterhaltspflichten des Schuldners, insbesondere die Zahl der Unterhaltsberechtigten, dies erfordern

[Fassung ab 8.5.2021:]

1. der Schuldner nachweist, dass bei Anwendung der Pfändungsfreigrenzen entsprechend § 850c der notwendige Lebensunterhalt im Sinne des Dritten und Vierten Kapitels des Zwölften Buches Sozialgesetzbuch oder nach Kapitel 3 Abschnitt 2 des Zweiten Buches Sozialgesetzbuch für sich und für die Personen, denen er gesetzlich zum Unterhalt verpflichtet ist, nicht gedeckt ist,
2. besondere Bedürfnisse des Schuldners aus persönlichen oder beruflichen Gründen oder
3. der besondere Umfang der gesetzlichen Unterhaltspflichten des Schuldners, insbesondere die Zahl der Unterhaltsberechtigten, dies erfordern

und überwiegende Belange des Gläubigers nicht entgegenstehen.

---

1) § 850f Abs. 1 Buchst. a geänd. durch G v. 21.11.2016 (BGBl. I S. 2591); Abs. 1 Buchst. a bis c werden Nrn. 1 bis 3 und Nr. 1 neu gef., Abs. 3 aufgeh. mWv 8.5.2021 durch G v. 22.11.2020 (BGBl. I S. 2466; geänd. durch G v. 7.5.2021, BGBl. I S. 850).

(2) Wird die Zwangsvollstreckung wegen einer Forderung aus einer vorsätzlich begangenen unerlaubten Handlung betrieben, so kann das Vollstreckungsgericht auf Antrag des Gläubigers den pfändbaren Teil des Arbeitseinkommens ohne Rücksicht auf die in § 850c vorgesehenen Beschränkungen bestimmen; dem Schuldner ist jedoch so viel zu belassen, wie er für seinen notwendigen Unterhalt und zur Erfüllung seiner laufenden gesetzlichen Unterhaltspflichten bedarf.

§ 850g Änderung der Unpfändbarkeitsvoraussetzungen. [1] Ändern sich die Voraussetzungen für die Bemessung des unpfändbaren Teils des Arbeitseinkommens, so hat das Vollstreckungsgericht auf Antrag des Schuldners oder des Gläubigers den Pfändungsbeschluss entsprechend zu ändern. [2] Antragsberechtigt ist auch ein Dritter, dem der Schuldner kraft Gesetzes Unterhalt zu gewähren hat. [3] Der Drittschuldner kann nach dem Inhalt des früheren Pfändungsbeschlusses mit befreiender Wirkung leisten, bis ihm der Änderungsbeschluss zugestellt wird.

§ 850h Verschleiertes Arbeitseinkommen. (1) [1] Hat sich der Empfänger der vom Schuldner geleisteten Arbeiten oder Dienste verpflichtet, Leistungen an einen Dritten zu bewirken, die nach Lage der Verhältnisse ganz oder teilweise eine Vergütung für die Leistung des Schuldners darstellen, so kann der Anspruch des Drittberechtigten insoweit auf Grund des Schuldtitels gegen den Schuldner gepfändet werden, wie wenn der Anspruch dem Schuldner zustände. [2] Die Pfändung des Vergütungsanspruchs des Schuldners umfasst ohne weiteres den Anspruch des Drittberechtigten. [3] Der Pfändungsbeschluss ist dem Drittberechtigten ebenso wie dem Schuldner zuzustellen.

(2) [1] Leistet der Schuldner einem Dritten in einem ständigen Verhältnis Arbeiten oder Dienste, die nach Art und Umfang üblicherweise vergütet werden, unentgeltlich oder gegen eine unverhältnismäßig geringe Vergütung, so gilt im Verhältnis des Gläubigers zu dem Empfänger der Arbeits- und Dienstleistungen eine angemessene Vergütung als geschuldet. [2] Bei der Prüfung, ob diese Voraussetzungen vorliegen, sowie bei der Bemessung der Vergütung ist auf alle Umstände des Einzelfalles, insbesondere die Art der Arbeits- und Dienstleistung, die verwandtschaftlichen oder sonstigen Beziehungen zwischen dem Dienstberechtigten und dem Dienstverpflichteten und die wirtschaftliche Leistungsfähigkeit des Dienstberechtigten Rücksicht zu nehmen.

§ 850i[1] Pfändungsschutz für sonstige Einkünfte. (1) [1] Werden nicht wiederkehrend zahlbare Vergütungen für persönlich geleistete Arbeiten oder Dienste oder sonstige Einkünfte, die kein Arbeitseinkommen sind, gepfändet, so hat das Gericht dem Schuldner auf Antrag während eines angemessenen Zeitraums so viel zu belassen, als ihm nach freier Schätzung des Gerichts verbleiben würde, wenn sein Einkommen aus laufendem Arbeits- oder Dienstlohn bestünde. [2] Bei der Entscheidung sind die wirtschaftlichen Verhältnisse

[1] § 850i Überschrift geänd., Abs. 1 neu gef. mWv 1.7.2010 durch G v. 7.7.2009 (BGBl. I S. 1707).

des Schuldners, insbesondere seine sonstigen Verdienstmöglichkeiten, frei zu würdigen. 3 Der Antrag des Schuldners ist insoweit abzulehnen, als überwiegende Belange des Gläubigers entgegenstehen.

(2)[1] Die Vorschriften des § 27 des Heimarbeitsgesetzes vom 14. März 1951 (BGBl. I S. 191)[2] bleiben unberührt.

(3)[3] Die Bestimmungen der Versicherungs-, Versorgungs- und sonstigen gesetzlichen Vorschriften über die Pfändung von Ansprüchen bestimmter Art bleiben unberührt.

[*Fassung bis 30.11.2021:*[4]

§ 850k[5] **Pfändungsschutzkonto.** (1) 1 Wird das Guthaben auf dem Pfändungsschutzkonto des Schuldners bei einem Kreditinstitut gepfändet, kann der Schuldner jeweils bis zum Ende des Kalendermonats über Guthaben in Höhe des monatlichen Freibetrages nach § 850c Abs. 1 Satz 1 in Verbindung mit § 850c Abs. 2a verfügen; insoweit wird es nicht von der Pfändung erfasst. 2 Zum Guthaben im Sinne des Satzes 1 gehört auch das Guthaben, das bis zum Ablauf der Frist des § 835 Absatz 4 nicht an den Gläubiger geleistet oder hinterlegt werden darf. 3 Soweit der Schuldner in dem jeweiligen Kalendermonat nicht über Guthaben in Höhe des nach Satz 1 pfändungsfreien Betrages verfügt hat, wird dieses Guthaben in dem folgenden Kalendermonat zusätzlich zu dem nach Satz 1 geschützten Guthaben nicht von der Pfändung erfasst. 4 Die Sätze 1 bis 3 gelten entsprechend, wenn das Guthaben auf einem Girokonto des Schuldners gepfändet ist, das vor Ablauf von vier Wochen seit der Zustellung des Überweisungsbeschlusses an den Drittschuldner in ein Pfändungsschutzkonto umgewandelt wird.

(2) 1 Die Pfändung des Guthabens gilt im Übrigen als mit der Maßgabe ausgesprochen, dass in Erhöhung des Freibetrages nach Absatz 1 folgende Beträge nicht von der Pfändung erfasst sind:

1. die pfändungsfreien Beträge nach § 850c Abs. 1 Satz 2 in Verbindung mit § 850c Abs. 2a Satz 1, wenn
   a) der Schuldner einer oder mehreren Personen aufgrund gesetzlicher Verpflichtung Unterhalt gewährt oder

---

[1] § 850i Abs. 2 aufgeh., bish. Abs. 3 und 4 werden Abs. 2 und 3 mWv 1.7.2010 durch G v. 7.7.2009 (BGBl. I S. 1707).

[2] § 27 des Heimarbeitsgesetzes v. 14.3.1951 (BGBl. I S. 191) lautet:

„**§ 27 Pfändungsschutz.** Für das Entgelt, das den in Heimarbeit Beschäftigten oder den Gleichgestellten gewährt wird, gelten die Vorschriften über den Pfändungsschutz für Vergütungen, die auf Grund eines Arbeits- oder Dienstverhältnisses geschuldet werden, entsprechend."

[3] § 850i Abs. 2 aufgeh., bish. Abs. 3 und 4 werden Abs. 2 und 3 mWv 1.7.2010 durch G v. 7.7.2009 (BGBl. I S. 1707).

[4] Fassung **ab 1.12.2021** nachfolgend abgedruckt.

[5] § 850k eingef. mWv 1.7.2010 durch G v. 7.7.2009 (BGBl. I S. 1707); Abs. 1 Satz 2 eingef., bish. Sätze 2 und 3 werden Sätze 3 und 4, neuer Satz 4 geänd., Abs. 2 Satz 2 geänd. mWv 16.4.2011 durch G v. 12.4.2011 (BGBl. I S. 615); Abs. 2 Satz 1 Nr. 1 Buchst. b geänd. durch G v. 21.11.2016 (BGBl. I S. 2591).

b) der Schuldner Geldleistungen nach dem Zweiten oder Zwölften Buch Sozialgesetzbuch für mit ihm in einer Gemeinschaft im Sinne des § 7 Abs. 3 des Zweiten Buches Sozialgesetzbuch oder der §§ 19, 20, 39 Satz 1 oder 43 des Zwölften Buches Sozialgesetzbuch lebende Personen, denen er nicht aufgrund gesetzlicher Vorschriften zum Unterhalt verpflichtet ist, entgegennimmt;

2. einmalige Geldleistungen im Sinne des § 54 Abs. 2 des Ersten Buches Sozialgesetzbuch und Geldleistungen zum Ausgleich des durch einen Körper- oder Gesundheitsschaden bedingten Mehraufwandes im Sinne des § 54 Abs. 3 Nr. 3 des Ersten Buches Sozialgesetzbuch;

3. das Kindergeld oder andere Geldleistungen für Kinder, es sei denn, dass wegen einer Unterhaltsforderung eines Kindes, für das die Leistungen gewährt oder bei dem es berücksichtigt wird, gepfändet wird.

2 Für die Beträge nach Satz 1 gilt Absatz 1 Satz 3 entsprechend.

(3) An die Stelle der nach Absatz 1 und Absatz 2 Satz 1 Nr. 1 pfändungsfreien Beträge tritt der vom Vollstreckungsgericht im Pfändungsbeschluss belassene Betrag, wenn das Guthaben wegen der in § 850d bezeichneten Forderungen gepfändet wird.

(4) 1 Das Vollstreckungsgericht kann auf Antrag einen von den Absätzen 1, 2 Satz 1 Nr. 1 und Absatz 3 abweichenden pfändungsfreien Betrag festsetzen. 2 Die §§ 850a, 850b, 850c, 850d Abs. 1 und 2, die §§ 850e, 850f, 850g und 850i sowie die §§ 851c und 851d dieses Gesetzes sowie § 54 Abs. 2, Abs. 3 Nr. 1, 2 und 3, Abs. 4 und 5 des Ersten Buches Sozialgesetzbuch, § 17 Abs. 1 Satz 2 des Zwölften Buches Sozialgesetzbuch und § 76 des Einkommensteuergesetzes sind entsprechend anzuwenden. 3 Im Übrigen ist das Vollstreckungsgericht befugt, die in § 732 Abs. 2 bezeichneten Anordnungen zu erlassen.

(5) 1 Das Kreditinstitut ist dem Schuldner zur Leistung aus dem nach Absatz 1 und 3 nicht von der Pfändung erfassten Guthaben im Rahmen des vertraglich Vereinbarten verpflichtet. 2 Dies gilt für die nach Absatz 2 nicht von der Pfändung erfassten Beträge nur insoweit, als der Schuldner durch eine Bescheinigung des Arbeitgebers, der Familienkasse, des Sozialleistungsträgers oder einer geeigneten Person oder Stelle im Sinne von § 305 Abs. 1 Nr. 1 der Insolvenzordnung nachweist, dass das Guthaben nicht von der Pfändung erfasst ist. 3 Die Leistung des Kreditinstituts an den Schuldner hat befreiende Wirkung, wenn ihm die Unrichtigkeit einer Bescheinigung nach Satz 2 weder bekannt noch infolge grober Fahrlässigkeit unbekannt ist. 4 Kann der Schuldner den Nachweis nach Satz 2 nicht führen, so hat das Vollstreckungsgericht auf Antrag die Beträge nach Absatz 2 zu bestimmen. 5 Die Sätze 1 bis 4 gelten auch für eine Hinterlegung.

(6) 1 Wird einem Pfändungsschutzkonto eine Geldleistung nach dem Sozialgesetzbuch oder Kindergeld gutgeschrieben, darf das Kreditinstitut die Forderung, die durch die Gutschrift entsteht, für die Dauer von 14 Tagen seit der Gutschrift nur mit solchen Forderungen verrechnen und hiergegen nur mit solchen Forderungen aufrechnen, die ihm als Entgelt für die Kontoführung oder aufgrund von Kontoverfügungen des Berechtigten innerhalb dieses Zeitraums zustehen. 2 Bis zur Höhe des danach verbleibenden Betrages der Gut-

schrift ist das Kreditinstitut innerhalb von 14 Tagen seit der Gutschrift nicht berechtigt, die Ausführung von Zahlungsvorgängen wegen fehlender Deckung abzulehnen, wenn der Berechtigte nachweist oder dem Kreditinstitut sonst bekannt ist, dass es sich um die Gutschrift einer Geldleistung nach dem Sozialgesetzbuch oder von Kindergeld handelt. 3 Das Entgelt des Kreditinstituts für die Kontoführung kann auch mit Beträgen nach den Absätzen 1 bis 4 verrechnet werden.

(7) 1 In einem der Führung eines Girokontos zugrunde liegenden Vertrag können der Kunde, der eine natürliche Person ist, oder dessen gesetzlicher Vertreter und das Kreditinstitut vereinbaren, dass das Girokonto als Pfändungsschutzkonto geführt wird. 2 Der Kunde kann jederzeit verlangen, dass das Kreditinstitut sein Girokonto als Pfändungsschutzkonto führt. 3 Ist das Guthaben des Girokontos bereits gepfändet worden, so kann der Schuldner die Führung als Pfändungsschutzkonto zum Beginn des vierten auf seine Erklärung folgenden Geschäftstages verlangen.

(8)[1] 1 Jede Person darf nur ein Pfändungsschutzkonto unterhalten. 2 Bei der Abrede hat der Kunde gegenüber dem Kreditinstitut zu versichern, dass er kein weiteres Pfändungsschutzkonto unterhält. 3 Das Kreditinstitut darf Auskunfteien mitteilen, dass es für den Kunden ein Pfändungsschutzkonto führt. 4 Die Auskunfteien dürfen diese Angabe nur verwenden, um Kreditinstituten auf Anfrage zum Zwecke der Überprüfung der Richtigkeit der Versicherung nach Satz 2 Auskunft darüber zu erteilen, ob die betroffene Person ein Pfändungsschutzkonto unterhält. 5 Die Verarbeitung zu einem anderen als dem in Satz 4 genannten Zweck ist auch mit Einwilligung der betroffenen Person unzulässig.

(9)[2] 1 Unterhält ein Schuldner entgegen Absatz 8 Satz 1 mehrere Girokonten als Pfändungsschutzkonten, ordnet das Vollstreckungsgericht auf Antrag eines Gläubigers an, dass nur das von dem Gläubiger in dem Antrag bezeichnete Girokonto dem Schuldner als Pfändungsschutzkonto verbleibt. 2 Der Gläubiger hat die Voraussetzungen nach Satz 1 durch Vorlage entsprechender Erklärungen der Drittschuldner glaubhaft zu machen. 3 Eine Anhörung des Schuldners unterbleibt. 4 Die Entscheidung ist allen Drittschuldnern zuzustellen. 5 Mit der Zustellung der Entscheidung an diejenigen Kreditinstitute, deren Girokonten nicht zum Pfändungsschutzkonto bestimmt sind, entfallen die Wirkungen nach den Absätzen 1 bis 6.]

[***Fassung ab 1.12.2021:***

§ 850k[3] Einrichtung und Beendigung des Pfändungsschutz Kontos.

(1) 1 Eine natürliche Person kann jederzeit von dem Kreditinstitut verlangen, dass ein von ihr dort geführtes Zahlungskonto als Pfändungsschutzkonto geführt wird. 2 Satz 1 gilt auch, wenn das Zahlungskonto zum Zeitpunkt des Verlangens einen negativen Saldo aufweist. 3 Ein Pfändungsschutzkonto darf jedoch ausschließlich auf Guthabenbasis geführt werden.

---

[1] § 850k Abs. 8 neu gef. mWv 28.12.2010 durch G v. 22.12.2010 (BGBl. I S. 2248); geänd. durch G v. 20.11.2019 (BGBl. I S. 1724).

[2] § 850k Abs. 9 Satz 1 geänd. mWv 28.12.2010 durch G v. 22.12.2010 (BGBl. I S. 2248).

[3] § 850k neu gef. mWv 1.12.2021 durch G v. 22.11.2020 (BGBl. I S. 2466).

(2) [1]Ist Guthaben auf dem Zahlungskonto bereits gepfändet worden, kann der Schuldner die Führung dieses Kontos als Pfändungsschutzkonto zum Beginn des vierten auf sein Verlangen folgenden Geschäftstages fordern. [2]Das Vertragsverhältnis zwischen dem Kontoinhaber und dem Kreditinstitut bleibt im Übrigen unberührt.

(3) [1]Jede Person darf nur ein Pfändungsschutzkonto unterhalten. [2]Bei dem Verlangen nach Absatz 1 hat der Kunde gegenüber dem Kreditinstitut zu versichern, dass er kein weiteres Pfändungsschutzkonto unterhält.

(4) [1]Unterhält ein Schuldner entgegen Absatz 3 Satz 1 mehrere Zahlungskonten als Pfändungsschutzkonten, ordnet das Vollstreckungsgericht auf Antrag des Gläubigers an, dass nur das von dem Gläubiger in seinem Antrag bezeichnete Zahlungskonto dem Schuldner als Pfändungsschutzkonto verbleibt. [2]Der Gläubiger hat den Umstand, dass ein Schuldner entgegen Satz 1 mehrere Zahlungskonten als Pfändungsschutzkonten unterhält, durch Vorlage entsprechender Erklärungen der Drittschuldner glaubhaft zu machen. [3]Eine Anhörung des Schuldners durch das Vollstreckungsgericht unterbleibt. [4]Die Anordnung nach Satz 1 ist allen Drittschuldnern zuzustellen. [5]Mit der Zustellung der Anordnung an diejenigen Kreditinstitute, deren Zahlungskonten nicht zum Pfändungsschutzkonto bestimmt sind, entfallen die Wirkungen dieser Pfändungsschutzkonten.

(5) [1]Der Kontoinhaber kann mit einer Frist von mindestens vier Geschäftstagen zum Monatsende von dem Kreditinstitut verlangen, dass das dort geführte Pfändungsschutzkonto als Zahlungskonto ohne Pfändungsschutz geführt wird. [2]Absatz 2 Satz 2 gilt entsprechend.]

[*Fassung bis 30.11.2021:*[1]

§ 850l[2] Anordnung der Unpfändbarkeit von Kontoguthaben auf dem Pfändungsschutzkonto. [1]Auf Antrag des Schuldners kann das Vollstreckungsgericht anordnen, dass das Guthaben auf dem Pfändungsschutzkonto für die Dauer von bis zu zwölf Monaten der Pfändung nicht unterworfen ist, wenn der Schuldner nachweist, dass dem Konto in den letzten sechs Monaten vor Antragstellung ganz überwiegend nur unpfändbare Beträge gutgeschrieben worden sind, und er glaubhaft macht, dass auch innerhalb der nächsten zwölf Monate nur ganz überwiegend nicht pfändbare Beträge zu erwarten sind. [2]Die Anordnung kann versagt werden, wenn überwiegende Belange des Gläubigers entgegenstehen. [3]Sie ist auf Antrag eines Gläubigers aufzuheben, wenn ihre Voraussetzungen nicht mehr vorliegen oder die Anordnung den überwiegenden Belangen dieses Gläubigers entgegensteht.]

[***Fassung ab 1.12.2021:***

§ 850l[3] Pfändung des Gemeinschaftskontos. (1) [1]Unterhält der Schuldner, der eine natürliche Person ist, mit einer anderen natürlichen oder mit einer juristischen Person oder mit einer Mehrheit von Personen ein Gemein-

---

[1] Fassung **ab 1.12.2021** nachfolgend abgedruckt.
[2] § 850l neu gef. mWv 1.1.2012 durch G v. 7.7.2009 (BGBl. I S. 1707).
[3] § 850l neu gef. mWv 1.12.2021 durch G v. 22.11.2020 (BGBl. I S. 2466).

schaftskonto und wird Guthaben auf diesem Konto gepfändet, so darf das Kreditinstitut erst nach Ablauf von einem Monat nach Zustellung des Überweisungsbeschlusses aus dem Guthaben an den Gläubiger leisten oder den Betrag hinterlegen. [2]Satz 1 gilt auch für künftiges Guthaben.

(2)[1)] [1]Ist der Schuldner eine natürliche Person, kann er innerhalb des Zeitraums nach Absatz 1 Satz 1 von dem Kreditinstitut verlangen, bestehendes oder künftiges Guthaben von dem Gemeinschaftskonto auf ein bei dem Kreditinstitut allein auf seinen Namen lautendes Zahlungskonto zu übertragen. [2]Wird Guthaben nach Satz 1 übertragen und verlangt der Schuldner innerhalb des Zeitraums nach Absatz 1 Satz 1, dass das Zahlungskonto als Pfändungsschutzkonto geführt wird, so *ist auf das übertragene Guthaben § 899 Absatz 1 Satz 1 und 3 entsprechend anzuwenden* [***ab 1.1.2022:*** gelten für die Einrichtung des Pfängungschutzkontos § 850k und für das übertragene Guthaben die Regelungen des Buches 8 Abschnitt 4.] [3]Für die Übertragung nach Satz 1 ist eine Mitwirkung anderer Kontoinhaber oder des Gläubigers nicht erforderlich. [4]Der Übertragungsbetrag beläuft sich auf den Kopfteil des Schuldners an dem Guthaben. [5]Sämtliche Kontoinhaber und der Gläubiger können sich auf eine von Satz 4 abweichende Aufteilung des Übertragungsbetrages einigen; die Vereinbarung ist dem Kreditinstitut in Textform mitzuteilen.

(3) Absatz 2 Satz 1 und 3 bis 5 ist auf natürliche Personen, mit denen der Schuldner das Gemeinschaftskonto unterhält, entsprechend anzuwenden.

(4) Die Wirkungen von Pfändung und Überweisung von Guthaben auf dem Gemeinschaftskonto setzen sich an dem nach Absatz 2 Satz 1 auf ein Einzelkonto des Schuldners übertragenen Guthaben fort; sie setzen sich nicht an dem Guthaben fort, das nach Absatz 3 übertragen wird.]

§ 851 Nicht übertragbare Forderungen. (1) Eine Forderung ist in Ermangelung besonderer Vorschriften der Pfändung nur insoweit unterworfen, als sie übertragbar ist.

(2) Eine nach § 399 des Bürgerlichen Gesetzbuchs[2)] nicht übertragbare Forderung kann insoweit gepfändet und zur Einziehung überwiesen werden, als der geschuldete Gegenstand der Pfändung unterworfen ist.

§ 851a Pfändungsschutz für Landwirte. (1) Die Pfändung von Forderungen, die einem die Landwirtschaft betreibenden Schuldner aus dem Verkauf von landwirtschaftlichen Erzeugnissen zustehen, ist auf seinen Antrag vom Vollstreckungsgericht insoweit aufzuheben, als die Einkünfte zum Unterhalt des Schuldners, seiner Familie und seiner Arbeitnehmer oder zur Aufrechterhaltung einer geordneten Wirtschaftsführung unentbehrlich sind.

[1)] § 850l Abs. 2 Satz 2 geänd. mWv 1.1.2022 durch G v. 7.5.2021 (BGBl. I S. 850).
[2)] **Schönfelder Nr. 20.**

(2) Die Pfändung soll unterbleiben, wenn offenkundig ist, dass die Voraussetzungen für die Aufhebung der Zwangsvollstreckung nach Absatz 1 vorliegen.

§ 851b Pfändungsschutz bei Miet- und Pachtzinsen. (1) [1]Die Pfändung von Miete und Pacht ist auf Antrag des Schuldners vom Vollstreckungsgericht insoweit aufzuheben, als diese Einkünfte für den Schuldner zur laufenden Unterhaltung des Grundstücks, zur Vornahme notwendiger Instandsetzungsarbeiten und zur Befriedigung von Ansprüchen unentbehrlich sind, die bei einer Zwangsvollstreckung in das Grundstück dem Anspruch des Gläubigers nach § 10 des Gesetzes über die Zwangsversteigerung und die Zwangsverwaltung[1)] vorgehen würden. [2]Das Gleiche gilt von der Pfändung von Barmitteln und Guthaben, die aus Miet- oder Pachtzahlungen herrühren und zu den in Satz 1 bezeichneten Zwecken unentbehrlich sind.

(2)[2)] [1]Wird der Antrag nicht binnen einer Frist von zwei Wochen gestellt, so ist er ohne sachliche Prüfung zurückzuweisen, wenn das Vollstreckungsgericht der Überzeugung ist, dass der Schuldner den Antrag in der Absicht der Verschleppung oder aus grober Nachlässigkeit nicht früher gestellt hat. [2]Die Frist beginnt mit der Pfändung.

(3)[3)] Anordnungen nach Absatz 1 können mehrmals ergehen und, soweit es nach Lage der Verhältnisse geboten ist, auf Antrag aufgehoben oder abgeändert werden.

(4)[3)] [1]Vor den in den Absätzen 1 und 3 bezeichneten Entscheidungen ist, soweit dies ohne erhebliche Verzögerung möglich ist, der Gläubiger zu hören. [2]Die für die Entscheidung wesentlichen tatsächlichen Verhältnisse sind glaubhaft zu machen. [3]Die Pfändung soll unterbleiben, wenn offenkundig ist, dass die Voraussetzungen für die Aufhebung der Zwangsvollstreckung nach Absatz 1 vorliegen.

§ 851c[4)] Pfändungsschutz bei Altersrenten. (1) Ansprüche auf Leistungen, die auf Grund von Verträgen gewährt werden, dürfen nur wie Arbeitseinkommen gepfändet werden, wenn

1. die Leistung in regelmäßigen Zeitabständen lebenslang und nicht vor Vollendung des 60. Lebensjahres oder nur bei Eintritt der Berufsunfähigkeit gewährt wird,
2. über die Ansprüche aus dem Vertrag nicht verfügt werden darf,
3. die Bestimmung von Dritten mit Ausnahme von Hinterbliebenen als Berechtigte ausgeschlossen ist und
4. die Zahlung einer Kapitalleistung, ausgenommen eine Zahlung für den Todesfall, nicht vereinbart wurde.

---

1) **Schönfelder Nr. 108.**
2) § 851b Abs. 2 neu gef. mWv 1.1.2013 durch G v. 29.7.2009 (BGBl. I S. 2258).
3) § 851b Abs. 3 und 4 angef. mWv 1.1.2013 durch G v. 29.7.2009 (BGBl. I S. 2258).
4) § 851c eingef. mWv 31.3.2007 durch G v. 26.3.2007 (BGBl. I S. 368).

[Fassung bis 31.12.2021:]

(2) [1] Um dem Schuldner den Aufbau einer angemessenen Alterssicherung zu ermöglichen, kann er unter Berücksichtigung der Entwicklung auf dem Kapitalmarkt, des Sterblichkeitsrisikos und der Höhe der Pfändungsfreigrenze, nach seinem Lebensalter gestaffelt, jährlich einen bestimmten Betrag unpfändbar auf der Grundlage eines in Absatz 1 bezeichneten Vertrags bis zu einer Gesamtsumme von 256 000[2)] Euro ansammeln. [2] Der Schuldner darf vom 18. bis zum vollendeten 29. Lebensjahr 2000 Euro, vom 30. bis zum vollendeten 39. Lebensjahr 4000 Euro, vom 40. bis zum vollendeten 47. Lebensjahr 4500 Euro, vom 48. bis zum vollendeten 53. Lebensjahr 6000 Euro, vom 54. bis zum vollendeten 59. Lebensjahr 8000 Euro und vom 60. bis zum vollendeten 67. Lebensjahr 9000 Euro jährlich ansammeln.

[Fassung bis 1.1.2022:][1)]

(2) [1] Beträge, die der Schuldner anspart, um in Erfüllung eines Vertrages nach Absatz 1 eine angemessene Alterssicherung aufzubauen, unterliegen nicht der Pfändung, soweit sie

1. jährlich nicht mehr betragen als
   a) 6000 Euro bei einem Schuldner vom 18. bis zum vollendeten 27. Lebensjahr

   und

   b) 7000 Euro bei einem Schuldner vom 28. bis zum vollendeten 67. Lebensjahr

   und

2. einen Gesamtbetrag von 340 000 Euro nicht übersteigen.

[2] Die in Satz 1 genannten Beträge werden jeweils zum 1. Juli eines jeden fünften Jahres entsprechend der Entwicklung auf dem Kapitalmarkt, des Sterblichkeitsrisikos und der Höhe der Pfändungsfreigrenze angepasst und die angepassten Beträge vom Bundesministerium der Justiz und für Verbraucherschutz in der Pfändungsfreigrenzenbekanntmachung im Sinne des § 850c Absatz 4 Satz 1 bekannt gemacht.

[3] Übersteigt der Rückkaufwert der Alterssicherung den unpfändbaren Betrag, sind drei Zehntel des überschießenden Betrags unpfändbar. [4] Satz 3 gilt nicht für den Teil des Rückkaufwerts, der den dreifachen Wert des in Satz 1 [***ab 1.1.2022:*** Nummer 2] genannten Betrags übersteigt.

(3) § 850e Nr. 2 und 2a gilt entsprechend.

§ 851d[3)] Pfändungsschutz bei steuerlich gefördertem Altersvorsorgevermögen. Monatliche Leistungen in Form einer lebenslangen Rente oder monatlicher Ratenzahlungen im Rahmen eines Auszahlungsplans nach § 1

[1)] § 851c Abs. 2 Sätze 1 und 2 neu gef., Satz 4 geänd. mWv 1.1.2022 durch G v. 7.5.2021 (BGBl. I S. 850).

[2)] Geänd. mWv 1.1.2013 durch G v. 5.12.2012 (BGBl. I S. 2418).

[3)] § 851d eingef. mWv 31.3.2007 durch G v. 26.3.2007 (BGBl. I S. 368).

Abs. 1 Satz 1 Nr. 4 des Altersvorsorgeverträge-Zertifizierungsgesetzes aus steuerlich gefördertem Altersvorsorgevermögen sind wie Arbeitseinkommen pfändbar.

§ 852 Beschränkt pfändbare Forderungen. (1) Der Pflichtteilsanspruch ist der Pfändung nur unterworfen, wenn er durch Vertrag anerkannt oder rechtshängig geworden ist.

(2)[1] Das Gleiche gilt für den nach § 528 des Bürgerlichen Gesetzbuchs[2] dem Schenker zustehenden Anspruch auf Herausgabe des Geschenkes sowie für den Anspruch eines Ehegatten oder Lebenspartners auf den Ausgleich des Zugewinns.

(Fortsetzung nächste Seite)

[1] § 852 Abs. 2 geänd. durch G v. 20.11.2015 (BGBl. I S. 2010).
[2] **Schönfelder Nr. 20.**

Anlage[1)]
(zu § 850c)

Auszahlung für Monate

Euro	Pfändbarer Betrag bei Unterhaltspflicht für ... Personen					
Nettolohn monatlich	0	1	2	3	4	5 und mehr
bis 1 339,99	–	–	–	–	–	–
1 340,00 bis 1 349,99	6,89	–	–	–	–	–
1 350,00 bis 1 359,99	13,89	–	–	–	–	–
1 360,00 bis 1 369,99	20,89	–	–	–	–	–
1 370,00 bis 1 379,99	27,89	–	–	–	–	–
1 380,00 bis 1 389,99	34,89	–	–	–	–	–
1 390,00 bis 1 399,99	41,89	–	–	–	–	–
1 400,00 bis 1 409,99	48,89	–	–	–	–	–
1 410,00 bis 1 419,99	55,89	–	–	–	–	–
1 420,00 bis 1 429,99	62,89	–	–	–	–	–
1 430,00 bis 1 439,99	69,89	–	–	–	–	–
1 440,00 bis 1 449,99	76,89	–	–	–	–	–
1 450,00 bis 1 459,99	83,89	–	–	–	–	–
1 460,00 bis 1 469,99	90,89	–	–	–	–	–
1 470,00 bis 1 479,99	97,89	–	–	–	–	–
1 480,00 bis 1 489,99	104,89	–	–	–	–	–
1 490,00 bis 1 499,99	111,89	–	–	–	–	–
1 500,00 bis 1 509,99	118,89	–	–	–	–	–
1 510,00 bis 1 519,99	125,89	–	–	–	–	–
1 520,00 bis 1 529,99	132,89	–	–	–	–	–
1 530,00 bis 1 539,99	139,89	–	–	–	–	–
1 540,00 bis 1 549,99	146,89	–	–	–	–	–
1 550,00 bis 1 559,99	153,89	–	–	–	–	–
1 560,00 bis 1 569,99	160,89	–	–	–	–	–
1 570,00 bis 1 579,99	167,89	–	–	–	–	–
1 580,00 bis 1 589,99	174,89	–	–	–	–	–
1 590,00 bis 1 599,99	181,89	–	–	–	–	–
1 600,00 bis 1 609,99	188,89	–	–	–	–	–
1 610,00 bis 1 619,99	195,89	–	–	–	–	–
1 620,00 bis 1 629,99	202,89	–	–	–	–	–
1 630,00 bis 1 639,99	209,89	–	–	–	–	–

1) Pfändungsfreibeträge in der **ab 1.7.2022** geltenden Fassung (Anhang der Pfändungsfreigrenzenbekanntmachung 2022 v. 25.5.2022, BGBl. I S. 825).

Auszahlung für Monate

Euro	Pfändbarer Betrag bei Unterhaltspflicht für ... Personen					
Nettolohn monatlich	0	1	2	3	4	5 und mehr
1 640,00 bis 1 649,99	216,89	–	–	–	–	–
1 650,00 bis 1 659,99	223,89	–	–	–	–	–
1 660,00 bis 1 669,99	230,89	–	–	–	–	–
1 670,00 bis 1 679,99	237,89	–	–	–	–	–
1 680,00 bis 1 689,99	244,89	–	–	–	–	–
1 690,00 bis 1 699,99	251,89	–	–	–	–	–
1 700,00 bis 1 709,99	258,89	–	–	–	–	–
1 710,00 bis 1 719,99	265,89	–	–	–	–	–
1 720,00 bis 1 729,99	272,89	–	–	–	–	–
1 730,00 bis 1 739,99	279,89	–	–	–	–	–
1 740,00 bis 1 749,99	286,89	–	–	–	–	–
1 750,00 bis 1 759,99	293,89	–	–	–	–	–
1 760,00 bis 1 769,99	300,89	–	–	–	–	–
1 770,00 bis 1 779,99	307,89	–	–	–	–	–
1 780,00 bis 1 789,99	314,89	–	–	–	–	–
1 790,00 bis 1 799,99	321,89	–	–	–	–	–
1 800,00 bis 1 809,99	328,89	–	–	–	–	–
1 810,00 bis 1 819,99	335,89	–	–	–	–	–
1 820,00 bis 1 829,99	342,89	–	–	–	–	–
1 830,00 bis 1 839,99	349,89	–	–	–	–	–
1 840,00 bis 1 849,99	356,89	4,61	–	–	–	–
1 850,00 bis 1 859,99	363,89	9,61	–	–	–	–
1 860,00 bis 1 869,99	370,89	14,61	–	–	–	–
1 870,00 bis 1 879,99	377,89	19,61	–	–	–	–
1 880,00 bis 1 889,99	384,89	24,61	–	–	–	–
1 890,00 bis 1 899,99	391,89	29,61	–	–	–	–
1 900,00 bis 1 909,99	398,89	34,61	–	–	–	–
1 910,00 bis 1 919,99	405,89	39,61	–	–	–	–
1 920,00 bis 1 929,99	412,89	44,61	–	–	–	–
1 930,00 bis 1 939,99	419,89	49,61	–	–	–	–
1 940,00 bis 1 949,99	426,89	54,61	–	–	–	–
1 950,00 bis 1 959,99	433,89	59,61	–	–	–	–
1 960,00 bis 1 969,99	440,89	64,61	–	–	–	–
1 970,00 bis 1 979,99	447,89	69,61	–	–	–	–
1 980,00 bis 1 989,99	454,89	74,61	–	–	–	–
1 990,00 bis 1 999,99	461,89	79,61	–	–	–	–

Auszahlung für Monate

Euro	Pfändbarer Betrag bei Unterhaltspflicht für ... Personen					
Nettolohn monatlich	0	1	2	3	4	5 und mehr
2 000,00 bis 2 009,99	468,89	84,61	–	–	–	–
2 010,00 bis 2 019,99	475,89	89,61	–	–	–	–
2 020,00 bis 2 029,99	482,89	94,61	–	–	–	–
2 030,00 bis 2 039,99	489,89	99,61	–	–	–	–
2 040,00 bis 2 049,99	496,89	104,61	–	–	–	–
2 050,00 bis 2 059,99	503,89	109,61	–	–	–	–
2 060,00 bis 2 069,99	510,89	114,61	–	–	–	–
2 070,00 bis 2 079,99	517,89	119,61	–	–	–	–
2 080,00 bis 2 089,99	524,89	124,61	–	–	–	–
2 090,00 bis 2 099,99	531,89	129,61	–	–	–	–
2 100,00 bis 2 109,99	538,89	134,61	–	–	–	–
2 110,00 bis 2 119,99	545,89	139,61	0,13	–	–	–
2 120,00 bis 2 129,99	552,89	144,61	4,13	–	–	–
2 130,00 bis 2 139,99	559,89	149,61	8,13	–	–	–
2 140,00 bis 2 149,99	566,89	154,61	12,13	–	–	–
2 150,00 bis 2 159,99	573,89	159,61	16,13	–	–	–
2 160,00 bis 2 169,99	580,89	164,61	20,13	–	–	–
2 170,00 bis 2 179,99	587,89	169,61	24,13	–	–	–
2 180,00 bis 2 189,99	594,89	174,61	28,13	–	–	–
2 190,00 bis 2 199,99	601,89	179,61	32,13	–	–	–
2 200,00 bis 2 209,99	608,89	184,61	36,13	–	–	–
2 210,00 bis 2 219,99	615,89	189,61	40,13	–	–	–
2 220,00 bis 2 229,99	622,89	194,61	44,13	–	–	–
2 230,00 bis 2 239,99	629,89	199,61	48,13	–	–	–
2 240,00 bis 2 249,99	636,89	204,61	52,13	–	–	–
2 250,00 bis 2 259,99	643,89	209,61	56,13	–	–	–
2 260,00 bis 2 269,99	650,89	214,61	60,13	–	–	–
2 270,00 bis 2 279,99	657,89	219,61	64,13	–	–	–
2 280,00 bis 2 289,99	664,89	224,61	68,13	–	–	–
2 290,00 bis 2 299,99	671,89	229,61	72,13	–	–	–
2 300,00 bis 2 309,99	678,89	234,61	76,13	–	–	–
2 310,00 bis 2 319,99	685,89	239,61	80,13	–	–	–
2 320,00 bis 2 329,99	692,89	244,61	84,13	–	–	–
2 330,00 bis 2 339,99	699,89	249,61	88,13	–	–	–
2 340,00 bis 2 349,99	706,89	254,61	92,13	–	–	–
2 350,00 bis 2 359,99	713,89	259,61	96,13	–	–	–

Auszahlung für Monate

Euro	Pfändbarer Betrag bei Unterhaltspflicht für ... Personen					
Nettolohn monatlich	0	1	2	3	4	5 und mehr
2 360,00 bis 2 369,99	720,89	264,61	100,13	–	–	–
2 370,00 bis 2 379,99	727,89	269,61	104,13	–	–	–
2 380,00 bis 2 389,99	734,89	274,61	108,13	–	–	–
2 390,00 bis 2 399,99	741,89	279,61	112,13	0,43	–	–
2 400,00 bis 2 409,99	748,89	284,61	116,13	3,43	–	–
2 410,00 bis 2 419,99	755,89	289,61	120,13	6,43	–	–
2 420,00 bis 2 429,99	762,89	294,61	124,13	9,43	–	–
2 430,00 bis 2 439,99	769,89	299,61	128,13	12,43	–	–
2 440,00 bis 2 449,99	776,89	304,61	132,13	15,43	–	–
2 450,00 bis 2 459,99	783,89	309,61	136,13	18,43	–	–
2 460,00 bis 2 469,99	790,89	314,61	140,13	21,43	–	–
2 470,00 bis 2 479,99	797,89	319,61	144,13	24,43	–	–
2 480,00 bis 2 489,99	804,89	324,61	148,13	27,43	–	–
2 490,00 bis 2 499,99	811,89	329,61	152,13	30,43	–	–
2 500,00 bis 2 509,99	818,89	334,61	156,13	33,43	–	–
2 510,00 bis 2 519,99	825,89	339,61	160,13	36,43	–	–
2 520,00 bis 2 529,99	832,89	344,61	164,13	39,43	–	–
2 530,00 bis 2 539,99	839,89	349,61	168,13	42,43	–	–
2 540,00 bis 2 549,99	846,89	354,61	172,13	45,43	–	–
2 550,00 bis 2 559,99	853,89	359,61	176,13	48,43	–	–
2 560,00 bis 2 569,99	860,89	364,61	180,13	51,43	–	–
2 570,00 bis 2 579,99	867,89	369,61	184,13	54,43	–	–
2 580,00 bis 2 589,99	874,89	374,61	188,13	57,43	–	–
2 590,00 bis 2 599,99	881,89	379,61	192,13	60,43	–	–
2 600,00 bis 2 609,99	888,89	384,61	196,13	63,43	–	–
2 610,00 bis 2 619,99	895,89	389,61	200,13	66,43	–	–
2 620,00 bis 2 629,99	902,89	394,61	204,13	69,43	–	–
2 630,00 bis 2 639,99	909,89	399,61	208,13	72,43	–	–
2 640,00 bis 2 649,99	916,89	404,61	212,13	75,43	–	–
2 650,00 bis 2 659,99	923,89	409,61	216,13	78,43	–	–
2 660,00 bis 2 669,99	930,89	414,61	220,13	81,43	–	–
2 670,00 bis 2 679,99	937,89	419,61	224,13	84,43	0,50	–
2 680,00 bis 2 689,99	944,89	424,61	228,13	87,43	2,50	–
2 690,00 bis 2 699,99	951,89	429,61	232,13	90,43	4,50	–
2 700,00 bis 2 709,99	958,89	434,61	236,13	93,43	6,50	–
2 710,00 bis 2 719,99	965,89	439,61	240,13	96,43	8,50	–

Auszahlung für Monate

Euro	Pfändbarer Betrag bei Unterhaltspflicht für ... Personen					
Nettolohn monatlich	0	1	2	3	4	5 und mehr
2 720,00 bis 2 729,99	972,89	444,61	244,13	99,43	10,50	–
2 730,00 bis 2 739,99	979,89	449,61	248,13	102,43	12,50	–
2 740,00 bis 2 749,99	986,89	454,61	252,13	105,43	14,50	–
2 750,00 bis 2 759,99	993,89	459,61	256,13	108,43	16,50	–
2 760,00 bis 2 769,99	1 000,89	464,61	260,13	111,43	18,50	–
2 770,00 bis 2 779,99	1 007,89	469,61	264,13	114,43	20,50	–
2 780,00 bis 2 789,99	1 014,89	474,61	268,13	117,43	22,50	–
2 790,00 bis 2 799,99	1 021,89	479,61	272,13	120,43	24,50	–
2 800,00 bis 2 809,99	1 028,89	484,61	276,13	123,43	26,50	–
2 810,00 bis 2 819,99	1 035,89	489,61	280,13	126,43	28,50	–
2 820,00 bis 2 829,99	1 042,89	494,61	284,13	129,43	30,50	–
2 830,00 bis 2 839,99	1 049,89	499,61	288,13	132,43	32,50	–
2 840,00 bis 2 849,99	1 056,89	504,61	292,13	135,43	34,50	–
2 850,00 bis 2 859,99	1 063,89	509,61	296,13	138,43	36,50	–
2 860,00 bis 2 869,99	1 070,89	514,61	300,13	141,43	38,50	–
2 870,00 bis 2 879,99	1 077,89	519,61	304,13	144,43	40,50	–
2 880,00 bis 2 889,99	1 084,89	524,61	308,13	147,43	42,50	–
2 890,00 bis 2 899,99	1 091,89	529,61	312,13	150,43	44,50	–
2 900,00 bis 2 909,99	1 098,89	534,61	316,13	153,43	46,50	–
2 910,00 bis 2 919,99	1 105,89	539,61	320,13	156,43	48,50	–
2 920,00 bis 2 929,99	1 112,89	544,61	324,13	159,43	50,50	–
2 930,00 bis 2 939,99	1 119,89	549,61	328,13	162,43	52,50	–
2 940,00 bis 2 949,99	1 126,89	554,61	332,13	165,43	54,50	–
2 950,00 bis 2 959,99	1 133,89	559,61	336,13	168,43	56,50	0,36
2 960,00 bis 2 969,99	1 140,89	564,61	340,13	171,43	58,50	1,36
2 970,00 bis 2 979,99	1 147,89	569,61	344,13	174,43	60,50	2,36
2 980,00 bis 2 989,99	1 154,89	574,61	348,13	177,43	62,50	3,36
2 990,00 bis 2 999,99	1 161,89	579,61	352,13	180,43	64,50	4,36
3 000,00 bis 3 009,99	1 168,89	584,61	356,13	183,43	66,50	5,36
3 010,00 bis 3 019,99	1 175,89	589,61	360,13	186,43	68,50	6,36
3 020,00 bis 3 029,99	1 182,89	594,61	364,13	189,43	70,50	7,36
3 030,00 bis 3 039,99	1 189,89	599,61	368,13	192,43	72,50	8,36
3 040,00 bis 3 049,99	1 196,89	604,61	372,13	195,43	74,50	9,36
3 050,00 bis 3 059,99	1 203,89	609,61	376,13	198,43	76,50	10,36
3 060,00 bis 3 069,99	1 210,89	614,61	380,13	201,43	78,50	11,36
3 070,00 bis 3 079,99	1 217,89	619,61	384,13	204,43	80,50	12,36

Auszahlung für Monate

Euro	Pfändbarer Betrag bei Unterhaltspflicht für ... Personen					
Nettolohn monatlich	0	1	2	3	4	5 und mehr
3 080,00 bis 3 089,99	1 224,89	624,61	388,13	207,43	82,50	13,36
3 090,00 bis 3 099,99	1 231,89	629,61	392,13	210,43	84,50	14,36
3 100,00 bis 3 109,99	1 238,89	634,61	396,13	213,43	86,50	15,36
3 110,00 bis 3 119,99	1 245,89	639,61	400,13	216,43	88,50	16,36
3 120,00 bis 3 129,99	1 252,89	644,61	404,13	219,43	90,50	17,36
3 130,00 bis 3 139,99	1 259,89	649,61	408,13	222,43	92,50	18,36
3 140,00 bis 3 149,99	1 266,89	654,61	412,13	225,43	94,50	19,36
3 150,00 bis 3 159,99	1 273,89	659,61	416,13	228,43	96,50	20,36
3 160,00 bis 3 169,99	1 280,89	664,61	420,13	231,43	98,50	21,36
3 170,00 bis 3 179,99	1 287,89	669,61	424,13	234,43	100,50	22,36
3 180,00 bis 3 189,99	1 294,89	674,61	428,13	237,43	102,50	23,36
3 190,00 bis 3 199,99	1 301,89	679,61	432,13	240,43	104,50	24,36
3 200,00 bis 3 209,99	1 308,89	684,61	436,13	243,43	106,50	25,36
3 210,00 bis 3 219,99	1 315,89	689,61	440,13	246,43	108,50	26,36
3 220,00 bis 3 229,99	1 322,89	694,61	444,13	249,43	110,50	27,36
3 230,00 bis 3 239,99	1 329,89	699,61	448,13	252,43	112,50	28,36
3 240,00 bis 3 249,99	1 336,89	704,61	452,13	255,43	114,50	29,36
3 250,00 bis 3 259,99	1 343,89	709,61	456,13	258,43	116,50	30,36
3 260,00 bis 3 269,99	1 350,89	714,61	460,13	261,43	118,50	31,36
3 270,00 bis 3 279,99	1 357,89	719,61	464,13	264,43	120,50	32,36
3 280,00 bis 3 289,99	1 364,89	724,61	468,13	267,43	122,50	33,36
3 290,00 bis 3 299,99	1 371,89	729,61	472,13	270,43	124,50	34,36
3 300,00 bis 3 309,99	1 378,89	734,61	476,13	273,43	126,50	35,36
3 310,00 bis 3 319,99	1 385,89	739,61	480,13	276,43	128,50	36,36
3 320,00 bis 3 329,99	1 392,89	744,61	484,13	279,43	130,50	37,36
3 330,00 bis 3 339,99	1 399,89	749,61	488,13	282,43	132,50	38,36
3 340,00 bis 3 349,99	1 406,89	754,61	492,13	285,43	134,50	39,36
3 350,00 bis 3 359,99	1 413,89	759,61	496,13	288,43	136,50	40,36
3 360,00 bis 3 369,99	1 420,89	764,61	500,13	291,43	138,50	41,36
3 370,00 bis 3 379,99	1 427,89	769,61	504,13	294,43	140,50	42,36
3 380,00 bis 3 389,99	1 434,89	774,61	508,13	297,43	142,50	43,36
3 390,00 bis 3 399,99	1 441,89	779,61	512,13	300,43	144,50	44,36
3 400,00 bis 3 409,99	1 448,89	784,61	516,13	303,43	146,50	45,36
3 410,00 bis 3 419,99	1 455,89	789,61	520,13	306,43	148,50	46,36
3 420,00 bis 3 429,99	1 462,89	794,61	524,13	309,43	150,50	47,36
3 430,00 bis 3 439,99	1 469,89	799,61	528,13	312,43	152,50	48,36

Auszahlung für Monate

Euro	Pfändbarer Betrag bei Unterhaltspflicht für ... Personen					
Nettolohn monatlich	0	1	2	3	4	5 und mehr
3 440,00 bis 3 449,99	1 476,89	804,61	532,13	315,43	154,50	49,36
3 450,00 bis 3 459,99	1 483,89	809,61	536,13	318,43	156,50	50,36
3 460,00 bis 3 469,99	1 490,89	814,61	540,13	321,43	158,50	51,36
3 470,00 bis 3 479,99	1 497,89	819,61	544,13	324,43	160,50	52,36
3 480,00 bis 3 489,99	1 504,89	824,61	548,13	327,43	162,50	53,36
3 490,00 bis 3 499,99	1 511,89	829,61	552,13	330,43	164,50	54,36
3 500,00 bis 3 509,99	1 518,89	834,61	556,13	333,43	166,50	55,36
3 510,00 bis 3 519,99	1 525,89	839,61	560,13	336,43	168,50	56,36
3 520,00 bis 3 529,99	1 532,89	844,61	564,13	339,43	170,50	57,36
3 530,00 bis 3 539,99	1 539,89	849,61	568,13	342,43	172,50	58,36
3 540,00 bis 3 549,99	1 546,89	854,61	572,13	345,43	174,50	59,36
3 550,00 bis 3 559,99	1 553,89	859,61	576,13	348,43	176,50	60,36
3 560,00 bis 3 569,99	1 560,89	864,61	580,13	351,43	178,50	61,36
3 570,00 bis 3 579,99	1 567,89	869,61	584,13	354,43	180,50	62,36
3 580,00 bis 3 589,99	1 574,89	874,61	588,13	357,43	182,50	63,36
3 590,00 bis 3 599,99	1 581,89	879,61	592,13	360,43	184,50	64,36
3 600,00 bis 3 609,99	1 588,89	884,61	596,13	363,43	186,50	65,36
3 610,00 bis 3 619,99	1 595,89	889,61	600,13	366,43	188,50	66,36
3 620,00 bis 3 629,99	1 602,89	894,61	604,13	369,43	190,50	67,36
3 630,00 bis 3 639,99	1 609,89	899,61	608,13	372,43	192,50	68,36
3 640,00 bis 3 649,99	1 616,89	904,61	612,13	375,43	194,50	69,36
3 650,00 bis 3 659,99	1 623,89	909,61	616,13	378,43	196,50	70,36
3 660,00 bis 3 669,99	1 630,89	914,61	620,13	381,43	198,50	71,36
3 670,00 bis 3 679,99	1 637,89	919,61	624,13	384,43	200,50	72,36
3 680,00 bis 3 689,99	1 644,89	924,61	628,13	387,43	202,50	73,36
3 690,00 bis 3 699,99	1 651,89	929,61	632,13	390,43	204,50	74,36
3 700,00 bis 3 709,99	1 658,89	934,61	636,13	393,43	206,50	75,36
3 710,00 bis 3 719,99	1 665,89	939,61	640,13	396,43	208,50	76,36
3 720,00 bis 3 729,99	1 672,89	944,61	644,13	399,43	210,50	77,36
3 730,00 bis 3 739,99	1 679,89	949,61	648,13	402,43	212,50	78,36
3 740,00 bis 3 749,99	1 686,89	954,61	652,13	405,43	214,50	79,36
3 750,00 bis 3 759,99	1 693,89	959,61	656,13	408,43	216,50	80,36
3 760,00 bis 3 769,99	1 700,89	964,61	660,13	411,43	218,50	81,36
3 770,00 bis 3 779,99	1 707,89	969,61	664,13	414,43	220,50	82,36
3 780,00 bis 3 789,99	1 714,89	974,61	668,13	417,43	222,50	83,36
3 790,00 bis 3 799,99	1 721,89	979,61	672,13	420,43	224,50	84,36

Auszahlung für Monate

Euro	Pfändbarer Betrag bei Unterhaltspflicht für ... Personen					
Nettolohn monatlich	0	1	2	3	4	5 und mehr
3 800,00 bis 3 809,99	1 728,89	984,61	676,13	423,43	226,50	85,36
3 810,00 bis 3 819,99	1 735,89	989,61	680,13	426,43	228,50	86,36
3 820,00 bis 3 829,99	1 742,89	994,61	684,13	429,43	230,50	87,36
3 830,00 bis 3 839,99	1 749,89	999,61	688,13	432,43	232,50	88,36
3 840,00 bis 3 849,99	1 756,89	1 004,61	692,13	435,43	234,50	89,36
3 850,00 bis 3 859,99	1 763,89	1 009,61	696,13	438,43	236,50	90,36
3 860,00 bis 3 869,99	1 770,89	1 014,61	700,13	441,43	238,50	91,36
3 870,00 bis 3 879,99	1 777,89	1 019,61	704,13	444,43	240,50	92,36
3 880,00 bis 3 889,99	1 784,89	1 024,61	708,13	447,43	242,50	93,36
3 890,00 bis 3 899,99	1 791,89	1 029,61	712,13	450,43	244,50	94,36
3 900,00 bis 3 909,99	1 798,89	1 034,61	716,13	453,43	246,50	95,36
3 910,00 bis 3 919,99	1 805,89	1 039,61	720,13	456,43	248,50	96,36
3 920,00 bis 3 929,99	1 812,89	1 044,61	724,13	459,43	250,50	97,36
3 930,00 bis 3 939,99	1 819,89	1 049,61	728,13	462,43	252,50	98,36
3 940,00 bis 3 949,99	1 826,89	1 054,61	732,13	465,43	254,50	99,36
3 950,00 bis 3 959,99	1 833,89	1 059,61	736,13	468,43	256,50	100,36
3 960,00 bis 3 969,99	1 840,89	1 064,61	740,13	471,43	258,50	101,36
3 970,00 bis 3 979,99	1 847,89	1 069,61	744,13	474,43	260,50	102,36
3 980,00 bis 3 989,99	1 854,89	1 074,61	748,13	477,43	262,50	103,36
3 990,00 bis 3 999,99	1 861,89	1 079,61	752,13	480,43	264,50	104,36
4 000,00 bis 4 009,99	1 868,89	1 084,61	756,13	483,43	266,50	105,36
4 010,00 bis 4 019,99	1 875,89	1 089,61	760,13	486,43	268,50	106,36
4 020,00 bis 4 029,99	1 882,89	1 094,61	764,13	489,43	270,50	107,36
4 030,00 bis 4 039,99	1 889,89	1 099,61	768,13	492,43	272,50	108,36
4 040,00 bis 4 049,99	1 896,89	1 104,61	772,13	495,43	274,50	109,36
4 050,00 bis 4 059,99	1 903,89	1 109,61	776,13	498,43	276,50	110,36
4 060,00 bis 4 069,99	1 910,89	1 114,61	780,13	501,43	278,50	111,36
4 070,00 bis 4 077,72	1 917,89	1 119,61	784,13	504,43	280,50	112,36
Der Mehrbetrag über 4 077,72 Euro ist voll pfändbar.						

Auszahlung für Wochen

Euro	Pfändbarer Betrag bei Unterhaltspflicht für ... Personen					
Nettolohn wöchentlich	0	1	2	3	4	5 und mehr
bis 307,49	–	–	–	–	–	–
307,50 bis 309,99	0,97	–	–	–	–	–
310,00 bis 312,49	2,72	–	–	–	–	–
312,50 bis 314,99	4,47	–	–	–	–	–
315,00 bis 317,49	6,22	–	–	–	–	–
317,50 bis 319,99	7,97	–	–	–	–	–
320,00 bis 322,49	9,72	–	–	–	–	–
322,50 bis 324,99	11,47	–	–	–	–	–
325,00 bis 327,49	13,22	–	–	–	–	–
327,50 bis 329,99	14,97	–	–	–	–	–
330,00 bis 332,49	16,72	–	–	–	–	–
332,50 bis 334,99	18,47	–	–	–	–	–
335,00 bis 337,49	20,22	–	–	–	–	–
337,50 bis 339,99	21,97	–	–	–	–	–
340,00 bis 342,49	23,72	–	–	–	–	–
342,50 bis 344,99	25,47	–	–	–	–	–
345,00 bis 347,49	27,22	–	–	–	–	–
347,50 bis 349,99	28,97	–	–	–	–	–
350,00 bis 352,49	30,72	–	–	–	–	–
352,50 bis 354,99	32,47	–	–	–	–	–
355,00 bis 357,49	34,22	–	–	–	–	–
357,50 bis 359,99	35,97	–	–	–	–	–
360,00 bis 362,49	37,72	–	–	–	–	–
362,50 bis 364,99	39,47	–	–	–	–	–
365,00 bis 367,49	41,22	–	–	–	–	–
367,50 bis 369,99	42,97	–	–	–	–	–
370,00 bis 372,49	44,72	–	–	–	–	–
372,50 bis 374,99	46,47	–	–	–	–	–
375,00 bis 377,49	48,22	–	–	–	–	–
377,50 bis 379,99	49,97	–	–	–	–	–
380,00 bis 382,49	51,72	–	–	–	–	–
382,50 bis 384,99	53,47	–	–	–	–	–
385,00 bis 387,49	55,22	–	–	–	–	–
387,50 bis 389,99	56,97	–	–	–	–	–
390,00 bis 392,49	58,72	–	–	–	–	–
392,50 bis 394,99	60,47	–	–	–	–	–

Auszahlung für Wochen

Euro	Pfändbarer Betrag bei Unterhaltspflicht für ... Personen					
Nettolohn wöchentlich	0	1	2	3	4	5 und mehr
395,00 bis 397,49	62,22	–	–	–	–	–
397,50 bis 399,99	63,97	–	–	–	–	–
400,00 bis 402,49	65,72	–	–	–	–	–
402,50 bis 404,99	67,47	–	–	–	–	–
405,00 bis 407,49	69,22	–	–	–	–	–
407,50 bis 409,99	70,97	–	–	–	–	–
410,00 bis 412,49	72,72	–	–	–	–	–
412,50 bis 414,99	74,47	–	–	–	–	–
415,00 bis 417,49	76,22	–	–	–	–	–
417,50 bis 419,99	77,97	–	–	–	–	–
420,00 bis 422,49	79,72	–	–	–	–	–
422,50 bis 424,99	81,47	0,59	–	–	–	–
425,00 bis 427,49	83,22	1,84	–	–	–	–
427,50 bis 429,99	84,97	3,09	–	–	–	–
430,00 bis 432,49	86,72	4,34	–	–	–	–
432,50 bis 434,99	88,47	5,59	–	–	–	–
435,00 bis 437,49	90,22	6,84	–	–	–	–
437,50 bis 439,99	91,97	8,09	–	–	–	–
440,00 bis 442,49	93,72	9,34	–	–	–	–
442,50 bis 444,99	95,47	10,59	–	–	–	–
445,00 bis 447,49	97,22	11,84	–	–	–	–
447,50 bis 449,99	98,97	13,09	–	–	–	–
450,00 bis 452,49	100,72	14,34	–	–	–	–
452,50 bis 454,99	102,47	15,59	–	–	–	–
455,00 bis 457,49	104,22	16,84	–	–	–	–
457,50 bis 459,99	105,97	18,09	–	–	–	–
460,00 bis 462,49	107,72	19,34	–	–	–	–
462,50 bis 464,99	109,47	20,59	–	–	–	–
465,00 bis 467,49	111,22	21,84	–	–	–	–
467,50 bis 469,99	112,97	23,09	–	–	–	–
470,00 bis 472,49	114,72	24,34	–	–	–	–
472,50 bis 474,99	116,47	25,59	–	–	–	–
475,00 bis 477,49	118,22	26,84	–	–	–	–
477,50 bis 479,99	119,97	28,09	–	–	–	–
480,00 bis 482,49	121,72	29,34	–	–	–	–
482,50 bis 484,99	123,47	30,59	–	–	–	–

Auszahlung für Wochen

Euro	Pfändbarer Betrag bei Unterhaltspflicht für ... Personen					
Nettolohn wöchentlich	0	1	2	3	4	5 und mehr
485,00 bis 487,49	125,22	31,84	–	–	–	–
487,50 bis 489,99	126,97	33,09	0,79	–	–	–
490,00 bis 492,49	128,72	34,34	1,79	–	–	–
492,50 bis 494,99	130,47	35,59	2,79	–	–	–
495,00 bis 497,49	132,22	36,84	3,79	–	–	–
497,50 bis 499,99	133,97	38,09	4,79	–	–	–
500,00 bis 502,49	135,72	39,34	5,79	–	–	–
502,50 bis 504,99	137,47	40,59	6,79	–	–	–
505,00 bis 507,49	139,22	41,84	7,79	–	–	–
507,50 bis 509,99	140,97	43,09	8,79	–	–	–
510,00 bis 512,49	142,72	44,34	9,79	–	–	–
512,50 bis 514,99	144,47	45,59	10,79	–	–	–
515,00 bis 517,49	146,22	46,84	11,79	–	–	–
517,50 bis 519,99	147,97	48,09	12,79	–	–	–
520,00 bis 522,49	149,72	49,34	13,79	–	–	–
522,50 bis 524,99	151,47	50,59	14,79	–	–	–
525,00 bis 527,49	153,22	51,84	15,79	–	–	–
527,50 bis 529,99	154,97	53,09	16,79	–	–	–
530,00 bis 532,49	156,72	54,34	17,79	–	–	–
532,50 bis 534,99	158,47	55,59	18,79	–	–	–
535,00 bis 537,49	160,22	56,84	19,79	–	–	–
537,50 bis 539,99	161,97	58,09	20,79	–	–	–
540,00 bis 542,49	163,72	59,34	21,79	–	–	–
542,50 bis 544,99	165,47	60,59	22,79	–	–	–
545,00 bis 547,49	167,22	61,84	23,79	–	–	–
547,50 bis 549,99	168,97	63,09	24,79	–	–	–
550,00 bis 552,49	170,72	64,34	25,79	0,09	–	–
552,50 bis 554,99	172,47	65,59	26,79	0,84	–	–
555,00 bis 557,49	174,22	66,84	27,79	1,59	–	–
557,50 bis 559,99	175,97	68,09	28,79	2,34	–	–
560,00 bis 562,49	177,72	69,34	29,79	3,09	–	–
562,50 bis 564,99	179,47	70,59	30,79	3,84	–	–
565,00 bis 567,49	181,22	71,84	31,79	4,59	–	–
567,50 bis 569,99	182,97	73,09	32,79	5,34	–	–
570,00 bis 572,49	184,72	74,34	33,79	6,09	–	–
572,50 bis 574,99	186,47	75,59	34,79	6,84	–	–

Auszahlung für Wochen

Euro	Pfändbarer Betrag bei Unterhaltspflicht für ... Personen					
Nettolohn wöchentlich	0	1	2	3	4	5 und mehr
575,00 bis 577,49	188,22	76,84	35,79	7,59	–	–
577,50 bis 579,99	189,97	78,09	36,79	8,34	–	–
580,00 bis 582,49	191,72	79,34	37,79	9,09	–	–
582,50 bis 584,99	193,47	80,59	38,79	9,84	–	–
585,00 bis 587,49	195,22	81,84	39,79	10,59	–	–
587,50 bis 589,99	196,97	83,09	40,79	11,34	–	–
590,00 bis 592,49	198,72	84,34	41,79	12,09	–	–
592,50 bis 594,99	200,47	85,59	42,79	12,84	–	–
595,00 bis 597,49	202,22	86,84	43,79	13,59	–	–
597,50 bis 599,99	203,97	88,09	44,79	14,34	–	–
600,00 bis 602,49	205,72	89,34	45,79	15,09	–	–
602,50 bis 604,99	207,47	90,59	46,79	15,84	–	–
605,00 bis 607,49	209,22	91,84	47,79	16,59	–	–
607,50 bis 609,99	210,97	93,09	48,79	17,34	–	–
610,00 bis 612,49	212,72	94,34	49,79	18,09	–	–
612,50 bis 614,99	214,47	95,59	50,79	18,84	–	–
615,00 bis 617,49	216,22	96,84	51,79	19,59	0,22	–
617,50 bis 619,99	217,97	98,09	52,79	20,34	0,72	–
620,00 bis 622,49	219,72	99,34	53,79	21,09	1,22	–
622,50 bis 624,99	221,47	100,59	54,79	21,84	1,72	–
625,00 bis 627,49	223,22	101,84	55,79	22,59	2,22	–
627,50 bis 629,99	224,97	103,09	56,79	23,34	2,72	–
630,00 bis 632,49	226,72	104,34	57,79	24,09	3,22	–
632,50 bis 634,99	228,47	105,59	58,79	24,84	3,72	–
635,00 bis 637,49	230,22	106,84	59,79	25,59	4,22	–
637,50 bis 639,99	231,97	108,09	60,79	26,34	4,72	–
640,00 bis 642,49	233,72	109,34	61,79	27,09	5,22	–
642,50 bis 644,99	235,47	110,59	62,79	27,84	5,72	–
645,00 bis 647,49	237,22	111,84	63,79	28,59	6,22	–
647,50 bis 649,99	238,97	113,09	64,79	29,34	6,72	–
650,00 bis 652,49	240,72	114,34	65,79	30,09	7,22	–
652,50 bis 654,99	242,47	115,59	66,79	30,84	7,72	–
655,00 bis 657,49	244,22	116,84	67,79	31,59	8,22	–
657,50 bis 659,99	245,97	118,09	68,79	32,34	8,72	–
660,00 bis 662,49	247,72	119,34	69,79	33,09	9,22	–
662,50 bis 664,99	249,47	120,59	70,79	33,84	9,72	–

Auszahlung für Wochen

Euro	Pfändbarer Betrag bei Unterhaltspflicht für ... Personen					
Nettolohn wöchentlich	0	1	2	3	4	5 und mehr
665,00 bis 667,49	251,22	121,84	71,79	34,59	10,22	–
667,50 bis 669,99	252,97	123,09	72,79	35,34	10,72	–
670,00 bis 672,49	254,72	124,34	73,79	36,09	11,22	–
672,50 bis 674,99	256,47	125,59	74,79	36,84	11,72	–
675,00 bis 677,49	258,22	126,84	75,79	37,59	12,22	–
677,50 bis 679,99	259,97	128,09	76,79	38,34	12,72	–
680,00 bis 682,49	261,72	129,34	77,79	39,09	13,22	0,19
682,50 bis 684,99	263,47	130,59	78,79	39,84	13,72	0,44
685,00 bis 687,49	265,22	131,84	79,79	40,59	14,22	0,69
687,50 bis 689,99	266,97	133,09	80,79	41,34	14,72	0,94
690,00 bis 692,49	268,72	134,34	81,79	42,09	15,22	1,19
692,50 bis 694,99	270,47	135,59	82,79	42,84	15,72	1,44
695,00 bis 697,49	272,22	136,84	83,79	43,59	16,22	1,69
697,50 bis 699,99	273,97	138,09	84,79	44,34	16,72	1,94
700,00 bis 702,49	275,72	139,34	85,79	45,09	17,22	2,19
702,50 bis 704,99	277,47	140,59	86,79	45,84	17,72	2,44
705,00 bis 707,49	279,22	141,84	87,79	46,59	18,22	2,69
707,50 bis 709,99	280,97	143,09	88,79	47,34	18,72	2,94
710,00 bis 712,49	282,72	144,34	89,79	48,09	19,22	3,19
712,50 bis 714,99	284,47	145,59	90,79	48,84	19,72	3,44
715,00 bis 717,49	286,22	146,84	91,79	49,59	20,22	3,69
717,50 bis 719,99	287,97	148,09	92,79	50,34	20,72	3,94
720,00 bis 722,49	289,72	149,34	93,79	51,09	21,22	4,19
722,50 bis 724,99	291,47	150,59	94,79	51,84	21,72	4,44
725,00 bis 727,49	293,22	151,84	95,79	52,59	22,22	4,69
727,50 bis 729,99	294,97	153,09	96,79	53,34	22,72	4,94
730,00 bis 732,49	296,72	154,34	97,79	54,09	23,22	5,19
732,50 bis 734,99	298,47	155,59	98,79	54,84	23,72	5,44
735,00 bis 737,49	300,22	156,84	99,79	55,59	24,22	5,69
737,50 bis 739,99	301,97	158,09	100,79	56,34	24,72	5,94
740,00 bis 742,49	303,72	159,34	101,79	57,09	25,22	6,19
742,50 bis 744,99	305,47	160,59	102,79	57,84	25,72	6,44
745,00 bis 747,49	307,22	161,84	103,79	58,59	26,22	6,69
747,50 bis 749,99	308,97	163,09	104,79	59,34	26,72	6,94
750,00 bis 752,49	310,72	164,34	105,79	60,09	27,22	7,19
752,50 bis 754,99	312,47	165,59	106,79	60,84	27,72	7,44

Auszahlung für Wochen

Euro	Pfändbarer Betrag bei Unterhaltspflicht für ... Personen					
Nettolohn wöchentlich	0	1	2	3	4	5 und mehr
755,00 bis 757,49	314,22	166,84	107,79	61,59	28,22	7,69
757,50 bis 759,99	315,97	168,09	108,79	62,34	28,72	7,94
760,00 bis 762,49	317,72	169,34	109,79	63,09	29,22	8,19
762,50 bis 764,99	319,47	170,59	110,79	63,84	29,72	8,44
765,00 bis 767,49	321,22	171,84	111,79	64,59	30,22	8,69
767,50 bis 769,99	322,97	173,09	112,79	65,34	30,72	8,94
770,00 bis 772,49	324,72	174,34	113,79	66,09	31,22	9,19
772,50 bis 774,99	326,47	175,59	114,79	66,84	31,72	9,44
775,00 bis 777,49	328,22	176,84	115,79	67,59	32,22	9,69
777,50 bis 779,99	329,97	178,09	116,79	68,34	32,72	9,94
780,00 bis 782,49	331,72	179,34	117,79	69,09	33,22	10,19
782,50 bis 784,99	333,47	180,59	118,79	69,84	33,72	10,44
785,00 bis 787,49	335,22	181,84	119,79	70,59	34,22	10,69
787,50 bis 789,99	336,97	183,09	120,79	71,34	34,72	10,94
790,00 bis 792,49	338,72	184,34	121,79	72,09	35,22	11,19
792,50 bis 794,99	340,47	185,59	122,79	72,84	35,72	11,44
795,00 bis 797,49	342,22	186,84	123,79	73,59	36,22	11,69
797,50 bis 799,99	343,97	188,09	124,79	74,34	36,72	11,94
800,00 bis 802,49	345,72	189,34	125,79	75,09	37,22	12,19
802,50 bis 804,99	347,47	190,59	126,79	75,84	37,72	12,44
805,00 bis 807,49	349,22	191,84	127,79	76,59	38,22	12,69
807,50 bis 809,99	350,97	193,09	128,79	77,34	38,72	12,94
810,00 bis 812,49	352,72	194,34	129,79	78,09	39,22	13,19
812,50 bis 814,99	354,47	195,59	130,79	78,84	39,72	13,44
815,00 bis 817,49	356,22	196,84	131,79	79,59	40,22	13,69
817,50 bis 819,99	357,97	198,09	132,79	80,34	40,72	13,94
820,00 bis 822,49	359,72	199,34	133,79	81,09	41,22	14,19
822,50 bis 824,99	361,47	200,59	134,79	81,84	41,72	14,44
825,00 bis 827,49	363,22	201,84	135,79	82,59	42,22	14,69
827,50 bis 829,99	364,97	203,09	136,79	83,34	42,72	14,94
830,00 bis 832,49	366,72	204,34	137,79	84,09	43,22	15,19
832,50 bis 834,99	368,47	205,59	138,79	84,84	43,72	15,44
835,00 bis 837,49	370,22	206,84	139,79	85,59	44,22	15,69
837,50 bis 839,99	371,97	208,09	140,79	86,34	44,72	15,94
840,00 bis 842,49	373,72	209,34	141,79	87,09	45,22	16,19
842,50 bis 844,99	375,47	210,59	142,79	87,84	45,72	16,44

Auszahlung für Wochen

Euro	Pfändbarer Betrag bei Unterhaltspflicht für ... Personen					
Nettolohn wöchentlich	0	1	2	3	4	5 und mehr
845,00 bis 847,49	377,22	211,84	143,79	88,59	46,22	16,69
847,50 bis 849,99	378,97	213,09	144,79	89,34	46,72	16,94
850,00 bis 852,49	380,72	214,34	145,79	90,09	47,22	17,19
852,50 bis 854,99	382,47	215,59	146,79	90,84	47,72	17,44
855,00 bis 857,49	384,22	216,84	147,79	91,59	48,22	17,69
857,50 bis 859,99	385,97	218,09	148,79	92,34	48,72	17,94
860,00 bis 862,49	387,72	219,34	149,79	93,09	49,22	18,19
862,50 bis 864,99	389,47	220,59	150,79	93,84	49,72	18,44
865,00 bis 867,49	391,22	221,84	151,79	94,59	50,22	18,69
867,50 bis 869,99	392,97	223,09	152,79	95,34	50,72	18,94
870,00 bis 872,49	394,72	224,34	153,79	96,09	51,22	19,19
872,50 bis 874,99	396,47	225,59	154,79	96,84	51,72	19,44
875,00 bis 877,49	398,22	226,84	155,79	97,59	52,22	19,69
877,50 bis 879,99	399,97	228,09	156,79	98,34	52,72	19,94
880,00 bis 882,49	401,72	229,34	157,79	99,09	53,22	20,19
882,50 bis 884,99	403,47	230,59	158,79	99,84	53,72	20,44
885,00 bis 887,49	405,22	231,84	159,79	100,59	54,22	20,69
887,50 bis 889,99	406,97	233,09	160,79	101,34	54,72	20,94
890,00 bis 892,49	408,72	234,34	161,79	102,09	55,22	21,19
892,50 bis 894,99	410,47	235,59	162,79	102,84	55,72	21,44
895,00 bis 897,49	412,22	236,84	163,79	103,59	56,22	21,69
897,50 bis 899,99	413,97	238,09	164,79	104,34	56,72	21,94
900,00 bis 902,49	415,72	239,34	165,79	105,09	57,22	22,19
902,50 bis 904,99	417,47	240,59	166,79	105,84	57,72	22,44
905,00 bis 907,49	419,22	241,84	167,79	106,59	58,22	22,69
907,50 bis 909,99	420,97	243,09	168,79	107,34	58,72	22,94
910,00 bis 912,49	422,72	244,34	169,79	108,09	59,22	23,19
912,50 bis 914,99	424,47	245,59	170,79	108,84	59,72	23,44
915,00 bis 917,49	426,22	246,84	171,79	109,59	60,22	23,69
917,50 bis 919,99	427,97	248,09	172,79	110,34	60,72	23,94
920,00 bis 922,49	429,72	249,34	173,79	111,09	61,22	24,19
922,50 bis 924,99	431,47	250,59	174,79	111,84	61,72	24,44
925,00 bis 927,49	433,22	251,84	175,79	112,59	62,22	24,69
927,50 bis 929,99	434,97	253,09	176,79	113,34	62,72	24,94
930,00 bis 932,49	436,72	254,34	177,79	114,09	63,22	25,19
932,50 bis 934,99	438,47	255,59	178,79	114,84	63,72	25,44

Auszahlung für Wochen

Euro	Pfändbarer Betrag bei Unterhaltspflicht für ... Personen					
Nettolohn wöchentlich	0	1	2	3	4	5 und mehr
935,00 bis 937,49	440,22	256,84	179,79	115,59	64,22	25,69
937,50 bis 938,43	441,97	258,09	180,79	116,34	64,72	25,94
Der Mehrbetrag über 938,43 Euro ist voll pfändbar.						

Auszahlung für Tage

Euro	Pfändbarer Betrag bei Unterhaltspflicht für ... Personen					
Nettolohn täglich	0	1	2	3	4	5 und mehr
bis 61,49	–	–	–	–	–	–
61,50 bis 61,99	0,20	–	–	–	–	–
62,00 bis 62,49	0,55	–	–	–	–	–
62,50 bis 62,99	0,90	–	–	–	–	–
63,00 bis 63,49	1,25	–	–	–	–	–
63,50 bis 63,99	1,60	–	–	–	–	–
64,00 bis 64,49	1,95	–	–	–	–	–
64,50 bis 64,99	2,30	–	–	–	–	–
65,00 bis 65,49	2,65	–	–	–	–	–
65,50 bis 65,99	3,00	–	–	–	–	–
66,00 bis 66,49	3,35	–	–	–	–	–
66,50 bis 66,99	3,70	–	–	–	–	–
67,00 bis 67,49	4,05	–	–	–	–	–
67,50 bis 67,99	4,40	–	–	–	–	–
68,00 bis 68,49	4,75	–	–	–	–	–
68,50 bis 68,99	5,10	–	–	–	–	–
69,00 bis 69,49	5,45	–	–	–	–	–
69,50 bis 69,99	5,80	–	–	–	–	–
70,00 bis 70,49	6,15	–	–	–	–	–
70,50 bis 70,99	6,50	–	–	–	–	–
71,00 bis 71,49	6,85	–	–	–	–	–
71,50 bis 71,99	7,20	–	–	–	–	–
72,00 bis 72,49	7,55	–	–	–	–	–
72,50 bis 72,99	7,90	–	–	–	–	–
73,00 bis 73,49	8,25	–	–	–	–	–
73,50 bis 73,99	8,60	–	–	–	–	–
74,00 bis 74,49	8,95	–	–	–	–	–
74,50 bis 74,99	9,30	–	–	–	–	–
75,00 bis 75,49	9,65	–	–	–	–	–
75,50 bis 75,99	10,00	–	–	–	–	–
76,00 bis 76,49	10,35	–	–	–	–	–
76,50 bis 76,99	10,70	–	–	–	–	–
77,00 bis 77,49	11,05	–	–	–	–	–
77,50 bis 77,99	11,40	–	–	–	–	–
78,00 bis 78,49	11,75	–	–	–	–	–
78,50 bis 78,99	12,10	–	–	–	–	–

Auszahlung für Tage

Euro	Pfändbarer Betrag bei Unterhaltspflicht für ... Personen					
Nettolohn täglich	0	1	2	3	4	5 und mehr
79,00 bis 79,49	12,45	–	–	–	–	–
79,50 bis 79,99	12,80	–	–	–	–	–
80,00 bis 80,49	13,15	–	–	–	–	–
80,50 bis 80,99	13,50	–	–	–	–	–
81,00 bis 81,49	13,85	–	–	–	–	–
81,50 bis 81,99	14,20	–	–	–	–	–
82,00 bis 82,49	14,55	–	–	–	–	–
82,50 bis 82,99	14,90	–	–	–	–	–
83,00 bis 83,49	15,25	–	–	–	–	–
83,50 bis 83,99	15,60	–	–	–	–	–
84,00 bis 84,49	15,95	–	–	–	–	–
84,50 bis 84,99	16,30	0,12	–	–	–	–
85,00 bis 85,49	16,65	0,37	–	–	–	–
85,50 bis 85,99	17,00	0,62	–	–	–	–
86,00 bis 86,49	17,35	0,87	–	–	–	–
86,50 bis 86,99	17,70	1,12	–	–	–	–
87,00 bis 87,49	18,05	1,37	–	–	–	–
87,50 bis 87,99	18,40	1,62	–	–	–	–
88,00 bis 88,49	18,75	1,87	–	–	–	–
88,50 bis 88,99	19,10	2,12	–	–	–	–
89,00 bis 89,49	19,45	2,37	–	–	–	–
89,50 bis 89,99	19,80	2,62	–	–	–	–
90,00 bis 90,49	20,15	2,87	–	–	–	–
90,50 bis 90,99	20,50	3,12	–	–	–	–
91,00 bis 91,49	20,85	3,37	–	–	–	–
91,50 bis 91,99	21,20	3,62	–	–	–	–
92,00 bis 92,49	21,55	3,87	–	–	–	–
92,50 bis 92,99	21,90	4,12	–	–	–	–
93,00 bis 93,49	22,25	4,37	–	–	–	–
93,50 bis 93,99	22,60	4,62	–	–	–	–
94,00 bis 94,49	22,95	4,87	–	–	–	–
94,50 bis 94,99	23,30	5,12	–	–	–	–
95,00 bis 95,49	23,65	5,37	–	–	–	–
95,50 bis 95,99	24,00	5,62	–	–	–	–
96,00 bis 96,49	24,35	5,87	–	–	–	–
96,50 bis 96,99	24,70	6,12	–	–	–	–

Auszahlung für Tage

Euro	Pfändbarer Betrag bei Unterhaltspflicht für ... Personen					
Nettolohn täglich	0	1	2	3	4	5 und mehr
97,00 bis 97,49	25,05	6,37	–	–	–	–
97,50 bis 97,99	25,40	6,62	0,16	–	–	–
98,00 bis 98,49	25,75	6,87	0,36	–	–	–
98,50 bis 98,99	26,10	7,12	0,56	–	–	–
99,00 bis 99,49	26,45	7,37	0,76	–	–	–
99,50 bis 99,99	26,80	7,62	0,96	–	–	–
100,00 bis 100,49	27,15	7,87	1,16	–	–	–
100,50 bis 100,99	27,50	8,12	1,36	–	–	–
101,00 bis 101,49	27,85	8,37	1,56	–	–	–
101,50 bis 101,99	28,20	8,62	1,76	–	–	–
102,00 bis 102,49	28,55	8,87	1,96	–	–	–
102,50 bis 102,99	28,90	9,12	2,16	–	–	–
103,00 bis 103,49	29,25	9,37	2,36	–	–	–
103,50 bis 103,99	29,60	9,62	2,56	–	–	–
104,00 bis 104,49	29,95	9,87	2,76	–	–	–
104,50 bis 104,99	30,30	10,12	2,96	–	–	–
105,00 bis 105,49	30,65	10,37	3,16	–	–	–
105,50 bis 105,99	31,00	10,62	3,36	–	–	–
106,00 bis 106,49	31,35	10,87	3,56	–	–	–
106,50 bis 106,99	31,70	11,12	3,76	–	–	–
107,00 bis 107,49	32,05	11,37	3,96	–	–	–
107,50 bis 107,99	32,40	11,62	4,16	–	–	–
108,00 bis 108,49	32,75	11,87	4,36	–	–	–
108,50 bis 108,99	33,10	12,12	4,56	–	–	–
109,00 bis 109,49	33,45	12,37	4,76	–	–	–
109,50 bis 109,99	33,80	12,62	4,96	–	–	–
110,00 bis 110,49	34,15	12,87	5,16	0,02	–	–
110,50 bis 110,99	34,50	13,12	5,36	0,17	–	–
111,00 bis 111,49	34,85	13,37	5,56	0,32	–	–
111,50 bis 111,99	35,20	13,62	5,76	0,47	–	–
112,00 bis 112,49	35,55	13,87	5,96	0,62	–	–
112,50 bis 112,99	35,90	14,12	6,16	0,77	–	–
113,00 bis 113,49	36,25	14,37	6,36	0,92	–	–
113,50 bis 113,99	36,60	14,62	6,56	1,07	–	–
114,00 bis 114,49	36,95	14,87	6,76	1,22	–	–
114,50 bis 114,99	37,30	15,12	6,96	1,37	–	–

Auszahlung für Tage

Euro	Pfändbarer Betrag bei Unterhaltspflicht für ... Personen					
Nettolohn täglich	0	1	2	3	4	5 und mehr
115,00 bis 115,49	37,65	15,37	7,16	1,52	–	–
115,50 bis 115,99	38,00	15,62	7,36	1,67	–	–
116,00 bis 116,49	38,35	15,87	7,56	1,82	–	–
116,50 bis 116,99	38,70	16,12	7,76	1,97	–	–
117,00 bis 117,49	39,05	16,37	7,96	2,12	–	–
117,50 bis 117,99	39,40	16,62	8,16	2,27	–	–
118,00 bis 118,49	39,75	16,87	8,36	2,42	–	–
118,50 bis 118,99	40,10	17,12	8,56	2,57	–	–
119,00 bis 119,49	40,45	17,37	8,76	2,72	–	–
119,50 bis 119,99	40,80	17,62	8,96	2,87	–	–
120,00 bis 120,49	41,15	17,87	9,16	3,02	–	–
120,50 bis 120,99	41,50	18,12	9,36	3,17	–	–
121,00 bis 121,49	41,85	18,37	9,56	3,32	–	–
121,50 bis 121,99	42,20	18,62	9,76	3,47	–	–
122,00 bis 122,49	42,55	18,87	9,96	3,62	–	–
122,50 bis 122,99	42,90	19,12	10,16	3,77	–	–
123,00 bis 123,49	43,25	19,37	10,36	3,92	0,04	–
123,50 bis 123,99	43,60	19,62	10,56	4,07	0,14	–
124,00 bis 124,49	43,95	19,87	10,76	4,22	0,24	–
124,50 bis 124,99	44,30	20,12	10,96	4,37	0,34	–
125,00 bis 125,49	44,65	20,37	11,16	4,52	0,44	–
125,50 bis 125,99	45,00	20,62	11,36	4,67	0,54	–
126,00 bis 126,49	45,35	20,87	11,56	4,82	0,64	–
126,50 bis 126,99	45,70	21,12	11,76	4,97	0,74	–
127,00 bis 127,49	46,05	21,37	11,96	5,12	0,84	–
127,50 bis 127,99	46,40	21,62	12,16	5,27	0,94	–
128,00 bis 128,49	46,75	21,87	12,36	5,42	1,04	–
128,50 bis 128,99	47,10	22,12	12,56	5,57	1,14	–
129,00 bis 129,49	47,45	22,37	12,76	5,72	1,24	–
129,50 bis 129,99	47,80	22,62	12,96	5,87	1,34	–
130,00 bis 130,49	48,15	22,87	13,16	6,02	1,44	–
130,50 bis 130,99	48,50	23,12	13,36	6,17	1,54	–
131,00 bis 131,49	48,85	23,37	13,56	6,32	1,64	–
131,50 bis 131,99	49,20	23,62	13,76	6,47	1,74	–
132,00 bis 132,49	49,55	23,87	13,96	6,62	1,84	–
132,50 bis 132,99	49,90	24,12	14,16	6,77	1,94	–

Auszahlung für Tage

Euro	Pfändbarer Betrag bei Unterhaltspflicht für ... Personen					
Nettolohn täglich	0	1	2	3	4	5 und mehr
133,00 bis 133,49	50,25	24,37	14,36	6,92	2,04	–
133,50 bis 133,99	50,60	24,62	14,56	7,07	2,14	–
134,00 bis 134,49	50,95	24,87	14,76	7,22	2,24	–
134,50 bis 134,99	51,30	25,12	14,96	7,37	2,34	–
135,00 bis 135,49	51,65	25,37	15,16	7,52	2,44	–
135,50 bis 135,99	52,00	25,62	15,36	7,67	2,54	–
136,00 bis 136,49	52,35	25,87	15,56	7,82	2,64	0,04
136,50 bis 136,99	52,70	26,12	15,76	7,97	2,74	0,09
137,00 bis 137,49	53,05	26,37	15,96	8,12	2,84	0,14
137,50 bis 137,99	53,40	26,62	16,16	8,27	2,94	0,19
138,00 bis 138,49	53,75	26,87	16,36	8,42	3,04	0,24
138,50 bis 138,99	54,10	27,12	16,56	8,57	3,14	0,29
139,00 bis 139,49	54,45	27,37	16,76	8,72	3,24	0,34
139,50 bis 139,99	54,80	27,62	16,96	8,87	3,34	0,39
140,00 bis 140,49	55,15	27,87	17,16	9,02	3,44	0,44
140,50 bis 140,99	55,50	28,12	17,36	9,17	3,54	0,49
141,00 bis 141,49	55,85	28,37	17,56	9,32	3,64	0,54
141,50 bis 141,99	56,20	28,62	17,76	9,47	3,74	0,59
142,00 bis 142,49	56,55	28,87	17,96	9,62	3,84	0,64
142,50 bis 142,99	56,90	29,12	18,16	9,77	3,94	0,69
143,00 bis 143,49	57,25	29,37	18,36	9,92	4,04	0,74
143,50 bis 143,99	57,60	29,62	18,56	10,07	4,14	0,79
144,00 bis 144,49	57,95	29,87	18,76	10,22	4,24	0,84
144,50 bis 144,99	58,30	30,12	18,96	10,37	4,34	0,89
145,00 bis 145,49	58,65	30,37	19,16	10,52	4,44	0,94
145,50 bis 145,99	59,00	30,62	19,36	10,67	4,54	0,99
146,00 bis 146,49	59,35	30,87	19,56	10,82	4,64	1,04
146,50 bis 146,99	59,70	31,12	19,76	10,97	4,74	1,09
147,00 bis 147,49	60,05	31,37	19,96	11,12	4,84	1,14
147,50 bis 147,99	60,40	31,62	20,16	11,27	4,94	1,19
148,00 bis 148,49	60,75	31,87	20,36	11,42	5,04	1,24
148,50 bis 148,99	61,10	32,12	20,56	11,57	5,14	1,29
149,00 bis 149,49	61,45	32,37	20,76	11,72	5,24	1,34
149,50 bis 149,99	61,80	32,62	20,96	11,87	5,34	1,39
150,00 bis 150,49	62,15	32,87	21,16	12,02	5,44	1,44
150,50 bis 150,99	62,50	33,12	21,36	12,17	5,54	1,49

Auszahlung für Tage

Euro	Pfändbarer Betrag bei Unterhaltspflicht für ... Personen					
Nettolohn täglich	0	1	2	3	4	5 und mehr
151,00 bis 151,49	62,85	33,37	21,56	12,32	5,64	1,54
151,50 bis 151,99	63,20	33,62	21,76	12,47	5,74	1,59
152,00 bis 152,49	63,55	33,87	21,96	12,62	5,84	1,64
152,50 bis 152,99	63,90	34,12	22,16	12,77	5,94	1,69
153,00 bis 153,49	64,25	34,37	22,36	12,92	6,04	1,74
153,50 bis 153,99	64,60	34,62	22,56	13,07	6,14	1,79
154,00 bis 154,49	64,95	34,87	22,76	13,22	6,24	1,84
154,50 bis 154,99	65,30	35,12	22,96	13,37	6,34	1,89
155,00 bis 155,49	65,65	35,37	23,16	13,52	6,44	1,94
155,50 bis 155,99	66,00	35,62	23,36	13,67	6,54	1,99
156,00 bis 156,49	66,35	35,87	23,56	13,82	6,64	2,04
156,50 bis 156,99	66,70	36,12	23,76	13,97	6,74	2,09
157,00 bis 157,49	67,05	36,37	23,96	14,12	6,84	2,14
157,50 bis 157,99	67,40	36,62	24,16	14,27	6,94	2,19
158,00 bis 158,49	67,75	36,87	24,36	14,42	7,04	2,24
158,50 bis 158,99	68,10	37,12	24,56	14,57	7,14	2,29
159,00 bis 159,49	68,45	37,37	24,76	14,72	7,24	2,34
159,50 bis 159,99	68,80	37,62	24,96	14,87	7,34	2,39
160,00 bis 160,49	69,15	37,87	25,16	15,02	7,44	2,44
160,50 bis 160,99	69,50	38,12	25,36	15,17	7,54	2,49
161,00 bis 161,49	69,85	38,37	25,56	15,32	7,64	2,54
161,50 bis 161,99	70,20	38,62	25,76	15,47	7,74	2,59
162,00 bis 162,49	70,55	38,87	25,96	15,62	7,84	2,64
162,50 bis 162,99	70,90	39,12	26,16	15,77	7,94	2,69
163,00 bis 163,49	71,25	39,37	26,36	15,92	8,04	2,74
163,50 bis 163,99	71,60	39,62	26,56	16,07	8,14	2,79
164,00 bis 164,49	71,95	39,87	26,76	16,22	8,24	2,84
164,50 bis 164,99	72,30	40,12	26,96	16,37	8,34	2,89
165,00 bis 165,49	72,65	40,37	27,16	16,52	8,44	2,94
165,50 bis 165,99	73,00	40,62	27,36	16,67	8,54	2,99
166,00 bis 166,49	73,35	40,87	27,56	16,82	8,64	3,04
166,50 bis 166,99	73,70	41,12	27,76	16,97	8,74	3,09
167,00 bis 167,49	74,05	41,37	27,96	17,12	8,84	3,14
167,50 bis 167,99	74,40	41,62	28,16	17,27	8,94	3,19
168,00 bis 168,49	74,75	41,87	28,36	17,42	9,04	3,24
168,50 bis 168,99	75,10	42,12	28,56	17,57	9,14	3,29

Auszahlung für Tage

Euro	Pfändbarer Betrag bei Unterhaltspflicht für ... Personen					
Nettolohn täglich	0	1	2	3	4	5 und mehr
169,00 bis 169,49	75,45	42,37	28,76	17,72	9,24	3,34
169,50 bis 169,99	75,80	42,62	28,96	17,87	9,34	3,39
170,00 bis 170,49	76,15	42,87	29,16	18,02	9,44	3,44
170,50 bis 170,99	76,50	43,12	29,36	18,17	9,54	3,49
171,00 bis 171,49	76,85	43,37	29,56	18,32	9,64	3,54
171,50 bis 171,99	77,20	43,62	29,76	18,47	9,74	3,59
172,00 bis 172,49	77,55	43,87	29,96	18,62	9,84	3,64
172,50 bis 172,99	77,90	44,12	30,16	18,77	9,94	3,69
173,00 bis 173,49	78,25	44,37	30,36	18,92	10,04	3,74
173,50 bis 173,99	78,60	44,62	30,56	19,07	10,14	3,79
174,00 bis 174,49	78,95	44,87	30,76	19,22	10,24	3,84
174,50 bis 174,99	79,30	45,12	30,96	19,37	10,34	3,89
175,00 bis 175,49	79,65	45,37	31,16	19,52	10,44	3,94
175,50 bis 175,99	80,00	45,62	31,36	19,67	10,54	3,99
176,00 bis 176,49	80,35	45,87	31,56	19,82	10,64	4,04
176,50 bis 176,99	80,70	46,12	31,76	19,97	10,74	4,09
177,00 bis 177,49	81,05	46,37	31,96	20,12	10,84	4,14
177,50 bis 177,99	81,40	46,62	32,16	20,27	10,94	4,19
178,00 bis 178,49	81,75	46,87	32,36	20,42	11,04	4,24
178,50 bis 178,99	82,10	47,12	32,56	20,57	11,14	4,29
179,00 bis 179,49	82,45	47,37	32,76	20,72	11,24	4,34
179,50 bis 179,99	82,80	47,62	32,96	20,87	11,34	4,39
180,00 bis 180,49	83,15	47,87	33,16	21,02	11,44	4,44
180,50 bis 180,99	83,50	48,12	33,36	21,17	11,54	4,49
181,00 bis 181,49	83,85	48,37	33,56	21,32	11,64	4,54
181,50 bis 181,99	84,20	48,62	33,76	21,47	11,74	4,59
182,00 bis 182,49	84,55	48,87	33,96	21,62	11,84	4,64
182,50 bis 182,99	84,90	49,12	34,16	21,77	11,94	4,69
183,00 bis 183,49	85,25	49,37	34,36	21,92	12,04	4,74
183,50 bis 183,99	85,60	49,62	34,56	22,07	12,14	4,79
184,00 bis 184,49	85,95	49,87	34,76	22,22	12,24	4,84
184,50 bis 184,99	86,30	50,12	34,96	22,37	12,34	4,89
185,00 bis 185,49	86,65	50,37	35,16	22,52	12,44	4,94
185,50 bis 185,99	87,00	50,62	35,36	22,67	12,54	4,99
186,00 bis 186,49	87,35	50,87	35,56	22,82	12,64	5,04
186,50 bis 186,99	87,70	51,12	35,76	22,97	12,74	5,09

Auszahlung für Tage

Euro	Pfändbarer Betrag bei Unterhaltspflicht für ... Personen					
Nettolohn täglich	0	1	2	3	4	5 und mehr
187,00 bis 187,49	88,05	51,37	35,96	23,12	12,84	5,14
187,50 bis 187,69	88,40	51,62	36,16	23,27	12,94	5,19
Der Mehrbetrag über 187,69 Euro ist voll pfändbar.						

ständige Steuerberaterkammer den Vertreter. [3]Der Vertreter muß ein Steuerberater oder Steuerbevollmächtigter (§§ 40, 42) sein.

(2) [1]Dem Vertreter stehen im Rahmen der eigenen Befugnisse die rechtlichen Befugnisse des Steuerberaters oder Steuerbevollmächtigten zu, den er vertritt. [2]Der Vertreter wird in eigener Verantwortung, jedoch im Interesse, für Rechnung und auf Kosten des Vertretenen tätig. [3]Die §§ 666, 667 und 670 des Bürgerlichen Gesetzbuches gelten entsprechend.

(3) [1]Die zuständige Steuerberaterkammer kann den Vertreter von Amts wegen bestellen, wenn der Steuerberater oder Steuerbevollmächtigte es unterlassen hat, eine Maßnahme nach Absatz 1 Satz 1 zu treffen oder die Bestellung eines Vertreters nach Absatz 1 Satz 2 zu beantragen. [2]Der Vertreter soll jedoch erst bestellt werden, wenn der Steuerberater oder Steuerbevollmächtigte vorher aufgefordert worden ist, den Vertreter selbst zu bestellen oder einen Antrag nach Absatz 1 Satz 2 einzureichen, und die ihm hierfür gesetzte Frist fruchtlos verstrichen ist. [3]Der Steuerberater oder Steuerbevollmächtigte, der von Amts wegen als Vertreter bestellt wird, kann die Vertretung nur aus einem wichtigen Grund ablehnen. [4]Über die Zulässigkeit der Ablehnung entscheidet die zuständige Steuerberaterkammer.

(4) [1]Der von Amts wegen bestellte Vertreter ist berechtigt, die Praxisräume zu betreten und die zur Praxis gehörenden Gegenstände einschließlich des dem Steuerberater oder Steuerbevollmächtigten zur Verwahrung unterliegenden Treugutes in Besitz zu nehmen, herauszuverlangen und hierüber zu verfügen. [2]An Weisungen des Vertretenen ist er nicht gebunden. [3]Der Vertretene darf die Tätigkeit des Vertreters nicht beeinträchtigen. [4]Er hat dem von Amts wegen bestellten Vertreter eine angemessene Vergütung zu zahlen, für die Sicherheit zu leisten ist, wenn die Umstände es erfordern. [5]Können sich die Beteiligten über die Höhe der Vergütung oder über die Sicherheit nicht einigen oder wird die geschuldete Sicherheit nicht geleistet, setzt die Steuerberaterkammer auf Antrag des Vertretenen oder des Vertreters die Vergütung fest. [6]Der Vertreter ist befugt, Vorschüsse auf die vereinbarte oder festgesetzte Vergütung zu entnehmen. [7]Für die festgesetzte Vergütung haftet die Steuerberaterkammer wie ein Bürge.

(5) [1]Der Vertreter wird für einen bestimmten Zeitraum, längstens jedoch für die Dauer von zwei Jahren bestellt. [2]In den Fällen des § 59 erfolgt die Bestellung des Vertreters für die Dauer des Dienst- oder Amtsverhältnisses. [3]Die Bestellung kann jederzeit widerrufen werden.

(6) Der von Amts wegen bestellte Vertreter darf für die Dauer von zwei Jahren nach Ablauf der Bestellung nicht für Auftraggeber tätig werden, die er in seiner Eigenschaft als Vertreter für den Vertretenen betreut hat.

(7) [1]Ist ein Steuerberater oder Steuerbevollmächtigter, für den ein Vertreter bestellt ist, gestorben, so sind Rechtshandlungen, die der Vertreter vor Eintragung der Löschung des verstorbenen Berufsangehörigen in das Berufsregister vorgenommen hat, nicht deshalb unwirksam, weil der Berufsangehörige zur Zeit der Bestellung des Vertreters oder zur Zeit der Vornahme der Handlung nicht mehr gelebt hat. [2]Das Gleiche gilt für Rechtshandlungen, die vor Eintragung der Löschung des verstorbenen Berufsangehörigen in das Berufsregister dem Vertreter gegenüber noch vorgenommen worden sind.

§ 70[1] Bestellung eines Praxisabwickler. (1) [1]Ist ein Steuerberater oder Steuerbevollmächtigter gestorben, kann die zuständige Steuerberaterkammer einen anderen Steuerberater oder Steuerbevollmächtigten zum Abwickler der Praxis bestellen. [2]Ein Abwickler kann auch für die Praxis eines früheren Steuerberaters oder Steuerbevollmächtigten bestellt werden, dessen Bestellung erloschen, zurückgenommen oder widerrufen worden ist.

(2) [1]Der Abwickler ist in der Regel nicht länger als für die Dauer eines Jahres zu bestellen. [2]Auf Antrag des Abwicklers ist die Bestellung jeweils höchstens um ein Jahr zu verlängern, wenn er glaubhaft macht, dass schwebende Angelegenheiten noch nicht zu Ende geführt werden konnten.

(3) [1]Dem Abwickler obliegt es, die schwebenden Angelegenheiten abzuwickeln. [2]Er führt die laufenden Aufträge fort; innerhalb der ersten sechs Monate ist er auch berechtigt, neue Aufträge anzunehmen. [3]Ihm stehen die gleichen Befugnisse zu, die der verstorbene oder frühere Steuerberater oder Steuerbevollmächtigte hatte. [4]Der Abwickler gilt für die schwebenden Angelegenheiten als von der Partei bevollmächtigt, sofern diese nicht für die Wahrnehmung ihrer Rechte in anderer Weise gesorgt hat.

(4) [1]Der Steuerberater oder Steuerbevollmächtigte, der von Amts wegen zum Abwickler bestellt worden ist, kann die Abwicklung nur aus einem wichtigen Grund ablehnen. [2]Über die Zulässigkeit der Ablehnung entscheidet die zuständige Steuerberaterkammer.

(5) § 69 Abs. 2 und 4 gilt entsprechend.

(6) Der Abwickler ist berechtigt, jedoch außer im Rahmen eines Kostenfestsetzungsverfahrens nicht verpflichtet, Gebührenansprüche und Kostenforderungen des verstorbenen oder früheren Steuerberaters oder Steuerbevollmächtigten im eigenen Namen geltend zu machen, im Falle des verstorbenen Steuerberaters oder Steuerbevollmächtigten allerdings nur für Rechnung der Erben.

(7) Die Bestellung kann widerrufen werden.

(8) § 69 Abs. 6 gilt entsprechend, es sei denn, es liegt eine schriftliche Einwilligung der Erben oder des früheren Steuerberaters oder Steuerbevollmächtigten vor.

§ 71[2] Bestellung eines Praxistreuhänders. (1) [1]Soll die Praxis eines verstorbenen Steuerberaters oder Steuerbevollmächtigten auf eine bestimmte Person übertragen werden, die im Zeitpunkt des Todes des verstorbenen Berufsangehörigen noch nicht zur Hilfeleistung in Steuersachen befugt ist, so kann auf Antrag der Erben die zuständige Steuerberaterkammer für einen Zeitraum bis zu drei Jahren einen Steuerberater oder Steuerbevollmächtigten zum Treuhänder bestellen. [2]In Ausnahmefällen kann der Zeitraum um ein weiteres Jahr verlängert werden.

---

[1] § 70 neu gef. mWv 12.4.2008 durch G v. 8.4.2008 (BGBl. I S. 666).

[2] § 71 Abs. 4 geänd. durch G v. 9.6.1989 (BGBl. I S. 1062), Abs. 5 angef. mWv 1.7.1994 durch G v. 24.6.1994 (BGBl. I S. 1387), Abs. 1 Satz 1 geänd., Abs. 4 neu gef. mWv 1.7.2000 durch G v. 24.6.2000 (BGBl. I S. 874).

30. Juni 2000 geltenden Fassung. [2]Soweit in diesen Fällen auf Grund rechtskräftiger Gerichtsentscheidungen endgültige Bestellungen vorzunehmen sind, gilt § 40a Abs. 1 Satz 3 bis 5 in der bis zum 30. Juni 2000 geltenden Fassung weiter.

(4) Die Vorschriften dieses Gesetzes über die Zulassung zur Prüfung in der ab dem 1. Juli 2000 geltenden Fassung sind erstmals auf die Zulassung zur Prüfung im Jahr 2001 anzuwenden.

(5) Auf Prüfungen, die vor dem 1. November 2000 begonnen haben, sind die Vorschriften dieses Gesetzes in der bis zum 30. Juni 2000 geltenden Fassung weiter anzuwenden.

(6) Die den Steuerberaterkammern zugewiesenen Aufgaben des Ersten und Zweiten Unterabschnitts des Zweiten Abschnitts des Zweiten Teils dieses Gesetzes in der ab dem 1. Juli 2000 geltenden Fassung werden bis zum 31. Dezember 2000 von den bisher zuständigen Behörden der Finanzverwaltung wahrgenommen.

(7) *(aufgehoben)*

§ 157a[1)] Übergangsvorschriften anlässlich des Achten Gesetzes zur Änderung des Steuerberatungsgesetzes. (1) [1]Die Vorschriften dieses Gesetzes in der ab 12. April 2008 geltenden Fassung über die Zulassung zur Prüfung, die Befreiung von der Prüfung, die organisatorische Durchführung der Prüfung und die Abnahme der Prüfung sind erstmals für Prüfungen anzuwenden, die nach dem 31. Dezember 2008 beginnen und für Anträge auf Befreiung von der Prüfung oder auf Erteilung einer verbindlichen Auskunft über die Erfüllung einzelner Voraussetzungen für die Zulassung zur Prüfung oder über die Befreiung von der Prüfung, die nach dem 31. Dezember 2008 gestellt werden. [2]Das gilt nicht für § 36 Abs. 1, § 37 Abs. 3, § 37a Abs. 2 bis 4a, § 38 Abs. 1 und die in § 39 Abs. 1 für die Bearbeitung eines Antrags auf Befreiung von der Prüfung oder auf Erteilung einer verbindlichen Auskunft nach § 38a bestimmte Gebührenhöhe. [3]Die in § 39 Abs. 2 bestimmte Höhe der Gebühr gilt für Prüfungen, die nach dem 31. Dezember 2007 beginnen.

(2) Auf Prüfungen, die vor dem 1. November 2007 begonnen haben, sind die Vorschriften dieses Gesetzes in der bis zum 11. April 2008 geltenden Fassung weiter anzuwenden.

(3) Unabhängig von den Absätzen 1 und 2 geht am 1. Juli 2009 in den zu diesem Zeitpunkt anhängigen Rechtsstreitigkeiten wegen der Zulassung zur Prüfung, der Befreiung von der Prüfung oder der Erteilung verbindlicher Auskünfte gemäß § 38a und Überdenkungsverfahren die Zuständigkeit von der für die Finanzverwaltung zuständigen obersten Landesbehörde auf die zuständige Steuerberaterkammer über.

(4) Unabhängig von den Absätzen 1 und 2 wird ab dem 1. Juli 2009 in den zu diesem Zeitpunkt anhängigen Rechtsstreitigkeiten wegen Prüfungsentscheidungen die für die Finanzverwaltung zuständige oberste Landesbehörde durch die zuständige Steuerberaterkammer vertreten.

---

1) § 157a eingef. mWv 12.4.2008 durch G v. 8.4.2008 (BGBl. I S. 666).

§ 157b[1] Anwendungsvorschrift. § 154 Absatz 2 Satz 2 Nummer 2 in der Fassung des Artikels 14 des Gesetzes vom 16. Juli 2009 (BGBl. I S. 1959) ist auf alle bei Inkrafttreten dieser Vorschrift nicht bestandskräftig abgeschlossenen Verfahren anzuwenden.

§ 157c[2] Anwendungsvorschrift zu § 36 Absatz 2. § 36 Absatz 2 in der Fassung des Artikels 5 des Gesetzes vom 22. November 2019 (BGBl. I S. 1746) ist erstmals auf Prüfungen anzuwenden, die nach dem 31. Dezember 2020 beginnen.

§ 157d[3] Anwendungsvorschrift aus Anlass des Gesetzes zur Neuregelung des Berufsrechts der anwaltlichen und steuerberatenden Berufsausübungsgesellschaften sowie zur Änderung weiterer Vorschriften im Bereich der rechtsberatenden Berufe. (1) Wenn eine Gesellschaft vor dem 1. August 2022 als Steuerberatungsgesellschaft anerkannt wurde, gilt diese Anerkennung als Anerkennung der Berufsausübungsgesellschaft im Sinne des § 53.

(2) [1] Berufsausübungsgesellschaften, die

1. am 1. August 2022 bestanden,
2. nach § 53 Absatz 1 anerkennungsbedürftig sind und
3. nicht nach Absatz 1 als anerkannt gelten,

müssen bis zum 1. November 2022 ihre Anerkennung beantragen. [2] Ihnen stehen bis zur Entscheidung der zuständigen Steuerberaterkammer über den Antrag auf Anerkennung die Befugnisse nach den §§ 55c und 55d zu.

§ 157e[4] Anwendungsvorschrift zur Steuerberaterplattform und zu den besonderen elektronischen Steuerberaterpostfächern. § 86 Absatz 2 Nummer 10 und 11, § 86b Absatz 3 und die §§ 86c bis 86g in der am 1. August 2022 geltenden Fassung sind erstmals nach Ablauf des 31. Dezember 2022 anzuwenden.

Siebenter Abschnitt. Verordnungsermächtigung

§ 158[5] Durchführungsbestimmungen zu den Vorschriften über Steuerberater, Steuerbevollmächtigte und Berufsausübungsgesellschaften. Die Bundesregierung wird ermächtigt, nach Anhören der Bundessteuerberaterkammer mit Zustimmung des Bundesrates durch Rechtsverordnung Bestimmungen zu erlassen

1. über
   a) das Verfahren bei der Zulassung zur Prüfung, der Befreiung von der Prüfung und der Erteilung verbindlicher Auskünfte, insbesondere über

---

[1] § 157b eingef. mWv 23.7.2009 durch G v. 16.7.2009 (BGBl. I S. 1959).
[2] § 157c eingef. mWv 1.1.2020 durch G v. 22.11.2019 (BGBl. I S. 1746).
[3] § 157d eingef. mWv 1.8.2022 durch G v. 7.7.2021 (BGBl. I S. 2363).
[4] § 157e eingef. mWv 1.8.2022 durch G v. 7.7.2021 (BGBl. I S. 2363).
[5] *§ 158 neu* gef. mWv 12.4.2008 durch G v. 8.4.2008 (BGBl. I S. 666); Überschrift und Nr. 3 geänd. mWv 1.8.2022 durch G v. 7.7.2021 (BGBl. I S. 2363).

840a. Vergütungsverordnung für Steuerberater, Steuerbevollmächtigte und *Steuerberatungsgesellschaften* [*ab 1.8.2022:* Berufsausübungsgesellschaften] (Steuerberatervergütungsverordnung – StBVV)[1)]

Vom 17. Dezember 1981 (BGBl. I S. 1442)

Geändert durch Erste Verordnung zur Änderung der Steuerberatergebührenverordnung vom 20.6.1988 (BGBl. I S. 841), Zweite Verordnung zur Änderung der Steuerberatergebührenverordnung vom 21.6.1991 (BGBl. I S. 1370), Dritte Verordnung zur Änderung der Steuerberatergebührenverordnung vom 20.8.1998 (BGBl. I S. 2369), Gesetz zur Umstellung des Kostenrechts und der Steuerberatergebührenverordnung auf Euro vom 27.4.2001 (BGBl. I S. 751), Kostenrechtsmodernisierungsgesetz vom 5.5.2004 (BGBl. I S. 718), Jahressteuergesetz 2007 vom 13.12.2006 (BGBl. I S. 2878), Achtes Gesetz zur Änderung des Steuerberatungsgesetzes vom 8.4.2008 (BGBl. I S. 666), Verordnung zum Erlass und zur Änderung steuerlicher Verordnungen vom 11.2.2012 (BGBl. I S. 2637), Dritte Verordnung zur Änderung steuerlicher Verordnungen vom 18.7.2016 (BGBl. I S. 1722), Vierte Verordnung zur Änderung Steuerlicher Verordnungen vom 12.7.2017 (BGBl. I S. 2360), Fünfte Verordnung zur Änderung steuerlicher Verordnungen vom 25.6.2020 (BGBl. I S. 1495), Gesetz zur Neuregelung des Berufsrechts der anwaltlichen und steuerberatenden Berufsausübungsgesellschaften sowie zur Änderung weiterer Vorschriften im Bereich der rechtsberatenden Berufe vom 7.7.2021 (BGBl. I S. 2363) und Vierte Verordnung zur Änderung der Steuerberatervergütungsverordnung vom 10.6.2022 (BGBl. I S. 877)

BGBl. III/FNA 610-10-7

Auf Grund des § 64 des Steuerberatungsgesetzes[2)] in der Fassung der Bekanntmachung vom 4. November 1975 (BGBl. I S. 2735) wird nach Anhörung der Bundessteuerberaterkammer mit Zustimmung des Bundesrates verordnet:

Erster Abschnitt. Allgemeine Vorschriften

§ 1[3)] **Anwendungsbereich.** (1) [1]Die Vergütung (Gebühren und Auslagenersatz) des Steuerberaters mit Sitz im Inland für seine im Inland selbständig ausgeübte Berufstätigkeit (§ 33 des Steuerberatungsgesetzes) bemisst sich nach dieser Verordnung. [2]Dies gilt für die Höhe der Vergütung nur, soweit nicht etwas anderes vereinbart wird.

(2) Für die Vergütung der Steuerbevollmächtigten und der *Steuerberatungsgesellschaften* [*ab 1.8.2022:* Berufsausübungsgesellschaften] gelten die Vorschriften über die Vergütung der Steuerberater entsprechend.

---

1) Titel geänd. mWv 1.8.2022 durch G v. 7.7.2021 (BGBl. I S. 2363).

2) Nr. **840**.

3) § 1 Abs. 1 neu gef. durch VO v. 18.7.2016 (BGBl. I S. 1722); Abs. 2 geänd. mWv 1.8.2022 durch G v. 7.7.2021 (BGBl. I S. 2363).

§ 2 Sinngemäße Anwendung der Verordnung. Ist in dieser Verordnung über die Gebühren für eine Berufstätigkeit des Steuerberaters nichts bestimmt, so sind die Gebühren in sinngemäßer Anwendung der Vorschriften dieser Verordnung zu bemessen.

§ 3[1)] Auslagen. (1) Mit den Gebühren werden auch die allgemeinen Geschäftskosten entgolten.

(2) Der Anspruch auf Zahlung der auf die Vergütung entfallenden Umsatzsteuer und auf Ersatz für Post- und Telekommunikationsdienstleistungen zu zahlende Entgelte, der Dokumentenpauschale und der Reisekosten bestimmt sich nach den §§ 15 bis 20.

§ 4[2)] Vereinbarung der Vergütung. (1) [1]Aus einer Vereinbarung kann der Steuerberater eine höhere als die gesetzliche Vergütung nur fordern, wenn die Erklärung des Auftraggebers in Textform abgegeben ist. [2]Ist das Schriftstück nicht vom Auftraggeber verfasst, muss

1. das Schriftstück als Vergütungsvereinbarung oder in vergleichbarer Weise bezeichnet sein,
2. das Schriftstück von anderen Vereinbarungen mit Ausnahme der Auftragserteilung deutlich abgesetzt sein und darf nicht in der Vollmacht enthalten sein.

[3]Art und Umfang des Auftrags nach Satz 2 sind zu bezeichnen. [4]Hat der Auftraggeber freiwillig und ohne Vorbehalt geleistet, kann er das Geleistete nicht deshalb zurückfordern, weil seine Erklärung den Vorschriften der Sätze 1 bis 3 nicht entspricht.

(2) Ist eine vereinbarte Vergütung unter Berücksichtigung aller Umstände unangemessen hoch, so kann sie im Rechtsstreit auf den angemessenen Betrag bis zur Höhe der sich aus dieser Verordnung ergebenden Vergütung herabgesetzt werden.

(3) [1]In außergerichtlichen Angelegenheiten kann eine niedrigere als die gesetzliche Vergütung unter den Formerfordernissen des Absatzes 1 vereinbart werden. [2]Sie muss in einem angemessenen Verhältnis zu der Leistung, der Verantwortung und dem Haftungsrisiko des Steuerberaters stehen.

(4) Der Steuerberater hat den Auftraggeber in Textform darauf hinzuweisen, dass eine höhere oder niedrigere als die gesetzliche Vergütung in Textform vereinbart werden kann.

§ 5 Mehrere Steuerberater. Ist die Angelegenheit mehreren Steuerberatern zur gemeinschaftlichen Erledigung übertragen, so erhält jeder Steuerberater für seine Tätigkeit die volle Vergütung.

[1)] § 3 Abs. 3 geänd. mWv 28.8.1998 durch VO v. 20.8.1998 (BGBl. I S. 2369) und mWv 1.1.2007 durch G v. 13.12.2006 (BGBl. I S. 2878); Überschr. geänd., Abs. 1 aufgeh., bish. Abs. 2 und 3 werden Abs. 1 und 2 durch VO v. 18.7.2016 (BGBl. I S. 1722).

[2)] § 4 Abs. 1 neu gef., mWv 1.1.2007 durch G v. 13.12.2006 (BGBl. I S. 2878); Abs. 1 neu gef., Abs. 3 und 4 angef. durch VO v. 18.7.2016 (BGBl. I S. 1722).

5.[1)] der Erklärung zur Gewerbesteuer $^{1}/_{10}$ bis $^{6}/_{10}$
einer vollen Gebühr nach Tabelle A (Anlage 1); Gegenstandswert ist der Gewerbeertrag vor Berücksichtigung des Freibetrags und eines Gewerbeverlustes, jedoch mindestens 8000 Euro[2)];

6.[3)] der Gewerbesteuerzerlegungserklärung $^{1}/_{10}$ bis $^{6}/_{10}$
einer vollen Gebühr nach Tabelle A (Anlage 1); Gegenstandswert sind 10 Prozent der als Zerlegungsmaßstab erklärten Arbeitslöhne, jedoch mindestens 4000 Euro[2)];

7.[1)] der Umsatzsteuer-Voranmeldung sowie hierzu ergänzender Anträge und Meldungen $^{1}/_{10}$ bis $^{6}/_{10}$
einer vollen Gebühr nach Tabelle A (Anlage 1); Gegenstandswert sind 10 Prozent der Summe aus dem Gesamtbetrag der Entgelte und der Entgelte, für die der Leistungsempfänger Steuerschuldner ist, jedoch mindestens 650 Euro;

8.[4)] der Umsatzsteuererklärung für das Kalenderjahr einschließlich ergänzender Anträge und Meldungen $^{1}/_{10}$ bis $^{8}/_{10}$
einer vollen Gebühr nach Tabelle A (Anlage 1); Gegenstandswert sind 10 Prozent der Summe aus dem Gesamtbetrag der Entgelte und der Entgelte, für die der Leistungsempfänger Steuerschuldner ist, jedoch mindestens 8000 Euro[2)];

9.[5)] *(aufgehoben)*

10. der Vermögensteuererklärung oder der Erklärung zur gesonderten Feststellung des Vermögens von Gemeinschaften $^{1}/_{20}$ bis $^{18}/_{20}$
einer vollen Gebühr nach Tabelle A (Anlage 1); Gegenstandswert ist das Rohvermögen, jedoch bei natürlichen Personen mindestens 12 500 Euro[2)] und bei Körperschaften, Personenvereinigungen und Vermögensmassen mindestens 25 000 Euro[2)];

11.[6)] der Erklärung zur Feststellung nach dem Bewertungsgesetz oder dem Erbschaftsteuer- und Schenkungsteuergesetz, vorbehaltlich der Nummer 11a, $^{1}/_{20}$ bis $^{18}/_{20}$

---

1) § 24 Abs. 1 Nrn. 5 und 7 neu gef. mWv 1.1.2007 durch G v. 13.12.2006 (BGBl. I S. 2878); Nr. 7 neu gef. mWv 20.12.2012 durch VO v. 11.12.2012 (BGBl. I S. 2637).

2) Beträge geänd. mWv 1.1.2002 durch G v. 27.4.2001 (BGBl. I S. 751); geänd. mWv 20.12.2012 durch VO v. 11.12.2012 (BGBl. I S. 2637).

3) § 24 Nr. 6 geänd. mWv 20.12.2012 durch VO v. 11.12.2012 (BGBl. I S. 2637).

4) § 24 Abs. 1 Nr. 8 neu gef. mWv 1.1.2007 durch G v. 13.12.2006 (BGBl. I S. 2878).

5) § 24 Abs. 1 Nr. 9 geänd. mWv 28.8.1998 durch VO v. 20.8.1998 (BGBl. I S. 2369) und aufgeh. mWv 18.7.2022 durch VO v. 10.6.2022 (BGBl. I S. 877).

6) § 24 Abs. 1 Nr. 11 neu gef. mWv 18.6.2022 durch VO v. 10.6.2022 (BGBl. I S. 877).

einer vollen Gebühr nach Tabelle A (Anlage 1); Gegenstandswert ist der erklärte Wert, jedoch mindestens 25 000 Euro;

11a.[1] der Erklärung zur Feststellung oder Festsetzung für Zwecke der Grundsteuer im Rahmen des ab dem Jahr 2025 anzuwendenden Grundsteuerrechts $^1/_{20}$ bis $^9/_{20}$
einer vollen Gebühr nach Tabelle A (Anlage 1); Gegenstandswert ist der Grundsteuerwert oder, sofern dessen Feststellung nicht vorgesehen ist, der jeweilige Grundsteuermessbetrag dividiert durch die Grundsteuermesszahl nach § 15 Absatz 1 Nummer 2 Buchstabe a des Grundsteuergesetzes, jedoch jeweils mindestens 25 000 Euro;

12.[2] der Erbschaftsteuererklärung ohne Ermittlung der Zugewinnausgleichsforderung nach § 5 des Erbschaftsteuer- und Schenkungsteuergesetzes $^2/_{10}$ bis $^{10}/_{10}$
einer vollen Gebühr nach Tabelle A (Anlage 1); Gegenstandswert ist der Wert des Erwerbs von Todes wegen vor Abzug der Schulden und Lasten, jedoch mindestens 16 000 Euro[3];

13. der Schenkungsteuererklärung $^2/_{10}$ bis $^{10}/_{10}$
einer vollen Gebühr nach Tabelle A (Anlage 1); Gegenstandswert ist der Rohwert der Schenkung, jedoch mindestens 16 000 Euro[3];

14.[4] der Kapitalertragsteueranmeldung sowie für jede weitere Erklärung in Zusammenhang mit Kapitalerträgen $^1/_{20}$ bis $^6/_{20}$
einer vollen Gebühr nach Tabelle A (Anlage 1); Gegenstandswert ist die Summe der kapitalertragsteuerpflichtigen Kapitalerträge, jedoch mindestens 4000 Euro;

15.[5] der Lohnsteuer-Anmeldung $^1/_{20}$ bis $^6/_{20}$
einer vollen Gebühr nach Tabelle A (Anlage 1); Gegenstandswert sind 20 Prozent der Arbeitslöhne einschließlich sonstiger Bezüge, jedoch mindestens 1000 Euro[3];

16.[5] von Steuererklärungen auf dem Gebiet der Einfuhr- und Ausfuhrabgaben und der Verbrauchsteuern, die als Einfuhrabgaben erhoben werden, $^1/_{10}$ bis $^3/_{10}$
einer vollen Gebühr nach Tabelle A (Anlage 1); Gegenstandswert ist der Betrag, der sich bei Anwendung der höchsten in Betracht kommenden Abgabensätze auf die den Gegenstand der Erklärung bildenden Waren ergibt, jedoch mindestens 1000 Euro[3];

---

[1] § 24 Abs. 1 Nr. 11a eingef. mWv 18.6.2022 durch VO v. 10.6.2022 (BGBl. I S. 877).

[2] § 24 Abs. 1 Nr. 12 geänd. durch VO v. 18.7.2016 (BGBl. I S. 1722).

[3] Beträge geänd. mWv 1.1.2002 durch G v. 27.4.2001 (BGBl. I S. 751).

[4] § 24 Abs. 1 Nr. 14 neu gef. mWv 20.12.2012 durch VO v. 11.12.2012 (BGBl. I S. 2637).

[5] § 24 Abs. 1 Nrn. 15 und 16 geänd. mWv 1.1.2007 durch G v. 13.12.2006 (BGBl. I S. 2878).

17.[1] von Anmeldungen oder Erklärungen auf dem Gebiete der Verbrauchsteuern, die nicht als Einfuhrabgaben geschuldet werden, $^{1}/_{10}$ bis $^{3}/_{10}$
einer vollen Gebühr nach Tabelle A (Anlage 1); Gegenstandswert ist für eine Steueranmeldung der angemeldete Betrag und für eine Steuererklärung der festgesetzte Betrag, jedoch mindestens 1000 Euro[2];

(Fortsetzung nächstes Blatt)

---

[1] § 24 Abs. 1 Nr. 17 geänd. mWv 20.12.2012 durch VO v. 11.12.2012 (BGBl. I S. 2637).
[2] Beträge geänd. mWv 1.1.2002 durch G v. 27.4.2001 (BGBl. I S. 751).

(3) Absatz 2 gilt sinngemäß auch für Steuerberater und Steuerbevollmächtigte, die ausschließlich als Angestellte nach § 58 des Gesetzes tätig sind, sowie für Partner einer Partnerschaftsgesellschaft mit beschränkter Berufshaftung nach § 8 Absatz 4 des Partnerschaftsgesellschaftsgesetzes, die ausschließlich für die Partnerschaftsgesellschaft tätig sind.

(4) Die Versicherung muß bei einem im Inland zum Geschäftsbetrieb befugten Versicherungsunternehmen zu den nach Maßgabe des Versicherungsaufsichtsgesetzes eingereichten allgemeinen Versicherungsbedingungen genommen werden.

§ 52[1] Mindestversicherungssumme. (1) Die Mindestversicherungssumme muß für den einzelnen Versicherungsfall zweihundertfünfzigtausend Euro[2] betragen.

(2)[2] [1] Ein Selbstbehalt von eintausendfünfhundert Euro ist zulässig. [2] Der Selbstbehalt ist auszuschließen für den Fall, daß bei Geltendmachung des Schadens durch einen Dritten die Bestellung des Steuerberaters oder Steuerbevollmächtigten oder die Anerkennung der *Steuerberatungsgesellschaft* [***ab 1.8.2022:*** Berufsausübungsgesellschaft] erloschen ist.

(3) Wird eine Jahreshöchstleistung für alle in einem Versicherungsjahr verursachten Schäden vereinbart, muß sie mindestens eine Million Euro[2] betragen.

[Fassung bis 31.7.2022:]

(4)[3] Die Absätze 1 und 3 gelten für Partnerschaftsgesellschaften mit beschränkter Berufshaftung nach § 8 Absatz 4 des Partnerschaftsgesellschaftsgesetzes mit der Maßgabe, dass die Mindestversicherungssumme für den einzelnen Versicherungsfall eine Million Euro und die Jahreshöchstleistung für alle in einem Versicherungsjahr verursachten Schäden mindestens vier Millionen Euro betragen muss.

[Fassung ab 1.8.2022:]

(4)[4] Die Absätze 1 bis 3 gelten für Berufsausübungsgesellschaften mit der Maßgabe, dass die Mindestversicherungssumme in den Fällen des § 55f Absatz 3 des Steuerberatungsgesetzes eine Million Euro und in den Fällen des § 55f Absatz 4 des Steuerberatungsgesetzes fünfhunderttausend Euro sowie die Jahreshöchstleistung für alle in einem Versicherungsjahr verursachten Schäden mindestens den vierfachen Betrag der Mindestversicherungssumme betragen muss.

§ 53[1], [5] Weiterer Inhalt des Versicherungsvertrages. (1) Der Versicherungsvertrag muß vorsehen, daß

1. Versicherungsschutz für jede einzelne, während der Geltung des Versicherungsvertrages begangene Pflichtverletzung besteht, die gesetzliche Haftpflichtansprüche privatrechtlichen Inhalts zur Folge haben könnte,

---

[1] Sechster Teil (§§ 51–57) eingef. durch VO v. 19.8.1991 (BGBl. I S. 1797).

[2] § 52 Abs. 1, Abs. 2 Satz 1 und Abs. 3 Beträge bzw. Bezeichnung geänd. mWv 1.1.2002 durch G v. 24.6.2000 (BGBl. I S. 874); Abs. 2 Satz 2 geänd. mWv 1.8.2022 durch G v. 7.7.2021 (BGBl. I S. 2363).

[3] § 52 Abs. 4 angef. mWv 19.7.2013 durch G v. 15.7.2013 (BGBl. I S. 2386).

[4] § 52 Abs. 4 neu gef. mWv 1.8.2022 durch G v. 7.7.2021 (BGBl. I S. 2363).

[5] § 53 neu gef. durch VO v. 25.7.1996 (BGBl. I S. 1168).

2. der Versicherungsschutz für einen allgemeinen Vertreter, einen Praxisabwickler oder einen Praxistreuhänder für die Dauer ihrer Bestellung sowie für einen Vertreter während der Dauer eines Berufs- oder Vertretungsverbots aufrechterhalten bleibt, soweit die Mitversicherten nicht durch eine eigene Versicherung Deckung erhalten, und
3. die Leistungen des Versicherers für das mitversicherte Auslandsrisiko im Inland in Euro[1] zu erbringen sind.

(2) Im Versicherungsvertrag ist der Versicherer zu verpflichten, der zuständigen Steuerberaterkammer den Beginn und die Beendigung oder Kündigung des Versicherungsvertrages sowie jede Änderung des Versicherungsvertrages, die den vorgeschriebenen Versicherungsschutz beeinträchtigt, unverzüglich mitzuteilen.

(3) Der Versicherungsvertrag kann vorsehen, daß die Versicherungssumme den Höchstbetrag der dem Versicherer in jedem einzelnen Schadenfall obliegenden Leistung darstellt, und zwar mit der Maßgabe, daß nur eine einmalige Leistung der Versicherungssumme in Frage kommt,

a) gegenüber mehreren entschädigungspflichtigen Personen, auf welche sich der Versicherungsschutz erstreckt,
b) bezüglich eines aus mehreren Verstößen stammenden einheitlichen Schadens,
c) bezüglich sämtlicher Folgen eines Verstoßes. [2]Dabei gilt mehrfaches, auf gleicher oder gleichartiger Fehlerquelle beruhendes Tun oder Unterlassen als einheitlicher Verstoß, wenn die betreffenden Angelegenheiten miteinander in rechtlichem oder wirtschaftlichem Zusammenhang stehen. [3]In diesem Fall kann die Leistung des Versicherers auf das Fünffache der Mindestversicherungssumme begrenzt werden.

§ 53a[2] Ausschlüsse. (1) Von der Versicherung kann die Haftung ausgeschlossen werden für

1. Ersatzansprüche wegen wissentlicher Pflichtverletzung,
2. Ersatzansprüche wegen Schäden, die durch Fehlbeträge bei der Kassenführung, durch Verstöße beim Zahlungsakt oder durch Veruntreuung durch das Personal, Angehörige oder Sozien des Versicherungsnehmers entstehen,
3. Ersatzansprüche, die aus Tätigkeiten entstehen, die über Niederlassungen, Zweigniederlassungen oder weitere Beratungsstellen im Ausland ausgeübt werden,
4. Ersatzansprüche wegen Verletzung oder Nichtbeachtung des Rechts außereuropäischer Staaten mit Ausnahme der Türkei,
5. Ersatzansprüche, die vor Gerichten in den Ländern Albanien, Armenien, Aserbaidschan, Bosnien-Herzegowina, Bulgarien, Estland, Georgien, Jugoslawien (Serbien und Montenegro), Kroatien, Lettland, Litauen, Mazedo-

---

[1] § 53 Abs. 1 Nr. 3 Betrag bzw. Bereicherung geänd. mWv 1.1.2002 durch G v. 24.6.2000 (BGBl. I S. 874).

[2] § 53a eingef. durch VO v. 25.7.1996 (BGBl. I S. 1168), Abs. 1 Nr. 2 neu gef. mWv 20.12.2012 durch VO v. 11.12.2012 (BGBl. I S. 2637).

(2) [1]Eine Selbstbeteiligung von bis zu 300 Euro ist zulässig. [2]Die Selbstbeteiligung ist auszuschließen für den Fall, dass bei Geltendmachung des Schadens durch einen Dritten die Anerkennung als Lohnsteuerhilfeverein erloschen ist.

(3) Wird eine Jahreshöchstleistung für alle im Versicherungsjahr verursachten Schäden vereinbart, muss sie mindestens 200 000 Euro betragen.

§ 11 Sonstige Inhalte des Versicherungsvertrags. (1) Der Versicherungsvertrag muss vorsehen, dass Versicherungsschutz für jede einzelne, während der Geltung des Versicherungsvertrags begangene Pflichtverletzung besteht, die gesetzliche Haftpflichtansprüche privatrechtlichen Inhalts zur Folge haben könnte.

(2) [1]Im Versicherungsvertrag ist der Versicherer zu verpflichten, der zuständigen Aufsichtsbehörde den Beginn und die Beendigung oder Kündigung des Versicherungsvertrags sowie jede Änderung des Versicherungsvertrags, die den vorgeschriebenen Versicherungsschutz beeinträchtigt, unverzüglich mitzuteilen. [2]Die Aufsichtsbehörde (§ 27 des Gesetzes) erteilt Dritten zur Geltendmachung von Schadensersatzansprüchen auf Antrag Auskunft über den Namen und die Adresse der Berufshaftpflichtversicherung des Lohnsteuerhilfevereins sowie die Versicherungsnummer, soweit der Lohnsteuerhilfeverein kein überwiegendes schutzwürdiges Interesse an der Nichterteilung der Auskunft hat.

(3) Der Versicherungsvertrag kann vorsehen, dass die Versicherungssumme den Höchstbetrag der dem Versicherer in jedem einzelnen Schadensfall obliegenden Leistung darstellt, und zwar mit der Maßgabe, dass nur eine einmalige Leistung der Versicherungssumme in Frage kommt

1. gegenüber mehreren entschädigungspflichtigen Personen, auf welche sich der Versicherungsschutz erstreckt,
2. bezüglich eines aus mehreren Verstößen stammenden einheitlichen Schadens,
3. bezüglich sämtlicher Folgen eines Verstoßes. [2]Dabei gilt mehrfaches, auf gleicher oder gleichartiger Fehlerquelle beruhendes Tun oder Unterlassen als einheitlicher Verstoß, wenn die betreffenden Angelegenheiten miteinander in rechtlichem oder wirtschaftlichem Zusammenhang stehen. [3]In diesem Fall kann die Leistung des Versicherers auf das Fünffache der Mindestversicherungssumme begrenzt werden.

§ 12 Ausschlüsse. Von der Versicherung kann die Haftung ausgeschlossen werden für

1. Ersatzansprüche wegen wissentlicher Pflichtverletzung und
2. Ersatzansprüche wegen Schäden, die durch fehlerhafte Kassenführung, durch Verstöße beim Zahlungsakt oder durch Veruntreuung durch das Personal des Versicherungsnehmers entstehen.

§ 13 Nachweis des Versicherungsabschlusses vor der Anerkennung. [1]Der Lohnsteuerhilfeverein, der die Anerkennung beantragt, muss der anerkennenden Aufsichtsbehörde (§ 27 des Gesetzes) den Abschluss einer dieser

Verordnung entsprechenden Berufshaftpflichtversicherung durch eine Bestätigung des Versicherers nachweisen oder eine entsprechende vorläufige Deckungszusage vorlegen, in der sich der Versicherer verpflichtet, den Widerruf der Deckungszusage unverzüglich der zuständigen Aufsichtsbehörde mitzuteilen. [2]Bei Vorlage einer vorläufigen Deckungszusage ist nach der Anerkennung der zuständigen Aufsichtsbehörde unverzüglich der Abschluss der Berufshaftpflichtversicherung durch eine Bestätigung des Versicherers oder eine beglaubigte Abschrift des Versicherungsscheins nachzuweisen.

§ 14 Anzeige von Veränderungen. (1) Die Beendigung oder Kündigung des Versicherungsvertrags, jede Änderung des Versicherungsvertrags, die den nach dieser Verordnung vorgeschriebenen Versicherungsschutz beeinträchtigt, der Wechsel des Versicherers und der Widerruf einer vorläufigen Deckungszusage sind der gemäß § 25 Absatz 2 des Gesetzes zuständigen Aufsichtsbehörde von dem Versicherungspflichtigen unverzüglich anzuzeigen.

(2) Die zuständige Aufsichtsbehörde ist berechtigt, Auskünfte über den Beginn und über die in Absatz 1 aufgeführten Veränderungen des Versicherungsvertrags beim Versicherer einzuholen.

Für handschriftliche Notizen

Für handschriftliche Notizen

Für handschriftliche Notizen

Für handschriftliche Notizen

Für handschriftliche Notizen

Für handschriftliche Notizen

Für handschriftliche Notizen

Für handschriftliche Notizen

Für handschriftliche Notizen

Für handschriftliche Notizen

Für handschriftliche Notizen

Für handschriftliche Notizen

Für handschriftliche Notizen

Für handschriftliche Notizen

Für handschriftliche Notizen

Für handschriftliche Notizen

Für handschriftliche Notizen

Für handschriftliche Notizen

Für handschriftliche Notizen

Für handschriftliche Notizen